InformationsZentrum Sozialwissenschaften

Sozialwissenschaftliche Tagungsberichte
Herausgegeben vom
Informationszentrum Sozialwissenschaften
Band 2

# Modellierung sozialer Prozesse

Neuere Ansätze und Überlegungen zur soziologischen Theoriebildung. Ausgewählte Beiträge zu Tagungen der Arbeitsgruppe "Modellierung sozialer Prozesse" der Deutschen Gesellschaft für Soziologie

Herausgegeben von
Hartmut Esser und Klaus G. Troitzsch

Informationszentrum Sozialwissenschaften
Bonn 1991

CIP-Titelaufnahme der Deutschen Bibliothek

Modellierung sozialer Prozesse: neuere Ansätze u. Überlegungen zur soziologischen Theoriebildung ; ausgew. Beitr. zu Tagungen d. Arbeitsgr. "Modellierung sozialer Prozesse" d. Dt. Ges. für Soziologie / Informationszentrum Sozialwiss. Hrsg. v. Hartmut Esser ... | Bearb. v. Michael Kluck ... |. - Bonn: Informationszentrum Sozialwiss., 1991
(Sozialwissenschaftliche Tagungsberichte; Bd. 2)
ISBN 3-8206-0075-2
ISSN 0934-5469
NE: Esser, Hartmut | Hrsg. |; Deutsche Gesellschaft für Soziologie / Arbeitsgruppe "Modellierung sozialer Prozesse; GT

| | |
|---|---|
| Herausgegeben von | Hartmut Esser, Klaus G. Troitzsch |
| Bearbeitet von | Michael Kluck, H. Peter Ohly |
| Verlag und Vertrieb | Informationszentrum Sozialwissenschaften |
| | Lennéstr. 30, 5300 Bonn 1, Tel.: (0228) 2281-0 |

Die Mittel für diese Veröffentlichung wurden im Rahmen der institutionellen Förderung der Gesellschaft Sozialwissenschaftlicher Infrastruktureinrichtungen e.V. (GESIS) vom Bund und den Ländern gemeinsam bereitgestellt.


ISBN 3-8206-0075-2
ISSN 0934-5469

# Inhaltsverzeichnis

**Vorwort** . . . . . . . . . . . . . . . . . . . . . . . . . . . . . . 9

Hartmut Esser und Klaus G. Troitzsch
**Einleitung: Probleme der Modellierung sozialer Prozesse** . . . . . 13

**A. Theorien und Modelle in den Sozialwissenschaften** . . . . . . . 27

Siegwart Lindenberg
**Die Methode der abnehmenden Abstraktion:**
**Theoriegesteuerte Analyse und empirischer Gehalt** . . . . . . . . . . 29

Hans J. Hummell
**Moralische Institutionen und die Ordnung des Handelns**
**in der Gesellschaft. Die "utilitaristische" Theorietradition**
**und die Durkheimsche Herausforderung** . . . . . . . . . . . . . 79

Frank Faulbaum
**Von der Variablensoziologie zur empirischen Evaluation**
**von Handlungsparadigmen** . . . . . . . . . . . . . . . . . . . . . 111

Rainer Schnell
**Computersimulation und Theoriebildung in den**
**Sozialwissenschaften** . . . . . . . . . . . . . . . . . . . . . . 139

**B. Homo Oeconomicus?** . . . . . . . . . . . . . . . . . . . . . . 177

Hartmut Kliemt
**Der Homo oeconomicus in der Klemme. Der Beitrag der**
**Spieltheorie zur Erzeugung und Lösung des Hobbesschen**
**Ordnungsproblems** . . . . . . . . . . . . . . . . . . . . . . . 179

Reinhard Zintl
**Wahlsoziologie und individualistische Theorie - der ökonomische Ansatz als Instrument der Mikrofundierung von Aggregatanalysen . . . . . . . . . . 205**

Hartmut Esser
**Die Rationalität des Alltagshandelns. Alfred Schütz und "Rational Choice" . . . . . . . . . . 235**

**C. Die Erklärung sozialer Kooperation . . . . . . . . . . 283**

Werner Raub
**Problematic Social Situations and the "Large-Number Dilemma": A Game-Theoretical Analysis . . . . . . . . . . 285**

Rudolf Schüßler
**Threshold Effects and the Decline of Cooperation . . . . . . . . . . 347**

Karl-Dieter Opp
**Die endogene Evolution von Kooperation. Ein empirischer Test einiger Hypothesen über den Verlauf von Kooperation in Situationen des Gefangenendilemmas . . . . . . . . . . 373**

Henk de Vos
**Altruism and Group Boundaries . . . . . . . . . . 397**

Andreas Diekmann
**Soziale Dilemmata. Modelle, Typisierungen und empirische Resultate . . . . . . . . . . 417**

Rudolf Schüßler
**Die zweite Hand - eine Untersuchung über den Tausch ohne Schutz durch Recht und Moral . . . . . . . . . . 457**

**D. Interdependenzen, Prozesse und Selbstorganisation sozialer Systeme** . . . . . . . . . . . . . . . . . . . . . . . . 481

Wolfgang Weidlich
**Synergetische Modelle für eine quantitative Sozialwissenschaft** . . . . . . . . . . . . . . . . . . . . . . . . . . . 483

Klaus G. Troitzsch
**Selbstorganisation in sozialen Systemen** . . . . . . . . . . . . . . . . 507

Otto Keck
**Das Informationsdilemma - ein spieltheoretisches Modell kommunikativen Handelns mit Anwendungen auf Transaktionsprobleme beim Markttausch, bei der staatlichen Regulierung, in hierarchischen Organisationen und in politischen Systemen** . . . . . . . . . . . . . . . . . . . . . . . . . . . . . . 545

Andreas Diekmann
**Mathematische Modelle des Heiratsverhaltens und Ehescheidungsrisikos** . . . . . . . . . . . . . . . . . . . . . . . . . . 589

**E. Netzwerke und soziale Beziehungen** . . . . . . . . . . . . . . . . 621

Jeroen Weesie, Henk Flap und Albert Verbeek
**An Economic Theory of Social Networks** . . . . . . . . . . . . . . . 623

Peter Kappelhoff
**Macht in sozialen Tauschsystemen** . . . . . . . . . . . . . . . . . . . . 663

Hans J. Hummell und Wolfgang Sodeur
**Modelle des Wandels sozialer Beziehungen in triadischen Umgebungen** . . . . . . . . . . . . . . . . . . . . . . . . . . . . . . . . . . 695

Werner Raub und Jeroen Weesie
**Reputation and Efficiency in Social Interactions: An Example of Network Effects** . . . . . . . . . . . . . . . . . 735

Hartmut Esser
**Der Austausch kompletter Netzwerke.
Freundschaftswahl als "Rational Choice" . . . . . . . . . . . . . . . . . .773**

# Vorwort

Im Anschluß an eine gemeinsame Sitzung der Sektionen "Methoden" und "Theorien" der Deutschen Gesellschaft für Soziologie auf dem 23. Deutschen Soziologentag in Hamburg im Oktober 1986 zur Frage der "Modellbildung in den Sozialwissenschaften" kamen einige der dort Anwesenden überein, in einer besonderen Arbeitsgruppe die sehr verstreuten Aktivitäten zum Problem der Theorie-Konstruktion etwas stärker zu bündeln und zu institutionalisieren und somit auch gezielter innerhalb des Fachkontextes der Soziologie zu verfolgen.

Diese Arbeitsgruppe, die sich den Namen "Modellierung sozialer Prozesse" gab, veranstaltete daraufhin eine Reihe von Zusammenkünften und Arbeitstreffen: im März 1987 in Mannheim, im Oktober 1987 in Köln, im Januar 1988 in Koblenz, im März 1988 in Mannheim, im Juni 1988 in Utrecht (gemeinsam mit der bereits bestehenden Gruppe "Mathematische Modelle in den Sozialwissenschaften"), im Oktober 1988 auf dem 24. Deutschen Soziologentag in Zürich, im Juni 1989 - wieder gemeinsam mit der Sektion "Theorien" der Deutschen Gesellschaft für Soziologie - in Köln, im Juni 1989 in Koblenz und auf dem 25. Deutschen Soziologentag in Frankfurt im Oktober 1990. Zur Organisation der Gruppe fand sich ein "Komitee" bestehend aus Andreas Diekmann, Georg Erdmann, Hartmut Esser, Ulrich Mueller, Werner Raub, Peter Schmidt und Klaus G. Troitzsch. Die Sprecherfunktion hatte von 1986 bis einschließlich 1988 Hartmut Esser inne. Danach wurde sie von Klaus G. Troitzsch übernommen.

Die Arbeitsgruppe war bewußt als ein eher lockerer Gesprächskreis konzipiert worden; das heißt: es wurde bei den Einladungen zu Beiträgen nicht mit dem - mittlerweile üblichen - Publikationszwang gedroht. Gleichwohl entstand bereits nach kurzer Zeit der Eindruck, daß es auch der weiteren Arbeit der Gruppe und ihrem inhaltlichen Anliegen förderlich sein könne, wenn man eine Auswahl der Beiträge systematisieren und gemeinsam publizieren würde.

So ist der hier vorgelegte Band entstanden. Daraus erklärt sich, daß er sowohl bisher noch nicht veröffentlichte Beiträge enthält, wie bereits anderswo publizierte; und auch: daß es Beiträge in deutscher und englischer Sprache gibt. Die Herausgeber bedanken sich in den Fällen, in denen es erforderlich war, bei den jeweiligen Verlagen für die Erlaubnis zu einem Wiederabdruck.

Die eigentliche Initiative zu dem Publikationsvorhaben ging jedoch nicht unmittelbar von der Arbeitsgruppe, sondern vom Informationszentrum Sozialwissenschaften aus. Dank dieser Initiative und (später) der Hartnäckigkeit und Geduld insbesondere von H. Peter Ohly und Michael Kluck vom Informationszentrum Sozialwissenschaften ist es dann schließlich gelungen, den Band (innerhalb der Grenzen der professionsüblichen Verzögerungen) herauszubringen. Dafür und für die geleistete Bearbeitung der Texte und redaktionelle Betreuung des Bandes sei ihnen sehr gedankt.

Für die nötige Unterstützung auch im Hintergrund möchten die Herausgeber weiterhin dem Wissenschaftlichen Direktor des Informationszentrums Sozialwissenschaften, Herrn Prof. Dr. Heinrich Best, ebenfalls danken. Zu danken ist vor allem aber den Autoren bzw. den Referenten, die bereitwillig - und nahezu ausnahmslos - dem Plan zu einer Sammelpublikation zustimmten und dafür zum Teil nicht unbeträchtliche Bearbeitungen auf sich nahmen. Für die Mühen der technischen Abwicklung außerhalb des Informationszentrums möchten wir auch sehr Frau Alexandra Kabelitz vom Institut für Angewandte Sozialforschung der Universität zu Köln unsere Anerkennung aussprechen.

Die inhaltliche Gliederung des Bandes ist nicht das Ergebnis einer vorgegebenen Programmatik, sondern das - durchaus ungeplante - Resultat der "Selbstorganisation" der Arbeiten und Interessengebiete der an der Arbeit der Gruppe Interessierten. Daß sich gleichwohl eine deutliche Systematik ergab, mag ein (weiterer) Indikator dafür sein, daß auch auf unkoordinierte Weise Ordnung möglich ist (eines der wichtigsten Interessengebiete der Gruppe, wie die zahlreichen Beiträge zu Abschnitt C über soziale Kooperation zeigen).

Die Herausgeber hatten keine besondere Mühe damit, in der Vielfalt der inhaltlichen und methodischen Felder einige zentrale (und bislang nicht gut gelöster) Fragestellungen auch der allgemeinen Soziologie zu entdecken (und die Beiträge danach zu sortieren): Allgemeine Probleme der Theorie- und Modellbildung in den Sozialwissenschaften (Teil A mit Beiträgen von Lindenberg, Hummell, Faulbaum, und Schnell), die Frage nach dem "Menschenbild" einer erklärenden Sozialwissenschaft (Teil B mit Beiträgen von Kliemt, Zintl und Esser), die Erklärung sozialer Kooperation (Teil C mit Beiträgen von Raub, Schüßler (zweimal), Opp, de Vos und Diekmann), die Modellierung von Interdependenzen und Prozessen (Teil D mit Beiträgen von Weidlich, Troitzsch, Keck und Diekmann) und die theoretische Erklärung von Netzwerken und sozialen Beziehungen (Teil E mit Beiträgen von Weesie, Flap und Verbeek, Kappelhoff, Hummell und Sodeur, Raub und Weesie, sowie von Esser).

Die Zusammenstellung der Beiträge dokumentiert - so kann man nachträglich sicher festhalten - den Stand der Diskussionen in der Arbeitsgruppe und aktuelle Forschungsfelder bzw. allgemeine Forschungsprobleme bei der Theorieentwicklung in den Sozialwissenschaften. Daß dieses Unternehmen im Kern und ganz unvermeidlich eines ist, das die üblichen Fächergrenzen überschreitet, wurde nicht als Nachteil empfunden. Ebensowenig wie das in der Gruppe für selbstverständlich gehaltene, bewußt enger gefaßte Konzept von "Theorie": die Angabe von funktionalen Beziehungen zwischen theoretischen Termen mit systematischer empirischer Interpretation und "Bewährung" mit lediglich einem Ziel: das der (angemessenen) "Erklärung" des zu bearbeitenden Problems.

Hierin liegt wohl der Hauptunterschied des in dem Band dokumentierten Verständnisses sozialwissenschaftlicher Theorie zu dem, was man ansonsten oft - in der Soziologie zumal - damit verbindet. Die immer deutlicher erkennbar werdenden Nachteile dieses (zu) weiten Verständnisses von "Theorie" und die ebenso klarer werdenden Konturen eines arbeitsfähigen Programms einer wirklich "erklärenden" Sozialwissenschaft waren (und sind) wichtiger Beweggrund für die Arbeiten der Gruppe wie für die Zusammenstellung des Bandes gewesen. Wir hoffen, daß dies hinreichend deutlich geworden ist.

Köln und Koblenz
im Januar 1991 Hartmut Esser und Klaus G. Troitzsch

Hartmut Esser und Klaus G. Troitzsch

# Einleitung: Probleme der Modellierung sozialer Prozesse

In kaum einem anderen Fach gehen die Meinungen darüber, was eigentlich die Eigenschaften einer akzeptablen "Theorie" seien, so weit auseinander wie in den Sozialwissenschaften. Eine Konvergenz in den Auffassungen (und damit: in den Produkten) ist auch in den aktuelleren Entwicklungen nicht festzustellen. Die "Theorie des kommunikativen Handelns" von Habermas, die Betrachtung sozialer Prozesse als autopoietische Systeme, wie sie Luhmann in "Soziale Systeme" präsentiert, und die Überlegungen von Giddens zur "Constitution of Society" beanspruchen das Etikett "Theorie" ebenso, wie etwa Boudon, wenn er die gängigen "Theories of Social Change" zugunsten seiner Konzeption kritisiert, oder wie Coleman in seinen voluminösen "Foundations of Social Theory".

In grober Unterscheidung läßt sich die Spannbreite des Verständnisses so charakterisieren: "Theorie" einerseits als sprachliches Gebilde von Begriffen, abstrakten Überlegungen, Analogien, Typologien und Orientierungshypothesen; oder "Theorie" als ein System von funktionalen Beziehungen zwischen theoretischen Termen, das sich an den Kriterien der formalen Logik und der empirischen Interpretation und Bewährung der Aussagen orientiert. Die beiden Auffassungen über "Theorie" könnte man als eine Art von Inklusionsverhältnis betrachten: Begriffe und Orientierungshypothesen sind (notwendige und unverzichtbare) Vorstufen für den zweiten Schritt der (eigentlichen) Bildung von Theorien als Systeme funktionaler Zusammenhänge von theoretischen Termen. Habermas, Luhmann und Giddens würden demnach eher nur Fragen aufwerfen und vielleicht auch wichtige, aber allein für sich unvollständige

Vorarbeiten liefern, während Boudon und Coleman sich in ihren Arbeiten (darüber hinaus auch) an den Kriterien des "Begründungszusammenhangs" orientieren.

Genau hierüber entbrennt aber der Streit: Es wird bestritten, daß - zum Beispiel - Begriffsanalyse nur eine Vor-Form von Theorie sei und es wird bestritten, daß man in den Gesellschaftswissenschaften ebenfalls die Kriterien der Theoriebildung anwenden könne, wie sie ansonsten (am ehesten in den Naturwissenschaften, aber auch in der Ökonomie und Teilen der Psychologie) gängig und anerkannt sind. Dieser Streit geht weit über verschiedene Auffassungen darüber hinaus, mit welchen Resultaten der Theoriebildung man bereits zufrieden sein könne. Es geht vielmehr darum, ob die - der Analytischen Wissenschaftstheorie entnommenen - Kriterien der Theoriebildung (für die zweite Version) überhaupt anwendbar oder auch nur den spezifischen Besonderheiten des Gegenstandes der Gesellschaftswissenschaften angemessen sind. Die Vermutung ist wohl nicht völlig falsch, daß sich in den beiden Auffassungen und Einschätzungen ein Teil des Methoden-Streites fortsetzt, von dem die Gesellschaftswissenschaften schon immer begleitet waren.

Das Andauern des Streites ist so unverständlich nicht. Daß das "positivistische" Theorieprogramm nicht überall von der Überzeugungskraft war (ist), wie man angesichts seiner Erfolge in anderen Disziplinen annehmen könnte, hat eine Reihe von ernstzunehmenden Hintergründen, die z.T. auf einer Reihe von Besonderheiten der Sozialwissenschaften, z.T. aber auch darauf beruhen, daß man für den Umgang mit diesen Besonderheiten erst allmählich akzeptable Lösungen gefunden hat. Beispielsweise wurde (und wird) innerhalb des analytischen Programms lange Zeit angenommen, daß sozialwissenschaftliche Theorien als statistische Kausalmodelle spezifiziert werden könnten und daß die "Erklärung von Varianz" bereits einen theoretischen Gewinn darstelle. Unterschätzt wurde auch lange Zeit, daß Theorien über soziale Prozesse die Kategorie des "Sinns" - beim Handeln und in der Geschichte - an zentraler Stelle zu berücksichtigen hätten und daß es für "Sinn" und "Subjektivität" in der Tat kein Äquivalent in den Naturwissenschaften gibt. Das Problem der "Einmaligkeit" und der "Neuheit" historischer und soziologisch relevanter Vorgänge wurde ebenfalls allzu lange als eine im Grunde unerhebliche

Einrede des (interaktionistischen, historistischen oder "qualitativen") "Anti-Naturalismus" angesehen und seine Bedeutung für soziologische Erklärungen folglich kaum ernstgenommen. Und schließlich: Nicht zuletzt aus der Durkheimschen Tradition heraus wurde - teilweise bis heute - vermutet, daß die für die analytische Theorieauffassung erforderliche Verankerung in "allgemeinen Gesetzen" nur auf der Ebene der Strukturen und makroskopischer Zusammenhänge "sui generis" zu suchen sei. Und gerade diese Hoffnung hat sich - wie man nunmehr nur allzugut weiß - nicht nur nicht erfüllt, sondern geradezu als Irrweg für die Theoriebildung in den Gesellschaftswissenschaften erwiesen.

Vor dem Hintergrund der geschilderten Schwächen einer Reihe von Versuchen, auch für die Gesellschaftswissenschaften die Strategien und Kriterien der analytischen Theoriebildung zu etablieren, wurde die nicht verstummende Kritik an diesen Ansätzen gut verständlich: "Variablen" erklären nichts, Menschen verbinden mit ihrem Handeln Absichten und "Sinn", historische "Epochen" legen - ebenso wie die gesellschaftlichen Teil-Systeme und Institutionen - einen "Rahmen" fest, innerhalb dessen sich jeder Sinn des Handelns bewegen muß, determinieren das Handeln aber nicht, mit einer einfachen "additiven" Aggregation einzelner Handlungen lassen sich "emergente" Effekte, Paradoxien und die "Dialektik" sozialer Prozesse nicht erfassen usw.. Wir wollen hier nicht weiter diskutieren, ob es für diese Einreden nicht schon erheblich früher Antworten gegeben hat, die manche Wiederholung alter Debatten hätte gegenstandslos werden lassen können (wie z.B. zur nomologischen Erklärbarkeit von intentionalen Handlungen und einmaliger historischer Abläufe). Unbestreitbar ist, daß eine Reihe dieser Einwände erst seit relativ kurzer Zeit in ihrer Tragweite besser verstanden, stärker systematisiert und Lösungen (mindestens: in Umrissen) gefunden worden sind.

Diese Perspektive zu einer möglichen Lösung der geschilderten Probleme beginnt im Prinzip mit einer Festlegung und mit einer zweifachen Feststellung. Die Festlegung beinhaltet, daß jede "Theorie" sich letztlich als "Erklärung" zu verstehen habe und daß jede Theoriebildung damit den Regeln der wissenschaftlichen Erklärung folgen müsse. Die erste Feststellung bezieht sich auf die Untauglichkeit von ("allgemeinen") makroskopischen Kausalhyspothesen zur Erklärung sozialer Prozesse bzw. darauf, daß jede solcher Kausalhypothesen Möglichkeiten systematisch zulassen muß, sie als einen Spezialfall allgemeinerer Kausalgesetze zu erkennen. Die zweite Feststellung greift einige der o.a. Einreden gegen eine analytisch orientierte Sozialwissenschaft auf, indem sie (zunächst) durchaus von der Triftigkeit der Einwände ausgeht (und sie nicht einfach ignoriert) und für diese Einwände konstruktive (und "anschlußfähige") Lösungsvorschläge - innerhalb eines analytischen Programms - zu erarbeiten sucht.

Zum besseren Verständnis mag es nützlich sein, ein wichtiges Kernstück der innerhalb des geschilderten Zusammenhangs entwickelten Methodologie zur Erklärung sozialer Prozesse in aller Kürze zu skizzieren. Die Perspektive läßt sich wie folgt zusammenfassen. Ausgangspunkt jeder weiteren Überlegung sind bestimmte "Rätsel", die es zu lösen gilt: Strukturmuster, Prozesse, Institutionen usw.. Sie stellen das Explanandum der zu entwickelnden Theorie dar. In der Regel werden die Explananda sozialwissenschaftlicher Analysen Relationen - "Zusammenhänge" - auf der Ebene struktureller Unterschiede oder von bestimmten Verläufen des Wandels von Strukturen sein: strukturelle bzw. prozessuale Relationen.

Das Grundprinzip des Umgangs mit dem Problem der Erklärung von solchen strukturellen oder prozessualen Relationen ist dann leicht benennbar: Die Erklärung der Relation wird im Prinzip in **drei** gesonderte Erklärungs-Probleme aufgespalten: wie stellt sich die "Situation" (in den zu vergleichenden sozialen Gebilden) für die Akteure dar? Wie gehen die Akteure in der Situation mit diesen Vorgaben um? Welche - oft: nicht beabsichtigten - Folgen produzieren die Akteure mit ihrem situationsorientierten Handeln? Strukturelle Unterschiede und Wandel werden so als indirekte Folge von Differenzen in Situationen und der Folgen von Handlungen in Situationen erklärt.

Wir wollen diese drei zu unterscheidenden Erklärungs-Probleme als die Frage nach der **Logik der Situation** (in der sich die Akteure in einem gegebenen sozialen Gebilde befinden), die Frage nach der **Logik der Selektion** (für die "Auswahl" von Reaktionen nach Maßgabe der situationellen Vorgaben, die als "Randbedingungen" für entsprechende Gesetze der Selektion dienen) und die Frage nach der **Logik der Aggregation** (als die "Ableitung" von zuvor erklärten "individuellen Effekten" in das zu erklärende strukturelle bzw. kollektive Merkmal) bezeichnen. Jede der drei Einzelfragen hat andere Problemstellungen zum Gegenstand. Erst in der **Kombination** der Lösung dieser drei verschiedenen Problemstellungen kann die Beantwortung der Frage nach einer Erklärung bestimmter struktureller und prozessualer Differenzen liegen.

Das Grundprinzip der Aufspaltung der Erklärung einer gegebenen strukturellen bzw. prozessualen Differenz beruht darauf, daß zunächst untersucht wird, in welcher (objektiven und subjektiven) Situation sich die relevanten und "typischen" Akteure in einem gegebenen sozialen Gebilde befinden. Dies setzt die Abgrenzung eines "Interaktions-Systems" von (typischen) Akteuren von einer "Umwelt" und die Angabe von typischen Merkmalen und Beziehungen der Akteure untereinander (einschließlich der verfügbaren Handlungsoptionen, Restriktionen und Präferenzen) voraus. Von ganz zentraler Bedeutung ist bei dieser Rekonstruktion die genaue, detaillierte und "vollständige" Deskription der historisch-institutionellen Besonderheiten des jeweiligen Interaktionssystems. Allerdings wird für die Zwecke der weiteren Analyse in aller Regel eine typisierende Abstraktion und Modellierung der Handlungssituation der Akteure unvermeidlich sein. Diese Rekonstruktion, Typisierung und Modellierung der Logik der Situation kann (bzw. muß) u.U. dann auch komplexere Formen der wechselseitigen Beziehungen umfassen. Daher wird für die Rekonstruktion und Modellierung einer Logik der Situation neben der Kenntnis der institutionell-historischen Details auch eine gewisse Vertrautheit mit Modellen typischer Interdependenzstrukturen, z.B. aus der Spieltheorie und der Netzwerkanalyse bedeutsam.

Im zweiten Schritt geht es um die explizite Angabe von Regeln, nach denen die Akteure vor dem Hintergrund der (von ihnen wahrgenommenen, bewerteten und "interpretierten") Logik der Situation bestimmte Reaktionen zeigen. Diese Regeln stellen die "Logik der Selektion" dar. Insoweit bei der Begründung für die Regeln auf gewisse "kausal" interpretierbare Regelmäßigkeiten des Verhaltens bzw. des ("sinnhaften") Handelns zurückgegriffen wird, kann man diese Regeln als den "nomologischen" Kern der Erklärung der gegebenen strukturellen bzw. prozessualen Differenzen auffassen. Für die geforderte Erklärungsleistung werden i. d. R. auch relativ einfache "Prinzipien" der Handlungs-Wahl eine ausreichende und zweckmäßige Logik der Selektion abgeben können. Unter gewissen Bedingungen (z.B. bei der Erklärung des Handelns unter "low-cost"-Umständen) werden (zu) vereinfachende Regeln durch andere Varianten zu ersetzen sein. Dies dürfte immer dann der Fall sein, wenn die "strukturellen" Vorgaben der Logik der Situation eine stärkere Berücksichtigung der individuellen Besonderheiten menschlichen Handelns (insbesondere unter Unsicherheit und "bounded rationality") nahelegen. Die "Annäherung" der Regeln an "realistischere" Bedingungen sollte aber nur in Übereinstimmung mit Erkenntnissen aus den damit befaßten Nachbardisziplinen (insbesondere Ökonomie und Psychologie), nicht nach Gutdünken oder Tradition erfolgen. Immer ist zu beachten, daß diese Regeln die Parameter der Selektionsfunktion genau angeben müssen und im Prinzip empirisch interpretierbar sind.

Der dritte Schritt ist die Aggregation der mit Hilfe der Logik der Situation und der Logik der Aggregation erklärten Handlungs-Selektionen der Akteure im betrachteten Interdependenzsystem. Bei dieser "Logik der Aggregation" spielen wiederum deskriptive Elemente eine überragende Rolle (z.B. die Kenntnis der "Geltung" von Regeln und Konventionen etwa über ein Wahlsystem, aus dem sich eine Parlamentsbesetzung aus einem "rohen" Abstimmungsergebnis ableiten läßt). Bei diesem Problem der Aggregation werden häufig aber auch komplexere "Ableitungen" vorzunehmen sein (die mit den Mitteln der verbalen Darstellung nicht mehr zu leisten sind wie z.B. die Analyse von Diffusions-Prozessen bei unterschiedlichen Bedingungen der Vernetzung der Akteure). Daher werden für die Bearbeitung der Logik der Aggregation gelegentlich auch formale Verfahren der Aggregation, u.U. auch die Nutzung von Möglichkeiten der Computer-Simulation komplexerer Abläufe oder analytisch nicht zu lösender Probleme einzusetzen sein.

Methodologisch handelt es sich bei diesem Vorgehen der Erklärung einer gegebenen strukturellen oder prozessualen Differenz um eine Kombination von "Tiefenerklärungen" (als Aufdeckung der "inneren" Mechanismen, die zu den strukturellen und prozessualen Differenzen führen), von "verstehender" Analyse (insoweit die Rekonstruktion der Logik der Situation eine Rekonstruktion dieser Situation insbesondere aus der Sicht der Akteure erfordert) und von "historisch-genetischen" Erklärungen, die den Anfangs- und den Endpunkt von Prozessen nicht über ein einziges "Makro"-Gesetz verknüpfen, sondern den Zusammenhang in eine - im Prinzip beliebig zu vertiefende und aufzuspaltende - Kette von Einzel-Sequenzen unter schrittweiser Einführung von Informationen über die besonderen historisch-institutionellen Umstände zerlegen. In theoretischer Hinsicht ergibt sich insofern eine Abkehr von einer "reinen" Makro-Analyse, als jede derartige Vertiefung die Einführung einer Ebene "unterhalb" des betrachteten strukturellen oder prozessualen Phänomens erfordert. Das Vorgehen bedeutet auch eine Abkehr von "positivistischen" oder "behavioristischen" Analysen sozialer Prozesse, da die strukturellen Gegebenheiten im Prinzip als (unintendiertes) Resultat von intentionalen Handlungen erklärt werden. Und es bedeutet die Abkehr von jedweder "statischer" Betrachtung, da bereits die Analyse von "statischen" strukturellen Differenzen in der skizzierten Erklärung immer eine Zerlegung der Differenz in bestimmte "Prozesse" beinhaltet.

Dieses bedeutet andererseits durchaus nicht, daß derartige Tiefen- bzw. Prozeß-Erklärungen aus "ontologischen" Gründen immer eine "individualistische" Basis haben müßten. Verlangt wird lediglich - neben der Genauigkeit und Richtigkeit der Beschreibungen zur Logik der Situation bzw. zur Lösung der Logik der Aggregation -, daß irgendeine **spezifische** Logik der Selektion angegeben wird. Ob sich diese auf individuelle, auf korporative oder kollektive Akteure, auf Organisationen, Parteien, Staaten oder informelle Gruppen bezieht ist im Prinzip unerheblich - solange für diese Einheiten eine spezifische und begründbare, über den Einzelfall hinausweisende Regel für die Logik der Selektion benennbar ist.

Durch die Entkopplung der Aspekte der Situation, Selektion und Aggregation eignet sich das Modell insbesondere zur Analyse von "Emergenzen" und "paradoxen" Effekten, Phänomenen der (ungeplanten) "Selbstorganisation" und "Evolution" sozialer Systeme, der "Eigenständigkeit" und "Eigendynamik" von sozialem Wandel und damit zur Aufklärung von Steuerungsproblemen, Dilemmasituationen und Phänomenen der "Komplexität" sozialer Systeme. Wegen der Zerlegung der interessierenden Relation in drei unterschiedliche Forschungsprobleme wird es auch eher möglich, bei auftretenden "Anomalien" von "Struktur"-Zusammenhängen die Gründe für die Abweichung aufzufinden (ohne das gesamte Modell dann in toto verwerfen zu müssen). Und durch diese Zerlegung wird auch die Suche nach deskriptiven Informationen (gerade beim Auftreten von Anomalien auf der Ebene des Strukturvergleichs) systematisch angeleitet: geht es um verborgen gebliebene Aspekte der Logik der Situation, notwendige Änderungen bei der Logik der Selektion oder um "Fehler" in der angewandten Aggregationslogik?

Die Vorzüge des skizzierten Programms liegen zunächst in seiner "Offenheit": sehr verschiedene Einwände gegen analytische Erklärungen in den Sozialwissenschaften werden gegenstandslos; es ist somit anschlußfähig für sehr verschiedene theoretische Perspektiven in den Sozialwissenschaften; ebenso wie zu den Nachbardisziplinen, die in Bezug auf die Theoriebildung (auf Grund besonderer Umstände) stärker fortgeschritten sind als z.B. die Soziologie. Damit wird es im Prinzip aber auch möglich, bestimmte Erkenntnisse aus der Bearbeitung soziologischer Probleme innerhalb des analytischen Programms wieder für die Nachbardisziplinen nutzbar werden zu lassen (wie z.B. die Erklärung von Effekten der "bounded rationality" für die herkömmliche neoklassische Ökonomie).

Mit der Klärung der Grundstrategie der Theoriebildung in den Sozialwissenschaften werden gleichzeitig einige Eckpunkte und Problembereiche ganz anderer Art sichtbar. Die beiden wichtigsten scheinen dabei die folgenden zu sein: Das Problem der vereinfachenden "Modellierung" (der Situation der Akteure und der Aggregation der Handlungsfolgen vor dem Hintergrund einer bestimmten Logik der Selektion); und das Problem der empirischen Anwendbarkeit solcher Modellierungen für die konkrete Erklärung sozialer Prozesse bzw. die empirische "Überprüfung" der entwickelten Modelle. Die Arbeiten in diesem Band sind - ohne daß dies explizit verabredet war - mehrheitlich an der Bearbeitung genau dieser beiden Problembereiche orientiert. Dies mag als Indikator dafür gelten, daß hier in der Tat sich eine Reihe interessanter und wichtiger Probleme eröffnen.

Theorien sind kein Selbstzweck. Sie sind Instrumente der Erklärung. Als solche sollten Theorien selbst so einfach (und verständlich) wie möglich sein. "Modellierung" (als typisierende Vereinfachung) ist damit ein wichtiger Bestandteil jeder Theoriebildung innerhalb des beschriebenen Programms. Modelle können verbal oder formal dargestellt werden. Die formale Darstellung ist meist weniger mißverständlich (und daher im Prinzip vorzuziehen). Folgerungen aus Modellen können analytisch oder über "Simulation" mit Hilfe flexiblerer Verfahren der "Ableitung" gezogen werden. Modellierungen haben ihren Wert v.a. in der Ableitbarkeit von auf den ersten Blick nicht erkennbaren Folgerungen (die man u. U. zum empirischen "Test" des Modells nutzen kann). Solche Modellierungen sind im Zusammenhang der oben beschriebenen drei "Logiken" insbesondere für die Analyse bestimmter Typen von Situationen (und deren Folgen im Kollektiv) bedeutsam. Die spieltheoretische Modellierung ist hier zuerst zu nennen. Und Modellierungen sind unentbehrlich zur Ableitung von aggregierten Folgen von situationsorientierten Handlungen, die im Zeitablauf miteinander verbunden sind. Diffusions-Modelle wären hierfür ein Beispiel. Innerhalb der beschriebenen Perspektive gewinnt die Ausarbeitung und Standardisierung von Grund-Typen von Situationen und aggregierter Effekte damit einen eigenständigen Wert - ganz unabhängig (zunächst) von Fragen der unmittelbaren inhaltlichen Anwendung. Der Vorteil liegt auf der Hand: Mit der Identifikation einer bestimmten empirischen Situation als Anwendungsfall eines bestimmten Modelltyps (z.B. eines iterierten Gefangenen-Dilemmas oder eines Schwellenwertmodells) können alle für diesen Modelltyp gewonnenen Eigenschaften - gewissermaßen im "Modul" - übernommen und als Leit-Hypothesen für die weitere Erklärung verwendet werden.

Die Identifikation eines gegebenen Falls als bestimmter Modell-"Typ" darf nicht mit der geforderten Erklärung gleich gesetzt werden. Der Grund ist vor allem ein psychologischer: erst nach sorgfältiger Prüfung der Anwendungsbedingungen des Modells wäre die Angabe des Modell-Typs bereits die "Erklärung"; aber nur in den seltensten Fällen werden wir die "reinen" Verhältnisse der Modell-Typen antreffen. Der Streit darüber, wie weit man sich von der jeweils gegebenen "Realität" entfernen darf, war der Kern der Auseinandersetzungen zwischen Menger und

Schmoller. Wer zuerst an "Erklärungen" und nicht nur an "Modellen" interessiert ist, muß einen Teil der Kritik, die Schmoller an Menger übte - wenngleich hier und da schweren Herzens - anerkennen.

Eine besondere Bedeutung könnte die Computer-Simulation innerhalb des beschriebenen Programms erhalten. Mehr und mehr wird (z.B. innerhalb der traditionellen Ökonomie) erkennbar, daß die Eleganz der analytischen Lösungen von Modellen oft mit unhaltbaren Annahmen (z.B. die der perfekten Information) erkauft werden muß. Sicher ist es eine richtige Strategie, mit diesen Modellierungen zunächst die Versuche zur Problemlösung so weit wie möglich zu treiben. Die Computersimulation eröffnet bei der Flexibilisierung der Annahmen (insbesondere über die Verteilung von Populationsmerkmalen z.B. bei Diffusions-Modellen) Möglichkeiten der "formalen" Ableitung auch dann, wenn "analytische Lösungen" nicht möglich sind. Sie führen also genau an der Stelle weiter, an der zuvor - mangels anderer Mittel - entweder die verbale Intuition vorherrschte oder eine weitere Modellierung unterblieb. Computersimulationen sind sicher keine beliebig einsetzbare Allzweckwaffe und kein leichter Ersatz für analytische Modellierungen. Sie erzwingen jedoch schon in der verbalen Vorbereitung des Modells Genauigkeiten und sie erlauben "Ableitungen" und Erkenntnisse über das "Verhalten" eines Systems auch dann, wenn man die "klassischen" Annahmen nicht machen kann oder möchte.

Die formale Modellierung des Zusammenhangs von theoretischen Größen ist der erste Schritt. Das Modell soll jedoch nicht nur formal korrekt, sondern als Erklärungsargument auch im gegebenen Fall anwendbar sein. Das Problem der empirischen Anwendbarkeit von Modellen bei der Erklärung des konkreten Explanandums hat Boudon in seiner Abgrenzung soziologischer von historischen Erklärungen des sozialen Wandels besonders deutlich gemacht. Es geht nicht nur um die Überprüfung der Anwendungsbedingungen eines bestimmten Modells (z.B. die Erklärung der Organisation einer Revolution als Kollektivgutproblem), sondern - meist - um die Kombination ganz unterschiedlicher Situationstypen (und deren aggregierter Folgen), wobei diese Kombination "historisch" eher auf "Zufall" als auf einen "gesetzmäßigen" Verlauf insgesamt zurückzuführen ist. Es war wohl der zentrale Irrtum des Historizismus (und analoger makroskopischer Theorien sozialen Wandels), die konkreten Abläufe insgesamt aus einem Modell erklären zu wollen und als eine Art von gigantischem, komplett endogenisierbaren Ablauf zu verstehen, wobei es sich tatsächlich lediglich um die zufällige Kombination ganz verschiedener Abläufe handelt. Einzelne Teil-Prozesse und -Konstellationen lassen sich dann - möglicherweise - im o.a. Sinne modellieren; die gesamte Kombination des empirischen Einzelfallss indessen (in aller Regel) nicht.

Die Zusammenfügung der einzelnen Modelle zu einer Gesamt-Analyse ist dann keine Frage der Modellierung mehr, sondern eine der genauen und "gesättigten" empirischen Beschreibung. Zur konkreten Erklärung wird damit sowohl formale Modellierung wie detaillierte empirische Beschreibung zwingend notwendig. Anders gesagt: Die soziologische Analyse sozialen Wandels unterscheidet sich von einer historischen Erklärung (die nicht nur "beschreiben" will) in keiner Weise. Boudon schlägt aber eine interessante Arbeitsteilung vor: Soziologen sollten sich verstärkt um die Ausarbeitung von Modell-Typen kümmern (dies käme ihrem traditionellen Interesse an "struktureller Analyse" entgegen); und die Historiker sollten (weiterhin) in erster Linie die erforderlichen Details bereitstellen bzw. die Verknüpfungen verschiedener Modell-Typen im konkreten Einzelfall untermauern helfen. Letztlich läuft aber die Boudonsche Analyse auf ein Einebnen der Fächerabgrenzungen hinaus: jeder muß "modellieren" und jeder muß "dicht beschreiben" können.

Die Anwendbarkeit einer Modellierung und die Güte der Erklärung ist - last not least - immer auch eine Frage von unabhängiger empirischer Evidenz. Mit der formalen Modellierung theoretischer Hypothesen wird es auch für die Sozialwissenschaften möglich, die empirische Überprüfung als etwas anderes zu verstehen als die "Bestätigung" von statistischen Zusammenhängen zwischen "Variablen". Im Prinzip sieht der Prozeß der empirischen Überprüfung eines Modells so aus: die theoretischen Terme eines Modells werden - über Korrespondenzhypothesen für Meßverfahren - mit Beobachtungsaussagen verbunden. Diese Korrespondenzhypothesen bilden - zusammen mit dem "theoretischen Kern" des Modells - die "empirisch interpretierte Theorie" für das gegebene Problem. Aus dieser Kombination von Modell und Korrespondenzhypothesen werden dann - analytisch oder über Simulation - theoretische Implikationen für empirische Zustände bzw. Abläufe abgeleitet. Die theoretischen Implikationen des Modells (für empirische Abläufe) können nun in statistische Modelle überführt werden; im Idealfall: man "testet" die "Anpassung" bestimmter statistischer Modelle (z.B. lineare Regression mit Interaktionseffekten oder bestimmte Modelle der Ereignisdatenanalyse) an das "abgeleitete" theoretische Modell. Das so - als statistischer Referenzpunkt für die Haltbarkeit des theoretischen Modells - gewonnene statistische Modell wird dann erst mit den gegebenen empirischen Daten konfrontiert.

Das skizzierte Verfahren unterscheidet sich deutlich von der üblichen Routine der Variablen-Soziologie. Statistische Kausalmodelle sind nicht der theoretische Kern der Analyse und auch nicht ihr Ausgangspunkt, sondern ein - zweifellos zentraler - Zwischenschritt. Daher steht auch nicht das Ziel: "Maximierung der erklärten Varianz" im Mittelpunkt, sondern: die Überprüfung der theoretischen Implikationen mit Hilfe von Vorhersagen innerhalb eines statistischen Modells. Und diese Vorhersagen können durchaus auch beinhalten, daß es keinen empirischen Zusammenhang zwischen zwei "Variablen" geben sollte.

Der Gang der weiteren Analyse hängt - wie üblich - davon ab, wie dieser Test ausgeht. Wegen der zusätzlichen Zwischenschritte zwischen theoretischem Modell und "Daten" gibt es bei "Widerlegungen" auch mehr Möglichkeiten der "Exhaustion" der Erklärung. Dieses Problem ist nicht neu. Und es ist auch nicht immer ein Nachteil; nämlich dann nicht, wenn die Annahmen darüber, "warum" der Test mißlang, nicht lediglich ad hoc eingeführt werden, sondern unabhängig begründet werden können.

Gleichwohl empfehlen sich bestimmte Vorüberlegungen darüber, welche "Ebene" der Analyse für "Widerlegungen" anfälliger bzw. an welcher Stelle die Veränderung von Annahmen für den weiteren Erkenntnisprozeß fruchtbarer sein dürfte (und wo man zuerst "suchen" sollte). Die Flexibilität der Annahmen dürfte in dieser Reihenfolge abnehmen: Annahmen über die "zufällige" Verknüpfung von Modell-Typen; die Annahmen bei der Ableitung aggregierter Folgen eines Modell-Typs; die Randbedingungen zur Anwendbarkeit eines bestimmten Modell-Typs im gegebenen Fall; der "nomologische" Kern der Modelle (z.B. Annahmen über die Logik der Selektion auf seiten der Akteure). Diese Reihenfolge entspricht der Bedeutsamkeit einer empirischen "Sättigung" der Modellierung (und - glücklicherweise - im Groben auch den Möglichkeiten einer empirischen Anreicherung der Annahmen). Anders gesagt: mit der Modellierung allein ist es ebensowenig getan wie mit einer "historischen" Detail-Beschreibung. Und dies zeigt sich spätestens beim "Test" des Modells.

Es wird mit diesen Einzelheiten von Anforderungen an "erklärende" Theorien in den Gesellschaftswissenschaften (über die "Modellierung sozialer Prozesse") deutlich, daß einerseits die traditionellen Fächergrenzen deutlich überschritten werden, und andererseits, daß eine Vielzahl - auch psychologisch - sehr unterschiedlicher Anforderungen gestellt werden: wer hat schon gleichzeitig das Talent zu "formaler" Modellierung und zu historisch-detaillierter dichter Beschreibung (und zu manchem anderem mehr)? Man kann nur vermuten, daß wohl in der Notwendigkeit der Zusammenführung sehr verschiedener Elemente einer der wichtigsten psychologischen (und damit indirekt auch: institutionellen) Gründe dafür liegt, daß die theoretische Entwicklung der Gesellschaftswissenschaften so schleppend vor sich gegangen ist.

Der skizzierte Ansatz erlaubt aber mindestens eines: die Identifikation der Spannbreite der verschiedenen, gleichzeitig erforderlichen Einzelschritte; und damit: die Identifikation auch des methodischen Grundes, warum Überspezialisierungen (und damit oft verbunden: die Verselbständigung eines Spezialgebietes gegenüber den inhaltlichen Fragen) die Lösung der geschilderten Probleme eher verhindern: die sozialwissenschaftliche Analyse eines konkreten Problems gleicht immer mehr einem Zehnkampf als der Höchstleistung in einer Spezialdisziplin. Für das skizzierte Programm insgesamt maßgebliche Leitfiguren wie Paul F. Lazarsfeld, Robert K. Merton oder James S. Coleman zeichneten sich gerade durch ihre Vielseitigkeit und durch ihr zentrales Interesse an der explanativen Lösung des jeweiligen inhaltlichen Problems aus. Es wird nun darauf ankommen, die Sozialwissenschaften so zu institutionalisieren, daß ihre Fortschritte nicht mehr - wie bisher - von dem seltenen Glücksfall persönlichen Talentes allein abhängig sind.

# A. Theorien und Modelle in den Sozialwissenschaften

Siegwart Lindenberg

# Die Methode der abnehmenden Abstraktion: Theoriegesteuerte Analyse und empirischer Gehalt

> **"Abstrakt: Unwirklich; begrifflich; nur gedacht". (Duden)**
> **"Abstrahieren: Absehen von etwas, z.B. wenn man die Erde als Kugel bezeichnet, so abstrahiert man davon, daß sie an den Polen abgeplattet ist." (Philosophisches Wörterbuch)**

## 1. Einleitung

Ohne Zweifel haben Soziologie und Ökonomie je für sich einen eigenständigen Beitrag zu bieten. Die Soziologie besitzt eine starke empirische Tradition, Die Ökonomie verfügt über eine ausgebaute theoretische Entwicklung. Könnten die beiden Disziplinen von einander profitieren?

Man sollte meinen, daß sie natürlich einander viel zu bieten haben. Aber für lange Zeit war die Bereitschaft, von der Nachbardisziplin zu lernen, sehr beschränkt. Schon vor vielen Jahren klagte Hans Albert über die Neigung der Ökonomen des neoklassische Denkstils, sich "vor allem gegen die Soziologie und die Sozialpsychologie abzuschirmen".[1] Umgekehrt bemerkt Karl Dieter Opp: "Soziologen ... ignorieren meist die Ergebnisse der Ökonomie und Neuen Politischen Ökonomie ..."[2].

Seit einiger Zeit hat sich die Situation geändert. Die Grenzen haben sich etwas geöffnet und Probleme, die bisher durch das gegenseitige Ignorieren von Ökonomen und Soziologen gar nicht erst aufkamen, werden nun umso sichtbarer. Es sind in der Tat auch schwierige Probleme, wie zum

Beispiel die Frage nach dem Verhältnis von Nutzen und Moral, nach der Integration scheinbar schlecht verträglicher Einsichten aus beiden Disziplinen und nach der Vereinbarkeit von Realitätsnähe soziologischer Analysen mit dem Modellbau der Ökonomie.

In diesem Aufsatz geht es nun vor allem um das letztere Problem[3], also darum, ob (und wenn ja, wie) man den Modellbau in der Ökonomie mit der empirischen Tradition der Soziologie verbinden kann. Da die fortschreitende Konvergenz der beiden Disziplinen inzwischen auch die verstecktesten Winkel der disziplinären Traditionen aufstöbert und verunsichert, gibt es in Bezug auf diese Frage kein Entrinnen. Ebensowenig aber gibt es apriori die Beruhigung, daß alles gut verläuft; denn der Ruf nach mehr Integration von Ökonomie und Soziologie ist auch in der Vergangenheit vielfach ertönt und ohne nennenswertes Resultat geblieben. Und andererseits, noch viel wichtiger, gibt es im Moment so viel Kritik am Modellbau der Ökonomie, daß man sich fragen kann, ob es denn überhaupt ratsam wäre, eine Integration anzustreben. Vielleicht gibt es aber auch einen guten Grund dafür, daß die Integration in der Vergangenheit nicht gelungen ist. Vielleicht haben wir es ja hier nicht mit einer möglichen wechselweisen Befruchtung, sondern mit einer Kreuzsterilisierung zu tun[4] und eventuell wäre es viel besser, sich der Konvergenz zu widersetzen, oder gar einen Neubeginn beider Disziplinen anzustreben. Wir werden uns also im Folgenden mit einer sehr kritischen Frage auseinandersetzen.

Die Forderung nach Realitätsnähe der Erklärungen liegt in einer empirischen Wissenschaft auf der Hand. Aber anstatt weiter auf diese Einsicht zu pochen, versuche ich in diesem Artikel herauszufinden, warum der realitätsferne Modellbau sich praktisch immun gegenüber den Rufen der Empiriker gezeigt hat. Und ich werde prüfen, ob man die Vorteile des Modellbaus doch mit der Forderung nach Realitätsnähe verbinden kann. Um die Antwort vorwegzunehmen: der große Vorteil des Modellbaus ist die theoriegesteuerte Analyse. Diese Leistung ist so wichtig, daß man sie in jedem Fall erhalten muß. Wenn man sich nun die Methode der abnehmenden Abstraktion zu eigen macht, dann kann man theoriegesteuerte Analyse mit Realitätsnähe verbinden. Für Soziologen, aber auch für Ökonomen, bedeutet das einen Bruch mit ihrer jeweiligen Routine.

## 2. Der Kern des ökonomischen Programms

Die erste Frage, die uns beschäftigt, ist, warum die Ökonomen nicht schon lange Einsichten aus der Soziologie freudig aufgenommen und so ihre eigenen Modelle verbessert haben.

Was haben Ökonomen gegen die Empirie? Die Antwort auf diese Frage ist einfach: sie haben nichts dagegen. Aber ihre Tradition ist vollkommen anders. Und würde man die in der Soziologie so verbreitete datengesteuerte Analyse in die Ökonomie einführen, dann gingen die Vorteile der ökonomischen Analyse verloren. Was sind denn diese Vorteile?

Um die Vorteile der Ökonomischen Tradition besser ins Licht zu heben, muß ich kurz (und sehr vereinfachend) auf deren Anfänge zurück gehen. Oft nennt man Adam Smith den Vater der Ökonomie als Disziplin. Ich will nun behaupten, daß man den Kern des ökonomischen Programms viel besser versteht, wenn man den Anfang der Ökonomie als Disziplin nicht im Werke von Smith allein, sondern in der Kombination der Werke von Smith und Ricardo lokalisiert.

Adam Smith war fasziniert durch Newton's **Principia**, durch die Erklärung einer Vielzahl natürlicher Phänomene mit Hilfe einiger weniger Prinzipien. "Es bereitet uns große Freude, um all die Phänomene, die wir als unerklärbar angesehen haben, aus einem Prinzip (meistens einem wohlbekannten) abgeleitet zu sehen, so daß sie in einer Kette verbunden sind. Diese Methode ist derjenigen bei weitem überlegen, in der jedes Phänomen einzeln und ohne Bezug auf die anderen Phänomene erklärt wird"[5]. Das Verschmelzen von scheinbar unverbundenen Gegebenheiten **zum System durch einfache** Mittel (also Erklärungseffizienz), das ist der intellektuelle Reiz dieser Methode. Smith wollte ein Gleiches für die Gesellschaftswissenschaften (damals Moralphilosophie genannt) tun.

Hier fügt sich dann noch zum intellektuellen Reiz der praktische (ordnungspolitische) Wert, der darin liegt, die wechselseitigen Abhängigkeiten der gesellschaftlichen Zustände und Prozesse erfassen zu können.

Smiths Vorgehensweise ergab sich zum Teil aus Arbeiten anderer und zum Teil aus der systematischen Überlegung, daß die entsprechenden Prinzipien das Invariante in der Geschichte zum Inhalt haben müßten. Da die gesellschaftlichen Umstände, Institutionen, Produktionsweisen und Meinungen sich durch die Geschichte hin immer wieder verändern, muß die Invarianz in etwas anderem liegen: in bestimmten Zügen der menschlichen Natur, vor allem in der begrenzten Freigebigkeit, in der Anlage zum Tausch (mit der Fähigkeit, sich in den anderen zu versetzen), und dem starken Bedürfnis nach der Zustimmung und Bewunderung anderer. Auf dieser Grundlage schuf Smith eine Analyse historischer Veränderungen in Abhängigkeit von Produktionsweisen und Besitzverhältnissen und vor allem eine Analyse des Funktionierens von Märkten. Hierüber urteilen zwei Kenner der Geschichte der Disziplin, daß bis zum heutigen Tage, nur wenige Einsichten über Smith hinausgehen[6].

as Smith durch die Vielfalt der Phänomene, die er in sein System brachte, jedoch nicht gelang, konnte ein anderer kurze Zeit nach ihm schon viel besser erreichen: das Modell logisch so durchsichtig aufzubauen, daß die Konklusionen zwingend aus den Annahmen folgen. Dies gelang zuerst David Ricardo, der sein Modell 1817 in dem Buch **Über die Prinzipien der Politischen Ökonomie und der Steuer**_veröffentlichte. Obwohl Ricardo noch keine Mathematik verwandte, um das deduktive Gebäude zu errichten, gelang es ihm doch ein beachtlich strenges Modell zu konstruieren. Der Traum von Adam Smith wurde also, wenn auch nur für einen Ausschnitt und auch nur annähernd, in Ricardos Werk Wirklichkeit.

Der wichtige Punkt für unser Argument ist nun der folgende. Das Smithsche Programm (die Vision, wie sie manchmal genannt wird) und das Ricardosche Modellieren, sind **zusammen** sowohl Anfang, als auch Kernstück des ökonomischen Programms bis zum heutigen Tag. Was im Werk von Adam Smith letztendlich nicht in die Modellarbeit paßte, wie seine historischen Analysen und die Rolle der sozialen Wertschätzung, fiel weg und wurde vergessen. Aber die "Newtonsche Methode", die

Smith selbst erstrebte und die Ricardo annähernd realisierte, blieb über die Zeit hin als Kernstück erhalten, trotz mannigfaltiger Verschiebungen, von einem Makroakzent zu einem Mikroakzent, von dem Nachdruck auf Produktion zum Nachdruck auf Konsumtion, von einer allgemeinen Nutzenidee zur speziellen und technischen Präzision der marginalen Analyse. Dabei geht es also um die deduktiv durchsichtige Erklärung von (Wirtschafts-) **Systemen** auf Grund weniger Prinzipien über die menschliche Natur. Und es geht darum, daß diese Erklärungen so geartet sind, daß sie deutliche ordnungspolitische Stellungnahmen fundieren[7] (zum Beispiel über Schutzzölle, Subventionen, Steuern). Es ist wichtig zu sehen, daß es sich hier **nicht** darum handelt mit Hilfe weniger Prinzipien möglichst viele einzelne Tatsachen zu erklären, sondern darum, mit Hilfe weniger Prinzipien den **Zusammenhang** vieler relevanter Aspekte des (Wirtschaft-) Systems zu erklären. In dieser Hinsicht ist die Linie von der unsichtbaren Hand zur allgemeinen Gleichgewichtstheorie alter und neuer Prägung, also die Linie Smith-Walras-Arrow/Debreu, folgerichtig, obwohl Smith sich wohl kaum mit der fortschreitenden empirischen Verarmung, die ebenfalls durch diese Linie repräsentiert wird, hätte abfinden wollen. Hierin liegt aber nun genau das Problem dieses Artikels: hätte er sich damit abfinden **müssen**?

## 2.1 Die methodologischen Folgen des ökonomischen Programms

Eines der ersten Dinge, das einem bei diesem Programm auffällt, ist, daß es von Anfang an zwei Stile beherbergt: einen literarischen (Smith) und einen formalen (Ricardo). Beide sind Stile **eines** Programms und das heißt, daß sie nicht gegeneinander streiten, sondern einander ergänzen[8]. Der literarische Stil ist einerseits da angebracht, wo der Formalismus noch nicht angelangt ist, andererseits kann er sich aber auch des formalen Gerüstes bedienen, durch Hinweise auf (der Zunft bekannte) Theoreme, Ableitungen und Beweise. Hierdurch entsteht, bei gegenseitiger Abhängigkeit, doch eine stärkere Position für die Formalisten, denn sie entscheiden letztendlich darüber ob das, was die "Literaten" sich ausgedacht haben, in das Modell aufgenommen wird oder nicht. Seit vielen Jahren gehört es zum Standardrepertoire der Beobachter der Disziplin, das Überhandnehmen des Formalismus zu beklagen. Sieht man aber das ökonomische Programm in der historischen Perspektive, dann ist die

Vorherrschaft des Formalismus bereits in den Anfängen der Zunft angelegt. Wie wir noch sehen werden, wird daran höchstens die Konvergenz mit der Soziologie, und das nur **unter bestimmten methodologischen Umständen** etwas ändern.

Egal welcher Stil angewandt wird, die Analysen sind - der Intention nach - immer **theoriegesteuert**, denn es geht ja um Deduktion aus wenigen Prinzipien. Ob diese Intention aber auch realisiert werden kann, hängt inhaltlich von der Qualität der Prinzipien (und damit vom Kern des literarischen Stils) ab. Was dies heißt, kann man an der Abbildung 1, die hier nur heuristischen Zwecken dienen soll, verdeutlichen.

**Abbildung 1:** Die beiden relevanten Dimensionen für theoriegesteuerte Analyse

| | | Aspekte | |
|---|---|---|---|
| | | allgemeine | besondere |
| Aspekte | Haupt- | Typ 1 | Typ 2 |
| | Neben- | Typ 3 | Typ 4 |

Nehmen wir an, daß (wie bei Popper) Analysen (also Erklärungen, Vorhersagen usw.) Lösungen zu einem gestellten Problem sind, daß die Lösungen (aufgrund hier nicht genannter Kriterien) entweder adäquat oder aber nicht adäquat sind und daß die adäquaten Lösungen von höherer oder niedriger Qualität sein können. Dann sind **Hauptaspekte** eines Phänomens diejenigen Aspekte, ohne die man in einer Analyse des Phänomens nicht zu einer adäquaten Problemlösung kommt. **Nebenaspekte** sind diejenigen Aspekte, die selbst keine Hauptaspekte sind, aber die die Qualität einer adäquaten Problemlösung erhöhen können, wenn sie berücksichtigt würden. **Allgemeine** Aspekte sind diejenigen Aspekte, die eine große Zahl verschiedener Klassen von Phänomenen in einem Problemfeld gemein haben. Und **besondere** Aspekte sind schließlich diejenigen, die in dem Problemfeld nur einer speziellen Teil-Klasse von Phänomenen zukommt. Für einen Theoretiker ist es optimal, wenn es für die gegebene Problemsituation einige wenige Hauptaspekte gibt, er die für sein Problem wichtigen Hauptaspekte kennt, und er damit gleichzeitig auch die Hauptaspekte vieler anderer Phänomene im Griff hat. Das heißt, es ist für ihn optimal, wenn er es mit Aspekten des Typs 1 zu tun hat (wie zum Beispiel mit relativen Preisen), und wenn es nur wenige solcher Hauptaspekte gibt. Denken Ökonomen nun auch so?

Es gibt zwei Ökonomen, die sich mehr als die anderen mit diesen methodologischen Dingen kompetent befaßt haben. Der eine ist Frank Knight und der andere ist Milton Friedman. Ich werde diese beiden Kronzeugen hier häufiger zu Wort kommen lassen. Frank Knight nennt Theoriesteuerung die "analytische Methode" und beschreibt warum diese Methode funktioniert:

> "Der Wert der Methode beruht auf der Tatsache, daß große Gruppen von Problemsituationen bestimmte Elemente **gemeinsam** haben und diese Elemente nicht nur in jedem Fall anwesend sind, sondern zusätzlich auch noch sowohl **gering an Anzahl** als auch **wichtig** genug sind, um die Situationen zu dominieren."[9]

Milton Friedman hat einen ähnlichen Punkt in einem mittlerweile klassischen Aufsatz über die Methodologie der positiven Ökonomie so ausgedrückt: "Eine Hypothese ist wichtig, wenn sie viel durch **wenig** 'erklärt', also wenn sie die **gemeinsamen** (common) und **entscheidenden** (crucial) Elemente aus der Masse der das zu erklärende Phänomen umgebenden Umstände absondert."[10]

Zum optimalen Zustand gehört auch, daß keine der in den relevanten Propositionen verknüpften Aspekte wesentlich über den Typ 1 hinausgehen. Hiermit ist gemeint, daß es entweder keine Aspekte des Typs 2 gibt, oder aber daß es möglich ist, diese Aspekte als Einschränkungen der Typ-1-Aspekte oder als durch Typ-1-Aspekte (partiell) definiert zu konstruieren[11]. So sind in der Ökonomie aufgrund der Nutzentheorie Akteure (Entscheidungsträger), Güter und Dienstleistungen, Kosten, relative Preise, Nachfrage und Angebot allgemeine Hauptaspekte, und bestimmte Güterarten (wie zum Beispiel private Güter, Kollektivgüter) und Kostenarten (wie zum Beispiel Transaktionskosten, Informationskosten) Einschränkungen solcher Aspekte zur Verwendung als Aspekte des Typs 2. Was die partielle Definition betrifft, so geht es darum, ein kollektives Phänomen so zu betrachten, daß es sich durch Typ-1-Aspekte beschreiben läßt ohne auf diese Beschreibung "reduziert" zu werden[12]. Will man zum Beispiel Verkehrsstauungen ökonomisch erklären, dann muß man sie erst partiell so definieren, daß sie sich auf allgemeine Hauptaspekte beziehen, also etwa als Situationen, in denen die Nachfrage nach einer Dienstleistung deren Angebot übersteigt[13].

Wenn die Methodologie einer Disziplin eine theoretische Sprache auferlegt, in der es nicht möglich ist, Typ-1-Aspekte anzusprechen, dann kommt es entweder zu keiner Erklärung oder es kommt zu einer **Schattenmethodologie**, in der ad hoc Propositionen über Typ-1-Aspekte eingeschleust werden[14]. Homans präsentierte hierfür ein schönes Beispiel. Er rekonstruierte Smelsers Erklärung technischer Innovation in der englischen Baumwollindustrie und zeigte, daß Smelser erst die funktionalistische Theorie (also eine Systemgleichgewichtstendenz mit vier Systemerfordernissen ohne Entscheidungsträger) als die für diesen Fall anzuwendende Theorie darstellt, um dann in der weiteren Analyse, die funktionalistische Theorie ignorierend, mit Hilfe von ad hoc Annahmen über Erwartungen und Kosten/Nutzen-Kalküle die tatsächliche Argumentationskette der Erklärung aufzubauen[15]. Diese ad hoc Erklärungen via Entscheidungsträger werden Homans zufolge von vielen Funktionalisten "heimlich wie eine Flasche Whiskey unterm Tisch hervorgeholt, wenn es wirklich darauf ankommt."[16]

Theoriegesteuerte Analyse ist natürlich in verschiedenem Maße möglich. Aber sie ist optimal, wenn vier Kriterien erfüllt sind, die sich aus dem bereits Besprochenen ergeben. Erstens: **Erklärungseffizienz**, d.h. die in den theoretischen Aussagen enthaltenen Variablen müssen in ihrer Anzahl gering sein und sich auf Aspekte vom Typ 1 (oder auf Typ 1 basierte Aspekte) beziehen. Zweitens: **Ableitbarkeit**, d.h. die Argumentationskette muß logisch durchsichtig sein. Drittens: **Systemzusammenhang**, d.h. die Resultate müssen zu den davor schon akzeptierten Analysen passen. Viertens: **Qualität**, d.h. die Qualität der aufgrund der ersten drei Kriterien erstellten Analysen muß hoch sein (wobei hier zur Definition von "hohe Qualität" noch nichts weiter gesagt sei). Wenn das Smithsche Programm für die Ökonomie auch nicht den optimalen Zustand der Theoriesteuerung erreicht hat, so doch eine beachtliche Approximation der optimalen Theoriesteuerung. Das ist zu einem großen Teil eben dem von Smith verwandten Menschenbild ( = Erklärungsprinzipien) zu verdanken[17]. Somit kommt diesem Menschenbild große heuristische Bedeutung zu, worauf wir später noch einzugehen haben.

Es gibt natürlich mehr als ein Gegenstück zur theoriegesteuerten Analyse; aber unter diesen Gegenstücken ist in den empirischen Sozialwissenschaften die **datengesteuerte** Analyse vielleicht doch die wichtigste. In dieser Art von Analyse versucht man die Hauptaspekte aus den (geschichtlichen oder Umfrage- oder Beobachtungs-) Daten zu destillieren, sei es als (Handlungs-, Gebilde- oder Prozeß-) Typen (z.B. Typen der Herrschaft), sei es als (Einfluß-) Faktoren (z.B. der Faktor "Religion"). In der traditionellen Soziologie ist diese Art von Analyse die vorherrschende. Ihr gegenüber hat die theoriegesteuerte Analyse deutliche Vorteile, weil durch letztere Probleme besser strukturiert und Zusammenhänge zwischen den Phänomenen leichter aufgedeckt werden können, und weil der Erkenntnisprozeß kumulativer ist. Demgegenüber gibt es aber in der Art, wie die theoriegesteuerte Analyse durch Ökonomen gehandhabt wird, auch deutliche Nachteile, auf die ich im Folgenden eingehe.

### 2.2 Nachteile: Anpassungen der Erklärungsqualität

Von den vier Kriterien für theoriegesteuerte Analyse (also Erklärungseffizienz, Ableitbarkeit, Systemzusammenhang, Qualität) ist aus verschiedenen Gründen das vierte (Qualität) dasjenige, das bei Vereinbarkeitsproblemen der Kriterien am leichtesten angepaßt werden kann. Dieses vierte Kriterium setzt sich eigentlich aus drei Kriterien zusammen, nämlich je eines für die Qualität der Erklärungseffizienz, der Ableitbarkeit und des Systemzusammenhangs. Hinsichtlich der Qualität der Ableitbarkeit besteht dank der formalen Arbeitsweise wenig Spielraum, wenn auch im literarischen Stil neu eingebrachte Anregungen zunächst auch im Vertrauen darauf angenommen werden, daß die Ableitbarkeit vermutlich gelingen wird. Darüberhinaus verlangt die Durchsichtigkeit des Systemzusammenhangs eine besonders hohe Qualität der Ableitbarkeit. Eine qualitativ anspruchsvolle Ableitbarkeit ist also eine ziemlich starre Restriktion, und Qualitätsanpassungen müssen, wenn nötig, zunächst bei der Erklärungseffizienz gesucht werden. Wegen seiner Wichtigkeit für den Modellbau und seiner grundsätzlichen Verträglichkeit mit der Qualität der Ableitbarkeit und der Durchsichtigkeit des Systemzusammenhangs wird das Effizienzprinzip (viel durch wenig erklären zu wollen) auch nicht der geeignete Platz sein, um Qualitätsanpassungen vorzunehmen. Die vier Kriterien der theoriegesteuerten Analyse sind also ziemlich starr. Was bleibt nun übrig, um im Bedarfsfall Anpassungen vornehmen zu können?

Die Antwort ist nicht schwer zu finden. Das einzige Qualitätskriterium, das nun doch noch Flexibilität möglich macht, betrifft die Erklärungseffizienz. Hier kann man auf hoher Effizienz bestehen, gleichzeitig aber die Qualität dessen, was man bereit ist, "Erklärung" zu nennen, anpassen. Der Pferdefuß des Modellbaus drückt an dieser Stelle deutlich durch den straffen Stiefel der Ableitbarkeit und den der Effizienz.

Bedrohungen der Effizienz müssen unerbittlich eliminiert werden. So müssen Typ-2-Aspekte ausgeschlossen werden, wenn es nicht gelungen ist, sie als Begrenzungen von Typ-1-Aspekten oder als durch Typ-1-Aspekte (partiell) definiert zu konstruieren. Knight ist in diesem Punkt sehr explizit:

> "Die Gesetze der wenigen (i.e. Typ 1, S.L.) Aspekte...liefern uns Aussagen darüber, was 'der Tendenz nach' der Fall ist, oder was unter 'idealen' Bedingungen der Fall 'wäre', also in einer Situation, in der man **annimmt**, daß die zahlreichen und verschiedenen weniger wichtigen (i.e. genuine Typ 2, S.L.) 'anderen Dinge', die unsere Gesetze nicht berücksichtigen, völlig fehlen."[18]

Friedman, unser zweiter Kronzeuge, geht noch einen Schritt weiter. Er sagt, daß die apriori Eliminierung der genuinen Typ-2-Aspekte (die er "die vielen anderen Begleiterscheinungen") nennt, "durch den Erfolg der

Hypothese" gerechtfertigt ist[19]. Der Fall, daß die Hypothese keinen Erfolg hat (z.B. weil relevante Typ-1-Aspekte nicht berücksichtigt wurden), wird gar nicht erst als Möglichkeit besprochen.

Eine noch radikalere Qualitätsanpassung ergibt sich, wenn Typ-1-verdächtige Aspekte die Ableitbarkeit dennoch so beeinträchtigen, daß man sie **aus diesem Grund** (und nur aus diesem Grund) nicht berücksichtigt. Knight hat in einer inzwischen klassisch gewordenen Explikation der Modellbedingungen des "perfekten Wettbewerbs" ein Beispiel dafür geliefert. Eine dieser Bedingungen ist, daß...

> "jedes Mitglied der Gesellschaft ausschließlich als von allen anderen Personen unabhängiges Individuum handelt. Um diese Unabhängigkeit vollständig zu erreichen, muß das Individuum von allen sozialen Bedürfnissen, Zu-und Abneigungen, und von allen Werten, die nicht vollkommen in der Markttransaktion zum Ausdruck kommen, frei sein."[20]

Diese Annahme wird auch nicht mehr zurückgenommen, obwohl Knight zugibt, daß man hiermit einen Typ-1-verdächtigen Aspekt ausgrenzt:

> "Wir müssen auf der fundamentalen Wichtigkeit der Tatsache bestehen, daß ein Großteil der menschlichen Bedürfnisse sich direkt auf andere Mitglieder der Gesellschaft beziehen... Diese relative Wichtigkeit der sozialen Motive und Wünsche, die sich eben nicht auf materielle Dinge, sondern auf soziale Beziehungen richten, wird sicher von jedem unterschätzt, der ökonomische Phänomene 'wissenschaftlich' behandeln will."[21]

"Wissenschaftlich" heißt hier soviel wie "erklärungs**effizient**, ziemlich stringente Ableitbarkeit und durchsichtiger Systemzusammenhang". Dieser Grad von Exaktheit ist eben "nur auf Kosten einer viel höheren Realitätsferne zu erreichen".[22]

in Kompromiß zwischen Realitätsnähe einerseits und Ableitbarkeit und Erklärungseffizienz andererseits scheint also deutlich einprogrammiert zu sein. Verlust der Ableitbarkeit und der Erklärungseffizienz ist ein so schwerwiegendes Argument, daß man ihr zuliebe bereit ist, große Opfer zu bringen. Dies findet seinen Widerhall in zahllosen kritischen Bemerkungen. Zum Beispiel, Landreth und Colander beschreiben den außerordentlichen Einfluß Ricardos und meinen: "Eine der interessantesten und erstaunlichsten Seiten der post-Ricardianischen Periode ist die Zähigkeit, mit der sich Ökonomen im Angesicht widerlegender Evidenz an die Vorhersagen aus Ricardos Modell geklammert haben. Die läßt sich zum großen Teil aus ihrer Begeisterung für das abstrakte und deduktive Modell Ricardos erklären."[23] Der Ökonom und Ricordoherausgeber Winch ist derselben Meinung[24]. Und der eminente Ökonom Stigler, der Ricardos Theorie für mittelmäßig hielt, bringt die Sache auf einen Punkt, wenn er sagt: "Der Triumpf Rocardos über Malthus kann keinem modernen Ökonomen leid tun, denn es ist wichtiger daß gute Logik gegen schlechte Logik gewinnt, als daß eine gute Einsicht gegen eine schlecht Einsicht gewinnt."[25] Albert bemerkt, daß der neoklassische Denkstil in der Ökonomen sich so stark durch "Gedankenexperimente, Räsonnements an Hand illustrativer Beispiele und logisch möglicher Extremfälle, sowie der Modellkonstruktion auf der Basis plausibler Annahmen [auszeichnet], ....daß selbst Theoretiker, die den Wert der Erfahrung sehr hoch schätzen, sich von diesem methodologischen Stil nur schwer lösen können."[26]

Diese Lösung des Problems der Qualitätsanpassung, also der Eliminierung von "genuinen" Aspekten des Typs 2 und von "lästigen" Aspekten des Typs 1, ist natürlich ständigem Druck ausgesetzt, wenn eben der Friedmansche Erfolg ausbleibt und man sich fragen muß, ob der Mißerfolg nicht vielleicht doch an diesen Eliminierungen liegt. Gegen diesen Druck hat sich in der neoklassischen Ökonomie zunächst eine für die Soziologie wichtige Beschränkung ergeben. Die Ökonomie beschied sich durch die Abgrenzung eines Gegenstandbereichs: Produktion, Konsum und Markttausch. Dinge wie Religion, Tradition, Ideologie, Selbstaufopferung, Massensuggestion, Fairneß, Normen, komplexe Interaktionen, Netzwerke, Machtbeziehungen, Selbstkonzeptionen, Referenzgruppen, Vertrauen, Solidarität und viele andere Phänomene, sie alle gefährden apriori die Ausgrenzung genuinen Typ-2-und lästigen Typ-1-Aspekten, und wurden daher gerne der Soziologie zugeschoben. Auf diese Weise vertiefte sich eine Arbeitsteilung zwischen Ökonomie und Soziologie nach dem Motto: für die Ökonomen die sauberen Modelle mit rationalem Verhalten, für die Soziologen die unaufgeräumte Wirklichkeit, in der irrationale Tendenzen durch gesellschaftliche, sozialisierende Kräfte gezügelt und kanalisiert werden. Inzwischen aber ist diese Arbeitsteilung ins Wanken geraten und gefährdet damit in viel stärkerem Maße die alte Qualitätsanpassung des Standardmodellbaus[27].

**3. Frühere Vorschläge zur Methode der abnehmenden Abstraktion**

In der Literatur finden wir drei Arten, um mit dem Problem der Irrealität ökonomischer Theorien fertig zu werden. Zum ersten kann man den Modellbau einfach als eine Verirrung abweisen und an seine Stelle Formen der datengesteuerten Analyse setzen. Diesen Weg haben die Vertreter der historischen Schulen in der zweiten Hälfte des 19. und im frühen 20. Jahrhundert gewählt. Vor allem Karl Knies und Gustaf Schmoller in Deutschland und Thomas E. Cliffe Leslie in England sind hier zu nennen. Einen vergleichbaren Weg haben die amerikanischen Institutionalisten (wie Thorstein Veblen und John Commons) gewählt.

Die zweite Art geht auch davon aus, daß der Modellbau ersetzt werden muß, aber nicht durch konkrete Analysen historischer Gegebenheiten, sondern durch nomologische, d.h. allgemeine **und** realitätsnahe Theorien. Als Haupthindernis wird das Kernstück des Modellbaus, der **homo oeconomicus**, ins Zentrum der Kritik gerückt und die entsprechenden Gegenvorschläge beziehen sich dann auch vor allem auf ein realistischeres, vornehmlich auf Motivations- und kognitive Psychologie basiertes, Menschenbild. Führende Vertreter dieser Kritik am Modellbau, die sich nach dem zweiten Weltkrieg zu entwickeln begann und inzwischen eine recht ansehnliche Anhängerschaft hat, sind Herbert Simon und George Katona. Letzterer hat dieser Richtung den Namen "behavioral economics" gegeben. In Deutschland ist Hans Albert wohl der bekannteste und bedeutendste Vertreter dieser Art von Kritik an der Ökonomie, obwohl er in neuerer Zeit dem Modellbau mehr Berechtigung einräumt.[28] Von ihm stammt auch das Etikett "Modellplatonismus", mit dem die Kritik bündig zusammengefaßt wird.

Beide Arten der Kritik am Modellbau haben viele fruchtbare Resultate erbracht und bringen sie noch. Trotzdem ist es erstaunlich, wie wenig von dem erreicht wurde, was man sich vorgenommen hatte. Der neoklassische Modellbau hat weder durch die datengesteuerte Analyse, noch durch die vorgeschlagene Psychologisierung der ökonomischen Handlungstheorie eine grundlegende Veränderung der oben beschriebenen Qualitätsanpassung durchgemacht. An Hand der oben präsentierten Analyse können wir die Behauptung wagen, daß die Ursache des relativen Mißerfolgs der historischen, institutionellen und vehaltenstheoretischen Schulen genau darin zu suchen ist, daß sie weder den Vorteil der theoriegesteuerten Analyse, noch die spezifischen (zum Teil eben problematischen) Qualitätsanpassungen die sich aus der Realisierung dieser Vorteile ergaben, erkannt haben.

Vertreter der dritten Art, um mit dem Problem der Irrealität fertig zu werden, haben die Wichtigkeit der theoriegesteuerten Analyse erkannt und haben dementsprechend auf datengesteuerte oder psychologisierende Strategien verzichtet. Hier gibt es schon seit langem eine Methode, die Theoriesteuerung und Realitätsnähe miteinander verbinden soll: die **Methode der abnehmenden Abstraktion**. Es ist mir nicht gelungen, den Ursprung dieser Methode aufzustöbern. Hans Albert (1984) zufolge stammt der Name "Methode der abnehmenden Abstraktion" von Friedrich von Wieser. Dies mag sein, aber die Methode selbst ist viel älter. Im Jahre 1875 spricht Friedrich Albert Lange in seiner berühmten **Geschichte des Materialismus** von einer "Methode allmählicher Annäherung an die Wahrheit", in der die Vereinfachung dazu dient, um eine "hypothetische und innerhalb der Schranken der Hypothese exakte Wissenschaft zu gewinnen, als **Vorstufe einer volleren Erkenntnis**."[29] Die Art wie Lange darüber spricht, legt nahe, daß diese Auffassung von Vereinfachung damals schon gut eingeführt war. Wie aber funktioniert diese Methode?

In der Literatur findet man oft Hinweise auf diese Methode, aber nur wenige Einzelheiten. Eine Ausnahme bildet die Auseinandersetzung Hallers in seinem Buch **Typus und Gesetz in der Nationalökonomie** (1950). Ihm zufolge ist es so...

> "daß man zunächst von sehr vereinfachten Annahmen ausgehen muß, um erst in späteren Stufen die verwickelten Bedingungen der Realität in die Modelle aufzunehmen. Man kann die Modelle, die aus didaktischen Gründen gebildet werden müssen, damit die Zusammenhänge zunächst in vereinfachter Form überblickt werden können, 'Vormodelle' oder 'Demonstrationsmodelle' nennen." (S.115) "Wenn das Modell der freien Verkehrswirtschaft bereits untersucht ist, so wird die Erkenntnis der Zusammenhänge in 'zwischentypischen' Wirtschaftssystemen wesentlich leichter gelingen." (S. 173)

Er unterscheidet zwei Arten von Vereinfachungen die in ökonomischen Modellen verwendet werden: a) Fiktionen, und b) grenztypische Vereinfachungen. Wenn eine Qualität nur am Extrempunkt einer Reihe deutlich ausgeprägt ist, wie z.B. "vollkommene Markttransparenz" dann ist dieser Pol eben ein "reines" Exemplar der Qualität und heißt "Grenztyp". Fiktionen dagegen sind keine gedanklichen Steigerungen von empirisch vorgefundenen Fällen, sondern völlig irreale Zustände oder Prozesse, wie z.B. die Annahme, daß sich Güter irgendwie selbsttätig (ohne Arbeitsaufwand) ergänzen (d.h. wenn die Produktion von Gütern in einem Tauschmodell vernachlässigt wird, wie das im Ausgangsmodell der Preistheorie der Fall ist).

Der Umgang mit Fiktionen ist für Haller methodologisch nicht besonders erwähnenswert. Die Fiktionen müssen eben Schritt für Schritt durch realistischere Annahmen ersetzt werden. Inhaltlich aber kann das sehr beschwerlich sein. Haller demonstriert das am Beispiel von Paretos statischem Modell, in dem Zeitabläufe vernachlässigt sind. Um diese Fiktion abzubauen, muß man ein dynamische Modell bauen, und das kann sehr viel Mühe machen.

Methodologisch konzentriert Haller sich vor allem auf die Grenztypen. Er schlägt vor, daß man Zwischentypen ausarbeiten muß, z.B. neben der "vollständigen Konkurrenz" auch noch andere Markttypen, wie "Monopol" und die dazwischen liegenden Typen Oligopol und Duopol. Die wichtigste Art der Erstellung dieser Zwischentypen besteht seiner Meinung nach aber darin, daß man die grenztypische Grundhypothese des egoistisch-rationalen Handelns aufgibt, Zwischentypen wirtschaftlichen Handelns für verschiedene Handlungsträger erstellt und die Folgen dieser Unterschiede für die Wirtschaft aufzeigt.

Unter dem Einfluß der interessanten Arbeit von Jöhr (1943) kommt Haller zu dem Vorschlag, die Zwischentypen des wirtschaftlichen Handelns im Hinblick auf drei Komponenten des egoistisch-rationalen Handelns aufzustellen. Diese Komponenten sind: "1. Die Intensität des auf den Erwerb ökonomischer Werte gerichteten Strebens. 2. Die Wahrnehmung des eigenen Vorteils im Tauschverkehr. 3. Die Rationalität in der innerbetrieblichen bzw. hauswirtschaftlichen Disposition über wirtschaftliche Güter."[30] Es geht nun darum, typische Unterschiede hinsichtlich dieser drei Komponenten zwischen Klassen, Ständen und Berufsgruppen zu finden. Im Folgenden will ich die Vorgehensweise von Haller mit kurzen Beispielen aus seiner Arbeit zu allen drei Komponenten erläutern.

Die Intensität des Gewinnstrebens "hängt ganz von den in bestimmten Menschengruppen wirksamen Wertvorstellungen, von ihrer Skala der Werte ab."[31] Haller teilt nun Menschen entsprechend ein. Es gibt Menschen, für die die Erfüllung anderer (für sie höherer) Werte das wirtschaftliche Streben verdrängt hat, wie homines religosi und notorische Faulenzer. Die meisten Menschen (Bauern, Handwerker, Arbeiter, Angestellte) aber sind traditionsgebunden und statisch in ihrem Denken und streben nach einem ordentlichen oder standesgemäßen Einkommen. Nur Unternehmer handeln nach dem "Erwerbsprinzip" und zielen auf den größtmöglichen Gewinn, vor allem, wenn der Konkurrenzdruck eine Orientierung an konstanten Erträgen unmöglich macht.

Für die Wahrnehmung des eigenen Vorteils im Tauschverkehr kommt Haller mit ungefähr derselben Einteilung. Und das verwundert auch nicht; denn "streng genommen läßt sich ja die Wahrnehmung des eigenen Vorteils im Tauschverkehr von dem Streben nach dem Höchstertrag nicht trennen".[32] Und wieder ist es so, daß für die Maße der Menschen "der Gewohnheitstrieb mächtiger (ist) als der Erwerbstrieb".[33] Die Bauern und Handwerker sind allerdings am stärksten traditionsbestimmt und daher am wenigsten an der Ausnutzung von Änderungen in der wirtschaftlichen Lage interessiert.

Haller zufolge muß man in der Disposition über seine Konsumgüter bzw. in seiner Einkommensverwendung dem Konsumenten volle Rationalität unterstellen, "da jede Wirtschaftsperson automatisch nach dem zweiten Gossenschen Gesetz handelt". Aber in der Produktion muß man einen Unterschied zwischen rationalistischer und traditionalistischer Verhaltensweise machen. Technische Verbesserungen und rationelle Verfahren wird der Unternehmer einführen, weil er damit den Ertrag steigern kann. Handwerker werden in diesem Fortschrittsstreben durch traditionalistische Elemente gehemmt. Dies ist noch viel stärker der Fall bei den Bauern, vor allem bei den Kleinbauern.

Die Konsequenzen dieser Überlegungen für den wirtschaftlichen Ablauf müssen nun die bezweckte Annäherung an die Realität darstellen. Haller gibt hier einige Beispiele (ohne Daten) und beschreibt vor allem unterschiedliche Reaktionen auf Angebots- und Nachfrageveränderungen. Zum Beispiel kann bei rein handwerklich erzeugten Produkten die Angebotskurve u.U. "einen der normalen Angebotskurve entgegengesetzten 'anormalen' Verlauf nehmen, d.h. sie kann mit steigenden Preisen fallen."[34] Ähnlich müßte man auf dem Arbeitsmarkt (unter Ausschluß des Gewerkschaftseinflusses) damit rechnen, daß das Arbeitsangebot sich in gegenläufiger Richtung von Lohnveränderungen bewegt. Die Neurekrutierung für das Handwerk wird neben Qualifikations- und Tradtionsgesichtspunkten auch dadurch beeinflußt werden, daß der Nachwuchs sich denjenigen Handwerkszweigen zuwendet, bei denen das erwartete standesgemäße Einkommen mit verhältnismäßig geringer Arbeit erzielt werden kann.

Haller hat also durch die Konstruktion typischer Abweichungen vom "egoistisch-rationalen" Handeln aus den herkömmlichen Modellen (wie er sagt) realistischere Konsequenzen ziehen können. Wenn er damit Recht hat, dann hat er uns auch gezeigt, wie man die herkömmlichen Modelle näher an die Realität bringen kann. Wie muß man nun diese Methode beurteilen?

### 3.1 Beurteilung der früheren Methode der abnehmenden Abstraktion

Zunächst fällt auf, daß Haller (vielleicht indirekt durch Sombart (1927)) stark von Ideen Max Webers über zweckrationales und traditionales Handeln beeinflußt worden ist. Ähnlich wie Weber sieht er traditionales Verhalten als eine typisierbare Abweichung vom "Standard" des zweckrationalen Handelns. Was bei Weber maximal verstehbar ist (eben zweckrationales Handeln), ist bei Haller ebenfalls Ausgangspunkt des maximal begreifbaren "Vormodells". Anders als Weber nutzt Haller nun aber die "Zwischentypen", um aus dem ursprünglichen Modell neue Vorhersagen abzuleiten. In diesem Sinne weicht die Methode der abnehmenden Abstraktion dann auch von der ansonsten verwandten Verstehbarkeitshierarchie der Weberschen Handlungstypen ab.

Es ist sicher auch positiv anzumerken, daß Haller Realitätsnähe zwar durch Typisierungen, aber nicht wie etwa Sombart, Spiethoff oder Eukken durch morphologische Typenbildung bzw. baukastenartige Merkmalskombination gewinnen will. Dadurch erhält er sich Ableitbarkeit wenigstens als Zielsetzung.

Nachteilig ist aber die Tatsache, daß er, ähnlich wie Weber, die Realitätsnähe erkauft, indem er eine rudimentäre Handlungstheorie des rationalen Handelns gegen zwei Handlungstendenzen (die rationalistische und die traditionalistische) eintauscht. Aus diesem Grund kann er nur noch motivational, also nach "Ziel", "Streben", "seelischen Antrieb" unterscheiden und nicht mehr zu einer systematischen Analyse der Einflüsse von Restriktionen kommen. Zwar weist er hier und da darauf hin, daß Menschen, wie Unternehmer und Händler, vom Vorteilsstreben leben müssen, während sich Angestellte und Arbeiter nicht in dieser Lage befinden. Aber da er jetzt nur noch Zwischentypen vom Handeln hat, kann er letztendlich die Handlungstendenzen nur als Gegebenheiten annehmen, anstatt sie mit Hilfe einer Handlungstheorie als Anpassungen an sozialstrukturelle Umstände zu erklären. Auf diese Weise kann Haller den größten Vorteil des Modellbaus, nämlich die Theoriesteuerung, nur in sehr geringem Maße realisieren.

In der angelsächsischen Welt, ist die Lage auch nicht viel besser. Zwar finden wir dort im allgemeinen ein viel stärker ausgeprägtes Gespür für die Theoriesteuerung des Modellbaus, doch wird in den meisten Fällen die abnehmende Abstraktion schon sehr früh abgebrochen, und es fehlt auch hier eine methodologische Unterbauung der schrittweisen Annäherung an die Realität. Lange hat sich bereits im Jahre 1875 darüber beklagt, daß die Nachfolger von Adam Smith die zum Zwecke der vorläufigen Vereinfachung gemachten Annahme des menschlichen Egoismus mit der Wirklichkeit verwechselt haben. Auf diese Weise wird die allmähliche Annäherung an die Wahrheit schon im Keim erstickt. Langes Diagnose war, daß dies "unter dem Einfluß eines ungeheueren Vorwaltens der materiellen Interessen" (S.456) geschah. Dies mag ein Grund gewesen sein, aber es gibt noch viel naheliegendere Gründe. Zum ersten ist ein früher Abbruch interessant, weil man sonst schnell auf genuine Typ-2- und lästige Typ-1-Aspekte stößt. Zum zweiten ist für den frühen Abbruch die methodologische Verwirrung rund um die Funktionen von "Abstraktion" sehr hilfreich. Neben der Vereinfachungsfunktion zum Zwecke der Ableitbarkeit steht auch die in Deutschland mehr verbreitete "pointierend-hervorhebende" Abstraktion[35], mit der man "zum Wesentlichen" der Dinge vorstößt. Letztere Art der Abstraktion wird sehr deutlich im folgenden Zitat von Schopenhauer: "Die Abstraktion ist ein Abwerfen unnützen Gepäcks, zum Behufe leichterer Handhabung der zu vergleichenden und darum hin und her zu werfenden Erkenntnisse. Man läßt nämlich dabei das viele Unwesentliche, daher nur Verwirrende der realen Dinge weg und operiert mit wenigen, aber wesentlichen, in abstrakto gedachten Bestimmungen."[36] Die Annäherung an "das Wesentliche" durch Vereinfachung legitimiert den frühen Abbruch der Konkretisierung als "bloße" Annäherung an die Realität.

Im Zwielicht dieser Doppelsinnigkeit gedeiht, drittens, ein Klima methodologischer Verwirrung. Ein gutes Beispiel hierfür ist wiederum Frank Knight. Er hat mit großer Akribie die Bedingungen des perfekten Wettbewerbs mit, wie er selbst sagt, "heroischen" Vereinfachungen ausgearbeitet, um dann, in einem folgenden Schritt, die Annahme der Markttransparenz fallen zu lassen und beispielhaft die Konsequenzen dieser Konkretisierung zu verfolgen. Obwohl auch er die Modellentwicklung nach einem Schritt abbricht, käme er durchaus als Beispiel für die Methode der abnehmenden Abstraktion in Anbetracht. Wie aber beschreibt er seine eigene Vorgehensweise? Er behauptet, er folge nur der normalen wissenschaftlichen Methode, denn diese sei "die 'Methode der sukzessiven Annäherung'". Er umschreibt diese Methode als das Herunterklimmen von einem Baum, bei dem man sich von Ast zu Ast dem Boden nähert: "Die Studie beginnt mit einem theoretischen Ast, auf dem nur die allgemeinsten Aspekte der zu erforschenden Materie berücksichtigt werden, und dann geht es weiter nach unten, von Prinzip zu Prinzip, wobei das tiefere Prinzip stets auf eine eingeschränktere Klasse von Phänomenen anwendbar ist."[37] Hierbei beruft er sich auf Comtes Hierarchie der Wissenschaften, in der die Mathematik zwar auf alle Phänomene anwendbar ist, uns aber wenig über die Wirklichkeit sagt, während die Gesetze der leblosen Dinge, und dann die Gesetze der lebendigen Dinge usw. weniger und weniger allgemein, dafür aber umso konkreter und realer sind. Wie man sieht, hat Knight eine sehr abstruse Vorstellung von seiner eignen Vorgehensweise. Sie verwirrt durch die falsche Annahme, daß man in der Wissenschaft erst einmal nach analytischen Beziehungen Ausschau hält, weil diese allgemeiner wären als die inhaltlichen; und daß man sich bei den inhaltlichen Aspekten sehr beschränken muß, weil "der Prozeß schnell ausartet und sich Fehler einschleichen, während die Resultate mehr an Allgemeinheit einbüßen als sie an Annäherung an die Gegebenheiten eines bestimmten Falles gewinnen."[38] Knight fühlt sich dabei in guter Gesellschaft, denn er behauptet, daß Ökonomen schon immer so gehandelt hätten.[39] Hier hat er insofern Recht, als Ökonomen vor und nach ihm wissenschaftstheoretische Betrachtungen in erster Linie zur Legitimation des frühen Abbruchs benutzten und nicht, um zu einer besseren Ausarbeitung der Methode der abnehmenden Abstraktion zu kommen. Hierdurch enthalten die gegebenen methodologischen Ausführungen wenig, was den Prozeß der schrittweisen Annäherung an die Realität heuristisch leiten könnte.

Im Folgenden wird nun der Versuch gemacht, diese Lücke zu füllen.

## 4. Bausteine der modernen Methode der abnehmenden Abstraktion

Durch die methodologischen Entwicklungen der letzten zehn bis fünfzehn Jahre ist es möglich geworden, um die Methode der abnehmenden Abstraktion genauer zu umreißen. Sie setzt zunächst eine Reihe von Bausteinen voraus. Im folgenden werden diese Bausteine informell, d.h. ohne formalen Aufwand, eingeführt.

### 4.1 Abstraktion als Entproblematisierung

Zuerst muß die oben erwähnte Doppeldeutigkeit der Funktion von Abstraktion entfernt werden. Modellbau gründet sich auf der Maxime: so einfach wie möglich, so komplex wie nötig. Das heißt, daß schwierige Aspekte zunächst entproblematisiert werden. Hierbei wählt man die Annahme so, daß an zur Ableitung von Vorhersagen so wenig wie möglich zusätzliche Annahmen benötigt.[40] Aus diesem Grund spielen Grenztypen oft eine wichtige Rolle. Weicht man von den Polen ab, dann braucht man zusätzliche Annahmen darüber, welche Position man zwischen den Polen wählt. Zum Beispiel, wenn wir das Extrem (d.h. den Grenztyp) der vollständigen Markttransparenz annehmen, dann brauchen wir über den Punkt "Information" keine weiteren Annahmen zu machen. Wenn wir aber annehmen, daß Menschen nicht voll informiert sind, dann müssen wir auch etwas über den Umfang ihrer Informiertheit annehmen.

Abnehmende Abstraktion ist also gleichbedeutend mit "Problematisierung zu dem Zweck, die Theorie realistischer zu machen". Problematisierung heißt soviel wie: die Bereitschaft eine Annahme zu machen, weil man von ihr größere Realitätsnähe der Theorie erwartet, auch wenn das insgesamt zu einer Erhöhung der für die Ableitbarkeit nötigen Zusatzannahmen führt. Schrittweise Problematisieren heißt dann: schrittweise

Annahmen einführen, die erwarteterweise die Realitätsnähe der Theorie stets erhöhen, auch wenn damit die Gesamtheit der benötigten Zusatzannahmen immer größer wird.

Man kann natürlich aus vielen verschiedenen Problematisierungen wählen. Aber es läßt sich doch ein ganz allgemeiner Qualitätsaspekt nennen. Je größer die Unsicherheit über die benötigten Zusatzannahmen, die durch eine Annahme verursacht wird, desto schlechter ist die Qualität der Problematisierungen. Zum Beispiel, man kann erwarten, daß eine Theorie durch die Einführung der Annahme von rationalistischen und traditionalistischen Handlungstendenzen realistischer wird, so wie Haller das getan hat. Dadurch, daß Haller hiermit jede Handlungstheorie fallen läßt, hat er nun aber weiterhin keine Anhaltspunkte mehr für die Zusatzannahmen, die gemacht werden müßten, um das Verhalten der Menschen in verschiedenen Berufen vorherzusagen, wenn die Eigentumsrechte oder andere Restriktionen in bestimmter Weise geändert werden.

### 4.2 Methodologischer Individualismus

Abstraktion im eben beschriebenen Sinne hat also nichts mit dem Hervorheben des "Wesentlichen" zu tun. Wesensabstraktion kann dann auch keine Entschuldigung für den frühen Abbruch der schrittweisen Annäherung sein, auch nicht, wenn sie, wie bei Knight, nicht im Gewande des Wesens sondern der Allgemeinheit auftritt. Es ist sehr wichtig zu sehen, daß im Modellbau die Rolle der Hervorhebung des Wesentlichen nicht durch Weglassen unwesentlicher Aspekte, sondern durch die Heuristik der Typ-1-Aspekte gespielt wird. Wie wir uns aus Abbildung 1 erinnern, sind Typ-1-Aspekte diejenigen, die in ganz verschiedenen Situationen gleich (also allgemein) sind und auch in all diesen Situationen die Hauptaspekte darstellen. Der methodologische Individualismus ist in diesem Zusammenhang als eine in der Praxis bewährte Heuristik für allgemeine Hauptaspekte von sozialen Situationen zu sehen. Setzt man "allgemeine Hauptaspekte" gleich mit "dem Wesentlichen" in sozialen Situationen, dann sieht man, daß es sich hier nicht darum handelt, bestimmte Aspekte als "unnötigen Ballast" durch Abstraktion wegzulassen, sondern darum, daß sich eine inhaltliche Theorie bewährt.

Zwei Dinge springen unmittelbar ins Auge. Erstens ist durch diese Heuristik ein Mindestmaß an Problematisierung nötig, nämlich Annahmen über Ziele und Restriktionen von Akteuren. Durch den Gebrauch rein strukturalistischer Annahmen (z.B. über den Zusammenhang von Bevölkerungsdichte und Arbeitsteilung), könnte man mit noch weniger Zusatzannahmen auskommen, hätte dann aber keine Heuristik für allgemeine Hauptaspekte in den relevanten Situationen und somit eine große Unsicherheit hinsichtlich neuer Zusatzannahmen. Zweitens ist es durchaus möglich, daß die allgemeinen Hauptaspekte besser durch ein niedrigeres Abstraktionsniveau erfaßt werden. Dies ist z.B. der Fall, wenn man die oben erwähnten lästigen Typ-1-Aspekte (wie soziale Wertschätzung) zuläßt. Sie erhöhen zwar die Gesamtzahl der Zusatzannahmen, dafür aber verringern sie die Anzahl der genuinen Typ-2-Aspekte.

### 4.3 Brückenannahmen

Vielleicht der wichtigste Baustein in der Methodologie der abnehmenden Abstraktion ist der Unterschied zwischen Bastardtheorien und Brückenannahmen.[41] Um die Unsicherheit hinsichtlich der Zusatzannahmen so gering wie möglich zu halten, muß man, wie eben erwähnt, eine Heuristik in Form einer Handlungstheorie haben. Man muß es also so einrichten, daß man bei fortschreitender Problematisierung die Heuristik nicht verliert. Dies kann man erreichen, indem man die Handlungstheorie von denjenigen Annahmen trennt, die in der abnehmenden Abstraktion geändert werden. Wir machen also einen Unterschied zwischen einer Kerntheorie (der Handlungstheorie) und den Brückenannahmen, die man machen muß, um Vorhersagen aus dieser Kerntheorie abzuleiten. Zur Kerntheorie des subjektiv erwarteten Nutzens (SEU) muß man zum Beispiel Brückenannahmen über die Alternativen, die Resultate jeder Alternative und die Erwartung und Bewertung für jedes Resultat machen. In Bastardtheorien sind Kerntheorie und Brückenannahmen so ineinandergeschoben, daß man sie nicht mehr auseinander halten und daher nur als ganzes Paket ersetzen kann. Zum Beispiel, wenn man die Annahme rationalen Verhaltens mit der Annahme von Gewinnmaximierung "verschmilzt" (etwa durch die Annahme eines "Erwerbsprinzips"), dann muß man ein oder mehrere neue "Verhaltensprinzipien" einführen, wenn man die ursprüngliche Theorie realistischer machen will. Auch Haller fiel in diese "Bastardtheoriefalle", als er Handlungstendenzen anstatt die Anfangsbedingungen einer Handlungstheorie differenzierte.

### 4.4 Individuell 1 versus individuell 2

Die Art der Brückenannahmen hängt von der Kerntheorie ab. Diesen Umstand kann man sich zunutze machen, wenn man darüber nachdenkt, welche Handlungstheorie in welchem Kontext weniger Unsicherheit über Zusatzannahmen verursacht. Homans hatte schon in den 60er Jahren behauptet, "daß die Propositionen der Verhaltenspsychologie die allgemein erklärenden Propositionen nicht nur von der Soziologie, sondern von allen Sozialwissenschaften sind".[42] Ähnliches kann man heute hinsichtlich der Ökonomie von den sogenannten "Verhaltensökonomen" vernehmen43. Obwohl Homans viel für den Durchbruch der erklärenden Soziologie getan hat, ist es ihm und seinen Anhängern doch nicht gelungen, die Brauchbarkeit der Verhaltenspsychologie für den Modellbau aufzuzeigen, schon gar nicht als Ersatz für die wegen ihrer "Leere" kritisierten Nutzentheorie. In einer näheren Analyse44 zeigt sich, daß es auch nicht wahrscheinlich ist, daß die Verhaltenspsychologie je diese Funktion erfüllen kann. Man kann das am besten durch die in Abbildung 2 gezeigte Einteilung deutlich machen.

**Abbildung 2**. Die verschiedenen Primate von Psychologie gegenüber Ökonomie und Soziologie

| | Psychologie | Ökonomie und Soziologie |
|---|---|---|
| analytisches Primat | individuell | soziales System |
| theoretisches Primat | individuell 1 | individuell 2 |

Siologen und Ökonomen zielen darauf ab, etwas auf der Ebene kollektiver Sachverhalte ("soziales System") zu erklären. Dies ist ihr analytisches Primat. Das Interesse am Individuum ist in diesen beiden Disziplinen nur methodologisch begründet, da man zur Erklärung von Phänomenen auf dem Systemniveau eben von Wahlhandlung auf dem Mikroniveau ausgehen muß. Das theoretische Primat liegt also aus methodologischen Gründen und nicht aus inhaltlichen Interessen beim Individuum (methodologischer Individualismus). Dieses Primat kennzeichne ich mit "individuell 2". Individuell-2-Theorien müssen also geeignet sein, auf dem Aggregatniveau, also dem Niveau sozialer Systeme, zu erklären.

Anders ist das bei den Psychologen. Deren analytisches Primat liegt beim Individuum und nicht bei der Gesellschaft. Ihr theoretisches Primat aber liegt ebenfalls beim Individuum, so daß sich Psychologen sowohl inhaltlich als auch methodologisch für das Individuum interessieren. Kennzeichnen wir das methodologisch interessante individuelle Niveau in diesem Fall als "individuell 1". Die Frage ist nun, ob individuell-1-Theorien den Platz von individuell-2-Theorien einnehmen können, obwohl das analytische Primat verschieden ist. Daß dies **nicht** der Fall ist, kann man an Hand einer einfachen Reihe von Anforderungen, die man an eine individuell-2-Theorie stellen muß, sehen.

Da wir bei "individuell 2" auf dem Aggregatniveau, also das Verhalten vieler Individuen gleichzeitig, erklären wollen, ist die Handlungstheorie umso mehr geeignet, je weniger Information pro Individuum nötig ist. Individuell-1-Theorien sind aber wegen ihres analytischen Primats, das beim Individuum selbst liegt, zumeist sehr informationsintensiv. Für eine Lerntheorie benötigte man idealiter die Verstärkersequenzen, für kognitive Theorien brauchte man Information über individuelle Schemata, Skripts oder Biases, für psychodynamische Theorien braucht man individuelle Information über Traumata etc. Schon aus diesem Grund wäre der Gebrauch von individuell-1-Theorien zum Zwecke der nicht klinischen Erklärung (auf dem Aggregatniveau) problematisch. Zweitens, je weniger wir uns durch Rückgriff auf das individuelle Niveau vom kollektiven Niveau entfernen, desto geeigneter ist die Handlungstheorie zum Zwecke der Erklärung auf dem kollektiven Niveau. Wenn man zum Beispiel Gewinnmaximierung als menschliches Motiv (also à la "individuell 1") interpretiert, dann wird alle Aufmerksamkeit auf die innere Dynamik der Person gerichtet und auf Fragen der Persönlichkeitsentwicklung. Dann ist der Abstand zum kollektiven Niveau groß. Eine individuell-2-Interpretation lautete etwa so: Gewinn ist das (institutionell gegebene) Recht auf das Residual (also die Differenz von Einnahmen und Ausgaben), und für Personen, die dieses Recht haben, wird Gewinn zu einem instrumentellen Ziel, um alle möglichen anderen Ziele (die nicht spezifiziert, aber durch den Gewinn realisierbar sind) zu erreichen. Weil jede Person versucht ihren Nutzen zu maximieren, wird die Person bestrebt sein, Gewinn zu maximieren, wenn es sozialstrukturell gegeben ist, daß der Nutzen dieser Person (hauptsächlich) vom Gewinn abhängt. Nun ist der Abstand zum kollektiven Niveau sehr klein, weil erstens "Recht auf Gewinn" von Institutionen abhängt, und weil zweitens die "Motivation" auf Maximierung von Gewinn nicht durch psychologische Vorgänge in der Person, sondern durch instrumentelle Zusammenhänge der Sozialstruktur gegeben ist. Wir wissen also sofort, wann die Gewinnmaximierung aufhören wird: wenn sich die Institutionen hinsichtlich des Rechts auf das Residual ändern, oder wenn sich die sozialstrukturellen Alternativen für die Person so verändern, daß ein Gutteil des Nutzens von anderen, den Gewinn nicht erhöhende Aktivitäten abhängt (z.B. durch Veränderungen in der Produktion sozialer Wertschätzung). Durch diese Interpretation von Gewinnmaximierung, ist es also möglich, das kollektive und das individuelle Niveau gleichzeitig in die Analyse einzubeziehen.

Eine Handlungstheorie ist, drittens, umso mehr zur Erklärung auf dem kollektiven Niveau geeignet, je mehr sie es möglich macht, daß ihre Brückenannahmen entproblematisiert und auch wieder problematisiert werden können. Dies gilt sowohl für die strukturellen Brückenannahmen (wie die eben beschriebene Annahme über Gewinnmaximierung), als auch für kognitive Brückenannahmen, wie z.B. über die Kapazität der Informationsverarbeitung. Aus diesem Grund, muß die Handlungstheorie es zulassen, Brückenannahmen auch mehr oder weniger zu "psychologisieren". Wir können zum Beispiel einfachheitshalber annehmen, daß alle Individuen objektive Wahrscheinlichkeiten richtig einschätzen. Wir können diese Annahme aber auch durch die Kenntnis, die aus psychologischen Theorien und Experimenten stammt, ersetzen, etwa durch die Annahme, daß kleine Wahrscheinlichkeiten überschätzt und größere Wahrscheinlichkeiten unterschätzt werden. Eine individuell-2-Theorie muß es also möglich machen, daß man Brückenannahmen schrittweise an individuell-1-Theorien annähert.

Man sieht, daß hinsichtlich aller drei Punkte, die Anforderungen an eine individuell-2-Theorie nicht durch eine individuell-1-Theorie erfüllt werden können. Aus diesem Grund ging auch Homans' Rechnung nicht auf. Ebensowenig geht die Rechnung der Verhaltensökonomen auf. Um konstruktiv zu sein, darf also Kritik an einer individuell-2-Theorie wegen zu großer Realitätsferne sich nicht darauf richten, die individuell-2-Theorie durch eine individuell-1-Theorie zu ersetzen, sondern darauf, die Problematisierung der Brückenannahmen weiter zu treiben als das bereits im gegebenen Falle passiert ist. Dabei **kann** die Problematisierung durchaus in Richtung einer individuell-1-Theorie gehen. Was dann aber ersetzt wird, ist nicht die individuell-2-Handlungstheorie, sondern eine, dieser Theorie zeitweise zugeordnete, Brückenannahme.

Was ist nun die individuell-2-Theorie, von der hier die Rede ist? Es ist das Gerippe einer Theorie zielgerichteten Handelns, deren Muskeln und Fleisch durch Brückenannahmen angesetzt werden. Es handelt sich also um den Kern der Nutzentheorie, den man mit dem Akronym RREEMM (für Resourceful, Restricted, Evaluating, Expecting, Maximizing, Man)[45] andeuten kann. Die erste Annahme ("resourceful") bedeutet, daß der Mensch aktiv und intelligent nach Möglichkeiten der Zielrealisierung sucht. Die zweite Annahme besagt, daß Güter knapp sind, wodurch die Wahlmöglichkeiten beschränkt sind. Die dritte Annahme bezieht sich auf die Tatsache, daß Menschen (frühere, jetzige, zukünftige) Zustände und Geschehnisse bewerten. Zukünftige Zustände und Geschehnisse werden, viertens, vom Menschen mit einer bestimmten Wahrscheinlichkeit erwartet. Angesichts der Beschränkung der Möglichkeiten und angesichts der Tatsache, daß der Mensch erfinderisch ist, versucht er, fünftens, aus den beschränkten Möglichkeiten noch das Beste zu machen.

Zu jeder dieser Annahmen müssen nun Zusatzannahmen (Brückenannahmen) gemacht werden, damit man die Theorie auch anwenden kann. Ökonomen, zum Beispiel, führen für die einfachsten Modelle oft die folgenden Zusatzannahmen ein: zum ersten R wird die Annahme gemacht, daß der Mensch auch immer die objektiv besten Alternativen findet, weil es keine Informationskosten gibt. Das zweite R wird durch eine Einkommensrestriktion festgelegt. Das erste E wird durch eine einfache Nutzenfunktion bestimmt. Das zweite E ist schon durch die erste Annahme entproblematisiert. Für das erste M wird schließlich angenommen, daß der Mensch so maximiert, als fände er das mathematisch feststellbare Maximum, bei dem die marginalen Kosten gleich dem marginalen Nutzen sind.

Zu jeder dieser Annahmen kann nun eine realistischere Version gewählt werden, mit den genannten Nachteilen, daß dadurch die Zusatzannahmen (und manchmal auch die Unsicherheit hinsichtlich der Zusatzannahmen) in ihrer Anzahl wachsen. Zum Beispiel, durch Einführung von Informationskosten kann man den Einfallsreichtum problematisieren. Aber, weil man vom Grenztyp abweicht, muß man jetzt zusätzliche Annahmen darüber machen, wie sehr die Auswahl der Alternativen unter den Informationskosten zu leiden hat. Als Restriktion kann man neben dem Geldeinkommen nun auch noch den Geldwert der Ausstattungen (endowments) hinzunehmen, wie z.B. Becker (1976) und Lindenberg (1984) das getan haben. Man kann bei den Restriktionen aber auch die informellen sozialen Sanktionen aufnehmen, die manche Alternativen teurer oder gerade anziehender machen. Unter Umständen hat man auch Gründe, um die Form der Nutzenfunktion komplexer zu machen (wie man das z.B. bei Kahneman und Tversky (1979) findet). Auch die Annahmen hinsichtlich der Erwartungen können komplexer werden. Wie wir oben schon erwähnt haben, kann man Unter- und Überschätzungsannahmen einführen. Schließlich ist auch das Maximieren keine Sache, die festliegt. So behaupten z.B. Herrnstein und Mazur (1987), daß sich Menschen nicht an marginalen, sondern an durchschnittlichen Kosten und Nutzen orientieren. Hier wäre nun wieder zusätzlich etwas darüber anzunehmen, unter welchen Umständen Menschen so stark von dem Optimum abweichen.

Dies sind nur einfache Beispiele, aber sie illustrieren, daß es nicht darum geht, "die Nutzentheorie" mit einer individuell-1-Theorie zu konfrontieren (wie Kahneman und Tversky (1979) das tun), und auch nicht "die Nutzentheorie" pauschal auf ihre vielen Vorhersagefehler hin unter Beschuß zu nehmen (wie z.B. Frank (1990) das tut), sondern zu sehen, ob die unrealistischen Brückenannahmen in dem Kontext, in dem sie gemacht wurden, nicht mit Gewinn durch komplexere Annahmen ersetzt werden können.

**4.4. Heuristiken für Brückenannahmen: Präferenzen und Kognitionen**

Den größten Erfolg im Umgang mit Unsicherheit über Zusatzannahmen haben Ökonomen durch den Gebrauch von Typ-1-Aspekten und damit durch theoriegesteuerte Analyse erzielt. Damit ist die Sache aber noch nicht abgetan. Ein Gutteil der Reduktion von Unsicherheit über Zusatzannahmen stammt von einer weitverbreiteten Strategie der Gewohnheitsheuristik. Diese Strategie stützt sich auf die Tatsache, daß man irgendwo anfangen und etwas als gegeben annehmen muß. Bei Ökonomen sind das vor allem Annahmen über Präferenzen. Die Theorie ist hierfür nicht verantwortlich. Eigentlich müßte nun die Unsicherheit über Annahmen von Präferenzen empirisch gelöst werden, als Eingabe aus Untersuchungen anderer Disziplinen. Da diese Eingaben aber meistens nicht vorliegen, ist die Verführung groß, daß man die Sache ad hoc löst, und zu diesem Zwecke hat sich dann auch eine bestimmte Gewohnheitsheuristik ausgebildet. Frank[46] bietet hierzu die passende Beobachtung:

> "Wenn die Frage auftaucht, was denn eigentlich in diesen [Nutzen]funktionen drin ist (das heißt, Fragen darüber, was Menschen wirklich wollen), dann geben die meisten Ökonomen rasch den Vorrang an Psychologen, Soziologen und Philosophen. In der Praxis aber fragen Ökonomen diese anderen nur höchst selten, was sie nun als Präferenzen annehmen sollen. Sie begnügen sich vielmehr damit, anzunehmen, daß der Konsument vor allem Konsumgüter, Dienstleistungen und Freizeit - kurz die Erfüllung materiellen Eigennutzens - anstrebt."

Einerseits sind also Ökonomen von ihrer Theorie her nicht für Präferenzen verantwortlich, andererseits wird de facto die Theorie doch mit "theorieverdächtigen" Annahmen über Präferenzen gefüllt. Hierdurch entsteht also ein theoretisches Niemandsland, in dem sich die Gewohnheitsheuristik als Schattenmethodologie der wissenschaftlichen Auseinandersetzung entzieht.

Man kann theoriegesteuerte Analyse nicht viel realistischer machen, wenn man nicht auch dieses Problem löst. Wie aber läßt sich das vertrackte Präferenzproblem so lösen, daß die Gewohnheitsheuristik nicht immer wieder reproduziert wird? Seit einiger Zeit gibt es eine Antwort auf diese Frage und sie lautet etwa folgendermaßen. Die meisten Dinge, die Menschen haben wollen, dienen einem Zweck. Oft werden nützliche Dinge auch noch als Selbstzweck wichtig (z.B. Menschen entwickeln eine gewisse Vorliebe für Geld), aber im Großen und Ganzen ist diese "wertrationale" Vorliebe davon abhängig, daß das erstrebte Ding auch weiterhin für andere Dinge nützlich ist. Dabei ist es durchaus möglich, daß Dinge wechselseitig nützlich sind (z.B. Geld für Status und Status für Geld), aber es lassen sich auch instrumentelle Ketten aufstellen, in denen ein Ding nur erwünscht ist, weil es hilft, ein anderes Ding zu erreichen, was seinerseits wieder zu einem anderen Ding führt, usw. Wenn es nun wahr wäre, daß es sozusagen Superwünsche gibt, die alle Menschen haben, dann könnte man für bestimmte Gesellschaften (und in den Gesellschaften für bestimmte Positionen) diese instrumentellen Ketten rekonstruieren, die dann nichts mit Geschmack zu tun haben, sondern subjektiv repräsentierte Produktionszusammenhänge wiedergeben. Wenn zum Beispiel "Musikgenuß" zu diesen höchsten Gütern gehörte, dann könnte man für Menschen, die selbst keine genußverschaffende Musik machen können, vorhersagen, daß sie in der einen Gesellschaft eine Vorliebe für Konzertbesuch und in der anderen Gesellschaft für Kopfhörer und Kompaktdisketten zeigen. Auf diese Weise werden Präferenzen aus dem Reich des Geschmacks in das Reich der (objektiv beschreibbaren) sozialen Produktion gerückt. Präferenzen können dadurch nun auch aus dem Schattenreich der Gewohnheitsheuristik in das Land der theoretisch begründeten Heuristik wandern. Becker hat diesen Ansatz, der bei Adam Smith schon zu finden ist, als erster ausgearbeitet (Stigler und Becker 1977) und hat damit die Tür zu einer Lösung des Präferenzproblems geöffnet. Er hat aber die höchsten Güter nicht genannt und erlaubt dadurch, daß die Gewohnheitsheuristik nun auch auf diese Güter angewandt wird. Damit ist der ganze Vorteil wieder verspielt. Wir können aber sowohl bei Adam Smith als auch bei den meisten klassischen Soziologen zu Rate gehen, und dann finden wir, daß es mindestens zwei Güter gibt, die bei jedem Menschen obenan stehen: physisches Wohlbefinden und soziale Wertschätzung. Dies sind die einzigen Güter in unserer Nutzenfunktion, und alle anderen Güter sind instrumentell zur Erreichung dieser höchsten Güter. Diese instrumentellen Zusammenhänge nennen die Ökonomen "Produktionsfunktionen", und so kann man also auch hier von den Produktionsfunktionen für physisches Wohlbefinden und soziale Wertschätzung sprechen. Weil die Produktionszusammenhänge im Großen und Ganzen sozialstruktureller Art sind, spricht man dann auch von "sozialen Produktionsfunktionen".[47]

Ein etwas saloppes Beispiel aus dem Universitätsleben kann den Gedanken illustrieren. In der Wissenschaft wird soziale Wertschätzung in der Form von Reputation vergeben. Reputation bekommt man als Wissenschaftler in erster Linie durch die Qualität und Quantität von Publikationen, die ihrerseits wieder von Forschungsaktivitäten abhängen. Vorlesungsaktivitäten bringen auch soziale Wertschätzung, wenn sie Studenten gefällt, aber diese Wertschätzung ist weniger ergiebig, weil sie (gemessen an der internationalen Gemeinschaft von Wissenschaftlern) lokal bleibt. Mit dieser skizzenhaften Kenntnis über soziale Produktionsfunktionen kann man nun zum Beispiel vorhersagen, unter welchen Umständen die Machtbeziehung zwischen Dozenten und Studenten anders verläuft, als man das von einem einfachen Angebot- und Nachfrage-Modell erwarten würde (d.h. man kann das einfache Modell damit realistischer machen). In diesem Kontext ist "Preis" nicht das Studiengeld (weil diese Preise meist administrativ geregelt sind) sondern das, was man sich gegenüber der anderen Partei "erlauben" kann. Wenn Studenten einen hohen Preis bezahlen müssen, dann können sich Dozenten erlauben, schlechte Vorlesungen zu geben oder überhaupt nicht zu erscheinen usw. Wenn Dozenten einen hohen Preis bezahlen müssen, dann können sich Studenten erlauben, sich nicht vorzubereiten oder überhaupt nicht zur Vorlesung zu kommen usw. Sagen wir, wir wollen erklären, warum bei schnellem Wachstum der Studentenanzahl, die Macht der Studenten erst abnimmt, dann aber zunimmt, obwohl die Universitäten gerade dann nicht um sie werben müßten (d.h. daß dann eigentlich die Studenten bei hoher Nachfrage einen hohen Preis zahlen müßten). Der Grund für die Zunahme der Macht der Studenten ist der, daß bei schnellem Wachstum die Rekrutierungsbasis der Dozenten, die via Forschungsaktivität viele qualitativ hochstehende Publikationen erstellen können, erst abgeschöpft, dann aber schnell kleiner wird. Forschungstalent, so wird hier angenommen, ist knapper als Unterrichtstalent, sodaß sich bei schnellem Ausbreiten des Marktes für Dozenten, die Verteilung der sozialen Produktionsfunktionen von Reputation via Forschungsaktivität stärker nach Reputation via Vorlesungsaktivität verschiebt. Dozenten buhlen hierdurch stets mehr um die Gunst der Studenten, was seinerseits deren Macht erhöht.

Die Heuristik der sozialen Produktionsfunktionen verringert also die Unsicherheit über Zusatzannahmen. Die Heuristik besagt: suche nach den sozialstrukturellen Umständen unter denen eine Person systematisch physisches Wohlbefinden und soziale Wertschätzung produziert. Die Falle der Gewohnheitsheuristik wird hier vermieden, da die Beschreibungen von sozialen Produktionsfunktionen als test- und kritisierbare Hypothesen eingeführt werden. Ähnlich steht es mit der Heuristik über kognitive Restriktionen. Ohne ausgearbeitete Heuristik entsteht große Unsicherheit über Zusatzannahmen auch in diesem Bereich. Leider kann man hier meist nicht einfach fertige Annahmen von den Psychologen übernehmen. "Bounded rationality" ist als Begriff vor allem eine Warnung gegen die Verwechslung von Grenztyp und Wirklichkeit. Aber wo sich mit diesem Begriff eine konkrete Theorie verbindet, etwa die des "satisficing" von Simon oder die Prospekttheorie von Kahneman und Tversky[48], geht es nicht um abnehmende Abstraktion, sondern darum, die individuell-2-Theorie durch eine individuell-1-Theorie zu ersetzen. Damit kommen wir, so wurde hier behauptet, auch nicht weiter. Wir brauchen eine Theorie, die uns angibt, wie wir eine individuell-2-Theorie auch in Bezug auf kognitive Restriktionen (d.h. in Bezug auf die Definition der Situation) realistischer machen können. Neuerlich gibt es einen Vorschlag zu dieser Problematik, der uns weiter helfen könnte. Es geht hier zum ersten um die Idee, daß eine Handlungssituation durch einen Hauptmaximanden (ein dominierendes Gut) strukturiert wird. Die Handlungsalternativen in der Situation sind also nach Güte geordnete Instrumente zur Zielerreichung. Zum Beispiel, mein Hauptziel in der Situation sei dem Freund zu helfen. Dann sind die Alternativen in dieser Situation die verschiedenen perzipierten Möglichkeiten, um dem Freund zu helfen, subjektiv nach Effizienzgesichtspunkten des Helfens (und nicht nach Kostengesichtspunkten) geordnet. Kosten und Nutzen des Helfens werden nicht addiert, wie das bei dem SEU-Modell der Fall ist.

Kosten kommen hier vielmehr dadurch ins Spiel, daß sie nur relativ schwach, "aus dem Hintergrund" heraus, die Dominanz des Ziels "dem Freund helfen" beeinflussen. Je höher sie sind, desto mehr verringern sie die Dominanz, mit dem Resultat, daß weniger effiziente, aber billigere Lösungen an Wahrscheinlichkeit gewinnen. Der Einfluß von Nutzen- und Kostenaspekten von Gütern hängt also nicht nur von der Nutzenfunktion, sondern auch davon ab, ob ein Gut die Situation definiert oder nur die Dominanz der Definition beeinträchtigt (bzw. verstärkt). Diese Grundidee des "Rahmens" (framing) muß hier genügen. An anderer Stelle ist die Theorie ausführlicher beschrieben[49].

Wie hilft diese Theorie uns nun bei der Methode der abnehmenden Abstraktion? Zunächst kann ich in den einfachen Versionen eines Modells annehmen, daß jemand bestimmte Ziele hat. Dazu kann ich eventuell in einem zweiten Schritt die Heuristik der sozialen Produktionsfunktionen benutzen. In einem weiteren Schritt, kann ich Annahmen über die Art der Situation einführen. Handelt es sich um eine ungewohnte Handlungssituation? Dann werden zunächst verschiedene Güter um die Dominanz streiten und die Definition der Situation wird instabil sein. Handelt es sich um eine Routinesituation? Dann wird ein Gut dominant sein und die anderen Güter werden kaum auftauchen. Handelt es sich um eine Situation, in der sich die Randbedingungen hinsichtlich der anderen Güter verändern? Dann geht es um die Wahrscheinlichkeit eines "Rahmenwechsels" (frameswitch). Bestimmte Rahmen sind in ihrer Dominanz sehr kräftig (z.B. die Vermeidung von Verlust), sodaß man mit diesen Annahmen eine starke Hartnäckigkeit angesichts steigender Kosten (à la Michael Kohlhaas) erklären könnte. In einem weiteren Schritt kann man Annahmen über die relative Stärke der Vor- und Hintergrundgüter einfügen, was zu unterschiedlichen Handlungswahrscheinlichkeiten führt und damit im Aggregat zu unterschiedlichen Verteilungen von Handlungen.

Man kann das Modell natürlich noch stärker in kognitiver Richtung ausbauen. Für unsere Zwecke sollten die vorgeschlagenen Hinweise aber genügen. Wichtig ist, daß wir eine Heuristik haben, die uns bei der zunehmenden Problematisierung der kognitiven Restriktionen den Weg weist. Solch eine Heuristik muß ihrerseits auf einer Theorie beruhen, die "individuell-2-artig" und deutlich auf die Möglichkeit von abnehmender Abstraktion abgestimmt ist. Gerade dies haben bisherige Versuche, wie die von Simon und von Kahneman und Tversky, nicht geleistet, während RREEMM, mit den Heuristiken sozialer Produktionsfunktionen und des Rahmens, diese Funktion erfüllen kann.

Wenn man Interaktionen modelliert, was schon sehr komplex ist, dann hat man erst recht eine Heuristik nötig, die die Unsicherheit über Zusatzannahmen verringert. Die Spieltheorie ist für diesen Zweck sehr geeignet. Aber wegen ihres mathematischen Ursprungs, ist auch die Spieltheorie sehr an das Ziel der Ableitbarkeit geheftet. Vielleicht blieben ihre Erfinder und Anwender darum bis jetzt relativ zurückhaltend hinsichtlich der sozialen Produktionsfunktionen, der kognitiven Restriktionen und anderer, komplexerer Schritte zum Zwecke der Methode der abnehmenden Abstraktion. Mann könnte sich zum Beispiel ohne Weiteres vorstellen, daß die Spieltheorie mit den Effekten des Rahmens angereichert würde. Scharpf (1990) hat bereits einen Schritt in diese Richtung getan.

Im allgemeinen empfiehlt es sich aber, vor der Modellierung von Interaktionen explizite Annahmen über die Interdependenzen zwischen Individuen einzuführen. Dabei geht es vor allem um drei Arten von Interdependenzen, die sehr häufig auftreten: komplementäre Kontrolle, Externalitäten und Koorientierung.

Komplementäre Kontrolle bezeichnet den Sachverhalt, daß zwei Individuen, A und B, jeweils Kontrolle über eine Ereignismenge (a und b) haben, und jeder von ihnen bereit ist, einen Teil (im Grenzfall alles) seiner Kontrolle für einen Teil (im Grenzfall alles) der Kontrolle des anderen aufzugeben. Dies ist die Grundlage des paarweisen Tausches. Externalität, ein Begriff, der mit ähnlicher Bedeutung in der Ökonomie mindestens schon seit Marshall gängig ist, bezeichnet die Tatsache, daß viele menschliche Handlungen oder durch Menschen herbeigeführte Ereignisse für mehr als einen Handelnden Konsequenzen haben. Einfache Beispiele solcher Externalitäten sind Lärm, das Aussehen meines Hauses, Umweltverschmutzung, das Publizieren eines Artikels. Externalitäten sind die Grundlage für Kooperation und Konflikt. Koorientierung bezeichnet eine rein kognitive Interdependenz, nämlich einen Zustand in dem mindestens zwei Individuen etwas voneinander wissen und dazu noch darüber unterrichtet sind, daß der eine dieses auch vom anderen weiß. Wenn man bei uns auf der Straße fährt, dann geht man stillschweigend von Koorientierung über das Rechtsfahren aus.

### 4.5 Akteur- und Transformationsannahmen

Weil die hier vorgestellte Methode sowohl auf dem methodologischen Individualismus beruht als auch auf dem analytischen Primat des kollektiven Niveaus, müssen wir zwei Erklärungschritte unterscheiden[50]. Der erste Schritt ist die Erklärung individuellen Verhaltens im sozialen Kontext, der zweite Schritt ist die Transformation individuellen Verhaltens in ein kollektives Phänomen. Zum Beispiel, Olson erklärt warum Menschen in großen Gruppen hinsichtlich der Produktion von kollektiven Gütern ohne selektive Anreize apathisch sind (Erklärung individuellen Verhaltens in sozialem Kontext). Der zweite Schritt, den er nicht explizit macht, müßte nun zeigen, unter welchen Umständen bei diesem apathischen Verhalten die Gruppe relativ schlecht mit kollektiven Gütern ausgestattet ist. Daß dieser zweite Schritt in den meisten Fällen nicht trivial ist, kann man schon daran sehen, daß man selbst beim Aggegrieren einer einfachen Rate schon Zusatzannahmen (etwa über die Konstanz der Gruppengröße) machen muß. In Olsons Fall, müßten wir mindestens annehmen, daß die kollektiven Güter nicht durch Individuen oder kleine Gruppen und schon gar nicht durch dritte produziert werden können.

Für den ersten Schritt dieser dualen Erklärungsstruktur brauchen wir, wie oben schon gesagt, Brückenannahmen für die Akteure. Darauf will ich hier nicht wieder eingehen. Um aber überhaupt Brückenannahmen machen zu können, brauchen wir Annahmen über Akteure selbst. Wir nennen diese Annahmen einfachheitshalber Akteursannahmen. Wegen des analytischen Primates der Soziologie, sollte die Minimalanzahl von Akteuren zwei sein, auch wenn ein Akteur nur als Restriktion für das Verhalten des anderen auftaucht. Wenn zum Beispiel ein Arzt und ein Patient in einer "Beziehung" stehen, dann kann man nicht nur "Interaktionen" modellieren, sondern auch den Patienten als Restriktion der Handlungen des Arztes einführen, etwa so, daß der Arzt bei verschiedenen Kategorien von Patienten verschiedene Handlungsalternativen sieht und/oder die Handlungsalternativen verschieden bewertet. Die Heuristik der sozialen Produktionsfunktionen besagt dann, daß ich herausfinden muß, wie der Patient das physischen Wohlbefinden und die soziale Wertschätzung des Arztes beeinflußt, und umgekehrt. In abnehmender Abstraktion wird in vielen Fällen weniger Unsicherheit über Zusatzannahmen generiert, wenn man zunächst einmal andere Akteure als Restriktionen eines Akteurs einführt, anstatt gleich mit der Modellierung der Interaktion selbst zu beginnen. Hat man eine Heuristik zur Modellierung der Interaktion, wie die Spieltheorie, dann kann man u.U. auch diesen Weg recht früh in der Modellentwicklung begehen.

Für den zweiten Schritt, den Transformationsschritt, muß man ebenfalls Zusatzannahmen machen: Transformationsannahmen. Die Heuristik für diesen Schritt ist bisher nur wenig entwickelt. Einige handfeste Hinweise finden wir in Lindenberg (1977). Im Mittelpunkt dieser Heuristik steht zunächst einmal die Wichtigkeit des Hintergrundwissens. Was uns im ersten Erklärungsschritt durch die Nutzentheorie heuristisch geleistet wird, muß im zweiten Schritt vor allem aus der Kenntnis der empirischen Besonderheiten des Erklärungsgebietes kommen. Beschreibende Studien sind darum für Erklärungen dieser Art besonders wichtig. Darüber hinaus aber gibt es doch einige allgemeine Hinweise[51].

Zum ersten muß das zu erklärende kollektive Phänomen schon als Produkt menschlicher Interaktion konzipiert sein. Dazu hilft es, die drei genannten Formen der Interdependenz (komplementäre Kontrolle, Externalitäten, und Koorientierung) im Auge zu halten. Alle drei Interdependenzen beschreiben ein Stückchen "Kollektivität", und man kann leicht sehen, daß sie Bausteine von Bedingungskonstellationen für komplexere kollektive Phänomene sind. Zum Beispiel, bestimmte Verflechtungen von komplementären Kontrollen ergeben das, was man einen Markt nennt. Bestimmte Kombinationen von Externalitäten ergeben das, was man kollektive Güter (z.B. Volksgesundheit) und kollektive Übel (z.B. Umweltverschmutzung) nennt. Bestimmte Systeme von Koorientierung ergeben das, was man Institutionalisierung nennt. Zum zweiten muß man die Art der Transformation erkunden. Handelt es sich um die Verknüpfung individuellen Verhaltens mit einem kollektiven Phänomen durch historische Regelmäßigkeiten und/oder statistische Gesetze? Wenn ja, dann muß man diese Annahmen direkt aus dem Hintergrundwissen beziehen. Z.B. für die Frage, unter welchen Umständen die durch Olson erklärte Apathie von Metallarbeitern zu niedrigen Lohnquoten in diesem Industriezweig führen, muß ich wissen ob in Deutschland in diesen Jahren ein rein empirisch zu beschreibender Zusammenhang zwischen Anzahl der Gewerkschaftsmitglieder und Erfolg der Gewerkschaft bei Lohnverhandlungen zu finden ist. Handelt es sich um institutionelle Regelungen, die selbst transformatorischen Charakter haben, dann muß ich die entsprechenden Annahmen aus dem Hintergrundwissen der Institutionen holen. Z.B. muß ich wissen ob es eine 5% Klausel gibt, wenn ich die Stimmergebnisse (das Resultat individuellen Handelns) in eine Sitzverteilung im Bundestag transformieren will. Handelt es sich schließlich um das Ausrechnen der kollektiven Folgen individuellen Verhaltens, wie z.B. die Verbreitung eines Gerüchtes, dann ist es anzuraten, ein mathematisches Modell zu konstruieren, in dem aus dem ersten Erklärungsschritt Verhaltenswahrscheinlichkeiten abgeleitet werden, die ihrerseits als Parameterschätzung in das Modell eingehen. Zum dritten ist es nützlich, daran zu denken, daß Transformationen oft durch Unternehmer verschiedenster Art, produziert werden. So zeigt De Vos (1989), wie ein Lehrer das Leistungsniveau seiner Schüler in einen Standard übersetzt, so daß die Leistung des individuellen Schülers an diesem Standard gemessen wird und der Schüler sich wiederum daran orientiert. Politische Unternehmer sichern mitunter niedrige Transaktionskosten, wodurch sie das kollektive Phänomen "Konsensus" schaffen, wo es vorher nicht vorhanden war.

Transformationsannahmen können wie Akteursannahmen auch schrittweise problematisiert werden. In erster Linie handelt es sich dann um eine Konkretisierung (das heißt hier: Differenzierung) der Annahmen nach Ort, Zeit und Akteur. Dabei muß stets mehr Hintergrundwissen vorhanden sein als im "generellen" Fall.

### 4.6 Meßmodellannahmen

Schließlich muß man Modelle auch testen. Hierfür sind Meßmodellannahmen nötig, die ihrerseits wiederum theoretischer Art sind und daher der Methode der abnehmenden Abstraktion folgen können. Komplizierte Meßverfahren sind kostspielig und fehleranfällig. Daher empfiehlt es sich auch hier, das Prinzip des Modellbaus ("so einfach wie möglich, so komplex wie nötig") anzuwenden. Bisher hat sich die Methodologie der Sozialwissenschaften noch sehr wenig um diesen Aspekt des Messens gekümmert. Zum Teil hängt das natürlich mit der fehlenden Theorieentwicklung zusammen. Erst ein gelungener, expliziter Transformationsschritt bereitet die Operationalisierung der abhängigen Variable gut vor, weil man durch die Transformationsregel deutliche theoretische Anweisungen über die "innere Struktur" der Variable erhält, wodurch sich auch eine Art Beurteilungsheuristik für die Validität der Operationalisierung ergibt. Für die unabhängigen Variablen gilt dasselbe. Die beste Operationalisierungsheuristik besteht aus einem guten Modell und viel Hintergrundwissen. Und doch gibt es auch eine ganze Menge rein technischer Aspekte, die bisher noch nicht gut analysiert worden sind. Hierzu gehört z.B. der Zusammenhang von abnehmender Abstraktion und den gängigen Skalierungsverfahren.

Im Großen und Ganzen gibt es bisher nur wenige ausgearbeitete Heuristiken für das Verringern der Unsicherheit über Zusatzannahmen bei Meßmodellen. Da Daten aber auch etwas mit menschlichem Verhalten zu tun haben, müßten die existierenden Heuristiken für erklärende Modelle in dieser Entwicklung auch einen positiven Einfluß ausüben. Esser (1990) hat dies in einleuchtender Weise illustriert, imdem er Rahmeneffekte beim Interview analysiert.

## 5. Zusammenfassung der wichtigsten Schritte der Methode

Die Methode der abnehmenden Abstraktion, die hier propagiert wird, kann schematisch in vier Schritten zusammengefaßt werden.

Erstens: Denke an das Ziel, das Modell so einfach wie möglich und so komplex wie nötig zu machen, auch wenn man nie genau weiß, wann dieser Zustand erreicht ist. Beginne darum mit dem niedrigsten Problematisierungsgrad für das Anfangsmodell, der mit dem methodologischen Individualismus vereinbar ist. Mache die vereinfachten Brückenannahmen explizit.

Zweitens: Setze die Problematisierung auf eine Weise fort, die die geringste Unsicherheit über Zusatzannahmen mit sich bringt. Das heißt, problematisiere erst die einfacheren strukturellen Akteurs-, Brücken-, Tranformations- und Meßmodellannahmen. Sei dabei sehr zurückhaltend mit Annahmen über die Anzahl der Akteure und über die Komplexität der Interaktion. Bediene Dich dabei der genannten Heuristiken von sozialen Produktionsfunktionen, der Akteursrestriktionen usw.

Drittens: Problematisiere die kognitiven Restriktionen erst, wenn die strukturellen Annahmen schon komplexer geworden sind. Bediene Dich dabei der Heuristik für kognitive Restriktionen (d.h. der Heuristik des Rahmens).

Viertens: Erhöhe den Problematisierungsgrad der Theorie bis zu dem Punkt, an dem die Zunahme an Realitätsnähe den Zusatzaufwand nicht mehr zu rechtfertigen scheint. Um diesen Punkt zu ermitteln, muß man in der abnehmenden Abstraktion (auch mit den nötigen Daten!) bereit sein, auch wieder die Leiter nach oben mit zunehmender Abstraktion zu gehen: bis an den Punkt (zurück), an dem das Modell so einfach wie möglich und so komplex wie nötig ist. Dieser Punkt ist eine Erfahrungssache und keine methodologisch begründbare Schwelle.

Fünftens: Versuche die Resultate der komplexeren Modelle so umzuarbeiten, daß sie auch schon in einfacheren Modellen zum Zuge kommen können. Zum Beispiel, wenn Rahmeneffekte einmal bekannt sind, können sie auch in einfacheren Modellen in der Form von situationsspezifischen Elastizitäten, d.h. als exogen gegebene Elastizitäten eingeführt werden. Vergiß hierbei nicht, daß dies nur solange gemacht werden kann, wie man weiß, auf welche Weise die Rahmeneffekte zustande kommen, d.h. so lange man komplexere Modelle dieser Effekte hat.

Sechstens: Wegen der dualen Erklärungsstruktur spielt Hintergrundwissen eine wichtige Rolle bei der Bewältigung der Unsicherheit in Bezug auf Zusatzannahmen. Brücken-, Akteurs-, Transformations- und Meßmodellannahmen müssen schließlich am Stand der jetzigen Kenntnis auf ihrem Gebiet gemessen werden. Gewohnheitsheuristik muß also vermieden werden.

## 6. Zusammenfassung

Um den Vorteil der theoriegesteuerten Analyse der Ökonomen mit den Vorzügen der empirischen Tradition der Soziologie zu verbinden, ist es nötig einen neuen Weg zu finden. Die alten Versuche der historischen und institutionellen Schulen, der Verhaltenssoziologie und Verhaltensökonomie, sowie die halbherzigen Versuche der Realitätsannäherung der neoklassischen Ökonomen, haben die Lösung nicht erbracht. Hierfür müssen erst einige methodologische Hindernisse aus der Welt geräumt werden. Zentral ist der Unterschied zwischen Kern- und Brückentheorie auf der einen Seite und Bastardtheorien auf der anderen. Nur wenn Brückenannahmen explizit sind, kann man sie auch systematisch realistischer machen. Zentral ist auch die Methodologie der Heuristiken hinsichtlich der Unsicherheit über Zusatzannahmen. Dazu gehören vor allem die sozialen Produktionsfunktionen, die Theorie des Rahmens und die duale Erklärungsstruktur. Mit Hilfe dieser methodologischen Stützen ist es möglich, zu zeigen, daß ein Modell so entwickelt werden kann, daß es in den frühen Versionen der Entwicklung deutlich theoriegesteuert ist, während mit Hilfe der Heuristiken es in späteren Versionen deutlich an die Realität angepaßt werden kann.

Diese neue Methode der abnehmenden Abstraktion verlangt allerdings, daß beide Disziplinen, Soziologie und Ökonomie, mit altvertrauten Gewohnheiten brechen. So müssen Soziologen lernen, ein prinzipiell aktives und erfinderisches Individuum anzunehmen. Ebenfalls müssen Soziologen lernen, nicht von einer Wesens- oder pointierenden Abstraktion auszugehen. Schließlich müssen Soziologen lernen, nicht immer gleich zu rufen "das ist aber viel zu einfach". Diese Art von Komplexitätsfetischismus ist nicht funktional. Sie müssen sich vielmehr darum kümmern, in welcher Entwicklungsphase das Modell ist und welche Unsicherheit über Zusatzannahmen wie bewältigt werden kann.

Umgekehrt müssen Ökonomen lernen, sich so mit der Realität und dem dazugehörenden Hintergrundwissen anzufreunden, daß sie bereit sind, Einbußen in der Ableitbarkeit, die hierfür eventuell nötig sind, zu akzeptieren. Ökonomen müssen auch lernen, daß es wichtige Typ-1-Aspekte gibt, die in jedem Fall in die Modelle aufgenommen werden müssen, selbst, wenn sie damit die Durchsichtigkeit des Systemzusammenhangs manchmal verringern. Zu diesen Aspekten gehört soziale Wertschätzung. Schließlich müssen Ökonomen auch lernen, daß sie zwar die Methode der abnehmenden Abstraktion in einer gewissen Form gepredigt haben, daß diese Form aber methodologisch vollkommen unzureichend ausgearbeitet und inhaltlich wenig leistungsfähig war.

Von beiden Seiten also ist nun ein gewisser Stilbruch zu erwarten, auch wenn die einen weiterhin mehr Freude an der ersten und die anderen mehr Freude an der zweiten Hälfte der Modellentwicklung haben werden.

## Anmerkungen

1. Siehe Albert 1967 (Wiederabdruck von Albert, 1963), S. 355.

2. Opp 1979, S.v. ????

3. Zu den ersten beiden Problemen siehe Lindenberg 1984a und 1990b.

4. Diese Vermutung äußerte Schumpeter in seiner berühmten "Geschichte der ökonomischen Analyse" (1954, S. 27).

5. Smith "Lectures on Rhetoric" (1763), 1983, S. 146 (meine Übersetzung, S.L.). Die erste Methode nannte Smith "Newtonian method"; mit der zweiten Methode meinte er vor allem die Aristotelische Methode.

6. Siehe Landreth und Colander, 1989, S. 54.

7. Albert (1977, S. 189), weist darauf hin, daß sich in diesem Punkte auch eine Verschiebung von der Problematik der sozialen Steuerung (klassische Ökonomie) in eine ordnungsneutralere entscheidungslogische Richtung (neoklassische Ökonomie) vollzogen hat.

8. De Alessi (1990, S. 11 f) unterscheidet auch diese Zwei Stile, in ähnlich komplementärer Weise.

9. Knight 1921, S. 4 (Hervorhebung und Übersetzung von mir).

10. Friedman 1971, S. 36, meine Übersetzung und Hervorhebung. Die Referenz bezieht sich auf den erweiterten Wiederabdruck des ursprünglichen Artikels von 1953.

11. Diese Idee soll nicht den Begriff des Informationsgehaltes von Popper ersetzen, sondern vielmehr die heuristische Seite seines Begriffs "Tiefe" für den Modellbau wiedergeben.

12. Für eine genauere Besprechung dieses methodologisch kniffligen Punktes, siehe Lindenberg, 1977.

13. Solche partiellen Definitionen können natürlich nicht richtig oder falsch, sondern nur mehr oder weniger fruchtbar für die Erklärungsleistung sein. In diesem Fall, ist "Dienstleistung"wahrscheinlich fruchtbarer als nur "knappes Gut", weil es bei Verkehrsstauungen (wie bei Dienstleistungen) um ein Gut geht, von dem man keinen Vorrat zum Ausgleich von Nachfrageschwankungen anlegen kann (siehe z.B. LeGrand und Robinson, 1984, S. 170 f).

14. Siehe Lindenberg 1983b für die Beschreibung eines Paradebeispiels von Schattenmethodologie.

15. Siehe Homans 1964. Die Annahme, daß Typ-1-Aspekte in den Sozialwissenschaften letztendlich immer durch Handlungstheorien und nicht durch Systemtheorien erfaßt werden, liegt zwar dem ökonomischen Programm zugrunde, fragt selbst aber wiederum nach einer Erklärung. Eine diesbezügliche Erklärungsskizze findet man in Lindenberg 1985b.

16. Homans, 1964, S. 818.

17. Siehe zu diese Punkt Lindenberg 1983a (oder die kürzere aber zugänglichere Version von 1985b).

18. Knight 1921, S. 4 (Übersetzung und Hervorhebung von mir).

19. Friedman 1953, S .15.

20. Knight 1921, S. 78 (Übersetzung von mir).

21. Knight 1921, S. 182 (Übersetzung von mir).

22. Knight 1921, S. 3 (Übersetzung von mir).

23. Landreth & Colander 1989, S. 159 (meine Übersetzung).

24. Siehe Winch 1973, S. xviii.

25. Stigler 1965, S. 324 (ursprünglich 1953).

26. Siehe Albert 1967, S. 339.

27. Siehe Lindenberg 1985a und 1990.

28. In diesem Zusammenhang ist vielleicht auch Bruno Frey (1990) zu nennen, der allerdings die Vorteile des Modellbaus deutlich erkennt. Schüßler (1990) hat noch einen anderen Vorschlag. Er sieht in den Grenztypmodellen nicht die erste Stufe der Modellentwicklung, sondern das nützliche Schreckbild einer Welt in der Menschen wie homini oeconomici leben.

29. Hervorhebung von mir. Hier zitiert nach der siebten Auflage von 1902, Zweites Buch, S. 461 und 468.

30. Haller 1950, S. 149.

31. Haller 1950, S. 151.

32. Haller 1950, S. 156.

33. Haller 1950, S. 157.

34. Haller 1950, S. 161.

35. Dieser Ausdruck ist von Eucken (1947). Haller vermutet, daß sich Eucken hier durch einen Ausdruck Husserls hat inspirieren lassen.

36. Zitiert nach H. Schmidt (1931, 3) "Philosophisches Wörterbuch"

37. Knight 1921, S. 8 f (Übersetzung von mir).

38. Knight 1921, S. 8 (Übersetzung von mir).

39. Knight, 1921, S. 10.

40. Einfachheitshalber ignoriere ich die Tatsache, daß für verschiedene Vorhersagen verschiedene Zusatzannahmen nötig sein können. Im strikten Sinne ist ein Modell meist nur hinsichtlich einer bestimmten abzuleitenden Vorhersage mehr oder weniger entproblematisiert.

41. Siehe Lindenberg, 1981.

42. Homans, 1969, S. 10.

43. Siehe Earl, 1988.

44. Siehe Lindenberg, 1985a und 1985b.

45. Siehe Meckling, 1976 und Lindenberg, 1985b.

46. Frank, 1990, S 54.

47. In Lindenberg, 1989 sind soziale Produktionsfunktionen näher beschrieben.

48. Siehe Simon, 1957 und Kahneman und Tversky, 1979.

49. Siehe Lindenberg, 1989.

50. Siehe Lindenberg, 1977.

51. Für eine detaillierte Beschreibung dieser Hinweise, siehe Lindenberg, 1977.

**Literaturverzeichnis**

Albert, H., "Modell-Platonismus," in: F. Karrenberg und H. Albert (Hrsg.), Sozialwissenschaft und Gesellschaftsgestaltung. Festschrift für Gerhard Weisser. Berlin: Duncker und Humblot, 1963, S. 45-76

Albert, H., Marktsoziologie und Entscheidungslogik. Neuwied: Luchterhand, 1967

Albert, H., "Der Gesetzesbegriff im ökonomischen Denken," in: Macht und ökonomisches Gesetz. Schriften des Vereins für Socialpolitik, Neue Folge Band 74/I. Berlin, 1973

Albert, H., "Modell-Denken und historische Wirklichkeit: zur Frage des logischen Charakters des theoretischen Ökonomie", in: H. Albert (Hrsg.), Ökonomisches Denken und soziale Ordnung. Tübingen: J.C.B. Mohr (Paul Siebeck) 1984, S. 39-61

Becker, G. S., The Economic Approach to Human Behavior. Chicago: Chicago University Press, 1976

De Alessi, L. "Form, substance, and welfare comparisons in the analysis of institutions", in: E. Furubotn und R. Richter (Hrsg.), The New Institutional Economics. Different Approaches to the Economics of Institutions, Special Issue of the Journal of Institutional and Theoretical Economics, Vol. 146, 1, 1990, S. 11-23

De Vos, Henk, "A rational choice explanation of compositional effects in educational research". Rationality and Society,

Vol. 1,2, 1989, S. 220-239

Earl, P.E.,(Hrsg.) Behavioural Economics, Vols.I and II. Aldershot: Edward Elgar Publishing Co. 1988

Esser, H., "'Habits', 'Frames' und 'Rational Choice'. Die Reichweite der Theorie der rationalen Wahl am Beispiel der Erklärung des Befragtenverhaltens", Zeitschrift für Soziologie, 19, 1990, S. ??????

Eucken, W., Die Grundlagen der Nationalökonomie, 5. Aufl., Godesberg, 1947

Frank, R. H., "Rethinking rational choice". in: R. Friedland and A.F. Robertson (Hrsg.), Beyond the Market Place. New York: Aldine de Gruyter, 1990, S. 53-87

Frey, B., Moderne Politische Ökonomie. München: Piper, 1977

Friedman, M., "The methodology of positive economics", in: M. Friedman, Essays in Positive Economics, Chicago: University of Chicago Press, 1953, S. 3-43

Friedman, M., "The methodology of positive economics", erweiterter Wiederabdruck von Friedman 1953, in: W. Breit und H. Hochman, Readings in Microeconomics, 2nd edition, Hinsdale, Ill.: Dryden Press, 1971, S. 23-54

Haller, H., Typus und Gesetz in der Nationalökonomie. Versuch zur Klärung einiger Methodenfragen der Wirtschaftswissenschaften. Stuttgart und Köln: Kohlhammer, 1950

Herrnstein, R. J.; Mazur, J., "Making up our minds: a new model of economic behavior". The Sciences, Nov./Dec. 1987, S. 40-47.

Homans, G., "Bringing men back in", American Sociological Review 29 (1964), S. 809-818.

Homans, G., "The sociological relevance of behaviorism". in: R. L. Burgess und D. Bushell, Jr. (Hrsg.), Behavioral Sociology: The Experimental Analysis of Social Process. New York: Columbia University Press, 1969, S. 1-24

Jöhr, W. A., Theoretische Grundlagen der Wirtschaftspolitik, Bd. I, Die Argumente der Wirtschaftsfreiheit - das Modell der vollkommenen Konkurrenz und seine Annäherung an die Wirklichkeit, St. Gallen, 1943

Kahneman, D.; Tversky, A., "Prospect theory: an analysis of decision under risk", Econometrica, 47, 1979, S. 262-291.

Knight, F., Risk, Uncertainty and Profit. Chicago: University of Chicago Press, 1971 (ursprünglich 1921)

Landreth, H.; Colander, D. C., History of Economic Theory, 2nd ed., Boston: Houghton Mifflin, 1989

LeGrand, J.; Robinson, R., The Economics of Social Problems, 2nd ed., London: Macmillan Press, 1984

Lindenberg, S., "Individuelle Effekte, kollektive Phänomene und das Problem der Transformation", in: Eichner, K.; Habermehl, W. (Hrsg.), Probleme der Erklärung sozialen Verhaltens, Meisenheim: Anton Hain, 1977, S. 46-84

Lindenberg, S., "Erklärung als Modellbau: Zur soziologische Nutzung von Nutzentheorien," in: W. Schulte (Hrsg.), Soziologie in der Gesellschaft. Bremen: University Press, 1981, S. 20-35

Lindenberg, S., "The New Political Economy: its potential and limitations for the social sciences in general and for sociology in particular", in: Sodeur, W. (Hrsg.), Ökonomische Erklärung sozialen Verhaltens, Duisburg: Verlag der sozialwissenschaftlichen Kooperative, 1983a, S. 1-69

Lindenberg, S., "Zur Kritik an Durkheims Programm für die Soziologie", Zeitschrift für Soziologie, 12, 2, 1983b, S. 139-151.

Lindenberg, S., "Normen und die Allokation sozialer Wertschätzung", in: Todt, H. (Hrsg.), Normengeleitetes Verhalten in den Sozialwissenschaften, (Schriften des Vereins für Socialpolitik, Neue Folge Bd. 141), Berlin: Duncker & Humblot, 1984a, S. 169-191

Lindenberg, S., "Preference versus constraints", Journal of Institutional and Theoretical Economics (ZgS), 140, 1984b, S. 96-103.

Lindenberg, S., "Rational choice and sociological theory: new pressures on economics as a social science", Journal of Institutional and Theoretical Economics (ZgS), 141, 1985a, S. 244-255.

Lindenberg, S., "An assessment of the new political economy: its potential for the social sciences and for sociology in particular". Sociological Theory, 3, 1, 1985b, S. 99-114.

Lindenberg, S., "Social production functions, deficits, and social revolutions: pre-revolutionary France and Russia", Rationality and Society, 1, 1, 1989, S. 51-77

Lindenberg, S., "Rationalität und Kultur", in: H. Haferkamp (Hrsg.), Sozialstruktur und Kultur, Frankfurt/Main: Suhrkamp, 1990a, S. 249-287

Lindenberg, S., "A new push in the theory of organization", in: E. Furubotn und R. Richter (Hrsg.), The New Institutional Economics. Different Approaches to the Economics of Institutions, Special Issue of the Journal of Institutional and Theoretical Economics, Vol. 146, 1, 1990b, S. 76-84

Lindenberg, S., "Social approval, fertility and female labour market behaviour", in: Siegers, J.; de Jong-Gierveld, J.; van Imhoff, E.: Female Labour Market Behaviour and Fertility: A rational Choice Approach, Berlin/ New York: Springer Verlag, 1990c, S. ????

Lindenberg, S., "Towards the construction of interdisciplinary theoretical models to explain demographic behaviour, a comment," in: Hazeu, C. A.; Frinking, G. A. B.: Emerging Issues in Demographic Research, Amsterdam: Elsevier, 1990d, S. ????

Meckling, W., "Values and the choice of the model of the individual in the social sciences," Schweizerische Zeitschrift für Volkswirtschaft und Statistik, 112, 1976, S. 545-559

Opp, K.D., Individualistische Sozialwissenschaft, Stuttgart: Enke, 1979

Schmidt, H., Philosophisches Wörterbuch, Leipzig: Körner, 1931

Schumpeter, J.A., History of Economic Analysis, N.Y.: Oxford University Press, 1954

Scharpf, Fritz, "Games real actors could play: the problem of mutual predictability." Rationality and Society, 2, 1990; S. 471-494

Schüßler, Rudolf, Kooperation unter Egoisten: Vier Dilemmata. München: Oldenbourg Verlag, 1990

Simon, H., Models of Man, New York: Wiley, 1957

Smith, A., Lectures on Rhetoric and Belles Lettres, hrsg. v. C. Bryce, Glasgow Edition Vol.IV, Oxford: Clarendon Press, 1983

Sombart, W., Die Ordnung des Wirtschaftslebens, 2. Aufl., Berlin, 1927

Stigler, G., Essays in the History of Economics. Chicago: University of Chicago Press, 1965

Stigler, G.; Becker, G. S., "De gustibus non est disputandum," The American Economic Review, 67, 1977, S. 76-90.

Wieser, F. v., Theorie der gesellschaftlichen Wirtschaft. Grundriß der Sozialökonomik, Bd.I, 2.Teil, 2.Aufl., Tübingen, 1924

Winch, D., "Introduction". in: D. Ricardo, The Principles of Political Economy and Taxation, London, Melbourne, Toronto: Dent, 1973, S. V-VIII

Wippler, R.; Lindenberg, S., "Collective phenomena and rational choice", in: Alexander, J. et al. (Hrsg.): The Micro- Macro Link, Berkeley: University of California Press, 1987, S. 135-152

Hans J. Hummell

# Moralische Institutionen und die Ordnung des Handelns in der Gesellschaft.

## Die "utilitaristische" Theorietradition und die Durkheimsche Herausforderung

### I.

Für Emile Durkheim (1858-1917), der vor genau 100 Jahren* im Studienjahr 1887/88 als Lehrbeauftragter für Sozialwissenschaft und Pädagogik der Universität Bordeaux mit dem "Cours public de science sociale: La solidarité sociale" die Soziologie als akademische Disziplin in die Universität einführte, sind gesellschaftliche und moralische Phänomene weitgehend deckungsgleich. "Gesellschaft" ist ein moralisches Phänomen.(1) Denn das, was aus einem Aggregat von Menschen erst eine "Gesellschaft" werden läßt, sie "vergesellschaftet", sind die moralischen Institutionen, die ihr Verhältnis zueinander ordnen.

Mit "Institutionen" meint man Komplexe von unterschiedlichen, jedoch aufeinander bezogenen 'Formen' oder 'Modellen' des Handelns, die der einzelne Handelnde jeweils schon vorfindet, die er durch sein eigenes Handeln weder geschaffen hat noch durch einen bloßen Willensentschluß verändern oder aus der Welt schaffen kann. Institutionen umfassen nicht nur Regeln, die beschreiben, wie in den Situationen, auf die sie sich beziehen, unter bestimmten Voraussetzungen üblicherweise verfahren wird (institutionelle Praktiken) sondern auch Regeln, wie verfahren werden soll (institutionelle Normen). Durch solche kognitiv oder wertmäßig ausgezeichneten Praktiken und Normen werden bestimmte Vorstellungen und Haltungen in der Welt der "Faktizitäten" effektiv verhaltenssteuernd.(2)

In der Sprache Durkheims kommt das Merkmal des "Moralischen" den institutionellen Normen nicht allein wegen ihres "kategorischen" Charakters zu. "Moralisch" sind Normen insbesondere dann, wenn sie die Handelnden dazu anhalten, in ihrem Handeln die Interessen anderer bzw. der "moralischen Gemeinschaft", die sie mit den anderen bilden, zu berücksichtigen und ggf. auch zu Opfern in der Realisierung der eigenen Interessen bereit zu sein. "Moral" ist sowohl ein Element der Regelung des Handelns im Sinne seiner Disziplinierung und seiner einschränkenden Begrenzung in der Verfolgung von Interessen als auch der Bindung des einzelnen an den anderen und die Gemeinschaft; schließlich setzt sie die Fähigkeit voraus, sich an derartigen Regelsystemen orientieren zu können.(3) Moralische Regelsysteme und die sie gründenden (Glaubens-)Vorstellungen ("Ideen") und (Wert-)Haltungen "konstituieren" Gesellschaft. Dies ist nicht als definitorische Setzung zu verstehen, nach der man von "Gesellschaft" nur dann spricht, wenn ein bestimmtes moralisches Regelsystem "in Kraft ist", sondern als empirische Behauptung über eine notwendige Bedingung dafür, daß eine Menge von Akteuren auch tatsächlich eine "Gesellschaft" bilden. "Eine Gesellschaft bilden" ist dann definiert als ein Zustand "sozialer Ordnung".

Daß soziale Ordnung ohne moralische Institutionen nicht möglich, und daß dort, wo moralische Institutionen ihre verhaltensbindende Kraft verlieren, "Anomie" als Folge der "moralischen Krise" zu beobachten sei - diese Position hatte sich E. Durkheim in der Auseinandersetzung vor allem mit jenen Sozialtheoretikern und Philosophen erarbeitet, die er summarisch als "utilitaires" bezeichnete. Und wenn heute in der theoretischen Soziologie von der "utilitaristischen Theorietradition" die Rede ist, so folgt man Durkheims Sprachgebrauch, den insbesondere Talcott Parsons aufgenommen und gefestigt hat. In "The Structure of Social Action" meint Parsons hiermit eine allgemeine Sozialtheorie, unter die er die meisten der führenden britischen Empiristen vom 17. Jahrhundert bis ins 19. Jahrhundert subsumiert, insbesondere Thomas Hobbes, John Locke, die Vertreter der klassischen Nationalökonomie, Thomas Robert Malthus, Karl Marx bis hin zu Charles Darwin. Wenn Durkheim dort, wo er die "utilitaires" erwähnt, überhaupt Personen nennt, dann vor allem Herbert Spencer.

Als Durkheims "Herausforderung" kann nun die These verstanden werden, daß im Rahmen des Utilitarismus als einer allgemeinen Sozialtheorie das "Problem der sozialen Ordnung" nicht lösbar sei, so daß daraus mit Durkheim die Folgerung zu ziehen wäre, daß eine allgemeine Sozialtheorie nur als eine nicht-utilitaristische Konzeption zu entfalten sei, die darüber hinaus insofern "nicht-individualistisch" und "nicht-psychologisch" zu sein hat, als der Utilitarismus "individualistisch" oder "psychologisch" orientiert ist.

Als theoretisch entschiedenster und klarster Vertreter des Utilitarismus in diesem weitesten Sinne gilt für die von Durkheim und Parsons geprägte "orthodoxe" Richtung einer nicht-utilitaristischen Soziologie Thomas Hobbes. Verallgemeinert könnte man die von Hobbes untersuchte Frage so formulieren: Wie kann man sich vorstellen, daß aus einem Zustand, in dem eine Vielzahl von Akteuren unabhängig voneinander ihre jeweils individuellen Interessen auf möglichst effiziente Weise, und zwar ohne Bindung an Normen, die die Wahl der Ziele und der Mittel regulieren, verfolgen, - ein Zustand, der latent immer ein "Krieg aller gegen alle" sein wird, in dem "der Mensch dem Menschen ein Wolf" ist, und in dem daher niemand seine Interessen realisieren wird und in dem der größte Teil der Ressourcen zum Zwecke einer gewaltsamen Auseinandersetzung bereitgehalten werden müssen - wie kann man sich vorstellen, daß aus einem solchen Zustand "gesellschaftliche Ordnung" entsteht? Wie gelangt man aus einem Zustand, in dem niemand irgendwelche Regeln, insbesondere in seinem Verhältnis zu anderen, respektiert, in einen solchen Zustand, in dem das Handeln aller durch wechselseitig akzeptierte Regeln geordnet ist?

Der Hinweis auf die Vorteile einer derartigen Ordnung - "Abrüstungsvorteil"; Entlastung von Unsicherheit; Möglichkeiten zum Aufbau verläßlicher Erwartungen mit der Aussicht, eigene Ziele realisieren zu können - reichen zu ihrer Etablierung nicht aus. Denn wenn auch eine durch Institutionen geregelte Ordnung des Handelns für alle von Vorteil sein sollte, so heißt dies zunächst lediglich, daß es für jeden einzelnen von Vorteil ist, wenn die jeweils anderen bestimmte Regeln respektieren; für ihn noch vorteilhafter wäre es, wenn er selbst in seinem Verhalten ungebunden bleiben und so einseitig den Vorteil einer Regelgebundenheit der anderen genießen könnte. Die Funktionalität einer Ordnung durch Regeln stiftet also für den einzelnen noch kein Motiv, sich seinerseits an Regeln zu binden.

Gerade wenn man der Hobbes-Argumentation ohne irgendwelche Zugeständnisse an "moralische", "normative", "altruistische" Erwägungen folgt, ergibt sich, daß "rationale", ihre individuellen "Interessen" verfolgende Akteure in einem Zustand "natürlicher Freiheit" nicht in der Lage sind, dem Krieg aller gegen alle zu entgehen, obwohl für alle die wechselseitige Respektierung von Regeln nur nützlich sein könnte.

In den hier angestellten Überlegungen wird generell von der Voraussetzung ausgegangen, daß die Interessen der Beteiligten weder völlig gegensätzlicher Art sind noch sich völlig decken: Vielmehr ist eine Situation "antagonistischer Kooperation" (W.G. Sumner) der "Normalfall", die eine gemischte Motivation sowohl zur Kooperation als auch zum Konflikt erzeugt. Bildlich gesprochen: "Die Beteiligten sitzen im gleichen Boot (haben das gemeinsame Interesse, daß dieses nicht kentert), rudern jedoch in verschiedener Richtung (was gerade die Gefahr des Kenterns umso mehr hervorruft, je mehr der einzelne versucht, seine Vorstellung von der "richtigen Richtung" gegen die Vo-stellungen der anderen durchzusetzen)".(4)

Situationen, in denen vorwiegend Interessengemeinsamkeiten vorzuliegen scheinen, entpuppen sich bei genauerem Hinsehen oft als solche sowohl partieller Interessenidentität als auch partieller Interessengegensätzlichkeit. So scheint der Tauschverkehr auf einem Wettbewerbsmarkt eine Verklammerung der Interessen der Tauschenden in der Weise herzustellen, daß das geeignete Mittel, die eigenen Interessen zu fördern, gerade darin besteht, den Interessen des Tauschkontrahenten entgegen zu kommen.(5) Handelnde, die aufgrund ihrer gemeinsamen Lage sich zusammenschließen, ihre Ressourcen poolen und gemeinsame Anstrengungen unternehmen, um etwas zu vollbringen, das schließlich allen zugute kommt, scheinen jeder einzeln "eingesehen" zu haben, daß das gemeinsame Interesse auch ihr je eigenes Interesse ist und daß sie sich dadurch am besten helfen, wenn sie allen helfen. Dennoch wohnen beiden Situationen Anreize inne, sich nicht "kooperativ" zu verhalten:

beim Tausch auf dem Markte dann, wenn Leistung und Gegenleistung nicht simultan erfolgen und daher die Aussicht besteht, "kostenlos" in den Genuß einer Leistung dadurch zu kommen, daß man die Gegenleistung nicht erbringt; beim Erstellen eines "kollektiven Gutes" dann, wenn die Aussicht besteht, als "Trittbrettfahrer" in den Genuß des kollektiven Gutes ohne einen eigenen Beitrag zu gelangen.

Gerade in einer utilitaristischen Konzeption müßte für Situationen, in denen eine etwa vorhandene Kooperationsbereitschaft einzelner durch Nicht-Kooperation der anderen ausgebeutet werden kann, der Schluß gezogen werden, daß Kooperation spontan nicht zustande kommt. Die Frage, ob rationale, ihre Interessen verfolgende Handelnde in der Lage sind, ein System wechselseitiger Kooperation herauszubilden und aufrecht zu erhalten, und zwar a) ohne Einbettung in ein schon vorhandenes Netz sie verbindender Sozialbeziehungen und b) ohne Möglichkeit, auf gemeinsam akzeptierte Normen der Kooperation zurückgreifen zu können, und c) ohne Existenz einer zentralen Instanz, die kooperative Beziehungen stiften bzw. die Akteure (gewissermaßen von "außen") zur Kooperation anhalten könnte, wäre danach zu verneinen und damit wäre Durkheim grundsätzlich Recht zu geben.

In jüngster Zeit haben eine Reihe von Beiträgen die Durkheimsche Herausforderung wieder aufgenommen und die Fragen der Funktionalität von Institutionen, ihrer Genese und ihrer Kontinuität in einer strikt utilitaristischen Perspektive diskutiert. Ein entscheidender Durchbruch ist Robert Axelrod mit seinem Buch "Die Evolution der Kooperation" (1984) gelungen. Wichtige teilweise parallel erschienene Arbeiten zur gleichen Thematik sind die von Michael Taylor (1976, 1982, 1987), Andrew Schotter (1981) und Edna Ullmann-Margalit (1977), in deutscher Sprache insbesondere die von Thomas Voss (1983), Werner Raub (Raub/Voss 1986) und Hartmut Kliemt (1985, 1986). Auf deren Inhalt kann hier im einzelnen nicht eingegangen werden, er wird als, zumindest in groben Zügen, bekannt unterstellt.

Vielmehr soll geprüft werden, wie sich angesichts dieser neueren theoretischen Entwicklung die Durkheimsche Position darstellt. Dazu wird zunächst Durkheims detaillierte Kritik an der utilitaristischen Argumentation analysiert und zweitens darauf hingewiesen, daß sich die behandelte Problematik auf sehr viel allgemeinere und weniger extreme soziale Situationen bezieht als solche, die üblicherweise bei einer engen Auslegung von Hobbes zugrundegelegt werden. Drittens wird daran erinnert, daß zumindest für einen Teil der Durkheimschen Herausforderung, nämlich das Problem der Entstehung kooperativer Praktiken, in der utilitaristischen Tradition eine mögliche Antwort schon von einem Autor vorweggenommen wurde, mit dem Durkheim und auch Parsons sich nicht auseinandersetzen, nämlich David Hume. Und dessen Lösung deckt sich der Struktur nach mit den expliziteren Ausarbeitungen in der gegenwärtigen Literatur. Viertens wird ein Argument von D. Gauthier benutzt, um zu zeigen, daß eine Gruppe, deren Mitglieder nicht nur über kooperative Praktiken sondern über Normen der Kooperation verfügen, denen gegenüber sie eine "moralische Haltung" einnehmen, auch unter Utilitäts-Gesichtspunkten in einer "besseren Welt" leben als Personen, die Praktiken der Kooperation lediglich aus Zweckmäßigkeits- oder Klugheitsgründen befolgen. Schließlich wird daran erinnert, daß für Durkheim die für unseren Zusammenhang wichtige Unterscheidung zwischen Praktiken und Normen ganz selbstverständlich ist, und daß er in seinem Gesamtprojekt neben den Fragen, welches System moralischer Normen der modernen arbeitsteiligen Gesellschaften adäquat ist und wie dieses Normensystem legitimiert werden kann, die Frage behandelt, wie Handelnde, die ein bestimmtes Normensystem als adäquat und richtig "eingesehen" haben, sich durch Prozesse der Selbst-Bindung dazu bringen können, diesem Normensystem "moralische Autorität" zuzuerkennen, so daß sie sich an ihm in ihrem Handeln auch tatsächlich orientieren, und zwar unabhängig von Vorteilsüberlegungen, die aus der jeweiligen Situation erwachsen. Allerdings wird sich zeigen, daß im Hinblick auf die Genese und Persistenz von Institutionen der Kooperation und auf das spezielle Problem der "Moralisierung" kooperativer Praktiken Durkheims Problem weiterhin ungelöst ist.

## II.

Beginnen wir mit den relevanten Passagen aus der "Division du travail social" (1893), in der Durkheim sich mit der These auseinandersetzt, daß "Solidarität" aus Tauschbeziehungen oder vertraglichen Vereinbarungen entstehen könne.(6)

Gegen die These, daß durch Abmachungen und Vereinbarungen der Akteure eine Steuerung ihres Verhaltens in der Weise möglich sei, daß daraus ein System der Kooperation entstehe, in welchem die einzelnen "Solidarität" üben werden, führt Durkheim drei Argumente an:

1. Vereinbarungen zwischen zwei Parteien können nicht das erreichen, was mit ihnen erreicht werden soll: eine frei vereinbarte, erschöpfende Regelung ihres Verhältnisses zum beiderseitigen Vorteil.

2. Vereinbarungen erzeugen keine Solidarität.

3. Vielmehr setzen umgekehrt Vereinbarungen etwas voraus, das ihnen eine effektiv bindende Kraft verleiht.

Das erste Gegenargument verweist auf die hohen "Transaktionskosten", die entstehen, wollte man versuchen, für alle möglichen zukünftigen Ereignisse, die für das Verhältnis der Beteiligten von Bedeutung sein könnten, hinsichtlich ihrer Folgen für die zu treffende Vereinbarung vorab ebenfalls schon Vereinbarungen zu treffen; und zwar selbst, wenn man in der Lage wäre, abzuschätzen, welche Arten von Ereignissen in der Zukunft überhaupt eintreten können. Sollten die Beteiligten jedoch davon ausgehen können, daß es gewisse tradierte 'Formen' des Interessenausgleichs gibt, die für derartige Kontingenzen Vorkehrungen treffen, und in denen sich die in der Vergangenheit geübten Praktiken eines Interessenausgleichs kristallisiert haben, können sie diese 'Formen' für die Regelung ihres Verhältnisses stillschweigend immer dann voraussetzen, wenn sie darauf vertrauen können, daß dies für alle Beteiligten mindestens genauso vorteilhaft ist wie das Aushandeln eines völlig neuen Interessenausgleichs.

Zweitens mag eine ad hoc getroffene Vereinbarung zwar ein rationaler partieller Interessenausgleich sein und insofern für die Beteiligten eine Verbesserung gegenüber dem vorherigen Zustand darstellen. Aber sie ist nur eine punktuelle Konfliktkanalisierung, nur auf ganz bestimmte momentan gegebene situative Bedingungen bezogen und stellt nur innerhalb dieser Bedingungen ein temporäres Gleichgewicht widerstreitender Interessen dar. Dieses Gleichgewicht ist insofern höchst instabil, als mit jeder Änderung der Interessenlage auch ein neues Gleichgewicht gefunden werden müßte; es sei denn, es gäbe für die aus einer veränderten Situation herauswachsende neue Konstellation von Interessen ebenfalls ein den Beteiligten bekanntes und von ihnen akzeptiertes 'Modell' des Ausgleiches, auf das sie sich 'spontan' hinbewegen würden. Demnach ist im allgemeinen jede momentane Konfliktkanalisierung nur ein punk-tueller Waffenstillstand, die latente Feindseligkeit besteht fort und kann jederzeit wieder ausbrechen.

"Wenn das Interesse die Menschen annähert, dann immer nur für einige Augenblicke; es kann zwischen ihnen nur ein äußerliches Band schaffen. Wenn man den Grund der Dinge selbst betrachtet, dann wird man sehen, daß jede Interessenharmonie einen latenten oder einfach nur vertagten Konflikt verdeckt. Denn dort, wo das Interesse allein regiert ..., befindet sich jedes Ich gegenüber dem anderen auf dem Kriegsfuß und jeder Waffenstillstand dieses ewigen Antagonismus kann nur von kurzer Dauer sein. Das Interesse ist in der Tat das, was auf der Welt am wenigsten konstant ist. Heute ist es für mich von Nutzen, mich mit euch zu vereinigen; morgen macht derselbe Grund aus mir einen Feind. Eine solche Ursache kann also nur vorübergehende Annäherungen und Vereinigungen für einen Tag erzeugen" (1978, S. 180 f.). "Der Vertrag ist nur ein Waffenstillstand und zwar ein ziemlich prekärer; er suspendiert die Feindseligkeiten nur auf Zeit" (S. 357). Dies ein fernes Echo der Aussa-ge Hobbes, daß der "Krieg aller gegen alle" nicht notwendig in akuten Gewaltanwendungen bestehe, wohl aber darin, daß feindselige Handlungen jederzeit ausbrechen können; so wie schlechtes Wetter nicht bedeutet, daß es andauernd regnet, sondern daß es jeden Augenblick zu regnen beginnen kann.

Wie eine Vereinbarung als punktueller Waffenstillstand keine Solidarität erzeugt, hat sie drittens auch keine Kraft, die Beteiligten effektiv zu binden, so daß diese die Vereinbarung auch dann halten werden, wenn sich die Interessenkonstellation gewandelt hat, es also z.B. im Interesse eines Beteiligten wäre, sie zu brechen. Auch an dieser Stelle wäre an Hobbes zu erinnern: "Gesetze und Verträge können an und für sich den Zustand des Krieges aller gegen alle nicht aufheben; denn sie bestehen in Worten, und bloße Worte können keine Furcht erregen; daher fördern sie die Sicherheit der Menschen allein und ohne Hilfe der Waffen nicht. Hat man sich vor keiner allgemeinen Macht zu fürchten, dann können Gesetze, welche nur jemand beobachtet, weil er sieht, daß sie von anderen beobachtet werden, ebensowenig verpflichten als hindern, daß ein jeder es für erlaubt hält, soviel als möglich durch Stärke und Klugheit für seine Sicherheit zu sorgen..." (Hobbes 1978, S. 151).

Angesichts dieser Problemlage zog Emile Durkheim die Konsequenz, daß vor einer jeden ad-hoc-Vereinbarung die "Institution" des "Vertrages" als schon existent vorausgesetzt werden muß, als eines in der Gruppe tradierten Systems von aufeinander bezogenen Regeln in dem oben erwähnten doppelten Sinne von Normen und Praktiken. Sich durch diese Institution in seinem Handeln effektiv binden zu lassen, kann nicht ausschließlich als Resultat eines utilitaristischen Zweckmäßigkeitskalküls seitens aller Beteiligten aufgefaßt werden. Im Akzeptieren der Institution drückt sich vielmehr die Solidarität aus, die die Gruppenmitglieder füreinander hegen. Als Gesamtheit der "nicht-kontraktuellen Elemente im Kontrakt" (Parsons 1949, S. 319) gibt die Institution den Rahmen für mögliche Vereinbarungen ab, ohne jedoch selbst Gegenstand der Vereinbarung zu sein: "es ist nicht alles vertraglich im Vertrag" (Durkheim 1978, S. 189). Zu einem solchen institutionellen Rahmen gehören insbesondere Definitionen möglicher Gegenstände von Vereinbarungen, Definitionen erlaubter Mittel, um die Zustimmung anderer zu erlangen, der Konsequenzen, die in unvorhergesehenen Situationen zu ziehen sind, sowie evtl. Definitionen der Konsequenzen für Dritte, die an der Vereinbarung zwar nicht beteiligt, durch sie aber betroffen sind. Schließlich müßte durch den institutionellen Rahmen auch sichergestellt sein, daß den Vereinbarungen die verhaltensbindende Kraft zukommt, die erforderlich ist, um tatsächlich das zu erreichen, was die eine Vereinbarung Schließenden mit ihr erreichen wollen (Parsons 1949, S. 311 ff.).

## III.

Daß Durkheim Argumentationsfiguren verwendet, die bis in die sprachliche Formulierung hinein an Hobbes erinnern, ist unter systematischen Gesichtspunkten nicht erstaunlich. In der Tat ist Hobbes Konzeption vom "Naturzustand" nur eine radikalere Exposition der gleichen Problematik. Soweit im Rahmen moderner Varianten utilitaristischer Theorien, nämlich der Theorien rationalen Handelns, insbesondere Theorien interdependenter Entscheidungen in Konfliktsituationen, Modellierungen derartiger Situationen erfolgen, werden häufig spieltheoretische Figuren verwandt. Diese sind besonders geeignet, die hier untersuchten Situationen auf die für die Argumentation wesentlichen Aspekte zu reduzieren. Am bekanntesten von diesen ist wohl die Figur des "Gefangenendilemma" geworden; eine leicht abgewandelte (und nach unserem lebensweltlichen Selbstverständnis weniger "radikale") ist die des "Assurance Game".

Gemeinsamkeiten und Unterschiede dieser zwei Situationen lassen sich folgendermaßen erläutern; hierbei sei für das weitere insbesondere vorausgesetzt, daß wir es mit dem einfachsten Fall von zwei Akteuren zu tun haben, von denen jeder die Möglichkeit hat, sich in der betrachteten Situation kooperativ oder nicht-kooperativ zu verhalten (7). Damit sind vier Zustände möglich, die die beiden Akteure durch ihr Handeln hervorbringen können, nämlich: Beide kooperieren; beide kooperieren nicht; der erste kooperiert und der zweite nicht; der erste kooperiert nicht, wohl aber der zweite. Diese vier Zustände können durch die beiden Akteure nach ihrer Erwünschtheit in prinzipiell ganz unterschiedlicher Weise geordnet werden. Gemeinsam ist dem Gefangenen-Dilemma (GD) und dem Assurance Game (AG), daß beide dadurch charakterisiert sind, daß beide Akteure wechselseitige Kooperation wechselseitiger Nicht-Kooperation vorziehen. Weiterhin gilt sowohl für GD als auch für AG, daß beide Akteure sich davor fürchten, von dem Nicht-Kooperierenden "ausgebeutet" zu werden, falls sie selbst (einseitig) kooperieren; diesem Zustand gegenüber werden beide den der wechselseitigen Nicht-Kooperation vorziehen. Falls die Situation so definiert ist, daß beide einen Zustand beiderseitiger Kooperation einem Zustand vorziehen, in dem jeweils der andere kooperiert, man selbst aber nicht (also kein Anreiz zur einseitigen "Ausbeutung" der Kooperation des anderen gegeben ist), befinden sie sich in einer Situation vom Typ AG. Zieht jedoch jeder von ihnen den Zustand, in dem man selbst nicht, wohl aber der jeweils andere kooperiert, dem Zustand vor, in dem beide kooperieren, befinden sie sich in einer Situation vom Typ GD.

Situationen vom Typ AG sind also solche, in denen die Akteure lediglich defensive Gründe haben, sich nicht-kooperativ zu verhalten. Wenn davon auszugehen ist, daß der andere nicht-kooperiert, ist ebenfalls Nicht-Kooperation geboten; wohingegen die beste "Reaktion" auf ein erwartetes kooperatives Verhalten des anderen ebenfalls Kooperation ist. Kooperation ist aber riskant, da es zu dem schlimmstmöglichen Resultat dann führt, wenn der andere nicht kooperiert. Daß der andere nicht kooperiert, kann wiederum daran liegen, daß er fälschlicherweise befürchtet, daß ein eigenes kooperierendes Verhalten nicht erwidert wird, vor welcher Möglichkeit er wiederum glaubt sich schützen zu müssen. Aus Sicherheitsgründen werden rationale Akteure in Situationen vom Typ AG also ein nicht-kooperatives Verhalten an den Tag legen, auch wenn sie dadurch einen Zustand herbeiführen, der für beide schlechter ist als der Zustand beiderseitiger Kooperation.

Situationen vom Typ GD sind dadurch gekennzeichnet, daß es neben defensiven Gründen auch offensive Gründe zur Nicht-Kooperation gibt: Man muß sich nicht nur davor schützen, durch den anderen "ausgebeutet" zu werden, indem man ebenfalls nicht kooperiert, wenn zu befürchten ist, daß der andere nicht kooperiert; sondern selbst dann, wenn der andere kooperiert, ist es von Vorteil, selbst nicht zu kooperieren, die Kooperationsbereitschaft des anderen also einseitig "auszubeuten". Was auch immer der andere tun mag, immer ist es von Vorteil, nicht zu kooperieren: nicht-kooperatives Handeln "dominiert" kooperatives. Gilt dies für beide, werden beide nicht kooperieren und damit einen Zustand herbeiführen, demgegenüber sie beide den Zustand der beiderseitigen Kooperation vorgezogen hätten. Diesen aber können sie solange nicht erreichen, wie sie nicht in der Lage sind, ihre Situation zu ändern.(8)

Eine Vereinbarung beider Akteure zu kooperativem Verhalten hilft beiden dann nicht, wenn sich bezüglich des Haltens bzw. Brechens dieser Vereinbarung wiederum eine Situation vom Typ GD einstellt, wenn es also für beide von ihnen, was auch immer der jeweils andere tut, von Vorteil ist, die Vereinbarung nicht zu halten, z.B. deshalb, weil man entweder hofft, ungestraft die Vorteile des einseitigen Bruchs der Vereinbarung genießen zu können, oder weil man befürchten muß, die Nachteile eines einseitigen Festhaltens an ihr tragen zu müssen. So gehört zum Kern der Hobbesschen Argumentation die These, daß im "Naturzustand" Abmachungen nicht möglich sind - auch wenn alle wünschten, daß es solche geben sollte -, da sie nicht durchgesetzt werden können. Daraus folgt dann auch, daß ein "Vereinigungsvertrag" als Übergang vom "Natur"- zum "Gesellschaftszustand" nur dann zum Ziele führen kann, wenn in dem gleichen Augenblick, in dem der Vertrag geschlossen wird, durch die Vertragschließenden auch die Instanz geschaffen wird, die sie effektiv bindet und durch die sie ggf. gezwungen werden können, den Vertrag zu halten. Eine "Staatsgründung" hätte ihren Sinn dann verfehlt, wenn den "Staatsbürgern" die Möglichkeit verbliebe, eine solche sie bindende Instanz selbst wiederum beseitigen zu können.

Um Hobbes in seiner Argumentation grundsätzlich beizupflichten, muß man nun nicht voraussetzen, daß sich im Naturzustand aufgrund der Charakteristika dieser Situation alle Akteure als "bedingungslose Egoisten" verhalten, für welche nicht-kooperatives Verhalten dominant ist. Denn selbst wenn für jeden einzelnen gelten würde, daß er seine Situation als vom Typ AG und nicht GD definiert, so daß er bereit wäre, auf kooperatives Verhalten des jeweils anderen kooperativ zu reagieren, müßte er sich dennoch immer dann nicht-kooperativ verhalten, wenn er befürchten müßte, daß sich sein Gegenüber nicht-kooperativ verhalten könnte. So könnte ein Akteur annehmen, daß sein Gegenüber seine Situation als vom Typ GD definiert und deshalb nicht-kooperativ sein wird, oder er könnte annehmen, daß sein Gegenüber seine eigene Situation zwar ebenfalls als vom Typ AG definiert, trotzdem aber nicht kooperieren wird, weil sein Gegenüber z.B. nicht sicher ist, ob er, der betrachtete Akteur, selbst nun seine Situation als vom Typ AG definiert, so daß er schließlich annimmt, daß sein Gegenüber befürchten muß, daß er sich nicht kooperativ verhalten wird. Hierbei macht es letztlich keinen Unterschied, ob solche Erwartungen berechtigt sind oder nicht. Die Befürchtung einiger weniger, daß es einige wenige geben könnte, die sich nicht-kooperativ verhalten werden - sei es weil dieses Verhalten dominant ist, sei es, weil es als vorsichtige "Reaktion" auf befürchtetes nicht-kooperatives Verhalten anderer gewählt wird - reicht dazu aus, den Zustand allseitiger Nicht-Kooperation herbeizuführen, obwohl alle einen Zustand der Kooperation vorgezogen hätten.(9)

IV.

Nach den bisherigen Überlegungen scheint es so zu sein, daß in Situationen vom Typ GD oder AG rationale auf ihren Vorteil bedachte Akteure nicht in der Lage sind, sich wechselseitig zur Kooperation zu veranlassen, obwohl sie ein gemeinsames Interesse haben zu kooperieren und Nicht-Kooperation zu vermeiden. Gleichzeitig dürfte deutlich geworden sein, inwiefern institutionelle Regelungen in der Form von Normen der Kooperation bzw. von Kommunikations- und Informationsmechanismen, welche Transparenz und damit Sicherheit und Vertrauen schaffen, solche Situationen "entproblematisieren" würden.

Bis hierhin scheint also die Durkheimsche Auffassung von den Schwierigkeiten einer utilitaristischen Position berechtigt zu sein. Dennoch gehört zur utilitaristischen Tradition auch ein Beitrag von David Hume, der insofern wichtig ist, als in ihm gezeigt wird, daß soziale Normierungen sehr wohl 'spontan' aus den Eigentümlichkeiten menschlichen Handelns unter den besonderen Bedingungen ihres Zusammenlebens entstehen können. Die Verbindung "von Selbstsucht und begrenzter Großmut des Menschen" einerseits und "der spärlichen Vorsorge, die die Natur für seine Wünsche geschaffen hat" andererseits erzeugt hiernach für die Handelnden Motive, ihr Handeln Regeln zu unterwerfen, ohne daß sie dazu von einer exogenen Autorität angehalten werden, wie dies im Argument von Hobbes als notwendig unterstellt wird. Zu den Regeln, deren Entstehung Hume analysiert, gehören insbesondere die Rücksicht auf den Besitz anderer (Rechtssinn; justice), verallgemeinert: die Respektierung der Rechte anderer, sowie die Einhaltung von Versprechen ("Treue").

So führt Hume im einzelnen aus: "Wir schädigen weder unser Interesse noch das unserer nächsten Freunde, wenn wir auf den fremden Besitz verzichten. Ja, wir können diese beiden Interessen gar nicht besser fördern, als durch eine solche Übereinkunft, weil wir durch dieses Mittel die Gesellschaft erhalten, die für ihr Wohlergehen und ihr Bestehen so notwendig ist, wie für unser eigenes. Diese Übereinkunft hat nicht den Charakter eines Versprechens; auch das Versprechen entsteht ... erst auf Grund einer Übereinkunft; sondern eine solche Übereinkunft beruht auf dem allgemeinen Bewußtsein des gemeinsamen Interesses; dies Bewußtsein geben sich alle Mitglieder der Gesellschaft wechselseitig kund und werden so veranlaßt, ihr Verfahren nach gewissen Normen zu ordnen. Ich sehe, es liegt in meinem Interesse, einen anderen im Besitz seiner Güter zu lassen, vorausgesetzt, daß er in gleicher Weise gegen mich verfährt. Er seinerseits ist sich eines gleichen Interesses bei der Regelung seines Verhaltens bewußt. Wird dies Bewußtsein eines gleichartigen Interesses wechselseitig kundgegeben, ... so erzeugt es ein entsprechendes Wollen und Verhalten. Und dies kann füglich eine Übereinkunft oder ein wechselseitiges Einverständnis genannt werden. Das Zwischenglied eines Versprechens ist dazu nicht erforderlich. Die Handlungen eines jeden von uns beiden sind bedingt durch die Handlungen des anderen und geschehen unter der Voraussetzung, daß auch von der anderen Seite etwas Bestimmtes geschieht. Auch wenn zwei Männer gemeinsam die Ruder eines Bootes bewegen, so tun sie dies aufgrund eines Einverständnisses oder einer Übereinkunft, obgleich sie sich gegenseitig keine Versprechungen gemacht haben" (1978, S. 233).

In der kommentierenden Literatur wird darauf hingewiesen, daß das von Hume gewählte Beispiel des "Bootes" in verschiedener Weise ausgelegt werden kann (Mackie 1980, S. 88 ff.).

Zunächst einmal könnte eine Situation gemeint sein, in der beide Personen an das andere Ufer wollen, jeder zum Rudern benötigt wird und beide auch bereit sind, ihren Beitrag zum Hinüberkommen zu leisten. Hier haben die Akteure lediglich ein Problem der Koordination ihrer Handlungen zu lösen. Wenn sie einmal einen gemeinsamen Rhythmus des Ruderns gefunden haben, gibt es für keinen von ihnen einen Anreiz, von diesem abzuweichen und den anderen allein rudern zu lassen.

Zweitens kann man sich eine Situation vorstellen, in der beide hinüberwollen, keiner jedoch allein rudern will (sondern für den Fall, daß der andere nicht rudert, es vorzieht, am diesseitigen Ufer zu bleiben). Für den Fall jedoch, daß er ans andere Ufer gelangen könnte (weil der andere rudert), würde jeder den Zeitverlust in Kauf nehmen, der dann entstehen würde, wenn er selbst nicht ruderte. Dies wäre die Situation vom Typ des

Gefangenendilemma: beide Personen werden daher nicht zu rudern bereit sein, was zur Folge hat, daß beide am diesseitigen Ufer bleiben werden, obwohl beide es vorziehen, über den Fluß zu kommen.

Um dies zu vermeiden, könnten beide Personen drittens versuchen, eine Kontingenz zwischen ihren Handlungen herzustellen, so daß die beiden Möglichkeiten, daß einer rudert und der andere nicht, nicht eintreten können. Bezüglich der beiden dann noch verbleibenden Möglichkeiten a) "beide rudern" und b) "beide rudern nicht" sind sie sich einig, daß a) vorzuziehen ist. Eine solche simultane Kontingenz herzustellen, z.B. durch eine Absprache, ist jedoch nicht möglich, solange jeder zwar vom anderen wünscht, daß dieser sich an die Absprache hält, selbst aber vorzieht, durch sie nicht gebunden zu sein.

Viertens könnte jedoch eine Kontingenz zwischen einer unbestimmten Vielzahl zeitlich aufeinander folgender Handlungen etabliert werden. So könnte man sich vorstellen, daß einer der beiden zu rudern beginnt und dies fortsetzt, wenn der andere mitmacht, andernfalls jedoch aufhört. Beide, die es vorziehen würden, nicht zu rudern, werden nun rudern, weil sonst der jeweils andere nicht rudern würde bzw. weil sie nur so den anderen veranlassen können, ebenfalls zu rudern.

Sofern also jede Partei bereit ist, durch eigene Nicht-Kooperation die Nicht-Kooperation des anderen zu sanktionieren, können sich beide zur Kooperation bringen, und zwar ohne Absprache und ohne einen Rekurs auf geteilte Normen. Selbst wenn sie explizit eine Vereinbarung zu kooperieren getroffen hätten, wäre das, was dieser ihre bindende Kraft verleiht, nicht der Respekt vor der Vereinbarung bzw. vor einer Norm, daß Verträge zu halten sind, sondern die in der Interaktion enthaltene Möglichkeit, sich wechselseitig durch den Entzug von Kooperation zu sanktionieren.(10)

In analoger Weise machen die Ausführungen Humes über den Austausch von Hilfeleistungen, Gefälligkeiten und ähnlichen Diensten deutlich, daß Kooperation erlernt werden kann, wenn die Transaktionen genügend lange andauern (S. 266 ff.)

V.

Aus den Interessenlagen der Beteiligten enstandene Praktiken der Kooperation, in denen die Akteure ihre Handlungen so aufeinander abstimmen, daß dies für alle Beteiligten von Vorteil ist, und die solange befolgt werden, wie die Akteure durch die Interessenlage dazu veranlaßt werden, betreffen nur einen, wenn auch sehr wichtigen Aspekt von Institutionen der Kooperation. Von den Praktiken der Kooperation begrifflich zu unterscheiden sind die Normen der Kooperation. Diese wären im Sinne von Durkheim dann als "moralisch" zu qualifizieren, wenn sie den Handelnden zumuten, in ihrem Verhalten die Interessen anderer zu berücksichtigen und wenn sie insbesondere fordern, dafür auf eigene Vorteile zu verzichten bzw. eigene Nachteile in Kauf zu nehmen, und zwar nicht um zukünftiger größerer eigener Vorteile willen. Ein durch "moralische" Regeln geleitetes Verhalten wäre dann ein Verhalten, das sich an Regeln des genannten Inhalts in der Weise orientiert, daß dann, wenn eine Situation als eine solche definiert ist, auf die sich die Regel bezieht, die Regel auch befolgt wird, unabhängig von den Konsequenzen der Regelbefolgung, insbesondere auch unabhängig davon, wie andere auf die Regelbefolgung reagieren.

Nun muß ein solches System von Regeln - die befolgt werden, weil ihnen, um mit Durkheim zu sprechen, "moralische Autorität" zukommt -, für die Gruppe als Ganzes und für ihre Mitglieder nicht von Nachteil sein. Vielmehr könnte es so sein, daß es für alle von Vorteil ist, wenn sich alle "moralisch" verhalten. Gerade in der utilitaristischen Tradition wird die Funktionalität solcher Regeln zum zentralen Thema. Nur werden Regeln nicht notwendig als "moralische" behandelt. Vielmehr wird untersucht, inwiefern diese Regeln für alle von Vorteil sind, und ob und inwieweit der einzelne deshalb ein Motiv für ihre Befolgung hat, weil dieses für ihn von Vorteil ist. Wenn man nun zeigen könnte, daß Regeln möglich sind, deren Befolgung durch alle für alle von Vorteil wäre, obwohl es gleichzeitig für jeden einzelnen von Nachteil wäre, sie zu befolgen, hätte man ein Regelsystem, dessen Funktionalität zwar noch im utilitaristischen Bezugsrahmen gezeigt werden könnte, nicht jedoch, was den einzelnen dazu motivieren könnte, die Regel auch zu befolgen.

Der einzelne, der eine solche Regel befolgt, obwohl dies für ihn nicht von Vorteil, sondern möglicherweise sogar von Nachteil ist, würde sich in dem Durkheimschen Sinne "moralisch" verhalten. Es könnte sein, daß es für alle von Vorteil ist, wenn alle "moralisch" sind, obwohl es zugleich für jeden einzelnen von Nachteil ist, wenn er "moralisch" ist. Der Einzelne hätte in diesem Fall kein utilitaristisches Motiv, die Regeln zu befolgen; er hätte insbesondere auch nicht den nicht-moralischen Grund, sich durch das eigene Halten an die Regel die Regeltreue der anderen zu sichern.

In einer Weise, die auf den hier interessierenden Komplex von Praktiken und Normen der Kooperation bezogen werden kann, hat D. Gauthier (1967) die Frage behandelt, wie ein solchen System von Regeln aussehen könnte, das für alle von Vorteil ist, wenn alle danach handeln, obwohl es erfordert, daß einige Personen Handlungen ausüben, die für sie von Nachteil sind.

Ein Beispiel könnte die Regel sein, die Wahrheit zu sagen, wenn folgendes gilt:

1. Alle gewinnen dadurch, daß sie die Wahrheit sagen, auch wenn manchmal der Verzicht auf das Lügen mit Kosten verbunden ist. Aber das, was der einzelne durch diesen Verzicht verliert, wird mehr als aufgewogen durch den Vorteil, den man dadurch erhält, daß die anderen auf das Lügen verzichten.

2. Es könnte weiterhin der Fall sein, daß das Befolgen der Regel, die Wahrheit zu sagen, für alle vorteilhafter ist als gar keine Regel dieser Art oder als ein "System", das dieser Regel ähnlich ist, nämlich im allgemeinen die Wahrheit zu sagen, aber niemals von einer Person fordert, die Wahrheit zu sagen, wenn dies für sie von Nachteil wäre.

3. Es könnte sein, daß die Person, die die Wahrheit sagt, durch eine bestimmte Handlung dieser Art keinen Vorteil erlangt; insbesondere wäre es möglich, daß sie dadurch die anderen nicht dazu bringt, ebenfalls die Wahrheit zu sagen. Umgekehrt würde die Person, die der Regel folgt, immer die Wahrheit zu sagen, und dies dementsprechend auch dann tut,

wenn dies in einem speziellen Fall für sie von Nachteil ist, einen Nachteil in Kauf nehmen, der durch diese spezielle Handlung nie aufgewogen wird. Sie könnte sagen, für sie wäre es besser gewesen, in diesem Falle zu lügen. D.h. für jede Person einzeln betrachtet könnte ein System besser sein, das von ihr keine Nachteile verlangt.

4. Dennoch könnte das Regelsystem, das vom einzelnen verlangt, auch ggf. Nachteile in Kauf zu nehmen, für alle besser sein als ein solches, das dies nicht verlangt. So könnten die Kosten, die eine Person dadurch eingeht, daß sie auf eine Lüge verzichtet - auch wenn sie für diesen Lügenverzicht weder kurzfristig noch langfristig einen Ausgleich erhält - durch den Verzicht der anderen mehr als aufgewogen werden. Und dies obwohl auch die anderen durch jede einzelne Handlung eines Verzichtes auf eine Lüge selbst wiederum keinen kurz- oder langfristigen Vorteil erwarten können.

5. Die Nachteile, die jeder einzelne in Kauf nimmt, könnten geringer sein als die Vorteile, die er dadurch erhält, daß die jeweils anderen ihrerseits Nachteile in Kauf nehmen. Nur: die Vorteile, die man erhält, sind völlig unverbunden mit den Nachteilen, so daß das (nicht-moralische) Argument, auf die Vorteile des Lügens zu verzichten, um dadurch in den Vorteil des Lügenverzichtes der anderen zu gelangen, nicht zieht. Wenn z.B. nicht festgestellt werden kann, ob die Wahrheit gesagt wurde oder nicht, kann auch das eigene Verhalten keinen Einfluß darauf haben, ob andere die Wahrheit sagen oder nicht. Vorteilsüberlegungen, also nicht-moralische Gründe, könnte in diesem Fall kein Motiv abgeben, die Wahrheit zu sagen. Also wären nur Personen, die durch andere als Vorteilsüberlegungen ("moralische Gründe") geleitet werden, in der Lage, die Vorteile zu genießen, die allen zukommen, wenn alle (immer und ohne Ausnahme) die Wahrheit sagen.

Zwei auf ihren Vorteil bedachte Kontrahenten, die einen Vertrag schließen, der für beide (im Vergleich zu einer Situation, in der sie beide durch einen Vertrag in ihrem Handeln nicht eingeschränkt sind) von Vorteil ist, wenn er von beiden auch gehalten wird, für den aber gilt, daß es für jeden noch besser wäre, wenn der jeweils andere ihn hält, man selbst aber durch ihn nicht gebunden ist, und die als schlimmstes fürchten, daß sie selbst den Vertrag halten, ihr Kontrahent aber nicht, werden den Vertrag dann halten, wenn sie in der Lage sind, sich wechselseitig über ihr Verhalten zu informieren. Ist ihr Verhalten "öffentlich", ist das Halten des Vertrags für beide von Vorteil und ein Gebot der Klugheit. Ist ihr Verhalten nicht "öffentlich", wäre ein Einhalten des Vertrags durch beide weiterhin für beide von Vorteil gegenüber einer beiderseitigen Vertragsverletzung. Reine Vorteilsüberlegungen würden jedoch den beiden eine Verletzung "im geheimen" nahele-en, was für beide insgesamt von Nachteil ist. Daher werden die Beteiligten ein Interesse haben, ihr Verhalten wechselseitig sichtbar zu machen. Nicht nur werden sie zu erfahren suchen, was der jeweils andere tut; sondern sie werden auch ein Interesse daran haben, dem anderen glaubhaft zu zeigen, was man selber tut. Für jeden ist es von Vorteil, wenn der andere in der Lage ist, zu erfahren, ob man selbst den Vertrag hält oder nicht: Genauso wie es notwendig ist, Vertrauen in den anderen setzen zu können, daß dieser den Vertrag hält, um ihn selbst zu halten, ist die eigene Vertrauenswürdigkeit notwendig für das Vertrauen des anderen.

Insofern die beiden Kontrahenten es nicht schaffen, ihr Verhalten öffentlich zu machen, hindern Vorteilsüberlegungen sie daran, den Vorteil eines Vertrags zu realisieren. Sie berauben sich möglicher Vorteile, wobei durch das "kluge" Verhalten des jeweils anderen der einzelne mehr verliert als er durch eigenes "kluges" Verhalten gewinnt.

Einen Akteur, der die Fähigkeit hat, einen einmal erfolgten Akt der Selbstbindung (commitment) für sich weiterhin auch ohne Vorteilsüberlegungen als verbindlich anzusehen, nennt Gauthier "vertrauenswürdig". Wenn nun vertrauenswürdige Kontrahenten aus Vorteilsüberlegungen eine Vereinbarung getroffen haben, sind sie beide in der Lage, die Vorteile dieser Vereinbarung zu genießen, auch ohne daß sie durch Vorteilsüberlegungen angehalten werden müssen, diese auch zu halten. Im Unterschied zu "Klugen" können beide auch dann die Vorteile der Vereinbarung genießen, wenn jeder in der Lage wäre, einseitig die Vereinbarung zu brechen, ohne daß dies für den anderen sichtbar wäre. Obwohl ein einseitiger Bruch der Vereinbarung von Vorteil wäre, verhindert dies die Vertrauenswürdigkeit, so daß die Abmachung, die insgesamt für beide von Vorteil ist, durch beide eingehalten wird. Der "Verzicht" eines jeden wird durch den "Verzicht" des jeweils anderen mehr als aufgewogen, obwohl beides nicht miteinander verknüpft ist.

Nun könnte jedoch der Verzicht auf den Bruch einer Vereinbarung, die ursprünglich aufgrund von Vorteilsüberlegungen eingegangen wurde, größer sein als der Vorteil, den man durch den Verzicht des anderen erhält, weil sich inzwischen die Situation geändert hat und eine Einhaltung der Vereinbarung nicht mehr den Vorteil bringt, der ursprünglich erwartet wurde. Nicht nur "Kluge", sondern auch "Vertrauenswürdige" wären nun nicht mehr bereit, das "Opfer" eines Verzichtes auf einen Bruch der Abmachung zu bringen und würden deshalb die Abmachung brechen. "Vertrauenswürdige" (und a fortiori "Kluge") wären also nicht in der Lage, sich durch wechselseitige Vereinbarungen Vorteile zu verschaffen, wenn immer befürchtet wird, daß eine Situation eintritt, bei deren Kenntnis sie die Vereinbarung nicht getroffen hätten.

"Moralische" Menschen i.e. Sinne wären selbst dann noch in der Lage zu kooperieren und sich die Vorteile solcher möglicherweise riskanten Vereinbarungen zu verschaffen. Erst Akteure, die aus "moralischen" Gründen einer Regel folgen, daß Verträge zu halten sind, sind in der Lage die Vorteile einer Ordnung, in der Verträge geschlossen werden können, uneingeschränkt zu genießen. Denn sie könnten sicher sein, daß Verträge, die aus Vorteilserwägungen eingegangen wurden, auch dann gehalten werden, wenn sich dies für einen der Vertragschließenden aufgrund einer unvorhergesehenen veränderten Situation als Nachteil herausstellen würde, wenn sich also für ihn der Vorteil, der darin besteht, den Vertrag zu halten, als geringer herausstellt als der Nachteil des Verzichts auf einen Vertragsbruch.

## VI.

Mit dem Problem der "Moralisierung" sozialer Praktiken beschäftigt sich Durkheim insbesondere in den beiden Monographien, die Anfang und Ausgang seiner wissenschaftlichen Karriere markieren. Anläßlich der Diskussion der Frage, unter welchen Bedingungen eine arbeitsteilige Gesellschaft Anomie vermeiden und eine der Arbeitsteilung adäquate Form von Solidarität ausbilden kann, skizziert die "Division du travail social" einen möglichen Prozeß der Institutionalisierung von Praktiken. Dieser wird im wesentlichen als ein Prozeß der Selektion und Habitualisierung gesehen, in dem zunächst mehrere Praktiken untereinander konkurrieren, von denen dann einige selegiert, habitualisiert und in Regeln transformiert werden. Betont wird, daß die Regeln nicht die gegenseitige Abhängigkeit erzeugen, sondern daß sie vielmehr der sinnlich wahrnehmbare Ausdruck eines in bestimmter Weise strukturierten Aufeinanderangewiesenseins sind, wohlbestimmter Ausdruck, den die spontan entstandenen Beziehungen in der Zeit annehmen.

Mit Durkheims Worten: " im normalen Zustand entwickeln sich diese Regeln von allein aus der Arbeitsteilung; sie sind nur eine Verlängerung dieser. Sicher, wenn die Arbeitsteilung nur Individuen annähern würde, die sich nur für einige Augenblicke verbinden, um persönliche Dienstleistungen auszutauschen, könnte sie keiner regulierenden Aktivität zum Leben verhelfen. Aber das, was diese in der gleichen Zeit zusammenbringt, das sind Funktionen, d.h. genau definierte Arten des Handelns, die sich als miteinander identische unter gegebenen gleichartigen Umständen wiederholen, da sie die allgemeinen und konstanten Bedingungen des sozialen Lebens betreffen. Die Beziehungen, die sich zwischen diesen Funktionen herstellen, können daher nichts anderes als den gleichen Grad von Festigkeit und Regelmäßigkeit erlangen. Es gibt gewisse Arten des Aufeinanderreagierens, die sich, da sie sich als sachadäquat herausstellen, öfter wiederholen und Gewohnheiten werden; in dem Maße, in dem sie an Gewicht zunehmen, transformieren sich die Gewohnheiten in Verhaltensregeln. Die Vergangenheit bestimmt die Zukunft. Anders gesagt, es gibt eine gewisse Verteilung von Rechten und Pflichten, die der Brauch etabliert und die schließlich obligatorisch wird. Die Regel erschafft also nicht den Zustand gegenseitiger Abhängigkeit, in dem sich die miteinander verbundenen Organe befinden, sondern sie bringt diesen nur auf eine sichtbare und explizite Weise, bezogen auf eine gegebene Situation, zum Ausdruck." (1978, S. 357 f.)

Ergänzt wird dieses "Szenario" durch Vermutungen über die Bedingungen, die einen solchen Prozeß fördern oder hemmen können. Zu diesen Bedingungen gehört ein hohes Aktivitätsniveau innerhalb komplementärer Beziehungen. Die Beziehungen müssen in der Zeit andauern und für die Beteiligten transparent sein, insbesondere in der Weise, daß dem einzelnen die Wirkungen, die er durch seine Handlungen erzeugt, rückgemeldet werden. Schließlich müssen die Beziehungen ohne äußeren Zwang ("spontan") eingegangen sein, was wiederum "Gleichheit" in den äußeren Bedingungen voraussetzt.(11)

Wiederum sei Durkheim zitiert: "Da ein Korpus von Regeln die wohldefinierte Form ist, die mit der Zeit die Beziehungen annehmen, die sich spontan zwischen den sozialen Funktionen herstellen, kann man ... sagen, daß der Zustand der Anomie überall da unmöglich ist, wo die Organe sich in genügendem und genügend langem Kontakt befinden. In der Tat, sind sie nahe beieinander, sind sie in jedem Augenblick leicht informiert über das Bedürfnis, das sie einander bindet und haben deshalb ein lebhaftes und kontinuierliches Gefühl ihrer gegenseitigen Abhängigkeit. Da sich aus dem gleichen Grunde die Tauschakte reibungslos vollziehen, finden sie auch häufig statt, also regelmäßig. Sie regeln sich gegenseitig und die Zeit vollbringt nach und nach das Werk der Konsolidierung. Da schließlich die geringsten Rückwirkungen sowohl von der einen als auch der anderen Seite bemerkt werden, tragen die Regeln, die sich herausbilden, diesen Stempel ... Aber wenn im Gegenteil, sich ein opakes Milieu dazwischen schiebt ..." (S. 1978, S. 360).

Zunächst scheint Durkheim als Erklärungsskizze eine spezielle Variante der These von der "Normativität des Faktischen" zu entwickeln. Daß er selbst mit diesem Vorschlag unzufrieden war, sieht man daran, daß er im Vorwort zur 2. Auflage der "Division du travail social" die Unvollständigkeit seiner Erklärung zugab: habitualisiertes Verhalten ist nicht normorientiertes Verhalten, Eine Regel ist nicht nur "une manière d'agir habituelle", sondern vor allem eine "manière d'agir obligatoire", und das bedeutet, in gewissem Maße der individuellen Willkür entzogen. Und vorher heißt es: "ce mode d'adaptation ne devient une règle de conduite que si un groupe le consacre de son autorité" (1978, V).

Mit Durkheim wäre allerdings zu vermuten, daß nicht jede Praktik die "Chance" hat, "obligatorisch" zu werden, sondern nur solche, die sich in einem System sozialer Interaktionen etabliert hat, das den oben genannten Bedingungen genügt. In den "Formes élémentaires de la vie religieuse" schließlich wird das Thema in veränderter Form wiederum aufgenommen. Hier geht es um die interaktionsbezogenen und morphologischen Bedingungen der Konsekration ritueller Praktiken.(12) Verfeinert wird das Theorem von den solidaritätserzeugenden Kräften sozialer Interaktion und sozialer Aktivitäten.(13) Ob damit jedoch ein zufriedenstellender Beitrag zur Moralisierung institutioneller Praktiken geleistet wird, bleibt zweifelhaft. Sich diesem Teil der Herausforderung Durkheims zu stellen, ist gerade auch einer nichtutilitaristischen Soziologie weiterhin aufgegeben.

## Anmerkungen

* Leicht überarbeitete Fassung eines 1987 geschriebenen Beitrages in: Ebert, Klaus (Hrsg.) 1988: Alltagswelt und Ethik. Beiträge zu einem sozial-ethischen Problemfeld, Wuppertal: Hammer. (Wiederabdruck mit freundlicher Genehmigung des Verlages.)

1 Grundsätzlich wäre auch die andere Seite dieses Zusammenhangs zu untersuchen, inwieweit nämlich moralische Phänomene soziale Phänomene sind und von welchen Problemen eine "positive Wissenschaft von der Moral" handeln kann. Dies ist hier nicht möglich. Ohne daß dies weiter ausgeführt und im einzel-nen belegt werden kann, seien folgende Hinweise zur moralsoziologischen und moraltheoretischen Konzeption Durkheims als ganzes gegeben. Stichpunktartig können die sein gesamtes Werk durchziehenden Fragen als Funktionalitäts-, Adäquanz-, Entstehungs-, Rechtfertigungs- und Motivationsprobleme bezeichnet werden. Zu nennen ist zunächst die These von der funktionalen Notwendigkeit moralischer Systeme für den Bestand einer jeden Gesellschaft, insbesondere also auch der gegenwärtigen, auf Arbeitsteilung und Tausch basierenden, bzw. die dazu komplementäre These, daß in einer Gesellschaft umso mehr "Anomie" herrscht, je weniger moralischen Institutionen verhaltensregelnde Kraft zukommt; zweitens die Frage, wie ein moralisches System auszusehen hat, welches der Struktur der gegenwärtigen Gesellschaften adäquat ist, und d.h., welches diejenige Form von Solidarität erzeugt - von Durkheim "organische Solidarität" genannt -, die eine arbeitsteilig differenzierte Gesellschaft benötigt, um durch "Kooperation in der Verschiedenheit" den sozialen Zusammenhang herzustellen. Durkheim meint, daß als Inhalt einer solchen Moral nur ein "moralischer Individualismus" in Frage kommt, der sich institutionalisiert als "Kult des Menschen mit der Autonomie der Vernunft als erstem Dogma und der Freiheit des Denkens als erstem Ritus" (1898). Die "pathologische" Form dieses "Individualismus" wäre dann "Egoismus" - neben "Anomie" das zweite Kennzeichen der Gesellschaft in einer "moralischen Krise" und mit Anomie zentrales Thema der Monographie über den Selbstmord. Drittens interessieren Durkheim die Bedingungen, unter denen Normen,

Regeln, Überzeugungen, Wertvorstellungen aus den Interaktionen und Aktivitäten der Handelnden entstehen. Die empirische Frage der Entstehung von Regelsystemen hängt für ihn aufs engste mit dem vierten Problem ihrer normativen Rechtfertigung zusammen. "Moralisch" sind Regeln nach Durkheim nämlich nur dann, wenn ihnen seitens der Personen, an die sie sich richten, "moralische Autorität" zuerkannt wird, was wiederum nur dann der Fall sein wird, wenn die Bedingungen ihrer Entstehung bestimmten Kriterien genügen. Schließlich beschäftigt Durkheim ein spezielles Motivationsproblem: Einmal unterstellt, das kognitive Problem einer Legitimation eines moralischen Regelsystems aufgrund seiner Inhalte bzw. aufgrund der Art seiner Genese sei gelöst, und weiterhin unterstellt, das Regelsystem werde von den Handelnden auch als "richtig" erkannt, welche Kausalprozesse können die Handelnden dann in Gang setzen, um sich durch Selbst-Bindung dazu zu bringen, dem Regelsystem auch effektiv moralische Autorität zuzuerkennen? Wie können sie sich dazu bringen, die als "moralisch" "erkannten" Regeln auch tatsächlich "anzuerkennen", d.h. ihnen zu folgen, und zwar "aus moralischen Gründen" ? Daß daneben auch die Frage einer "moralischen Erziehung" (1925) der nachfolgenden Generationen von Bedeutung ist, muß nicht besonders hervorgehoben werden.

2 Zum Institutionenbegriff vgl. Hummell u. Bloch 1987

3 Diese Konzeption von Moral wird besonders deutlich in den Abschnittsüberschriften seiner Vorlesung "l'éducation morale"; diese lauten "l'esprit de discipline", "l'attachement aux groupes" und "l'autonomie de la volonté".

4 Stehen den Beteiligten die beiden Handlungsmöglichkeiten zur Verfügung: "nachgeben und sich an die anderen anpassen" bzw. "versuchen, sich ggf. auf Kosten der anderen durchzusetzen", so könnte eine Interessengemeinsamkeit darin bestehen, daß im Vergleich zur Situation, daß sich alle durchzusetzen versuchen und das Boot wahrscheinlich zum Kentern bringen werden, alle die Situation vorziehen, in der alle nachgeben (und z.B. eine Entscheidung über die Richtung durch Abstimmung, Losen, Autoritätsentscheid treffen). Der Interessengegensatz besteht dann darin, daß jeder einzelne eine Situation vorzieht, in der er sich

durchsetzt und die anderen nachgeben. Bezeichnet man in diesem Beispiel "nachgeben" als kooperieren und "sich durchzusetzen versuchen" als nicht-kooperieren, dann ziehen alle einen Zustand allseitiger Kooperation einem Zustand allseitiger Nicht-Kooperation vor; jeder zieht jedoch den Zustand, in dem die anderen kooperieren und er nicht, einem Zustand vor, in dem er kooperiert und die anderen nicht.

5 Siehe die klassische Formulierung von Adam Smith: "der Mensch (ist) fast immer auf Hilfe angewiesen, wobei er jedoch kaum erwarten kann, daß er sie allein durch das Wohlwollen der Mitmenschen erhalten wird. Er wird sein Ziel wahrscheinlich viel eher erreichen, wenn er deren Eigenliebe zu seinen Gunsten zu nutzen versteht, indem er ihnen zeigt, daß es in ihrem eigenen Interesse liegt, das für ihn zu tun, was er von ihnen wünscht. Jeder, der einem anderen irgendeinen Tausch anbietet, schlägt vor: Gib mir, was ich wünsche, und du bekommst, was du benötigst. Das ist stets der Sinn eines solchen Angebotes, und auf diese Weise erhalten wir nahezu alle guten Dienste, auf die wir angewiesen sind. Nicht vom Wohlwollen des Metzgers, Brauers und Bäckers erwarten wir das, was wir zum Essen brauchen, sondern davon, daß sie ihre eigenen Interessen wahrnehmen. Wir wenden uns nicht an ihre Menschen- sondern an ihre Eigenliebe, und wir erwähnen nicht die eigenen Bedürfnisse, sondern sprechen von ihrem Vorteil" (1978, S. 17).

6 "Solidarität" und "Moral" sind für Durkheim ebenfalls eng zusammenhängende Phänomene. Man könnte sagen, daß dort, wo "mechanische Solidarität" vorhanden ist, die Mitglieder einer Gruppe in der Lage sind, gemeinsame Interessen zu artikulieren und unter Überwindung partikularer Interessen ihr Verhalten in den Dienst dieser gemeinsamen Interessen zu stellen ; "organische Solidarität" ermöglichst den Gruppenmitgliedern die "Kooperation in der Verschiedenheit", und zwar nicht trotz gegensätzlicher individueller Interessen, sondern gerade durch deren Nutzung. Während im ersten Fall die aus der Ähnlichkeit der Lebenswelten erwachsende Homogenität der Interessen das soziale Band abgibt, sind es im zweiten Fall die aus der Differenzierung der Lebenslagen erwachsenden Heterogenitäten. In beiden Fällen beinhaltet Solidarität die Fähigkeit, auf die "Ausbeutung" von Gelegenheiten zum eigenen kurzfristigen Vorteil und zu Lasten der anderen verzichten zu

können. Insofern sie gerade dieses implizieren, können Systeme moralischer (und auch juristischer) Regeln mit Durkheim als "Indikatoren" für Solidarität verwandt werden, wenn desweiteren unterstellt werden kann, daß sie nicht lediglich aufgrund von Vorteilserwägungen befolgt werden.

7 Was in der jeweiligen Situation Kooperation ist und was nicht, ergibt sich aus der Struktur dieser Situation. Als "kooperativ" sind die Verhaltensmöglichkeiten der Akteure definiert, deren Ausführung durch alle dazu führt, entsprechend den Bewertungen der Akteure ein besseres Ergebnis zu erzielen als eintreten würde, wenn sich alle "nicht-kooperativ" verhalten würden. Beispielsweise wären "Tugenden", wie ein Versprechen halten, Rechte anderer respektieren, dann als "Kooperieren" zu bezeichnen, wenn es allen in einer Welt besser ginge, in denen alle diese Tugenden immer übten, als in einer Welt, in der dies niemals der Fall ist. Viele Formen reziproken Verhaltens wie gegenseitige Hilfeleistungen, Gunstbezeugungen, Geschenketausch, gegenseitiges Ausleihen von Gegenständen, können darunter fallen wie gemeinsames Nutzen von Gegenständen, stellvertretendes Handeln für andere, Beitragen zu einem gemeinsamen Produkt, Verzicht auf die Wahrnehmung eines möglichen kurzfristigen Vorteils. Stillschweigendes Zusammenspielen kann ebenfalls dazu gehören wie der von Durkheim erwähnte Fall einer (möglicherweise riskanten) Spezialisierung ("Arbeitsteilung"), die nur dann den erhofften Erfolg bringt, wenn ein anderer sich in einer dazu komplementären Weise ebenfalls spezialisiert. Im übrigen ist kooperierendes Verhalten nur aus der Sicht der Beteiligten als "besser" definiert, nicht aus der Sicht Dritter. Diese könnten gerade ein Interesse daran haben, daß eine Kooperation nicht zustande kommt. Die Teilnehmer eines Mobs, die sich nur solange zurückhalten, als jeder einzelne befürchten muß, allein zu sein, wenn er eine Gewalttat begeht, von denen jedoch jeder sich beteiligen wird, wenn er sicher ist, daß auch genügend andere sich beteiligen werden, haben genauso ein Kooperationsproblem zu lösen wie eine in Panik geratene Menge von Zuschauern in einem geschlossenen Raum, die alle dann ohne Schaden davon kommen würden, wenn alle den Raum auf geordnete Weise verlassen würden.

8 Bezeichnet man die in der Zwei-Personen-Situation durch das kooperative (K) bzw. nicht-kooperative (N) Verhalten der beiden Akteure A und B herbeigeführten vier Zustände mit KK, NN, KN und NK, so befinden sich beide Akteure in der Situation GD, wenn für A folgende Präferenzordnung der vier Zustände gilt: NK > KK > NN > KN und für B: KN > KK > NN > NK. Für beide Akteure ist dann N dominante Strategie, so daß als rationale Akteure beide N wählen werden, wodurch sie den Zustand NN herbeiführen. NN ist insofern ein "Gleichgewicht", als keiner der Akteure durch eine einseitige Veränderung seines Verhaltens seine Lage verbessern kann; im Gegenteil: er wird seine Lage dann nur noch verschlechtern. Andererseits ist NN für beide nicht optimal, denn der Zustand KK wird von beiden dem Zustand NN vorgezogen. KK ist jedoch kein "Gleichgewicht"; denn wenn (aus welchen zufälligen Gründen auch immer) KK realisiert sein sollte, gibt es für jeden Akteur einen Anreiz, einseitig seine Lage durch Wahl von N zu verbessern (bzw. sich davor zu schützen, daß der andere einseitig seine Lage zu verbessern sucht). "Rationale Egoisten" werden in Situationen vom Typ GD, wenn sie auf ihren Vorteil bedacht sind, einen Zustand herbeiführen, die ihnen in dem Sinne Schaden zufügt, als alle Beteiligten ein anderes Ergebnis vorgezogen hätten, das aber durch rationales Verhalten nicht erreichbar ist.

Eine Situation vom Typ AG ist durch folgende Präferenzordnungen von A: KK > NK > NN > KN bzw. von B: KK > KN > NN > NK gekennzeichnet. Hier gibt es zwei Gleichgewichte KK und NN, von denen das erste von beiden Akteuren vorgezogen wird. Unter der Annahme, daß jeder vom anderen wüßte, was dieser tun würde, würde er auf K mit K und auf N mit N "reagieren": Im Unterschied zum "unbedingten Egoismus" von "GD-Spielern", zeigen "AG-Spieler" "bedingten Altruismus". Nur ist das von beiden gewünschte und, wenn einmal erreicht, auch stabile Ergebnis KK dann nicht erreichbar, wenn die Spieler aus Sicherheitsgründen ein Verhalten wählen, durch das ein in dem schlimmsten möglichen Fall eintretender Schaden minimiert wird; sie werden nämlich dann beide N wählen und dadurch das bessere Ergebnis ebenfalls nicht erreichen.

Von den in Anm. 7 erwähnten Beispielen ist das von Durkheim ein Fall von AG; bei dem gewalttätigen Mob handelt es sich um ein Mehr-Personen-AG, bei der Panik um ein Mehr-Personen-GD. Im Falle der Personen, die sich im gleichen Boot befinden aber in verschiedenen Richtungen rudern, liegt eine etwas andere Situation vor. Unterstellt man, daß jeder Beteiligte einen Zustand, in dem er einseitig nachgibt, einem Zustand vorzieht, in dem niemand nachgibt (und das Boot kentert), handelt es sich um "Chicken". Im Zwei-Personen-Fall lautet hier die Präferenzordnung für A: NK>KK>KN>NN und für B: KN> KK>NK>NN. In "Chicken" sind die beiden symmetrischen Ergebnisse KK und NN instabil, dagegen ist jedes der beiden asymmetrischen Ergebnisse NK und KN ein Gleichgewicht.

9 Einen Hinweis, daß Hobbes selbst nicht durchgängig davon ausgeht, daß alle Akteure im "Naturzustand" "unbedingte Egoisten" sind, findet man z.B. in der Erläuterung des zweiten der drei Gründe für den "Krieg aller gegen alle". Neben dem Wettbewerb um Dinge, die sich zwei Personen wünschen, deren sie aber nicht beide zugleich teilhaftig werden können, und der Ruhmsucht ist dies die Verteidigung: "Wenn diejenigen, welche mit mäßigem Besitz zufrieden sind, nur sich und das ihrige zu verteidigen, nicht aber ihre Macht dadurch zu vermehren suchten, daß sie andere selbst angreifen, so würden sie nicht lange bestehen können, weil es Menschen gibt, die sich entweder aus Machtgefühl oder aus Ruhmsucht die ganze Erde gern untertan machen möchten" (S. 114).

10 An einer etwas späteren als der oben zitierten Stelle macht Hume die wechselseitige Abhängigkeit zwischen den Handlungen der einzelnen Akteure erneut deutlich und zeigt, daß nur durch diese Kontingenz ein Motiv für das Befolgen von Regeln geschaffen wird, denn einzelne Akte einer Regelbefolgung können, isoliert betrachtet, für den Handelnden durchaus von Nachteil sein. "Jedes Glied der Gesellschaft ist sich dieses Vorteils bewußt. Jedermann gibt seinen Gefährten dies Bewußtsein kund, zugleich mit dem Entschluß, seine Handlungen darnach einzurichten, unter der Voraussetzung, daß andere das Gleiche tun. Nun, weiter ist nichts nötig, um jeden zu veranlassen, daß er der Rechtsordnung gemäß sich verhalte, sobald sich dazu Gelegenheit bietet. Dies wird dann zum Beispiel für andere. So entsteht die Rechtsordnung durch eine

Art von Übereinkunft... wobei jede einzelne Handlung geschieht in der Erwartung, daß andere ebenso handeln werden. Ohne eine solche Übereinkunft ... (würde sich niemand) veranlaßt sehen, seine Handlungen (der Rechtlichkeit) anzupassen. In einem einzelnen Fall kann meine Übereinstimmung mit der Rechtsordnung in jeder Hinsicht schädlich sein. Nur unter der Voraussetzung, daß andere meinem Beispiel folgen, kann ich mich veranlaßt sehen, mir diese Tugend zu eigen zu machen. Denn nur durch diese Kombination kann die Rechtsordnung nützlich werden und mir ein Motiv sein, mich nach ihren Regeln zu richten" (S. 242).

11 In prägnanter Weise könnte man das von Durkheim hier vertretene Theorem so formulieren, daß unter den Bedingungen der "Freiheit" und "Gleichheit" aus den Interaktionszusammenhängen umso eher "Solidarität" erwächst, je dichter die sozialen Beziehungen und je intensiver die (gemeinsamen) Aktivitäten sind.

12 Es sei daran erinnert, daß für Durkheim der Kult als Inbegriff religiöser Praxis das ist, was den religiösen Vorstellungen überhaupt erst Kontinuität in der Zeit und damit verhaltenssteuernde Kraft verleiht

13 Allerdings läßt sich eine bedeutsame Akzentverschiebung feststellen, insofern nicht so sehr die Qualität der "multilateralen" Inter-Aktionen zur Diskussion steht, sondern die über ein Objekt gemeinsamen Interesses, ein gemeinsames Projekt, einen gemeinsamen Fokus vermittelten "Ko-Aktionen". Hier setzt die Analyse religiöser Riten fort, was in der "Division du travail social" mit der Analyse der Strafe als einem Ritual der Bekundung und Bekräftigung von Solidarität begonnen wurde. Nicht zufällig behandeln die "Formes élémentaires de la vie religieuse" einen Typ von Gesellschaft, in dem entsprechend der Sozialstruktur die "mechanische Solidarität" vorherrscht.

**Literatur**

Axelrod, Robert (1984) 1987: Die Evolution der Kooperation. München: Oldenbourg; zuerst amerik. 1984

Durkheim, Emile (1893, 1902) 1978: De la division du travail social. Paris: PUF; zuerst 1893, 2. Aufl. 1902

Durkheim, Emile, 1898: L'individualisme et les intellectuels; wieder abgedr. in Durkheim, Emile, 1970: La science sociale et l'action. Paris: PUF

Durkheim, Emile, 1912: Les formes élémentaires de la vie religieuse. Paris: PUF

Durkheim, Emile, 1925: L'éducation morale. Paris: PUF

Gauthier, David P., 1967: Morality and Advantage. In: Philosophical Review, Bd. 76, S. 460-475

Hobbes, Thomas (1651, 1670) 1978: Leviathan. Erster und zweiter Teil, Stuttgart: Reclam

Hume, David (1748) 1978: Ein Traktat über die menschliche Natur, Buch II und III. Über die Affekte. Über Moral. Hamburg: Meiner

Hummell, Hans J.; Bloch, Gerhard, 1987: Art. Institution, in: Ammon, Ulrich; Dittmar, Norbert; Mattheier, Klaus J. (Hrsg.): Sociolinguistics. Soziolinguistik, Bd. 1, Berlin-New York: de Gruyter

Kliemt, Hartmut, 1985: Moralische Institutionen. Freiburg: Alber

Kliemt, Hartmut, 1986: Antagonistische Kooperation: Elementare spieltheoretische Modelle spontaner Ordnungsentstehung. Freiburg: Alber

Mackie, J. L., 1980: Hume's Moral Theory. London: RKP

Parsons, Talcott, (1937) 1949: The Structure of Social Action. Glencoe (Ill.): Free Press; zuerst 1937

Raub, Werner; Voss, Thomas, 1986: Die Sozialstruktur der Kooperation rationaler Egoisten, in: Zeitschrift für Soziologie, 15, H. 4, S. 309-323

Schotter, Andrew, 1981: The Economic Theory of Social Institutions. Cambridge: CUP

Smith, Adam, (1776) 1978: Der Wohlstand der Nationen, München: dtv ; zuerst engl. 1776

Taylor, Michael, 1976: Anarchy and Cooperation. London: Wiley

Taylor, Michael, 1982: Community, Anarchy, and Liberty. Cambridge: CUP

Taylor, Michael, 1987: The Possibility of Cooperation. Cambridge: CUP

Ullmann-Margalit, Edna, 1977: The Emergence of Norms. Oxford: Clarendon

Voss, Thomas, 1985: Rationale Akteure und soziale Institutionen. Beiträge zu einer endogenen Theorie des sozialen Tausches. München: Oldenbourg

Frank Faulbaum

# Von der Variablensoziologie zur empirischen Evaluation von Handlungsparadigmen

## 1. Individuelle Handlungs- und Prozeßmodelle als fehlende Verbindungen in der Analyse von Variablenbeziehungen

### 1.1 Die Ausblendung des handelnden Subjekts aus der Analyse von Variablenbeziehungen

Individuelles menschliches Handeln und seine Einbettung in situative Kontexte ist sowohl in seiner interpretativen und sinnkonstituierenden Funktion als auch in seiner Struktur das zentrale Thema nicht nur nahezu aller psychologischen Teildisziplinen (vgl. z.B. Brenner 1980; Groeben 1986; Harre 1979; Harre/Secord 1972; Kuhl/Beckmann 1985; Von Cranach/ Harre 1982; Von Cranach/Kalbermatten/Indermühle/Gugler 1980; Werbik 1978), sondern als soziales Handeln auch aller interpretativen mikrosoziologischen Ansätze (vgl. Blumer 1969; Cicourel 1973; Giddens 1976; Mead 1934; Wilson 1970) sowie aller Versuche von individualistischen Positionen unterschiedlicher Provenienz, kollektive Phänomene mit individuellem Handeln im Rahmen verschiedener Erklärungsschemata zu verknüpfen (vgl. die Beiträge in: Alexander/Giesen/Münch/ Smelser 1987 sowie in: Knorr-Cetina/Cicourel 1981; Collins 1981; Knorr-Cetina 1988; Lindenberg 1977, 1981; Raub 1984; Raub/Voss 1981; Wippler/Lindenberg 1987). Darüber hinaus wird die Fähigkeit zum reflexiven Handeln gelegentlich als unterscheidendes Merkmal verschiedener Menschenbilder eingeführt (vgl. Groeben/Scheele 1977; Groeben 1986).

Angesichts der zentralen Stellung des Handlungsbegriffs nicht nur in den Verhaltens- und Sozialwissenschaften, sondern in allen humanwissenschaftlichen Disziplinen muß die Tatsache erstaunen, daß Handlungen in den vorherrschenden Verfahren der Hypothesendarstellung, der Hypothesenüberprüfung und Hypothesenexploration formal nicht verortet sind, obgleich andererseits das Handeln der in standardisierten oder unstandardisierten Erhebungssituationen beteiligten Partner durchaus zum Verständnis der dort stattfindenden Vorgänge thematisert wird (vgl. z.B. die Beiträge in: Brenner 1985).

Die Ausblendung individueller Handlungs- und Prozeßmodelle betrifft vor allem jene Handlungs- und Prozeßanteile, die unbeobachtbar bzw. latent in den untersuchten Individuen verlaufen. Sie ist auch nicht auf das Handeln des beobachteten individuellen Akteurs begrenzt, sondern betrifft ebenfalls jene räumlich und/oder zeitlich entfernten Akteure, die in der Vergangenheit zur Schaffung der äußeren und inneren Bedingungen des Akteurs und damit für das beobachtete Verhalten mitverantwortlich sind; d.h. sie bezieht sich insgesamt auf die umfassenden realen Prozeß- und Handlungszusammenhänge, in die individuelles Handeln eingebettet ist.

Der Grund für die Ausblendung von Handlungs- und Prozeßzusammenhängen unterschiedlicher Komplexität bei der Konstruktion, Evaluation und Modifikation von Modellen in den empirischen Verhaltens- und Sozialwissenschaften ist vor allem darin zu suchen, daß weite Bereiche der empirischen Verhaltens- und Sozialforschung nach wie vor durch Aktivitäten gekennzeichnet sind, die primär auf die Entdeckung quantitativer Wirkungs- und Zusammenhangsstrukturen abzielen. Zur Verfolgung dieser Forschungsinteressen steht ein mathematisch/statistisches Instrumentarium zur Verfügung, in dessen Mittelpunkt die statistische Exploration funktionaler Beziehungen zwischen Variablen steht und das wir im folgenden mit der Kurzbezeichnung "'Analyse von Variablenbeziehungen" belegen wollen. Die dabei zur Anwendung kommenden quantitativen funktionalen Modellparadigmen, von denen das lineare Modell wohl das bekannteste darstellt, reichen von einfachen Regressions- und Korrelationsmodellen zu komplexen multivariaten Modellen wie z.B. Strukturgleichungsmodellen (vgl. z.B. Bollen 1989). Hand in

Hand mit dieser Analysemethodik geht eine standardisierte Erhebungsmethodologie, welche die Einflüsse von Faktoren, die nicht im Fokus der Analysefragestellung stehen, zu minimieren trachtet.

Technologisch stark unterstützt wird die Analyse von Variablenbeziehungen durch Entwicklungen im Bereich der Statistik-Software, die im Rahmen der Methodenausbildung angehender Verhaltens- und Sozialwissenschaftler mehr oder weniger standardmäßig vermittelt werden und vermutlich die Hypothesenbildung der später methodologisch mündigen Forscher maßgeblich mitbestimmen. Zur mechanischen Unterstützung der statistischen Datenanalyse stehen einerseits Statistik-Programmpakete, die für nahezu jedes Standard-Auswertungsproblem das passende Programm anbieten, andererseits hochspezialisierte Produkte zur gezielten Überprüfung und Exploration von Hypothesen über komplexe Einflußstrukturen zur Verfügung. Zu letzteren gehören insbesondere die verschiedenen Computerprogramme zur Analyse von Strukturgleichungsmodellen mit oder ohne latenten Variablen wie LISREL (Jöreskog und Sörbom 1988), EQS (Bentler 1989), ProcCALIS (Hartmann 1989), LISCOMP (Muthen 1988) oder EzPATH (Steiger 1989).

Der Einfluß dieser Technologie auf die Art der Hypothesenbildung in den Verhaltens- und Sozialwissenschaften ist eine wichtige wissenschaftssoziologische Frage, die bisher in der Forschung über Technologiefolgen noch nicht systematisch untersucht worden ist. Es steht aber zu erwarten, daß bei der Auswahl von Untersuchungszielen auch Überlegungen über die praktische Auswertbarkeit angestellt werden und Hypothesen nicht zuletzt auch nach der zu ihrer Überprüfung verfügbaren Software gebildet werden. Selbst dann, wenn man die radikalen Konsequenzen konstruktivistischer Ansätze in der Soziologie wissenschaftlichen Wissens mit ihrer Betonung der Prozesse der Wissenskonstruktion und der Verhandelbarkeit der Gültigkeit wissenschaftlicher Aussagen (vgl. Knorr-Cetina 1981, Knorr/Krohn/Whitley 1981; Latour/Woolgar 1979) nicht zu tragen bereit ist, so wird man doch die grundsätzliche Bedeutung sozialer Einflüsse auf den Prozeß der wissenschaftlichen Erkenntnisbildung nicht leugnen können, wozu auch die soziale Verfügbarkeit von Software mit ihrer für den Forscher modellorientierenden und sein methodisches Bewußtsein mitbestimmenden Funktion gehört.

So steht durchaus zu erwarten, daß die Auswahl methodologischer Vorgehensweisen sich nicht allein an inhaltlichen Gesichtspunkten orientiert, sondern insbesondere auch daran, welche Computersoftware zur Unterstützung der Datenanalyse angeboten wird. Möglicherweise ist sogar zu befürchten, daß hierdurch gewisse Methodologien als Selbstverständlichkeiten festgeschrieben und die Entwicklung von aus inhaltlichen Notwendigkeiten heraus erforderlichen alternativen Methoden gehemmt, wenn nicht sogar verhindert wird. Es ist auch nicht auszuschließen, daß die Gratifikationsstruktur im Bereich der Methodologie der empirischen Verhaltens- und Sozialwissenschaften bestimmte methodologische Sichtweisen wie jene, die der Analyse von Variablenbeziehungen zugrundeliegen, stärker fördert. Hierzu gehören etwa bestimmte Konzeptualisierungen des Kausalitätsbegriffs (vgl. Marini/Singer 1988), sowie eventuell auch bestimmte Formen des Umgangs mit dem Problem der Subjektivität, probabilistische Erklärungsansätze etc.

Insbesondere individualistische Positionen in den Sozialwissenschaften haben den Blick dafür geschärft, daß auch die Beobachtungen und Messungen, welche die empirische Ausgangsbasis der statistischen Datenanalyse ausmachen, stets beobachtetes bzw. gemessenes Verhalten darstellen, das als Ergebnis oder, das sei an dieser Stelle ergänzt, als Zwischenergebnis individueller Handlungen und Prozesse aufzufassen ist. Dies wiederum bedeutet, daß statistische Ergebnisse als aggregierte Folgen individueller Handlungen aufgefaßt werden können (vgl. Raub und Voss 1981, S. 90). Die Aggregierung leistet allerdings der handelnde und in seinem Handeln zumeist artifizielle Systeme (wie z.B. Computer) als Instrumente einsetzende Forscher.

Die Situation kompliziert sich, wenn man Beobachtungen nicht nur als Konsequenzen individueller Handlungen, sondern darüber hinaus als Konsequenzen sozialer Interaktionen auffaßt, an denen zumindest der Beobachter und die beobachtete Person teilnehmen. Auf die theoretischen und empirischen Implikationen dieser Auffassung haben insbesondere die Kritiker sozialpsychologischer Experimente und Analytiker der sozialen Interaktion im Interview (vgl. hierzu etwa Brenner/Bungard 1980; Dijkstra/Van der Veen/Van der Zouwen 1985; Esser 1975; Gniech 1976; Harre/Secord 1972) wiederholt hingewiesen.

Dieses Bild wäre unvollständig, wenn wir das Zustandekommen von Beobachtungen und Messungen nur auf bewußte individuelle Handlungen zurückführen würden. Vielmehr muß davon ausgegangen werden, daß ebenfalls unbewußt und automatisch ablaufende, in Einzelhandlungen eingebettete Prozesse beteiligt sind. Hierzu gehören etwa Prozesse der Bedeutungszuordnung, der Situationsinterpretation, etc.

In der Regel sind in verhaltens- und sozialwissenschaftlichen Erhebungen, bei denen es zumeist um die Suche nach Zusammenhängen zwischen im Rahmen von Selbstäußerungen verbal vermittelten Inhalten geht, stets mindestens zwei Prozeß- und Handlungsstränge miteinander verknüpft. Der eine Strang betrifft die Prozesse und Handlungen, die zu den vermittelten Inhalten geführt haben, der andere die Handlungen und Prozesse, die zur verbalen Äußerung dieser Inhalte führen. In multivariat angelegten Untersuchungen, bei denen mehrere Messungen oder Beobachtungen an der gleichen Person durchgeführt werden, wiederholt sich diese Struktur wenigstens ein weiteres Mal, nämlich bei der zweiten Beobachtung, wobei nunmehr weitere mögliche Handlungs- und Prozeßverknüpfungen in Spiel kommen, die zwei zu erschiedenen Zeitpunkten erhobene Inhalte miteinander verknüpfen.

Das Problem besteht darin, daß diese Handlungs- und Prozeßverknüpfungen in den Modellen nicht mehr auftauchen, obgleich die Erfüllung gewisser Annahmen über ihren Verlauf entscheidend für die Beobachtungsinterpretation ist. Ein Beispiel hierfür ist etwa die korrekte Durchführung von Bedeutungszuordnungen. Handlungs- und Prozeßannahmen dieser Art sind von entscheidender Bedeutung für die Beurteilung von Reliabilität und Gültigkeit der Beobachtungen, wobei der Begriff der Gültigkeit hier nicht im statistischen Sinne der klassischen Meßtheorie (vgl. Lord und Novick 1969) verstanden wird, sondern als die Erfüllung handlungs- und prozeßtheoretischer Voraussetzungen zur Sicherstellung der Übereinstimmung zwischen der vom Forscher intendierten mit der von der beobachteten Person übermittelten semantischen oder pragmatischen Bedeutung. Will man diesen Sachverhalt mit den Begriffen der strukturalistischen Wissenschaftstheorie (vgl. z.B. Stegmüller 1980, 1986) ausdrücken, so sind Beobachtungsinterpretationen T-theoretisch in Bezug auf zugrundeliegende theoretische Handlungs- und Prozeßannahmen. Es ist unsere dezidierte Auffassung, daß in den Verhaltens- und Sozialwissenschaften die Gültigkeit von Beobachtungsdaten stets handlungs- und prozeßdynamisch begründet werden muß und daß jede Theorie der Gültigkeit von Beobachtungen als Voraussetzung jeder auf Messungen bezogenen Datentheorie letztlich aus prozeß- und handlungstheoretischen Annahmen bestehen muß.

Die Ausblendung von Handlungs- und Prozeßzusammenhängen aus den Modellspezifikationen der Analyse von Variablenbeziehungen gilt unabhängig von dem inhaltlichen Bereich, den die Modelle funktional darstellen sollen und bedeutet nicht allein, daß die zur korrekten Beobachtungsinterpretation notwendigen Hilfsannahmen nicht mitabgebildet werden. Es bedeutet vielmehr, daß die Suche nach inhaltlich relevanten Handlungs- und Prozeßzusammenhängen nicht Teil des Analyseprozesses ist.

## 1.2 Sehr voraussetzungsarme Modellierung: Die Integration rekonstruktiver und interpretativer Verfahren in die Datenanalyse

Das im letzten Abschnitt geschilderte Problem ist im Grunde genommen noch allgemeinerer Natur. Es betrifft generell das Verhältnis zwischen dem, was in statistischen Modellen abgebildet wird und dem, was aus ihnen ausgeblendet wird bzw. dem, was formal unrekonstruiert im Bereich der konzeptuellen Möglichkeiten des Forschers verbleibt, und entweder nach einer statistischen Analyse post hoc im Falle eines interpretatorischen Bedarfs aktiviert wird oder vor der Analyse eine Rolle als Argument der Ableitung von Hypothesen spielt.

Das hiermit angesprochene Interpretationsproblem (vgl. Cliff 1983; Horan 1989) ergibt sich als natürliche Konsequenz der Unkorrigierbarkeit des Tatbestands, daß Modelle komplexe Konzeptualisierungen des Forscher über mögliche reale Zusammenhänge nur unvollständig abbilden können und daher notwendigerweise unterspezifiziert sein müssen. Davon muß man schon deshalb ausgehen, weil nahezu alle Ereignisse, die zur Erklärung von Verhaltensbeobachtungen herangezogen werden könnten, zu den Meßzeitpunkten bereits vergangene Ereignisse darstellen, und somit einen komplexen latenten Bereich konstituieren, der in die empirische Analyse nur unzureichend eingefügt werden kann. Betroffen hiervon ist insbesondere trotz der Möglichkeit, Modelle mit mehreren Indikatoren zu analysieren - die unvollständige Abbildung der Semantik von Variablen im Modell. Darüber hinaus ergibt sich aber auch das Problem der Entstehung größerer Erklärungsabstände (vgl. Herrmann 1969), an das sich die weitere Frage anschließt, wie diese Erklärungsabstände überwunden werden können.

Insbesondere in Auseinandersetzungen mit dem in den empirischen Verhaltens und Sozialwissenschaften verwendeten Kausalitätsbegriff (vgl. Heise 1975; Kenny 1979; Klein 1987; Marini und Singer 1988) und dem Subsumptionsansatz der kausalen Erklärung von Hempel und Oppenheim (1948) wird zunehmend dafür plädiert, diese Abstände durch die Angabe von Modellen für zugrundeliegende latente Mechanismen zu überwinden (vgl. Baumrind 1983; Bhaskar 1978; Cummins 1983; Manicas und Secord 1983, Secord 1986), wobei ein Kausalitätsbegriff zugrundegelegt wird, der die Verhalten ermöglichenden latenten Strukturen ("enabling powers") berücksichtigt. Boudon (1979) schlägt die Entwicklung **generativer Modelle** zur Versöhnung von soziologischer Theorie, statistischer Analyse, quantitativer Analyse und Verstehen im Weberschen Sinn (Boudon 1979, S. 62) vor. Im Gegensatz zu einem Soziologismus, der Individuen nur als Produkt sozialer Strukturen sieht, implizieren die von ihm vorgeschlagenen generierenden Modelle eine Logik der Handlung, der individuellen Entscheidung oder des individuellen Verhaltens.

Hinter diesen Vorschlägen steht vor allem die Absicht, sich nicht auf die statistische Analyse funktionaler Beziehungen zu beschränken, sondern zu einem Verständnis der Handlungen und Mechanismen zu kommen, die die entdeckten Beziehungen in ihrer Qualität und in ihrem Zustandekommen erklären können. Entscheidend ist dabei, zu einem Verständnis darüber zu gelangen, "how the things work" (Salmon 1984), um bestimmte Ereignisse, Phänomene etc. hervorzubringen.

Eine Methodologie der Modellkonstruktion und Modellevaluation, welche diesen Anspruch als Ziel übernimmt, wird vor allem versuchen müssen, Modelle für Handlungs- und Prozeßzusammenhänge in die sozial- und verhaltenswissenschaftliche Modellanalyse zu integrieren oder letztere sogar zu ersetzen.

Daß dies bislang unterblieben ist, ist nicht nur Konsequenz einer gerade von individualistischer Seite kritisierten methodischen Orientierung, die vor allem an der Erklärung von Variation und Kovariation und nicht so sehr an der Erklärung des Auftretens von Werten interessiert ist (vgl. Homans 1970). Es ist auch nicht nur Konsequenz einer Methodologie, deren Modelle sich grundsätzlich nur auf numerisch abbildbare Quantitäten beziehen, die ferner die vielfältigen Möglichkeiten, nach denen Beobachtungen zueinander in Beziehung treten können, auf die eine Möglichkeit des aus den Daten direkt schätzbaren numerischen Zusammenhangs reduziert und die es daher versäumt hat, alternative Modellparadigmen zu schaffen. Verantwortlich dafür scheint vielmehr eine methodologische Orientierung, welche den **interpretierenden und nach möglichen Erklärungen suchenden Forscher aus den Verfahren der Datenanalyse ausklammert** und sich damit der Möglichkeit begibt,

1. die nicht-numerische, inhaltlich bestimmte Semantik eines Modells formal zu explizieren;

2. den Bezug des Modells zu den eventuell postulierten theoretischen Annahmen formal zu explizieren, aus denen sie abgeleitet wurden;

3. Vorstellungen über mögliche Einbettungen des beobachteten Akteurs in vergangene und zukünftige Handlungs- und Prozeßzusammenhänge zu entwickeln und formal so zu präzisieren, daß eine Evaluation dieser Vorstellungen prinzipiell möglich wird.

Die Idee der methodischen Integration des interpretierenden Forschers in die Datenanalyse erfordert vor allem eine Änderung der Analyseziele in dem Sinne, daß Datenanalyse nicht mehr mit einem Bericht über Anpassungsindizes oder Signifikanzniveaus und Einflußgrößen endet, sondern mit weiteren Aussagen, die die Ergebnisse im Sinne der inhaltlichen Modellsemantik und unter Einbeziehung von Erklärungsvorschlägen, die auf das handelnde Individuum Bezug nehmen, verstehbar machen.

Sie bedeutet auch, daß die Modifikation eines Modells nie allein nach statistischen, sondern stets auch nach den interpretativen Gesichtspunkten des Forschers, d.h. immer in Rückkoppelung mit den Vorstellungen, dem Wissen und den hypothetischen Annahmen des Forschers über die reale Welt erfolgt, in die seine Beobachtungen eingebettet sind.

Faulbaum (1986) bezeichnet Strukturen, die aus dem "Analysefokus" ausgeschlossen sind, als **Hintergrundstrukturen**. Eine Hintergrundstruktur ist ein vom Forscher unter Ausnutzung seiner kreativen Fähigkeiten - wozu insbesondere die Fähigkeit zu verschiedenen Formen der Inferenz gehörte - erzeugter interpretativer Rahmen, in dem einerseits die sprachlichen Ausdrücke, durch die das Modell dargestellt ist, ihre konkrete semantische (denotative) Interpretation erfahren, der aber zur gleichen Zeit auch eine Struktur darstellt, in denen diese Interpretationen Verbindungen zu weiteren Vorstellungen und Konzeptualisierungen bestimmter Realitätsbereiche eingehen.

Dies bedeutet, daß die denotative Interpretation nur Teilstruktur einer Hintergrundstruktur ist, welche außer den Entitäten, auf die sich das Modell bezieht, auch andere Sorten von Entitäten enthalten kann. Beispiele für solche Entitäten sind Konzepte und ihre Merkmale, Vorstellungen über mögliches vergangenes Verhalten der beobachteten Individuen, situative Merkmale, kollektive Entitäten wie Institutionen etc. Für Entitäten unterschiedlicher Sorten können dabei bestimmte Aussagen erfüllt sein, die jedoch keinen Gesetzescharakter haben, sondern höchstens Instantiierungen von Gesetzen für den konkreten Fall darstellen.

Entitäten können im Prinzip allen Sorten angehören, die der Forscher spezifizieren möchte und deren Einführung er aus ontologischen Gründen für notwendig hält. Hier können auch hypothetische Annahmen über ontologische, konzeptuelle, epistemologische oder kulturelle Abhängigkeiten eingeführt werden, so daß gegebenenfalls Gesichtspunkten der ontologischen, konzeptuellen, epistemologischen und kulturellen Relativität (vgl. Meiland und Krausz 1982) und möglicherweise verschiedenen Rationalitätskonzepten (vgl. Hollis und Lukes 1982) bei der Interpretation beobachteter Strukturen Rechnung getragen werden kann.

Auf der Ebene der Ergebnisse einer statistischen Analyse bedeutet die Berücksichtigung von Hintergrundstrukturen einmal die Aufforderung, die konkreten, unter Anwendung numerischer Algorithmen identifizierten funktionalen Strukturen in eine Beziehung zu den theoretischen Annahmen zu setzen, aus denen sie abgeleitet wurden. Die Ableitung neuer Interpretationsbereiche und neuer Modellstrukturen wird dann notwendig, wenn zwischen den berechneten Ergebnissen und den Hintergrundstrukturen Inkonsistenzen entdeckt wurden. Von den gefundenen neuen Strukturen wird verlangt, daß sie für die Ergebnisse neue Erklärungsmöglichkeiten anbieten, in denen auch auf Handlungs- und Prozeßstrukturen referiert werden kann. Allerdings können dies im Fall der Interpretation **statistischer** Ergebnisse nie Erklärungen sein, die sich auf die Originalbeobachtungen einzelner Individuen stützen, sondern lediglich auf numerische Werte, die in einer fehlerbereinigten Modellbeziehung zueinander stehen. Nehmen wir z.B. an, wir hätten für ein Individuum $i$ zwei Werte $x_i$ und $y_i$ gemessen, sowie eine funktionale Relation $f$ ermittelt. Dann könnte sich eine Handlungs- oder Prozeßerklärung nur auf das Paar $(f(x_i), x_i)$ beziehen, jedoch nicht auf das Paar $((y_i = f(x_i) + \varepsilon_i), x_i)$, was gleichbedeutend damit ist, daß sich mögliche, auf Ergebnisse aggregierter Analysen bezogene Handlungs- und Prozeßerklärungen nur auf ein generisches statistisches Individuum beziehen können, aus dessen durch das Modell vorhergesagtem Verhalten die individuellen Unterschiede, zu denen insbesondere die individuellen Wechselwirkungen mit den situativen Bedingungen der standardisierten Erhebungssituation gehören, herausgenommen und einer individuellen Fehlerkomponente zugeschlagen wurden.

Zur Erklärung **individuellen** Verhaltens sind sich auf statistische Aggregatanalysen beziehende Handlungs- und Prozeßerklärungen wenig hilfreich. Hier muß vielmehr vom einzelnen Individuum ausgegangen werden, wobei sich die angebotenen Erklärungsversuche auf die tatsächliche, konkrete Verhaltensbeobachtung beziehen. Dies bedeutet, daß für jedes Individuum jeder Fehler nur ein modellbezogener **Spezifikationsfehler** sein kann. Eine Analyse der Beobachtungsdaten mehrerer Individuen gleicht dann im Grunde genommen eher eine Synthese, insofern für das einzelne Individuum sorgfältig ausgearbeitete Handlungs- und Prozeßmodelle zusammengestellt werden. Hier kann sich natürlich durchaus für alle Individuen das gleiche Modell ergeben.

Das Streben nach einer möglichst allgemeinen Erklärung reduziert sich in diesem Fall zu einer rein strategischen Frage. Eine auf Allgemeinheit in Bezug auf eine endliche Klasse von Individuen abzielende Strategie ist eine Strategie, die versucht, konkrete Handlungs- und Prozeßzusammenhänge zu elaborieren, in welche die Verhaltensbeobachtungen möglichst vieler Individuen eingebettet werden können. Im Fall einer individuenorientierten und nicht aggregatorientierten Analyse entfällt die Trennung zwischen Ergebnisfindung und Ergebnisinterpretation und aus der Analyse von Variablenbeziehungen wird die Suche **nach** und die Evaluation von handlungs- und prozeßdarstellenden Modellparadigmen, kurz: von Handlungs- und Prozeßparadigmen.

Eine Methodologie, die an die Stelle der Evaluation statistischer Modelle, die Evaluation individueller Prozeß- und Handlungsparadigmen setzt, wurde von Faulbaum (1986) als **sehr voraussetzungsarme** Modellierung bezeichnet. Die Aufgaben **sehr voraussetzungsarmer** Modellierung bestehen darin, mögliche konkrete Prozeß- und Handlungsparadigmen, auch solche von größerer Komplexität, zu elaborieren und zu prüfen, ob sie als mögliche Kandidaten für die Erzeugung eines Verständnisses des Auftretens von Beobachtungen in Frage kommen. Dabei kommt es in erster Linie darauf an zu zeigen, daß Verhaltensbeobachtungen untereinander und mit anderen Bestandteilen des Paradigmas, wie z.B. Zielen, Entschlüssen, situativen Bedingungen, verknüpfbar sind. Typische Fragen, die eine solche Methodologie zu beantworten hätte, reichen von einfachen Fragen, wie: Ist eine zu zwei Meßzeitpunkten empirisch festgestellte Einkommenserhöhung bei Rentnern auf die Handlung einer Rentenerhöhung zurückzuführen, die von der Regierung zwischenzeitlich durchgeführt wurde, bis zu komplexeren Fragen, wie die, ob eine Berufswahl wohl durch das Ziel bzw. den Wunsch eines Kollegen hätte bestimmt sein können. Es kann sich auch um komplexere und die Anwendung psychologischer Theorien miteinbeziehende Fragen handeln, wie etwa die, welche Ziele jemand mit einer wertkonservativen Einstellung verfolgt haben mag, der eine liberale Regierung gewählt hat.

## 2. Die Spezifikation und Evaluation von Handlungs-und Prozeßparadigmen

### 2.1 Von funktionalen zu operativen Modellparadigmen

Die Elaboration von Handlungs- und Prozeßzusammenhängen erfordert zu nächst eine Abkehr von den in der Analyse von Variablenbeziehungen vornehmlich betrachteten funktionalen Strukturen und ihren numerischen Interpretationen und den Übergang zu alternativen Modellstrukturen, die nicht nur quantitative Interpretationen besitzen, sondern bei denen auch qualitative Interpretationen zugelassen sind. Bei der Entwicklung solcher, die funktionalen numerischen Modellparadigmen ablösenden **Prozeß- und Handlungsparadigmen**, die den einfachen quantitativen Zusammenhang zwischen Beobachtungen durch einen Prozeß- oder Handlungszusammenhang ersetzen, müssen vor allem die strukturellen Besonderheiten von Prozessen und Handlungen berücksichtigt werden. Hinzu kommt, daß die wesentlichen Definitionsmerkmale von Handlungen repräsentierbar sein sollten.

Als konstituierende Merkmale des Handlungsbegriffs wurden in der Vergangenheit hervorgehoben: die Absichtlichkeit (Von Wright 1974), die Intentionalität (vgl. z.B. Antaki 1981; Shotter 1980), die Zielgerichtetheit (Hacker 1978; Von Cranach/Kalbermatten/ Indermühle/Gugler 1980), das Aufstellen von Plänen und ihre Verfolgung, der Mittelbezug, der Situationsbezug, die Möglichkeit, zwischen verschiedenen Alternativen wählen zu können, die Selbstaufforderung (Werbik 1978), das konstante "selfmonitoring" (Harre 1979). Wie komplex Handlungen inklusive der Phase der Planbildung mit ihren komplexen Teilschritten der Situationseinschätzung und Orientierung, der Zielbildung etc. sein können, zeigt Rehbein (1977), der in seine Betrachtung komplexer Handlungen das gesamte Umfeld einer Handlung einschließlich Vor- und Nachgeschichte mit einbezieht.

Die linguistische Semantik und Pragmatik hat neben der Aufdeckung der Struktur und der Kontextbedingungen für Sprechhandlungen vor allem zur Aufklärung des zum Verstehen von Handlungsverben, Handlungssätzen und Texten notwendigen impliziten Wissens sowie zu gewissen semi-formalen Darstellungsformen geführt, die dann zur Grundlage der Beschreibung von Gedächtnis- bzw. Wissensstrukturen verwendet wurden. Beispiele sind propositionale Netzwerke (vgl. Anderson 1983; Norman und Rummelhart 1975), begriffliche Strukturen, wie z.B. in der Theorie der konzeptuellen Dependenz von Schank (vgl. Schank 1976) und der darauf aufbauenden Skriptstrukturen (Schank 1982; Schank und Abelson 1977). Die Spezifikation dieser Strukturen geschah vor allem im Rahmen des Entwurfs sprachverstehender Programmsysteme, wobei das zur Identifikation der semantischen und pragmatischen Information notwendige Hintergrundwissen sowohl hinsichtlich seiner statischen deklarativen Organisation als auch hinsichtlich seiner dynamischen Veränderungen programmiert werden mußte. Die konzeptuelle Modellierung (einen immer noch gültigen Überblick über die wichtigsten Probleme geben die Beiträge in: Brodie und Zilles 1981) gehört inzwischen zu den grundlegenden Aufgaben des Designs wissensverarbeitender Systeme.

Die Entwicklung von Handlungsparadigmen sollte ferner von einer emanzipatorischen Orientierung geprägt sein, welche die kreativen Möglichkeiten des Menschen zur Wahl zwischen Handlungsalternativen berücksichtigt und sich nicht in einer ausschließlichen Beschreibung von Handlungsroutinen, Schemata und Episoden erschöpft. Wir können die Beobachtung, daß jemand in einem Restaurant ißt, nicht mit dem Hinweis darauf erklären, daß er das berühmte Restaurantschema benutzt hat. Insofern ist jeder Versuch, Verhaltenserklärungen auf reine Musterinstantiierungen zurückzuführen (vgl. Schank 1986) inadäquat. Stattdessen bestehen Verhaltenserklärungen in erster Linie darin, Verknüpfungen zwischen dem beobachteten Verhalten und vorangehenden Entschlüssen, Zielen, Wünschen sowie anderen situativen Bedingungen entweder des betrachteten Individuums selbst oder anderer im Rahmen von Handlungs- und Prozeßparadigmen herzustellen. Diese Sichtweise läßt sich eher mit jener vergleichen, die Thagards Begriff der explanatorischen Kohärenz (vgl. Thagard 1989) zugrundeliegt. In der Tat besteht die Aufgabe darin, zwischen vorangegangenen Ereignissen und gegenwärtigen Beobachtungen im Rahmen von Handlungs- und Prozeßparadigmen eine explanatorische Kohärenz in dem Sinne herzustellen, daß beobachtete und nicht-beobachtete Entitäten im Rahmen von Realisierungen zugrundeliegender Handlungs- und Prozeßzusammenhänge miteinander verknüpfbar sind.

Der hier verfolgte Ansatz zur Spezifikation von Handlungs- und Prozeßparadigmen geht zunächst davon aus, daß beide strukturell identisch aufgebaut sind.

Wir fassen daher beide unter dem Begriff des **operativen Paradigmas** zusammen. Die konstitutiven Bestandteile operativer Paradigmen sind im Gegensatz zu den funktionalen Paradigmen der Analyse von Variablenbeziehungen nicht Funktionen, sondern **Operationen**. In den in Abbildung 1 genannten grundlegenden Operationen, aus denen sich operative Paradigmen nach genau spezifzierbaren Regeln zusammensetzen lassen (vgl. Faulbaum 1986, 1990), treffen wir alte Bekannte wieder. So finden wir ähnliche Komponenten in der Theorie zielgerichteter Handlungen ebenso wie in frühen Versuchen, Handlungspläne zu spezifizieren (vgl. Miller, Galanter und Pribram 1960). Einige mögen auch an die Bestandteile von Programmen der theoretischen Informatik erinnert werden, wie sie etwa in der Theorie der Programmschemata (vgl. z.B. Greibach 1985; Manna 1974) definiert werden. Wir sehen operative Paradigmen jedoch nicht als Programme und die dargestellten Operationen nicht als Anweisungen eines Programms an. Die intendierte Interpretation ist vielmehr die von einem Akteur attribuierten latenten Fähigkeiten, unter bestimmten Umgebungs- oder Kontextbedingungen die Realisierung anderer Bedingungen vorzunehmen.

Eine politische Wahl etwa wäre die einer Gruppe gesellschaftlicher Akteure zugeschriebene Möglichkeit, unter bestimmten Kontextbedingungen (z.B. Wahlzeitpunkt etc.), die neue Regierung zu bestimmen. Sie wäre als eine **Zuordnungsoperation** zu beschreiben, die gewissen hypothetisch angenommenen Kontextbedingungen den Zustand der situativen Bedingung "gegenwärtige Bundesregierung" zuordnet. Eine Operation der Bedeutungszuordnung etwa wäre einer solche, die situative Bedingungen einer Bedeutungsrepräsentation dieser Bedingungen im Akteur zuordnet, wobei diese Repräsentation durchaus eine komplexe konzeptuelle Struktur sein kann.

**Abbildung 1:** Aufbau und Interpretation
operativer Schemata

```
Operationen:

Zuordnungsoperationen      Interpretation
Testoperationen ─────────────────────────▶ Hintergrundstruktur
ANFANG
ENDE
  │                                  ▲
  │                                 ╱
  │      Konstruktion              ╱
  │                               ╱
  │                              ╱
  │                    Interpretation
  │                          ╱
  │                         ╱
  ▼                        ╱
Operatives Schema
```

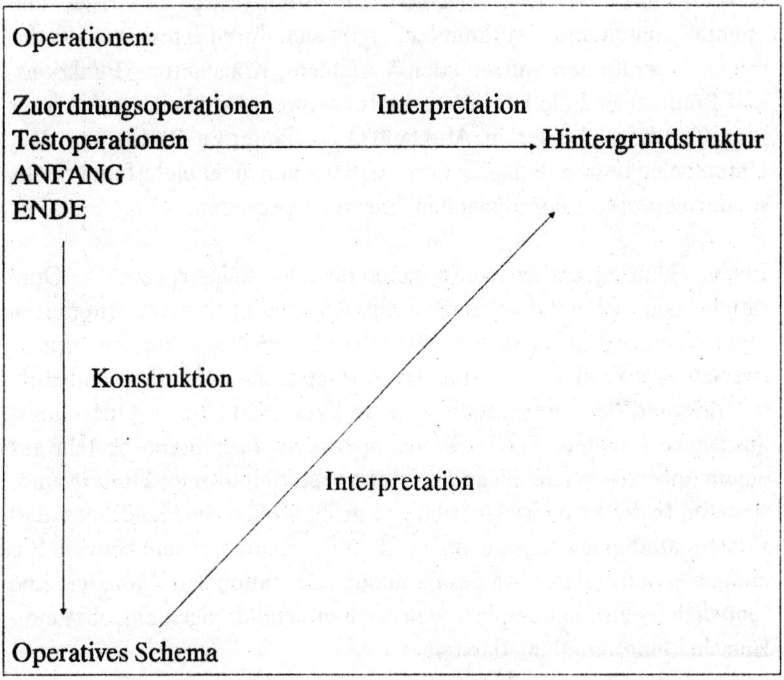

**Testoperationen** repräsentieren Hypothesen über gewisse operative Fähigkeiten des Systems zur Validierung von Eigenschaften.

Mit ihrer Hilfe könnten z.B. die Bedingungen geprüft werden, ob eine antizipierte Handlung den mit der eigenen Identität verbundenen Merkmalen entspricht, ob bestimmte Handlungskonsequenzen bereits erreicht sind, ob eine wahrgenommene Handlung bestimmten normativen Vorstellungen entspricht, ob sie gewissen Rollendefinitionen genügt, etc.

ANFANG- und ENDE-Operationen wurden lediglich zur Kennzeichnung der Zeitpunkte eingeführt, zu denen die Betrachtung einer möglicherweise schon seit längerem ablaufenden Handlung begonnen bzw. beendet wird.

Die Bedeutung der Zuordnungs- und Testoperationen, deren Argumente und Definitionsbereiche in der Regel mehrsortig sind, da sie in den meisten Fällen Bereiche verschiedener Sorten (etwa "empirisch" und "mental") miteinander verknüpfen, ergibt sich durch Interpretation der in den Operationen auftretenden Variablen-, Konstanten-, Funktions- und Prädikatsymbole in Hintergrundstrukturen. Die Bedeutung dieses Begriffs entspricht der in Abschnitt 1.2 erläuterten Bedeutung. Der Unterschied besteht lediglich darin, daß wir nun nicht mehr funktionale, sondern operative Paradigmen in ihnen interpretieren.

In einer Hintergrundstruktur erhalten die noch uninterpretierten Operationen ihre (denotative) Bedeutung. Aus den noch uninterpretierten Operationsausdrücken lassen sich nach präzisen Regeln zunächst **operative Schemata** aufbauen, die ihre Interpretation in der Hintergrundstruktur aufgrund der Interpretation der in ihnen enthaltenen Operationsausdrücke erhalten. Ein konkretes **operatives Paradigma** besteht aus einem operativen Schema und der **Interpretation** in einer Hintergrundstruktur. In dieser Weise läßt sich eine große Klasse von Handlungs- und Prozeßparadigmen darstellen, die z.T. äußerst komplex sein können. Ein einfaches Beispiel ist etwa das Paradigma der rationalen Wahl, das eine - möglicherweise in komplexe zielgerichtete Handlungen eingebettete - Entscheidungshandlung darstellt.

Zum Verständnis des hier eingeführten Begriffs des operativen Paradigmas ist es hilfreich, sich vom Aspekt der Einzelhandlung zu lösen und sich vorzustellen, daß beliebige Handlungen, Handlungsteile und Prozesse, die in verschiedenen Akteuren ablaufen können oder von ihnen ausgeführt werden können, so zusammengefügt werden können, daß es sich bei operativen Paradigmen tatsächlich um Handlungs und Prozeßzusammenhänge handelt.

Die Hintergrundstruktur ist also im Falle operativer Paradigmen zunächst der Interpretationsbereich eines Schemas, der die extensionale Bedeutung der im Schema enthaltenen Terme festlegt. Darüber hinaus sind in ihr jedoch gewisse Aussagen erfüllt, welche die Beziehungen zwischen den Variablen des Schemas hypothetisch weiter einschränken. Sie enthält etwa hypothetische Annahmen darüber, welche unveränderbaren Anfangsbedingungen wohl vorgelegen haben könnten, was bedeuten würde, daß in der Hintergrundtheorie für die Beschreibungsdimensionen dieser Bedingungen gewisse Relationen definiert sind. Weitere, in der Hintergrundstruktur definierte Einschränkungen könnten in der Annahme bestehen, daß das Ergebnis zweier Testoperationen gleich sein soll, daß die Ausführung zweier Zuordnungsoperationen zum gleichen Ergebnis führen sollte oder daß das Ergebnis zweier Bedeutungszuordnungen gleich sein soll, etc. Außerdem sollen vielleicht noch gewisse Bedingungen zwischen Eingabe- und Ausgabebedingungen erfüllt sind. Diese Einschränkungen können entweder konkretes Wissen darstellen oder aber aus allgemeineren Annahmen abgeleitet sein.

Die Funktionen und Relationen, welche den Interpretationen der Symbole im Schema entsprechen, müssen nicht die einzigen sein, die in einer Hintergrundstruktur definiert sind. Im allgemeinen enthalten Hintergrundstrukturen mehr Sorten von Individuen als jene, auf die sich das Schema bezieht. Zwischen diesen und den Sorten des Schemas können weitere Relationen und Funktionen definiert sein. So haben wir bereits oben erwähnt, daß auf jeden Fall die operationsausführenden Akteure zur Hintergrundstruktur gehören. Dies bedeutet, daß für jede Operation die Argumentvariablen und die Variable des Definitionsbereichs in einer Relation zu mindestens einem Akteur stehen müssen. Auch Relationen zu weiteren Merkmalen können eingeführt sein. Diese wiederum können in weiteren Relationen auftreten, sodaß sich gewisse Ketten von Relationen ergeben, die von den Entitäten des Schemas zu immer weiteren Entitäten führen, für welche ganz spezifische Relationen erfüllt sind.

Bei gewissen institutionellen Einschränkungen der situativen Bedingungen von Handlungen wie sie etwa in Lindenbergs Brückenhypothesen angenommen werden (vgl. z.B. Wippler/Lindenberg 1987), würden die situativen Variablen in der Hintergrundstruktur in einer Relation zu mindestens einer Institution stehen.

## 2.2 Zum Begriff der Evaluation operativer Paradigmen

Mit der im letzten Abschnitt informell und in Faulbaum (1986, 1990) formal präzisierten Definition eines operativen Paradigmas im Auge, sind wir nun in der Lage, die evaluativen Aufgaben der sehr voraussetzungsarmen Modellierung näher zu bestimmen. Diese bestehen vor allem in der gezielten Überprüfung von Hypothesen darüber, daß beobachtetes Verhalten im Rahmen dieser Paradigmen auf antezendente Konseqenzen von Operationen zurückführbar ist, wofür etwa die Zurückführung einer Einkommensäußerung auf den Entschluß der Regierung, die Renten zu erhöhen, ein Beispiel wäre. Ein weiteres Beispiel wäre die Zurückführung eines beobachteten Verhaltens auf eine rationale Entscheidung des beobachteten oder eines anderen Akteurs, wobei in der Hintergrundtheorie der Rationalitätsbegriff zu explizieren wäre.

Hypothesen können sich auch auf Veränderungen situativer Bedingungen beziehen. Bei zwei Einkommensauskünften eines Rentners, die zeitlich nacheinander abgegeben wurden und für die ermittelt wurde, daß die zweite Äußerung ein höheres Einkommen ergab als die zweite, wäre vielleicht die Hypothese zu überprüfen, ob dies auf den Regierungswechsel zurückzuführen ist, obgleich der Regierungswechsel in der Untersuchung selbst nicht erhoben wurde.

Einer Hypothesenevaluation liegt im Grunde stets das folgende Erklärungsschema zugrunde:

**Allgemeines Erklärungsschema**

**Explanans**
Operatives Pradigma
Antezendente Annahmen

**Explanandum**
Zu erklärende Beobachtungen

---

Beweis der logischen Konsistenz
von Explanans und Explanandum

Die Evaluation sieht im Einzelnen zunächst eine schrittweise Konkretisierung des Paradigmas vor, bis die antezendenten Annahmen spezifiziert sind. Diese bestehen aus dem zur Zeit der Evaluation verfügbaren Vorwissen über die Paradigmabestandteile sowie dem antezendenten Teil der Hypothese. Zunächst wird in das Paradigma also das zum Evaluationszeitpunkt verfügbare Wissen über die Bestandteile des Paradigmas eingebettet. Dieses Wissen kann z.B. Wissen über eine konkrete Entscheidung, Wissen über bestimmte Konsequenzen einer Operation etc. sein. Es muß nicht notwendig aus der laufenden Untersuchung stammen, sondern kann auch anderen Untersuchungen entnommen sein. Ferner können gut bewährte Annahmen über Bestandteile des Paradigmas eingefügt werden.

Der nächste Schritt besteht in der Spezifikation der antezendenten Bedingungen; also in der Spezifikation der Annahmen über Konsequenzen einer oder mehrerer vorangegangener Operationen im Schema, auf welche die Beobachtung bzw. die Beobachtungen unter der Voraussetzung der Gültigkeit des Paradigmas zurückgeführt werden sollen, was durch Änderung des Schemas (etwa durch Einsetzung von Konstanten) und durch Aufstellung bestimmter Annahmen in der Hintergrundtheorie (durch Spezifikation einer Beschreibung dieser Konsequenzen) zu präzisieren wäre. Auch dieser Schritt führt zu einer weiteren Konkretisierung des Paradigmas.

Auf diesen Schritt, der die Spezifikation der antezendenten Bedingungen des Erklärungsschemas betraf, folgt schließlich die Einbettung des zu erklärenden Folgewissens, d.h. des zu erklärenden Beobachtungswissens zu einem oder mehreren Beobachtungszeitpunkten, in das Paradigma, wobei die Einbettung in das Schema wie bei der Spezifikation der antezendenten Bedingungen geschieht.

Sind diese Schritte vollzogen, wird mittels logischer Verfahren geprüft, ob unter den antezendenten Annahmen tatsächlich das vorhergesagte Verhalten resultieren würde.

Sowohl in der Phase der Interpretation des Paradigmas durch das verfügbare Wissen als auch in der Phase der Prüfung der Realisation, muß die Konsistenz mit der Hintergrundstruktur geprüft werden. Im Fall unseres Beispiels mit der Einkommensauskunft der Rentner könnte zu den Hintergrundannahmen z.B. die Annahme gehören, daß die neue Regierung keine zusätzlichen finanziellen Ausgaben macht. Der resultierende Konflikt zwischen den Annahmen der Hintergrundstruktur und dem empirischen Befund wäre mit einer Revision der Hintergrundstruktur oder mit der Änderung des Paradigmas verbunden, was geeignete Heuristiken erforderlich machen würde.

Der Leser wird sich berechtigterweise die Frage stellen, wie man überhaupt zu den zugrundegelegten operativen Paradigmen kommt. Diese Frage ist im Grunde leichter zu beantworten als die, warum man die Linearität eines Modells in der Analyse von Variablenbeziehungen unterstellt. Im Falle operativer Paradigmen kann dies auf der Basis von Problemanalysen, von Situationsanalysen und Analysen von Zielstrukturen, aus der Kenntnis von Handlungsroutinen heraus etc. geschehen. Auch die Anwendung hermeneutischer und introspektiver Analysen des Alltagshandelns sowie Präzisierungen der eigenen Alltagserfahrung schließen wir dabei nicht aus.

## 3. Schlußbemerkungen

Der hier weitgehend informell vorgestellte methodische Ansatz will einen möglichen Weg präziseren, wie die vorherrschenden Verfahren der Analyse von Variablenbeziehungen durch Verfahren der Überprüfung von Ereignisverknüpfungen im Rahmen rekonstruierter Handlungs- und Prozeßzusammenhänge ergänzt werden können, um so zusätzliche Möglichkeiten für ein generatives Verstehen beobachteter Verhaltenszusammenhänge zu schaffen. Intendierte Anwendungen sollten sowohl in standardisierten Beobachtungssituationen als auch in nicht-standardisierten oder natürlichen Beobachtungssituationen gewonnene Beobachtungen sein.

Die Absicht bestand ferner darin, sowohl der Interpretation statistischer Ergebnisse im Sinne der Angabe generativer Modelle als auch der generativen Interpretation einer oder mehrerer Beobachtungen eines oder mehrerer Individuen zu dienen. Damit sollte der Grundstein gelegt werden für eine formalere Betrachtungsweise dessen, was als Kritik an der Analyse von Variablenbeziehungen gerade von nicht-positivistischer Seite häufig vorgetragen wird, um zugleich einen möglichen Weg aufzuzeigen, wie eine Einbindung in die formale Datenanalyse erfolgen könnte.

Die Darstellung konnte nur sehr informell sein. Faulbaum (1986) zeigt, wie man die eingeführten Begriffe formallogisch darstellen kann. Ob die dabei verwendeten Kalküle erster Ordnung, auch wenn sie mehrsortig sind, ausreichen, ist fraglich. Die Erfahrung zeigt jedoch, daß man erst dann die Logik erster Ordnung verlassen sollte, wenn man sicher ist, daß man alternative Logiken wirklich benötigt.

Die professionelle technische Realisation eines Programms der sehr voraussetzungsarmen Modellierung hätte vor allem zum Ziel, statistische Programme durch symbolische Verfahren der Beobachtungs- und Ergebnisinterpretation zu hybriden Systemen zu erweitern, die als heuristische Verfahren bei der Modellkonstruktion und Modellmodifikation eingesetzt werden könnten. Diese kann jedoch nur Aufgabe eines größeren Forschungsprojekts sein, und wird in starkem Maße Methoden der künstlichen Intelligenz verwenden müssen. Die notwendigen Inferenzmechanismen, insbesondere diejenigen, die zur Modifikation der Hintergrundstrukturen führen, werden aller Wahrscheinlichkeit nach nicht monoton sein können (vgl. z.B. Brewka 1989). Zumindest die Verwendung von Default-Logiken wird sich vermutlich als notwendig erweisen.

Wir haben hier auf eine Übersetzung der hier vorgestellten Konzepte in die technologischen Terme der künstlichen Intelligenz verzichtet, um zunächst die Inhalte in den Mittelpunkt zu stellen. Jeder Experte wird unschwer erkennen, daß es sich bei den Problemen der technischen Realisierung der sehr voraussetzungsarmen Modellierung letzlich um Probleme der automatischen Wissensverarbeitung handelt.

**Literatur**

Alexander, J.C.; Giesen, B.; Münch, R.; Smelser, N.J., 1987 (Hrsg.): The Micro-Macro Link. Berkeley: University of California Press

Anderson, J.R., 1983: Cognitive Psychology. San Francisco: Freeman

Antaki, C.; Fielding, G., 1981: Research on Ordinary Explanations. In: Antaki, C. (Hrsg.): The Psychology of Ordinary Explanations of Social Behavior. New York: Academic Press, S. 27-55

Baumrind, D., 1983: Specious causal attributions in the social sciences: The reformulated stepping-stone theory of heroin use as exemplar. Journal of Personality and Social Psychology 45, S. 1289-1298

Bentler, P.M., 1989: EQS Structural Equations Program Manual. Los Angeles: BMDP Statistical Software

Bhaskar, R., 1978: A Realist Theory of Science. Sussex: Harvester

Blumer, H., 1969: Symbolic Interactionism. Englewood Cliffs: Prentice Hall

Bollen, K.A., 1989: Structural Equations with Latent Variables. New York: John Wiley

Boudon, R., 1979: Generating models as a research strategy. S. 51-64. In: Merton, R.K.; Coleman, J.S.; Rossi, P.H. (Hrsg.), Qualitative and Quantitative Research. New York: The Free Press

Brenner, M., 1980: The structure of action. S. 1-27. In: Brenner, M. (Hrsg.): The Structure of Action. Oxford: Blackwell

Brenner, M; Bungard, W., 1980: What to do with social reactivity in psychological experimentation? S. 89-114. In: Brenner, M. (Hrsg.): Social Method and Social Life. London: Academic Press

Brenner, M.; Brown, J.; Canter, D., 1985 (Hrsg.): The Research Interview. New York: Academic Press

Brewka, G., 1988: Nichtmonmotone Logiken - Ein kurzer Überblick. KI 2, S. 5-12

Brodie, M.L.; Zilles, S.N. 1981: Proceedings of the Workshop on Data Abstraction, Databases and Conceptual Modelling. New York: Sigart Newsletter, 74, Special Issue

Cicourel, A.V., 1973: Cognitive Sociology. London: Penguin Books

Cliff, N., 1983: Some cautions concerning the application of causal modeling methods. Multivariate Behavioral Research 18, S. 115-126

Collins, R., 1981: On the microfoundations of macrosociology. American Journal of Sociology 86, S. 984-1014

Cranach, M.v.; Harre, R. (Hrsg.), 1982: The analysis of action. Cambridge: Cambridge University Press

Cranach, M.v.; Kalbermatten, U.; Indermühle, K.; Gugler, B., 1980: Zielgerichtetes Handeln. Bern: Hans Huber

Cummins, R., 1983: The Nature of Psychological Explanation. Cambridge: Cambridge University Press

Dijkstra, W.; Van der Veen, L.; Van der Zouwen, 1985: A field experiment on interviewer-respondent interaction. S. 37-63. In: Brenner, M.; Brown, J,; Canter, D. (Hrsg.): The Research Interview. New York: Academic Press

Esser, H., 1975: Soziale Regelmäßigkeiten des Befragtenverhaltens. Meisenheim: Anton Hain

Faulbaum, F., 1986: Very Soft Modeling. ZUMA-Arbeitsbericht 86/04

Faulbaum, F., 1990: Von der Analyse von Variablenbeziehungen zur Evaluation von Handlungs- und Prozeßparadigmen. Unveröffentlichtes Manuskript

Giddens, A., 1976: New Rules of Sociological Method. London Hutchinson

Gniech, G., 1976: Störeffekte in psychologischen Experimenten. Stuttgart: Kohlhammer

Greibach, S.A., 1985: Theory of Program Structures: Schemes, Semantics, Verification. Lecture Notes in Computer Science. New York: Springer

Groeben, N., 1986: Handeln, Tun, Verhalten. Tübingen: Francke

Groeben, N.; Scheele, B., 1977: Argumente für eine Psychologie des reflexiven Subjekts. Darmstadt: Steinkopf

Hacker, W, 1978: Allgemeine Arbeits- und Ingenieurpsychologie. Bern: Hans Huber

Harré, R., 1979: Social Being. Oxford: Blackwell

Harré, R.; Secord, P.F., 1972: The Explanation of Behavior. Oxford: Blackwell

Hartmann, W., 1989: Proc CALIS: Analysis of covariance structures. S. 74-81. In: Faulbaum, F.; Haux, R.; Jöckel, K.H. (Hrsg.): SoftStat' 89. Fortschritte der Statistik-Software 2. Suttgart: Gustav Fischer

Heise, D., 1975: Causal Analysis. New York: John Wiley

Hempel, C.G. und Oppenheim, P., 1948: Studies in the logic of explanation. Philosophy of Science, 15, 135-175

Herrmann, T., 1969: Lehrbuch der empirischen Persönlichkeitsforschung. Göttingen: Hogrefe

Hollis, M.; Lukes, S., 1982 (Hrsg.): Rationality and Relativism. Oxford: Blackwell

Homans, G.C., 1970: The relevance of psychology to the explanation of social phenomena. S. 313-328. In: Borger, R.; Cioffi, F. (Hrsg.): Explanation in the Behavioral Sciences. Cambridge: At the University Press

Horan, P.M., 1989: Causal models of measurement: some problems for theory construction. Quality and Quantity 23, S. 39-59

Jöreskog, K.G.; Sörbom, D., 1988: LISREL 7. Chicago: SPSS Inc.

Kenny, D.A., 1979: Correlation and Causality. New York: John Wiley

Klein, D.M., 1987: Causation in Sociology Today: A Revised View. Sociological Theory 5, S. 19-26

Knorr, K.; Krohn, R.; Whitley, R., 1981 (Hrsg.): The Social Process of Scientific Investigation. Dordrecht: D. Reidel

Knorr-Cetina, K., 1981: The Manifacture of Knowledge. Oxford: Pergamon

Knorr-Cetina, K., 1988: The micro-social order. S. 20-53. In: Fielding, N.G. (Hrsg.): Action and Structure. Beverly Hills: Sage

Knorr-Cetina, K.; Cicourel, A.V., 1981: Advances in Social Theory and Methodology. Boston: Routledge & Keegan

Kuhl, J.; Beckmann, J., 1985 (Hrsg.): Action Control. Berlin: Springer

Latour, B.; Woolgar, S., 1979: Laboratory Life. The Social Construction of Scientific Facts. Beverly Hills: Sage

Lindenberg, S. 1977: Individuelle Effekte, Kollektive Phänomene und das Problem der Transformation. S. 46-84. In: Eichner, K.; Habermehl, W. (Hrsg.): Probleme der Erklärung sozialen Verhaltens. Meisenheim: Anton Hain

Lindenberg, S., 1981: Erklärung als Modellbau. S. 20-35. In: Schulte, W. (Hrsg.): Soziologie in der Gesellschaft. Bremen: Universitätsdruckerei

Lord, F.M.; Novick, M.R., 1968: Statistical Theories of Mental test Scores. Reading: Addison-Wesley

Manicas, P.T.; Secord, .F., 1983: Implications for psychology of the new philosophy of science. American Psychologist 38, S. 399-413

Manna, Z., 1974: Mathematical Theory of Computation. Tokyo: McGraw-Hill

Marini, B.; Singer, B., 1988: Causality in the Social Sciences. S. 347-409. In: Clogg, C. (Hrsg.): Sociological Methodology 18. San Francisco: Josey Bass

Mead, G.H., 1934: Mind, Self and Society. Chicago: University of Chicago Press

Meiland, J.W.; Krausz, M., 1982 (Hrsg.): Relativism. Notre Dame: University of Notre Dame Press

Miller, G.A.; Galanter, E.; Pribram, K., 1960: Plans and the Structure of Behavior. New York: Holt, Rinehart und Winston

Muthen, B.O., 1988: LISCOMP. Analysis of Linear Structural Equations with a Comprehensive Measurement Model. Mooresville: Scientific Software

Norman, D.A.; Rummelhart, D.E., 1975 (Hrsg.): Explorations in Cognition. San Francisco: W.H. Freeman

Raub, W.; Voss, T., 1981: Individuelles Handeln und gesellschaftliche Folgen. ( = Soziologische Texte 120). Darmstadt: Neuwied

Raub, W., 1984: Rationale Akteure, institutionelle Regelungen und Interdependezen. Frankfurt: Lang

Rehbein, J., 1977: Komplexes Handeln. Stuttgart: Metzler

Salmon, W., 1984: Scientific Explanation and the Causal Structure of the World. Princeton: Princeton University Press

Schank, R.C., 1975: Conceptual Information Processing. Amsterdam: North Holland

Schank, R.C., 1982: Dynamic Memory. Cambridge: Cambridge University Press

Schank, R.C., 1986: Explanatory Patterns. Hillsdale, N.J.: Erlbaum

Schank, R.C.; Abelson, R., 1977: Scripts, plans, goals and understanding. Hillsdale, H.J.: Erlbaum

Secord, P.F., 1986: Explanation in the Social Sciences and in Life Situations. S. 197-221. In: Fiske, D.W.; Shweder, R.A. (Hrsg.): Metatheory in Social Science. Chicago: University of Chicago Press

Shotter, J., 1980: Action, joint action and intentionality. S. 28-65. In: Brenner, M. (Hrsg.): The Structure of Action. Oxford: Blackwell

Stegmüller, W., 1986: Die Entwicklung des neuen Strukturalismus seit 1973. Berlin: Springer

Steiger, J.H., 1989: EzPath. Causal Modeling. Evanston: Systat Inc.

Thagard, P., 1989: Explanatory coherence. Behavioral and Brain Sciences 12, S. 435-502

Werbik, H., 1978: Handlungstheorien. Stuttgart: Kohlhammer

Wilson, T.P., 1970: Conceptions of interaction and forms of sociological explanation. American Sociological Review 35, S. 697-710

Wippler, R.; Lindenberg, S., 1987: Collective Phenomena and Rational Choice. S. 135-152. In: Alexander, J.C.; Giesen, B.; Münch, R.; Smelser, N.J. (Hrsg.): The Micro-Macro Link: Berkeley: University of California Press

Wright, G.H.v., 1974: Erklären und Verstehen. Frankfurt: Athenäum

Rainer Schnell

# Computersimulation und Theoriebildung in den Sozialwissenschaften (1)

## 1. Einleitung

Computersimulationen in den Sozialwissenschaften gibt es seit ca. 30 Jahren (2). Die anfängliche Begeisterung der Verwendung von Computersimulationen zeigte sich auch in einer schnell wachsenden Anzahl von Simulationen. So stieg die Anzahl der publizierten Computersimulationen in den Sozialwissenschaften von 1950 bis Mitte der sechziger Jahre um 23% jährlich (William H. Starbuck 1983, S. 155). Diese Tendenz setzte sich danach aber nicht mehr fort; von 1973 bis heute lassen sich pro Monat durchschnittlich nur noch zwei neuerschienene Computersimulationen durch den Social Science Citation Index nachweisen (3). Auch wenn hier nur ein grober Indikator für die Verwendung von Simulationen durch Soziologen vorliegt, so kann doch die Größenordnung verdeutlicht werden, wenn man berücksichtigt, daß der Social Science Citation Index in den letzten 17 Jahren zwar mehr als 40000 Arbeiten zu den Stichwörtern "Theory", "Theoretical" und "Theories" nachweist, aber nur 465 Computersimulationen. Bemerkenswerterweise enthält **keine einzige Arbeit** "Theory" und "Computersimulation" **gemeinsam** (4). Weiterhin gibt es mit wenigen Ausnahmen (Steffen Harbordt 1974, Eckart Zwicker 1981, Helmut Vetterle 1986) keine sozialwissenschaftlichen Monographien in deutscher Sprache zu den methodischen Problemen der Computersimulation in den Sozialwissenschaften. Schließlich enthalten weder die Lehrbücher empirischer Sozialforschung noch Lehrbücher der soziologischen Theorie ausführlichere Darlegungen zu Computersimulationen. Computersimulationen scheinen also weder in der Praxis empirischer Sozialforschung eine Rolle zu spielen noch auf die soziologische Theoriebildung einen wahrnehmbaren Einfluß zu besitzen.

In anderen Disziplinen werden Simulationsmodelle weit häufiger verwendet als in den Sozialwissenschaften. Auch ein beachtlicher Teil "sozialwissenschaftlicher" Simulationen stammt so von Mathematikern, Ingenieuren und Physikern und wird an Orten publiziert, die vielen Soziologen nicht unbedingt zugänglich sind (5). Auch aus diesem Grund (und nicht nur daher, daß Sozialwissenschaftlern die zur Beurteilung von solchen Modellen notwendigen Kenntnisse meist fehlen) sind Simulationen häufig der Kritik entzogen und werden von Soziologen weitgehend ignoriert. Dies hat zu einer in mehrfacher Hinsicht ungewöhnlichen Literaturlage geführt.

Der wichtigste Aspekt dieser Situation ist die extrem unterschiedliche Wahrnehmung der Simulation durch die meisten Modellbauer selbst gegenüber der Einschätzung durch die meisten (nichtmodellbauenden) Sozialwissenschaftler. Die vorhandenen Simulationen werden kaum rezipiert, insbesondere erfolgt fast nie eine Detailkritik. Andererseits sehen sich Simulationskonstrukteure häufig den globalen Vorwürfen der Übersimplifizierung, der falschen Spezifikation der kausalen Prozesse und Bedenken hinsichtlich der Probleme der Schätzung der Parameter der Simulationen gegenüber (vgl. z.B. G. David Garson 1987, S. 124). Eine Reihe anderer Vorwürfe hat Hayward R. Alker (1977) in dem Titel eines Aufsatzes zusammengefaßt: "Computer-Simulationen: Unelegante Mathematik und noch schlechtere Sozialwissenschaft?".

Im Folgenden soll zunächst gezeigt werden, daß der besondere Status von Simulationsverfahren zum größten Teil durch Mißverständnisse der Möglichkeiten der Simulationstechnik und die überwiegende Rezeption nur einer der möglichen Simulationsformen bedingt wurde. Dafür ist eine kurze Darstellung der unterschiedlichen Simulationsverfahren und ihrer typischen Anwendungen notwendig.

## 2. Formen der Computersimulation und deren Anwendung

Computersimulationen lassen sich auf vielfältige Art und Weise definieren und klassifizieren (Klaus G. Troitzsch und Michael Möhring 1988). Grob kann man in den Sozialwissenschaften zwischen den System-Dynamics-Modellen, den Mikrosimulationsmodellen und einer dritten Klasse von Modellen, für die bisher keine einheitliche Bezeichnung existiert, die aber meist als "qualitative" oder "konzeptbasierte" Modelle bezeichnet werden, unterscheiden.

In der nicht-sozialwissenschaftlichen Simulationsliteratur (z.B. W. Kreutzer 1986) wird meist grob zwischen "kontinuierlichen" und "discret-event"-Simulationen unterschieden. Die ersteren haben in den Sozialwissenschaften fast ausschließlich in dem weiter unten dargestellten System-Dynamics-Ansatz ihre Anwendung gefunden, die letzteren besitzen in den (theoretischen) Sozialwissenschaften kaum eine Anwendung: Discret-Event-Modelle (z.B. P. Bratley et al. 1987) werden fast ausschließlich für praktische Probleme bei der Modellierung von Warteschlangensystemen aller Art eingesetzt. Schließlich werden auch die sogenannten "Monte-Carlo-Studien", die z.B. bei statistischen Problemen dann angewendet werden, wenn analytische Lösungen nicht möglich sind, häufig als "Simulationen" bezeichnet. Durch Monte-Carlo-Studien können z.B. die Eigenschaften statistischer Schätzmethoden durch die Verwendung von Zufallsexperimenten mit Rechnern schlicht ausprobiert werden.

### 2.1. System-Dynamics

System-Dynamics-Modelle verwenden die Sprache DYNAMO. Mit ihr werden Systeme durch bestimmte Zustandsvariablen (Levels) beschrieben, die durch nahezu kontinuierliche Veränderungen (Rates) zu anderen Zuständen des Systems führen. Diese auf Differenzengleichungen (6) basierende Sprache enthält eine Anzahl von Hilfsmitteln, mit denen die simulierten Veränderungen beeinflußt werden können, so z.B. verschiedene Verzögerungsfunktionen, die zeitverzögerte und allmähliche Veränderungen eines Levels leicht simulierbar machen (7).

### 2.1.1. Weltmodelle

Die bekanntesten Anwendungen (8) der System-Dynamics-Modelle sind die frühen Weltmodelle von Jay W. Forrester (1971) und Dennis Meadows et al. (1972) in Zusammenarbeit mit dem Club of Rome. Diese Modelle lösten eine umfangreiche Kritik aus, die sich u.a. gegen die extrem hohe Aggregierung der verwendeten Variablen, die Vernachlässigung politischer Entscheidungsmechanismen und die mangelnde Datengrundlage wendete (z.B. J. Clark und S. Cole 1975; Christopher Freeman und Marie Jahoda 1978). Da Forrester immer wieder betonte, daß das Verhalten eines Systems weniger von den Parametern als von der Struktur des Systems abhängt, wurden in diesen Weltmodellen die Parameter kaum jemals empirisch geschätzt, beim Meadows Modell z.B. weniger als 1% der Parameter (9). Zudem wurden diese Modelle praktisch kaum validiert oder systematischen Sensitivitätsuntersuchungen (10) unterworfen (z.B. Werner Hugger 1974). Schließlich ergab sich eine Debatte um das Problem der Retrodiktion ("Backcasting") der Weltmodelle: Zwar entsprach der Verlauf der vom Modell vorhergesagten Entwicklung der Weltbevölkerung von 1900 an den tatsächlichen Daten (bis zum Simulationszeitpunkt), rechnete man aber das Forrester-Modell zeitlich zurück, so ergab sich ein historisch nicht beobachteter Bevölkerungsrückgang zwischen 1880 und 1900 um 2.6 Milliarden Menschen (Zwicker 1981, S. 140-142 und S. 469-480, ferner Brian P. Bloomfield 1986, S. 98-120). Solche Anomalien erschütterten die Glaubwürdigkeiten anderer Prognosen des Modells erheblich.

Die erwähnte Kritik an den Weltmodellen führte zu einer Reihe von neuen Weltmodellen, die u.a. wesentlich stärker regionalisiert arbeiteten und dementsprechend größer wurden, ökonomische Prozesse differenziert berücksichtigten und daher mit kürzeren Zeiträumen arbeiteten und z.T. politische Entscheidungsstrukturen zu erfassen versuchten. Weiterhin wurde in wesentlich stärkerem Ausmaß der Versuch unternommen, die Modelle auf vorhandene empirische Daten zu stützen (11).

Die ungewöhnliche Rezeption von System-Dynamics-Modellen in weiten Bereichen der Sozialwissenschaften sowie die Entwicklung der System-Dynamics-"Bewegung" läßt sich vermutlich ohne Bezug auf wissenschaftssoziologische Überlegungen kaum verstehen (Bloomfield 1986). In den siebziger Jahren entwickelte sich um die System-Dynamics und in der Folge bei den Weltmodellern eine kleine akademische Subkultur mit einer hohen Interaktionsdichte bei internationalen Konferenzen, persönlichen Kontakten usw.

Eine Folge dieser hohen Kontaktdichte ist eine große Zahl von kaum erhältlichen unveröffentlichten Diskussionspapieren, wodurch der Nachvollzug vieler technischer Details unmöglich gemacht wird. Da für viele der Weltmodelle der Programmtext nicht veröffentlicht wurde (Barry B. Hughes 1985, S. 78), sind sie im Detail nicht kritisierbar, da die theoretischen Annahmen unsichtbar gelassen werden. Diese weitverbreitete Praxis steht in klarem Widerspruch zu dem allgemeinen Anspruch, nachprüfbare Theorien vorzulegen.

Eine andere Folge dieser Subkulturbildung war vermutlich das übersteigerte Vertrauen vieler System-Dynamics-Modellbauer in die Leistungsfähigkeit ihrer Modelle. Die Modelle wurden aber nur selten den hohen Erwartungen gerecht - was relativ schnell zu größeren finanziellen Engpässen für die Modellbauer führte. Derzeit scheint GLOBUS das einzige allgemeine Weltmodell zu sein, das von einer Institution getragen wird; Regierungen haben sich von solchen Modellen zurückgezogen. Andere Institutionen, wie z.B. die Weltbank, scheinen überwiegend an ökonomischen Modellen interessiert zu sein. Es finden keine internationalen World-Modelling-Konferenzen wie zwischen 1974 und 1981 mehr statt, es gibt kein eigenständiges Publikationsorgan (vgl. hierzu Siegman 1987 und Cole 1987), der Social Science Citation Index weist von 1973 bis 1989 nur insgesamt 74 Publikationen zu Weltmodellen nach.

Die zunehmende (externe) Skepsis gegenüber diesem Modelltyp führte schließlich auch zu einer deutlichen Revision des Selbstverständnisses der Modellbauer. Besonders deutlich wurde dies bei den Weltmodellen, die nicht mehr als prognostische Werkzeuge sondern als heuristische Hilfsmittel betrachtet wurden (Brian Pollins 1984, S. 166). Dies führte zu deutlich vorsichtigeren Äußerungen über die Leistungsfähigkeit von System-Dynamics-Modellen (z.B. Donella H. Meadows und Jenny M. Robinson 1985, S. 391-434).

## 2.1. 2. Urban Dynamics

Neben den Weltmodellen wurden vor allem die sogenannten Urban-Dynamics-Modelle bekannt (Jay W. Forrester 1969, L.A. Alfeld und A.K. Graham 1976), bei denen die System-Dynamics auf Probleme der Stadtentwicklung angewendet wurden. Nach einer kurzen Anfangsphase wurden solche Modelle aber kaum noch weiter verfolgt. Das Journal "Simulation and Games" verzeichnet seit Jahren einen Rückgang der Beiträge in dem Bereich "Urban/Regional Studies" (Richard D. Duke und Nicole K. Kemeny 1989, S. 179), und die neueren Übersichten zu stadtsoziologischen Problemen in den Annual Reviews of Sociology enthalten keinerlei Hinweise auf neuere Simulationen oder Urban Dynamics. Die Simulationen zur Stadtentwicklung bieten dadurch das vielleicht deutlichste Beispiel für den durch die offensichtliche Insuffizienz der Theorien bedingten schnellen Verfall der Begeisterung zu Beginn der sechziger Jahre für Simulationen bei inhaltlich interessierten Soziologen (Starbuck 1983, S. 161).

Faßt man die ersten 20 Jahre System-Dynamics zusammen, so kann man feststellen, daß weder die Arbeit an den Weltmodellen noch an anderen DYNAMO-basierten oder DYNAMO-ähnlichen Modellen einen wahrnehmbaren Einfluß auf die Theoriebildung in den Sozialwissenschaften hatte. Zumindest in der Wirkung der Modelle wurde weder der Anspruch eingelöst, widerspruchsfreie und vollständige Theorien vorzulegen noch wurden Prognosehilfsmittel geliefert. Die Modelle wurden kaum systematisch validiert (12), so daß weder eine theoretische noch eine empirische Legitimation der "Ergebnisse" möglich war. Zusammenfassend kann festgehalten werden, daß der System-Dynamics-Ansatz (einschließlich der DYNAMO-Modelle) in der soziologischen Theoriebildung weder bisher eine bedeutende Rolle gespielt hat noch vermutlich spielen wird.

## 2.2. Mikrosimulationsmodelle

Die zweite wichtige Klasse von Modellen sind die Mikrosimulationsmodelle. Diese Modelle kennzeichnen individuelle Einheiten, z.B. Haushalte, durch eine Reihe von Variablen, wie etwa Kinderzahl und Alter der Haushaltsmitglieder. Ein Mikrosimulationsmodell enthält eine hohe Zahl von diesen individuellen Einheiten (also eine Population) und simuliert Veränderungen der Merkmale der Einheiten über die Zeit. Es werden also z.B. Geburten und Sterbefälle, Heiraten und Scheidungen, Mobilitätsprozesse und Einkommensveränderungen usw. auf der Ebene der individuellen Einheiten simuliert und interessierende Statistiken wie bei einer realen Stichprobe berechnet. Die Veränderungen der individuellen Einheiten erfolgt durch einen stochastischen Prozeß auf der Basis von (durch empirische Erhebungen) geschätzten Übergangswahrscheinlichkeiten. Das Hauptziel von Mikrosimulationen sind meist Abschätzungen von Bevölkerungsentwicklungen und die Analyse der Auswirkungen sozialpolitischer Maßnahmen auf Verteilungsparameter (13), also z.B. von Fragen der Art "Wie verändert sich die Zahl der BaFöG-Berechtigten bei der Erhöhung des Freibetrages ?". Durch die spezielle Problemstellung für diese Modelle ergeben sich kaum Berührungspunkte mit der soziologischen Theoriebildung (14).

## 2.3. Qualitative Simulationen

Die hohe Publikumsbekanntheit der frühen Weltmodelle und die relativ große Bekanntheit anderer System-Dynamics-Modelle unter Soziologen in den siebziger Jahren, insbesondere der Urban-Dynamics-Modelle, hat dazu geführt, daß Computersimulation in den Sozialwissenschaften sehr häufig mit der Entwicklung von DYNAMO-Modellen synonym verstanden wird. Die frühe Monographie von Steffen Harbordt (1974) erwähnt zwar kurz die anderen Modelle (Harbordt 1974, S. 39-43), geht aber auf diese im weiteren Verlauf kaum noch ein. Eine modernere Arbeit von Dietrich Dörner (1984, S. 345) definiert Simulationen als Modelle, die auf einer formalen Systembeschreibung basieren "...und damit letzten Endes auf einem System von Gleichungen, meist wohl auf einem System von Differentialgleichungen". Qualitative Modelle werden aus solchen Definitionen von vornherein ausgeschlossen.

Gerade qualitative Modelle sind aber für die Theoriebildung von großer Bedeutung: Geprüft werden soll durch qualitative Modelle lediglich, ob die im Programm explizierten Annahmen ausreichen, um ein bestimmtes Explanandum zu produzieren und damit zu erklären. Diese Art von Simulationen versucht also nicht quantitative Prognosen zu liefern (eben daher erklärt sich der Begriff "qualitative Simulation"). Damit entfallen bei diesem Simulationstyp zum größten Teil auch die notorischen Probleme der Validierung quantitativer "Resultate" von Computersimulationen (vgl. Harold Stanislaw 1986).

### 3. Das Mißverständnis der Computersimulation als Prognoseinstrument

Die überwiegende Rezeption der Computersimulation in Form der System-Dynamics Modelle hat dazu geführt, daß die prinzipiellen Einsatzmöglichkeiten von Simulationen in den Sozialwissenschaften falsch eingeschätzt werden. Simulationen werden (in den Sozialwissenschaften) nahezu ausschließlich als Prognosewerkzeuge wahrgenommen (z.B. Bernhard Phillips 1985, S. 378). Die damit verbundenen Erwartungen müssen von fast allen Modellen enttäuscht werden: Mit der wichtigen Ausnahme von Mikrosimulationsmodellen für praktische Fragestellungen gibt es für den Einsatz von Simulationen zu Prognosezwecken in der Soziologie keine theoretische Grundlage.

Ohne bewährte Theorien ist die Konstruktion eines Simulationsmodells zu Prognosezwecken sinnlos. Da es solche bewährte Theorien in der Soziologie zumindest für Makrophänomene nicht gibt - und mit guten Argumenten deren prinzipielle Existenzmöglichkeit bestritten werden kann (Popper 1971, Boudon 1983) - sind quantitative Simulationen sozialer Prozesse daher (zumindest für lange Zeit) in den Sozialwissenschaften nur in wenigen Ausnahmefällen möglich.

Damit stellt sich auch das häufig von Modellkonstrukteuren diskutierte Problem der Schätzung von Parametern der Gleichungen in der Simulation neu: Die Frage der empirischen Schätzung von Parametern läßt sich natürlich erst dann sinnvoll stellen, wenn man davon ausgehen kann, daß der die Beobachtungen vermutlich generierende Prozeß hinreichend genau spezifiziert wurde. Aus diesem Grund ist der Einsatz von quantitativen Simulationen zu Prognosezwecken (jenseits von Diffusions- und Warteschlangenmodellen und der Mikrosimulation) kaum zu rechtfertigen.

Obwohl diese Tatsachen noch nicht von allen Konstrukteuren quantitativer Makrosimulationsmodelle in allen Konsequenzen akzeptiert worden sind, läßt sich in der Literatur eine eindeutige rückläufige Tendenz von Simulationen zu Prognosezwecken beobachten.

Dies zeigt sich z.B. beim Rückgang der Anzahl von Weltmodellen. Richard D. Duke und Nicole K. Kemeny (1989, S. 167) stellen fest, daß die Entwicklung und weite Verfügbarkeit von Computern zunächst zwar zur Ausbildung eines neuen Bereiches sozialwissenschaftlicher Simulation zu Prognosezwecken führte, aber in den letzten beiden Jahrzehnten wieder verkümmerte: "Efforts at predictive simulation are now rare in the people-oriented social sciences" (15).

## 4. Einwände gegen die Verwendung von Simulationen

Die relativ seltene Verwendung von Simulationen in den Sozialwissenschaften wird häufig durch den Verweis auf eine Reihe von angeblichen Problemen der Verfahren gerechtfertigt.

Ein häufig geäußerter Einwand gegen die Verwendung von Simulationen besteht darin, daß die soziologischen Theorien zu komplex seien, um mit den verfügbaren Methoden simuliert werden zu können. Gegen dieses Argument spricht, daß die "Komplexität" soziologischer Theorien fast immer entweder auf die Verwendung undefinierter bzw. zirkulär definierter Begriffe oder auf die Anwendung impliziter Gesetze zurückgeführt werden kann - was beides nicht im Sinne der Produktion überprüfbarer Aussagen liegt. Eine aus der Beschreibung eines kausalen Prozesses bestehende Theorie kann immer in eine Simulation überführt werden. Das Problem der "nicht-simulierbaren" soziologischen "Theorien" besteht also darin, daß durch sie kein kausaler Prozeß beschrieben wird; zumindest hier wird dies als Mangel der Theorie und nicht der Technik gesehen.

Ein anderer Einwand gegen die Verwendung von Computersimulationen besteht in der Feststellung, daß Simulationen lediglich "Lösungen" für bestimmte Parameterkombinationen der verwendeten Gleichungen liefern können, aber keine so allgemeine Lösungen wie die mathematische Analyse eines Modells. Dies ist zwar korrekt, trifft die Anwendung von Simulationen aber kaum. Es gibt für die meisten nicht-trivialen inhaltlichen Theorien kein mathematisches Modell, das eine analytische Lösung erlauben würde.

Die Anzahl mathematisch formulierter Theorien ist im Vergleich zu dem, was allgemein als "soziologische Theorie" bezeichnet wird, gering. Eine Aufgabe für Soziologen besteht zur Zeit darin, die überaus unvollständigen Theorien des Faches zu überhaupt formalisierbaren Theorien zu präzisieren. Da Computersimulationen auf einfachere Weise als mathematische Modelle die Formalisierung einer Theorie erlauben, können sie bei diesen Präzisierungsversuchen hilfreich sein. Wenn die Formalisierung als Computersimulation vorliegt, ist die Suche nach einem entsprechenden mathematischen Modell mit analytischer Lösung noch immer sinnvoll. In vielen Fällen ist aber eine analytische Lösung eines mathematischen Modells einer inhaltlichen Theorie, die z.B. nicht-lineare Beziehungen, Störeffekte oder nicht-triviale Verteilungsannahmen enthält, schwierig, meist zumindest praktisch unmöglich. Solche Modelle können ohne Simulationen nicht untersucht werden.

Schließlich werden gegen die Verwendung von Simulationen in Sozialwissenschaften (zumindest in Diskussionen, wenn auch kaum in der Literatur) eher technische Argumente vorgebracht: Es gäbe keine geeigneten Simulationswerkzeuge oder der Aufwand, diese zu erlernen, sei zu groß, und die Programme seien Nicht-Experten nicht verständlich zu machen. Wie im Folgenden gezeigt werden soll, ist keiner dieser Einwände in dieser Form korrekt.

Spezielle Simulationssoftware existiert seit mehr als 20 Jahren. Die wesentlichen Strukturen dieser Art von Software haben sich kaum geändert (vgl. Wolfgang Kreutzer 1986 sowie Francis Neelamkavil 1987). Bemerkenswerterweise werden diese Simulationssysteme (mit der Ausnahme von DYNAMO) aber - zumindest in den Sozialwissenschaften - kaum genutzt (Starbuck 1983, S. 163). Darüberhinaus werden fast alle technischen und die meisten neueren sozialwissenschaftlichen Simulationen in einer allgemein verfügbaren Hochsprache wie FORTRAN, PASCAL, LISP oder PROLOG geschrieben.

Ein wichtiger Grund für die Verwendung von allgemeinen Hochsprachen liegt in der Tatsache begründet, daß es kein Simulationsprogramm geben kann, das nicht mittels der Hochsprachen realisiert werden kann (16), während die Spezialsoftware die Klasse möglicher Modelle häufig sehr stark einschränkt. So erscheint es nahezu völlig unmöglich in einem DYNAMO-Modell z.B. kognitive Schemata unterzubringen und nur äußerst umständlich möglich, die einfache Tatsache, daß für eine Fortpflanzung in den meisten Fällen zumindest für kurze Zeit räumliche Nähe der Akteure erforderlich ist, zu berücksichtigen.

Die elementaren Grundlagen einer Sprache wie PASCAL, die notwendig sind, um einfache Programme lesen zu können, sind in sehr kurzer Zeit erlernbar. Die notwendige Lerndauer liegt mit Sicherheit unterhalb der entsprechenden Dauer für den Erwerb der Fähigkeiten für das Verständnis von Differentialgleichungen oder phänomenologischen Texten.

Da fast alle sozialwissenschaftlichen Simulationen vom Standpunkt der Informatik eher trivial sind, erscheint es jedoch im Interesse einer weiten Rezeption von Simulationen ebenso notwendig wie mittlerweile auch technisch möglich, Simulationsprogramme so zu schreiben, daß sie auch weitgehend ohne Programmierkenntnisse verstanden werden können. Die Entwicklung einiger der neueren Hochsprachen erlaubt eine Programmierung, die sich sehr nahe an die Alltagssprache anlehnt.

In PASCAL kann man z.B. die Handlungsmöglichkeiten eines Akteurs einer Assimilationstheorie schon beinahe umgangssprachlich mit

```
Type Handlungstyp_Migrant = (Assimilation,Segmentation);
```

wiedergeben, und die "Bestandteile" des Akteurs, also seine Handlungsmöglichkeiten, und die Elemente seiner Nutzenfunktion mit den Anweisungen

```
Type
 Migrant = Record
  Handlung                : Handlungstyp_Migrant;
   Utility_Materiell      : Real; { reelle Zahl }
   Probability_Utility    : Real;
   Cost_Materiell         : Real;
   Probability_Cost       : Real;
  end;
```

angeben. Den größten Teil bei den akteursbasierten Simulationsmodellen soziologischer Theorien nehmen solche Spezifikationen der Akteurstypen ein. Die eigentliche Dynamik des Modells wird demgegenüber meist durch nur wenige Programmzeilen bewirkt. Beispielsweise läßt sich bei einer Simulation von Reinhard Wipplers (1982) Rekonstruktion der Oligarchietheorie von Michels die Dynamik des Modells durch ca. ein Dutzend Zeilen PASCAL bewirken. Zwei "typische" davon seien wiedergegeben:

```
probability_change_own_contribution: = 1/number_of_members;
probability_change_votes: = actives/number_of_members;
```

Die subjektive Wahrscheinlichkeit, durch einen eigenen Beitrag etwas bewirken zu können, wird für alle Akteure gleich des reziproken Wertes der fehlerfreien Wahrnehmung der Anzahl der Mitglieder aufgefaßt und die subjektive Wahrscheinlichkeit, die abgegebenen Stimmen zu verändern, wird für alle Akteure gleich dem Quotienten zwischen der fehlerfrei wahrgenommenen Anzahl der aktiven Mitglieder und der fehlerfrei wahrgenommenen Anzahl aller Mitglieder gesetzt.

Zum Verständnis dieser Programmzeilen sind spezielle Kenntnisse jenseits der Definition der Variablen offensichtlich nicht erforderlich.

Zusammenfassend erscheinen die dargestellten Einwände gegen die Verwendung von (qualitativen) Simulationen als kaum haltbar. Damit ist allenfalls aber noch das Argument möglich, daß Simulationen zwar gegenüber den normalen Formen theoretischer Arbeit in den Sozialwissenschaften keine besonderen Nachteile, aber auch keine besonderen Vorteile aufweisen. Der ausführlichen Widerlegung dieses Argumentes sind die folgenden Abschnitte gewidmet.

**5. Vorteile von Computersimulationen**

Computersimulationen werden häufig als drittes Symbolsystem neben der Alltagssprache und der Mathematik bezeichnet (vgl z.B. John T. Gullahorn und Jeanne E. Gullahorn 1965, Thomas M. Ostrom 1988). In Simulationsprogramme übersetzte Theorien sind präziser als es Alltagssprache sein kann. Andererseits sind Simulationen flexibler als es mathematisch formalisierte Theorien sein können. Die Präzision wird durch die Syntax der verwendeten Programmiersprache erzwungen: Eine ungenaue, widersprüchliche oder unvollständige Theorie läßt sich nicht ohne Präzisierung in ein funktionierendes, d.h. zunächst einmal syntaktisch korrektes, dann aber auch die gewünschte Dynamik hervorbringendes, lauffähiges Programm übersetzen.

Bei den zumeist ungenauen soziologischen Theorien (17) führt dieser Zwang zur Präzision dazu, daß vor der Simulation die Theorien meist erst "rekonstruiert" werden müssen. Technisch besteht die fast immer notwendige "Rekonstruktion" einer soziologischen Theorie für eine Simulation aus der "Prozessionalisierung" der Theorie (Siegwart Lindenberg 1971, S. 99). Die in der Regel nicht als Modell eines kausalen Prozesses formulierten sozialwissenschaftlichen Theorien werden hierbei durch partielle Definitionen der Begriffe der Theorie (z.B. "Konflikt" oder "Status") durch einen Prozeß simulierbar gemacht. Die zunächst als abkürzende Sprechweisen eingeführten theoretischen Begriffe werden so auf "direkt" beobachtbare individuelle Vorgänge zurückgeführt.

Der Zwang zur Präzision bei der Erstellung eines Simulationsprogrammes äußert sich vor allem in der Notwendigkeit, alle theoretischen Annahmen explizit angeben zu müssen. Diese Notwendigkeit führt bei jeder Programmierung einer Simulation zur Entdeckung von Wissenslücken. Diese Wissenslücken werden meist über plausibel erscheinende, meist neue, theoretische Annahmen überbrückt. Sehr häufig stellt man fest, daß die von einer Theorie behaupteten Konsequenzen nur beim Vorliegen bestimmter dieser bisher nicht explizit genannten zusätzlichen Annahmen auftreten und selbst dann nur bei bestimmten Parameterwerten. Gerade dieser Aspekt der notwendigen Explizierung impliziter Annahmen ist einer der größten Vorteile von Simulationen.

Die Parameter in sozialwissenschaftlichen Simulationen können nur selten (z.B. bei einigen Mikrosimulationen, ökonomischen Makromodellen und der Modellierung von Diffusionsprozessen) auf der Basis empirischer Daten geschätzt werden. Bei den allermeisten theoretischen Modellen muß man auf Verteilungsannahmen zurückgreifen. Diese können - außer in trivialen Fällen (z.B. Gleichverteilung) - in ihren Konsequenzen meist weder analytisch noch "intuitiv" abgeschätzt werden. Falls man an den impliziten Konsequenzen der eigenen theoretischen Annahmen interessiert ist, gibt es spätestens dann zur Abschätzung von Verteilungsannahmen keine Alternative zur Simulation.

Enthält ein Modell Verteilungsannahmen über Zufallsvariablen und/oder nicht-lineare Beziehungen, dann ist das Verhalten einer solchen Simulation in allen Details kaum vorhersagbar. Es kann dann bei der Durchführung der Simulation zur Entdeckung unerwarteter Effekte kommen (18). Neben den Vorzügen der Formalisierung besitzen Simulationen also auch heuristische Funktionen.

Ein Beispiel hierfür haben kürzlich Gerald Marwell, Pamela E. Oliver und Ralph Prahl (1988, S. 527f) mit ihrer Simulation der Bedeutung sozialer Netzwerke für die Entstehung kollektiver Bewegungen geliefert. Die Autoren stießen auf Ergebnisse in ihrer Simulation, die sie durch ihre theoretischen Vorstellungen nicht erklären konnten. Sie fanden z.B., daß der negative Einfluß der Organisationskosten für den Organisator einer potentiellen Bewegung auf die Herstellung des kollektiven Gutes sehr stark abnimmt, falls die Heterogenität der Ressourcen der Netzwerkmitglieder steigt.

Obwohl die Literatur in keiner Weise auf den Mechanismus einging, mit dem ein Organisator potentielle Aktivisten auswählt, mußte das Simulationsprogramm, um zu funktionieren, einen solchen Mechanismus enthalten. Da beim Programmieren offensichtlich eine reine Zufallsauswahl der potentiellen Aktivisten unwahrscheinlich erschien, wurde ein Mechanismus implementiert, bei dem der Organisator diejenigen Personen auswählt, die über die größten Ressourcen verfügen. Dieser Selektivitätsmechanismus produziert das Ergebnis, daß ein Organisator mit begrenzten Ressourcen einen größeren Ertrag bei der Produktion des kollektiven Gutes erzielen kann, wenn sein persönliches Netzwerk groß und die Ressourcen der Mitglieder des Netzwerkes (bei konstantem Mittelwert) heterogen sind.

Die Simulation erzwang also hier die Konstruktion einer neuen, theoretisch fruchtbaren Hypothese über das Verhalten der Organisatoren. Der hierbei spezifizierte Mechanismus führte zu der Entdeckung (und Erklärung) eines bis dahin unbeachteten Effektes.

Ein weiterer Nebeneffekt der Formalisierung einer Theorie als Computerprogramm besteht darin, daß man eine äußerst knappe, wenig redundante und hochpräzise Zusammenfassung einer Theorie erhält. Um sich die Grundidee einer Theorie anzueignen, ist die Lektüre eines kommentierten Programmes in einer Programmierhochsprache ein effizienter Weg. Die Simulation bietet also hier (neben der eindeutigen Definition aller Begriffe) auch einen Kommunikationsvorteil.

Schließlich kann ein vollständiges Simulationsprogramm auch als eine kompakte Form der Vermittlung der Dynamik eines Prozesses betrachtet werden: Die verbalen Beschreibungen selbst einfacher dynamischer Prozesse sind meist langatmig. Das Betrachten des Verlaufs der Dynamik eines zur Verfügung stehenden Simulationsprogrammes ist demgegenüber bei nicht vollständig trivialen Modellen weitaus klarer, einfacher und schneller.

Schließlich ist ein im Programmtext vorliegendes Simulationsprogramm die beste Grundlage für die theoretische konstruktive Kritik einer Theorie: Alle Annahmen sind explizit vorhanden, es gibt keine verdeckten ceteris-paribus-Klauseln, keine in Fußnoten vorbereiteten Exhaustionsmöglichkeiten oder unklar definierte Begriffe, zumindest nicht bei auf individuellen Akteuren basierenden Modellen (19).

Zusammengefaßt: Die Vorteile von Simulationen liegen in der Möglichkeit:

- der Prozessionalisierung
- des Nachweises der Vollständigkeit der Theorie
- der Analyse beliebig komplizierter nicht-linearer Modelle
- der Entdeckung unerwarteter Konsequenzen theoretischer Annahmen
- der Überprüfung der Konsequenzen von Verteilungsannahmen
- von Kommunikationsvorteilen
- der leichten Kritisierbarkeit.

## 6. Simulation individueller Akteure zur Erklärung von Makrophänomenen

Wie sich auch an anderen Stellen der Theoriebildung in den Sozialwissenschaften zeigt (z.B. Hartmut Esser 1989) ist (zumindest derzeit) eine fruchtbare theoretische Arbeit ohne den Rückgriff auf das Handeln individueller Akteure kaum möglich. Dies wird bei jedem Versuch, sozialwissenschaftliche Theorien über Makrophänomene zu formalisieren deutlich. Da bislang keine gehaltvollen makrostrukturellen Gesetze in der Soziologie bekannt sind (20), erscheint die Erklärung sozialwissenschaftlicher Explananda ohne explizite Modellierung der Interaktion individueller Akteure unmöglich. Vollständige Erklärungen von Makrophänomenen in den Sozialwissenschaften müssen genetische Erklärungen (21) sein, die aus drei verschiedenen Elementen bestehen (vgl. Esser 1989, S. 70-71):

1. einem nomologischen Kern (einer Rational-Choice-Theorie),

2. der Angabe der Randbedingungen für die Erklärung des individuellen Handelns der Akteure (einer Lösung des "Koordinationsproblems"),

3. der Angabe der Aggregierungsregeln, die die Entstehung des Makrophänomens aus dem individuellen Verhalten erklären (einer Lösung des "Transformationsproblems").

Für die soziologische Theorie fruchtbare Simulationen sozialer Sachverhalte sind daher (zumindest zur Zeit) nur als Modelle mit simulierten individuellen Akteuren sinnvoll. Durch die Simulation individueller Akteure kann wie bei einem Demonstrationsbeispiel gezeigt werden, welche Annahmen über das Handeln individueller Akteure welche (kollektiven) Konsequenzen haben (Robert P. Abelson 1968, S. 326). Durch diesen Versuch der Nachbildung des durch das Handeln von Individuen verursachten Makrophänomens gehen qualitative Simulationen über die bloße logische Prüfung von Ableitbarkeitsbeziehungen in Satzsystemen hinaus (22). Damit wäre zwar der Begriff "Simulation individueller Akteure zur Erklärung von Makrophänomenen" exakter zur Kennzeichnung solcher Modelle, ist aber zu unhandlich, so daß der Begriff "qualitative Simulation" hier beibehalten wird.

Die Notwendigkeit der Modellierung individueller Akteure findet sich selbst in neueren, in keiner Weise mehr auf Prognosen angelegten "Weltmodellen" oder Regionalmodellen, die z.B. sogar detaillierte Konzepte der Cognitive Science, nämlich Schematheorien (William F. Brewer und Glenn V. Nakamura 1984), für die Modellierung ihrer Akteure heranziehen (23).

Sanjoy Banerjee (1986) verwendet im Rahmen eines PROLOG-Programmes Schemata-Konzepte zur Klärung der Entstehung "sozialer Strukturen". Banerjee definiert "Sozialstruktur" als Muster von Wiederholungen sozialer Handlungen. Um wiederholbar zu sein, müssen laut Banerjee die Muster sozialer Handlungen als kognitive Schemata gespeichert sein. Akteure suchen in sozialen Situationen nach einem passenden Schema und führen es dann aus. Banerjee wendet sein Simulationsprogramm dann aber lediglich auf korporative Akteure an und versucht so die Entstehung von Interaktionsmustern zwischen ihnen zu erklären. Als Beispiele verwendet er z.B. die südamerikanische "bürokratisch-autoritäre Struktur" mit dem Militär, den Technokraten, der Mittelklasse, dem Finanzkapital und der Öffentlichkeit ("popular sector") als Akteuren.

Philip A. Schrodt (1985 und 1988) arbeitet mit einem kleinen Simulationsprogramm (ca. 800 Zeilen PASCAL) für die Analyse internationaler Beziehungen. Schrodt greift die häufige Kritik an den ohne Akteure arbeitenden Weltmodellen auf und versucht explizite Entscheidungsmodelle in sein Simulationsprogramm einzubauen (24). Da ihm das Modell des homo oeconomicus (in seiner Rekonstruktion) unrealistisch erscheint, verwendet er 1985 einen Pattern-Matching-Ansatz, bei dem korporative Akteure zwischen verschiedenen ähnlichen Handlungssequenzen die einer Situation ähnlichste wählen; 1988 verwendet er eine Entscheidungsregel, bei der die simulierten Nationen zwischen (eigenen und beobachteten) Handlungssequenzen nach einer Maximierungsregel des erwarteten Nutzens der Verwendung einer Strategie wählen. Obwohl Schrodt selbst keinen expliziten Bezug auf Schema-Theorien nimmt, bestehen zwischen seinem Modell und einer lediglich auf korporative Akteure übertragenen Skript-Theorie (wie z.B. von Abelson 1981) große Ähnlichkeiten.

Ansätze zur Simulation sozialer Systeme durch die Konsequenzen der Interaktion von Individuen scheinen in anderen Fachgebieten zumindest derzeit technisch weiter entwickelt zu sein als in der Soziologie (vgl. P. Hogeweg 1989). Die Resultate solcher nicht-soziologischen Arbeiten legen es ebenso wie die bereits zitierten Ansätze zur Erklärung von "Sozialstruktur" nahe, daß viele Makrophänomene möglicherweise wesentlich leichter erklärbar sind als es Soziologen zunächst scheinen mag. So finden sich z.B. in einer Arbeit von P. Hogeweg und B. Hesper (1985, S. 328) mit einem LISP-basierten Simulationssystem bei der Untersuchung der Sozialbeziehungen von Hummeln folgende bemerkenswerte Sätze:

"The central theme of our research is to show how simple interactions can lead to apparently complex structures. (...). In all cases we have shown that the local interactions needed to generate complex patterns are far simpler than we might expect: human intuition about complexity fails utterly when faced with a transition from local interactions to the macro structures they generate."

In den Sozialwissenschaften versuchen bisher nur einige Rational-Choice-Modelle explizite Erklärungen für Makro-Phänomene auf der Basis des Handelns individueller Akteure zu geben. Gerade innerhalb des Rational-Choice-Ansatzes können auf Individuen basierte Simulationen daher eine besondere Rolle spielen.

## 7. Die Verwendung von Computer-Simulationen im Rational-Choice-Ansatz

Die meisten theoriebasierten sozialwissenschaftlichen Simulationen der letzten Jahre weisen eine Reihe von Gemeinsamkeiten auf: Sie sind in einer allgemeinen Programmiersprache geschrieben, sie versuchen keine Parameterschätzungen, sie gehen von einem inhaltlichen Problem und nicht von der Methode aus und sie arbeiten mit der Modellierung individueller Akteure, wenn auch manchmal nur in rudimentärer Form.

Beispiele sind die Simulationen bei Robert Axelrod (1987) zur Entstehung von Kooperation, James S. Coleman (1986/1987) und Axelrod (1986) zur Normentstehung, Barry Markovsky (1987) und Karen S. Cook, Richard M. Emerson und Mary R. Gillmore (1983) zur Austauschtheorie in Netzwerkstrukturen, Michael A. Krassa (1988) zur Veränderung öffentlicher Meinung, John Delany (1988) zu Weak-Ties bei der Jobsuche, William E. Feinberg und Norris R. Johnson (1988) zur Konsensusbildung bei Menschenansammlungen, Garold Strasser (1988) zur Entscheidungsfindung in Gruppen sowie Marwell, Oliver und Prahl (1988) zur Entstehung von kollektiven Bewegungen.

Der explizite Bezug vieler Modelle auf Rational-Choice-Ansätze (bzw. zumindest ihre konzeptionelle Nähe) ist unverkennbar. Dies scheint z.T. darauf zurückzuführen zu sein, daß die Lösung des Koordinationsproblems, also die Verwendung eines kollektiven Tatbestandes als Anfangsbedingung für das Handeln der individuellen Akteure (das "Korrespondenzproblem" bei Lindenberg 1977), mit Rational-Choice-Modellen im Vergleich zu anderen Handlungstheorien einfacher ist, da mit wenigen, stark typisierten Akteursmodellen argumentiert werden kann. Bei Umsetzung der Theorie in das Simulationsprogramm müssen die bei der normalen verbalen Theoriebildung meist nur angedeuteten "Brückentheorien" (Lindenberg 1981, S. 27) explizit angegeben werden: Beispielsweise gehören hierzu Annahmen über vollständige Information oder den Nutzen internalisierter Normen. Bei stark typisierten Akteuren können diese notwendigen Brückenhypothesen vergleichsweise einfach bleiben.

Computersimulationen können mit einer Population aus vielen individuellen Akteuren arbeiten, wie dies ja schon bei den Mikrosimulationsmodellen festgestellt wurde. Verwendet man aber im Gegensatz zu den weitgehend untheoretischen Mikrosimulationsmodellen durch eine explizite Theorie stark typisierte Akteure, so werden "experiment-ähnliche" Untersuchungen auch der Makroauswirkungen von den fast immer impliziten Verteilungsannahmen soziologischer Theorien möglich.

Die starke Typisierung der simulierten Akteure erlaubt die Beschränkung der Nutzenfunktion der Akteure auf nur wenige Elemente, während die hohe Zahl von Akteuren das Testen der Auswirkungen unterschiedlicher Verteilungsannahmen für die Elemente der Nutzenfunktion ermöglicht. Erfahrungsgemäß sind in vielen Akteursmodellen diese Verteilungsannahmen kritisch, d.h. unterschiedliche Verteilungen von Bestandteilen der Nutzenfunktionen der Akteure erbringen unterschiedliche kollektive Effekte. So kann z.B. die Verwendung unterschiedlicher Annahmen über die Streuung subjektiver Wahrscheinlichkeiten zum Ausbleiben eines Makro-Effektes führen (Mark Granovetter 1978). Da kaum eine soziologische Theorie diese Verteilungsannahmen expliziert, die Simulation aber die Spezifizierung der Verteilung zwingend erfordert, ist die Simulation ein Weg, diese fehlenden Annahmen zu entdekken und (möglicherweise kritische) Annahmen zu identifizieren.

Die Erklärung von Makrophänomenen durch das Handeln stark typisierter Akteure ist Ziel soziologischer Anwendungen von Rational-Choice-Modellen (vgl. u.a. Debra Friedman und Michael Hechter 1988). Vollständige Rational-Choice-Erklärungen für kollektive Effekte müssen dazu in irgendeiner Art und Weise das Transformationsproblem (Lindenberg 1977) lösen, also eine Klärung des Überganges von individuellen Effekten zu kollektiven Tatbeständen liefern. Simulationen müssen also eine der Möglichkeiten, das Transformationsproblem zu lösen, enthalten. Lindenberg (1977) führt hierzu u.a. die Möglichkeit der Verwendung von Aggregierungen, partiellen Definitionen und von Implikationsaussagen, institutionelle Regelungen (z.B. Wahlprozeduren) und mathematische Modelle (z.B. Diffusionsmodelle) an. Simulationen bieten dabei die einfache Möglichkeit, unterschiedliche Lösungsversuche (z.B. unterschiedlicher Diffusionsmodelle) für ein gegebenes Problem "experiment-ähnlich" zu untersuchen. Damit können in Simulationen verschiedene Möglichkeiten der theoretischen Lösung des Transformationsproblems erprobt werden. Zumindest aber wird man bei der Programmierung gezwungen, eine explizite Lösung des Problems anzugeben.

Daß viele neuere Anwendungen von Computersimulationen mit Rational-Choice-Modellen arbeiten (und umgekehrt), erscheint daher nicht verwunderlich: "Emergenzeffekte" können durch das "Handeln" stark typisierter (simulierter) Akteure in der Simulation sichtbar gemacht werden. Die Simulation kann auf diese Weise demonstrieren, daß einfache Annahmen über das Handeln von Akteuren ausreichen, um "Emergenzeffekte" zu erklären. Die erzwungene Vollständigkeit der verwendeten Theorien bei der Modellierung individueller Akteure zur Erklärung von Makrophänomenen erfordert also nicht nur explizite Annahmen über individuelles Verhalten, sondern auch explizite Lösungen des Transformationsproblems und des Koordinationsproblems.

**8. Simulationen als Werkzeuge der Theoriebildung**

Die Entwicklung soziologischer Theorien (25) kann allgemein als stagnierend angesehen werden. Die einzige Ausnahme hiervon scheint derzeit der Rational-Choice-Ansatz zu sein. Zu den Kennzeichen des Ansatzes gehören einfache, aber vollständig spezifizierte Modelle. Wie fruchtbar einfache Modelle sein können, zeigt z.B. das simple Schelling-Modell der Entstehung von Segregation (Thomas C. Schelling 1971, Frank L. Jones 1985) oder die - im Prinzip (26) - schlichten Simulationen des iterierten Prisoner Dilemmas.

Gerade die Rekonstruktion einer verbalen soziologischen Theorie als Simulationsmodell zeigt jedoch deutlicher als jede Diskussion die relative Trivialität der meisten sozialwissenschaftlichen Theorien. Die Kargkeit der Theorien der allgemeinen Soziologie zeigt sich selbst bei den wenigen explizit theoriegeleiteten DYNAMO-Modellen schon in der Kürze der Programme: Hannemans Pareto-Zyklus-Modell gesellschaftlicher Dynamik besteht ebenso wie sein Marx-Modell der kapitalistischen Produktionsweise aus jeweils insgesamt knapp 60 Zeilen. Dies ist vielleicht ein weiterer Grund dafür, daß sich Simulationen als Darstellungsform für Theorien kaum durchsetzen konnten: Einem kurzen Simulationsprogramm sieht man die - selbst gegenüber einem einfachen Warteschlangenmodell - vergleichsweise geringe Komplexität rasch an, einem entsprechenden Text meist erst nach längerer Analyse. Diese Sichtbarkeit der geringen Komplexität der verwendeten Theorien, die Willkürlichkeit der notwendigen Setzung der Parameter im Programm und der ad-hoc-Charakter vieler zusätzlicher Annahmen, die notwendig sind, um aus den unvollständigen Theorien überhaupt funktionierende Simulationsprogramme zu erhalten, scheinen auch ein Grund dafür zu sein, daß der Text der Simulationsprogramme kaum jemals veröffentlicht wird, auch wenn von "Ergebnissen" von Computersimulationen berichtet wird.

So veröffentlichte William S. Bainbridge (1987) eine Sammlung von Simulationsprogrammen zu sozialwissenschaftlichen Theorien (nicht aber den Programmtext). Obwohl Bainbridge ganz offensichtlich z.T. Innovationen einführt (z.B. beschreibt eine seiner Simulationen die Entstehung devianter Subkulturen durch das gemeinsame Wirken einer Reihe von sonst isoliert betrachteten Mechanismen wie differentielle Assoziation, Balancetheorie und Netzwerkstruktur), kennzeichnet er seine Modelle lediglich als Lernprogramme für Soziologiestudenten. Zusammen mit der Nichtveröffentlichung der Programmtexte wird so die Möglichkeit einer direkten Kritisierbarkeit der Theorien und deren Weiterentwicklung unnötig verhindert.

Gerade die zumeist sorgsam verborgene Trivialität der meisten etablierten Theorien erfordert für eine theoretische Weiterentwicklung vorhandener Ansätze die individualistische Rekonstruktion der vorhandenen Theorien. Ohne das Eingeständnis der Einfachheit der Theorien, der expliziten Feststellung ihrer äußerst engen Anwendungsbereiche und damit letztlich des Eingeständnisses der sozial-technologischen Unverwertbarkeit kann es keine theoretische Weiterentwicklung durch Detailkritik geben (27). Keine Methode der Theoriekonstruktion (oder auch der Datenanalyse) kann ohne theoretische Kleinarbeit "automatisch" zu theoretischen Fortschritten führen wie dies die frühen System-Dynamics Ansätze nahelegten. Diese theoretische Kleinarbeit kann durch qualitative Computersimulationen als Werkzeuge wesentlich erleichtert werden.

Computersimulationen als - im doppelten Sinne - Forschungsprogramme finden sich bisher nicht in der soziologischen Theorie. Daß eine solche Strategie Erfolg versprechen kann, zeigt das Beispiel der "computational psychology" innerhalb der Cognitive Science. Bestimmte Probleme, wie z.B. die Erklärung, wie vorhandenes neurophysiologisches und psychologisches Wissen über visuelle Wahrnehmung zu einer tatsächlichen Erklärung der ablaufenden Prozesse zusammengefügt werden können, das Problem des Verstehens natürlicher Sprachen oder Theorien allgemeinen Problemlösungshandelns, werden jeweils im Rahmen von Simulationsmodellen angegangen. Hierbei wird tatsächlich von Beginn an die Theorie als Programm vorgelegt, während nicht als Simulationsprogramm formalisierte Theorien von den Theoretikern der computational psychology als "folk psychology" abgelehnt werden (Margaret A. Boden 1988).

Mit der Vorlage eines Simulationsprogrammes wird sowohl die innere Widerspruchslosigkeit der Theorie demonstriert wie das prinzipielle Vermögen der vorgeschlagenen Theorie, die behaupteten Folgen (das Explanandum) der theoretischen Annahmen tatsächlich hervorzubringen. Ob die Theorie empirisch "korrekt" ist (also: ob der durch die Theorie behauptete Mechanismus mit dem "tatsächlichen" Mechanismus identisch ist), ist ein Problem, das jede andere Art von Theorie auch besitzt (vgl. dagegen z.B. Gisela Loeck 1986). Falls aber die Annahmen zur "Produktion" der gewünschten Folgen (des Explanandums) ausreichen und aus der Theorie neue empirische nicht-triviale Konsequenzen abgeleitet werden können, die sich empirisch bestätigen lassen, dann ist das erreicht, was sich mit wissenschaftlichen Theorien überhaupt erreichen läßt. Dieses Ziel erscheint aber ohne die Verwendung von formalen

Techniken, wie z.B. mikroökonomischer Modelle oder - bei komplizierteren Modellen - der Computersimulation individueller Akteure, als Hilfe bei der Theoriebildung unerreichbar.

**Anmerkungen**

1. Diese Arbeit stellt die stark erweiterte und überarbeitete Version eines Vortrages vor der Arbeitsgruppe "Modellierung und Simulation sozialer Prozesse" am 23. Juni 1989 in Köln dar. Für die umfangreiche Kritik einer früheren Fassung bin ich Elke Esser zu Dank verpflichtet.

2. Eine vollständige Bibliographie der frühen Arbeiten bis einschließlich 1968 findet sich bei John M. Dutton und William H. Starbuck (1971). Nützliche Hinweise auf die Geschichte der Computersimulation in den Sozialwissenschaften finden sich bei G. David Garson (1987).

3. Der Social Science Citation Index enthält zwischen Januar 1973 und Mai 1989 nur insgesamt 3079 Arbeiten zum Stichwort "Simulation" und 465 zu "Computer Simulation". Da in der amerikanischen Literatur sehr häufig nicht zwischen "simulation" und "gaming" unterschieden wird, wobei "gaming" eher "Spiele" mit menschlichen Akteuren zu Ausbildungszwecken bezeichnet, ist "computer simulation" vermutlich der bessere Suchbegriff für die hier gemeinten Simulationen.

4. Zieht man allerdings die "Sociological Abstracts" seit 1963 heran, so erhält man bei ca. 850 Simulationen, 160 Computersimulationen und mehr als 65000 "Theory"-Arbeiten immerhin 275 Arbeiten, in denen "Simulation" und "Theory" gemeinsam vorkommen. Nur die wenigsten dieser Arbeiten enthalten tatsächliche Computersimulationen sozialwissenschaftlicher Theorien, viele dienen Ausbildungszwecken, erörtern methodische Probleme oder sind einfache Warteschlangen- oder Diffusionsmodelle.

5. Fast jede Bibliographie zur Computersimulation zeigt eine ungewöhnlich hohe Zahl unveröffentlichter technischer Berichte und Dissertationen. Die Ergebnisse von Simulationen werden häufig in wenig verbreiteten Zeitschriften und bei sehr kleinen (technischen) Verlagen veröffentlicht. Die technischen Details fast aller Simulationen sind nur auf persönliche Anfrage bei den Autoren erhältlich.

6. System-Dynamics-Modelle verwenden Differenzengleichungen, keine Differentialgleichungen: Dieser Punkt wird von Mathematikern häufig kritisch kommentiert. Für die theoretische Arbeit in den Sozialwissenschaften spielen solche vergleichsweise trivialen Unterschiede derzeit nicht die geringste Rolle.

7. Einführungen bieten George P. Richardson und Alexander L. Pugh (1981), Nancy Roberts et al. (1983) sowie Robert A. Hanneman (1988). Generell zu System-Dynamics vgl. auch Eckart Zwicker (1981, S. 399ff).

8. Eine extensive Bibliographie der Anwendungen der System-Dynamics findet sich bei J.D. Lebel (1982).

9. H.R.Alker in einem Diskussionspapier des WZB, zitiert nach Brian M. Pollins (1984, S. 165). Meadows selbst gab an, daß weniger als 0.1% der Daten für ein befriedigendes Weltmodell verfügbar seien (zitiert bei Clark und Cole 1975, S. 9).

10. Clark und Cole (1975, S. 67) zitieren eine unveröffentlichte Studie von H. Scolnik aus dem Jahre 1973, die für das Meadows-Modell zeigt, daß sich bei einer Änderung eines beliebigen Startwertes des Modells um 5% völlig verschiedene Ergebnisse gegenüber dem Standardlauf des Modells ergeben.

11. Übersichten über neuere Weltmodelle finden sich bei Heinrich Siegmann (1987) und Sam Cole (1987).

12. Für das vermutlich einzige derzeit bestehende Weltmodell, GLOBUS, scheint keine systematische Validierung publiziert worden zu sein. Bei mehr als 10000 FORTRAN-Zeilen und ca. 40000 Variablen bzw. Parametern erscheint eine Validierung auch theoretisch kaum möglich. Die 940 Seiten starke Hauptpublikation des GLOBUS-Projektes (Stuart A. Bremer Hrsg. 1987) enthält ca. 50 Seiten unter der Überschrift "Evaluating GLOBUS". Falls man die dort durchgeführten Analysen als Validierung betrachtet, reduziert sich diese ohne die methodologischen Bemerkungen auf die Seiten 751-771.

13. Zu solchen Modellen vgl. Robert Haveman und Kevin Hollenbeck (1980), Guy Orcutt, Joachim Merz und Hermann Quinke (1986), Helmut Vetterle (1986), Robert H. Haveman (1986). In der Bundesrepublik ist insbesondere das Modell des Sfb3 in Frankfurt bekannt geworden, vgl. hierzu das "Handbuch zum Mikrosimulationsmodell", herausgegeben vom Projekt B-3 "Mikrosimulation" des Sfb3.

14. Selbstverständlich gibt es auch hier Ausnahmen. Ein ungewöhnliches Beispiel stellt die Untersuchung der Größe paläolithischer sozialer Gruppen durch Martin Wobst (1974) dar.

15. Obwohl DYNAMO als Sprache für quantitative Makrosimulationen konstruiert ist, läßt sich auch bei der kürzlichen Wiederentdeckung DYNAMOs für die Sozialwissenschaften durch Robert A. Hanneman (1988) nur ein expliziter Bezug auf Simulationen als Hilfsmittel der Theoriekonstruktion und nicht auf den Versuch der Prognose realer Prozesse finden.

16. So enthält Zwicker (1981, S. 548ff) Hinweise für FORTRAN-Programme zu System-Dynamics-Modellen, Hans Rauch (1985) gibt eine vollständige DYNAMO-Bibliothek in TURBO-PASCAL, Kreutzer (1986) enthält eine Sammlung von Pascal-Hilfsprogrammen für eine große Zahl unterschiedlicher Simulationstypen und Ruth Davies und Robert O'Keefe (1989) zeigen die Programmierung von "Discret-Event-Modellen" mit PASCAL.

17. Wie z.B. noch neuerdings Gerhard Lenski (1988, S. 166) feststellt, genügen ein Großteil soziologischer (Makro-) Theorien noch nicht einmal den Minimalstandards einer Theorie ("Unambiguous concepts, specified relationships and falsifiable theory").

18. Allerdings wird die Entscheidung, ob das unerwartete Verhalten eines Simulationsprogrammes ein Theoriefehler, ein Programmierfehler oder tatsächlich eine bislang übersehene Konsequenz der Annahmen darstellt, umso schwieriger, je umfangreicher das Programm wird. Dies

ist eine von mehreren Ursachen für die Unmöglichkeit der "Validierung" von so umfangreichen Simulationsprogrammen wie z.B. dem GLOBUS-Weltmodell.

19. Bei Makrosimulationen, z.B. mit DYNAMO, sind allerdings auch unklare Begriffe möglich, vgl. als abschreckendes Beispiel die DYNAMO-Simulation von Richard Bronson und Chanoch Jacobson (1986, S. 61) zur "normativen Regulierung" mit Variablen wie z.B. "Exogeneous forces that create strain between the norm and social reality".

20. Vgl. Siegwart Lindenberg (1981, S. 20). Bemerkenswerterweise bedienen sich selbst die Lehrbücher der Makrosoziologie zumindest implizit handlungstheoretischer Annahmen, wenn auch selten so deutlich wie bei Stephen K. Sanderson (1988, insbesondere S. 48-52).

21. Die Begriffe "Theorie", "Erklärung", "vollständige Erklärung", "genetische Erklärung" und "Randbedingung" werden hier in Übereinstimmung mit dem allgemeinen Gebrauch in der Wissenschaftstheorie verwendet; Definitionen und Erläuterungen der Begriffe finden sich z.B. bei Schnell/Hill/Esser (1989, S. 41ff).

22. Solche logischen Prüfungen von Ableitbarkeitsbeziehungen durch die Verwendung von sogenannten "Expertensystemen" demonstriert Edward E. Brent (1986) unter der etwas ungewöhnlichen Bezeichnung "qualitativer Formalismus".

23. Interessanterweise taucht eine Form des Schema-Konzeptes bereits in einer der ersten "qualitativen Simulationen" auf: Gullahorn und Gullahorns (1965, S. 441) HOMUNCULUS verwendet eine sehr einfache Form von Schemata, wenn sie auch nicht explizit so genannt wird.

24. Ansätze zur expliziten Berücksichtigung von Entscheidungsmodellen für individuelle Akteure in Computersimulationen für Makroprozesse (z.B. in Weltmodellen) finden sich auch bei Paul A. Anderson und Stuart J. Thorson (1982) und bei Donald A. Sylvan (1987).

25. Um dem Eindruck des Etikettenschwindels vorzubeugen, ist es vermutlich angebracht unter "Theorie" weiterhin nur Satzsysteme zu verstehen, die als Explanans in deduktiv nomologischen Erklärungen verwendet werden können. Daß zwischen solchen im Idealfall formalisierten "erklärenden" Theorien einerseits und den meist in den Sozialwissenschaften als "Theorien" bezeichneten Gebilden mehr Unterschiede bestehen als rein semantische Differenzen in Hinsicht auf den Theoriebegriff wird selbst bei dem meist dagegen zitierten Paul Feyerabend in seiner Kritik der "Rezeption" des "Anything goes" deutlich ("...und daß es daher nötig ist, über die arrogante Forderung nach größerer Liberalität hinaus doch noch etwas mehr zu bieten. Die Fallstudien zeigen dann, daß Rebellen in den Wissenschaften ja auch wirklich mehr geboten haben", Feyerabend 1989, S. 417).

26. Die Programme von Axelrod sind bisher unveröffentlicht, den Publikationen von Axelrod sind nur für die einfachsten Strategien genügend Informationen für eine Rekonstruktion zu entnehmen. Theoretische Analysen komplizierterer Strategien sind aber ohne ihre Kenntnis trivialerweise völlig unmöglich. Axelrod stellt auf persönliche Anfrage das undokumentierte Fragment eines Fortran-Programmes, dem die Strategien zu entnehmen sind, zur Verfügung.

27. "Was uns not tut, ist äußerste intellektuelle Ehrlichkeit, auch die selbstbezichtigende Ehrlichkeit, das zuzugeben, was offen zutage liegt" (Gorge C. Homans 1972, S. 96).

**Literatur**

Abelson, Robert P., 1968: Simulation of Social Behavior, in: Gardner Lindzey und Elliot Aronson (Hrsg.): The Handbook of Social Psychology, Reading, Mass., Band 2, S. 274-356

Abelson, Robert P., 1981: The Psychological Status of the Script Concept, in: American Psychologist, 36, S. 715-729

Alfeld, Louis A. und Alan K. Graham, 1976: Introduction to Urban Dynamics, Cambridge, Mass.

Alker, Hayward R., 1977: Computer-Simulationen: Unelegante Mathematik und noch schlechtere Sozialwissenschaft? in: Manfred E.A. Schmutzer (Hrsg.): Mathematische Methoden in der Politikwissenschaft, München, S. 115-142

Anderson, Paul A. und Stuart J. Thorson, 1982: Artificial Intelligence based Simulations for Foreign Decision Making, in: Behavioral Science, 27, S. 176-193

Axelrod, Robert, 1986: An Evolutionary Approach to Norms, in: American Political Science Review, 80, S. 1095-1111

Axelrod, Robert, 1987: Die Evolution der Kooperation, München

Bainbridge, William S., 1987: Sociology Laboratory. Computer Simulations for Learning Sociology, Belmont

Banerjee, Sanjoy, 1986: Reproduction of Social Structures: An Artificial Intelligence Model, in: Journal of Conflict Resolution, 30, 2, S. 221-252

Bloomfield, Brian P., 1986: Modelling the World. The Social Constructions of Systems Analysts, Oxford

Boden, Margaret A., 1988: Computer Models of Mind, Cambridge

Boudon, Raymond, 1983: Why Theories of Social Change Fail: Some Methodological Thoughts, in: Public Opinion Quarterly, 47, S. 143-160

Bratley, Paul, Fox, Bennett und Schrage, Linus E., 1987: A Guide to Simulation, 2. Auflage, New York

Bremer, Stuart A. (Hrsg.), 1987: The GLOBUS Model. Computer Simulation of Worldwide Political and Economic Developments, Frankfurt/Boulder

Brent, Edward E., 1986: Knowledge-Based Systems: A Qualitative Formalism, in: Qualitative Sociology, 9, 3, S. 256-282

Brewer, William F. und Glenn V. Nakamura, 1984: The Nature and Functions of Schemas, in: Wyer, Robert S und Thomas K. Srull (eds.): Handbook of Social Cognition, Hillsdale, Band 1, S. 119-160

Bronson, Richard und Chanoch Jacobson, 1986: Simulation and Social Theory, in: Simulation, 47, 2, S. 58-62

Clark, John und Sam Cole, 1975: Global Simulation Models: A Comparative Study, New York

Cole, Sam, 1987: Global Models: A Review of Recent Developments, in: Futures, August, S. 403-430

Coleman, James S., 1986/1987: The Emergence of Norms in Varying Social Structures, in: Angewandte Sozialforschung, 14, 1, S. 17-30

Cook, Karen S., Richard M. Emerson und Mary R. Gillmore, 1983: The Distribution of Power in Exchange Networks: Theory and Experimental Results, in: American Journal of Sociology, 89, S. 275-305

Davies, Ruth und O'Keefe, Robert, 1989: Simulation Modelling with PASCAL, New York

Delany, John, 1988: Social Networks and Efficient Resource Allocation: Computer Models of Job Vacancy allocation through contacts, in: Barry Wellman und Stephen D. Berkowitz (Hrsg.): Social Structures: A Network Approach, New York, S. 430-451

Dörner, Dietrich, 1984: Modellbildung und Simulation, in: Erwin Roth (Hrsg.): Sozialwissenschaftliche Methoden, München, S. 337-350

Duke, Richard D. und Nicole K. Kemeny, 1989: Keeping Score one Score later. Two Decades of the Simulation & Games Journal, in: Simulation and Games, 20, 2, S. 165-183

Dutton, John M. und William H. Starbuck, 1971: Computer Simulation of Human Behavior, New York

Esser, Hartmut, 1989: Verfällt die "soziologische Methode"?, in: Soziale Welt, 40, 1/2, S. 57-75.

Feinberg, William E. und Norris R. Johnson, 1988: "Outside Agitators" and Crowds: Results from a Computer Simulation Model, in: Social Forces, 67, 2, S. 398-423

Feyerabend, Paul, 1989: Irrwege der Vernunft, Frankfurt/Main

Forrester, Jay W., 1969: Urban Dynamics, Cambridge, Mass.

Forrester, Jay W., 1971: World Dynamics, Cambridge, Mass.

Freeman, Christopher und Marie Jahoda (Hrsg.), 1987: World Futures. The Great Debate, London

Friedman, Debra und Michael Hechter, 1988: The Contribution of Rational Choice Theory to Macrosociological Research, in: Sociological Theory, 6, S. 201-218

Garson, G. David, 19878: Academic Microcomputing, Newbury Park

Granovetter, Mark, 1978: Threshold Models of Collective Behavior, in: American Journal of Sociology, 83, 6, S. 1420-1443

Gullahorn, John T. und Jeanne E. Gullahorn, 1965: The Computer as a Tool for Theory Development, in: Dell Hymes (Hrsg.): The Use of Computers in Anthropology, London, S. 427-448

Hanneman, Robert A., 1988: Computer Assisted Theory Building, Beverly Hills

Harbordt, Steffen, 1974: Computersimulation in den Sozialwissenschaften, 2 Bände, Reinbek

Haveman, Robert und Kevin Hollenbeck (Hrsg.), 1980: Microeconomic Simulation Models for Public Policy Analysis, 2 Bände, New York

Haveman, Robert H., 1986: Microdata Simulation Modeling after Twenty Years, in: Evaluation Review, 10, 4, August, S. 411-433

Hogeweg, P. und B. Hesper, 1985: Socioinformatic Processes: MIRROR Modelling Methodology; in: Journal of Theoretical Biology, 113, S. 311-330

Hogeweg, P., 1989: MIRROR beyond MIRROR, Puddles of LIFE; in: Cristopher G. Langton (Hrsg.): Artificial Life, Reading/Mass., S. 297-316

Homans, George C., 1972: Was ist Sozialwissenschaft? Opladen, 2.Auflage (Orginalausgabe 1967)

Hugger, Werner, 1974: Weltmodelle auf dem Prüfstand. Anspruch und Leistung der Weltmodelle von J.W. Forrester und D. Meadows, Basel/Stuttgart

Hughes, Barry B., 1985: World Models: The Bases of Difference, in: International Studies Quarterly, 29, S. 77-101

Jones, Frank L., 1985: Simulation Models of Group Segregation, in: The Australian and New Zealand Journal of Sociology, 21, 3, S. 431-444

Krassa, Michael A., 1988: Social Groups, Selective Perception, and Behavioral Contagion in Public Opinion, in: Social Networks, 10, S. 109-136

Kreutzer, Wolfgang, 1986: System Simulation: Programming Styles and Languages, Sydney

Lebel, J.D., 1982: System Dynamics, in: Francois E. Cellier (Hrsg.): Progress in Modelling and Simulation, London, S. 119-158

Lenski, Gerhard, 1988: Rethinking Macrosociological Theory; in: American Sociological Review, 53 , S. 163-171

Lindenberg, Siegwart, 1971: Simulation und Theoriebildung, in: Hans Albert (Hrsg.): Sozialtheorie und soziale Praxis, Meisenheim am Glan, S. 78-113

Lindenberg, Siegwart, 1977: Individuelle Effekte, kollektive Phänomene und das Problem der Transformation, in: Eichner, Klaus und Werner Habermehl (Hrsg.): Probleme der Erklärung sozialen Verhaltens, Meisenheim, S. 46-84

Lindenberg, Siegwart, 1981: Erklärung als Modellbau: Zur soziologischen Nutzung von Nutzentheorien, in: W.Schulte (Hrsg.): Soziologie in der Gesellschaft, Bremen, S. 20-35

Loeck, Gisela, 1986: Ist Simulation Erklärung? Cognitive Science - wissenschaftstheoretisch betrachtet, in: Zeitschrift für allgemeine Wissenschaftstheorie, 17, 1, S. 14-39

Markovsky, Barry, 1987: Toward Multilevel Sociological Theories: Simulations of Actor and Network Effects, in: Sociological Theory, 5, S. 101-117

Marwell, Gerald, Pamela E. Oliver und Ralph Prahl, 1988: Social Networks and Collective Action: A Theory of the Critical Mass III, in: American Journal of Sociology, 94, 3, S. 502-534

Meadows, Dennis L., Donella H. Meadows, Jorgen Randers und William W. Behrens, 1972: The Limits to Growth, New York

Meadows, Donella H. und Robinson, Jenny M., 1985: The electronic Oracle. Computer Models and Social Decisions, Chichester

Neelamkavil, Francis, 1987: Computer Simulation and Modelling, Chichester

Orcutt, Guy, Joachim Merz und Hermann Quinke (Hrsg.), 1986: Microanalytic Simulation Models to support Social and Financial Policy, Amsterdam

Ostrom, Thomas M., 1988: Computer Simulation: The Third Symbol System, in: Journal of Experimental Social Psychology, 24, S. 381-392

Phillips, Bernard, 1985: Sociological Research Methods, Homewood/Illinois

Pollins, Brian M., 1984: Progress in World Modeling: Reflections on the Past Decade, in: Behavioral Science, 29, S. 162-168

Popper, Karl R., 1971: Das Elend des Historizismus, Tübingen

Rauch, Hans, 1985: Modelle der Wirklichkeit. Simulation dynamischer Systeme mit dem Mikrocomputer, Hannover

Richardson, George P. und Alexander L. Pugh, 1981: Introduction to System Dynamics Modelling with DYNAMO, Cambridge, Mass.

Roberts, Nancy, David F. Andersen, Ralph M. Deal, Michael S. Garet und William A. Shaffer, 1983: Introduction to Computer Simulation: The System Dynamics Approach, Reading, Mass.

Sanderson, Stephen K., 1988: Macrosociology. An Introduction to Human Societies, New York

Schelling, Thomas C., 1971: Dynamic Models of Segregation, in: Journal of Mathematical Sociology, 1, S. 143-186

Schnell, Rainer, Paul B. Hill und Elke Esser, 1989: Methoden der empirischen Sozialforschung, 2. Auflage, München

Schrodt, Philip A., 1985: Adaptive Precedent-Based Logic and Rational Choice: A Comparison of Two Approaches to the Modeling of International Behavior, in: Urs Luterbacher und Michael D. Ward (Hrsg.): Dynamic Models of International Conflict, Boulder/Colorado, S. 373-400

Schrodt, Philip A., 1988: PWORLD: A Precedent-Based Global Simulation, in: Social Science Computer Review, 6, 1, S. 27-42

Siegmann, Heinrich, 1987: Recent Developments in World Modeling, UNESCO, Bureau of Studies and Programming, BEP/GPI/2, Paris

Stanislaw, Harold, 1986: Tests of Computer Simulation Validity: What Do They Measure?, in: Simulation and Games, 17, 2, S. 173-191

Starbuck, William H., 1983: Computer Simulation of Human Behavior, in: Behavioral Science, 28, S. 154-165

Strasser, Garold, 1988: Computer Simulation as a Research Tool: The DISCUSS Model of Group Decision Making, in: Journal of Experimental Social Psychology, 24, S. 393-422

Sylvan, Donald A., 1987: Supplementing Global Models with Computational Models: An Assessment and an Energy Example, in: Behavioral Science, 32, S. 212-231

Troitzsch, Klaus G., und Michael Möhring, 1988: Simulationsverfahren in den Sozialwissenschaften, in: Frank Faulbaum und Hans-Martin Uehlinger (Hrsg.): Fortschritte der Statistik-Software I, Stuttgart, S. 433-447

Vetterle, Helmut, 1986: Konstruktion und Simulation mikroanalytischer Modelle. Die Methode der Mikrosimulation und ihre Anwendung, Augsburg

Wippler, Reinhard, 1982: The Generation of Oligarchic Structures in Constitutionally Democratic Organizations, in: Werner Raub (Hrsg.): Theoretical Models and Empirical Analyses, Utrecht, S. 43-62

Wobst, H. Martin, 1974: Boundary Conditions for Paleolithic Social Systems: A Simulation Approach, in: American Antiquity, 39, S. 147-177

Zwicker, Eckart, 1981: Simulation und Analyse dynamischer Systeme in den Wirschafts- und Sozialwissenschaften, Berlin/New York

# B. Homo Oeconomicus?

Hartmut Kliemt

# Der Homo oeconomicus in der Klemme

## Der Beitrag der Spieltheorie zur Erzeugung und Lösung des Hobbesschen Ordnungsproblems (1)

### 0. Vorbemerkungen

#### 0.1. Allgemeines

Wenn im Untertitel davon gesprochen wird, daß das Hobbessche Ordnungsproblem von der Spieltheorie miterzeugt wird, so deutet das auf den "hausgemachten" Charakter des Problems hin. Die Spieltheorie ist geeignet, das Modell des opportunistisch rationalen Individualverhaltens innerhalb interindividueller Interaktionen beim Wort zu nehmen und es konsequent bis zu seinem logischen Ende zu durchdenken. Ich werde argumentieren, daß der Homo oeconomicus mit Bezug auf die letzten Grundlagen sozialer Ordnung dabei in eine theoretische Klemme gerät. Das bedeutet jedoch keineswegs, daß es sich bei der Anwendung des Modells eines Homo oeconomicus insgesamt um eine theoretische Sackgasse handelt. Denn auf dem Wege zu den Grenzen der Erklärungsleistungen eines solchen Modells gelangt man zu Einsichten in die Entstehung sozialer Ordnung, die sich auf keine andere Weise erhalten ließen.

Ohne den Rückgriff auf verhaltenswissenschaftliche Annahmen wird sich das Hobbessche Ordnungsproblem allerdings nicht lösen lassen, da sich Ordnung und damit der Rahmen zweckrationalen Verhaltens letztlich nicht selbst noch gänzlich auf individuell-rationale zweckvolle Einzelentscheidungen zurückführen läßt. Ordnung, so sehr sie aus zweckrationalen Gründen erwünscht sein mag, kann, sollte diese Diagnose zutreffen, letztlich nicht gänzlich rational "bewirkt" sein. Der individualistische Ansatz muß deshalb in gewissen Aspekten über die Annahmen des Homo oeconomicus Modells und der an zukünftigen Kausalfolgen orientierten Rationalentscheidung hinausgehen, um seine Erklärungsziele zu erreichen. Der heuristische Wert des Homo oeconomicus Modells zur Problemfindung bleibt dessen ungeachtet erhalten. Indem das Modell konsequent angewandt wird, ergeben sich jedoch Erklärungsnotwendigkeiten, die mit dem Modell allein nicht, sondern nur in einem modifizierten individualistischen verhaltenstheoretischen Ansatz eingelöst werden können.

Wenn Viktor Vanberg (1975) treffend von den "zwei Soziologien", der kollektivistischen und der individualistischen spricht, um einen fundamentalen Dissens in der Sozialtheorie zu kennzeichnen, dann bin ich auf Seiten der individualistischen Sozialtheorie. Jene, die glauben, eine individualistische Sozialtheorie durch pauschalen Verweis auf das Hobbessche Ordnungsproblem in die Klemme bringen zu können, wüßten ohne die individualistischen Ansätze zum einen überhaupt nicht, wo das Problem liegt. Zum anderen vertraue ich darauf, daß es den individualistischen Sozialtheoretikern schließlich gelingen wird, das Problem im Rahmen eines individualistischen Ansatzes zu lösen. Ich glaube allerdings nicht, daß dies im Rahmen eines "rational choice" Argumentes auf der Basis von Verhaltensannahmen gelingen wird, die einen Homo oeconomicus -- im weitesten Verstande -- charakterisieren. Die Unmöglichkeit wird m. E. gerade durch die erfolgreichsten auf dieser Grundlage gebildeten Modelle zur Lösung des Hobbesschen Ordnungsproblems, die Modelle repetitiver Spiele, plausibel. Deshalb werde ich mich im folgenden mit den Leistungen und Grenzen dieser Modelle für die Fundamentalfragen der Ordnungsentstehung in menschlichen Gesellschaften befassen.

### 0.2. Spieltheoretisches

Für das weitere sei zunächst an das Konzept eines Strategie-Gleichgewichtes erinnert. Dieses besagt grob, daß bei gegebener Strategiewahl der jeweils anderen kein Beteiligter an einer sozialen Interaktion einen Grund hat, sein Verhalten zu ändern. Im Gleichgewicht würde niemand bei vorheriger Kenntnis des Tuns der anderen abgeschreckt, so zu handeln, wie es die Gleichgewichtsstrategie nahelegt und im nachhinein hätte bei Durchführung einer Kombination miteinander gleichgewichtiger Strategien niemand einen Grund, seine Strategiewahl zu bedauern.

Der Gleichgewichtsbegriff der herkömmlichen Spieltheorie ging allerdings lange Zeit von Strategien als ganzen Verhaltensprogrammen aus und verlangte nicht, daß in jedem Teilspiel -- einem Knoten einer einelementigen Informationsmenge in einem Spielbaum samt seiner sämtlichen Nachfolger -- ein Gleichgewicht erreicht werden muß. Das erscheint jedoch als nicht angemessen. Das in Figur 1 wiedergegebene Bei-Spiel erläutert den Punkt.

Figur 1

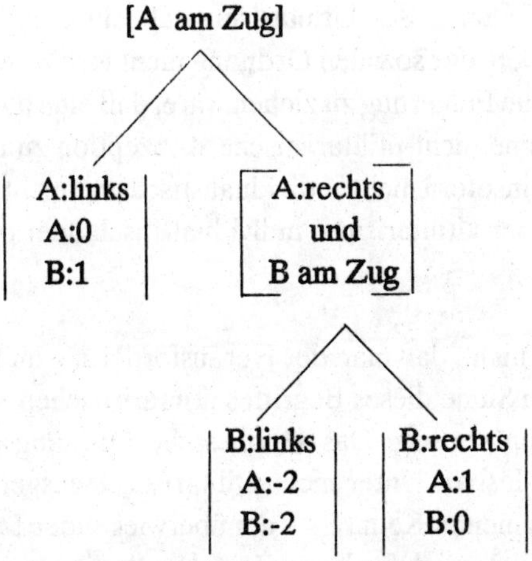


In diesem Spiel kann der Spieler B nicht androhen, "links" zu wählen, ohne die Bedingung der Teilspielperfektheit zu verletzen. Er kann einen Zustand, der in der Normalspielrepräsentation ein für ihn vorteilhafteres Gleichgewicht bilden würde, nicht durch Wahl einer Strategie erreichen, die in dem auf seinen Zug allein beschränkten Teilspiel gleichgewichtig ist. Die Drohung Bs, falls er am Zug ist, links zu ziehen, ist wegen der damit einhergehenden Selbstverletzung, die nun (da er am Zug ist) nicht mehr geeignet ist, zukünftige Erträge zu sichern, nicht glaubhaft.

Die weiteren Ausführungen sind nur der Versuch, den beschriebenen elementaren Sachverhalt eines "Teilspielgleichgewichtes" in einen allgemeinen sozialtheoretischen Rahmen einzubetten, um so bestimmte implizite Prämissen des "rational choice"-Ansatzes plastischer hervortreten zu lassen. Dabei wird zugleich deutlich werden, daß sich ein derartiger Ansatz von einem verhaltenswissenschaftlichen fundamental unterscheidet, obschon beide sich aus den gleichen Grundansätzen der empiristischen Sozialphilosophie entwickelten.

## 1. Die Frage nach der Ordnung

In einem jüngeren Beitrag über "moralische Institutionen und die Ordnung des Handelns in der Gesellschaft" sagt Hans J. Hummell (1988, S.246f.): "Als Durkheims 'Herausforderung' kann nun die These verstanden werden, daß im Rahmen des Utilitarismus als einer allgemeinen Sozialtheorie das Problem der sozialen Ordnung nicht lösbar sei; so daß daraus mit Durkheim die Folgerung zu ziehen wäre, daß eine allgemeine Sozialtheorie nur als eine nicht-utilitaristische Konzeption zu entfalten sei, die darüber hinaus insofern nicht-individualistisch und nicht-psychologisch zu sein hat, als der Utilitarismus individualistisch oder psychologisch orientiert ist."

Hummell selbst glaubt nicht, daß man der Herausforderung im Rahmen eines im soziologischen Sinne dieses Begriffes utilitaristischen Ansatzes vollständig zu begegnen vermag. Das Hobbessche Ordnungsproblem erscheint ihm als nicht lösbar. Unter nicht-utilitaristisch ausgerichteten Soziologen, also -- nach meiner Kenntnis -- der überwiegenden Mehrheit, konnte diese Meinung sicherlich für lange Zeit eher als ein Gemeinplatz gelten. Bemerkenswert ist allein, daß sie hier von einem führenden Vertreter eines im weiteren Sinne utilitaristischen Ansatzes geäußert wird. Das ist angesichts der unzweifelhaften Erfolge, die der soziologische Utilitarismus zumal in jüngerer Zeit in der Erklärung von Ordnungsphänomenen erzielen konnte, recht überraschend. (Ungeachtet meiner Bewunderung für H. J. Hummell werde ich ihm hier nur mit Bezug auf die teleologischen oder zweckrationalen Elemente im Modell eines utilitaristischen Homo oeconomicus, nicht aber hinsichtlich der individualistischen und psychologischen Elemente utilitaristischer Theorieansätze folgen.)

Die Erfolge in der Fortentwicklung des utilitaristischen Paradigmas beruhen, sofern grundlegende Ordnungsprobleme betroffen sind, im wesentlichen auf einer Anwendung der modernen Theorie der repetitiven Spiele. Dabei sind Anwendungen der klassischen Spieltheorie, denen das spieltheoretische Modell individuell rationalen Verhaltens zugrundeliegt, von Anwendungen spieltheoretischer Methoden in empirisch-explanatorischen Kontexten zu unterscheiden. Im ersten Fall werden inhaltliche spieltheoretische Vorgaben über rationales Verhalten akzeptiert und im Anschluß daran analysiert, was in Interaktionen geschehen würde, wenn alle Beteiligten sich im spieltheoretischen Sinne rational verhalten sollten. In dieser Anwendung von Spieltheorie lernen wir etwas über unser Selbstverständnis als rationale Wesen und nur insofern etwas über die Realität als wir uns tatsächlich rational verhalten. Im zweiten Fall geht es darum, spieltheoretische Mittel im Rahmen einer realistischen Theorie menschlicher Interaktion einzusetzen. Es geht um die Modellierung von Interaktionsprozessen zwischen Wesen, die keineswegs vollständig rational handeln. Die beiden Vorgehensweisen führen in der Sache zu vollkommen verschiedenen Fragestellungen. Sie müssen deshalb genauer getrennt werden, als dies in der spieltheoretisch inspirierten sozialwissenschaftlichen Literatur im allgemeinen geschieht. Nur dann kann man den Beitrag der Spieltheorie zum Hobbesschen Ordnungsproblem einigermaßen einschätzen.

Da das Hobbessche Ordnungsproblem im allgemeinen als ein eher philosophisches betrachtet wird, das mit unserem Selbstverständnis als rationalen Akteuren enger als mit empirischen Fragestellungen verbunden ist, werde ich im folgenden die klassische Deutung der Spieltheorie zugrundelegen. Nur in meinen abschließenden Bemerkungen werde ich die Anwendung spieltheoretischer Modellierungsmethoden in einem empirisch-explanatorischen Kontext spezifischer Ordnungsphänomene betrachten. Das heißt allerdings nicht, daß ich die philosophische Frage nach den Bedingungen der Möglichkeit sozialer Ordnung in einer Welt rationaler Wesen für interessanter und wichtiger hielte als die verhaltenstheoretische Analyse einzelner empirischer Ordnungsprobleme in einer Welt realer Wesen. Aus meiner Sicht sind beide Fragestellungen gleichberechtigt.

## 2. Das Hobbessche Ordnungsproblem in der klassischen Spieltheorie

### 2.1. Das Interventionsprinzip

Das Hobbessche Menschenbild wird häufig als das des "rationalen Egoisten" bezeichnet. Das ist natürlich nicht verfehlt. Die zentrale Annahme einer Hobbesianischen utilitaristischen Sozialtheorie besteht allerdings nicht in der inhaltlichen Bestimmung von Zwecken. Es kann an sich offen bleiben, ob es sich um altruistische oder egoistische, ideale oder materielle Zwecke handelt. Ausschlaggebend ist, daß das Rationalverhalten eines Individuums sich aufgrund gegebener individueller Zwecke aus einer Abwägung der zukünftigen Kausalfolgen alternativer Methoden der Zweckverfolgung bestimmt (damit steht man auf dem Boden der von Robbins 1935 vorgeschlagenen Charakterisierung der theoretischen Ökonomik als einer "Wissenschaft der Zweck-Mittel-Beziehungen").

Das fundamentale Prinzip, daß es in rationalen Entscheidungen auf die zukünftigen Kausalfolgen einzelner Akte ankommt, möchte ich als das Interventionsprinzip und ein Verhalten, welches dem Interventionsprinzip genügt, als opportunistisches bzw. opportunistisch rationales Verhalten bezeichnen. Das zunächst möglicherweise recht unschuldig erscheinende Interventionsprinzip hat ziemlich weitreichende Konsequenzen. Es schließt aus, daß Handlungen wegen ihrer Zugehörigkeit zu einer Klasse von Handlungen durchgeführt werden. Dies gilt sowohl bezogen auf eine Klasse von Einzelhandlungen eines Individuums als auch bezogen auf eine Klasse von Handlungen vieler Individuen. Daß etwa die Durchführung einer ganzen Klasse von Handlungen für ein Individuum gute Folgen hätte, spielt als solches keine Rolle. Jede Handlung ist durch ihre eigenen Kausalfolgen motiviert und nur durch diese. Ebenso ist es irrelevant, ob es gute bzw. schlechte Folgen hat, wenn alle Individuen aus einer Klasse von Individuen in gleicher Weise handeln bzw. nicht handeln. Das Argument, "wo kämen wir denn hin, wenn jeder so handelte!", ist für den nach dem Interventionsprinzip rational Handelnden nur insoweit von Interesse, als er durch sein eigenes Handeln das Verhalten anderer Individuen kausal beeinflussen kann.

Da das Interventionsprinzip davon ausgeht, daß die rationale Wahl von Handlungen von deren zukünftigen Kausalfolgen bestimmt wird, ist es nur ein minimaler Schritt zur Unterstellung eines teleologischen Handlungsmodells. Denn wie sonst, wenn nicht durch bewußt kalkulierendes Abschätzen der Entscheidungssubjekte könnte es zu einer derartigen Zukunftsbestimmtheit kommen? Dazu muß man unterstellen, daß die Handelnden selbst ein Modell der Handlungssituation formen und dann in diesem von subjektiven Erwartungen bestimmten Rahmen opportunistisch rational wählen. Insoweit kommt die Hobbessche Theorie des Rationalverhaltens in den bewußten Prozessen der beteiligten Individuen vor. Sie ist nicht nur Beschreibung, sondern in gewisser Weise auch Teil der Realität. Im großen und ganzen wird diese -- an die aristotelische Theorie der Zweckursachen erinnernde -- Art der Modellierung auch heute noch von der subjektivistischen Ökonomik, vor allem aber von der klassischen spieltheoretischen Analyse zugrundegelegt. Das gilt auch für deren Verwendung im Rahmen eines nicht-normativen (deskriptiv-explanatorischen) soziologischen Utilitarismus.

**2.2. Das Hobbessche Verhaltensmodell und die Logik von Situationen**

Es ist sicher einer der Vorzüge eines auf dem teleologischen Verhaltensmodell aufbauenden utilitaristischen Ansatzes, daß vor dem Hintergrund der Grundannahme opportunistisch rationalen Verhaltens das Problem sozialer Ordnung überhaupt erst klar sichtbar wird. Wie gravierend und unter welchen Bedingungen das Problem lösbar ist, erschließt sich vor allem dann, wenn man explizite spieltheoretische Modelle sogenannter problematischer sozialer Situationen formuliert.

Werner Raub und Thomas Voss (1986) haben es unternommen, eine allgemeine spieltheoretische Charakterisierung problematischer sozialer Situationen anzugeben. Dieses Unternehmen ist höchst verdienstvoll und nützlich. Für meine gegenwärtigen Zwecke möchte ich mich jedoch auf den auch für Hobbes ausschlaggebenden paradigmatischen Fall einer problematischen sozialen Situation beschränken: das sogenannte Gefangenendilemma. In traditioneller Terminologie wird dieses Dilemma häufig auf einen Gegensatz zwischen individueller und kollektiver Rationalität zurückgeführt. Vom Standpunkt strikt individualistischen Vorgehens aus ist der Begriff der kollektiven Rationalität als solcher jedoch allenfalls von metaphorischem Wert. Man kommt nicht umhin, das Dilemmatische der Situation in rein individuellen Kategorien zu kennzeichnen. Die ausschlaggebenden Rationalitätsprinzipien sind dann die folgenden:

1. Das rationale Individuum handelt unter Beachtung des Interventionsprinzips und orientiert sich damit ausschließlich an den zukünftigen Kausalfolgen von Einzelakten;

2. das rationale Individuum entscheidet unter Beachtung des Dominanzprinzips und zieht damit eine Alternative, die einer anderen in allen Belangen bzw. gleichgültig, was außerhalb des vom Individuum kontrollierten Bereichs geschieht, überlegen ist, stets vor;

3. das rationale Individuum akzeptiert je für sich eine individualistische Version des schwachen Paretoprinzips, indem es soziale Situationen zu vermeiden trachtet, zu denen mindestens eine andere soziale Situation existiert, in der sich jedes Individuum einschließlich seiner selbst -- und nur darauf kommt es letztlich an -- im Sinne seiner eigenen Zielerreichung besser stehen würde als in der Vergleichssituation.

In der einfachsten Variante eines Gefangenendilemmas stehen zwei Individuen jeweils zwei Alternativen, nämlich Kooperation bzw. Defektion , zur Verfügung. Jedes der beiden Individuen weiß, daß das, was das jeweils andere tut, nicht unmittelbar kausal von seiner eigenen Handlungswahl beeinflußt wird. Das eigene Handeln hat zwar kausalen Einfluß auf das kollektive Ergebnis, nicht jedoch auf das Handeln des Anderen. Nach dem Interventionsprinzip müssen damit Wirkungen auf das Handeln trivialerweise nicht berücksichtigt werden. Was der Andere tut, ist jenseits des Einflusses des eigenen Wahlhandelns. Die Alternative, zu defektieren, ist unter dieser Voraussetzung dominant. Gleichgültig, was der jeweils Andere tut, ob dieser defektiert oder kooperiert, in jedem Falle steht sich das Individuum besser, wenn es selbst defektiert.

Beachten die beiden Individuen das Dominanzprinzip, so wählen sie als unintendierte Nebenfolge ihres Handelns jene Ergebnisalternative, die sich bei beidseitiger Defektion einstellt. Zu dieser Alternative existiert eine andere, nämlich die der beidseitigen Kooperation, die beide besserstellen würde. Jedes der beteiligten Individuen hat deshalb ein individuell wirksames Interesse daran, daß die Situation, in der es sich - aber auch das andere Individuum - besserstellen würde, entsteht. Da aber das selbstverständliche Dominanzprinzip individuell-rationalen Entscheidens der unsichtbaren Hand des Eigeninteresses hier in den Arm fällt, gibt es in der treffenden Terminologie von Viktor Vanberg und James Buchanan (1988) kein individuell wirksames "Handlungsinteresse", das zur Realisierung dieses "konstitutionellen Interesses" führen könnte.

Das von Hobbes im Leviathan vorgebrachte Argument zugunsten der Einführung sozialer Ordnung läuft letztlich auf den Nachweis eines konstitutionellen Interesses an der Existenz der Ordnung hinaus. Rationale Individuen haben guten Grund, sich zu wünschen, unter einer sozialen Ordnung zu leben, die dem individuellen Handlungsinteresse hinreichende Anreize bietet, um die Dominanz der defektiven Alternative zu beheben. Diese Wunschgründe bilden jedoch bei Beachtung des Interventionsprinzips keine wirksamen Handlungsgründe. Im Gegensatz zu manchen funktionalistischen Auffassungen ist der Nachweis der Vorteilhaftigkeit sozialer Ordnung nicht gleichbedeutend mit der Angabe ihrer Existenzgründe. Die Nachfrage nach sozialer Ordnung erklärt nicht, warum sie angeboten wird. Das gilt auch für Hobbes. Salopp formuliert könnte man sagen, Hobbes zeige, wo die Bonanza liegt, nicht jedoch, wie man den Schatz heben kann.

Nun sind Schatzkarten sicherlich wertvoll und der Beitrag der Spieltheorie zur Anlage immer besserer und präziserer sozialtheoretischer Schatzkarten sollte deshalb nicht unterschätzt werden. Das räumt den latenten Funktionalismus einer derartigen Schatzsuche jedoch nicht aus. Dies leistet auch Hobbes eigene Theorie der Ordnungsentstehung über einen

Vertrag nicht. Denn ein Vertrag im eigentlichen oder engeren Sinne kann nur dort geschlossen werden, wo bereits eine Vertragsinstitution und damit eine soziale Ordnungsstruktur existiert. Er ist ungeeignet zur Erklärung der ursprünglichen Entstehung jeglicher Ordnung (obschon man auch hier, wie u.a. A. de Jasays (1989) jüngste Argumente zu zeigen scheinen, noch einige Vorsichtsklauseln anbringen müßte, um "selbstdurchsetzenden" Absprachen Rechnung zu tragen). Überdies ergeben sich hinsichtlich der Durchsetzung von Verträgen Gefangenendilemma-Strukturen höherer Stufe, indem die Beteiligung am Durchsetzungsaufwand selbst Trittbrettfahreranreizen unterliegt. Insgesamt scheinen damit die Hobbesschen Gründe dafür, warum sich Individuen wünschen sollten, unter einer sozialen Ordnung zu leben, so stark zu sein, daß die Möglichkeit der Ordnung nur noch schwer erklärt werden kann. Dieser Schein trügt jedoch zumindest teilweise.

### 2.3. Reindividualisierung der Kausalfolgen individuellen Handelns durch Wiederholung einer Interaktion

#### 2.3.1. Das Folk-Theorem

Ganz im Sinne von Überlegungen, die bereits David Hume (1978, Buch III, Kap. 7, "Über die Regierung") in seinem Traktat über die menschliche Natur anstellte, hat die jüngere Spieltheorie einen Ausweg aus der zuvor geschilderten Problematik gesucht. Im wesentlichen beruht dieser Ausweg auf dem Gedanken, daß menschliche Interaktionen häufig in Erwartung zukünftiger Interaktionen mit dem gleichen Partner ablaufen. Dadurch werden Kausalwirkungen auf das zukünftige Handeln anderer Individuen möglich. Das rational handelnde Individuum hat diese im Einklang mit dem Interventionsprinzip wegen möglicher kausaler Rückwirkungen auf die eigenen Zukunftserwartungen zu berücksichtigen. Es kommt tendenziell zu einer Reindividualisierung der Nebenfolgen eigenen Handelns beim Akteur selbst, falls das Ende der Interaktion nicht fest bekannt und die Gegenwartspräferenz nicht zu hoch ist.

Das sogenannte Folk-Theorem der Theorie der repetitiven Spiele erlaubt eine Präzisierung dieser Humeschen Lösung des Hobbesschen Ordnungsproblems: Es besagt in einer verbreiteten Variante, daß man jeden beliebigen Durchschnitts-Auszahlungsvektor für die Spieler in einem N-Personen-Superspiel durch individuell rationale Strategien realisieren kann, sofern er im Bereich der ursprünglichen konvexen Hülle der Menge von Auszahlungsvektoren des einmaligen Normalspieles liegt und zugleich besser ist für jeden einzelnen Spieler als die Reservationseinzahlung, die dieser Spieler je auf sich gestellt gegen "feindliche" Gegenspieler garantieren könnte.

Für diskontierte Einzahlungsfunktionen läßt sich das Theorem innerhalb gewisser Diskontierungsgrenzen analog formulieren. Es resultieren teilspielperfekte Nash-Gleichgewichte, von denen eines die kooperative Einzahlung als Durchschnitt bzw. in jeder Runde liefert. Das ist das gewünschte Ergebnis. Denn es wird demonstriert, daß ein dauerhaft kooperatives Spiel aller N Spieler als Resultat individuell rationaler zukunftsbezogener Wahlhandlungen erreicht werden kann.

### 2.3.2. Taylors Version des Folk-Theorems

Das Folk-Theorem ist sehr abstrakt. Es hat seine Wirkung insbesondere auf die deutsche Sozialtheorie deshalb vor allem in der vereinfachten und konkretisierten Version Michael Taylors entfaltet. Im deutschen Sprachbereich wären die einschlägigen Arbeiten von Raub (1986), Schüßler (1985), Voss (1985) und Kliemt (1986a) ohne das Buch Taylors (1976/87) überhaupt nicht denkbar gewesen. Der zentrale Gedanke des Buches ist, daß die Wiederholung der Interaktion und die damit einhergehende Erwartung zukünftiger Interaktionsrunden dazu führt, daß opportunistisch rational handelnde Individuen die Reaktionsweisen anderer Individuen aus zukunftsbezogenen Gründen in ihre Strategiewahl einbeziehen müssen. Die kollektiven Folgen des individuellen Handelns werden dadurch u. U. endogen zur Interaktion der Individuen reindividualisiert, ohne daß es dazu etwa eines externen Schiedsrichters, Staates etc. bedürfte. Anarchische Ordnung unter opportunistisch rationalen Individuen ist unter bestimmten präzise angebbaren Bedingungen möglich. Das ist kurz formuliert die zentrale Botschaft des Buches von Taylor (wobei Taylor die Strategieräume durch Prominenz-Erwägungen und damit letztlich durch empirische Plausibilität so einschränkt, daß die vom Folk-Theorem zugleich verdeutlichte Schwierigkeit der Gleichgewichtswahl unter multiplen Kandidaten -- prinzipiell alle aus der konvexen Hülle, die eine bestimmte Bedingung erfüllen -- umgeht; vgl. zu den Schwierigkeiten Rasmusen (1989) und zu Prominenzüberlegungen allgemein Sugden (1986)).

Daneben gibt es zwei andere wesentliche Teilbotschaften, die es verdienen, ausdrücklich genannt zu werden. Erstens macht Taylor es überwältigend plausibel, daß unbedingte Kooperationsstrategien, die typischerweise von sozial einflußreichen religiösen Moralkodizes zum Ideal erhoben werden, die Kooperation und die kooperativen Lösungen unter rationalen Individuen gefährden können. Überzogene Tugend kann Laster sein. Der unbedingt Kooperierende lädt andere Individuen dazu ein, ihn auszubeuten. Unbedingt kooperative Strategien können nicht Teil eines Gleichgewichtes sein und unterminieren deshalb latent die Kooperation.

Zweitens bezieht Taylor eine strikt simultane Interaktion von mehr als zwei Individuen in seine Betrachtungen ein. Er macht es für diesen Fall plausibel, daß ein Gleichgewicht nur unter sehr spezifischen Bedingungen erreicht werden kann. Das Gleichgewicht entsteht nämlich nur dann, wenn keines der beteiligten Individuen individuell insignifikant ist (vgl. zum Konzept der Insignifikanz vor allem Buchanan (1965) und für weitere Hinweise die in Kliemt (1986b) und Kirchgässner (1990) angegebene Literatur, zu den damit verwobenen Informationsproblemen allgemein Scharpf (1989) und für einen frühen Verweis auf die besondere Bedeutung von Kleinkostensituationen Harsanyi (1969/1979)). Das Verhalten jedes einzelnen Individuums kann dann nicht nur kausale Wirkungen auf das kollektive Ergebnis, sondern auf das Verhalten anderer Individuen haben. Im Gegensatz zu den Verhältnissen bei einer Wahl etwa, bei der es im allgemeinen ungeachtet anderweitiger Slogans nicht auf jede Stimme ankommt, muß jedermann Grund haben, die Aktionen von jedem anderen strategisch zu berücksichtigen und zugleich sein eigenes Handeln darauf einzurichten, daß die anderen auf jede individuelle Aktion reagieren werden.

### 2.3.3. Der Beitrag des Folk-Theorems zur Lösung des Hobbesschen Ordnungsproblems

Das Folk-Theorem sichert unter bestimmten Voraussetzungen die Existenz teilspielperfekter kooperativer Gleichgewichte. Die kooperative Strategiewahl der Individuen steht insoweit im Einklang mit dem Interventionsprinzip. Es läßt sich allenfalls der Einwand erheben, daß die bedingt kooperativen Strategien geschichtsabhängig sind und im Gleichgewicht u. U. an weit vergangene Ereignisse anknüpfen (vgl. dazu Güth, Leininger und Stephan (1988) und Abreu(1989)). Es zeigt sich, daß opportunistisch rationale Spieler Sozialfallen im Einklang mit dem Interventionsprinzip überwinden können. Kooperation kann opportunistisch rational sein, selbst dann, wenn die entgegengesetzte Verhaltensweise in jedem Normalspiel dominant ist. Wenn man regelmäßige Kooperation als Ordnung bezeichnet, dann illustrieren das Folk-Theorem und seine Taylorsche Konkretisierung, wie opportunistisch rationale Individuen aus Orientierung allein am individuellen Interesse "Ordnung schaffen" können. Indem sie unter bestehenden Spielregeln eine Folge kooperativer Gleichgewichte unter Beachtung des Interventionsprinzips rational erzeugen, lösen sie damit das Hobbessche Ordnungsproblem I.

Die Lösung des Hobbesschen Ordnungsproblems I zeigt, wie opportunistisch rationale Individuen sich unter bestehenden Spielregeln mit öffentlichen Gütern versorgen können, ohne daß es dazu der Einrichtung einer kollektiven Institution bedarf. Weder ein Staat noch eine innere Bindung an eine Moral sind zur Beschränkung opportunistisch rationalen Verhaltens nötig. Die Bereitstellung des kollektiven Gutes ist gerade Ausfluß des strategischen Verhaltens opportunistisch rationaler Akteure.

Auch dann, wenn man unter dem Aspekt der zukunftsbezogenen Rationalwahl gewisse Kohärenzprobleme bedingt kooperativer bzw. vergeltender Strategien einbezieht, die sich daraus ergeben, daß teilspielperfekte Strategien Auslöser enthalten, die an Vorrundenergebnisse anknüpfen, ist festzustellen, daß die Aussichten das Hobbessche Ordnungsproblem I zu lösen, lange Zeit zu pessimistisch eingeschätzt worden sind. Das führte zu einer Unterschätzung der Möglichkeiten spontaner

Organisation sowohl in der reinen Theorie als auch im Rahmen konkreter sozialer Kontexte. Hier denke ich, hat die Spieltheorie einen wesentlichen Beitrag geleistet. Indem sie uns etwas über die Bedingungen der spontanen Kooperation opportunistisch rationaler Akteure lehrte, erweiterte sie die Grenzen des mit dem Modell opportunistisch rationalen Verhaltens Erfaßbaren und veränderte damit auch unser eigenes Selbstverständnis als rationaler Akteure.

Neben dem Hobbesschen Ordnungsproblem I, das sich mit regelmäßig kooperativem Verhalten unter gegebenen Regeln befaßt, gibt es jedoch ein Hobbessches Ordnungsproblem II. In diesem zweiten Problem handelt es sich nicht darum, unter bestehenden Regeln zu einer spontanen Kooperation zu kommen, sondern darum, zu allererst soziale Regeln und damit eine soziale Struktur zu schaffen. Wenn man mit Hobbes selbst etwa danach fragt, wie opportunistisch rationale Individuen die grundlegenden politischen Institutionen in einem institutionsfreien Zustand schaffen können, dann geht es um ein spezielles öffentliches Gut. Der Nachweis, daß sich simultane Kooperation unter opportunistisch rationalen Individuen spontan in einem Superspiel herausbilden kann, ist als solches noch keine Antwort auf die Frage, ob sich dieses spezielle öffentliche Gut auf opportunistisch rationales Handeln zurückführen läßt. (Bei v. Hayek, um nur ein prominentes Beispiel zu nennen, wird beispielsweise nicht immer zwischen der spontanen Ordnung auf einem Markt und der spontanen Entstehung der Marktordnung selber unterschieden und damit ein wesentlicher Punkt tendenziell verwischt.)

Nun könnte man argumentieren, daß es Hierarchien von regelerzeugenden Spielen gibt. Jene Akteure, die etwa als Teil des Rechtsstabes Regeln durchsetzen, sind in Prozesse der Alchianschen Teamproduktion eingebunden. In den rechtlich definierten Interaktionen, an denen sie innerhalb ihrer jeweiligen organisatorischen Einheiten teilnehmen, können sie sich mit teamöffentlichen Kollektivgütern durch kooperatives Verhalten versorgen. Angesichts der Langfristigkeit der Teambeziehungen ist es möglich, daß die Teilnahme an der Bereitstellung teamöffentlicher Güter im opportunistisch rationalen Interesse jedes Teammitgliedes liegt. Das im Team erreichte Gleichgewicht im Sinne des Folk-Theorems kann etwa bewirken, daß sich die Teammitglieder wechselseitig dafür sanktionieren, in den Außenbeziehungen der Gruppe bestimmte Verhaltensweisen zu zeigen. Durchsetzung der Regeln nach außen kann damit partiell unintendierte Nebenfolge der kollektiven Interaktion im Team werden.

In Subgruppen erreichte Superspielgleichgewichte können somit dazu führen, daß soziale Fakten im Sinne tatsächlicher Regelmäßigkeiten geschaffen werden, die sich der Intervention durch Individuen außerhalb der regelerzeugenden Subgruppen entziehen. Für diese Individuen entstehen dadurch neue Interaktionsregeln. Will man diese durch das opportunistisch rationale Verhalten der Teammitglieder erzeugten Regelmäßigkeiten vom Standpunkt der Außenstehenden spieltheoretisch modellieren, so bilden diese die Regeln eines von den Außenstehenden gespielten Spieles, während es sich aus Sicht der Teammitglieder um Gleichgewichte in einem regelerzeugenden Spiel handelt. Mit Erwägungen wie diesen, kann das Folk-Theorem herangezogen werden, um politisch-rechtliche bzw. moralische Institutionen im Prinzip auf opportunistisch rationales Verhalten zurückzuführen. Nicht nur spontane Kooperation innerhalb gegebener Regeln, sondern auch die Erzeugung der -- um mit Freud zu sprechen -- "Fahrordnung für den Verkehr unter Menschen" wird damit anscheinend gänzlich als Nebenfolge opportunistisch rationalen Verhaltens begreifbar.

Die vorangehende Argumentation zur Lösung des Hobbesschen Ordnungsproblems II beruht auf der Annahme einer Hierarchie von regelerzeugenden Spielen. Die Regeln jeder Hierarchieebene werden in einem übergeordneten Spiel erzeugt, indem in dem übergeordneten Spiel das Hobbessche Ordnungsproblem I für die regelerzeugende kooperative Regelmäßigkeit gelöst wird. Was das Ziel einer vollständigen Rückführung aller Ordnungsstrukturen auf opportunistisch rationales Verhalten anbelangt, bleibt allerdings eine Erklärungslücke bestehen. Denn sowohl mit Bezug auf die primäre Erzeugung der Regeln der hierarchisch höchsten Ebene (der entweder zeitlich frühesten oder zu einem gegebenen Zeitpunkt grundlegendsten) als auch mit Bezug auf die hierarchische Anordnung der Interaktionen werden strukturelle Vorgaben gemacht, die selbst nicht mehr auf opportunistisch rationales Verhalten zurückgeführt werden können.

Interpretiert man die Fragestellung des Hobbesschen Ordnungsproblems II so, daß es darum geht, soziale Ordnung aus opportunistisch rationalem Verhalten in einem gänzlich ordnungsfreien Zustand abzuleiten, dann erscheint das Problem geradezu trivialerweise nicht lösbar. Das Ideal einer Gesellschaftstheorie, die eine zweckrationale Konstruktion der gesamten Sozialordnung anstrebt, erweist sich als nicht realisierbar. Die Rationalität einer Ordnung kann nicht darin bestehen, daß man jedes Ordnungselement von Grund auf einer rationalen Begründung zuführt. Wie bereits David Hume in seiner Theorie der Regierung gesehen hat, beruht opportunistisch rationales Verhalten in der Erzeugung grundlegendster gesellschaftlicher Strukturen wesentlich darauf, bestimmte Tatsachen, die gerade der opportunistisch rationalen Intervention entzogen sind, geschickt auszubeuten. Spieltheoretisch betrachtet sind diese Tatsachen die Fundamentalregeln, die in der Modellierung des Spiels des Lebens als definierende Grundregeln zu berücksichtigen sind. Es sind nicht Rationalität und wechselseitiger Respekt autonomer Wesen gegeneinander, welche die Fundamentalregeln festlegen, sondern naturwüchsige Sachverhalte oder die Natur des Menschen, die als ultimate Regeldeterminanten die Bedingungen sozialer Ordnung schaffen und den Menschen zur zweckgerichteten Schaffung aller weiterreichenden Regelsysteme erst befähigen.

Auch wenn die Spieltheorie das Problem der rationalen Schaffung sozialer Regeln nicht vollständig löst, so öffnet sie uns dennoch grundsätzlich die Augen dafür, daß die sogenannte strategische Rationalität immer darauf angewiesen ist, Strukturen auszunutzen, die als solche nicht auf opportunistisch rationales Verhalten nach dem Interventionsprinzip gegründet sein können, sondern gerade der Intervention entzogen sein müssen. Soweit individueller Intervention entzogene Bestandteile von Spielregeln selbst auf ultimater Ebene auf menschliches Handeln zurückgehen, müssen wir deshalb annehmen, daß menschliches Handeln nicht vollständig rational ist und das Modell individuell-rationalen Verhaltens nach dem Interventionsprinzip nicht als universelle Grundlage der Sozialtheorie taugt. (Worin sich nur erneut das Versagen einer fundamental rationalistischen Gesellschaftstheorie zeigt.)

Tatsächlich markiert ein allmähliches Abrücken vom Interventionsprinzip den Übergang zu verhaltenswissenschaftlich explanatorischen Anwendungen spieltheoretischer Methoden. Dies ist bereits in der Taylorschen Konkretisierungen des Folk-Theorems spürbar. Taylor verstößt zwar nicht in offenkundiger Weise gegen das Interventionsprinzip. Es ist jedoch klar, daß er Strategien eher als Programme denn als bloße Pläne betrachtet. Diese Tendenz, die strategischen Wirkungen von Verhaltensprogrammen bzw. von Handlungsklassen anstatt von Einzelhandlungen zu analysieren, ist in der einschlägigen Literatur weit verbreitet. In sozialtheoretischen Anwendungen der Spieltheorie wird dadurch häufig unbemerkt Selbstbindungsmacht der strategischen Akteure eingeschleust, zumindest jedoch die zukunftsbezogene teleologische Handlungserklärung durch eine vergangenheitsbestimmte lerntheoretische oder evolutive ersetzt. Damit wird eine Verletzung des für die klassische Spieltheorie ausschlaggebenden Interventionsprinzips entweder unbemerkt vollzogen oder aber als scheinbar harmlose Zusatzprämisse eingeführt. Die bekannte Modellierung der Evolution kooperativer Institutionen durch Andrew Schotter mag hier ausreichen, um den ausschlaggebenden Punkt zu illustrieren.

## 2.4. Die Verletzung des Interventionsprinzips bei Schotter

Schotter versucht ein im engeren Sinne dynamisches Modell zu bilden, indem er die sogenannte "tracing procedure" Harsanyis als einen realen Vorgang interpretiert. Schotter identifiziert Strategien und deren Wahl mit Dispositionen bzw. deren Wahl. Das heißt, daß für ihn nicht einzelne Handlungen im Zentrum des Interesses stehen, sondern ganze Handlungsprogramme. Nach diesem Modell beobachten Individuen im Fortgang der Interaktion, welche Verhaltensweisen die Anderen zeigen, und schließen daraus, welche allgemeinen Handlungsdispositionen diese aufweisen. In Reaktion auf die Beobachtungen ziehen sie Schlüsse und legen sich eigene beste Antwortstrategien zurecht. Diese Antwortstrategien schlagen sich in der Wahl der Disposition nieder, in Zukunft in einer bestimmten Weise zu handeln, bzw. in einer Wahrscheinlichkeitsverteilung über derartigen Dispositionen. Individuell rationales Verhalten kann Schritt für Schritt in einem Zufallsmarsch durch einen konvexen Polyeder von Verteilungen zu einem Kooperation in jedem Normalspiel beinhaltenden Gleichgewicht führen.

Abgesehen von dem noch stärker als bei Taylor beschränkten Strategieraum erscheinen das formale Modell und seine Interpretation, wie hoffentlich bereits aus den sehr kurzen Andeutungen, die ich hier nur machen konnte, hervorgeht, bemerkenswert realistisch. Dieser Realismus ergibt sich allerdings bezeichnenderweise gerade daraus, daß das Interventionsprinzip verletzt wird. In Schotters Modell legen sich Individuen Dispositionen zu, die von den anderen Spielpartnern als fixe Programme identifiziert werden können. Der zentrale Punkt an einer Verhaltensdisposition ist gerade, daß eine Klasse von Einzelentscheidungen bzw. eine Wahrscheinlichkeitsverteilung über dieser Klasse vorentschieden wird. Das Interventionsprinzip ist verletzt, indem Einzelentscheidungen nicht von deren zukünftigen Kausalfolgen im Einzelfall, sondern von einer vergangenen allgemeinen Festlegung bestimmt werden. Indem unterstellt wird, daß eine zukünftige Entscheidung in der Gegenwart buchstäblich vorentschieden werden kann, werden in einen extensiven Spielbaum implizit Selbstbindungsmechanismen oder zusätzliche Äste eingeschmuggelt. Die Regeln des Spieles werden durch zusätzliche Optionen, etwas jenseits eigener Interventionen stellen zu können, erweitert.

Das Eingangsbeispiel kann dazu herangezogen werden, den entscheidenden Punkt zu illustrieren. Für den Spieler B wäre es vorteilhaft, wenn er sich die Verhaltensdisposition zulegen könnte, in jedem Falle links zu wählen. Dann könnte A nichts Besseres tun, als ebenfalls links zu wählen. Sich ein entsprechendes Verhaltensprogramm zuzulegen, würde B im Gleichgewicht dann 1 anstelle von 0 Einheiten einbringen. Bei vollständiger Modellierung erkennt man, daß eine solche Festlegung nicht darauf zurückgehen kann, daß es rational wäre, sie zu besitzen, sondern nur unter einer zusätzlichen Regel bzw. zusätzlichen strategischen Option möglich sein kann. Existiert diese, so wird ein ganz neues Spiel gespielt, das -- wie Figur 2 zeigt -- das ursprüngliche allenfalls als ein Teilspiel enthält.

Figur 2

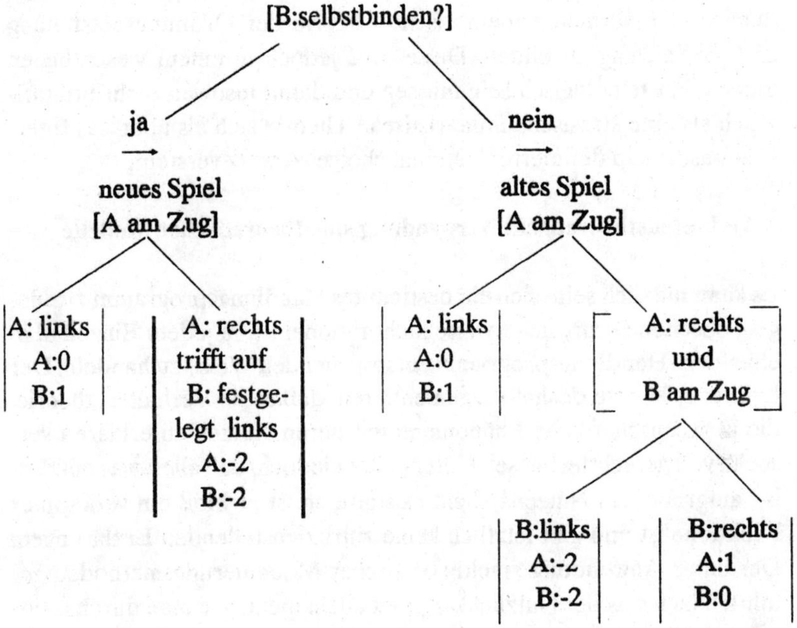


An der Figur 2 läßt sich einsichtig machen, warum ein rationales Individuum in der Lage von B sich wünschen sollte, ein erweitertes und nicht das ursprüngliche Spiel zu spielen. Die klassische Spieltheorie kann hier einen Beitrag leisten, indem sie uns wünschenswerte Änderungen der Spielregeln erkennen oder die Funktion bestimmter institutioneller Strukturen für unsere rationale Interessenwahrung verstehen läßt. Die grundsätzlichen Ordnungsregeln selbst kann sie jedoch, wie bereits zuvor argumentiert, nicht gänzlich auf opportunistisch rationales Verhalten zurückführen.

Bei sehr wohlwollender Betrachtung könnte man sagen, daß die Kritiker des utilitaristischen Ansatzes in der Soziologie genau dies festzustellen suchten. Allerdings spricht dieses Ergebnis der klassischen Spieltheorie nur eine philosophische Sprache. Es klärt bestimmte Aspekte unseres Selbstverständnisses als rationale Wesen, wenn wir die Grenzen des zweckrational Erzeugbaren besser erkennen. Die Einsicht in die Grenzen der Rationalität spricht allerdings keineswegs dagegen, eine individualistische, verhaltenstheoretische Theorie der Ordnungsentstehung und -bewahrung zu bilden. Diese wird jedoch in einem wesentlichen Sinne nicht-teleologisch sein müssen und damit insoweit nicht-utilitaristisch als eine klassische utilitaristische Theorie sich als über das Interventionsprinzip definierter "rational choice" Ansatz versteht.

### 3. Verhaltenstheoretische Verwendung spieltheoretischer Modelle

Es kann nützlich sein, sich ein bestimmtes Handlungsprogramm zuzulegen, obschon es möglicherweise nicht rational ist, in jedem Einzelfall in einer dem Handlungsprogramm entsprechenden Weise zu handeln. Der Utilitarist könnte deshalb argumentieren, daß seine Verhaltenstheorie, die ja gesellschaftliche Phänomene mit deren Nutzen zu erklären versucht, voll gerechtfertigt sei. Unterstellt er jedoch, daß alles, was nützlich ist, aufgrund des Nutzens allein existiert, so ist er bloß ein verkappter Funktionalist und gibt letztlich keine zufriedenstellenden Erklärungen. Der unter Anwendung spieltheoretischer Modellierungsmethoden geführte Nachweis der Nützlichkeit zeigt allein nicht, wie man durch rationales Verhalten den Nutzen realisieren kann. Dazu bedarf es bestimmter Mittel, die gerade nicht selbst noch Ausfluß der strategischen Rationalität unter Regeln, sondern Teil der Regeln sind. Der Utilitarist sollte sich angesichts dieser Beobachtungen m. E. grundsätzlich zum verhaltenstheoretischen Individualisten wandeln und das teleologische Verhaltensmodell als Unterfall einer allgemeineren Theorie behandeln.

Wir wissen, daß wir als reale menschliche Wesen über die Fähigkeit verfügen, uns in beschränktem Umfang durch einmaligen oder durch mehrfachen Entschluß und ein eventuelles Training selbst binden zu können. Wir können durch Lernen und Sozialisation Verhaltensdispositionen erwerben, die unser zukünftiges Wahlverhalten in einer bestimmten Weise vorbestimmen. Eine solche Bindung an generelle Verhaltensdispositionen vollzieht sich allerdings in aller Regel nicht aufgrund eines bewußten Entschlusses, sondern unmerklich durch verschiedene Prozesse, denen wir vor allem in unserer Jugend unterzogen werden. Man kann zwar versuchen, auch diese elementaren Fakten noch aus dem von ihnen gestifteten Nutzen abzuleiten. Tatsächlich mögen sie sich nur halten können, weil sie den Individuen unter den jeweils gegebenen Randbedingungen nützen, indem sie ihnen gewisse Selektionsvorteile bieten oder boten (vgl. dazu ausführlich Frank (1988)). Dennoch erklärt dieser Verweis auf die Nützlichkeit als solcher wiederum nichts. Zu einer utilitaristischen Theorie im klassischen, von der universellen Anwendung des teleologischen Verhaltensmodells geprägten Sinne führt er nicht. Den betreffenden Verhaltensweisen liegt vor allem keineswegs eine zweckrationale Wahl zugrunde, die auf den vorgestellten Nutzen abzielt.

Man wird letztlich nicht umhinkommen, die inhaltliche Prämisse des Interventionsprinzips als universelle Grundlage einer Sozialtheorie aufzugeben. Man kann sich dann fragen, wann man eher opportunistisch rationales, zukunftsbestimmtes und wann man eher vergangenheitsbestimmtes Verhalten nach weitgehend fixen Programmen zu erwarten hat. Wenn man über Hypothesen verfügt, die diesen Verhaltenswechsel erklären, dann wird man unter anderem unter Einsatz spieltheoretischer Modellierungsmethoden die Generierung und Aufrechterhaltung sozialer Ordnung besser als bisher analysieren können. Es ist gerade das Zusammenspiel zwischen Flexibilität und Inflexibilität, von zukunftsbezogenen und vergangenheitsbestimmten Verhaltensweisen, das wir dazu genauer verstehen müssen.

Von konsequenzenblinden fixen menschlichen Verhaltensdispositionen auszugehen und opportunistischem Verhalten den Status der Anomalie zuzuweisen, ist ebenso wenig angebracht, wie opportunistisch rationales Vorgehen universell zu unterstellen und die vergangenheitsbestimmte Verhaltenswahl als Anomalie zu behandeln bzw. ingeniös hinwegzuerklären. Worauf es ankommt, ist gerade den Wechsel zwischen den beiden Verhaltensweisen, den teleologischen und den nicht-teleologischen zu verstehen und verhaltenstheoretisch fundierte Bedingungen anzugeben, wann eher mit dem einen und wann eher mit dem anderen Verhalten zu rechnen ist. Wenn wir spieltheoretische und ökonomische Methoden nicht mehr mit der Hypothek eines vorgefaßten Rationalitätsmodells belasten, sondern als bloße Techniken mit einer angemessenen Verhaltenstheorie zu verbinden suchen, dann werden diese einen nützlichen Beitrag zur empirischen Theoriebildung leisten können. Das wird seinerseits dazu führen, dem Homo oeconomicus aus der Klemme zu helfen, indem wir ihn gar nicht erst durch überzogene Erklärungsansprüche hineinbringen. Man kann die Bedeutung zweckrationalen Verhaltens und seiner Modellierung überdies betonen, ohne einen Alleinvertretungsanspruch dafür zu erheben, und kann dies zugleich mit der Forderung verbinden, den Individualismus in der Sozialtheorie verhaltenstheoretisch zu unterfüttern. Daneben wird der Homo oeconomicus für heuristische Zwecke, als idealisiertes Referenzmodell und dann wenn es darum geht, unser Selbstverständnis als Teil einer Welt (auch) rationaler Wesen fortzuentwickeln, immer seinen legitimen Platz behalten.

**Anmerkungen**

1 Ich danke Rudolf Schüßler für wertvolle Kritik und Verbesserungsvorschläge zur vorletzten Fassung

**Literatur**


Abreu, D.; Pearce, D. 1989: A Perspective on Renegotiation in Repeated Games. Working Papers in Political Science P-89-13. Mimeo: The Hoover Institution. Stanford University, December

Albert, H. 1967: Marktsoziologie und Entscheidungslogik. Neuwied/Berlin

Buchanan, J. M. 1965: Ethics, Expected Values and Large Numbers. In: Ethics, LXXVI, 1 ff

De Jasay, A. 1989: Social Contract - Free Ride. Oxford

Frank, R. 1988: The Passions within Reason. New York

Güth, W., Leininger, W.; Stephan, G. 1988: On Supergames and Folk Theorems: A Conceptual Analysis. Game theory in the behavioral sciences project - working paper 19. ZiF Bielefeld, mimeo

Harsanyi, J. C. 1969/1979: Modelle der rationalen politischen Entscheidung versus funktionalistische und konformistische Theorien. In: Pommerehne, W. W.; Frey, B. S.: Ökonomische Theorie der Politik. Berlin u.a.

Hume, D. 1978: Ein Traktat über die menschliche Natur. Hamburg

Hummell, H. J. 1988: Moralische Institutionen und die Ordnung des Handelns in der Gesellschaft. Die "utilitaristische" Theorietradition und die Durkheimsche Herausforderung. In: Ebert, Klaus (Hrsg.): Alltagswelt und Ethik. Beiträge zu einem sozialethischen Problemfeld. Wuppertal, 245 ff (überarbeitete Fassung in diesem Band)

Kliemt, H. 1986 a: Antagonistische Kooperation. Elementare spieltheoretische Modelle spontaner Ordnungsentstehung. Freiburg/München

Kliemt, H. 1986 b: The Veil of Insignificance. In: European Journal of Political Economy, 2/3, 333 ff

Kirchgässner, G. 1990: Towards a Theory of Low-Cost Decisions. Mimeo. University of Osnabrück

Rasmusen, E. 1989: Information and Games. Oxford: Basil Blackwell

Raub, W. 1986: Problematic Social Situations and the 'Large-Number-Dilemma'. In: Journal of Mathematical Sociology 13/14, 311 ff (überarbeitete Fassung in diesem Band)

Raub, W. und Voss, Th. 1986: Conditions for Cooperation in Problematic Social Situations. In: Diekmann, A.; Mitter, P.: Paradoxical Effects of Social Behavior. Essays in Honour of Anatol Rapoport. Heidelberg, 85 ff

Robbins, L. 1935: An Essay on the Nature and Significance of Economic Science. London

Scharpf, F. W. 1989: Games Real Actors Could Play the Problem of Complete Information. MPIfG - Max Planck Institut für Gesellschaftsforschung. Discussion Paper 89/9

Schotter, A. 1981: The Economic Theory of Social Institutions. Cambridge: Cambridge University Press

Schüßler, R. 1985: Struktur und Kooperation. Unveröffentlichte MA-Arbeit, Fachbereich 03 Universität Gießen

Sugden, R. 1986: The Economics of Rights, Co-operation and Welfare. Oxford: Basil Blackwell

Taylor, M. 1976: Anarchy and Cooperation. London u.a.

Taylor, M. 1987: The Possibility of Cooperation. Cambridge

Vanberg, V. 1975: Die zwei Soziologien. Tübingen

Vanberg, V.; Buchanan, J. M. 1988: Rational Choice and Moral Order. In: Analyse und Kritik, Vol. 10/2, 138 ff

Voss, Th. 1985: Rationale Akteure und soziale Institutionen. München: Oldenbourg

Reinhard Zintl

# Wahlsoziologie und individualistische Theorie - der ökonomische Ansatz als Instrument der Mikrofundierung von Aggregatanalysen

## 1. Grundlagen

### 1.1. Fragestellung

Wahlergebnisse sind Aggregate von Individuenakten; kollektive Resultate sind hier im strikten Sinne die "Summe" individueller Aktivitäten. Regelmäßigkeiten auf der Makroebene müssen ihre Grundlage in Regelmäßigkeiten auf der Mikroebene, der Ebene individuellen Verhaltens haben. Nun ist es sicherlich zwar nicht notwendig, Makrotheorien (etwa: "Ein Prozent mehr Inflation bedeutet ein Prozent weniger Stimmen für die Regierung") unbedingt mit einer ausdrücklichen Theorie individuellen Wahlverhaltens zu verbinden, jedoch ist es wünschenswert: Die Vertrauenswürdigkeit von Makroaussagen kann am besten diskutiert werden, wenn man eine Idee darüber hat, aus welchen Bausteinen das Gesamtbild zusammengesetzt ist. Gerade unter prognostischen Gesichtspunkten ist es nützlich zu wissen, wovon etwa die Stabilität einer vorgefundenen Beziehung abhängt. Soweit Wahlergebnisse beispielsweise Bewegungssalden darstellen, also die Netto-Gewinne oder Netto-Verluste von Parteien, hinter denen gegenläufige Wählerströme stehen, ist jeder gefundene Makrozusammenhang empfindlich für Veränderungen in der Zusammensetzung des Elektorats. Es ist aus solchen Gründen umgekehrt ohne weiteres möglich, daß eine stabile Beziehung auf der Makroebene nicht gefunden wird, obwohl es stabile Mikrozusammenhänge gibt. Theorien, die das berücksichtigen können, sind prognostisch reinen Makrotheorien überlegen(1).

Eine Mehrebenenbetrachtung liegt also nahe. Das bedeutet jedoch noch nicht, daß man die Mikroebene in Form einer vollständigen Mikrotheorie ins Bild bringen muß, einer Theorie über das Verhalten des einzelnen Wählers also, die am Verhalten des einzelnen Wählers überprüft wird. Solange die theoretisch eigentlich interessierende Ebene die Makroebene ist, erscheint eine solche Art der Mikrofundierung, die man Mikrofundierung durch Reduktion nennen kann, unangemessen aufwendig. Da das Ziel die Formulierung überprüfbarer Makroaussagen ist, also der Test nicht auf der Mikroebene stattfindet, sollten die Aussagen auf der Mikroebene gerade so detailliert wie nötig, also so sparsam wie möglich, sein(2).

Eine Form der Mikrofundierung, die diesen Anforderungen zu genügen behauptet, ist die rationalistische Modellierung des Individuenverhaltens, die insbesondere von Anhängern eines "ökonomischen Imperialismus"" befürwortet wird. Der Anspruch einer solchen Modellierungsweise besteht, vereinfacht gesagt, darin, die Ausleuchtung des individuellen Innenlebens zu erübrigen, also insofern sparsam zu sein, und dennoch zu überprüfbaren Aussagen zumindest auf der Aggregatebene zu führen. Wieweit - oder genauer: in welcher Form - eine solche Behauptung im Zusammenhang mit Wahlverhalten haltbar ist, wird in den folgenden Überlegungen untersucht. Zunächst soll präzisiert werden, worin der Anspruch eigentlich besteht bzw. bestehen kann.

### 1.2. Der Ansatz

Unter "ökonomischer" Modellierung des Wählerverhaltens kann man zwei auf den ersten Blick sehr unterschiedliche Dinge verstehen. Die eine Interpretation besteht in der ganz buchstäblichen Lesart, daß wirtschaftliche Interessen das politische Verhalten bestimmen. Da solche Interessen aus objektiv feststellbaren Merkmalen der individuellen Lage erschließbar seien, könne man politisches Verhalten auf der Grundlage solcher Lagemerkmale und ihrer Veränderungen prognostizieren. Die andere Interpretation ist indirekter, stützt sich nicht auf die Inhalte ökonomischer Theorien, sondern vielmehr auf den Stil ökonomischer Theoriebildung. Ausgangspunkt ist ein Rationalitätskonzept, das die Bestandteile individueller Präferenzordnungen offenläßt, jedoch einen bestimmten Umgang mit gleich welchen Präferenzen behauptet: Nicht die Ziele der Individuen sind Gegenstand von Behauptungen, sondern die individuelle Anpassung - bei gegebenen Zielen - an situative Restriktionen(3).

Wir wollen die erste Lesart als Theorie wirtschaftsorientierten Verhaltens bezeichnen, die zweite als ökonomischen Ansatz. Zwischen beiden Lesarten kann eine Beziehung bestehen, jedoch muß das nicht der Fall sein. Die Theorie wirtschaftsorientierten Verhaltens kann auf einer eigenständigen Behauptung über menschliche Eigenschaften beruhen oder sie kann mit Hilfe zusätzlicher Aussagen aus dem ökonomischen Ansatz gefolgert werden. Auf keinen Fall jedoch folgt die erste Lesart unmittelbar aus der zweiten. Widerlegungen der engeren Theorie wirtschaftlich orientierten Verhaltens sind somit nicht Widerlegungen des allgemeineren Ansatzes rationalistischer Theoriebildung. Das liegt daran, daß aus dem Rationalitätskonzept selbst noch keine bestimmten Verhaltenshypothesen folgen, daß vielmehr zunächst Brückenaussagen formuliert werden müssen. Diese Brückenaussagen spezifizieren, was aus situativen Gründen als "Kosten" und was als "Erträge" angesehen werden kann und welche Anpassungen des individuellen Verhaltens an die Veränderungen situativer Restriktionen daher jeweils zu erwarten sind. Das zentrale Bild ist das Bild der "fallenden Nachfragekurve".

Für Situationen eines ganz bestimmten Typs (Überlebenskampf in Wettbewerbssituationen) behaupten diese Brückenaussagen die Restriktion aller individuellen Kosten-Ertrags-Kalküle auf im engeren Sinne wirtschaftliche Kriterien(4), Nutzenmaximierung kann mit Einkommensmaximierung übersetzt werden. In derartigen Situationen kann nicht nur das Vorzeichen, sondern auch die Lage der Nachfragekurve bestimmt werden - nicht nur die Richtung der Anpassung eines Aktivitätsniveaus an Situationsveränderungen kann unter Rationalitätsgesichtspunkten beurteilt werden, sondern darüberhinaus auch das Aktivitätsniveau selbst. Man kann hier also nicht nur fragen, ob eine Zunahme oder Abnahme einer Aktivität rational ist, sondern auch, ob es rational ist, eine bestimmte Aktivität überhaupt auszuüben. In solchen und nur in solchen Situationen sind die aus der ersten und der zweiten Lesart zu folgernden Hypothesen identisch. In allen anderen Situationen, bei Abwesenheit scharfen Selektionsdrucks also, werden die Hypothesen nur hinsichtlich des "Vorzeichens" identisch, ansonsten aber unterschiedlich sein. Man kann etwa nach wie vor unter Rationalitätsgesichtspunkten analysieren, wovon eine Zunahme oder Abnahme der Wahlbeteiligung abhängen wird; die Frage andererseits, ob es "rational" ist, überhaupt zu wählen, ist sinnlos - das Rationalitätskonzept impliziert hierzu nichts Bestimmtes, und Brückentheoreme, die die individuelle Selektion bestimmter Maßstäbe behaupten könnten, existieren nicht. Wer hier an der ersten Lesart festhalten will, müßte sich etwa auf bestimmte Vermutungen über die Natur des Menschen stützen - etwas, wofür die ökonomische Theorie nicht in besonderem Maße zuständig ist, das jedenfalls nicht aus dem Rationalitätskonzept der Ökonomie folgt.

Der allgemeine Überlegenheitsanspruch dessen, was man "ökonomischen Imperialismus" nennt, stützt sich nun offensichtlich nicht auf Behauptungen über einen allgemeinen menschlichen Charakter, sondern auf die universelle Anwendbarkeit eines bestimmten Instrumentariums, das man in einiger Vereinfachung als "offenes Rationalitätskonzept plus situationsdeterminierte Kriterienselektion" charakterisieren kann. Der erste Teil der Kennzeichnung verweist auf den Anspruch der Sparsamkeit ökonomischer Modellierung - man muß die individuellen Präferenzen nicht ermitteln. Der zweite Teil der Kennzeichnung verweist auf den Leistungsanspruch der Modellierung: Daß das offene Rationalmodell, für sich allein genommen, jedes Verhalten zu rekonstruieren und kein bestimmtes Verhalten zu prognostizieren erlaubt, liegt auf der Hand. Behauptet wird nun, daß eine "Schließung" nicht eine bestimmte Hypothese über individuelle Präferenzen oder die empirische Ermittlung von Präferenzen voraussetzt, sondern mit Hilfe individuenunabhängig beschreibbarer Situationsmerkmale erfolgreich stattfinden kann.

Welche Leistung bei der Erklärung von Wahlverhalten kann man diesem Ansatz zutrauen? Um diese Frage beantworten zu können, benötigen wir zuerst eine allgemeine Formulierung der individuellen Entscheidungssituation, die als Brücke taugt.

## 1.3. Die Anwendung auf Wahlverhalten

Es liegt nahe und gehört dementsprechend mittlerweile zur Standardterminologie, die Beziehung zwischen Wählern und Parteien als Beziehung zwischen Nachfragern und Anbietern aufzufassen. Die Analogie zwischen politischem und Marktwettbewerb liegt jedoch nicht in jeder Hinsicht gleichermaßen auf der Hand. Vor allem der folgende Unterschied verlangt eine Präzisierung dessen, worin die Analogie bestehen kann: Im politischen Wettbewerb konkurrieren komplett geschnürte Pakete um die Nachfrage, im Marktwettbewerb die einzelnen Komponenten von Paketen. "Fallende Nachfrage", bezogen auf den Marktwettbewerb bedeutet: Wenn - bei gegebenem individuellen Budget - eine Komponente des Warenkorbes teurer wird, wenn also ihre Opportunitätskosten hinsichtlich anderer Komponenten des Warenkorbes steigen, wird im allgemeinen Substitution stattfinden; der relative Anteil dieser Komponente am gesamten Güterbündel wird sinken. Was aber kann "fallende Nachfrage" bedeuten, wenn man nicht die Möglichkeit hat, innerhalb eines Warenkorbes zu substituieren, sondern lediglich einen fest vorgegebenen Warenkorb gegen einen anderen, ebenso fest vorgegebenen, Warenkorb austauschen kann? Allgemeiner: Was macht einen Warenkorb überhaupt zunächst attraktiver als den anderen und was kann einen Wechsel der Warenkörbe bewirken?

Um diese Frage beantworten zu können, wollen wir zunächst näher betrachten, was die Komponenten "politischer" Warenkörbe sein können. Hierzu verlassen wir zunächst den einzelnen Wähler und betrachten stattdessen die gesamte Wählerschaft. Wir können dann formal zwischen zwei Sorten von politischen Themen unterscheiden - solchen Themen, über die im Elektorat Einigkeit herrscht, den sogenannten "Valenzissues", auf der einen Seite, und "Positionsissues"(5) auf der anderen Seite, also solchen Themen, über die im Elektorat geteilte Meinungen herrschen. Was läßt sich unter Wettbewerbsbedingungen über die Angebotsseite sagen?

Die Parteien - zunächst der Einfachheit halber als homogene Akteure betrachtet - als Programmanbieter stehen im Wettbewerb um Stimmen. Ihre Handlungssituation weist den oben erwähnten hohen Selektionsdruck auf: Programmangebote sind Instrumente des Stimmengewinns. Es folgt unmittelbar, daß die Pakete, die die konkurrierenden Parteien schnüren, sich jedenfalls nicht hinsichtlich dessen unterscheiden werden, was wir als Valenzissues bezeichnet haben. Wenn es programmatische Unterschiede gibt, dann können diese nur hinsichtlich der Positionsissues bestehen. Mit anderen Worten: Der einzelne Wähler findet Pakete vor, die sich in einigen Komponenten unterscheiden, in anderen übereinstimmen. Er wird seine Entscheidung nicht von den Komponenten abhängig machen können, hinsichtlich derer die Pakete identisch sind, sondern nur von den Komponenten, hinsichtlich derer sich die Pakete unterscheiden.

Die Beziehungen zwischen der Wählerschaft insgesamt und den Parteien können auf dieser Grundlage nun mit Hilfe eines räumlichen Modells dargestellt werden: Die Individuen verteilen sich über einen Raum, dessen Koordinatensystem von den Positionsissues gebildet wird. Jedes Individuum ordnet den zur Wahl stehenden Parteien Positionen in diesem Raum zu und entscheidet sich für die nächstliegende Partei, gegebenenfalls für keine (falls sämtliche Distanzen größer als ein individuell bestimmter Maximalwert sind). Unterschiede zwischen Parteiprogrammen sind zu erklären als Anpassung der Parteien an die Wählerverteilung hinsichtlich dauerhaft wichtiger Positionsissues. Nur unter sehr starken Annahmen kann erwartet werden, daß diese Anpassung zugleich eine Konvergenz der Parteiprogramme bedeutet; selbst dann, wenn es so etwas wie einen Median der mehrdimensionalen Wählerverteilung geben sollte, was im allgemeinen nicht unterstellt werden kann(6), sind programmatische Unterschiede zwischen den Parteien plausibel(7). Dies bestimmt die Stimmenpotentiale der Parteien. Valenzissues sollten demgegenüber im Rahmen von Rationalmodellen keine Rolle für langfristige Stimmenpotentiale spielen: Da die Parteien in bezug auf Valenzissues konvergieren, die programmatischen Distanzen aller Parteien zu jedem Wähler in dieser Hinsicht also gleich (und zwar gleich Null) sind, müssen solche Issues für Wählerpotentiale irrelevant sein. Veränderungen des individuellen Wahlverhaltens sind formal als Resultate von Distanzenveränderungen zu interpretieren - sei es, daß sich der Standort des Wählers verändert hat oder die (wahrgenommenen) Standorte der zur Wahl stehenden Parteien.

Um zu überprüfbaren Hypothesen sei es über die individuelle Wahlentscheidung, sei es über kollektives Wahlverhalten zu kommen, muß nun bestimmt werden, was die Dimensionen des Raumes sind, wovon Distanzen und Distanzveränderungen abhängen. Zwar ist die Stimmabgabe einer Person für eine bestimmte Partei immer eine individuelle Entscheidung, die ihre individuellen Gründe hat, über die sich etwas herausfinden läßt. Es ist aber denkbar, daß solche Gründe eine so vollständig individuelle Angelegenheit sind, daß Hoffnungen auf sparsame Modellierung ungerechtfertigt sind. Skepsis gegenüber Rationalmodellen muß also nicht unbedingt auf dem Verdacht beruhen, daß Individuen "irrational" (8) sind - es genügt der Verdacht, daß allgemein geteilte Gründe des Wahlverhaltens nicht existieren oder nicht identifizierbar sind. Nur dann, wenn die einzelnen Wähler nicht in voneinander isolierten Welten leben, in denen je eigene Kriterien gelten, dann besteht die Möglichkeit, räumliche Modelle für das Elektorat insgesamt, nicht lediglich für jedes einzelne Individuum zu konstruieren(9).

"Erklärungen des Wählerverhaltens" können nun im Hinblick auf zwei verschiedene Sorten von Fragen angestrebt werden:

1. Wovon hängt die positionale Verteilung der Wähler, also das (langfristige) Stimmenpotential von Parteien ab?

2. Wie kommen (kurzfristige) Schwankungen des Wahlverhaltens zustande?

Für den ökonomischen Ansatz umformuliert: Was leistet er hinsichtlich der "Lage" der politischen Nachfragekurve (Frage 1)? Was leistet er hinsichtlich der "Bewegung" auf der jeweils gegebenen Nachfragekurve (Frage 2)?

**2. Erklärung von "Verteilung" und langfristigem Wandel**

Hier lautet die These: Aus dem ökonomischen Ansatz folgt weder, welche Positionsissues in einem Elektorat wirksam sind, noch folgt aus dem Ansatz, wovon die Verteilung der Wähler hinsichtlich der als wirksam erkannten Issues abhängt. Im weiter oben benutzten Bilde gesprochen: Wir haben keine situationslogischen Argumente für irgendeine Behauptung über die Lage der politischen "Nachfragekurve", insbesondere haben wir keine Argumente für die Behauptung, daß die Dimensionierung des Raumes und die Verteilung der Wähler im Raum vornehmlich Folge wirtschaftlicher Interessen sei. Der Grund liegt darin, daß wir es hier nicht mit Situationen zu tun haben, in denen ein spezifischer und hoher Selektionsdruck auf den Individuen lastet. Dies sei kurz erläutert:

Wie eingangs festgestellt, impliziert das Rationalitätskonzept des ökonomischen Ansatzes keine bestimmten Präferenzen, sondern nur einen bestimmten Umgang mit gleich welchen Präferenzen. Diese bisher nicht näher betrachteten Präferenzen sollen nun aufgeschlüsselt werden: Auf immer noch sehr hoher Abstraktionsebene kann man unterscheiden zwischen unmittelbaren "Interessen" und allgemeinen Urteilen, "Meinungen"(10). Die Urteile können selbst Verallgemeinerungen von Interessen sein (etwa das Urteil, Eigentum sei allgemein zu schützen, oder das Urteil, Verträge seien immer einzuhalten), sie können aber durchaus auch die Rolle von Korrektiven der unmittelbaren Interessen spielen (etwa das Urteil, man solle den Armen notfalls durch zwangsweise durchgesetzte Umverteilung helfen). Da Meinungen und Interessen miteinander konfligieren können(11), werden die individuellen Entscheidungen Resultat je individueller Prioritätensetzung sein. In den klassischen Wettbewerbssituationen sind die Kosten der Berücksichtigung von Meinungen prohibitiv hoch, das beobachtbare Verhalten ist allein an Interessen orientiert.

Wenn nun die Situationen, die man untersucht, derartigen Druck nicht entfalten, gilt hingegen: Je weniger im Hinblick auf die "Interessen" auf dem Spiel steht, umso mehr können die "Meinungen" entscheidungswirksam werden. Im Grenzfall - wenn hinsichtlich der Interessen überhaupt nichts auf dem Spiel steht - stehen nur noch die "Meinungen" als Entscheidungskriterien zur Verfügung. Je weniger Selektionsdruck herrscht, umso größer sind also die individuellen Spielräume der Wahl von Kriterien. Wir haben dann keinen Grund und keine Möglichkeit, situationsopportunistischen Egoismus als Handlungsmodell für selbstverständlich zu halten.

Für die Arena politischen Verhaltens ist es keineswegs plausibel, generelle Dominanz von "Interessen" zu erwarten: Aufgrund der höheren Abstraktheit der Entscheidung gilt zunächst einmal, daß oftmals nicht einmal mehr klar ist, worin die "unmittelbaren Interessen" bestehen. Ihre Definition wird selbst "theorieabhängig" sein(12). Das schafft Spielräume für einen aktiven politischen Sektor, der nicht lediglich auf wohldefinierte Interessen reagiert, sondern die Wählerverteilung, an der sich der Parteienwettbewerb dann orientiert, zu einem guten Stück selbst erst erzeugt. All das gilt auch in einer Welt, in der es keine "Meinungen", sondern nur "Interessen" gibt. Wenn es aber "Meinungen" gibt, gilt darüberhinaus: Soweit eigene Interessen überhaupt nicht oder nicht unmittelbar auf dem Spiel stehen, ist nicht etwa mit Indifferenz zu rechnen, sondern mit Orientierung an Meinungen(13). Hier ist der Appell an normative Überzeugungen die rationale Verhaltensweise stimmenmaximierender Politiker, nicht der Appell an Interessen.

Es ist nicht entscheidend, ob dies als angemessene Skizze des politischen Prozesses akzeptabel ist oder nicht. Entscheidend für uns ist, daß jedenfalls der ökonomische Ansatz selbst und die im Rahmen dieses Ansatzes favorisierten situationslogischen Brückenprinzipien kein Argument dafür liefern, daß die Handlungssituation des Wählers eine "single-exit-Situation" ist. Soweit sich Politik auf diejenigen Bestandteile der individuellen Lage bezieht, die den Individuen eine eindeutige Definition ihrer Interessen abnötigen, können wir sicherlich auch ohne die Ermittlung der individuellen Präferenzen Wählerverteilungen hinsichtlich dieser Politikaspekte prognostizieren - es gibt aber keine im ökonomischen Ansatz liegenden Argumente für die Vermutung, diese Politikaspekte seien die einzigen oder auch nur die dominanten Dimensionen der Wählerverteilung.

Es ist daher zwar möglich, daß der ökonomische Ansatz etwas zur theoretischen Deutung von Cleavage-Strukturen, von Alignment- und Realignment-Prozessen beitragen kann, aber es gibt sicherlich keine "ökonomische Theorie der Wählerverteilung", keine ökonomische Theorie der Entstehung und des Wandels politischer Präferenzen. Eine rationalistische Mikrofundierung entsprechend der Logik ökonomischer Theoriebildung kann also kaum den Anspruch besonderer Leistungsfähigkeit erheben, soweit es darum geht, zu erklären, warum welche Personen oder Gruppen von Personen welche Parteien wählen. Wenn also die rationalistische Modellierung im ökonomischen Stile Hypothesen über die "Lage" der politischen Nachfragekurve nicht generiert, so bleibt zu hoffen, daß sie wenigstens zur "Vorzeichenanalyse" taugt.

## 3. Die Erklärung kurzfristiger Wählerbewegungen

### 3.1. Die "Valenzissue-Erklärung"

Worauf und wie reagieren Wähler kurzfristig, in ihrem aktuellen Wahlverhalten, gegeben eine bestimmte, nicht analysierte Verteilung ihrer politischen Präferenzen und gegeben eine bestimmte Parteienlandschaft?

Ein Faktor, der hier eine Rolle spielt und von der Wahlsoziologie auch berücksichtigt wird, sind die Eigenschaften von Kandidaten. Dieser Faktor kann jedoch im Rahmen des ökonomischen Ansatzes ganz ähnlich wie die positionale Verteilung der Wähler nur zur Kenntnis genommen, nicht jedoch in Form allgemeiner Hypothesen ex ante modelliert werden: Wenn man weiß, wie die Wähler Kandidaten beurteilen, kann man das in der Prognose verwenden - aber man muß es eben wissen, man muß also die vorhandenen Präferenzen ermitteln. Man kann also Kandidateneffekte zwar als Rationalverhalten rekonstruieren, aber das ist theoretisch wenig interessant, und es ist, wie eingangs festgestellt, auch nicht das, worauf sich der Leistungsanspruch des ökonomischen Ansatzes bezieht.

Grundsätzlich sind im Rahmen räumlicher Modelle zwei Auslöser von Oszillationen um Langfristpotentiale darstellbar:

1. Die Veränderungen sind Resultat veränderter Zustände von Valenzissues.

2. Die Veränderungen sind Resultat kurzfristig aufkommender Positionsissues.

Zunächst zu den kurzfristig aufkommenden Streitfragen: Sie bedeuten neue Dimensionen der Verteilung und im allgemeinen eine neue Verteilung. Soweit man Veränderungen des Wahlverhaltens hierauf zurückführt, müssen sie als die Folge permanenter Instabilität der Verteilung gedeutet werden; Erfolge oder Mißerfolge von Parteien, die hierdurch ausgelöst werden, sind dann Resultat unterschiedlich gelungener Anpassung ihrer Positionen an diese Verteilungsveränderungen(14). Die Leistungsfähigkeit des ökonomischen Ansatzes ist in diesem Zusammenhang nicht anders zu beurteilen als im Zusammenhang mit Kandidateneffekten: Ob solche Veränderungen der Verteilung aus nichtantizipierbaren Einzelereignissen resultieren oder selbst theoretischer Analyse und Prognose zugänglich sind, macht dabei keinen Unterschied - für ein Distanzenmodell des Wählerverhaltens handelt es sich um Randbedingungen, um einen exogenen Vorgang, der konstatiert oder auch post hoc rekonstruiert werden kann, der aber nicht in Form von Hypothesen berücksichtigt werden kann.

Anders liegt der Fall für "Valenzissue-Erklärungen" des Wählerverhaltens: Programmatische Unterschiede zwischen den Parteien sind hier, wie schon festgestellt, nicht zu erwarten. Wie also sollen solche Issues überhaupt das Wahlverhalten beeinflussen? Die Antwort lautet: Nicht nur, was die Parteien wollen, sondern auch, was sie erreichen oder erreicht haben, zählt. Zwar strebt jede Partei dasselbe an, jedoch wird es von den faktischen Umständen abhängen, ob der jeweils unstrittig erwünschte Zustand realisiert wird. Die regierende Partei wird also vor allem nach der gegenwärtigen Situation beurteilt, die Opposition unter anderem danach, welche Erfahrungen man mit ihr gemacht hat. Je länger diese Erfahrungen zurückliegen und je vergeßlicher die Wähler sind, umso mehr wird die Opposition am Programm, die Regierung hingegen an der Realität gemessen. In der Terminologie des Distanzenmodells gesprochen: Valenzissues stellen durchaus eigene Dimensionen des Raumes dar; ihre Realisierung verschiebt die "Position" der Regierungsparteien näher zum oder weiter weg vom Maximum der einseitigen Wählerverteilung auf dieser Dimension, während die "Position" der Opposition, wo auch immer sie sich befinden mag, vergleichsweise stabil ist. Die relative Popularität der Regierung wird also bei (nahezu) allen Wählern mit dem gleichen Vorzeichen auf Zustandsveränderungen von

Valenzissues reagieren; für alle Wähler wächst die Distanz zur Regierung und schrumpft die Distanz zur Opposition; für einen Teil der Wähler bedeutet dies zugleich eine Veränderung ihrer Parteipräferenz(15).

Wir können diesen Tatbestand auch in der hier eher ungebräuchlichen Terminologie einer Nachfragereaktion ausdrücken: Wie oben festgestellt, unterscheiden sich die angebotenen "Pakete" hinsichtlich einiger Komponenten (Positionsissues), andere Komponenten sind Bestandteil aller Pakete (Valenzissues). Grundsätzlich machen Qualitätsverschlechterungen jeglicher Bestandteile ein Paket weniger attraktiv. Für Positionsissues hat das keine Nachfragekonsequenz - das andere Angebot enthält ja definitionsgemäß in dieser Hinsicht "schlechtere" Qualität, eben die nichtgewünschte Position. Für Valenzissues dagegen gibt es eine Alternative, deren relative Attraktivität steigt. Aus diesem Grunde erwarten wir für Positionsissues entweder keine oder sogar Klienteleffekte bei kritischer Lage, für Valenzissues hingegen erwarten wir Belohnungs/Bestrafungseffekte: Positive Veränderungen des Zustandes im Hinblick auf Valenzissues bringen der Regierung Stimmengewinne, negative Veränderungen der Opposition.

Es bleibt nur noch eines zu tun: Man muß die Valenzissues identifizieren, die man in solchen Prognosen verwenden will. Hierzu ist der ökonomische Ansatz imstande: Daß etwa wirtschaftliche Depression, ineffiziente Administration, Unsicherheit auf den Straßen überwiegend als unerwünschte Zustände beurteilt werden, muß nicht aus einer Behauptung über spezifische Präferenzen aller Individuen gefolgert werden (warum sollte es nicht Personen mit genuiner Freude an Unordnung geben?), sondern es kann situativ begründet werden: Was immer die konkreten Präferenzen der Individuen sein mögen - für die allermeisten Individuen wird gelten, daß sie ihre Ziele umso besser verfolgen können, je besser ihre wirtschaftliche Lage, je berechenbarer die Administration, je sicherer die Straßen sind. Was immer an Themen der Politik als in diesem Sinne instrumentell hinsichtlich der Verfolgung beliebiger Individuenziele klassifiziert werden kann, stellt einen geeigneten Ausgangspunkt für die Anwendung des ökonomischen Ansatzes dar. Im engeren Sinne wirtschaftliche Themen nehmen dann nur insofern eine besondere Rolle ein, als sie einfach zu operationalisieren sind und die einschlägige Infor-

mation in der Regel der Öffentlichkeit verfügbar ist: Nicht nur dem Wissenschaftler stehen die entsprechenden Daten zur Verfügung, sondern es ist auch plausibel, daß die Wähler sich in ihrer Entscheidung überhaupt an ihnen orientieren können. Es ist also nicht etwa der Fall, daß es aus dem ökonomischen Ansatz unmittelbar folgt, daß wirtschaftliche Themen besonderes Gewicht haben müssen - sie sind nur besonders gut zur Untersuchung geeignet.

Hier endlich liegt also der Fall vor, für den der ökonomische Ansatz zu definitiven Prognosen führt: Die Präferenzen der Wähler müssen nicht ermittelt werden; über das Wahlverhalten des einzelnen Wählers wird nichts gesagt (da nicht ermittelt wird, wo in der Verteilung er sich befindet); dennoch werden Mikroaussagen formuliert, die zu überprüfbaren Aussagen über das Elektorat aggregierbar sind.

Es ist leicht zu erkennen, was diese Modellierung verbietet: Die Größe der Reaktionskoeffizienten auf Aggregatebene sollte nicht davon abhängen, welche Partei gerade an der Regierung ist. Hinsichtlich Valenzissues sollten ja alle Parteien gleiche Ziele verfolgen. Wenn das so ist, dann ist nicht einzusehen, warum die Anhänger der einen Partei hier anders reagieren sollten als die einer anderen. Sollten solche Unterschiede vorkommen, dann wären sie ein Indiz dafür, daß die Sensibilitäten der Wähler und auch die "Positionen" der Parteien (die hier auch Kompetenzzuschreibungen widerspiegeln würden) sich unterscheiden, daß mithin unterschiedliche Parteien in dieser Hinsicht für unterschiedliche Gruppen unterschiedlich attraktiv wären. Unter anderem hätten solche Erscheinungen den für dieses räumliche Modell unannehmbaren Effekt, daß Popularitätsveränderungen und Stimmenverschiebungen sich gegenläufig verhalten müßten: Neigen Gruppen von Wählern, die hinsichtlich eines bestimmten Issue besonders empfindlich sind, einer bestimmten Partei deshalb zu, weil diese sich um das Issue besonders kümmert, dann müßte ihre Reaktion besonders heftig sein, soweit es die Popularität dieser Partei angeht, sie sollte aber besonders zurückhaltend sein oder gar ein entgegengesetztes Vorzeichen tragen, was die Bereitschaft angeht, dieser Partei die Stimme zu entziehen. Mit anderen Worten: Klienteleffekte haben in Valenzissue-Erklärungen des Wählerverhaltens zunächst keinen Platz.

### 3.2. Empirie und Anomalien

Die Empirie ist zwiespältig. Einerseits gibt es deutliche Hinweise darauf, daß sich Kurzfristeffekte im Rahmen eines solchen Entwurfs rekonstruieren lassen(16). Sowohl die Tatsache, daß es erhebliche nationale Unterschiede in der Stärke solcher Effekte gibt, als auch die Tatsache, daß die Beziehungen, soweit vorhanden, häufig nichtlinear(17) sind, stellen keine schwerwiegenden Probleme dar: Die Intensität der Beziehung sollte ja, wenn überhaupt so etwas wie Wählerrationalität vorliegt, davon abhängen, in welchem Umfang dem politischen Sektor Verantwortung für die jeweils betrachteten Valenzissues zugeschrieben wird. Das wird unter anderem von nationalen Traditionen, der jeweiligen politischen Kultur, abhängen und liegt insoweit jenseits der Zuständigkeit des ökonomischen Ansatzes. Für nichtlineare Zusammenhänge kann man analog argumentieren - gleichgültig, ob man das Phänomen mit individuellen Wahrnehmungsschwellen ("Schmerzschwellen") oder der Form der Wählerverteilung erklärt, aus dem ökonomischen Ansatz selbst folgt hierzu nichts Bestimmtes.

Eindeutig als Anomalien zu betrachten sind jedoch die folgenden Befunde: Regelmäßig werden unterschiedliche Koeffizienten für verschiedene Parteien bzw. Parteienblöcke berichtet, verknüpft mit auf Parteien bezogenen Kompetenzurteilen; Bisweilen gehen diese Unterschiede so weit, daß sie bezogen auf die Dimension Regierung/Opposition als Vorzeichenumkehrungen auftreten(18).

Besonders bedrohlich für die Anwendung des ökonomischen Ansatzes auf Wahlverhalten ist nun, daß es sich hierbei nicht lediglich um zwar faktisch vorkommende, aber prognostisch unzugängliche Erscheinungen handelt, sondern daß sich sehr wohl allgemeine Sätze formulieren lassen, Modelle des Wählerverhaltens, die der Empirie nicht schlechter gewachsen sind als die gerade skizzierten Modelle. Solche Modelle(19) deuten kurzfristige Wählerbewegungen ebenfalls als Reaktionen auf den Stand bestimmter Sachfragen. Die behandelten Sachfragen, z.B. innere Ordnung, äußere Sicherheit, soziale Sicherheit, individuelle Freiheit, sind insofern Valenzissues, als eine homogene Bewertung im Elektorat vorliegt. Sie sind aber, anders als im zuvor betrachteten Ansatz, mit Wählerreaktionen nicht hinsichtlich der Unterscheidung Regierung/Opposition, sondern hinsichtlich der Parteien selbst, unabhängig von ihrer Regierungsbeteiligung, verknüpft. Parteien "besitzen" gewissermaßen bestimmte Themen, und wenn ein Wähler ein bestimmtes Thema als dringlich oder kritisch ("salient") ansieht, wird er sich der Partei zuwenden, der dieses Thema "gehört". Die Parteien konkurrieren miteinander nicht in ein- und demselben Raum, sondern sie reden gewissermaßen aneinander vorbei. Sie versuchen, "ihre" Themen als dringlich durchzusetzen, über die Themen ihrer Konkurrenten reden sie nicht. Wer hier erfolgreicher ist, wird Netto-Stimmengewinne verbuchen. Kann man also die Themen, die im Wahlkampf eine Rolle spielen, identifizieren und ist es möglich, sie den verschiedenen Parteien zuzuordnen, so läßt sich daraus dann die (Netto-)Bewegung der Wähler prognostizieren(20). Auch hier muß die prognostizierte Bewegung im Aggregat nicht explizit auf der Individualebene rekonstruiert werden, auch diese Modellierung stützt sich allein auf Merkmale der äußeren Situation.

Voreilig wäre es, nun den rationalistischen Ansatz selbst über Bord zu werfen. Da man ja unzweifelhaft Verhaltensregelmäßigkeiten sowohl auf der Wählerseite wie auf Seiten der Parteien vorfindet, würde die Vorstellung erratischen Verhaltens bzw. erratischer Oszillationen um ansonsten habituelles Verhalten erst recht Probleme aufwerfen(21). Viel näher liegt es also, die Charakterisierung der Handlungssituation der Wähler nochmals unter die Lupe zu nehmen, also an den Brückentheoremen anzusetzen.

Hier gibt es ja offensichtliche Ungereimtheiten: Wenn die jeweils konstatierte Bewegungsrichtung eindeutig ist, wenn es sich also um Valenzissues handelt - warum gibt es dann überhaupt unterschiedliche Parteiprofile und nicht Konvergenz? Es ist nicht sehr überzeugend, zwar die Wähler als konsistent, dafür aber die Parteien als inkonsistent, zu betrachten: Alle Wähler wollen im Prinzip alles und laufen jeweils der Partei zu, die das anbietet, was momentan am knappsten ist. Welchen Grund aber sollte irgendeine Partei haben, nicht alles zugleich anzubieten? Das würde sie am besten davor schützen, Opfer der schwankenden Wichtigkeit irgendeines Valenzproblems zu werden. Auch wenn man issuespezifische Kompetenzunterschiede der Parteien als Erklärung vorschlägt, kommt man nicht weiter: Es ist zwar möglich, daß eine Partei insgesamt als kompetenter gilt als die andere, aber es ist, falls man es wirklich mit Valenzissues zu tun hat, schwer vorstellbar, warum die Kompetenz dauerhaft (und daher prognostisch verwendbar) issuespezifisch verteilt sein sollte. Wenn es sich aber in Wirklichkeit doch um Positionsissues handeln sollte, die ja, wiederum, weil prognostisch verwendbar, dauerhaften Charakter haben müssen - warum gibt es dann homogene Wählerbewegungen?

### 3.3. Konkurrierende Valenzissues

Wir müssen offensichtlich die Rolle der Valenzissues genauer betrachten. Implizit in der Modellierung enthalten war eine ceteris paribus-Klausel, oder genauer: eine Unabhängigkeitsvoraussetzung hinsichtlich der verschiedenen im Paket befindlichen Valenzissues. Diese Voraussetzung stellt sich als theoretisch außerordentlich gewichtig heraus.

In allgemeinster Formulierung kann man ein Kontinuum von möglichen Zusammenhängen zugrundelegen, dessen einer Grenzfall die völlige Unabhängigkeit, dessen anderer Grenzfall ein perfekter negativer Zusammenhang zweier Valenzissues ist, ein strikter Zielkonflikt also. Für den einen Grenzfall gilt alles, was bisher über die Wirkung von Valenzissues auf das Wählerverhalten gesagt wurde. Zugleich gilt für diesen Grenzfall aber auch, daß er eigentlich eine politiktheoretische Absurdität darstellt - läßt sich ein Thema wirklich vollständig isolieren, so liegt es am nächsten, es überhaupt aus der Arena politischer Entscheidung hinauszuverlagern und es einer separaten Institution mit nur einer einzigen Mission zu übertragen. Wann immer man das für nicht praktizierbar hält, verwendet man zumindest implizit bereits die Vorstellung, daß sich Probleme nicht perfekt isolieren lassen - damit aber räumt man ein, daß der theoretisch interessante Fall eben nicht der Fall voneinander unabhängiger Valenzissues ist, sondern vielmehr der andere Grenzfall. Diesen wollen wir daher nun genauer betrachten.

Solche Konflikte gibt es - der augenfälligste und oft angesprochene Zielkonflikt ist der zwischen den unbestrittenen Valenzissues Vollbeschäftigung und Preisniveaustabilität, jedenfalls bei Kurzfristbetrachtung(22). Ohne Mühe lassen sich weitere finden, z.B. die Valenzissues "Staatsverantwortung" und "individuelle Initiative"(23). Nimmt man diese Idee von konfligierenden Valenzissues, die ja nicht neu ist(24), in der Modellbildung ernst, so erhält man folgendes Bild: Für jedes Thema ist ganz offensichtlich bei isolierter Betrachtung die Homogenitätsvoraussetzung erfüllt. Bei paarweiser Gegenüberstellung wird jedoch deutlich, daß die Verfolgung jedes dieser Ziele ganz bestimmte Kosten verursacht - Opportunitätskosten, ausgedrückt im Verzicht auf das Gegenüber, das ebenfalls ein Valenzissue ist. Jeder Wähler zieht selbstverständlich mehr von beidem weniger von beidem vor, seine Auswahl muß er aber zwischen beiden Zielen treffen.

Das individuelle Entscheidungsproblem ist also ein Optimierungsproblem mit der gleichen Struktur wie das Problem der Zusammenstellung eines nutzenmaximalen Güterbündels. Betrachten wir zunächst den idealtypischen Fall wohlinformierter und vollkommen konsistenter Individuen. Solche Individuen werden ihren optimalen Punkt auf dem tradeoff zwischen den konkurrierenden Zielen bestimmen können (bildlich: den Punkt, an dem die tradeoff-Linie von der höchsterreichbaren Indifferenzkurve tangiert wird). Da die individuellen Prioritäten unterschiedlich sind, werden sich die Idealpunkte der Individuen unterscheiden. Anders ausgedrückt: Was je einzeln als Valenzissue erscheint, wird in der Kombination zu einer Positionsfrage. Individuen sind hier genauso wenig einseitig verteilt wie bei reinen Positionsfragen, Wahlergebnisse hängen von der Verteilung der Individuen und den Positionen der Parteien ab. Die Nichtkonvergenz der Parteien in dieser Hinsicht ist in diesem Modell so gut oder so schlecht erklärbar wie die Nichtkonvergenz hinsichtlich "gewöhnlicher" Positionsissues.

Damit aber scheinen wir wieder auf die Ausgangslage zurückgeworfen - wieso sollten hier überhaupt Wählerbewegungen zustandekommen? Entscheidend ist nun folgendes: Ebenso wie bei reinen Positionsissues wird auch hier die Regierung nicht immer den angestrebten und versprochenen Zustand realisieren können. Im Unterschied zu reinen Positionsissues jedoch besteht die Alternative nicht etwa in einer prinzipiell unerwünschten Position, sondern lediglich in der Wahl einer anderen Position auf dem tradeoff. In der Terminologie räumlicher Modelle gesprochen: Die Verfehlung der angekündigten Position ändert bei reinen Positionsissues nichts an den wahrgenommen Abständen der Parteien, während im Falle eines tradeoffs zwischen Valenzissues genau dies der Fall ist. Es ist also ohne weiteres möglich, daß die angestrebte Position der zunächst gewählten Partei die vergleichsweise nächstgelegene Position für ein Individuum ist, während die realisierte Position, für die diese Partei, falls an der Regierung, haftbar gemacht wird, nicht die nächstliegende Position ist. Bewegungen sind also plausibel. Aber wir haben immer noch ein Problem: Nach wie vor scheint allenfalls Belohnung oder Bestrafung in Frage zu kommen, Klienteleffekte scheinen immer noch Anomalien zu sein.

Bei näherer Betrachtung jedoch stellt sich etwas anderes heraus: Im Unterschied zur Situation isolierter Valenzissues kann die Regierung den angestrebten Punkt ja in zwei Richtungen verfehlen, der Abstand zur Position der Opposition kann also wachsen oder schrumpfen - entsprechend unterschiedliche und durchaus auch einander gegenläufige Wählerbewegungen sind zu erwarten. Betrachten wir ein Beispiel: Die Regierungspartei sei die für das Problem Arbeitslosigkeit sensiblere, daher auch mit entsprechender Reputation und Kompetenzzuschreibung versehene Partei; für die Opposition gilt gleiches - noch ausgeprägter - hinsichtlich des Problems Inflation. Die Position eines Wählers I befinde sich zwischen den beiden, jedoch näher an der der regierenden Partei - auch für ihn spielt das Beschäftigungsniveau eine größere Rolle als die Inflationsrate. I habe die Regierungspartei gewählt. Diese sei nun über das Ziel hinausgeschossen und habe eine noch niedrigere Arbeitslosigkeit, aber eben auch mehr Inflation als beabsichtigt realisiert. Im Hinblick auf das Beschäftigungsniveau ist unser Wähler hochzufrieden, dennoch geht er zur Opposition über, da ihm die Kosten hinsichtlich Inflation nun zu hoch sind. Betrachtet man nur die Valenzfrage "Inflation", so bestätigt dieses Verhalten beide Hypothesen - man kann es sowohl als "Bestrafung" der Regierung als auch als das "rallying around the flag" bei der hier als kompetenter geltenden Opposition interpretieren; betrachtet man hingegen nur das Beschäftigungsniveau, so ist man hinsichtlich beider Hypothesen in Schwierigkeiten - Gründe für Bestrafung sind sowieso nicht zu erkennen, während die Interpretation des Vorganges als das "Streunen" eines "Klienten", der momentan keinen

Anlaß zur Sorge hat, vollkommen ad hoc ist. Angenommen nun, die Regierungspartei sei im Amt geblieben, habe aber in der zweiten Periode auf die Wählerbewegung reagiert und sei nun zu weit in der Gegenrichtung gegangen, habe sich also der Position der Opposition faktisch stärker angenähert als beabsichtigt - mehr Arbeitslosigkeit und weniger Inflation als geplant haben sich eingestellt. I kehrt nun zur Regierungspartei zurück. Hat der Betrachter nur das Thema Arbeitslosigkeit im Auge, so wird er einen Klienteleffekt vorfinden, konzentriert er sich dagegen auf das Thema Inflation, so wird er eine Belohnungshypothese bestätigt finden.

Allgemeiner gesagt: Bei "Abstandsvergrößerungen" zwischen Regierung und Opposition weisen beide Hypothesen für eines der beiden Valenzthemen in die gleiche Richtung (im Beispiel prognostizieren beide Hypothesen hinsichtlich Inflation eine Wählerbewegung weg von der Regierung), während sie für das andere Thema nicht anwendbar sind. Bei "Abstandsverringerungen" prognostiziert jede der beiden Hypothesen unterschiedliche Bewegungsrichtungen, je nach Bezugsissue - das eine Thema bestätigt die Klientelhypothese und widerlegt eine Bestrafungshypothese (im Beispiel das Thema Arbeitslosigkeit), das andere Thema bestätigt eine Belohnungshypothese und widerlegt die Klientelhypothese (im Beispiel das Thema Inflation). Haben wir es also mit beobachteten Wählerströmen von der Regierung zur Opposition zu tun, können wir den Vorgang mit Hilfe beider Hypothesen in gleicher Fassung interpretieren; haben wir es mit Wählerströmen von der Opposition zur Regierung zu tun, so können wir ebenfalls beide Hypothesen verwenden, wir müssen nur unterschiedliche unabhängige Variablen verwenden.

Wenn also die Handlungssituation der Wähler hiermit zutreffend beschrieben ist, wenn Valenzissues in der Realität nicht komplett unabhängig voneinander sind, können die ursprünglich miteinander konkurrierenden Hypothesen in einem gemeinsamen Modell untergebracht werden. Die jeweils als Anomalien der einen Hypothese betrachteten Bestätigungen der anderen Hypothese sind keine Anomalien mehr. Wenn nun nicht alles und jedes mit dem ökonomischen Ansatz vereinbar sein soll, muß die komplexere Situation, die die Hypothesenkonkurrenz gegenstandslos macht, explizit in die Hypothesenformulierung eingehen. Solche Hypothesen sind offensichtlich alles andere als simpel, sie können nicht einfach mit Hilfe freihändig gegriffener Valenzissues formuliert und überprüft werden.

Die Modifikation dieser Überlegungen für den realistischeren Fall eingeschränkter Wählerrationalität ändert an diesem ernüchternden Befund nichts, sie führt eher zu weiterer Ernüchterung:

In der Realität werden die Wähler die hier behaupteten Tradeoffs nicht ausdrücklich wahrnehmen, ja es wird zentraler Bestandteil von Parteistrategien sein, ein solches Bewußtsein, falls vorhanden, zu verwischen. Es kann also weder davon ausgegangen werden, daß die Wähler selbst ihre Optimalpositionen definieren, noch kann davon ausgegangen werden, daß Parteipositionen erkennbar sind. Das bedeutet jedoch nicht, daß der Zielkonflikt verhaltensirrelevant ist. Zwar beziehen die Wähler keine explizite Optimalposition auf dem Tradeoff, jedoch werden sie, wenn er besteht, in ihrer Wahrnehmung der Gesamtsituation auf ihn bezogen reagieren. Man kann sich das etwa so vorstellen: Irgendein Valenzissue ist für einen Wähler in einem bestimmten Augenblick bedeutsam, wichtig, kritisch. Das jeweilige Gegenüber wird unter Umständen nicht einmal wahrgenommen - aber eben doch nur so lange, wie ein impliziter Mindestwert, der dieses Issue kritisch macht, nicht unterschritten wird. Die Empfindlichkeit in der einen oder anderen Hinsicht wird von der persönlichen Lage, persönlichen Interessen etc. abhängen. Sofern ein Zielkonflikt existiert, schlägt er sogar umso stärker im Wahlverhalten durch, je weniger ihn die Alltagstheorie des Wählers berücksichtigt: Wer einen Tradeoff sieht, wird wenigstens nicht mehr direkt auf isolierte Issues reagieren.

Nachdem die Wahrnehmungen der Wähler nicht präzise sind, können die Parteien in gewissem Umfange darauf einwirken, was von wievielen Wählern als kritisch wahrgenommen wird. Für die jeweils regierende Partei wird es nützlich sein, die Wähler von der Existenz von möglichst vielen tradeoffs zu überzeugen, um etwaige Vorwürfe aufzufangen; die Opposition kann kein kurzfristiges Interesse daran haben, auf Zielkonflikte aufmerksam zu machen. Da aber die Rollen bisweilen wechseln und man die Argumentationsweise nicht nach Belieben austauschen kann (unter anderem deshalb, weil der Gegner ein Interesse daran hat, an frühere Äußerungen zu erinnern), wird die Landschaft von Deutungsmustern bestimmt sein, die darüber mitentscheiden, in welcher Weise der aktuelle Stand von Sachfragen im Wählerverhalten wirksam wird(25).

Wir haben also eine weitere Erschwerung der Anwendung des ökonomischen Ansatzes hinzunehmen: Wir können unsere Hypothesen nicht nur nicht einfach hinsichtlich isolierter Valenzissues formulieren, sondern wir können sie auch nicht in Form einfacher Verknüpfungen von "objektiver" Lage und Reaktion formulieren. Zwar sind wir nach wie vor nicht gezwungen, die individuellen Wahrnehmungen im einzelnen zu ermitteln, aber wir tun gut daran, öffentlich gehandelte Deutungen zu berücksichtigen.

**4. Diskussion**

Die Leistungsfähigkeit des ökonomischen Ansatzes als Instrument der Mikrofundierung theoretischer Sätze über die Prädiktoren des Wahlverhaltens und die Prädiktoren seiner Veränderungen kann zusammenfassend so charakterisiert werden:

Eine empirisch gehaltvolle Dimensionierung der Wählerverteilung ist mit Hilfe dieses Ansatzes gerade in dem Maße möglich, wie die politischen Entscheidungen Bezug haben zu Angelegenheiten, die aus situativen Gründen eindeutige Prioritätensetzungen der Individuen erwarten lassen. Da dies im allgemeinen nur für einen Teil der politischen Agenda behauptet werden kann, kann diese Dimensionierung immer nur partiell sein. Der große oder kleine Rest folgt nicht aus irgendwelchen Rationalitätsannahmen, sondern folgt entweder aus einer eigenständigen Theorie oder muß deskriptiv ermittelt werden.

Hinsichtlich der Wählerbewegungen bei gegebener Verteilung zeigte sich, daß der ökonomische Ansatz sehr wohl imstande ist, die Mikroebene in konsistenter und aggregierbarer Weise zu rekonstruieren; jedoch zeigte sich auch, daß seine Sparsamkeit nicht so weit geht, daß er auf der

Grundlage einiger einfach zu ermittelnder objektiver Größen die Herleitung eindeutiger Aussagen über die Richtung von Wählerbewegungen erlaubt. Analogien zwischen Wählerverhalten und Konsumentenverhalten bestehen sicherlich ebenso wie Analogien zwischen Politikerverhalten und Produzentenverhalten, jedoch sind die Analogien begrenzt und kompliziert. Dementsprechend sind auch Modellierungen des politischen Wettbewerbs, die auf unmittelbarer Analogsetzung der Prozesse und ihrer Resultate setzen, voreilig. Ganz bestimmt kann die Entscheidung für eine "ökonomische Modellierung" kein kostengünstiger Ersatz für eine sorgfältige Beschreibung der Handlungssituationen sein; die Leistung des ökonomischen Ansatzes besteht viel eher darin, bei der Identifikation dessen zu helfen, worauf man in der Situationsbeschreibung achten muß.

**Anmerkungen**

1. Aus der Sicht der Mikrotheorie gibt es analoge Gründe, eine Ebenenverbindung zu suchen: Nur dann, wenn es Kompositions- und Dekompositionsregeln gibt, können Mikrotheorien aggregierte Wahldaten verarbeiten, ohne dem Risiko ökologischer Fehlschlüsse uneingeschränkt ausgeliefert zu sein.

2. Für Einzelheiten vgl. Zintl (1989).

3. Vgl. insbesondere Becker (1976).

4. Vgl. vor allem Latsis (1976).

5. Die Unterscheidung von Positions- und Valenzissues wurde zuerst von Stokes (1963) eingeführt; vgl. auch Converse (1966).

6. Für diese Konsequenz aus dem Unmöglichkeitstheorem von Arrow vgl. Ordeshook (1986, pp. 71 ff.); Schwartz (1986, pp. 68 ff.). Die Nichtexistenz eines "median in all directions" hat Folgen für die zu erwartende Stabilität von Parteiprogrammen, die vor allem von Riker (1982) untersucht wurden; insbesondere wird hierdurch die Vorstellung einer Anpassung der Parteipositionen an die Wählerverteilung, eines sozusagen passiven politischen Sektors, insgesamt fragwürdig. Da es uns aber nur um die andere Seite, um Wählerreaktionen auf gegebene Angebote, geht und da die Angebote zumindest eine gewisse zeitliche Stabilität aufweisen, kann diese Seite des Prozesses hier ausgeblendet bleiben.

7. Parteien sind keine homogenen Akteure; sie sind, um ihre Programme mitteilen zu können, auf Aktivisten und Geldgeber angewiesen, die gemeinhin extremere Positionen einnehmen als der Medianwähler. Ein anderes Argument stützt sich auf die Gestalt der Verteilung: Falls Stimmenthaltung möglich ist, kann der Stimmenzugewinn durch Bewegung in die "Mitte" kleiner sein als die entsprechenden Stimmenverluste an den Rändern.

8. Vgl. vor allem Laver (1978).

9. Vgl. Stokes (1963); Davis et al. (1970).

10. Vgl. Hayek (1969) und die analogen Unterscheidungen zwischen tastes und values (Arrow 1967) bzw. interests und judgments (Sen 1977).

11. Für Meinungen, die "Korrektive" sind, liegt das auf der Hand; für Meinungen, die lediglich "Verallgemeinerungen" sind, tritt der Konflikt in Form eines Gefangenendilemmas auf - die beste aller Welten ist die, in der alle anderen die Regeln einhalten.

12. Einerseits wegen der Manipulierbarkeit der "Us/Them"-Dimension, vgl. hierzu vor allem Schenk (1987); andererseits aus kognitiven Gründen: Wenn die Sache kompliziert wird, sind Deutungsangebote entscheidend für die Bestimmung dessen, "was im wirklichen Interesse liegt".

13. Vgl. für Untersuchungen zur "soziotropischen" Komponente des Wahlverhaltens etwa Feldman (1985).

14. Man kann eine Fallunterscheidung machen: Bei sozusagen isolierten Issues hängt der Erfolg einer Partei davon ab, wie zutreffend sie die aktuelle Stimmungslage einschätzt. Fallen die Issues in eine schon vorhandene Dimension, können die Parteien nicht ad hoc reagieren, sondern sind - aus Konsistenz- und damit Glaubwürdigkeitsgründen - Gefangene ihrer Programmatik, Opfer oder Begünstigte des Augenblicks. Erweisen sich die Angelegenheiten als dauerhaft, ist Programmanpassung zu erwarten.

15. Die expliziteste Fassung findet sich bei Kirchgässner (1974). Die u.a. von Rattinger (1980, pp. 22 ff.) erhobene Kritik, hiermit breche das räumliche Modell zusammen, trifft nur auf die spezielle von Kirchgässner hier gewählte Fassung zu: Er unterscheidet Stamm- und Wechselwähler, wobei die Wechselwähler überhaupt keine positionale Fixierung aufweisen, die Stammwähler eine komplette. In diesem Falle gilt tatsächlich, daß die Opposition jeweils sämtliche Wechselwähler zu sich herüberzie-

hen kann - sie haben nur ein Kriterium, und die Opposition kann immer eine bessere "Position" beziehen als die Regierung. Im allgemeinen Fall, der hier behandelt wird, gilt das ersichtlich nicht.

16. Vgl. für alle die klassische Untersuchung von Kramer (1971). Auf die Diskussion über den möglichen Artefaktcharakter der Ergebnisse (so schon Stigler 1973; für die neuere Diskussion vgl. Norpoth/Yantek 1983 und Kirchgässner 1983) kann hier nur verwiesen werden.

17. Vgl. etwa Frey/Garbers (1972) und Hibbs (1982).

18. Falsche oder wechselnde Vorzeichen, die schon bei Kramer (1971) für die Arbeitslosigkeit auftreten, werden insbesondere von Owens/Olsen (1980, pp. 482 ff.) berichtet. Parteispezifische Unterschiede finden sich bei Frey/Garbers (1972, p. 291); Kirchgässner (1983, pp. 240 ff.); Kiewiet (1983, pp. 102 ff.). Für die Rolle von Kompetenzurteilen vgl. Falter/Rattinger (1983); Rattinger (1985); Küchler (1985).

19. Vgl. vor allem Budge/Fairlie (1983).

20. Vgl. Budge/Fairlie (1983, p. 47). Der Saldo wird von Budge und Fairlie nur auf Aggregatebene gebildet; es bleibt offen, wie die einzelnen Individuen mit verschiedenen in unterschiedliche Richtungen weisenden Themen umgehen.

21. Auch dort, wo das Konzept der Wählerrationalität daher in Frage gestellt wird, geht es nicht um die Aufgabe jeglicher, sondern nur einer bestimmten rationalistischen Modellierung. Vgl. z.B. Laver (1978, pp. 256 ff.): "In the past rational-choice theories of party competition have always assumed voter rationality, but there is no real need to do this. Provided that voting behavior is at least partially predictable there is no reason why politicians should not rationally react to this... Party identification models provide an account of predictable voting behavior without assuming voter rationality... If we are prepared to allow that the actions of politicians influence the behavior of the electorate in a predictable manner, we could go on to construct an interactive model of party competition." Was Laver also eigentlich vorschlägt, ist der Verzicht auf

die bisher zugrundeliegende Vorstellung einer Reaktion der Wähler auf reale Situationen und statt ihrer die Modellierung des Wählerverhaltens als Konsequenz der Wahlkampfdynamik, als Reaktion auf Parteiaktivitäten.

22. Explizit modelliert etwa bei Kiewiet (1983, pp. 129 ff.).

23. Budge/Fairlie (1983, pp. 28 ff.).

24. Vgl. etwa Lepper (1974).

25. Vgl. hierzu ausführlicher Zintl (1985).

**Literatur:**

Arrow, K. J., 1967: The Place of Moral Obligation in Preference Systems. S. 117-119. In: Hook, S. (Hrsg.): Human Values and Economic Policy. New York: New York University Press

Becker, G. S., 1976: The Economic Approach to Human Behavior. Chicago/London: University of Chicago Press

Budge, I.; Fairlie, D. J., 1983: Explaining and Predicting Elections. London: Allen/Unwin

Converse, P. E., 1966: The Problem of Party Distances in Models of Voting Change. S. 175-207. In: Jennings, M. K.; Zeigler, H. (Hrsg.): The Electoral Process. Englewood Cliffs: Prentice-Hall

Davis, O. A.; Hinich, M. J.; Ordeshook, P. C., 1970: An Expository Development of a Mathematical Model of the Electoral Process. In: American Political Science Review 64, S. 426-448

Falter, J. W.; Rattinger, H., 1983: Parteien, Kandidaten und politische Streitfragen bei der Bundestagswahl 1980: Möglichkeiten und Grenzen der Normal-Vote-Analyse. S. 320-421. In: Kaase, M.; Klingemann, H.-D. (Hrsg.): Wahlen und politisches System. Opladen: Westdeutscher Verlag

Feldman, S., 1985: Economic Self-Interest and the Vote: Evidence and Meaning. S. 144-166. In: Eulau, H.; Lewis-Beck, M. S. (Hrsg.): Economic Conditions and Electoral Outcomes: The United States and Europe. New York: Agathon Press

Frey, B. S.; Garbers, H., 1972: Der Einfluß wirtschaftlicher Variable auf die Popularität der Regierung - eine empirische Analyse. In: Jahrbuch für Nationalökonomie und Statistik 186, S. 281-295

Hayek, F. A., 1969: Die Verfassung eines freien Staates. S. 199-205. In: ders., Freiburger Studien. Tübingen: Mohr Siebeck

Hibbs, D. A., 1982: On the Demand for Economic Outcomes: Macroeconomic Performance and Mass Political Support in the United States, Great Britain, and Germany. In: Journal of Politics 44, S. 426-462

Kiewiet, D. R., 1983: Macroeconomics and Micropolitics. Chicago: Chicago University Press

Kirchgässner, G., 1974: Ökonometrische Untersuchungen des Einflusses der Wirtschaftslage auf die Popularität der Parteien. In: Schweizerische Zeitschrift für Volkswirtschaft und Statistik 110, S. 409-445

Kirchgässner, G., 1983: Welche Art der Beziehung herrscht zwischen der objektiven wirtschaftlichen Entwicklung, der Einschätzung der Wirtschaftslage und der Popularität der Parteien: Unabhängigkeit, Scheinunabhängigkeit, Scheinkorrelation oder kausale Beziehung? S. 222-256. In: Kaase, M.; Klingemann, H. D. (Hrsg.): Wahlen und politische Kultur: Studien zur Bundestagswahl 1980. Opladen: Westdeutscher Verlag

Kramer, G. H., 1971: Short-Term Fluctuations in U.S. Voting Behavior, 1896-1964. In: American Political Science Review 65, S. 131-143

Küchler, M., 1985: Ökonomische Kompetenzurteile und individuelles politisches Verhalten: Empirische Ergebnisse am Beispiel der Bundestagswahl 1983. S. 157-181. In: Oberndörfer, D.; Rattinger, H.; Schmitt, K. (Hrsg.): Wirtschaftlicher Wandel, religiöser Wandel und Wertwandel. Berlin: Duncker und Humblot

Latsis, S., 1976: A Research Programme in Economics. S. 1-41. In: ders. (Hrsg.): Method and Appraisal in Economics. Cambridge: Cambridge University Press

Laver, M., 1978: On Defining Voter Rationality and Deducing a Model of Party Competition. In: British Journal of Political Science 8, S. 253-256

Lepper, S. J., 1974: Voting Behavior and Aggregate Policy Targets. In: Public Choice 18, S. 67-81

Norpoth, H.; Yantek, T., 1983: Von Adenauer bis Schmidt: Wirtschaftslage und Kanzlerpopularität. S. 198-221. In: Kaase, M.; Klingemann, H. D. (Hrsg.): Wahlen und politische Kultur: Studien zur Bundestagswahl 1980. Opladen: Westdeutscher Verlag

Ordeshook, P. C., 1986: Game Theory and Political Theory. An Introduction. Cambridge: Cambridge University Press

Owens, J. R.; Olsen, E. C., 1980: Economic Fluctuations and Congressional Elections. In: American Journal of Political Science 24, S. 469-493

Rattinger, H., 1980: Wirtschaftliche Konjunktur und politische Wahlen in der Bundesrepublik Deutschland. Berlin: Duncker und Humblot

Rattinger, H., 1985: Allgemeine und persönliche wirtschaftliche Lage als Bestimmungsfaktoren politischen Verhaltens bei der Bundestagswahl 1983. S. 183-218. In: Oberndörfer, D.; Rattinger, H.; Schmitt,K. (Hrsg.): Wirtschaftlicher Wandel, religiöser Wandel und Wertwandel. Berlin: Duncker und Humblot

Riker, W. H., 1982: Liberalism against Populism. A Confrontation between the Theory of Democracy and the Theory of Social Choice. San Francisco: Freeman

Schenk, R. E., 1987: Altruism as a Source of Self-Interested Behavior. In: Public Choice 53, S. 187-192.

Schwartz, T., 1986: The Logic of Collective Choice. New York: Columbia University Press

Sen, A. K., 1977: Rational Fools: A Critique of the Behavioural Foundations of Economic Theory. In: Philosophy and Public Affairs 6, S. 317-344

Stigler, G. J., 1973: General Economic Conditions and National Elections. In: American Economic Review, Papers and Proceedings 63, S. 160-167

Stokes, D. E., 1963: Spatial Models of Party Competition. American In: Political Science Review 57, S. 368-377

Zintl, R., 1985: Zur politischen Wirkungsweise von makroökonomischen Variablen: Ein Problemaufriß. S. 45-59. In: Oberndörfer, D.; Rattinger, H.; Schmitt,K. (Hrsg.): Wirtschaftlicher Wandel, religiöser Wandel und Wertwandel. Berlin: Duncker und Humblot

Zintl, R., 1989: Der homo oeconomicus: Ausnahmeerscheinung in jeder Situation oder Jedermann in Ausnahmesituationen? In: Analyse und Kritik 11, S. 52-69

Hartmut Esser

# Die Rationalität des Alltagshandelns. Alfred Schütz und "Rational Choice"

Die Theorie der rationalen Wahl ist - in der Soziologie zumal - immer umstritten gewesen. Mindestens seit Weber von vier Handlungstypen - zweckrationales, wertrationales, affektuelles, traditionales Handeln - gesprochen hatte, wird dabei insbesondere darauf verwiesen, daß "Rationalität" kein Grundzug des Handelns allgemein sei, sondern sich auf spezifische Situationen und bestimmte Institutionen beschränke. Es sei lediglich in der Sphäre der Ökonomie, beim wissenschaftlichen Argumentieren und in Gesellschaften relevant, in denen sich die Imperative des Marktes auch im Alltagshandeln durchgesetzt hätten.

Diese Kritik wurde insbesondere von interaktionistischer bzw. ethnomethodologischer Seite vorgetragen: Alltagsverhalten beruhe in keiner Weise auf "rationalen" Gründen. Diese würden vielmehr dem abgelaufenen Handeln nachträglich untergeschoben (als "Rationalisierung" bei gewissen "Problemen", die man selbst oder andere mit dem Handeln haben). Alltagshandeln folge weitaus überwiegend bestimmten eingelebten Routinen und Relevanzstrukturen und beruhe auf nicht mehr hinterfragten, höchst unvollständigen Selbstverständlichkeiten. Handeln sei keineswegs das Resultat von "Kalkulationen", Objektivität und vollständiger Klarheit der Präferenzen und Wissensstrukturen (wie die Rational-choice-Theorie annehme), sondern beruhe auf Subjektivität, Emotionalität, Unsicherheit und Zweifel. Und die Hauptbeschäftigung des Alltagsmenschen sei es, mit dieser Unsicherheit fortwährend umzugehen; und nicht: "rational" Handlungsfolgen zu "berechnen" und danach jeweils eine "vernünftige" Wahl zu treffen.

Diese Kritik beruft sich dabei regelmäßig auf Alfred Schütz (wie Garfinkel 1967: S. 371) oder verwendet Argumente, die Alfred Schütz zugeschrieben werden (wie Collins 1981: S. 990ff.; Collins 1988: S. 356f.). Noch kürzlich hat Norman Denzin für seinem Fundamentalangriff auf die Rational-choice-Theorie (RC-Theorie) Alfred Schütz als einen der

Hauptzeugen herangezogen (Denzin 1990a: S. 173, 178; Denzin 1990b: S. 505), wobei insbesondere der Gegensatz zwischen der Rationalität des Handelns der RC-Theorie und der "Rationalität" des Alltagshandelns betont wird.

Der folgende Beitrag will dieser Wurzel der Kritik an der RC-Theorie in einer Rekonstruktion der Handlungstheorie von Alfred Schütz nachgehen.

Um die These einer weitgehenden Vereinbarkeit von "Alfred Schütz" zu belegen, seien zunächst einige Einzelheiten der Handlungs- und Sozialtheorie von Alfred Schütz dargestellt: Das Konzept der Lebenswelt (1.1) und die Erklärung des (sozialen) Handelns (1.2), bevor dann (in Abschnitt 2) ein Vorschlag entwickelt wird, bestimmte Aspekte der Theorie der Lebenswelt in die RC-Theorie zu integrieren. In einem letzten Abschnitt wird dann auf die Vereinbarkeit von Alfred Schütz und "rational choice" auch in weiteren Hinsicht eingegangen.

Im gegebenen Rahmen kann diese Rekonstruktion der Handlungstheorie von Alfred Schütz nur unter einer gewissen Schwerpunktsetzung und nur vor dem Hintergrund bestimmter Voraussetzungen geschehen. Der Schwerpunkt der Rekonstruktion von Alfred Schütz liegt auf dessen Konzeption der "Lebenswelt" und des "Alltagshandelns". Vorausgesetzt wird die Fassung der RC-Theorie, wie sie insbesondere in den Arbeiten von Lindenberg 1985, 1989 bzw. Wippler/Lindenberg 1987 mittlerweile gut dokumentiert ist. Andere Aspekte der Affinitäten von Alfred Schütz mit der Methodologie und Theorie des RC-Ansatzes - wie die Aufforderung zur Modellbildung, zur Wert-Neutralität und zu einer "individualistischen" Erklärung sozialer Strukturen - werden wir hier nur andeuten können(1).

**1. Die Handlungs- und Sozialtheorie von Alfred Schütz**

Alfred Schütz hat eine Theorie zur Erklärung des (sozialen) Handelns vorgelegt, die auf den ersten Blick nur ausgesprochen wenig mit "rational choice" zu tun zu haben scheint: Menschen bewegen sich in einer "Lebenswelt" von "fraglosem" (aber "objektiv" keineswegs "rationalem") Wissen und handeln im Alltag meist vor dem Hintergrund weiter Bereiche der Ignoranz oder nur grober Typisierungen; sie folgen in ihren Handlungen eher Routinen und Daumenregeln, statt "nutzenmaximierenden" Kalkulationen; und sie sind keineswegs mit einer "rationalen Wahl" ihrer Handlungen, sondern eher damit beschäftigt, die Relevanz- und Sinnstrukturen des Alltags (durch fortlaufende Kommunikation und Konversation zum Beispiel) konstant zu halten. Es gebe - so Schütz - keinerlei Zweifel, daß "Rationalität kein Grundzug des Alltagsdenkens ist und dies auch nicht sein kann, ebensowenig wie es ein methodologisches Prinzip der Auslegung menschlichen Handelns im Alltagsleben sein kann" (PR: S. 39; ähnlich WI: S. 49; PR: S. 28f).

Damit scheint Alfred Schütz eine eindeutig nicht-"rationalistische" Position bezogen zu haben. Und damit erscheint auch plausibel, warum Schütz zum Gründungsvater einer theoretischen Richtung werden konnte, deren Grundelement - bis heute - ein entschiedener "Anti-Naturalismus" ist (im Sinne, wie Karl R. Popper diesen Begriff im "Elend des Historizismus" gebraucht).

Die Grundthese in diesem Beitrag ist nun, daß sich Alfred Schütz und "rational choice" allenfalls auf der Oberfläche gewisser verbaler (und damit im Prinzip leicht ausräumbarer) Mißverständnisse unterscheiden. Konkret gesagt: daß Schütz (anders als das Zitat vermuten läßt) tatsächlich einen Ansatz entwickelt und vertreten hat, der sich von der Erklärungsweise im Prinzip nicht unterscheidet, die in den Varianten des "Rational-choice"-Ansatzes vorgeschlagen werden, die dem Ansatz seine gegenwärtige Kontur geben.

### 1.1 Das Konzept der Lebenswelt

Die Ausarbeitung des Konzeptes der Lebenswelt kann als eines der zentralen Elemente der Sozialtheorie von Schütz gelten. Er stützt sich dabei auf das Husserlsche Konzept der "Welt der natürlichen Einstellung" bzw. auf Schelers "relativ natürliche Weltanschauung". Damit ist die Orientierung des Alltagsmenschen auf die "Welt, in der wir uns in jedem Augenblick unseres Lebens befinden", und zwar so "wie sie sich uns in unserer alltäglichen Erfahrung darbietet" (Gurwitsch 1971: XV), gemeint.

Wir wollen die Skizze dieses Konzeptes auf drei Aspekte konzentrieren: Die Fraglosigkeit des lebensweltlichen Wissens, die Eigenschaften und Bedingungen des lebensweltlichen Wissens und das Problem der "Relevanz".

Zentrales Grundelement der Sozialtheorie von Alfred Schütz ist die Selbstverständlichkeit und die **Fraglosigkeit des Wissens** über die "Existenz der Lebenswelt und die Typik ihrer Inhalte" (SL: S. 153):

"In seinem täglichen Leben hat der gesunde, erwachsene und voll wache Mensch (wir sprechen nicht von anderen) dieses Wissen sozusagen automatisch zur Hand" (PR: S. 32).

Er lebt in einem "Horizont der Vertrautheit und des Bekanntseins" (WI: S. 8), bestehend aus "unangezweifelten Vorerfahrungen" (WI: S. 8) und für die Lösung wiederkehrender Probleme ausreichenden "Gebrauchsanweisungen" (DF: S. 58). Hintergrund dieser Fraglosigkeit sind bestimmte Annahmen, "die für die natürliche Einstellung in der Lebenswelt charakteristisch sind und selbst als fraglos gegeben angesetzt werden": die Annahmen der "Konstanz der Weltstruktur, der Konstanz der Gültigkeit unserer Erfahrung von der Welt und der Konstanz unserer Vermöglichkeit, auf die Welt und in ihr zu wirken" (SL: S. 153); sowie die Idealisierungen des "und so weiter" und des "ich kann immer wieder": das, was bisher gültig war, wird es auch bleiben; und was bisher bewirkt werden konnte, wird auch in Zukunft vollbracht werden können (SL: S. 153).

Aber alle diese Annahmen und Idealisierungen "gelten nur bis auf Widerruf": "Es gehört zur Natur des als fraglos Hingenommenen, daß es jederzeit in Frage gestellt werden kann" (SL: S. 153). Dies geschieht jedoch nur ausnahmsweise (z.B. dann, wenn sich die gesamte Situation - wie beim "Fremden" - drastisch ändert, wenn sich das vertraute Wissen nicht als ausreichend für die Lösung typischer Probleme erweist und wenn das "Denken wie üblich" mit einem Male unwirksam wird (DF: S. 58f).

Grundlegendes Merkmal der Struktur des lebensweltlichen Wissens ist seine (mehr oder weniger starke) "Typisierung" (WI: S. 9) und die "Aufschichtung der Welt" in "Zonen" unterschiedlicher "Reichweite" (mit einer entsprechenden "Strukturierung der Lebenswelt nach Dimensionen der objektiven Zeitlichkeit und ihrer subjektiven Korrelate in den Phänomenen der Retention und Protention, der Wiedererinnerung und Erwartung..."; SL: S. 154f). Erfahrungen der Ähnlichkeit und die fortwährende Bestätigung der typisierenden Erwartungen läßt dieses Wissen entstehen (WI: S. 9). Dieser Prozeß wird vor allem durch seinen Erfolg bei der Lösung von Alltags-Problemen gesteuert:

"Das vordem als fraglos gegeben Angesetzte wird dann zum Problem, einem theoretischen, praktischen oder zu einem emotionalen Problem, das formuliert, analysiert und gelöst werden muß. Aber alles Problematische entsteht auf dem Urgrund des fraglos Gegebenen (das im eigentlichen Wortsinn "fragwürdig" wird) und alle Problemlösungen bestehen darin, das fragwürdig Gewordene durch den Prozeß des Befragens in ein neues fraglos Gewordenes zu verwandeln ... Wir brechen aber diese endlose Aufgabe ab, sobald wir hinreichende Kenntnis des fraglich Gewordenen erlangt zu haben glauben, und erklären dann durch einen scheinbar willkürlichen Entschluß das uns beschäftigende Problem als in einer für unsere Zwecke hinreichenden Weise gelöst" (SL: S. 154).

Auf diese Weise wird erklärlich, daß und warum das lebensweltliche Wissen im Grad der Typisierung, in seiner "Inhaltsfülle" (WI: S. 2O), "Intimität und Anonymität" (PR: S. 29), im Grad der "Klarheit, Unterscheidbarkeit und Genauigkeit" (WI: S. 16) differenziert ist. Es gibt danach offenbar so etwas wie einen abnehmenden Grenznutzen für zusätzliche Informationen: Der (aufwendige) Vorgang einer immer stärkeren Strukturierung und Vervollständigung des Wissens wird dann abgebrochen, wenn die gefundene Typisierung als ausreichend für die Lösung des jeweiligen Problems erlebt wird:

"Irgendwo haben wir die Garantie für die Verläßlichkeit all dieser Annahmen, durch welche wir uns leiten lassen. Andererseits sind diese Erfahrungen und Regeln aber ausreichend, um das Leben zu meistern. Da wir normalerweise handeln müssen und nicht reflektieren können, um den Forderungen des Augenblicks zu genügen, kümmern wir uns nicht um die 'Forderung nach Gewißheit'. Wir sind zufrieden, wenn wir eine faire Chance der Realisierung unserer Absichten haben, und diese Chance haben wir, so denken wir jedenfalls, wenn wir den Mechanismus der Gewohnheiten, Regeln und Prinzipien in Bewegung setzen, der sich früher einmal bewährt hat und sich hoffentlich jetzt bewähren wird." (PR: S. 32).

Daraus wird auch verständlich, daß der Alltagsmensch nur für einige wenige "relevante" Bereiche seines Alltags ein hochinformierter "Experte", ausgestattet mit "Vertrautheitswissen", ist und hierfür eine "gründliche, bestimmte und widerspruchslose Kenntnis nicht nur des Was und Wie, sondern auch ein Verständnis des Warum hat, in dem er also 'sachverständig' ist" (SL: S. 157).

Für alle anderen Bereiche ist er jedoch "Laie", mit je nach Ferne des Bereiches zunehmenden Graden an Vergröberung, Ungenauigkeit und "Anonymität" eines bloßen "Bekanntheitswissens", das "sich nur auf das Was (bezieht) und das Wie unbefragt (läßt)" (SL: S. 157) - bis hin zur kompletten, "ignoranten" Ausblendung ganzer Felder möglicher Handlungssphären:

"Die Bereiche unseres Bekanntheits- und Vertrautheitswissens sind umgeben von Dimensionen bloßen Glaubens, die wiederum nach Wohlfundiertheit, Plausibilität, Vertrautheit, Vertrauen auf fremde Autorität, blinde Hinnahme bis hin zur vollen Ignoranz in mannigfaltiger Weise abgestuft sind" (SL: S. 158).

Das "Wissen des Menschen, der in der Welt seines täglichen Lebens handelt und denkt" ist (überwiegend) "inkohärent", "nur teilweise klar" und "nicht frei von Widersprüchen" (DF: S. 56). Gleichwohl ist dieses Wissen für die Gestaltung der Alltagsroutinen (in der Regel) vollauf ausreichend. Offenbar herrscht also auch dafür so etwas wie ein Ökonomieprinzip:

"Es ist ein Wissen von vertrauenswerten **Rezepten**, um damit die soziale Welt auszulegen und um mit Dingen und Menschen umzugehen, damit die **besten Resultate** in jeder Situation mit einem **Minimum an Anstrengung** und bei **Vermeidung unerwünschter Konsequenzen** erlangt werden können" (DF: S. 58; Hervorhebungen nicht im Original; HE).

Das lebensweltliche Wissen ist - bei all seiner Inhomogenität - immer **integriertes Wissen**. Dies bezieht sich auf zwei Aspekte: die Integration des Wissens bei den Akteuren und die "Verschränkung" von Wissens-Systemen über die Akteure hinweg zu funktionierenden Zusammenhängen von Handlungsbereitschaften und Erwartungsstrukturen (auch "Institutionen" genannt).

Die Integration des Wissens auf der Ebene des "erlebenden Subjekts" (SL: S. 159) bezieht sich auf die Abstimmung der subjektiven Kausalannahmen des Zusammenhanges von "Mitteln" und "Zwecken": seine "Alltagstheorien"; sowie auf die (subjektive) zeitliche, sachliche und soziale Ordnung bestimmter Projekte und Vorhaben: seine "Pläne":

"Die Kausalrelationen der objektiven Welt sind subjektiv erlebt als Mittel und Zweck, als Hindernis oder Förderung der spontanen Aktivität des Denkens oder Handelns. Sie weisen sich aus als Interessenzusammenhänge, als Problemkreise, als Systeme von Projekten und diesen inhärierenden Durchführbarkeiten. Das System dieser mannigfaltig verschlungenen Zusammenhänge erlebt das Individuum subjektiv als System seiner Pläne für die Stunde oder für den Tag, für Werk oder Muße, wobei alle diese Einzelpläne in ein oberstes, alle anderen umgreifendes, obschon nicht widerspruchsfreies System zusammengeschlossen sind, das wir den "Lebensplan" nennen wollen" (SL: S. 159/6O).

Die Verwirklichung von Teil-Zielen kann als Zwischenphase zur Bewerkstelligung der übergreifenden Projekte und Pläne angesehen werden: Alle Teil-Projekte sind Zwischenschritte und "bloße Mittel, um das Endziel zu erreichen, wie es im ursprünglichen Entwurf definiert wurde. Die Spannweite des ursprünglichen Entwurfs schmiedet die Kette der Teil-Projekte in eine Einheit" (WI: S. 27).

Erst die Abstimmung eines Systems von subjektiven Kausalbeziehungen und die Einbettung der Einzelpläne in eine übergreifende Plan-Struktur (im Extremfall eines Lebensplanes) verleiht den einzelnen Elementen des Wissens ihren "Sinn". Die Wissenssysteme der Lebenswelt und seine individuellen Pläne und "Entwürfe" stehen ("normalerweise") "für das erlebende Subjekt immer in Sinnzusammenhängen"(SL: S. 159) einer die Einzelbestandteile übergreifenden Einheit (vgl. auch noch WI: S. 28).

Aber: "Diese Welt hat nicht nur Sinn für mich, sondern auch für dich und dich und für jeden einen Sinn" (SW: S. 1O). Anders gesagt: die Sinnzusammenhänge des lebensweltlichen Wissens haben einen "intersubjektiven Charakter" (WI: S. 11). Dies bezieht sich auf drei Aspekte: das Alltagswissen ist erstens "strukturell sozialisiert", es ist zweitens "genetisch sozialisiert" und es ist drittens "im Sinn einer sozialen Wissensverteilung sozialisiert" (BT: S. 7Of). Der erste Aspekt bezieht sich darauf, daß die Akteure von der grundsätzlichen Vertauschbarkeit ihrer Standorte ausgehen (können); Schütz nennt dies die "Idealisierung der Reziprozität der Perspektiven" (BT: S. 71). Der zweite Aspekt verweist darauf, daß die Wissensstrukturen und insbesondere ihre Typisierungen und Sinnzusammenhänge in der Regel sozial vorgegeben (und meist normativ abgestützt, "sozial gebilligt") seien (BT: S. 71; vgl. auch WH: S. 86). Der Aspekt der "sozialen Wissensverteilung" spricht schließlich das Problem der Institutionalisierung an: man kann sich in der Regel darauf verlassen, daß das Wissen in typischer Weise verteilt ist und daß auf diese Weise soziale Prozesse auch ohne weiteres ablaufen:

"Werfe ich einen Brief in den Postkasten, so erwarte ich, daß mir unbekannte Personen, Postbeamte genannt, in typischer, mir nicht völlig verständlicher Weise handeln werden, damit mein Brief in typisch bemessener Zeit den Adressaten erreicht" (WI: S. 19/2O).

Jede Interaktion , die komplexesten Abläufe organisierten Handelns, jedes "Funktionieren" eines sozialen Systems, beruhen darauf:

"Eine solche Konstruktion miteinander verwobener Handlungsmuster enthüllt sich also als eine Konstruktion miteinander verwobener Um-zu- und Weil-Motive, die vermeintlich invariant sind. Je institutionalisierter und standardisierter ein solches Verhaltensmuster ist, je stärker es also in sozial anerkannten Weisen typisiert ist, wie in Gesetzen, Regeln, Vorschriften, Sitten, Gewohnheiten etc., umso größer ist die Chance, daß mein eigenes selbsttypisierendes Verhalten den beabsichtigten Zustand hervorbringen wird" (WI: S. 29).

Mit dem Problem der sozialen Verteilung des Wissens ist eine Frage angesprochen, die man das Problem der Koordination (des Wissens und des Handelns) nennen könnte: wie kann die "Abstimmung" der sozialen Prozesse, sprich: die Koordination der Verteilung der Wissensstrukturen relativ problemlos sichergestellt werden? Diese Frage weist zurück auf eine allgemeinere Frage: wie kann man die "Differenzierung des Wissens in seine verschiedenen Formen" (SL: S. 158) erklären? Es war oben bereits angedeutet worden, daß die Differenzierung der Wissensstruktur insbesondere eine Frage der jeweils berührten Interessen und Motive ist. Damit ist das - von Alfred Schütz so genannte - "Thema der Relevanz" angesprochen (SL: S. 158).

Mit dem "Prinzip der Relevanz" (PR: S. 44/5) ist allgemein die Notwendigkeit zur Selektion eines "Hauptthemas" bzw. eines "Sinnhorizontes" in einer gegebenen Situation gemeint, um den alle anderen (denkbaren) Aspekte der Situation herumgruppiert sind. Mit der Änderung der "Relevanzstruktur" verändern sich unmittelbar die gesamten Sinnhorizonte und Verweisungen in der Situation: ein neues Thema rückt in den Mittelpunkt, "während andere Tatsachen, die früher im Zentrum standen, nunmehr verschwinden" (PR: S. 45).

Wie kommt es nun zur Selektion eines bestimmten "Hauptthemas"? Nach Alfred Schütz bestimmen vor allem zwei Sachverhalte die Relevanzstruktur bzw. die Differenzierung des Wissens (für eine gegebene Situation): Die Differenzierung von "Zonen von Interessen" (SL: S. 158) und die Notwendigkeit einer "Definition der Situation" (SL: S. 159). Die Interessendifferenzierung ist ihrerseits durch das jeweilige System von "Plänen" vorgegeben (SL: S. 16O). Die "Definition der Situation" hängt von zwei "Hauptkomponenten" ab: von der "ontologischen Struktur der vorgegebenen Welt" und von der - sich an den individuellen Plan-Systemen orientierenden - "spontane(n) Definition der Situation innerhalb des auferlegten ontologischen Rahmens" (SL: S. 159).

In jedem Fall ist das jeweilige "Interesse" das Haupt-Motiv zur Selektion bestimmter "relevanter" Teilaspekte der jeweiligen Situation:

"Es ist das jeweilige Interesse, das bestimmt, welche Elemente das Individuum aus der es umgebenden und in der vorgeschriebenen Weise gegliederten objektiven Welt auswählt, um seine Situation zu definieren. Es ist das nämliche Interesse, das aus dem gegebenen Wissensvorrat des Individuums jene Elemente auswählt, die zur Definition der Situation erforderlich sind. Mit anderen Worten: Das Interesse bestimmt, welche Elemente der ontologischen Struktur der vorgegebenen Welt und andererseits des aktuellen Wissensvorrats für das Individuum relevant sind, um seine Situation denkend, handelnd, emotional zu definieren, sich an ihr zu orientieren und mit ihr fertig zu werden" (SL: S. 16O).

Diese Form der Selektion bestimmter Aspekte der Situation nennt Schütz "Motivationsrelevanz". Die Selektion selbst kann in diesem Fall relativ problemlos erfolgen, da die erforderlichen "Abstufungen" und Differenzierungen im "Wissensvorrat" sich als normalerweise ausreichend erweisen:

"dann vollzieht sich diese (die Definition der Situation; HE) selbst als 'selbstverständlich' in der Weise des fraglos Gegebenen. Dies wird bei allen unseren Routinegeschäften der Fall sein" (SL: S. 161).

Alfred Schütz unterscheidet neben der "Motivationsrelevanz" einen zweiten Typus: die "thematische Relevanz". Hier geht es um das Problem, das auftritt, wenn die Routine nicht mehr weiterhilft und wenn - in der Tat - neue Informationen benötigt werden:

"Sind aber nicht alle motivationsmäßig relevanten Elemente 'adäquat', die in zureichenden Vertrautheitsgraden vorgewußt sind, oder weist sich die Situation als eine solche aus, die nicht durch eine Synthesis der Rekognition auf eine dem vormaligen Typus nach gleiche, ähnliche bezogen werden kann, weil sie eben radikal 'neu' ist, dann wird es nötig sein, von diesen Elementen 'mehr zu wissen', sei es daß neues Wissen erworben, sei es daß vorhandenes Wissen in andere Vertrautheitsgrade überführt werden muß. Ein solches Element wird dann für den weiteren Wissenserwerb relevant und damit auch relevant für die Definition der Situation ... Nunmehr ist das relevante Element nicht mehr ein als fraglos selbstverständlich Gegebenes: Es ist vielmehr fragwürdig, aber **auch** befragenswert und deshalb relevant geworden" (SL: S. 161).

Im Fall der thematischen Relevanz ist das "relevant gewordene Thema ... nun selbst zu einem Problem geworden" (SL: S. 161). Zuvor war die Definition der Situation ein Teil der Lösung des Problems, jetzt ist sie selbst das Problem. Bei thematischer Relevanz muß also Wissen erworben, verändert, umgruppiert werden.

Wie lange dauert dieser Vorgang? Dies hängt ganz von der jeweiligen Motivationsrelevanz (und der in diesem Zusammenhang aufgeworfenen Problemlage) ab:

"Die motivationsrelevanten Zusammenhänge bleiben nämlich auch weiterhin, als Außenhorizonte des thematisch relevant Gewordenen erhalten: Wir können uns ihnen immer wieder zuwenden, sie auslegend befragen und wir tun dies in der Tat, um festzustellen, wann wir die weitere Erforschung des thematisch Relevanten abzubrechen haben, weil unser Wissen von ihm hinreichend klar und vertraut geworden ist, um das vorliegende thematische Problem relativ zu dem umgreifenden Zusammenhang als gelöst zu betrachten" (SL: S. 162).

Auch gilt offenkundig wieder das Ökonomieprinzip: der Wissenserwerb wird dann abgebrochen, wenn vor dem Hintergrund des (motivations-relevanten) Problems eine zufriedenstellende Lösung gefunden worden ist, wenn eine neue Routine der Situationsdefinition gefunden und entwickelt ist.

Gut identifizierbare Relevanzstrukturen sind - neben dem typisierenden Wissen um Routine-Rezepte, Gewohnheiten und die institutionalisierten "Rituale" des organisierten Alltagshandelns - die Hauptbestandteile der "Strukturen der Lebenswelt". Ihre Hauptfunktion ist - gemeinsam mit den Routinen - die Entlastung des Alltagshandelns von vermeidbarem Aufwand. Daß diese Entlastung eine pure Notwendigkeit angesichts der gegebenen Knappheit an Zeit und Ressourcen für die Abwicklung des alltäglichen Handelns ist, wird nur ausnahmsweise erkennbar: dann, wenn eine Identifikation der Relevanzstrukturen routinemäßig nicht mehr möglich ist und damit **jedes** Element der Situation und jeder Einzelschritt ein Problem der thematischen Relevanz wird. Die Dramatik dieser Situation hat Alfred Schütz in seinem Essay "Der Fremde" besonders eindringlich beschrieben.

### 1.2 Die Erklärung des Handelns

Im Kern der RC-Erklärung sozialer Prozesse steht die Erklärung des Handelns von Akteuren. In der Soziologie von Alfred Schütz hat das Konzept der (sozialen) Handlung ebenfalls eine herausragende Bedeutung. Es ist eingebettet in die (oben beschriebene) Analyse der Strukturen der Lebenswelt und in einige seiner zentralen methodologischen Überlegungen, insbesondere zum Problem der Rationalität.

Das **Konzept des Handelns** bei Alfred Schütz verweist auf Handeln als "ein auf einen vorgefaßten Entwurf gegründetes Verhalten" (WI: S. 22; ähnlich SW: S. 12):

"Der Begriff 'Handeln' soll einen ablaufenden Prozeß menschlichen Verhaltens bezeichnen, der vom Handelnden vorgezeichnet wurde, anders gesagt, der auf einem vorgefaßten Entwurf beruht" (HE: S. 77).

Handeln kann verdeckt ("covert") und offenkundig ("overt") sein. Es kann "in der Tat begangen werden oder in Unterlassung folgen" (HE: S. 78) - z.B. durch beabsichtigtes Nicht-Handeln. (Mindestens) das overte Handeln ist immer ein "beabsichtigtes", ein intentionales Handeln, da ihm - neben dem "Entwurf" noch ein "wollendes 'fiat'" vorausgeht, das den Entwurf in die Handlungsabsicht und die Handlungsabsicht in das Handeln umsetzt. Eine solche "Absicht" ist für "covertes" Handeln - Schütz nennt als Beispiel den intellektuellen Versuch einer wissenschaftlichen Problemlösung - nicht erforderlich, wohl aber ein Entwurf.

Die **Erklärung des Handelns** sieht Alfred Schütz (zunächst) ganz allgemein in einem Vorgang der "Wahl" zwischen "Alternativen", die "zugleich und gleicherweise in meiner Reichweite liegen" (HE: S. 96):

"Diese Situation, so wird von den meisten modernen Sozialwissenschaften angenommen, liegt als Normalsituation jedem menschlichen Handeln zugrunde. Es wird angenommen, daß der Mensch sich jederzeit selbst zwischen mehr oder weniger genau definierte problematische Alternativen gesetzt sieht, beziehungsweise, daß eine Anordnung von Präferenzen ihm erlaubt, den Verlauf seines künftigen Verhaltens zu bestimmen" (HE: S. 96).

Schütz verweist in diesem Zusammenhang auf ein allgemein anerkanntes methodologisches Postulat:

"Es ist aber darüber hinaus ein methodologisches Postulat der modernen Sozialwissenschaft, daß das Verhalten des Menschen so erklärt werden muß, als ob es in der Form des Wählens zwischen problematischen Möglichkeiten aufträte" (HE: S. 96; ähnlich noch einmal HE: S. 97; vgl. aber noch Abschnitt 3.4).

Zu den einzelnen Komponenten dieser Wahl zählen zunächst die im Entwurf zur Wahl anstehenden **Alternativen**. Die Bedingung "in meiner Reichweite" besagt, daß die alternativen Handlungen tatsächlich ausführbar sind (und nicht - z.B. - außerhalb einer gegebenen "Budgetrestriktion" liegen). Diese Alternativen werden miteinander verglichen und bewertet "bis die Entscheidung gleichsam herausfällt - um mit Bergson zu sprechen - wie eine reife Frucht vom Baum fällt" (PR: S. 38).

Bei diesem Vergleich spielen zwei Komponenten des Entwurfs eine entscheidende Rolle: **Wissen** (bzw. Erwartungen) und **Motive** (bzw. Bewertungen). Das Wissen bezieht sich auf "früher ausgeführte Handlungen, die der vorliegenden Situation typisch ähnlich sind, und auf mein Wissen von typisch relevanten Eigentümlichkeiten jener Situation, in der das entworfene Handeln stattfinden soll" (HE: S. 79).

Das Wissen bzw. die Erwartungen enthalten die (subjektiven) Hypothesen darüber, welches typische Handeln typischerweise welchen typischen "Endzustand" bewirkt und damit welchen typischen Zweck bedient (vgl. HE: S. 8O, 84, 93 u.a.). Die Erwartungen steuern damit das Handeln über die Gewichtung der Alternativen nach ihren "Möglichkeiten", überhaupt realisiert werden zu können. Die Motive verbinden die Bewertung des mit der Handlung im Entwurf angestrebten Zielstandes in einer zeitlichen Perspektive mit der Handlungsausführung. Diese Bewertung "motiviert" die Handlung.

Alfred Schütz nimmt in Bezug auf das Wissen (über die "Möglichkeiten") und in Bezug auf die Motive von Akteuren jeweils eine Differenzierung vor: Die Unterscheidung von "problematischen oder fraglichen Möglichkeiten" und von "offenen Möglichkeiten" (im Anschluß an Husserl; vgl. HE: S. 93ff) einerseits; und die Unterscheidung von "Weil-" und "Um-zu-Motiven" andererseits (z.B. HE: S. 8Off).

Von dem "Gewicht" der "**Möglichkeiten**" bzw. der "Gegenmöglichkeiten" einer Alternative hängt die "Entscheidung" für eine der "miteinander streitenden Tendenzen" ab (HE: S. 93). "Problematische" (bzw. "fragliche") Möglichkeiten sind solche, bei denen eine gewisse "Wahrscheinlichkeit" (HE: S. 93) dafür spricht, daß sich eine bestimmte Erwartung erfülle. "Wahrscheinlichkeit ist somit ein Gewicht, das den Glaubensanmutungen, den angeregten Auffassungen von der Existenz intentionaler Gegenstände zukommt" (HE: S. 93).

Hiervon sind die "offenen Möglichkeiten" zu unterscheiden. Es handelt sich in diesem Fall um Erwartungen rein zufälliger Art:

"Jede Erwartung (dieser Art; HE) hat den Modus der Unbestimmtheit, und diese allgemeine Unbestimmtheit konstituiert einen Umfang freier Variabilität; was innerhalb dieses Umfangs liegt ist ein Element unter den anderen Elementen möglicher näherer Bestimmtheit, von denen ich bloß weiß, daß sie in diesen Umfang passen, jedoch sonst völlig unbestimmt sind" (HE: S. 94).

Anders gesagt: die das Handeln (unter anderem) bestimmenden Erwartungen enthalten mehr oder weniger von Zufallserwartungen abweichende Einschätzungen darüber, welche Alternativen mit welcher "Wahrscheinlichkeit" zu welchem "Endzustand" führen.

Die Unterscheidung der beiden Motivarten - **Um-zu-Motive** und **Weil-Motive** - ist in der Rezeption der Handlungstheorie von Schütz populärer geworden. Das Um-zu-Motiv verweist auf den Endzustand, der mit dem Handeln bewirkt werden soll. Beispielsweise ist der Wert der Beute das Um-zu-Motiv eines Mörders, der die Tat beging, "um" an das Geld des Opfers "zu" gelangen (vgl. das entsprechende Beispiel bei Schütz; HE: S. 8O). Das Um-zu-Motiv "motiviert" - über den Wert des angestrebten Endzustandes - die Ausführung der - zuvor in einem "Entwurf" geplanten - Handlung.

Davon streng zu unterscheiden sind die Weil-Motive. Die Weil-Motive umfassen nicht die Bewertungen zukünftiger Zustände, sondern beschreiben das Erwartungs- und Präferenzensystem eines Akteurs zu einem gegebenen Zeitpunkt (unabhängig von seinen Plänen und Situationswahrnehmungen, die den Akteur dazu bewegen, aufgrund dieser Erwartungen und Bewertungen, ein bestimmtes Ziel anzustreben). Die Weil-Motive stellen die persönliche Verfassung einer Person (zum Zeitpunkt einer Handlungsentscheidung) dar, so wie sie sich aus seiner Biographie und den dort vorgefundenen Bedingungen erklären läßt (HE: S. 8Of).

Die Weil-Motive erklären, warum für den beschriebenen Mörder zur Realisierung seines Um-Zu-Motivs (Gelderwerb) auch die Tötung eines Menschen in Frage kam: "weil" er - zum Beispiel - in einer Umgebung aufgewachsen ist, in der solche Handlungen nicht unüblich waren, und "weil" er infolgedessen eine entsprechende Erwartungs- und Präferenzenstruktur ausgebildet hat. Für die Erklärung der aktuellen Handlungs-"Wahl" einer Person sind nur die Um-zu-Motive bedeutsam; die Weil-Motive erklären das Zustandekommen bestimmter Entwürfe vor dem Hintergrund von biographischen Besonderheiten der Person. Um-zu-Motive beziehen sich auf zukünftige, Weil-Motive auf vergangene Zustände. In den Um-zu-Motiven spiegelt sich die (subjektive) Handlungs-Situation, in den Weil-Motiven manifestieren sich die Erfahrungen und Sedimente der Sozialisation der Person.

In seiner Theorie des Handelns, die sich vor allem auf die subjektiven Erwägungen des Handelns, nämlich auf die Gewichtung der "Möglichkeiten" und die Bewertung der Handlungsfolgen nach Maßgabe der Um-zu-Motive stützt, verweist Schütz für den "**Vorgang des Entscheidungsakts**" zustimmend auf deutliche Konvergenzen bei Husserl, bei Bergson und bei Leibniz. In der "Theorie des Wollens" von Leibniz sind die genaueren Regeln der Entscheidungsfindung noch am deutlichsten gemacht.

Nach der "Theorie des Wollens" bei Leibniz gibt es verschiedene "Phasen des Wollens" (HE: S. 1O3). In einer ersten Phase werden nur die "positiven" Gewichte der einzelnen Alternative betrachtet. In einer zweiten Phase werden den positiven Gewichten "negative" beigegeben; "... falls die positiven Gewichte dann noch immer überwiegen, wird der Wille weiterhin dieser Kombination zuneigen" (HE: S. 1O3). Die endgültige Entscheidung "entspringt dem Konflikt aller vorangehender Begehrungen und ihrer Kombinationen, und zwar sowohl der den positiven wie den negativen Gewichten entsprechenden Kombinationen. Durch das Zusammenströmen all dieser einzelnen Begehrungen entspringt das gesamte Wollen, wie in der Mechanik die zusammengesetzte Bewegung aus allen Tendenzen resultiert, die in ein und demselben beweglichen Körper auftreten, aber auch jeder einzelnen Tendenz genügt, indem sie alle gleichzeitig verwirklicht. Dieses nachfolgende, endgültige Wollen bestimmt die Richtung der Handlung, und von diesem Wollen sagt man, daß jeder das ausführt, was er ausführen will, wenn er es nur ausführen kann" (HE: S. 103/4)(2).

Die eigentliche Handlungsentscheidung ist damit das Resultat der Zusammenführung aller mit den Alternativen verbundenen denkbaren positiven wie negativen "Gewichte"(3). Sie geschieht als Ergebnis einer kompliziert erscheinenden "Kalkulation", vergleichbar "dem Verfahren eines Buchhalters..., der eine Abschlußbilanz erstellt" (HE: S. 105)

Im alltäglichen Handeln wird es zu einer solchen "Kalkulation" aber so gut wie nie kommen: Die "Berechnung" der "Gewichte" und der gesamten resultierenden Handlungstendenzen erfolgt (notwendigerweise) immer vor dem Hintergrund bestimmter Einschränkungen: Vor dem Hintergrund der "Grenzen unseres jeweiligen Wissens", der Möglichkeit von "Fehlurteilen", der "Unvollständigkeit" in der Aufsummierung der Gewichte, und in den Beschränkungen der "Abschätzung der Wahrscheinlichkeit künftiger Ereignisse" bzw. der Bestimmung der "Werte des Guten und Bösen" (HE: S. 104/5). Hinzu kommt, daß das Alltagshandeln - wie im Konzept der Lebenswelt ausführlich dargelegt - in weiten Bereichen sich an Rezepten, Gewohnheiten und allgemeinen Maximen orientiert und - auf den ersten Blick wenigstens - mit einem "rationalen" Kalkulieren wenig zu tun zu haben scheint: Das Handeln läßt dort "alle Anzeichen von Habitualisierung, Automatismus und Halbbewußtsein erkennen" (DF: S. 65):

"Im habituellen und Routinehandeln des Alltags wenden wir offensichtlich die gerade beschriebene Konstruktion in Form von Rezepten und Faustregeln an, die die Probe bis dahin bestanden haben, oder wir verknüpfen häufig Mittel und Zwecke ohne ein klares 'Wissen' von ihrer wirklichen Verteilung zu haben" (WI: S. 24).

Zur Erledigung der normalen Alltagsdinge genügen diese Rezepte und ein nur grobes Wissen um die Zusammenhänge vollauf:

"Das Kochbuch hat Rezepte, Listen von Zutaten, Mischungsformeln und Anweisungen für die Zubereitung. Das ist alles was wir brauchen, um einen Apfelkuchen zu machen, und auch alles was wir brauchen, um mit den Routineangelegenheiten des täglichen Lebens zurechtzukommen.

Wenn wir den so zubereiteten Apfelkuchen genießen, fragen wir nicht, ob die durch das Rezept angezeigte Herstellungsart vom hygienischen oder alimentarischen Gesichtspunkt aus die angemessenste ist, ob sie die kürzeste oder die billigste ist. Wir essen ihn und freuen uns daran" (PR: S. 33).

Erst wenn die gewohnten Daumenregeln (und Relevanzstrukturen) nicht mehr den Erwartungen entsprechen, beginnt so etwas wie eine "rationale Berechnung":

"Wenn wir in unserer Erfahrung etwas zuvor Unbekanntes entdecken, das deshalb aus der gebräuchlichen Wissensordnung herausragt, beginnen wir mit dem Prozeß der Untersuchung" (DF: S. 69; ähnlich PR: S. 37f).

Folgt aber deshalb das alltägliche, an Routinen, Rezepten und Relevanzstrukturen orientierte Handeln anderen Regeln als denen, die zum Beispiel in Leibniz' "Theorie des Wollens" beschrieben sind? Anders gefragt: Ist derartiges "Alltags"-Handeln deshalb nicht-"rational"? Sicher ist nach Schütz, daß das Alltagshandeln nicht auf einer - objektiv korrekten und vollständigen - "Rationalität des Wissens" und auf einer an der "objektiven" Angemessenheit der Mittel orientierten "Rationalität der Wahl" (PR: S. 39) beruht. Gleichwohl geschieht der Akt der Wahl auch dann nach dem in der "Theorie des Wollens" beschriebenen Prinzip: in der Kombination der für jede Alternative "summierten" Gewichte positiver und negativer Konsequenzen nach Maßgabe der Einschätzung bestimmter "Wahrscheinlichkeiten". Dieses Prinzip ändert sich nicht damit, daß diese Bewertungen und Gewichtungen nur aus der subjektiven Sicht der Handelnden, unter oft erheblichen Abweichungen von den Bedingungen einer "völlig rationalen Entscheidung" (HE: S. 105), d.h. in Orientierung an stark vereinfachten Alternativen, nur sehr groben Schätzungen der "Möglichkeiten" und Erwartungen, stark typisierten Bewertungen von Zielzuständen und in einem automatisch und unbewußt ablaufenden Akt der "Gewichtung" und der "Wahl" vorgenommen werden.

Alfred Schütz unterscheidet in diesem Zusammenhang zwischen einem Handeln, das "verständig", und einem, das "rational" ist. Verständig handelt ein Akteur, "wenn sein Handeln mit einer Reihe sozial anerkannter Regeln und Vorschriften übereinstimmt, nach denen er mit typischen

Problemen durch Anwendung typischer Mittel im Blick auf typische Ziele fertig wird. (...) Verständiges Verhalten setzt jedoch nicht voraus, daß der Handelnde durch Einsicht in seine Motive und den Zweck-Mittel-Zusammenhang geleitet wird. Eine stark emotionale Reaktion gegen jemand, der etwas verschuldet hat, mag verständig sein, und es mag närrisch sein, sich zurückzuhalten" (WI: S. 31).

Man muß - so können wir resümieren - deutlich danach differenzieren, was mit "Rationalität" des Handelns jeweils gemeint ist. Ist damit "Klarheit und Deutlichkeit im strengen Sinn der formalen Logik" (PR: S. 39) gemeint, dann ist in der Tat "das Ideal der Rationalität kein Grundzug des Alltagsdenkens" (PR: S. 39). Andererseits "wäre es falsch, daraus zu schließen, daß die rationale Wahl nicht in die Sphäre des Alltagsdenkens gehörte. In der Tat würde es genügen, wenn man die Ausdrücke Klarheit und Deutlichkeit in einer modifizierten und eingeschränkten Bedeutung auslegen würde, nämlich als Klarheit und Deutlichkeit, **soweit sie den praktischen Interessen des Handelnden entgegenkommen**" (PR: S. 39; Hervorhebung nicht im Original).

Schütz klassifiziert das Alltagshandeln - vor dem Hintergrund der Besonderheiten der üblichen lebensweltlichen Situation als hoch-standardisiert und habitualisiert - ausdrücklich als "vernünftig", als durchaus "überlegt" (im Sinne der Antizipation von Zielen), als "geplant" und "entworfen", als "vorhersagbar", auch als "logisch" insoweit als die Handlungen eine für ihre praktischen Zwecke **ausreichende** Klarheit, Deutlichkeit und Konsistenz aufweisen (und deshalb auch durchaus drastisch von einer "Logik in ihrer traditionellen Form" abweichen können); und als Ergebnis einer "Wahl" (wie sie oben beschrieben wurde; vgl. dazu insgesamt vor allem PR: S. 33-41).

Anders gesagt: das Alltagshandeln ist - nach Schütz - "rational" **relativ** zu den subjektiven Überzeugungen und Vermutungen der Akteure, **relativ** zur bisherigen Brauchbarkeit auch grober Rezepte, **relativ** zu den gegebenen Knappheit an Ressourcen, unter denen es stattfinden muß, und relativ dazu, daß man den Vorgang der "Wahl" ebenfalls als einen Akt der "Standardisierung und Mechanisierung" auffassen kann:

"Natürlich handeln wir in unserem täglichen Leben vernünftig, wenn wir die Rezepte benützen, die wir in unserem Erfahrungsschatz als bereits in einer ähnlichen Situation bewährt vorfinden" (PR: S. 34).

"Nicht-rational" ist das (Alltags-)Handeln, wenn mit dem Begriff "Rationalität" eine vollkommene "Objektivität", "Klarheit", "Deutlichkeit", die logische Konsistenz und Vollständigkeit des Wissens(4) sowie ein Akt der "Überlegung" bei der (normalen Alltags-)Handlung im Sinne einer "dramatische(n) Probe in der Einbildung für die verschiedenen möglichen Handlungsabläufe" (PR: S. 34; hier benutzt Schütz ein Zitat bei Dewey) verbunden werden.

Die Zusammenfassung der Handlungstheorie von Alfred Schütz mag damit - bei aller ihrer unvermeidlichen Kürze - für eine Beurteilung der Frage ausreichen, ob sich diese Theorie und der RC-Ansatz so ausschließen, wie dies Garfinkel, Collins oder Denzin vorgegeben haben.

## 2. "Alltagshandeln" in der "Rational-choice"-Theorie

Die Rekonstruktion der Handlungstheorie von Alfred Schütz ergibt sicher noch kein eindeutiges Bild. Einerseits werden eine Reihe von Einzelheiten genannt, die bis in die Details hinein mit der RC-Theorie vereinbar zu sein scheinen: daß jedes Handeln, eine "Wahl" ist, daß es an den Handlungsfolgen ("um-zu-Motive") orientiert ist, daß es auf Wissen und auf Bewertungen beruht, und sogar daß es einer Art von "Kalkulation" von "Gewichten" folgt. Andererseits wird - mit dem Konzept der "Lebenswelt" am deutlichsten - betont, daß dieses Handeln nicht "objektiv" rational ist, nicht auf perfekter Information und nicht auf einer Konsistenz des Wissens und der Bewertungen beruht, sondern eher auf groben Daumenregeln und typisiertem Wissen über typische Situationen und dafür typisch ausreichendes Handeln.

Dieses Konzept der Lebenswelt ist die Grundlage dafür gewesen, Schütz als Kronzeugen gegen den RC-Ansatz heranzuziehen. Aber schon bei der Darstellung des Konzepts der Lebenswelt hatte Alfred Schütz eine Reihe von Anmerkungen gemacht, die auf eine Auflösung des geschilderten Gegensatzes hindeuten könnten: die Befolgung von Routinen und die Orientierung an Relevanzstrukturen sei keineswegs unvernünftig angesichts der Beschränkungen, "bessere" Lösungen zu finden und angesichts der normalerweise anzunehmenden relativen Effizienz dieser Routinen und orientierenden Vorgaben. Erst wenn die Routinen und die Relevanzstrukturen nicht mehr in der gewohnten Weise "arbeiten", gebe es Anlaß, neue Wege zu gehen. Dieser Prozeß werde aber abgebrochen, sobald eine neue zufriedenstellende ("satisficing"?) Lösung gefunden worden sei.

Diese Hinweise sind der Ausgangspunkt für die folgende Rekonstruktion des Konzeptes der Lebenswelt im Rahmen der RC-Theorie. Dazu werden wir zunächst einige kurze Anmerkungen zum Grundmodell der RC-Erklärung des Handelns machen und dann die beiden wichtigsten Aspekte des Konzepts der Lebenswelt aufgreifen: "Routine" und "Relevanzstruktur".

## 2.1 Das Grundmodell des "Rational Choice"

Wir wollen - der Einfachheit halber - hier von einer speziellen Version der RC-Theorie ausgehen, die sich in verschiedener Hinsicht von der extremeren Variante der neoklassischen Preistheorie unterscheidet(5): von der Wert-Erwartungs-Theorie (value expectancy theory; subjective utility theory; SEU-theory). Sie entstammt einer Reihe von Konvergenzen aus einer jahrzehntelangen psychologischen Forschung, der statistischen Entscheidungstheorie und auch bestimmten soziologischen Handlungserklärungen ( z.B. der "voluntaristic theory of action" des "frühen" Parsons; vgl. zu diesen Einzelheiten insbesondere Langenheder 1975 oder Vanberg 1975).

Die Grundidee der SEU-Theorie ist sehr einfach (vgl. dazu z.B. Riker und Ordeshook 1973: Kap. 2): Personen wählen aus einem Set überhaupt verfügbarer oder möglicher Handlungsalternativen diejenige, die am ehesten angesichts der vorgefundenen Situationsumstände bestimmte Ziele zu realisieren verspricht. Dabei werden bestimmte Erwartungen (über die "Wirksamkeit" der Handlungen) und Bewertungen (der möglichen "outcomes" der Handlungen) kombiniert und diese Kombinationen dann miteinander verglichen.

Der Prozeß der Handlungswahl kann dabei in drei Schritte zerlegt werden: die **Kognition** der Situation, die **Evaluation** der Konsequenzen bestimmter Handlungen und schließlich die **Selektion** einer bestimmten Handlung nach einer bestimmten Regel (vgl. dazu auch Lindenberg 1989: S. 176).

Bei der **Kognition** werden die Situationsumstände, Informationsübertragung, Wahrnehmung, die kognitiven Prozesse der Erinnerung und Assoziationsbildung, die Aktualisierung der "Alltagstheorien" der Akteure bedeutsam. Die Evaluation der Handlungsalternativen bezieht sich auf die Bewertung der Alternativen vor dem Hintergrund der eigenen Präferenzen und der (subjektiven) Wahrscheinlichkeiten darüber, daß eine bestimmte Handlung zu einer bestimmten Folge (outcome) führt. Für alle Alternativen gibt es - so die Annahme - eine solche Bewertung. In dieser Phase werden - der Annahme nach - die "subjective-expected-utility"-Werte (SEU-Werte) für die Handlungsalternativen "kalkuliert".

Der Prozeß der Kalkulation der SEU-Werte bildet den Kern der Theorie. Jeder Akteur bewertet danach einen Satz an Ziel-Situationen vor dem Hintergrund seiner eigenen Präferenzen. Dieser Satz an bewerteten Zielsituationen sei mit $U_1, U_2, \ldots, U_j, \ldots, U_n$ bezeichnet. Zweitens gebe es immer einen Satz an möglichen Handlungsalternativen $A_1, A_2, \ldots, A_i, A_m$. Mit den Zielen sind diese Handlungsalternativen über eine Matrix $P$ von subjektiven Erwartungen $p_{11}, \ldots, p_{ij}, \ldots p_{mn}$ verbunden. Die $p_{ij}$-Werte kennzeichnen die subjektiven Erwartungen des Akteurs, mit welcher "Wahrscheinlichkeit" eine Handlung $A_i$ zur Realisierung des Zieles $U_j$ führt. Die subjektiven Wahrscheinlichkeiten $p_{ij}$ haben Werte zwischen 0 (Zielerreichung ausgeschlossen) und 1 (Zielerreichung sicher). Bei "zufälliger" Verbindung zwischen Ziel und Handlung hat $p_{ij}$ den Wert $\frac{1}{m}$. Es wird nun weiter angenommen, daß jeder Akteur für jede einzelne Handlungsalternative $A_i$ in bezug auf jedes Ziel $U_j$ eine Gewichtung mit der jeweils zugehörigen subjektiven Wahrscheinlichkeit $p_{ij}$ vornimmt. Dies geschieht durch die Bildung des Produktes der Zielbewertung $U_j$ und der subjektiven Wahrscheinlichkeit $p_{ij}$.

Für jede Handlung werden in der Phase der Evaluation diese Produkte für jedes Ziel bestimmt und dann - getrennt für jede Handlungsalternative - über alle Ziele aufaddiert. Das Ergebnis ist die gesamte "subjective expected utility" (SEU) einer Handlungsalternative $A_i$ in bezug auf alle betrachteten Ziele $U_1$ bis $U_n$; formal: $SEU\,(i) = \sum p_{ij} \cdot U_j$ Mit dieser Kalkulation gibt es schließlich einen SEU-Wert für jede der $m$ Handlungalternativen.

Als Regel für die **Selektion** nimmt die Theorie der rationalen Wahl das Kriterium der "Maximierung" der subjektiven Nutzenerwartung an. Dazu werden die m SEU-Werte für alle Handlungsalternativen verglichen. Gewählt wird die Alternative, die den höchsten Wert dieser subjektiven Nutzenerwartung aufweist.

Einige der wichtigsten Vorzüge dieser Theorie seien zusammengefaßt: Die SEU-Theorie kommt mit wenigen Parametern aus, jedoch lassen sich leicht auch "komplexe" Situationen (nach Bedarf) modellieren. Man kann die Akteure und die Situationen - mehr oder weniger stark - "typisieren". Über die (subjektiven) Erwartungen insbesondere lassen sich relativ einfach auch die Einflüsse der sozialen und institutionellen Bedingungen modellieren und Brückenhypothesen einführen. Da die SEU-Theorie eine Reihe von Anschlüssen an andere Verhaltens- und Handlungstheorien aufweist, lassen sich auch Fortschritte in diesen Theorien (bei Bedarf) berücksichtigen. Aus genau dem gleichen Grund können die vereinfachenden Annahmen in dieser Theorie jederzeit durch "komplexere", aber stärker "realistische" ersetzt werden. Und die Theorie kann als gut bestätigt gelten (vgl. z.B. die bereits bei Atkinson 1975 zusammengefaßten Resultate empirischer Überprüfungen des "psychologischen" Teils der Theorie).

Für den hier diskutierten Zusammenhang sind weitere Besonderheiten wichtig: Die SEU-Theorie geht erkennbar **nicht** von einer "objektiven" Rationalität des Handelns aus. Es wird **nicht** der perfekt informierte Akteur angenommen: die Erwartungen können "unsicher" oder völlig offen sein (bei $p_{ij} = \frac{1}{m}$). Auf jeden Fall beruhen sie auf **subjektiven** Einschätzungen und Vermutungen. Auch werden keine "stabilen" Präferenzen angenommen: die Akteure können "lernen" und ihre Präferenzen ändern. Lediglich für die jeweils gegebene Situation nimmt man an, daß es bestimmte Bewertungen von (imaginierten) Zielsituationen gibt. Außerdem steuern ja nicht die Präferenzen das Handeln allein, sondern nur in Kombination mit den Erwartungen. Schon von daher können die - nur bedeutsamen - "expected utilities" ohne weiteres mit Variationen der Situation ebenfalls variieren. Und schließlich wird auch das Kriterium einer "Erklärung" erfüllt: es **gibt** eine präzise Funktion zwischen den Parametern der Theorie und der zu erklärenden Handlung (nämlich: in den Regeln der Evaluation und der Selektion).

Worauf beruht dann aber die "Rationalität" der Wahl und warum spricht man von "rational" choice ? Die Antwort ist einfach genug: es handelt sich - wie der Begriff der **subjektiven** Erwartung bereits andeutet - um eine "Rationalität" **aus der Sicht des Akteurs** und **nicht** um eine angenommene, vom Beobachter gesetzte oder "objektive" Rationalität. Der Begriff soll lediglich kennzeichnen, daß die Regel der Handlungswahl - "wähle die Alternative aus dem set möglicher Handlungen mit der relativ höchsten subjektiven Nutzenerwartung" - allgemein gültig sei(6): gegeben eine bestimmte **subjektive** Ordnung der SEU-Werte der Handlungsalternativen wird der Akteur nicht (ohne "Grund") eine solche wählen, die seinen Erwartungen und Bewertungen widerspricht. In der Terminologie von Alfred Schütz: die SEU-Theorie setzt **keine** "Rationalität des Wissens" voraus, wohl aber eine "Rationalität der Wahl" nach den Bedingungen der **subjektiven** Nutzenerwartung.

## 2.2 Routine, Relevanz und "rational choice"

Wir wollen nun die beiden, für das Konzept der Lebenswelt bei Alfred Schütz zentralen Besonderheiten des Alltagshandelns aufgreifen. Lassen sich diese beiden Aspekte mit dem Konzept der oben skizzierten "rationalen Wahl" vereinbaren? Der Schlüssel zur Aufklärung dieses Problems scheint uns in einem bereits lange bekannten und auch in der RC-Theorie ausführlich diskutierten Sachverhalt zu liegen: in der "bounded rationality" des "normalen" Akteurs und in der Erklärung des "rationalen" Umgangs mit dieser Restriktion.

In der "üblichen" Verwendung der SEU-Theorie wird (zunächst) davon ausgegangen, daß ein Akteur alle Handlungsalternativen und alle Situationselemente gleichzeitig und unterschiedslos betrachtet; hierin gleicht er durchaus dem von Schütz kritisierten homo oeconomicus. Es gibt aber eine Reihe von Hinweisen, daß die Selektion von Handlungen (und bereits: die Kognition und Evaluation von Situationen) tatsächlich nicht nach diesem Modell, sondern unter Bedingungen extrem eingeschränkter Fähigkeiten der Informationsverarbeitung stattfindet (vgl. die frühen Hinweise bei Simon 1964).

Bereits Simon hatte - in seinem Bild der "architecture of complexity - auf eine "rationale" Möglichkeit hingewiesen, mit dem Problem der "bounded rationality" im Prozeß der Kognition umzugehen: die Strukturierung der Wahrnehmung über bereits vorliegende Wissensstrukturen. In der (neueren) Psychologie hat sich hierfür das Konzept des "**Schemas**" bzw. des "**Skripts**" eingebürgert (vgl. die Übersichten bei Abelson 1981 und bei Schwartz 1985 dazu).

Es handelt sich dabei um "higher order knowledge structures (frames, schemata, scripts etc.) that embody expectations guiding lower order processing of the stimulus complex" (Abelson 1981: S. 715). Schemata werden "als allgemeine Wissensstrukturen betrachtet, die die wichtigsten Merkmale des Gegenstandsbereiches wiedergeben, auf die sie sich beziehen und zugleich angeben, welche Beziehungen zwischen diesen Merkmalen bestehen" (Schwartz 1985: S. 273). "Skripte" sind Schemata über Ereignisabläufe. Personen-Schemata kann man als - mehr oder weniger typisierte - Stereotype verstehen. Der Alltag ist - so die Annahme - normalerweise nichts anderes als die routinemäßige Abwicklung solcher "Skripte".

Die Grundlage unserer weiteren Überlegungen ist die Annahme, daß Menschen sich auch für solche "Vereinfachungen" ihrer Wissensstrukturen "entscheiden". Die "eigentliche" Selektion von Handlungen ist danach ein zweistufiger Prozeß, bei dem in der ersten Stufe - in einer Art von Meta-Entscheidung - entschieden wird, ob man bei dem "Skript", "Schema" bzw. der "Routine" und der jeweils angenommenen "Relevanzstruktur" bleiben kann, und bei dem erst in einer zweiten Stufe, die

"Entscheidung" für eine konkrete Alternative getroffen wird. Anders gesagt: der Prozeß der Selektion wird "hierarchisiert" (siehe auch Esser 1990a).

Die Hierarchisierung des Vorgangs der Selektion bezieht sich auf zwei Aspekte: die "Wahl" nicht von einzelnen isolierten "Akten", sondern von ganzen Bündeln von Handlungssequenzen (die hier als "**habits**" bezeichnet seien) und die Orientierung der Wahl auf ein in der Situation dominantes Ziel (unter weitgehender Ausblendung anderer Ziele), den "**frame**" der Situation. Habits entsprechen dabei den Routinen und Rezepten des Alltagshandeln, die frames der jeweiligen Relevanzstruktur. Wir wollen beide Aspekte etwas ausführlicher betrachten.

### 2.2.1 Habits, Rezepte und Routinen

Habits können als ganze Komplexe bzw. Bündel von Handlungen bzw. Handlungssequenzen verstanden werden, die der Akteur nach Maßgabe bestimmter Situationshinweise "insgesamt" wählt: Handeln nach Daumenregeln, Routinen, Rezepten ohne nähere Nachprüfung. Der Begriff wird dadurch definiert, daß es sich um automatische, unreflektierte Reaktionen ohne eigene Ziel-Mittel-Kalkulationen, um eine "more or less self actuating disposition or tendency to engage in a previously adopted or acquired form of action" (Camic 1986: S. 1044) handele. Habits sind damit Vereinfachungen der Struktur der "Mittel".

Frames sind - im hier verstandenen Sinn - dagegen Vereinfachungen in der vom Akteur zu berücksichtigenden Ziel-Struktur. Sie beruhen auf "Definitionen" der Situation insofern, daß die Akteure von der (deutlichen) Dominanz bestimmter Ziele in der Situation und der Geltung von bestimmten (für dieses dominante Ziel effizienten, normativ vorgeschriebenen oder aus Erfahrung erfolgreichen) Handlungsregeln ausgehen können. Frames definieren damit insbesondere die "Relevanzstruktur" der jeweiligen Situation.

Frames und habits können sich durchaus kombinieren: Über den frame werden alle anderen Ziele (zunächst) ausgeblendet. Und in einem gegebenen frame "kalkuliert" der Akteur dann nicht Einzelhandlungen, sondern komplette Handlungsbündel. Bei Kombination von habits und frames vereinfacht sich der Prozeß der Handlungswahl so sehr, daß nicht mehr zwischen den Stufen der Kognition, der Evaluation und der Selektion unterschieden werden muß (oder kann). Alltagshandeln kann - so die Folgerung aus der Annahme der bounded rationality - diesen Vereinfachungen "automatisch" folgen.

Auf den ersten Blick scheinen diese Strukturierungen der Handlungssituation alle Regeln des "rational choice" außer Kraft zu setzen. Ist das aber tatsächlich der Fall? Betrachten wir zunächst den Fall der habits bzw. der Routinen in der Lebenswelt. Die Grundlage für den Versuch, das Routinehandeln in die Theorie der "rationalen Wahl" zu integrieren, finden wir bei Alfred Schütz selbst: die "Entscheidung" für die "Wahl" einer Gewohnheit, einer Daumenregel, eines habit sind die "guten Gründe", die es für die Anwendung von "Rezepten" (bzw. von "standard operating procedures") gibt. Diese Gründe sind so "gut", daß vor deren Hintergrund eine "rationale" Kalkulation von ("objektiv" vielleicht sogar "besseren") Alternativen unterbleiben kann.

Im Rahmen einer SEU-Modellierung ist dies leicht zu zeigen. Wir folgen hier dem Vorschlag von Riker und Ordeshook (1973: S. 21-23), die von der These von Herbert Simon ausgehen, wonach ein "maximizing" nur bei perfekter Information möglich sei, Menschen aber nur begrenzte Fähigkeiten der Informationsverarbeitung aufwiesen. Simon postulierte entsprechend, daß die Selektion der Handlungen aus Alternativen dann abgebrochen wird, wenn eine hinreichend befriedigende, wenngleich nicht unbedingt maximal nützliche Alternative erwogen wird: "satisficing" statt "maximizing".

Das Modell: Es sei $\alpha_1$ die Handlungsalternative "wähle aus dem set $A$ von Alternativen". $A$ ist dabei der set an Handlungsalternativen $a\,(1)\,, a\,(2)\,, \ldots , a\,(n)$, wie er bisher für den Akteur immer in vergleichbaren Situationen nur in Betracht kam. In $A$ ist dann auch das bislang bewährte und routinemäßig bevorzugte Handlungsbündel $a\,(i)$ enthalten, dessen "Wahl" aufgrund seiner (relativen) Effizienz auch ohne größere Entscheidungskosten und Verzögerung erfolgen kann. Dann sei $A'$ der set von Handlungsalternativen, der um eine Alternative - $a\,(n+1)$ - erweitert ist. Die Handlung $\alpha_2$ sei die Entscheidung, statt der unmittelbaren Wahl der Routine, nun auf die Suche nach einer "besseren"

Alternative $a\ (n+1)$ zu gehen. Die SEU-Werte für die Wahl der beiden Alternativen (im Filter des Entscheidungsvorgangs) lassen sich dann so bestimmen:

$$SEU\,(\alpha_1) = U\,a\,(i)\,;$$

$$SEU\,(\alpha_2) = p\,U\,a\,(n+1) + (1-p)\,U\,a\,(i) - C$$

Der erwartete Nutzen aus der Beibehaltung des Routine-Sets ($\alpha_1$) ist der Nutzen aus der habitualisierten Reaktion $a\ (i)$ , der in diesem Fall (subjektiv) mit einer Wahrscheinlichkeit von 1 auftritt. Die Entscheidung für die ("maximierende) Suche nach einer besseren Alternative ($\alpha_2$) setzt sich aus drei Komponenten zusammen: Die (subjektive) Erwartung, eine zu $a\ (i)$ "bessere" Alternative $a\ (n+1)$ auch tatsächlich zu finden, multipliziert mit dem Nutzen aus dieser Alternativen; die mit der komplementären Wahrscheinlichkeit zur Auffindung einer besseren Alternative gewichtete Nutzenerwartung für die habitualisierte Reaktion $a\ (i)$ ; und die mit der Wahl von $\alpha_2$ mit Sicherheit auftretenden Kosten $C$ (der Informationsbeschaffung und Bewertung von $a\ (n+1)$ ).

In dieser ersten Stufe wird demnach über die beiden Alternativen im Filter ($\alpha_1$ oder $\alpha_2$) tatsächlich "maximiert". Fällt die Entscheidung zugunsten des sets *A* aus, dann wird anschließend "habituell" auch über den gesamten set *A* maximiert. Da dieser Entscheidungsprozeß in der Regel einfach und komplikationslos ist, sieht das Handeln aus wie ein "habit"; seine theoretische Grundlage bleibt aber weiterhin die "Rationalität" als Entscheidungsregel und - in gewissem Sinne - sogar das Prinzip der "Maximierung".

Diese theoretische Rekonstruktion des "satisficing" erlaubt auch präzisere Vorhersagen über die Bedingungen, wann ein Akteur von habits und Routinen abweicht und beginnt, "findig" und "initiativ" nach neuen Alternativen zu suchen.

Nach der grundlegenden Selektionsregel der SEU-Theorie wird die Alternative $\alpha_1$ (keine weitere Suche) der Alternativen $\alpha_2$ (weitere Suche) dann vorgezogen, wenn $SEU\,(\alpha_1) > SEU\,(\alpha_2)$ ist. Dies ist solange der Fall wie die folgende Ungleichung gilt:

$$U\,a\,(i) > p\,U\,a\,(n+1) + (1-p)\,U\,a\,(i) - C$$

Dies ergibt:

$$U\,a\,(n+1) - U\,a\,(i) < \frac{C}{p}$$

Aus der Umformung kann ersehen werden, von welchen Faktoren die Wahrscheinlichkeit dafür abhängt, daß Personen bei der Routine bleiben: Je geringer der Nutzen aus der neuen Alternative verglichen mit dem aus der Routinehandlung; je höher die zusätzlichen Kosten der Informationsbeschaffung und der Entscheidungsfindung; und je geringer die Wahrscheinlichkeit, eine solche "bessere" Alternative zu finden, umso größer ist die Wahrscheinlichkeit, daß alles beim alten bleibt (vice versa). Wichtig erscheint insbesondere der Koeffizient $\frac{C}{p}$: bei gegebenen sicheren Kosten $C$ wird die Beibehaltung einer Routine vom Wert der Auffindewahrscheinlichkeit einer neuen, "besseren" Alternative $p$ bestimmt. In dieser Formalisierung wird deutlich, daß mit sinkendem $p$ die Schwelle zur Aufgabe der Routine $\frac{C}{p}$ zunehmend ansteigt und daß dann auch niedrige Kosten $C$ oder ein hoher Nutzenüberschuß bei der zusätzlichen Alternative unwirksam bleiben. Die für den Wandel von habits und Routinen oft festgestellte Persistenz auch gegenüber deutlichen Veränderungen in den relativen "Preisen" der Alternativen wird so ebenso erklärlich wie der Sachverhalt, daß ein solcher Wandel erst bei einer hohen Sicherheit für das Auffinden einer neuen Alternative erfolgt.

### 2.2.2 Frames und Relevanzstrukturen

Die bounded rationality des Menschen zwingt zu einer weiteren Ökonomisierung des Entscheidungsprozesses: die Orientierung an "relevanten" Zielen und damit die Vereinfachung der Struktur der Ziele, um die es in einer gegebenen Situation geht. Diese Vereinfachung der Zielstruktur von Situationen erfolgt durch die Angabe eines die Situation kennzeichnenden übergreifenden Ziels.

Man könnte versucht sein, die "Wahl" von frames als ein bloße Frage der "Kognition" von "Typen" von Situationen aufzufassen. Dann bestünde die "Relevanz" der Strukturen der Lebenswelt in der Tat vor allem in der symbolischen Markierung von Situationen und das Handeln würde ausschließlich durch das "Wissen" bzw. durch "Kommunikation" gesteuert. Der Hauptmangel dieses Konzepts - wie es offenbar im Hintergrund des interpretativen Paradigmas steht - ist, daß es Knappheit, Restriktionen und die Kostenstruktur (einschließlich möglicher Alternativen des Handelns nicht berücksichtigen können).

Die **kombinierte** Berücksichtigung der bounded rationality über das framing von Situationen und des Einflusses von Knappheit bzw. der Änderung der Kostenstruktur des Handelns auf das frame-orientierte

Handeln ist der besondere Vorzug des von Lindenberg entwickelten "discrimination"-Modells (Lindenberg 1989; für frühere Varianten vgl. die dort angegebene Literatur).

Nach diesem Modell unterscheidet der Akteur in der ersten Phase des Entscheidungsprozesses ebenfalls Alternativen und outcomes und ordnet sie nach seinen Präferenzen. Anders als in der (einfachen) SEU-Theorie wird aber angenommen, daß der Akteur immer nur in Bezug auf ein Ziel (bzw. einen bestimmten Aspekt der Situation) maximiert. Dieses Ziel (bzw. dieser Aspekt) bildet den "frame" der Situation.

Wichtig ist, daß die im frame vorgenommene Ordnung von Kriterien der situationsspezifischen Zielerreichung nicht alle Kosten- und Nutzenaspekte enthält, sondern nur die situationsspezifischen Kosten und Nutzen innerhalb des gerade dominanten frames. Die anderen Kosten und Nutzen bleiben (einstweilen) im "Hintergrund".

Die Unterschied zum einfachen SEU-Modell - es wird die Alternative mit dem höchsten SEU-Wert unmittelbar selegiert - besteht darin, daß der Akteur gemäß dem discrimination-Modell jede Alternative nur mit einer gewissen Wahrscheinlichkeit wählt. Diese Wahrscheinlichkeit $P(i)$ für jede der Alternativen $a(i)$ ist eine Funktion des Grades der "Diskriminierung" zwischen den zur Wahl anstehenden Alternativen. Dieser Grad der Diskriminierung ist vor dem Hintergrund der Nicht-Diskriminierung definiert. Bei $k$ verschiedenen Alternativen, die alle die gleiche Nutzenerwartung $U(j)$ aufweisen, gäbe es keinerlei Diskriminierung. Die Wahrscheinlichkeit $P(i)$ zur Selektion jeder Alternative $a(i)$ wäre dann gleich $\frac{1}{k}$.

Der Grad der Diskriminierung zwischen den Alternativen hängt von zwei Sachverhalten ab. Einerseits von der Differenz der Nutzenerwartung für die betrachtete zu den anderen Alternativen.

Wenn $U(i)$ die subjektive Nutzenerwartung für eine bestimmte Alternative ist, dann ist diese Differenz gleich $i\ U(i) - [\frac{1}{k} \sum U(j)]$. Also: die Differenz ist der Unterschied der Nutzenerwartung für die betrachtete Alternative zum Durchschnitt der Nutzenerwartungen für alle Alternativen.

Zweitens ist der Grad der Diskriminierung durch die "Bedeutsamkeit" $\beta$ für diese Differenz $U(i) - [\frac{1}{k} \sum U(i)]$ in der gegebenen Situation bestimmt. Diese Bedeutsamkeit ("salience") ist ein Maß dafür, wie dominant der frame in der gegebenen Situation ist.

Eine "Diskriminierung" durch "framing" - also: eine deutlich höhere Wahrscheinlichkeit $P(i)$ für die Wahl einer bestimmten Handlung - gibt es also nur, wenn es überhaupt eine Differenz einer bestimmten Alternative zu den anderen Alternativen gibt und gleichzeitig eine gewisse "salience" des frame vorliegt. Das Modell läßt sich formal dann so darstellen (vgl. Lindenberg 1989: S. 189):

$$P(i) = \beta \cdot \left( U(i) - [\frac{1}{k} \sum U(j)] \right) + \frac{1}{k}$$

In der Bedeutsamkeit $\beta$ spiegelt sich die indirekte Verbindung des frames der spezifischen Situation zu anderen Lebensbereichen. Wird das situationsspezifische Handeln nicht nur in der Situation selbst, sondern zunehmend auch über andere Wege belohnt (z.B. weil der Akteur sich eine bestimmte Reputation z.B. des verläßlichen Kooperationspartners erwirbt, die ihm in ganz anderen Bereichen nutzt), dann verstärkt sich die Bedeutsamkeit des situationsspezifischen Ziels (und entsprechend die Handlungswahrscheinlichkeit $P(i)$ . Zieht das situationsspezifische Handeln dagegen verstärkt externe Kosten nach sich (z.B. durch die Überstrapazierung des Zeitbudgets bei zu starker Konzentration auf die korrekte Erfüllung einer bestimmten "Rolle"), dann sinkt die Bedeutsamkeit. Auf diese Weise wird modellierbar, daß Aspekte, die zunächst nicht zum frame der Situation gehören, bei Veränderungen der Kosten-Nutzenstruktur dennoch die Entscheidungsstruktur beeinflussen können. Aus dem Modell wird insbesondere deutlich, daß sich Kostensteigerungen im Hintergrund des frames nicht unmittelbar auswirken.

Erneut handelt es sich also um einen zweistufigen Prozeß. In der ersten Stufe wird - gewissermaßen - der "Rahmen" der Situation gewählt und in der zweiten Stufe erst die konkrete Handlung. Auch dieser zweistufige Prozeß läßt sich leicht im SEU-Modell rekonstruieren. "Gewählt" werde ein "frame" ($\beta_i$) gegenüber irgendeinem anderen, in der Situation ebenfalls "denkbaren" frame ($\beta_j$). Diese Wahl erfolge erneut nach den Regeln des SEU-Modells. Die Bestandteile der Wahl seien der Nutzen, der aus dem Handeln innerhalb des jeweiligen frames erwartet wird ($U_i$) und der

Nutzen aus dem jeweils "anderen" frame ($U_j$). Die subjektive Wahrscheinlichkeit für diesen Nutzen sei die subjektive Erwartung, daß der jeweilige frame (nach Maßgabe der "Signale" in der Situation etwa) auch tatsächlich "vorliege". Für $\beta_i$ sei diese Erwartung $p$; und entsprechend ist sie für $\beta_j$ dann $(p-1)$ . In die Entscheidung kann man noch weitere "Hintergrund-Aspekte" einbeziehen: die (subjektiven) Vermutungen darüber, welche Folgen das Handeln in Orientierung an einen bestimmten frame für andere Bereiche hat. Diese Konsequenzen-Erwartungen seien mit $r\,(ik) \cdot U_k$ bzw. $r\,(jk) \cdot U_k$ bezeichnet. Sie müssen mit der Wahrscheinlichkeit gewichtet werden, daß ein bestimmter frame jeweils "gilt". Dann sieht das Entscheidungsmodell für die Orientierung an einem frame $\beta_i$ versus frame $\beta_j$ so aus:

$$SEU\,(\beta_i) = p \cdot U_i - (1-p) \cdot U_j + p \cdot r\,(ik) \cdot U_k$$

$$SEU\,(\beta_j) = (1-p) \cdot U_j - p \cdot U_i + (1-p) \cdot r\,(jk) \cdot U_k$$

Im Modell wird deutlich, unter welchen Bedingungen die jeweils nicht zum frame gehörenden Aspekte aus dem "Hintergrund" in den Vordergrund treten: wenn - im Fall der Dominanz von $\beta_i$ - der Wert von $p$ kleiner wird und wenn die jeweiligen "Kosten" ($U_j$ für $\beta_i$) eine gewisse Größe erreichen. Bleibt $p$ jedoch klein, dann können auch extrem hohe Kosten sich kaum auf die Entscheidung auswirken, den frame zu "wechseln".

Die allgemeinen Bedingungen der Beibehaltung eines frames $\beta_i$ gegenüber $\beta_j$ können wieder auf der Grundlage der Entscheidungsregel der SEU-Theorie formuliert werden. Dazu muß erfüllt sein: $SEU\,(\beta_i) > SEU\,(\beta_j)$

Dies ergibt:

$$p \cdot U_i - (1-p) \cdot U_j + p \cdot r\,(ik) \cdot U_k > (1-p) \cdot U_j - p \cdot U_i + (1-p) \cdot r\,(jk) \cdot U_k$$

Aus Vereinfachungsgründen (und weil dadurch das Argument nicht grundlegend geändert wird) seien die "Fernwirkungen" des frame-orientierten Handelns, $p \cdot r\,(ik) \cdot U_k$ bzw. $(1-p) \cdot r\,(jk) \cdot U_k$, nicht weiter berücksichtigt. Dann lautet die Bedingung für die Beibehaltung von frame *i* gegenüber frame *j*:

$$\frac{U_i}{U_j} > \frac{(1-p)}{p}$$

Und dies bedeutet (ganz ähnlich wie bei der Modellierung der "Entscheidung" für die Beibehaltung eines habit): die Sicherheit, daß ein anderer frame in der Situation "gilt", muß schon extrem hoch werden, ehe ein "rationaler" Akteur in seiner Orientierung davon abweicht.

Die unreflektierte "Wahl" von habits und die spontane Orientierung an bestimmten frames werden somit als Spezialfälle der "rationalen" Wahl erkennbar. Es wird gerade in der SEU-Modellierung deutlich erkennbar, wovon diese Prozesse vor allem gesteuert werden: Neben den Nutzen-Kosten-Verhältnissen ist es **vor allem** die **Stärke**, also die "Fraglosigkeit" der (subjektiven) **Erwartungen** in einer ersten typisierenden Beurteilung der jeweils gegebenen Situation. Von diesen Typisierungen wird erst abgewichen, wenn das Kosten-Nutzen-Verhältnis sich für die Beibehaltung **drastisch** ändert und wenn die Sicherheit, daß es sich um eine "andere" Situation handelt, **dramatisch** gestiegen ist. Dies wird im Alltag nur selten der Fall sein.

## 3. Alfred Schütz und "rational choice"

Wir können damit zu Alfred Schütz zurückkehren. Die Ausgangsthese war, daß die Konzeption der Sozialtheorie und der Methodologie von Alfred Schütz - anders als im Selbstverständnis des "interpretativen Paradigmas" vermutet (7) - deutliche Parallelen mit der Theorie der rationalen Wahl aufweist, wie sie in Abschnitt 2 skizziert wurde.

Wir wollen diese These zusammenfassend weiter belegen und - darüber hinaus - an einigen weiteren zentralen methodologischen und theoretischen Punkten zu bekräftigen versuchen, daß Alfred Schütz eine Position entwickelt hat, die nicht nur in Bezug auf die Handlungstheorie vollauf vereinbar ist mit dem Modell der rationaltheoretischen Erklärung sozialer Prozesse. Dazu wollen wir - in aller notwendigen Kürze - auf das allgemeine Konzept der Logik der sozialwissenschaftlichen Forschung von Alfred Schütz (3.1), auf das von Schütz vorgetragene Postulat der subjektiven Interpretation (3.2), auf seine Erklärung der Handlung als "Wahl" (5.3), und - abschließend auf die Frage nach der "Rationalität" des Alltagshandelns (5.4) eingehen.

### 3.1 Alfred Schütz und die Logik der sozialwissenschaftlichen Forschung

Konvergenzen zwischen Alfred Schütz (AS) und "rational choice" (RC) gibt es - hier und da vielleicht nicht unmittelbar erwartet - bereits bei den von ihm vertretenen methodologischen Regeln der sozialwissenschaftlichen Analyse.

Bekanntlich beruht RC auf Grundlagen der Analytischen Wissenschaftstheorie: Das oberste Ziel wissenschaftlicher Analyse sei die Formulierung von Erklärungen auf der Grundlage von gewissen Theorien; "Theorien" seien daher notwendigerweise Aussagesysteme über Zusammenhänge (und damit nicht nur Begriffssysteme oder Beschreibungen); die Aussagen sollten möglichst explizit, präzise, überprüfbar und bestätigt sein; sie sollten den Regeln der Logik gehorchen; und sie sollten möglichst einheitlich, allgemein und einfach sein. Alle diese - allgemeinen und für alle Wissenschaften gültigen - Regeln unterstützt AS mit Nachdruck. Ebenso wie das - für RC selbstverständliche - Postulat der Wertneutralität des Wissenschaftlers und die - für RC konstitutive - Empfehlung, ausgehend von (induktiv gewonnenen) Beobachtungen - mehr oder weniger - abstrakte Modellierungen (der Eigenschaften der Akteure und der damit vorhersagbaren Folgen) vorzunehmen (vgl. dazu insgesamt Abschnitt 3.4 bei Esser 1991).

Die augenscheinlichste methodologische Übereinstimmung zwischen AS und RC besteht jedoch im Postulat des Rückbezugs der sozialwissenschaftlichen Erklärungen auf das (absichtsvolle) Handeln von (individuellen) Akteuren: AS und RC finden ihre grundlegende Gemeinsamkeit in einem Programm des "Methodologischen Individualismus". Die Begründung dafür ist ebenfalls ähnlich: Erklärungen über "kollektive" oder "aggregierte" Begrifflichkeiten stellten - allenfalls eine "Kurzschrift" dar, die manchmal zwar durchaus hinreiche, oft genug aber ein tieferes Verständnis der "eigentlichen" Prozesse und Mechanismen verstelle und daher - im Interesse adäquaterer Erklärungen - auf die Absichten, Zwecke und Tätigkeiten von Akteuren zurückgeführt werden müsse (vgl. insbesondere SW: S. 11f dazu). Genau dies ist aber auch der Anlaß für die Entwicklung der Methodologie des RC gewesen: die Suche nach "Tiefenerklärungen" zur Überwindung der Unvollständigkeit "kollektiver" Erklärungen durch die Verbindung sozialer Bedingungen mit den "allgemeinen" Regeln des absichtsvollen Handelns von Menschen. Die Formulierung von Erklärungen sozialer Prozesse durch den systematischen Einbezug der Absichten und Handlungen individueller Akteure, die Beachtung der - in **allen** Wissenschaften - üblichen formalen Regeln der Theoriebildung, der Verzicht des Forschers auf ein "Engagement" mit dem Forschungsgegenstand und die Konstruktion von abstrahierenden und typisierenden Modellen sozialer Prozesse sind die zentralen

Bestandteile der Methodologie von Alfred Schütz. Hierin gibt es keinerlei Differenz zum RC-Ansatz. Und in dieser Hinsicht dürfte sich niemand in seiner "Kritik" an der RC-Theorie auf Alfred Schütz berufen.

**3.2 Das Postulat der subjektiven Interpretation**

Der Eindruck einer grundlegenden Verschiedenheit zwischen AS und RC ist gleichwohl keineswegs unverständlich. Gerade vor dem Hintergrund der Unterstützung allgemeiner Regeln wissenschaftlicher Analyse betont AS eine Reihe, aus seiner Sicht außerordentlich folgenreicher Besonderheiten für die Erklärung sozialer Prozesse. Dieser Unterschied beruhe vor allem darauf, daß die Konstrukte des Sozialwissenschaftlers - gerade im Rahmen einer "individualistischen" Programmatik - sich an den **subjektiven** Sichtweisen der jeweils untersuchten Akteure, an **deren** "Konstruktionen" zu orientieren hätten. Dies ist die Grundlage des von Alfred Schütz so genannten Postulats der subjektiven Interpretation.

Mit diesem Postulat wendet sich AS insbesondere gegen einen bestimmten "Objektivismus" bzw. "Naturalismus" in den Sozialwissenschaften, dessen Programmatik gerade darauf beruhe, sich entweder ausschließlich auf das overte Verhalten zu beziehen (wie der sog. Behaviorismus) oder für die Erklärung des Handelns bestimmte fixierte und "unrealistische" Annahmen zu machen (wie bestimmte Annahmen im "Utilitarismus" der neoklassischen Ökonomie und auch die Festlegung auf "Rollen"-Handeln im "normativen Paradigma" der funktionalistischen Soziologie). Diesen Fixierungen und apriorischen Setzungen stellt Schütz die Forderung entgegen, daß jede Modellierung mit den "Konstruktionen erster Ordnung", mit der Vergewisserung der "Sinnadäquanz" der "Konstruktionen zweiter Ordnung" beginnen muß. In einem Ausdruck von Luckmann: "'Verstehen' kommt logisch vor dem 'Erklären'" (Luckmann 1986: S. 196).

Allerdings fordert Schütz dann für den weiteren Umgang mit diesen "Konstruktionen erster Ordnung", daß sie in "objektiver", konsistenter und widerspruchsfreier, kurz: in "rationaler" Weise zu formulieren seien. Anders gesagt: man könne (und **müsse**) die Aussagen über die subjektiven Weltsichten und die evtl. nicht-rationalen Beweggründe der Menschen in "rationalen Modellen" (WI: S. 5O) zusammenfassen. ("Rationale") Modelle mit der Unterstellung "rationaler" Weltsichten und Handlungsgründe hätten ihren unbezeifelbaren Wert; allerdings weniger zur Erklärung der tatsächlichen Prozesse, denn als eine Art von Base-line-Modell und als Gedankenexperiment. Vor diesem Hintergrund seien auch die objekivistischen und naturalistischen Modellierungen in keiner Weise bedeutungslos.

Die Frage nach der Konvergenz von AS und RC in Hinsicht auf das Postulat der subjektiven Interpretation ist die Frage danach, ob der RC-Ansatz zu den genannten objektivistischen oder naturalistischen Varianten der Erklärung sozialer Prozesse zu zählen ist. Dies ist - den inzwischen gut zugänglichen Darlegungen zum Problem der "Tiefenerklärungen", zum Konzept der "Brückenhypothesen" und zum Akteurs-Modell der RC-Theorie zufolge (vgl. Esser 1991 Abschnitt 4.1 und die dort angegebene Literatur) - dezidiert **nicht** der Fall. Hier wird ausdrücklich in Kritik an just den gleichen "objektivistischen" Ansätzen gefordert, daß die jeweiligen sozialen Bedingungen erst die Parameter des handlungstheoretischen Kernmodells bestimmen sollen. Dies macht den systematischen Einbezug von Prozessen der Wahrnehmung, der Kommunikation, der Informationsverarbeitung und des "Wissens" allgemein und der dabei auftretenden Restriktionen erforderlich. Das Konzept der Brückenhypothesen ist nur eine andere Bezeichnung für die im Postulat der subjektiven Interpretation geforderte explizite Berücksichtigung der "Konstruktionen erster Ordnung". Deutlich wird dies nicht zuletzt daran, daß in der als Kern des RC-Ansatzes fungierenden SEU-Theorie die subjektiven Erwartungen und Bewertungen (als Matrix der subjektiven "Kausalhypothesen" und "Alltagstheorien", und als Vektor der subjektiven "Interessen" des Akteurs), das "Wissen" und die Vorlieben der Akteure insbesondere die "Wahl" der Handlungen bestimmen; es ist nicht ohne Grund von der "**subjective** expected utility" in der SEU-Theorie die Rede.

In Einklang mit AS wird aber von RC (kaum unerwarteter Weise) auch gefordert, daß die "Alltagstheorien", die subjektiven Erwartungen und Interessen "objektiv", d.h. korrekt, valide, widerspruchsfrei und präzise dargestellt und modelliert werden. Diese Modellierung kann - zunächst - stark vereinfachend und typisierend erfolgen. Die grundsätzliche Orientierung an der "Realität" der subjektiven Sichten der Akteure erlaubt es jedoch, bei Bedarf (d.h.: bei Auftreten von "Anomalien") stärker differenzierende und mehr "realistische" Elemente einzubeziehen(8). Dies ist der grundlegende Unterschied zu den "naturalistischen" Modellierungen. Und gegen diese wenden sich Alfred Schütz wie die RC-Theorie gleichermaßen mit Recht.

### 3.3 Handlung als "Wahl"

Der RC-Ansatz bezieht seinen Namen aus der zugrundegelegten Handlungstheorie, die Handlungen als Ergebnis einer "rationalen Wahl" erklärt. In der Darlegung der Einzelheiten der hier vor allem bevorzugten SEU-Theorie (vgl. Abschnitt 2.1) war schon deutlich geworden, daß es sich nicht um eine objektive, auf den Voraussetzungen perfekter Information beruhende "Rationalität" handelt, sondern um eine "subjektive" Rationalität. Handeln ist nach dem Konzept der SEU-Theorie das Ergebnis einer gewichtenden Kombination der Erwartung und Bewertung von Konsequenzen bestimmter, ins Auge gefaßter Handlungsalternativen. Es ist insofern immer "purposive behavior", "geplantes", "intendiertes", "entworfenes" Handeln. Die Klassifikation der Handlungserklärung als "rational" hat nur mit der Selektionsregel zu tun, die in der SEU-Theorie für die "Entscheidung" für eine bestimmte Handlungsalternative angewandt wird: Menschen "wählen" die Alternative, deren subjektiv erwarteter Nutzen (im Sinne der Einzelheiten der SEU-Theorie) im Vergleich zu den betrachteten anderen Alternativen der höchste ist. Die einzelnen Bestandteile dieser Bewertung müssen dabei - es sei ausdrücklich wiederholt - keineswegs "rational" sein.

Bei Alfred Schütz ist Handeln ebenfalls immer "entworfenes" Verhalten. Im Prinzip ist es auch eine Wahl zwischen Alternativen bzw. zwischen alternativen "Entwürfen". Dieser Wahl geht sogar ein "Abwägen" als "ein dramatisches Ausproben verschiedener möglicher Richtungen des Handelns in der Phantasie...(voraus). Experimentierend werden verschiedene ausgesuchte Elemente der Gewohnheiten und Antriebe miteinander kombiniert, um herauszufinden, wie das resultierende Handeln aussehen würde, falls es begonnen wird" (WE: S. 78 auf der Grundlage eines Zitats bei Dewey).

Bei den Alternativen handelt sich um "Alternativen in meiner Reichweite". Die Komponenten der Abwägung ist das Wissen über ("problematische" oder "offene") Möglichkeiten und die "Um-zu-Motive" des Akteurs. Die bei der "Wahl" angenommene Entscheidungsregel hat Schütz am deutlichsten in seiner Darstellung (und Übernahme) der Leibnizschen "Theorie des Wollens" zusammengefaßt: die Alternativen werden - in aufeinander folgenden "Phasen des Wollens" - mit (positiven und negativen) "Gewichten" versehen. Diese Gewichtung erfolgt in einer Art von "Kalkulation" nach Maßgabe der (wahrgenommenen) "Möglichkeiten" und der jeweiligen Um-zu-Motive. Dabei werden alle "Kombinationen" der verschiedenen "Begehrungen" für die Alternativen zusammengefaßt. Das "gesamte Wollen" ist dann das Ergebnis dieser gewichteten Kombinationen und bestimmt somit "die Richtung der Handlung" (HE: S. 104).

Es fällt nicht schwer, die Parallelitäten der beiden Konzepte zu erkennen. Die "Definition" des Handelns als "entworfenes" Handeln ist die gleiche. Ausgangspunkt sind in beiden Fällen die (verfügbaren) Alternativen ("in meiner Reichweite" bzw. innerhalb der gegebenen Opportunitäten und Restriktionen). Das Handlungsergebnis ist jedesmal die Folge eines Prozesses der Gewichtung der Folgen bestimmter Alternativen. In diese Gewichtung gehen in beiden Varianten (subjektives) Wissen und Bewertungen ein: über "Möglichkeiten" bzw. "subjektive Erwartungen" und Um-zu-Motive hinsichtlich bestimmter Ziele bzw. Bewertungen denkbarer "outcomes". Das schließliche Handeln ist bei Schütz und im RC-Ansatz die Folge eines Vergleichs der "Kombination" dieser Komponenten: hier in der Bildung von "Gewichten" für eine dann zusammengesetzte Tendenz des "Wollens", dort in der Kalkulation der Summen der $p_{ij} \cdot U_j$-Produkte als SEU-Gewichte der verschiedenen Alternativen. Das Ergebnis der Gewichtung der Alternativen ist beide Male die Grundlage der schließlichen Entscheidung. Und hierfür wird in beiden Fällen eine inhaltlich gleiche (wenngleich formal unterschiedlich präzisierte) Regel angenommen: Gewählt wird nach Schütz (in der Sprache von Leibniz) die Handlung, in der "jeder das ausführt, was er ausführen will" ( HE: S. 104); und gemäß der SEU-Theorie die Handlung mit der vergleichsweise höchsten "Handlungstendenz" (als subjektiv erwartetem Nutzen der betreffenden Handlung).

Der Eindruck einer weitgehenden Unvereinbarkeit von AS und RC mag - neben den noch zu behandelnden Aspekten einer "Rationalität" des Alltagshandelns in Abschnitt 3.4 - durch zwei Spezialitäten der Schützschen Sozialtheorie entstanden sein: Seine Unterscheidung von "problematischen" bzw. "fraglichen Möglichkeiten" gegenüber "offenen" Möglichkeiten und die - bekanntere - Unterscheidung von Um-zu- und Weil-Motiven.

Beide Konzepte mögen den Eindruck erwecken oder verstärken, daß die Schützsche Sozialtheorie nur wenig Anschlußmöglichkeiten für "herkömmliche" Ansätze bietet. Mindestens für diese beiden Konzepte trifft dies nicht zu. So wie Schütz das Konzept der "Möglichkeiten" diskutiert (vgl. HE: S. 93f) sind die "problematischen" bzw. "fraglichen Möglichkeiten" nichts anderes als von Zufallserwartungen abweichende subjektive Wahrscheinlichkeiten (wie sie in der $p_{ij}$-Matrix im SEU-Modell dargestellt werden können). "Problematisch" sind solche (strukturierten) Erwartungen deshalb, weil sie sich - aufgrund ihres subjektiven Charakters - leicht ändern können. "Offene" Möglichkeiten sind dagegen solche mit einer "rein zufälligen" Auftrittswahrscheinlichkeit. Im Fall der Erwartung bestimmter "outcomes" bei $m$ "Möglichkeiten" gibt es also eine überall gleiche Wahrscheinlichkeit von $\frac{1}{m}$ dafür, daß mit irgendeiner der $m$ Handlungen ein bestimmtes outcome erreicht wird

Ebenfalls nicht schwierig ist die Rekonstruktion der Unterscheidung von Um-zu- und Weil-Motiven. Die Um-zu-Motive sind der "Zweck" der Handlung. Sie "motivieren" den Akteur wegen der daraus zu erwartenden Erträge (z.B der Geldbetrag, der den Mörder zu seiner Tat bewegte). Im Rahmen der SEU-Theorie ist der Wert dieses "Zweckes" eindeutig definiert: ein Akteur wählt eine bestimmte Handlung $i$, "um" dadurch in den Genuß der Summe der erwarteten Erträge der Handlung $i$ ($SEU(i) = \sum p_{ij} \cdot u_j$) "zu" gelangen. Warum der Akteur gerade die betreffende $p_{ij}$-Matrix und den betreffenden $U_j$-Vektor (als Teil seiner "Persönlichkeit" und als Ergebnis seiner Erfahrungen und Lerngeschichte) aufweist, interessiert zur Erklärung der "imaginierten" und in der Zukunft gelegenen Handlung nicht. Weder bei AS, noch bei RC. Genau dies sind aber die Weil-Motive: Der Mörder erwog (und exekutierte) sogar einen Mord, "weil" ihm dies angesichts seiner (früher erworbenen) Erwartungen (und Präferenzen) als eine Möglichkeit "in seiner Reichweite" erscheinen konnte. Weil-Motive lassen sich mit der Theorie des Handelns (allein) nicht erklären. Andere Theorien - des Lernens zum Beispiel - werden hierfür benötigt. Diese einzusetzen ist sowohl bei Schütz wie im RC-Ansatz absolut möglich (wie unter Umständen erforderlich).

Die so weit feststellbaren Übereinstimmungen in den Handlungstheorien des RC-Ansatzes und bei Alfred Schütz erscheinen - angesichts der gewohnten Grenzziehungen - schon erstaunlich. Dabei ist allerdings zu berücksichtigen, daß Schütz den Fall des "dramatischen Ausprobens" und den einer "Kalkulation" eigentlich nur für Sondersituationen annimmt. Für den Fall des "Fremden" etwa, der nicht auf "fraglose" Relevanzstrukturen und auf fertige Routinen zurückgreifen kann, und für den Fall wichtiger Entscheidungen mit erheblichen Konsequenzen bei einer "falschen" Entscheidung (Schütz benennt das "Abwägen des Chirurgen, ob er einen Patienten operieren soll oder nicht" und das "Abwägen des Geschäftsmanns, ob er eine Ware bei den vorliegenden Marktbedingungen verkaufen soll oder nicht" als Beispiele für das "Wählen zwischen Handlungsentwürfen"). Hierfür - so mag man einwenden - gilt das Prinzip der "rationalen Wahl" (im oben gebrauchten Sinne) vielleicht. Und hierfür mag es auch eine Parallelität zwischen AS und RC geben. Wie steht es aber mit dem Handeln in der alltäglichen Lebenswelt - dem Zentralstück der Schützschen Sozialtheorie?

### 3.4 Die "Rationalität" des Alltagshandelns

Dem Alltagsmenschen ist das Wissen über die Lebenswelt "fraglos gegeben" und selbstverständlich. Es ist deutlich strukturiert in Zonen unterschiedlicher Inhaltsfülle, Genauigkeit und Vollständigkeit wie in Bereiche variierenden Interesses und verschiedener "Relevanz". Es enthält eine ausreichende Anzahl an zwar groben, aber völlig ausreichenden "Rezepten" für typisches Handeln in typisch wiederkehrenden Situationen. Und es ist gleichzeitig in Plan-Systeme integriert, die insbesondere die zeitliche Staffelung von "Relevanzen" und die soziale Koordination von interdependenten Handlungen betreffen.

Vor dem Hintergrund der Fraglosigkeit dieses Wissens sind die alltäglichen Handlungen eigentlich "kein Problem". Es sieht so aus, als wären "Entscheidungen" nicht zu treffen. Das Handeln besteht anscheinend aus nichts als aus der bloßen Abwicklung von habitualisierten Routinen und "Interaktions-Ritualen". Bedeutet der Bereich der Alltags-Habitualisierungen eine grundsätzliche Grenze für RC-Erklärungen? Benötigt man für Alltagshandeln eine prinzipiell andere Theorie des Handelns? Ist das

Alltagshandeln und der Verzicht auf die Suche nach "maximalen" Lösungen z.B. bei der Rezept-Anwendung "nicht-rational"? Erklärt Schütz das Alltagshandeln anders als der RC-Ansatz? Wir glauben: nein.

Schütz selbst hatte eine Reihe von Gründen genannt, warum die Befolgung von Routinen, das Belassen von weiten Zonen an Nicht-Wissen, die Orientierung nur an "typischen" Merkmalen einer Situation und eingelebten Mustern der Relevanzordnung keineswegs nicht-rational, sondern sogar "verständig" ist (vgl. insbesondere PR: S. 33-41 dazu): Es wäre "unvernünftig", solche "Rezepte" nicht zu benützen, die wir in unserem Wissen als für unsere Zwecke hinreichend bewährt vorfinden, da es für die "praktischen Zwecke" eine ausreichende Klarheit, Deutlichkeit und Konsistenz aufweist und - vor allem - den angestrebten Zweck mit einer hinreichenden Sicherheit erfüllt.

In Abschnitt 2.2 hatten wir einen Vorschlag formuliert, der die Grundüberlegung von Alfred Schütz aufgreift, wonach die Orientierung an Routinen und Relevanzstrukturen durchaus "vernünftig" ist. Die Antwort auf diese Frage fällt nicht aber auch ohne die dort vorgeschlagene Formalisierung (mit Alfred Schütz) nicht schwer: Routinen und Rezepte sind relativ unaufwendig, (meist) relativ effizient, und (oft) normativ unterstützt.

Daß Rezepte relativ unaufwendig sind, dürfte ihr Hauptvorteil sein: Da sie kognitiv leicht verfügbar sind, sind die Informationskosten sehr niedrig; da sie gegenüber anderen Alternativen deutlich ausgezeichnet sind, gibt es auch nur geringe Entscheidungskosten; da sie - normalerweise - in einem weiteren institutionellen Zusammenhang organisiert sind, gibt es auch eine hohe Sicherheit und Verläßlichkeit über die Abstimmung des eigenen Handelns mit dem Handeln anderer Personen und damit eine deutliche Senkung der Transaktionskosten. Die (relative) Effizienz von Rezepten hängt mit ihrer Institutionalisierung zusammen: sie sind meist die Folge von längeren Prozessen der arbeitsteiligen Abstimmung von Produktionsabläufen und daher oft auf eine andere Weise gar nicht denkbar (jedenfalls solange eine alternative Institutionalisierung nicht in Sicht ist). Mit der Institutionalisierung hängt auch zusammen, daß Routinen und Rezepte oft normativ gestützt sind: es wird "erwartet", daß man sich an der unaufwendigen Nutzung von Rezepten beteiligt, weil ansonsten die Vorteile des gesamten Kooperationszusammenhangs gefährdet wären. Genau hierauf beruht im übrigen die "Legitimation" von Institutionen aller Art und der Wandel von regelmäßigen Praktiken zu einer eigenen "Ethik" des Tuns.

Für die Orientierung an frames, die "Beachtung" von Relevanzstrukturen gibt ähnlich starke "gute Gründe". Die "bounded rationality" erlaubt es ohnehin nicht, eine Mehrzahl von Aspekten einer Situation gleichzeitig zu beachten: eine Situation **muß** immer "definiert" werden. Ohne externe Vorgaben ist dies ein außerordentlich aufwendiger Vorgang. Und normalerweise ist die "Definition der Situation" ebenfalls Teil des Routinegeschäfts im Alltag(9). Gerade hierin liegt das Problem des "Fremden", daß er alle Ressourcen schon für die Vorbedingungen seines Handelns, für die Herstellung einer Relevanzstruktur mobilisieren muß(10). Ein zweiter - für das Alltagshandeln eher noch bedeutsamerer - Grund ist der, daß die frames Teile der "Intersubjektivität" der Relevanzstrukturen, der "Institutionalisierung", der "Codierung" und der gesamten "sinnhaften" sozialen Organisation des Alltags sind. Ihre Nicht-Beachtung würde die Gefahr eines unkoordinierten und damit "sinnlosen" Handelns enorm vergrößern. Die korrekte Identifikation des "richtigen" frame zum "richtigen" Zeitpunkt ist damit eine zentrale Vorbedingung für die Erwartung, daß ein bestimmtes Handeln überhaupt "erfolgreich" sein kann.

Die "Rationalität" der Beachtung von habits und frames läßt sich damit in zwei Punkten zusammenfassen: beide bedeuten eine drastische Senkung von "Kosten" des Handelns (insbesondere der Informations-, Entscheidungs- und Transaktionskosten) und sie versprechen beide einen relativ hohen, mindestens aber "ausreichenden" und - vor allem - sicheren "Erfolg". Zwar sind immer auch "bessere" Alternativen denkbar. Nach der SEU-Theorie ist aber der "Wert" einer denkbaren Alternative allein bedeutungslos: Handeln ist immer nur die Folge des Produktes aus möglichem Ertrag und Erwartungssicherheit.

Nicht ohne Grund sind die Menschen daher fortwährend im Alltag damit beschäftigt, sich der "Fraglosigkeit" und Angemessenheit der Routine- und Relevanzstrukturen zu vergewissern. Konversation aller Art kann so als eine Art von (stets mitlaufender) "rationaler" Vorsichtsmaßnahme zur Absicherung dieser unentbehrlichen Hilfen der Alltagsgestaltung verstanden werden. Und genau deshalb sind auch die bekannten "Krisenexperimente" oft so erfolgreich: sie zerstören - zunächst jedenfalls - die Fraglosigkeit, auf der die Entlastung von Informations-, Entscheidungs- und Transformationskosten im Alltag beruht(11).

Es zeigt sich, daß die Strukturen der Lebenswelt die Prinzipien einer "rationalen Wahl" in keiner Weise außer Kraft setzen. Im Gegenteil: es wird deutlich, daß unter der anzunehmenden Bedingung der "bounded rationality" die von Schütz beschriebenen Muster des alltäglichen Handelns, die Befolgung von Routinen, "traditionales Handeln", die Orientierung an Relevanzstrukturen und frames, die an einem herausgehobenen Ziel orientierte "wert-rationale" oder "affektuelle" Handlung, die Ausbildung von strukturierten und hierarchisierten Systemen von Wissen (mit einer deutlichen Ökonomisierung der Informationsfülle, auch "Ignoranz" genannt) und die - beiläufige und damit unaufwendige - stetige Vergewisserung über die andauernde Geltung der Sinn- und Relevanzstrukturen geradezu als ausgesprochen rationaler Umgang mit diesem Problem gelten können.

**Anmerkungen**

1. Für eine ausführlichere Rekonstruktion auch der Methodologie von Alfred Schütz und für eine ausführlichere Darstellung der hier angenommenen Einzelheiten der RC-Theorie vgl. Esser 1991

2. Mit seiner "Theorie des Wollens" wendet sich Leibniz gegen Bayle, der den Vorgang der Handlungsentscheidung als die Abwägung zwischen "Gewichten" in den Schalen einer "Waage" erklären will. Diese "Theorie" kritisiert Leibniz (und mit ihm Schütz) in dreierlei Hinsicht: es gebe immer mehrere Möglichkeiten (und nicht nur zwei); "wollende" Absichten seien in jeder Phase der Entscheidung beteiligt und es gebe kein "Gleichgewicht, von dem man ausgehen könnte. Für den hier beschriebenen Mechanismus der "Wahl" ist diese Kritik nicht sehr bedeutungsvoll.

3. diese Erklärung erinnert stark an die Feldtheorie von Kurt Lewin, der das Handeln ebenfalls als das Resultat eines Vektor-Feldes von resultierenden " psychologischen Kräften" (im "Lebensraum") auffaßte; vgl. Lewin (1963) bzw. Atkinson (1975: S. 137ff)

4. vgl. zu den "Postulaten" für eine "objektiv rationale" Wahlhandlung: PR: S. 40)

5. Zur weiteren Begründung vgl. Esser 1991: S. 42ff

6. die Allgemeinheit dieser Regel ist der Schlüssel zur Lösung des Problems der Unvollständigkeit (gemeinsam mit den anderen Elementen der gesamten Erklärung). Dies ist die **einzige** Annahme, die wirklich zum "harten Kern" des Theorieprogramms gehört. Sie ist aber sicher nicht risikoreicher als irgendeines der bisher vorgeschlagenen "soziologischen" Gesetze

7.vgl. die heftige Kritik von Collins (1981: S. 990ff) an "rationalistic cognitive and exchange models"

8. wobei es für diese Modifikationen unabhängige theoretische bzw. empirische Evidenz geben muß - etwa aus Weiterentwicklungen der Handlungstheorie in der Sozialpsychologie oder einer genaueren Deskription der "Subjektivität" der Akteure in den Brückenhypothesen. Die bloße Einführung von weiter nicht begründeten ad-hoc-Hypothesen hat mit der Methode der abnehmenden Abstraktion nichts zu tun .

9. Der Wert von $p$ zur "Berechnung" des Erwartungsnutzens des "relevanten" frames ist - zum Beispiel aufgrund der "eindeutigen" Identifizierbarkeit eines "problemverweisenden 'Index'" (SL: S. 165) - dann nahe 1.

10. Wiederum in der Sprache der SEU-Modellierung: weil der Wert von $p$ zur "Wahl" des relevanten frames dann - im Extremfall - rein zufällig ist: bei $n$ möglichen frames also $\frac{1}{n}$

11. indem durch die Störung der Situation über ein unerwartetes Detail der Wert von $p$ für den ursprünglich für fraglos gültig gehaltenen frame drastisch verringert wird. Damit rücken andere frames als denkbare Alternativen in den Vordergrund. Wenn sich nicht sofort ein komplett "neues" Modell einer typischen Situation anbietet, sind alla anderen denkbaren frames gleich wahrscheinlich: es gibt dann keine Relevanzstruktur mehr (mit den üblichen irritierenden Folgen). Gibt es ein solches Modell, dann erfolgt ein "kompletter Austausch" der "Gestalt". Konversionen, der Wechsel von Paradigmen und die Änderung von "Identitäten" dürften auf diese weise als Spezialfall einer rationalen Wahl erklärbar werden.

**Literatur**

Abelson, Robert P.: Psychological Status of the Script Concept. In: American Psychologist, 36, 1981, S. 7125-729

Atkinson, John W.: Einführung in die Motivationsforschung, Stuttgart 1975

Camic, Charles: The Matter of Habit. In: American Journal of Sociology, 91, 1986, S. 1039-1087

Collins, Randall: On the Microfoundations of Macrosociology. In: American Journal of Sociology, 86, 1981, S. 984-1014 1981

Collins, Randall: Theoretical Sociology, San Diego u.a. 1988

Denzin, Norman K.: Reading Rational Choice Theory. In: Rationality and Society, 2, 1990, S. 172-189

Denzin, Norman K.: The Long Good-bye: Farewell to Rational Choice Theory. In: Rationality and Society, 2, 1990, S. 504-507

Esser, Hartmut: "Habits", "Frames" und "Rational Choice". Die Reichweite der Theorie der rationalen Wahl (am Beispiel der Erklärung des Befragtenverhaltens. In: Zeitschrift für Soziologie, 19, 1990a, S. 231-247

Esser, Hartmut: Alltagshandeln und Verstehen. Zum Verhältnis von verstehender und erklärender Soziologie am Beispiel von Alfred Schütz und "Rational Choice", Tübingen 1991

Garfinkel, Harold: Studies in Ethnomethodology, Englewood Cliffs, N.J. 1967

Gurwitsch, Aron: Einführung. In: Schütz, Alfred: Gesammelte Aufsätze, Band 1: Das Problem der sozialen Wirklichkeit, Den Haag 1971, S. XV-XXXVIII

Langenheder, Werner: Theorie menschlicher Entscheidungshandlungen, Stuttgart 1975

Lindenberg, Siegwart: An Assessment of the New Political Economy: Its Potential for the Social Sciences and for Sociology in Particular. In: Sociological Theory, 3, 1985, S. 99-114

Lindenberg, Siegwart: Social Production Functions, Deficits, and Social Revolutions. In: Rationality and Society, 1, 1989, S. 51-77

Luckmann, Thomas: Grundformen der gesellschaftlichen Vermittlung des Wissens: Kommunikative Gattungen. In: Neidhardt, Friedhelm ; Lepsius, M. Rainer ; Weiß, Johannes (Hrsg.): Kultur und Gesellschaft, Sonderheft 27 der Kölner Zeitschrift für Soziologie und Sozialpsychologie, Opladen 1986, S. 191-211

Riker, William H.; Ordeshook, Peter C.: An Introduction to Positive Political Theory, Englewood Cliffs, N.J. 1973

Schütz, Alfred: Wissenschaftliche Interpretation und Alltagsverständnis menschlichen Handelns. In: Schütz, Alfred: Gesammelte Aufsätze, Band 1: Das Problem der sozialen Wirklichkeit, Den Haag 1971, S. 3-54 (WI)

Schütz, Alfred: Begriffs- und Theoriebildung in den Sozialwissenschaften. In: Schütz, Alfred: Gesammelte Aufsätze, Band 1: Das Problem der sozialen Wirklichkeit, Den Haag 1971, S. 55-76 (BT)

Schütz, Alfred: Das Wählen zwischen Handlungsentwürfen. In: Schütz, Alfred: Gesammelte Aufsätze, Band 1: Das Problem der sozialen Wirklichkeit, Den Haag 1971, S. 77-110 (HE)

Schütz, Alfred: Die soziale Welt und die Theorie der sozialen Handlung. In: Schütz, Alfred: Gesammelte Aufsätze, Band 2: Studien zur soziologischen Theorie, Den Haag 1972, S. 3-21 (SW)

Schütz, Alfred: Das Problem der Rationalität in der sozialen Welt. In: Schütz, Alfred: Gesammelte Aufsätze, Band 2: Studien zur soziologischen Theorie, Den Haag 1972, S. 22-50 (PR)

Schütz, Alfred: Der Fremde. In: Schütz, Alfred: Gesammelte Aufsätze, Band 2: Studien zur soziologischen Theorie, Den Haag 1972, S. 53-69 (DF)

Schütz, Alfred: Strukturen der Lebenswelt. In: Schütz, Alfred: Gesammelte Aufsätze, Band 2: Studien zur soziologischen Theorie, Den Haag 1972, S. 153-170 (SL)

Schütz, Alfred: Choice and the Social Sciences. In: Embree, Lester E.: (Hrsg.), Life-World and Consciousness. Essays for Aron Gurwitsch, Evanston 1972, S. 565-590 (CS)

Schütz, Alfred: Der sinnhafte Aufbau der sozialen Welt. Eine Einleitung in die verstehende Soziologie, Frankfurt/M. 1974

Schütz, Alfred; Parsons, Talcott: Zur Theorie des sozialen Handelns. Ein Briefwechsel, Frankfurt/M. 1977

Schwartz, Norbert: Theorien konzeptgesteuerter Informationsverarbeitung in der Sozialpsychologie. In: Frey, Dieter; Irle, Martin (Hrsg.): Theorien der Sozialpsychologie, Band III: Motivations- und Informationsverarbeitungstheorien, Bern 1985, S. 269-291

Simon, Herbert A.: Models of Man. Mathematical Essays on Rational Human Behavior in a Social Setting, New York und London 1964

Vanberg, Viktor: Die zwei Soziologien. Individualismus und Kollektivismus in der Sozialtheorie, Tübingen 1975

Wippler, Reinhard; Lindenberg, Siegwart: Collective Phenomena and Rational Choice. In: Alexander, Jeffrey; Giesen, Bernhard; Münch, Richard; Smelser, Neil J. (Hrsg.): The Micro-Macro-Link, Berkeley-Los Angeles-London 1987, S. 135-152

# C. Die Erklärung sozialer Kooperation

Werner Raub

# Problematic Social Situations and the "Large-Number Dilemma": A Game-Theoretical Analysis

## 1. Introduction

The size of a group has an effect on the likelihood that the common interests of its members will be furthered. This is the conclusion of Olson's influential study on the logic of collective action: "The larger a group is, the farther it will fall short of obtaining an optimal supply of any collective good, and the less likely that it will act to obtain even a minimal amount of such a good." (Olson 1965, p. 36) In a paper which was published at the same time as Olson's book, Buchanan analyzes individual choice among ethical rules. He argues that "individual choice behavior (...) may differ sharply between small groups and large groups" (1965, p. 1). According to Buchanan's analysis, members of small groups will adopt something like the generalization principle as a moral law guiding their behavior. Members of large groups, in contrast, will not accept such principles. Instead, their behavior will be guided by expediency.

Olson as well as Buchanan consider situations in which cooperation of the group members (specifically, contribution for the provision of a collective good and adoption of a moral rule) is profitable for all but difficult to achieve because of incentive problems. Buchanan's label **"large-number dilemma"** summarizes the thesis, that cooperation in such situations will become increasingly difficult as group size increases.

The general consideration that the size of a group has to be viewed as a basic structural condition for social processes is not surprising for modern (e.g. Blau 1977, ch. 2) or classical sociologists (Simmel 1908, ch. II).

Even the specific assumption concerning the relationship between group size and cooperation has its antecedents in the sociological tradition (e.g. Simmel 1908, p. 35-36). Furthermore, a succinct analysis of the large-number dilemma has already been provided by one of the Scottish moralists, David Hume (1739-40, Book III, Pt. II; cf. the discussions in Taylor 1976, p. 124-126 and Vanberg 1982, p. 139-142), in the context of his arguments concerning the evolution of rules of justice and conventions and the necessity and desirability of government.

Diverse situations can be mentioned to which the large-number dilemma may be applied. Environmental public goods problems may be added to Buchanan's case of the choice among ethical rules and to Olson's case of the provision of public goods by organizations such as labor unions or farm organizations (e.g. G. Hardin 1968, R. Hardin 1982, Taylor/Ward 1982). The application to the problem of explaining the decision to vote in large-number elections is fairly obvious (e.g. Brennan/Lomasky 1984). From a sociological perspective, we should at least add the problem which, according to Parsons, constitutes the fundamental challenge to the construction of sociological theories, namely the problem of social order (cf. Voss 1985, ch. 2).

A negative relationship between the size of a group and the likelihood of cooperation of the group members cannot in itself be regarded as a universally valid hypothesis on the macro-level of collectivities. There are social situations to which such a hypothesis simply cannot be applied; for example, the efficiency of perfect markets is due to a "large" number of buyers and sellers (as well as to a number of further conditions). There are other situations in which the participants manage to overcome the large-number dilemma: labor unions and other interest organizations do sometimes provide public goods for large groups, considerable proportions of electorates decide to vote and we do not always and everywhere face a war of "every man against every man".

Thus, the statement that group size is negatively related to cooperation has to be regarded as "incomplete" (Lindenberg 1985). The relationship between group size and cooperation depends on a number of further variables or conditions. The analyses of Olson and Buchanan show how it is possible to take such "disturbing factors" into account.

Phenomena like the provision of public goods should be conceptualized as collective consequences of individual choice behavior and a set of boundary conditions which "transform" individual actions into a certain level of public good provision. It is the underlying "lawlike" assumption of most of the contributions to the field that individual choice behavior is incentive-guided and goal-directed. Individual choice behavior is, in other words, conceived of as rational in the sense that it maximizes some objective function subject to the constraints which determine the set of feasible alternatives. Therefore, an "independent variable" such as group size has to be first linked to the initial conditions of the rationality assumptions. This is done by formulating bridge-assumptions or coordination rules which connect social conditions on the collective level with opportunities and preferences on the individual level. Usually, these assumptions do not have the status of nomological, general and deterministic hypotheses. They have to be qualified with respect to space and time and they may be of a probabilistic nature (Lindenberg 1985, p. 107). Rationality assumptions and initial conditions specifying opportunities and preferences provide a (potential) deductive explanation of the actors' behavior. The explanation of the collective consequence "level of public good provision" results, in turn, as a second step from the explanation of the actors' behavior, as well as from transformation rules linking individual behavior and boundary conditions with the collective effect and from assumptions concerning the realization of the boundary conditions.(1)

In this way a theory emerges in which statements concerning the relationship between group size and public good provision or - more generally - cooperation and efficiency are no longer "axioms" or "postulates". Rather, it becomes possible to deduce consequences concerning the relationship, and furthermore to deduce consequences specifying the conditions under which certain relationships between group size and cooperation are maintained.(2) Such a theory provides a "generating model" (Boudon 1979) in that it specifies mechanisms which lead from social structural conditions (in our case: group size) via purposive actions to often unintended collective consequences (in this case: efficient co-operation or a lack of efficient cooperation).

This paper will attempt to outline a generating model of the large-number dilemma. Game theory will be used in constructing the model. Using game theory in contexts like public goods provision is scarcely new. It can be traced back to Hardin's (1971) discussion of the problem of collective action. We hope to improve on earlier analyses in the following ways. Section 2 contains a characterization of the types of situation which give rise to the large-number dilemma. The explication of the notion of a "problematic social situation" results in a class of games which are considerably less restrictive than the usual n-person Prisoner's Dilemma games. In section 3 an outline of a game-theoretical analysis for this class of games will be provided. The analysis allows for the deduction of four crucial conditions with respect to the strategic interdependencies on which cooperation in problematic situations depends. These conditions are discussed in sections 4 and 5. In both sections the variable "group size" is explicitly and systematically linked to the conditions for cooperation. In contrast to other approaches, assumptions with respect to the consequences of group size become part of the game-theoretical analysis itself. This permits the reconstruction and integration of a number of hypotheses concerning the effects of group size.

## 2. The Large-number Dilemma in Problematic Social Situations: An Explication

An examination of the large-number dilemma has to be preceded by an explication of the types of social situations in which it can arise. Put in general terms, the dilemma can occur in situations which are characterized by two salient features. The first is that certain combinations of "cooperative" actions or strategies are profitable for all actors, compared to other combinations of "defecting" behavior. Secondly, for at least some actors, there are no positive individual incentives to cooperate, or there are even positive incentives to defect. In Rapoport's (1974, p. 17-18,24) terms, we are faced with a situation in which individual rationality dictates courses of action which give rise to a collectively irrational outcome, i.e. to a configuration which is inefficient in the Pareto sense. A large-number dilemma is present in these kinds of "problematic social situations", provided that increasing group size increases the incentive problems with respect to cooperation.

An explication of the intuitive notion of a problematic social situation can be given by using familiar concepts of game theory. Why does it seem reasonable to use game-theoretical tools for the purpose of the explication? First of all, we are dealing with situations in which the outcomes and thus the payoffs for each actor not only depend on his own actions but also on the actions of other actors. In such situations of "structural interdependence" (Friedman 1977, p. 5-6) each actor may nevertheless consider the behavior of all other actors as parametric. In this case, individual choice behavior is not influenced by reciprocal expectations, because each actor acts on the assumption that the behavior of the other actors is independent of (their expectations concerning) his own behavior. Standard assumptions for rational behavior under certainty, risk or uncertainty (see e.g. Harsanyi 1977, ch. 3) can be applied under these circumstances.

However, one should not exclude the possibility that actors not only act under conditions of structural interdependence but that they also take account of interdependence, act themselves strategically and expect strategic behavior of the other actors. We are then faced with a situation of "behavioral interdependence" (Friedman 1977, p. 5-6) and the explicit, or at least implicit, use of assumptions for rational behavior in strategic settings is inevitable. It seems plausible, that goal-directed individual behavior will exhibit some degree of behavioral interdependence, at least in "small" groups (whatever the exact limits of "smallness" may be in various circumstances). Furthermore, the assumption of strategic actors presents the opportunity to study problems of cooperation in contexts where cooperation seems to be especially difficult.

The relevance of a strategic analysis is fairly evident from Olson's and Buchanan's own contributions. Olson's (1965, p. 22-26) formal analysis of individual behavior in small (!) groups proceeds from the explicit premise of independently acting individuals and explicitly neglects strategic interaction (1965, p. 24-25, 29 n. 48). On the one hand, this is not wholly satisfactory because a number of Olson's arguments with respect to public goods provision do refer to strategic considerations. A striking example of these arguments is Olson's (e.g. 1965, p. 45) reasoning with respect to the consequences of different degrees of the noticeability or perceptibility of an individual's contribution. Thus, Olson himself (1965, p. 29) concedes that due to strategic interaction a more complex analysis of the behavior of small groups is desirable and admits that "the rational member of such a group faces a strategic problem and (...) the Theory of Games and other types of analyses might prove very helpful" (1965, p. 43).

On the other hand, problems of Olson's assumption of independently acting individuals are already inherent in his formal analysis itself. He characterizes a "privileged" group as "a group such that each of its members, or at least some of them, has an incentive to see that the collective good is provided, even if he has to bear the full burden of providing it himself" (1965, p. 49-50). In game-theoretical terms, this is a situation in which, for at least one actor, cooperation (provision of the public good) is a best-reply strategy (a strategy maximizing the actor's payoff) against universal defection (non-contribution) of all the other actors. However, this will not generally be a sufficient condition to induce a rational actor to cooperate in a situation of strategic interdependence. For example, own cooperation may be a best reply against universal defection of the rest of the group for other actors as well. Though an actor may prefer own cooperation compared to own defection if all others defect, he may prefer own defection even more if at least one other actor cooperates. Under these circumstances, the actors face bargaining problems whose efficient solution cannot be presupposed without qualifications.(3) These kinds of cases underline the assumption that the application of game-theoretical reasoning will open up the possibility of examining problems of cooperation in contexts which are of special theoretical importance because the achievement of cooperation confronts rational actors with serious incentive problems.

Turning to Buchanan's (1965) analysis, we note that not only structural but also behavioral interdependence is explicitly considered. Buchanan attributes the differences between individual choice behavior in small groups and large groups to different subjective probabilities for the behavior of other actors in each group. In small groups (Buchanan 1965, p. 6-7) each actor expects that his own choices influence the choices of others. These expectations are reflected in his estimates of the probabilities of the various possible choice patterns of the others. The probabilities are not independent of his own actions. In large groups, however, each actor looks upon the behavior of all other actors as parametric and independent of his own decisions. His choices do not influence the choices of others. Hence, an actor's probability estimates for others' actions are independent of his own actions (Buchanan 1965, p. 4-5, 7-8).

Although he refers to strategic behavior of the individuals and although his argument depends decisively on his assumptions concerning the subjective probabilities, Buchanan does not try to derive his assumptions from game-theoretical rationality postulates. It would, however, be worthwhile to do precisely this. Situations of strategic interdependence can be interpreted as a special case of decisions under uncertainty (cf. Harsanyi 1977, ch. 11-12, p. 113). The outcomes of each actor depend on the behavior of other actors. In conformity with a Bayesian approach, we may therefore assume that the actor assigns subjective probabilities to the alternatives open to the other actors and that he acts according to his probability estimates. But if the behavior of the other actors is not independent of the behavior they expect him to follow, the assignment of subjective probabilities to other actors' strategies becomes problematic. Actors cannot choose their subjective probabilities in these situations in arbitrary ways. Instead, the probability estimates which rational actors assign to the actions of others have to be consistent with criteria for rational expectations which the actors hold about each other's behavior (Harsanyi's "principle of mutually expected rationality"). Therefore, Buchanan's distributions of probability estimates in small and large groups, though intuitively plausible, should not be introduced as exogenous antecedent conditions. In a strictly game-theoretical analysis one should try to derive these distributions endogenously from postulates of rational action in situations of strategic interdependence and especially from suitable postulates of rational expectations in these situations (Harsanyi 1977, ch. 6).

Hitherto we have tried to argue that problematic social situations should be modelled as strategic games. The next task is to characterize the subclass of games which suitably represent the situations we want to analyze (cf. Voss 1985, p. 124-134). In doing so, it is instructive to refer to the paradigmatic sociological case of a situation where cooperation is problematic - the problem of social order. In a state of nature without an enforcing agency, each actor represents, according to Hobbes' **Leviathan**, a threat to every other actor. All actors prefer mutual recognition of, for example, property rights to the war of every man against every man. However, there are incentives for each actor not to lay aside his "Right of Nature" irrespective of the behavior of the other actors. Criticizing Hobbes' own solution of the problem of order, Parsons (1937) has emphasized that an explanation of the emergence of cooperation from the state of nature must not presuppose a state as an agent prescribing and enforcing norms and sanctioning deviations. An external "Erzwingungsstab" (Weber 1921) is indeed beneficial in contrast to the war of all against all in Hobbesian anarchy. However, as long as an explanation of the emergence of the state cannot be given, the problemshift to the explanation of the state does not constitute a solution to the problem of order.

Following Parsons' consideration of the so-called "coercive solution" to the problem of order, games representing problematic social situations should be conceptualized as **noncooperative games** in Harsanyi's (1977, p. 110-111) sense. We are assuming games without binding and strictly enforced agreements and unilateral commitments. Presupposing cooperative games with binding and enforceable agreements, threats and promises, it is not surprising that individually rational actors will agree on mutually profitable cooperative strategies.(4) If such a coordination of strategy choices is impossible or if the actors are faced with the problem of providing opportunities for enforcement, the explanation of cooperation becomes more important.

In accordance with Parsons' arguments we have extracted a first defining property of games representing problematic situations. A second can be derived from the critique of Parsons' own solution of the problem of order, which has been termed "normative". According to this proposal, internalized unconditional commitments to moral norms and values, learned in a process of socialization, are necessary conditions for the survival of a society. Again, we are confronted with a problemshift, in this case to the explanation of the emergence and diffusion of certain kinds of preferences which ensure cooperation and, thereby, efficiency. Again, such a problemshift cannot be accepted as a satisfactory solution of Hobbes' problem as long as the latter explanation has not been supplied.

Put in game-theoretical terms, we can elaborate on this line of reasoning by demarcating the subset of noncooperative games modelling problematic social situations. We can distinguish between those noncooperative games having a solution which is efficient in the Pareto sense and those games the **solution** of which is **inefficient**. That is, we distinguish between games in which individually rational strategy choices generate a Pareto-optimal outcome in terms of the actors' preferences, and games in which individually rational strategies give rise to suboptimality.

Which games do not have an efficient solution? The paradigmatic example is probably the classical 2-person Prisoner's Dilemma (PD). Analogies between the problem of social order and situations modelled by the 2-person PD have been pointed out by various authors (e.g. Collins/Makowsky 1972, p. 81-83, Buchanan 1975, Taylor 1976, cf. the discussion in Vanberg 1982, p. 127-129). In order to take the case of more than two actors into account, Hardin (1971) proposed an n-person PD as a model for collective action problems. Various variants of n-person PDs have been presented (e.g. Schelling 1973, Hamburger 1973, Taylor 1976), all of which share two central features with one another as well as with the special case of the 2-person PD. (1) Each actor has a strictly dominant (defecting) strategy, that is, each actor has a strategy yielding him higher payoffs than any of his other feasible strategies, irrespective of the other players' strategy choices. (2) Use of the strictly dominant strategy by each actor is associated with an inefficient payoff vector, that is, there is a combination of (ccoperative) strategies which yields higher payoffs to every actor than the combination of defecting strategies.

There is still a widespread assumption that games with these two simple properties exhaust the whole range of problematic social situations. For example, Dawes (1980) and Colman (1982, p. 159) characterize "social dilemmas" as games defined by the two features sketched above. Regarding the collective action problem, similar theses have been advocated by Hardin (1982, p. 25, 28) and Schofield (1985, p. 207). More recently increasing awareness has been devoted to cases which cannot be adequately modelled with the restrictive assumptions of the n-person PD.

A rather obvious case of such more complex situations is the decision to vote. Abstention should not be regarded as a best-reply strategy of a rational voter against those strategy combinations of other voters (i.e. their decisions to participate or not to participate in the election) which render his own vote decisive. Abstention is thus not a dominant strategy and even in large electorates the n-person PD should not be used for modelling the decision to vote. Other examples of social situations in which cooperation is difficult to achieve for rational actors but which are not equivalent to a PD, such as coordination problems and inequality preserving problems (bargaining problems in the terminology used here) have been treated by Ullmann-Margalit (1977) and Schotter (1981, ch. 2) and arise already in 2-person situations. Even for the modelling of various environmental public goods problems, n-person games (especially n-person generalizations of the Chicken game) have been provided which suggest that a concentration on the PD alone should be avoided (Taylor/Ward 1982).

We are thus faced with the task of characterizing the class of noncooperative games which model problematic situations in a more general way. The PD in its 2-person or in its various n-person variants is certainly a paradigmatic member of this class but not the only one. The need for a sufficiently general characterization of these games has sometimes been accentuated (e.g. Hirshleifer 1982, p. 18-20, Opp 1983, p. 106). Hirshleifer (1982, p. 18-20) has sketched an admittedly too restrictive explication for symmetrical 2x2-games, and some hints concerning less limited cases have been given by Elster (1985, p. 139-140). A more satisfactory answer to the problem can be provided (cf. Voss 1985, p. 124-134), if we make systematic use of a theory for the solution of noncooperative games, i.e., a theory specifying the strategy choices of rational actors in these games. Then it becomes possible to point out sets of conditions which entail inefficient solutions. Problematic social situations can in general be defined as situations which can be modelled by a game fulfilling the conditions which entail strategy choices that are associated with inefficient payoffs.

A theory for the solution of all noncooperative games has been developed by Harsanyi (1977, chs. 6, 7, 14). Under this theory (Harsanyi 1977, p. 273-276), the solution of a noncooperative game is an equilibrium point (a strategy combination such that each strategy is a best reply against the strategy combination of the other actors) satisfying certain stability requirements or a maximin point (a combination of maximin strategies, a maximin strategy being a strategy that maximizes an actors minimal payoff across all strategy combinations of the other actors). In this theory, conditions which entail inefficient solutions are the following (Harsanyi 1977, p. 278-280):

(1) An efficient equilibrium point does not exist (the paradigmatic example is the classical 2-person PD as well as its n-person generalizations).

(2) Efficient equilibrium points do exist, but do not fulfill the stability requirements (the case of indifference problems).

(3) Efficient equilibrium points are in a bargaining deadlock with one another (that is, the preferences of the actors with respect to these equilbria do not coincide and there is no rational criterion for choosing one of the equilibria as the solution; Harsanyi 1977, p. 128-130).

(4) Efficient equilibrium points are in a coordination deadlock with one another (that is, they yield the same payoffs to all actors but not all of their possible recombinations likewise yield the same payoffs; Harsanyi 1977, p. 133).

We refer to games which have an inefficient solution because one of the conditions (1) - (4) applies as generalized Harsanyi dilemmas. This is the class of noncooperative games in which a profitable, collectively rational outcome is not the trivial result of individual preferences and individually rational strategy choices.

Building on these considerations, the concept of a noncooperative game with an inefficient solution, in the sense of a generalized **Harsanyi dilemma**, is taken as an explication of the intuitive notion of a "**problematic social situation**". The explanatory problem with respect to these games becomes: Under what conditions are efficiency gains to be expected or not to be expected in Harsanyi dilemmas? With respect to the **large-number dilemma** we may say that the dilemma is present, if increasing group size increases the difficulties of achieving efficiency gains in a Harsanyi Dilemma. The explanatory problem, with respect to the large-number dilemma in particular, is thus: Under what conditions does increasing group size increase or decrease the difficulties of achieving efficiency gains in a Harsanyi dilemma?

In this way we have reached a specification of our analytical problem which does not evade the decisive theoretical challenge to explain cooperation and thus the relation between group size and cooperation endogenously. Cooperation has to be understood as an adaptation to given situational conditions, rather than as a result of the interventions of exogenous outside parties, or of changing preferences, unless the emergence and stabilization of external enforcing agencies, or the changes of preferences are themselves explained endogenously as results of adaptive behavior.

Our characterization of Harsanyi dilemmas does of course implicitly involve rather severe rationality postulates for individual behavior in situations of strategic interdependence. Irrespective of the answer to the question whether these postulates will be frequently fulfilled, or at least sufficiently approximated, in empirical cases, it should be pointed out that these postulates are such that cooperation is rendered difficult for the actors. We try to abstain as far as possible from introducing restrictive and idealizing assumptions which take the bite out of the problem of cooperation. From a theoretical, as well as from a methodological point of view, an analysis of the problem of cooperation in general and of the large-number dilemma in particular seems fruitful in this context.(5)

## 3. Endogenous Cooperation in Problematic Social Situations

A theory of conditions for cooperation in problematic social situations, in accordance with these considerations, should avoid assumptions concerning the evolution of a cooperative game context, as well as assumptions of changing (e.g. "altruistic") preferences which transform Harsanyi dilemmas into **other** (e.g. cooperative) games with efficient solutions. As long as the problem of explicating mechanisms which transform Harsanyi dilemmas into such other games remains unresolved, we have to be consistent with the assumption of a dilemma situation. Hence, in view of the large-number dilemma and Olson's problem of collective action as a paradigmatic application of the theory, caution has to be applied with the use of assumptions such as Olson's (e.g. 1965, p. 51) concerning the mobilization of latent groups through coercion and selective incentives, or the assumption of mobilization through "political entrepreneurs". The typical effect of coercion, selective incentives, or political entrepreneurship will be to change the actors' opportunities, or their payoffs, or both such that the dilemma aspect of the situation is removed. It may well be rational for an actor to cooperate under these modified circumstances, but the problem of explaining the emergence of these modifications of the strategic situation remains.(6)

An alternative, which allows one to stick to the assumption of a problematic social situation, consists in analyzing the consequences which result from repeated interactions. In such an analysis it is assumed that the actors are involved in a recurrent problematic situation. An iteration of social interactions appears to be a rather common empirical characteristic of our paradigmatic examples of problematic situations compared to a one-shot situation (Hardin 1982, p. 3). An ongoing social situation, in which actors are able to react to previous actions of others, is the explicit context in which Olson (1965, p. 43, 50) embeds his arguments concerning opportunities of strategic interaction in intermediate groups as opposed to large groups. Of course, collusion in oligopolistic industries is one of his favorite examples. Buchanan (1965, p. 6, 8; 1975, p. 65-66) also refers to a repetition of the social situation; it is the repetition which induces actors to consider the consequences of their own choices for the subsequent choices of other actors and it is his central argument that these consequences depend systematically on the size of the group. A classical sociological analysis of the implications of a persistent social relation has been sketched by Weber (1921, p. 193-194). He discusses economic exchange relationships, such as stock exchange transactions among brokers, which are not backed by explicit contracts. This is an impressive example of a problematic situation in that the actors frequently face obvious incentives as well as opportunities to violate arrangements unilaterally. According to Weber, the usual caution with violations is due to the recurrent character of the interaction, which allows for reciprocal expectations of the actors concerning their future behavior. As Weber puts it, iteration can serve as an alternative for an external enforcing party (coercive solution) as well as for the internalization of norms (normative solution). It can allow for cooperation even in problematic situations which is merely based on self-interest and "Zweckrationalität".(7)

### 3.1 Iterated Harsanyi Dilemmas

The theory of stationary supergames without structural time dependence (Friedman 1977, ch. 8; 1986, p. 19, 72) provides an appropriate framework for the formal analysis of problematic situations and the effects of an iteration.(8) Consider a noncooperative n-person game $G$. Strategy vectors are of the form $s = (s_1, \dots, s_n) = (s_i, s_{-i})$ where $s_{-i} = (s_1, \dots, s_{i-1}, s_{i+1}, \dots, s_n)$. The payoff function of actor $i$ is $u_i(s)$. We wish to consider a game with inefficient solution and therefore characterize G as a Harsanyi dilemma game by assuming:

(1) The strategy solution $s^- = (s_1^-, \ldots, s_n^-)$ of $G$ is an inefficient equilibrium point, that is, there exists a strategy vector $s^+ = (s_1^+, \ldots, s_n^+)$ such that $u_i(s^+) > u_i(s^-)$ for $i = 1, \ldots, n$.

According to (1), rational actors playing the game $G$ choose strategies $s_i^-$. The actors are facing a dilemma because cooperative strategy choices $s_i^+$ form a strategy vector $s^+$ associated with higher payoffs for each actor, compared to the payoffs associated with $s^-$. Notice that the classical 2-person PD, as well as the conventional n-person generalizations of the PD, fulfill condition (1) but that they are special cases of the general situation.

Turning to the fundamental idea of analyzing the consequences of an iteration of $G$, notice that a finite sequence of games implies the restrictive assumption that the actors know for certain which interaction is the last one.(9) It seems more realistic to assume that the end of the sequence is unknown and uncertain for the actors. Therefore, consider a countably infinite sequence of constituent games which forms a supergame $G^*$. Stationarity of the supergame implies that all the constituent games are identical, that is, $G$ is played over and over again in time periods $t = 1, 2, \ldots$ . We assume $G^*$ is not structurally time dependent: the payoff in each constituent game is only a function of strategy choices in that particular game, rather than in preceding constituent games as well.

If $G$ is played for the $t$-th time, the actors choose their strategies for the $t$/th period simultaneously and with full knowledge of all constituent game strategies chosen by all players in all periods before $t$. A supergame strategy $S_i$ of $i$ is thus a rule specifying i's strategy choice in each period $t$ as a function of the strategy choices of all actors in the preceding constituent games. Corresponding to the notation for $G$, supergame strategy vectors are denoted $S = (S_1, \ldots, S_n)$.

For obvious reasons we assume the supergame payoff for an actor to be a weighted average of his payoffs in the constituent games (Aumann 1981, p. 12). It seems plausible to attach greater weights to payoffs from earlier constituent games than to those from later games. Such a procedure may be justified on the grounds that actors discount future payoffs because of negative time preferences. Alternatively, the actors may assume that the supergame has a positive probability of ending after each constituent game. Assuming exponential discounting of future payoffs or constant probability estimates, a payoff $u_i\ (s^t)$ for $i$ in game $t$ may be weighted with a factor $a_i^{t-1}$ where $0 < a_i < 1$ for the discount parameter $a_i$.

It is a substantial consequence of the weighting procedure that the expected payoff for constituent games in the far future tends to zero. Technically, supergame payoffs can be treated as infinite series which converge since payoffs in constituent games are finite and since $0 < a_i < 1$. For the payoffs $U_i\ (S)$ of the supergame $G^*$ we thus have:

(2) $U_i\ (S) = \sum_{t=1}^{\infty} a_i^{t-1}\ u_i\ (s^t)$ with $s^t$ as a strategy vector $G$.

The significance of the iteration is now evident. As a substitute for direct and explicit verbal communication among the players (Kurz 1985), it has two aspects. It creates behavioral time dependence (Friedman 1986, p. 19, 72) and some kind of future for an actor: His behavior in a given constituent game not only affects his payoff in that game. His behavior may also influence the behavior of other actors in future constituent games and thus his own future payoffs (Taylor 1976). Furthermore, iteration ensures a past which may provide an actor with data upon which expectations concerning the future behavior of others may be built (cf. already Heuß 1965, ch. 6 and for a detailed analysis Schotter 1981).

### 3.2 Efficiency Gains in the Supergame

Analyzing rational behavior in the supergame amounts, most importantly, to an analysis of equilibrium points for $G^*$. We are especially interested in equilibria implying cooperative behavior of the actors in the constituent games. These equilibria imply strategy vectors $s^t = s^+$ for the games in period $t = 1, 2, \ldots$ which are associated with higher constituent game payoffs for each actor than the strategy solution $s^-$. Such supergame equilibria may be called "cooperative". They are self-enforcing because none of the actors has an incentive to change his own equilibrium strategy if he expects the other actors to use their equilibrium strategies.

A subset of particularly simple supergame strategies is the set of unconditional (or "open loop"; Friedman 1986, p. 75-76) strategies (Taylor 1976, p. 32; Friedman 1977, p. 190). According to these, individual behavior in each constituent game is independent of the behavior of the actors in the preceding games. It is not surprising (Friedman 1977, p. 177, lemma 8.1) that universal choice of the supergame strategy of unconditionally using $s_i^-$ in all constituent games is always an inefficient equilibrium for the supergame. Universal choice of the supergame strategy of unconditionally using a cooperative strategy $s_i^+$ is an equilibrium for the supergame if and only if the strategy vector $s^+ = (s_+^1, \dots, s_n^+)$ is also an equilibrium point for the constituent game $G$. In general, $s^+$ will not be an equilibrium in $G$. As can be seen from (1), $s^+$ is not the strategy solution and will thus at least give rise to stability, bargaining or coordination problems. In this sense cooperative behavior in the constituent games cannot be a consequence of equilibria from unconditionally cooperative supergame strategies.

Consider now conditional supergame strategies (Taylor 1976, p. 32; Friedmann 1977, p. 190; "non-degenerate closed loop strategies" in the terminology of Friedman 1986, p. 75-76). Using a conditional supergame strategy makes behavior in a constituent game dependent on the past history of the supergame. It is this availability of conditional strategies which is characteristic of the incentive structure of the supergame.

Axelrod (1984) has studied properties of successful conditional supergame strategies for the special case of an iterated classical 2-person PD. Extending Axelrod's terminology, a supergame strategy is called "nice" if an actor using it is never the first to defect by choosing $s_i^-$ . A "nice" supergame strategy prescribes the use of $s_i^+$ in the first constituent game and continues to use it in subsequent constituent games, at least as long as no other actor $j$ has deviated from his cooperative strategy $s_j^+$ . Therefore, combinations of nice supergame strategies ensure universal cooperation in all the constituent games. A supergame strategy $S_i$ of an actor $i$ is called "provocable" if defecting behavior of an actor $j$ in the constituent game in period $t$ implies a sanctioning reaction on the part of $i$ in the next period $t+1$. Thus, $S_i$ is provocable if deviation from $s_j^+$ by an actor $j$ in period $t$ implies $i$'s choice of $s_i^-$ in period $tt+1$ Provocable strategies reflect the opportunities - implied by the iteration - of punishing defecting behavior. We can say that nice and provocable strategies entail cooperative behavior in the constituent games as long as all other actors cooperate, while they punish others' deviations by their own subsequent defection.

A nice and provocable supergame strategy may be called "conditionally cooperative". It is the central result of the analysis of stationary supergames without structural time dependence that cooperation in the constituent games can indeed be a consequence of supergame equilibrium points consisting of a combination of conditionally cooperative supergame strategies. The result can be summarized in the following theorem which is similar to those presented by Friedman (1977, theorems 8.2, 8.4, 8.5).

Theorem on cooperative equilibria: A vector $S^c = (S_1^c, \dots, S_n^c)$ of conditionally cooperative supergame strategies $S_i^c$ is an equilibrium point of $G^*$ if for $i = 1, \dots, n$:

(a) for $n \geq 3$ :

$$a_i \geq a_i^* (s^+) := \frac{p_i (s_{-i}^+) - u_i (s^+)}{p_i (s_{-i}^+) - u_i (s^-)}$$

where $p_i (s_{-i}^+)$ is the payoff for i if he uses a best-reply strategy against a strategy combination $s_{-i}^+$ of the other actors.

(b) for $n = 2$ :

$$a_i \geq a_i^* (s^+) = \frac{p_i (s_j^+) - u_i (s^+)}{p_i (s_j^+) - u_i (s^-)}$$

where $p_i(s_j^+)$ is the payoff for *i* if he uses a best-reply strategy against a strategy $s_j^+$ of the other actor and $S_i^c$ is a conditionally cooperative supergame strategy such that the other actor's first deviation from $s_j^+$ is punished by i's use of $s_i^-$ in all succeeding periods.

Inspection of the theorem shows that $S^c$ is an equilibrium if the discount parameters $a_i$ of all actors are equal to or greater than the quotient $a_i^*(s^+)$ . This quotient depends on three quantities. The quantity $u_i(s^+)$ is the payoff which i derives from the universal choice of the cooperative strategy in a constituent game *G*. Actor i's payoff from a universal choice of the defecting solution strategy in a constituent game is $u_i(s^-)$ . Because of (1) we have $u_i(s^+) > u_i(s^-)$ . Furthermore, $p_i(s_{-i}^+)$ is the payoff for *i* in a constituent game if he chooses a best-reply strategy against a cooperative strategy combination $s_{-i}^+ = (s_1^+, \ldots, s_{i-1}^+, s_{i+1}^+, \ldots, s_n^+)$ of the other actors. Therefore, we have $p_i(s_{-i}^+) \geq u_i(s^+) > u_i(s^-)$ and thus $0 \leq a_i^*(s^+) < 1$ .

The theorem guarantees the existence of cooperative supergame equilibrium points for sufficiently high discount parameters. Consequently, cooperative behavior in the constituent games can be a consequence of equilibria from conditionally cooperative supergame strategies.

### 3.3 Addendum 1: Some Comments on the Theorem on Cooperative Equilibria

Friedman's theorems, which have been mentioned above, refer to special kinds of conditionally cooperative supergame strategies which he labels "trigger strategies" (1986, p. 88). These consist in choosing $s_i^+$ in the first constituent game, and in each later game, as long as all the other actors *j* have chosen $s_j^+$ in all preceding games. Should an actor *j* deviate from $s_j^+$ in period *t* , he will be punished by *i*'s use of $s_i^+$ in all succeeding periods. Such a supergame strategy punishes deviations "eternally". In the theorem presented here, such a threat of eternal damnation is required only in the case of just two actors ($n = 2$). In the case of more than two actors ($n \geq 3$), however, minor threats may suffice to deter actors from deviations. As can be seen from part (a) of the theorem, the only thing that is necessary in the latter case is that each deviation is punished in the next game. Supergame strategies fulfilling this weaker condition can be "forgiving" (cf. Axelrod 1984, p. 36), i.e., willing to cooperate again after a deviation has been punished. An example of a forgiving strategy is a generalization of the well-known Tit For Tat-strategy for the classical 2-person PD supergame. This generalization chooses $s_i^+$ in the first period. It chooses $s_i^+$ in period $t = 2, 3, \ldots$ if all other actors $j$ have chosen $s_j^+$ in $t-1$ and chooses $s_i^-$ otherwise. Thus, deviations are punished only once and not eternally.

The reason that enables us to extend Friedman's results becomes apparent from the proof of the theorem. In case (a) the supergame payoff for actor $i$ is

$$(3) \quad U_i(S^c) = \sum_{t=1}^{\infty} a_i^{t-1} u_i(s^+) = \frac{u_i(s^+)}{1 - a_i}$$

if all actors (including $i$) choose a conditionally cooperative supergame strategy.

$S^c$ is an equilibrium point if there is no actor $i$ who has a positive incentive to deviate from his conditionally cooperative supergame strategy $S_i^c$. If actor $i$ deviates from $s_i^+$ for the first time in period $t$ ($t = 1, 2, \ldots$), and if all other actors $j$ cooperate conditionally, then all other actors $j$ will punish $i$'s deviation in period $t+1$ by using $s_j^-$. In all later periods $t+2, t+3, \ldots$ they will punish one another for their deviations in $t+1, t+2, \ldots$, irrespective of $i$'s behavior after his deviation in period $t$. Therefore, a deviator is unable to induce conditional cooperators to return to cooperation if $n \geq 3$. Therefore, if actor $i$ does not choose $s_i^+$ for the first time in period $t$,

$$(4) \quad U'_i \leq \frac{1 - a_i^{t-1}}{1 - a_i} \cdot u_i(s^+) + a_i^{t-1} p_i(s_{-i}^{\pm}) + \frac{a_i^t u_i(s^-)}{1 - a_i}$$

holds for his supergame payoff $U'_i$ . The condition $a_i \geq a_i^* (s^+)$ follows from (3) and (4).

In the case of only two actors, a deviator $i$ may induce a conditional cooperator $j$ to return to cooperation if $j$ does not threaten deviations with eternal damnation. In part (b) of the theorem, however, the use of such unforgiving supergame strategies is required. Thus, the proof of part (b) can be given in the same way as the proof of part (a). Notice further that $a_i^* (s^+)$ in part (b) is a special case of the quotient in part (a).

In all the conditional supergame strategies considered here, a deviation of a single actor $j$ in period $t$ suffices to induce actor $i$ to deviate in the next period. It is easy to imagine supergame strategies which are nice but which are less provocable in that they deviate from the cooperative choice $s_i^+$ only if more than one other actor (or a larger proportion of actors than $\frac{1}{n}$) deviated in the period before. Notice, however, that universal use of such less provocable strategies can be an equilibrium point only if universal use of the cooperative strategy $s_i^+$ is an equilibrium already in the constituent game $G$.

The theorem used here still does not guarantee that the supergame payoff vector associated with $S^c$ is efficient. Nor does it guarantee that the quotient $a_i^* (s^+)$ has the same value for all actors $i$. It may be an attractive feature of an equilbrium point from conditionally cooperative strategies to possess both these properties (see below). Using a number of more technical assumptions concerning the constituent game $G$ (Friedman 1977, p. 152, 160, 175-176, 185-186) would make it possible to extend the theorem in both respects (cf. Friedman 1977, theorems 8.4, 8.5). Notice further that an equilibrium according to the theorem on cooperative equilibria is subgame perfect in Selten's sense (cf. Friedman 1986, theorem 3.3).

### 3.4 Addendum 2: Olson's Typology of Groups

When he argues that problems of collective action and cooperation vary directly with group size, Olson (1965, p. 43-52) uses a well-known typology of groups. A game-theoretical reconstruction of this typology has been provided by Hardin (1982, ch. 3). The reconstruction uses a suggestion of Schelling (1973). Schelling and Hardin refer to n-person versions of the PD, but a discussion in the present and more general context is possible and may be instructive.

Consider again a Harsanyi dilemma game $G$ which fulfills (1). The solution strategy vector $s^-$ is inefficient because $u_i(s^-) < u_i(s^+)$ for $i = 1, \dots, n$. Universal cooperation is thus sufficient to improve the payoffs associated with the solution strategy vector. However, universal cooperation may not be necessary in order to increase the solution payoffs. Consider a strategy vector

(5) $$s^k = (s_1^+, \dots, s_i^+, \dots, s_k^+, s_{k+1}^-, \dots, s_j^-, \dots, s_n^-).$$

We have thus partitioned the set of actors into a coalition of $k$ $(1 \leq k \leq n)$ cooperators $i$, using a cooperative strategy $s_i^+$, and into a coalition of $n-k$ defectors $j$, using a defecting strategy $s_j^-$. It may be the case that

(6) $$u_i(s^k) > u_i(s^-) \text{ for } i = 1, \dots, k$$

that is, the payoffs associated with $s^k$ are higher for each cooperator than the payoffs associated with $s^-$, although there are $n-k$ deviators which refuse to cooperate. Usually, of course, and in interesting cases we will also have

(7) $$u_i(s^+) \geq u_i(s^k) \text{ for } i = 1, \dots, k \qquad \text{and}$$
$$u_j(s^k) > u_j(s_j^+, s_{-j}^k) \text{ for } j = k+1, \dots, n \quad , \text{ where}$$
$$s_{-j} = (s_1^+, \dots, s_i^+, \dots, s_k^+, s_{k+1}^-, \dots\ s_{j-1}^-, s_{j+1}^-, \dots, s_n^-)$$

According to (7) universal cooperation provides the cooperators with payoffs which are at least as high as the payoffs which they get if there are some deviators. Likewise, each deviator j has a positive incentive not to join the coalition of the $k$ cooperators.

Comparing all partitions of the set of actors, the smallest $k$ may be identified such that (5) and (6) are valid. Hardin's reconstruction of Olson's typology is now straightforward. A group is privileged if $k = 1$ for the smallest $k$. In this case, there is an actor who has an incentive to cooperate even if all other actors defect. A group is latent if $k > 1$ for the smallest $k$. Latent groups are then further subdivided into those with a "small" smallest $k$ and those with a "large" smallest $k$, where the exact limits of "small" and "large" may be indeterminate and may vary from context to context. Latent groups with a "small" $k$ are Olson's intermediate groups. Finally, Olson's large groups are latent groups with a "large" $k$.

This reconstruction of Olson's typology seemingly captures the spirit of Olson's distinctions and renders them precise. Nevertheless, a problem remains in connection with Olson's typology and Hardin's reconstruction, as well as in connection with Schelling's general notion of coalitions of $k$ cooperators. The problem is that (5) and (6) (and (7)) may be fulfilled but that $s^k$ is not an equilibrium point of $G$. Usually, $s^k$ will not be an equilibrium point because at least one of the $k$ cooperators has a positive incentive to deviate, i.e., there is an actor $i$ such that

(8) $u'_i(s^k_{-i}) > u_i(s^k)$ where

$s^k_{-i} = (s_1^+, \ldots, s_{i-1}^+, s_{i+1}^+, \ldots, s_k^+, s_{k+1}^-, \ldots, s_j^-, \ldots s_n^-)$

and $u'_i(s^k_{-i})$ is $i$'s payof f if he uses a best-reply strategy against $s^k_{-i}$.

In such a case, the coalition of the cooperators will not be self-enforcing and will therefore be unstable. In the context of one-shot situations it is then not at all obvious that $s^k$ can be the strategy solution of the game $G$. Consequently, differences in the size of the smallest $k$ should not be systematically related to the propensity for collective action.

Iteration of the game may again serve to make conditional cooperation self-enforcing (cf. Taylor 1976, ch. 3.3 for an analysis of the n-person PD). Assume that each of the $k$ cooperators $i$ plays a supergame strategy which prescribes to use $s_i^+$ in the first period, and in all later periods, as long as at least $k-1$ other actors have cooperated in all preceding periods. After the first period with less than $k-1$ other cooperators $i$ will choose $s_i^-$ in all subsequent constituent games.(10) Further assume that (5) and (6) hold true, that the $n-k$ deviators $j$ play the supergame strategy of unconditionally choosing $s_j^-$ in all constituent games, and that $s_j^-$ is a best-reply strategy against $s_{-j}^k$ for each deviator $j$. Then the resulting supergame strategy vector $S^k$ contains best-reply strategies for the deviators $j$. The conditional strategies of the cooperators $i$ are best-replies if

$$(9) \qquad a_i \geq a_i^k (s^k) = \frac{u'_i (s_{-i}^k) - u_i (s^k)}{u'_i (s_{-i}^k) - u_i (s^-)}$$

for $i = 1, \ldots, k$.(11) Notice that $a_i^k (s^k)$ has an interpretation similar to $a_i^* (s^+)$.

If (9) holds true for all cooperators using the conditional supergame strategies which have been sketched, their coalition is self-enforcing in the sense that everyone uses a best-reply strategy, and consequently no one of the cooperators has a positive incentive to deviate. Thus, a condition is provided which may render cooperation rational for the $k$ cooperators even if $s^k$ is not an equilibrium. In this way, an explanation of the emergence of coalitions of the Schelling-type may be based on a game-theoretic rationale. Notice again, however, that the forming of such coalitions will usually involve bargaining problems.(12)

In the following sections, we will study the effects of group size with respect to problems of cooperation in an iterated Harsanyi dilemma. In principle, the analysis of group size effects could be based on the cooperative equilibria discussed in section 3.2, as well as on the equilibria which have been sketched in the present section. The following arguments will refer to the equilibrium points of section 3.2, but the application to the additional case of subsets of conditional cooperators should be straightforward.

## 4. Conditions for Cooperation and the Large-number Dilemma

The Harsanyi dilemma game $G$ has been used to model problematic social situations. Iteration of $G$ may, via equilibria of the supergame $G^*$, provide a mechanism for the emergence and enforcement of cooperation. Combinations of conditionally cooperative strategies can be the solution of the supergame and ensure mutual cooperation in the constituent games.

Turning to the large-number dilemma, two possible implications of group size should be considered. Increasing group size may transform a noncooperative game with an efficient solution into a Harsanyi dilemma. We will take a brief look at this case in section 5.(13) On the other hand, group size may influence strategy choices in iterated dilemma situations themselves, that is, group size may have implications for the solution of the supergame. These implications can be investigated in two steps. First, we can derive, in a deductive way, the requirements concerning the strategic interdependencies among the actors which have to be fulfilled so that cooperative equilibria exist and form the strategy solution of the supergame. Secondly, effects of group size on these conditions for cooperation can be scrutinized.(14) In doing so, the abstract game-theoretical assumptions underlying the analysis are tentatively interpreted as theoretical regularities of individual behavior which can only be tested indirectly (Harsanyi 1977, ch. 2). From these we derive a number of qualitative and in principle empirically testable, specific hypotheses concerning group size as a social structural condition for cooperation (Coleman 1975, p. 81, 89).

### 4.1 Endogenous Sanctioning Mechanism

Cooperation, according to the theorem on cooperative equilibria, is tied to the **availability** of a certain class of **conditional strategies**. According to these strategies, an actor's cooperation depends on the cooperation of the other actors. Substantially, these conditional strategies guarantee a **sanctioning mechanism** which stabilizes and enforces cooperation. Notice that the sanctioning mechanism does not depend on interventions by exogenous enforcing parties. To the contrary, it results **endogenously** from individual adaptation to the iteration of the dilemma situation. Due to the iteration, actors have to balance the short-term profit of an exploitation of the others' cooperation against the long-term costs of defection. Strategic interdependencies of this type do allow for cooperation which is neither a consequence of external enforcement nor - in contrast to the approach advocated in the Durkheim-Parsons tradition - of unconditional commitments to normative obligations.

Conditionally cooperative strategies can - if available - solve the problem of endogenously policing cooperative behavior (Stigler 1964; Heuß 1965, p. 220-222). A central feature of the large-number dilemma is that group size can influence the effectiveness of this mechanism. This influence can work in two ways. We must first recognize that the policing of cooperative behavior and the sanctioning of deviations via conditional strategies confronts the actors with problems of information (Stigler 1964, p. 44, 46). Technically, the use of conditionally cooperative strategies requires some perfection of information on the part of the actors; each of them must be able to perceive the previous and current actions of the other actors which influence his own future behavior. Particularly, each actor must be able to detect deviations of the others. Usually, there will be some actors in dilemma situations with an incentive to deviate because universal unconditional cooperation is not an equilibrium point. To compensate for such an incentive, deviations of others have to be matched by own subsequent deviations. Therefore conditional cooperation depends on the impossibility of secret deviations due to sufficient monitoring opportunities.

Increasing group size will c.p. decrease the actors' monitoring opportunities (e.g. Hardin 1982, p. 40, 170-171, 182-185). Neglecting the internal structure of the group as an "intervening variable",(15) opportunities to detect deviations because of mutual visibility and intensive as well as frequent contacts will generally be given in situations involving only a small number of actors. One example is the case of direct dyadic interactions. Increasing group size often decreases mutual visibility, intensity and frequency of contacts. This is an essential aspect of Olson's (1965, p. 12, 16, ch. I.F) arguments concerning a decreased noticeability of individual contributions in large groups in comparison to small ones. Decreasing noticeability of individual behavior increases the problem to identify deviations (Kliemt 1986, p. 135, 187; Vanberg 1982, p. 135; Axelrod/Keohane 1986, p. 235). On the other hand, the actors' expectations of feedback effects of own defections through the reactions of others' decrease (Kliemt 1986, p. 135-137; Vanberg 1982, p. 135).

Group size can also influence the effectiveness of the endogenous sanctioning mechanism in a second and rather different way. This becomes obvious if the effects of sanctions in dyadic interactions are contrasted with the effects of sanctions in larger groups. It has been pointed out (cf. Dawes 1980, p. 182-183) that in a dyadic interaction a sanction of a deviation in period t in the form of an own deviation in the next period $t+1$ is focused on the deviator himself. In larger groups, however, the effects of a sanction are not focused on the deviator, but spread out over other actors. A sanction in period $t+1$ will reduce not only the deviator's payoff in that period but also the payoff of those actors who have cooperated in the period before. They will, in turn, use a sanction in period $t+2$ if they follow a conditionally cooperative strategy. Therefore, in a 2-person situation, a defector is able to induce his opponent to cooperate again, if the opponent uses a conditionally cooperative strategy which is not a completely unforgiving one. In n-person situations ($n \geq 3$) a single defection has wider implications because of the peculiarities of an endogenous sanctioning mechanism based on conditionally cooperative strategies.

At first sight, it may be tempting to object to this latter line of reasoning that universal use of conditionally cooperative strategies will not give rise to any deviations at all. Then the difference in the effects of sanctions in the dyadic and in the general n-person situation would not be relevant in the present context. In order to take this objection into account, two rather realistic assumptions may be used. The first would be that the actors make mistakes (with small probabilities) in the execution of their (constituent game) strategies (e.g. Harsanyi 1976, p. 105-109). Another assumption would be that an actor can (again with a small probability) misperceive other actors' strategy choices (Axelrod 1984, p. 182-183). Both of these assumptions would allow for occasional defections or sanctions, respectively, even if everyone is a conditional cooperator. The consequences of these occasional defections or sanctions would differ sharply in dyadic interactions and in n-person situations.

### 4.2 Stability

A first condition for cooperation in dilemma situations is that conditionally cooperative strategies are elements of the opportunity set of feasible strategies. Nevertheless, combinations of these strategies are not always equilibrium points. Cooperation based on these strategies can be self-enforcing and stable only if conditional cooperation is a best reply strategy for each actor against conditional cooperation of all others. According to the theorem on cooperative equilibria, a vector of conditionally cooperative strategies forms an equilibrium if $a_i \geq a_i^* (s^+)$ for all actors $i$. Instead, if $a_i < a_i^+ (s^+)$ for at least one actor, then the strategic interdependencies are "trivialized" in the sense that this actor has no incentive to make his cooperation dependent on the other actors' cooperation.(16)

In terms of the game-theoretical analysis we can maintain that the **discount parameters** $a_i$ have to be sufficiently high in order to make conditional cooperation possible. Viewing cooperative behavior as an investment, the expected profits from cooperation have to exceed the costs of giving up the short-term advantages of defection. The discount parameter is an indicator of the expected duration of the interaction. Substantially, the discount parameter reflects the expected **stability** of the social situation. Cooperation in problematic situations is possible if each actor expects that strategic interdependencies will remain stable in that he will interact again and again with the same set of other actors in this respective situation.

There seems to be one obvious way in which increasing group size can have an effect on cooperation via the discount parameters (c.f. Oye 1986a, p. 19). Increasing group size will c.p. increase the heterogeneity of actors. If discount parameters vary across actors, increasing group size will increase the probability that there are actors with discount parameters which are too low. These actors will not make their cooperation dependent on the other actors' cooperation. They will cooperate only if this is a best reply strategy for them even in the constituent game against cooperation of others. This will not be the usual case in dilemma situations.

## 4.3 Costs of Cooperation, Costs of Conflict and Strength of Interdependencies

Consider now the term $a_i^* (s^+)$ in the inequality $a_i \geq a_i^* (s^+)$. It is a ratio of two payoff differences. The difference $p_i (s_{-i}^+) - u_i (s^+)$ in the numerator is the cost to actor i of giving up a unilateral defection if all other actors cooperate. Therefore, the numerator measures the costs of cooperation. The denominator $p_i (s_{-i}^+) - u_i (s^-)$ is the cost of conflict which arises if all follow the deviating strategy $s_i^-$. Similar to a risk limit in Zeuthen's model of the bargaining process (Harsanyi 1977, p. 149-153), the quotient shows the incentive for *i* to insist on his best reply payoff $p_i (s_{-i}^+)$ in a constituent game by exploiting the other actors' cooperation (Voss 1985, p. 191). Following Friedman's (1971); Taylor 1976, p. 43) suggestive expression, $a_i^* (s^+)$ may thus be termed player *i*'s "temptation".(17)

The theorem on efficient equilibria makes it clear that incentives to deviate, which are reflected in the **temptation**, have to be compensated for by sufficiently high discount parameters. The game-theoretical analysis substantially implies that low relative **costs of cooperation** (measured against the costs of conflict) and high relative **costs of conflict** (measured against the costs of cooperation) promote cooperative behavior.

These propositions concerning costs of conflict and of cooperation are in themselves not surprising (e.g. Hechter 1983, p. 20-21). Furthermore, precisely in connection with the problem of the effects of group size on cooperation, some experimental reseach in n-person PD situations has been carried out which tries to test the dependence of group size effects on costs of cooperation and conflict (Bonacich et al. 1976).(18) It should not be overlooked, however, that the propositions do not have the status of "postulates" or "axioms" in the analysis presented here. Instead, they are deductive consequences of a more general theory.

The crucial condition $a_i \geq a_i^* (s^+)$ can be used to derive additional features of strategic interdependencies which induce cooperation. Notice that the condition is equivalent to

$$(10) \quad \frac{1 - a_i}{a_i} \leq \frac{u_i (s^+) - u_i (s^-)}{p_i (s_{-i}^{+}) - u_i (s^+)}$$

The numerator of the right-hand expression is the difference between the payoff in a constituent game if all actors cooperate, and the payoff if all actors defect. It indicates the efficiency gains through mutual cooperation or - respectively - efficiency losses through mutual defection and thus the **strength of interdependencies** among the actors. In terms of property rights theory, it may be interpreted as the amount of external effects. As can be seen from (10), a high relative strength of interdependencies, measured against the costs of cooperation, is a substantial condition for cooperation in dilemma situations.

There is a straightforward way in which group size can influence the temptation $a_i^* (s^+)$ or, respectively, costs of cooperation, costs of conflict and strength of interdependecies. All of these quantities are functions of three constituent game payoffs: the payoff $u_i (s^+)$ of an actor $i$ in the case of mutual and universal cooperation; the payoff $p_i (s_{-i}^{+})$ of an actor $i$ who unilaterally defects while all others cooperate and thus unilaterally exploits all others; finally, the payoff $u_i (s^-)$ of an actor $i$ in the case of mutual and universal defection. These three constituent game payoffs may in turn be a function of group size and thus the temptation $a_i^* (s^+)$ may vary with group size. The general relationship between group size and temptation can be seen by taking the derivative of $a_i^* (s^+)$ with respect to $n$ (the number of actors in the group). There is a simple expression which states the conditions for an increase or decrease of the temptation if group size increases:

(11) $$\frac{da_i^*(s^+)}{dn} >=< 0 \text{ iff}$$

$$\frac{dp_i(s_{-i}^+)}{dn} - \frac{du_i(s^+)}{dn} >=< a_i^*(s^+)\left(\frac{dp_i(s_{-i}^+)}{dn} - \frac{du_i(s^-)}{dn}\right)$$

On the left side of the second (in)equality we have the change in the costs of cooperation due to increasing group size. The right-hand expression is the change in the costs of conflict, weighted by the temptation $a_i^*(s^+)$ itself. Therefore, the temptation increases (decreases) with increasing group size, if the change in the costs of cooperation is greater (smaller) than the change in the costs of conflicts, weighted by the temptation.

As (11) reveals, increasing group size will not generally increase the temptation and thereby increase the problems of solving the dilemma situation cooperatively. Instead, the influences of group size on the temptation depend on the precise form of the actors' payoff functions in the constituent dilemma game. If the influence of increasing group size on the costs of cooperation is "stronger" (in the sense specified in (11)) than its influence on the costs of conflict, then the temptation increases with increasing group size. If, however, the reverse holds, temptation will decrease with increasing group size, and increasing group size will facilitate cooperation. In section 5 some paradigmatic cases of dilemma games will be used to study the different types of relationships.

### 4.4 Coorientation

The theorem on cooperative equilibria implies that the conditions which have been discussed guarantee the existence of an efficient ("cooperative") equilibrium for the supergame. Existence of this equilibrium is a fundamental prerequisite for an efficient solution of the supergame and thus for the explanation of the cooperation of rational actors in problematic situations. Nevertheless, note that an equilibrium satisfying the conditions of the theorem does not represent the only equilibrium of the supergame (e.g. Kurz 1985, p. 7-8; MacLeod 1985, p. 25-26, 30). The most simple example of another supergame equilibrium point is the universal use of the unconditional supergame strategy of choosing the defecting solution strategy $s_i^-$ in each constituent game. Furthermore, there may be various strategy combinations $s^+$ which are associated with higher payoffs for each actor than the solution payoff. Under the conditions of the theorem on cooperative equilibria, supergame equilibria based on conditional supergame strategies may exist for all of these strategy combinations of the constituent game. For this reason further conditions have to be satisfied in order to ensure an efficient solution of the supergame.

Following Harsanyi's (1977, ch. 7) theory, multiple equilibria entail efficiency problems as well as (noncooperative) bargaining and strategy-coordination problems. Notice, with respect to the first problem, that equilibria according to the theorem on cooperative equilibria can be specified which fulfill the efficiency criterion. We cannot, however, exclude the existence of multiple efficient payoff vectors associated with supergame equilibria. The preferences of the players with regard to these payoff vectors will not coincide and will thus give rise to a bargaining problem. Presupposing a solution to the **bargaining problem**, it is furthermore possible that two or more equilibrium strategy vectors will be associated with the solution payoff vector, but that not all possible recombinations of these strategy vectors will likewise yield the same solution payoff vector. In this case, the actors face a **strategy-coordination problem.**

Game-theoretical analyses of bargaining and strategy-coordination problems require, above all, the modelling of the actors' reciprocal expectations (Schelling 1958). Substantially, we can maintain, that a solution of these problems depends on a sufficient degree of **coorientation** among the actors, that is, convergent reciprocal expectations concerning the choice of particular equilibrium strategies.

Group size will influence the opportunities to achieve coorientation by solving bargaining and strategy-coordination problems. In general, increasing group size will increase the number of mutually non-equivalent payoff vectors all of which are associated with supergame equilibrium points. Increasing group size will thus intensify the bargaining problem. Likewise, it may be expected that increasing group size increases the number of equilibrium points which are associated with the solution payoff vector, but which are not coeffective (Harsanyi 1977, p. 133) in that not all of their recombinations are also associated with the solution payoff vector. In this case, increasing group size also intensifies the strategy-coordination problem. Olson (1965, p. 46-47) discusses these consequences of group size under the heading "costs of organization". He makes it clear that it is not sufficient to consider only the direct resource costs necessary to obtain a given level of public good provision. Rather, "additional costs must be incurred to obtain an agreement about how the burden will be shared and to coordinate or organize the effort to obtain the collective good. These are the costs of communication among group members, the costs of any bargaining among them, and the costs of creating, staffing, and maintaining any formal group organization" (1965, p. 47). According to Olson, these costs of organization are an increasing function of group size.

## 5. Group Size and the Temptation to Defect: Some Paradigmatic Examples

Four conditions for cooperation in problematic situations have been derived and effects of increasing group size on these conditions have been discussed. The discussion referred to an arbitrary Harsanyi dilemma game as a general model of problematic situations. Focusing the analysis on special types of dilemma games should allow for a more detailed picture of group size effects in specific contexts. The remainder of the paper will concentrate on group size effects in four paradigmatic dilemma games. Three of the games are n-person PDs. Defection is a dominant strategy for each actor in all of these cases. Although dilemma games with defection as a dominant strategy are interesting in that they represent the problem of cooperation in a particularly severe form, it has been argued above that such games do not exhaust the class of games which model problematic situations. Consequently, a fourth game will be included in the analysis which represents a dilemma situation without dominant strategies. With respect to the four games, the effects of increasing group size for the temptation $a_i^* (s^+)$ will be examined.

## 5.1 Hardin's Game

The first model of Olson's collective action problem which is based explicitly on an n-person game has probably been given by Hardin (1971). He presents a variant of an n-person PD. Each actor has to decide whether or not to contribute to the production of a public good. The extreme case of a perfectly indivisible and non-excludable good is assumed; any unit of the good, once produced, can be supplied to all actors and no actor is prevented from consumption. If a given amount of the good has been produced, it is available to all actors and consumed by all actors in the same way. Due to these circumstances, an actor who has not contributed to the production of the good is able to consume the same amount of it as those who have contributed.

The game itself can be characterized as follows. The strategy sets of each of the $n$ actors consist of two pure strategies. Let $c$ denote the cooperative strategy of an actor to contribute one unit of the production costs of the good. The defecting strategy d consists in refusing to contribute a unit of the production costs. It is assumed that $r$ units of the good are provided for each unit which has been contributed. Furthermore, the utility of a contributing actor is $\frac{r\,(m+1)}{n} - 1$ if $m$ $(0 \leq m \leq n-1)$ other actors have contributed and the utility of an actor who has not contributed is $\frac{rm}{n}$.(19) The payoff for an actor thus depends only on his own strategy choice and on the number $m$ of other contributors. Let $c\,(m)$ denote the payoff for an actor when he contributes and when $m$ other actors contribute. Likewise, $d\,(m)$ denotes the payoff for a non-contributing actor when $m$ other actors contribute. Then we have

(12) $c\,(m) = \frac{r\,(m+1)}{n} - 1$ and

(13) $d\,(m) = \frac{rm}{n}$

Universal cooperation is more efficient than universal defection iff $c\,(n-1) > d\,(0)$ , that is, iff $r > 1$ , which will be assumed in the following. Hardin's game is an n-person PD if defection is a dominant strategy for each actor. Defection is strictly dominant iff $c\,(m) > d\,(m)$ for $m = 0, \dots, n-1$ . This is equivalent to $r < n$ . Taken together, $n > r > 1$ is the condition under which Hardin's game is an n-person PD and thus a Harsanyi dilemma. If $r > n$ then we have $c\,(m) > d\,(m)$ for $m = 0, \dots, n-1$ and cooperation is the strictly dominant strategy. A first effect of increasing group size $n$ is thus the transformation of Hardin's game as a noncooperative game with an efficient solution due to strictly dominant cooperative strategies into a dilemma game with inefficient solution due to strictly dominant defecting strategies.

Assume now that $n > r > 1$ and consider the problem of cooperation if Hardin's game is the constituent game of a supergame. In the present case, conditionally cooperative supergame strategies prescribe to use the cooperative strategy $s_i^+ = c$ in the first period and to use this constituent game strategy in later periods $t = 2, 3, \dots$ as long as all other actors $j$ have chosen $s_j^+ = c$ in all preceding periods. Deviation from $c$ by an actor $j$ in period $t$, on the other hand, implies $i$'s use of the defecting strategy $s_i^- = d$ in the next period $t+1$. Next, we have to analyze the temptation $a_i^*\,(s^+)$ . Notice that the best-reply strategy of an actor $i$ against cooperation of all the other actors is $d$. Therefore, we find $p_i\,(s_{-i}^+) = d\,(n-1) = \frac{r\,(n-1)}{n}$ for $i$'s best-reply payoff in this case. Universal cooperation of all actors (including $i$) gives a payoff $u_i\,(s^+) = c\,(n-1) = \frac{rn}{n} - 1 = r - 1$ for actor $i$. Finally, $u_i\,(s^-) = d\,(0) = 0$ is $i$'s payoff in the case of universal and mutual defection. Substituting and simplifying gives

$$(14) \quad a_i^*\,(s^+) = 1 - \frac{n\,(r-1)}{r\,(n-1)}$$

for the temptation. Taking the derivative of (14) with respect to $n$ gives

(15) $\frac{da_i^*(s^+)}{dn} = \frac{r^2 - r}{(nr - r)^2} > 0$

In Hardin's game, therefore, the temptation to defect increases with increasing group size. Thus, increasing group size does increase the problem of achieving (conditional) cooperation in this kind of dilemma situation. Notice that $a_i^*(s^+) = 0$ for $n = r$ and $a_i^*(s^+) \to \frac{1}{r} < 1$ for $n \to \infty$ . In the limiting case, when defection becomes the dominant strategy due to increasing group size, the temptation is zero. If group size increases further, the temptation increases as well but remains smaller than $\frac{1}{r}$. Thus, irrespective of the size of the group, it is always in principle possible that all actors' discount parameters are high enough to allow for conditional cooperation in the supergame.

### 5.2 A Variant of Hardin's Game

It is a distinctive feature of Hardin's game that the collective good which the actors may produce is characterized by rivalness in consumption because the payoff to each actor decreases with increasing group size. Therefore, it may be interesting to consider briefly a variant of Hardin's game without rivalness. The variant differs from Hardin's original game only in that

(16) $c(m) = r(m + 1) - 1$ and

(17) $d(m) = rm$

According to (16) and (17), the utility which an actor derives from a given amount of the good is independent of the number of other actors who consume the good.

Here, universal cooperation is more efficient than universal defection iff $c(n - 1) > d(0)$ which is equivalent to $r > \frac{1}{n}$ . On the other hand, defection is strictly dominant iff $c(m) < d(m)$ for $m = 0, \ldots, n-1$ .

This is equivalent to $r < 1$. Thus, the variant of Hardin's game is a Harsanyi dilemma game with defection as a dominant strategy if $1 > r > \frac{1}{n}$. In this case, increasing group size cannot have the effect that a noncooperative game with efficient solution is transformed into a game with inefficient solution. Cooperation is a strictly dominant strategy iff $c(m) > d(m)$ for $m = 0, \dots, n-1$ or $r > 1$. Because of $n \geq 2$, we have $r > 1 > \frac{1}{n}$ and increasing group size $n$ will never result in the defecting strategy $d$ being turned into a dominant strategy.

Assume again that the actors face a dilemma situation, i.e., $1 > r > \frac{1}{n}$. Turning to the supergame, notice that $p_i(s^{+}_{-i}) = d(n-1) = m - r$, $u_i(s^{+}) = c(n-1) = m - 1$ and $u_i(s^{-}) = d(0) = 0$. Substituting and simplifying gives

$$(18) \quad a_i^*(s^{+}) = \frac{1-r}{r(n-1)}$$

for the temptation. The derivative with respect to $n$ is

$$(19) \quad \frac{da_i^*(s^{+})}{dn} = \frac{r-1}{r(n-1)^2} < 0$$

In this variant of Hardin's game, the temptation to defect decreases with increasing group size. For the limiting cases we have $a_i^*(s^{+}) = 1$ for $n = \frac{1}{r}$ and $a_i^*(s^{+}) \to 0$ for $n \to \infty$. We are confronted with the opposite of the "standard" situation; increasing group size facilitates the achievement of conditional cooperation.

## 5.3 Hamburger's Compound Game

Hamburger (1973, p. 37-38) presents an n-person game which he labels "compound game". Although this is again a variant of an n-person PD, it is of a different kind than the two games analyzed thus far. The game does not model individual contributions to the production of a collective good. The situation underlying the game is such that each of n actors is involved in $n - 1$ dyadic interactions with all the other actors. Each of these pairwise interactions is modelled as a classical 2-person PD. Both actors have a choice between two pure strategies, cooperation $c$ and defection $d$, and are confronted with the following well-known payoff matrix:

(20)

| | c | d |
|---|---|---|
| c | R,R | S,T |
| d | T,S | P,P |

T > R > P > S

Each actor has to choose one of these strategies for **all** of his interactions with the $n - 1$ other actors. Thus, in the compound game, each actor again has two pure strategies, the strategy to cooperate in all interactions and the strategy to defect in all interactions. The payoff for an actor in the compound game again depends only on his own strategy and on the number $m$ $(0 \leq m \leq n - 1)$ of other actors who choose to cooperate in all their interactions. If $c\ (m)$ denotes the payoff of an actor if $m$ other actors behave cooperatively, and if he himself cooperates by also choosing $c$ in all his interactions, then

(21) $$c\ (m) = Rm + S\ (n - 1 - m) = (R - S)\ m + Sn - S$$

Conversely, if $d\ (m)$ is the payoff of an actor if $m$ other actors cooperate in all their interactions and if he himself defects in all his interactions, then

(22) $$d\ (m) = Tm + P\ (n - 1 - m) = (T - P)\ m + Pn - P$$

It is easily verified that universal cooperation is more efficient than universal defection: $R > P$ and thus $c(n-1) > d(0)$. However, the strictly dominant strategy for each actor in the compound game is to defect in each of his interactions. This follows from $d(m) > c(m)$ for $m = 0, \ldots, n-1$. Therefore, the compound game is a Harsanyi dilemma game and it is a dilemma game irrespective of the group size $n$ $(n \geq 2)$.

Consider again a supergame the constituent game of which is the compound game. Conditionally cooperative supergame strategies can be interpreted in the usual manner. In order to analyze the temptation $a_i^*(s^+)$ and its dependence on the size of the group, we have to first specify the three payoffs $p_i(s_{-i}^{\pm})$, $u_i(s^+)$ and $u_i(s^-)$.

The payoff function for the compound game gives $p_i(s_{-i}^{\pm}) = d(n-1) = Tn - T$, as well as $u_i(s^+) = c(n-1) = Rn - R$, and finally $u_i(s^-) = d(0) = Pn - P$. For the temptation we therefore have

$$(23) \quad a_i^*(s^+) = \frac{(Tn-T)-(Rn-R)}{(Tn-T)-(Pn-P)} = \frac{T-R}{T-P}$$

From (23) we see that the temptation for the compound game is the same as the temptation for the underlying classical 2-person PD. Therefore, the temptation for the compound game does not depend on group size $n$ and thus does not change with increasing group size.

Our analysis of three variants of n-person PDs reveals that there is no clear-cut relation between group size and the temptation to defect, even for the special case when defection is the dominant strategy in the constituent dilemma game. It depends on the precise form of the payoff function for a given game if the temptation to defect increases with increasing group size, decreases or remains constant.

### 5.4 Diekmann's Volunteer's Dilemma

As a final example of a game-theoretical model of problematic social situations we will consider Diekmann's (1985, 1986) "Volunteer's Dilemma" (VOD). One especially interesting aspect of this game is that it represents dilemma situations without dominant strategies. Therefore, the problem of individual rationality is a more complex one than in conventional n-person PDs.

VOD is a noncooperative n-person game in which the actors have to decide whether or not to provide a collective good which is again - similar to the collective good in Hardin's game - perfectly indivisible and nonexcludable. The collective good is costly and will not be provided if no actor bears the costs of production. Each actor is able to provide the good by his own contribution. Each actor can therefore be the "volunteer". Additional contributions of a second, third, ... actor are possible but do not increase the utility level of any of the actors. The decisive difference between an n-person PD and VOD is that the costs $K > 0$ of providing the collective good are smaller than the gain $R$ in the case of VOD. Thus, even the payoff $R - K$ for the volunteer exceeds his payoff 0 if he himself does not contribute and if all actors likewise refuse to bear the production costs. Nevertheless, it is even more profitable for an actor to let others volunteer and enjoy the payoff $R$ which results from own free-riding and the contribution of at least one other actor. Denoting $s_i^0$ the (pure) strategy of actor $i$ to pay the production costs $K$ and $s_i^1$ his (pure) strategy of noncontribution,(20) the normal form of the game can be summarized in the following matrix:

(24) Number of actors $j$ ($j \neq i$) choosing $j$

| | 0 | 1 | 2 | ... | n-1 |
|---|---|---|---|---|---|
| $s_i^0$ | R - K | R - K | R - K | ... | R - K |
| $s_i^1$ | 0 | R | R | ... | R |

$R > K > 0 \quad n \geq 2$

As (24) shows, non-contribution is the (only) best-reply strategy if at least one other actor decides to contribute ($R > R - K$). On the other hand, own contribution is the (only) best-reply strategy if no other actor contributes ($R - K > 0$). VOD is thus an example of n-person Chicken games (Taylor/Ward 1982, p. 356) which can be generally defined as games in which 1) own non-contribution yields a higher payoff for an actor than own contribution if "enough" other actors contribute, and in which 2) own contribution yields a higher payoff than non-contribution if "too many" other actors do not contribute. In these games, therefore, an actors preferences among his two (pure) strategies switch exactly once as the number of contributors increases. Examples of social situations which can be modelled by these kinds of games can be found especially in the context of environmental public goods problems (Taylor/Ward 1982). Another example is the problem of the rationality of the act of voting (cf. Brennan/Lomasky 1984). For the special case of VOD, where the "switching point" takes the extreme value of just one other actor who decides to contribute, applications include helping behavior (the well-known "diffusion of responsibility problem"), entry into oligopolistic markets, and certain kinds of altruistic behavior in biology (Diekmann 1986, p. 189).

A sketch of a game-theoretical analysis of VOD can start from the observation that neither $s_i^0$ nor $s_i^1$ is a dominant strategy. The only maximin strategy is $s_i^0$. The maximin point $s^0 = (s_1^0, \dots, s_n^0)$ is, however, not an equilibrium point. Each actor has a positive incentive to deviate from his maximin strategy if he expects all the other actors (or even a single other actor) to choose the maximin strategy. If each actor expects at least one other actor to choose the maximin strategy and therefore decides not to contribute himself, the strategy vector $s^1 = (s_1^1, \dots, s_n^1)$ results. This is associated with a strictly inefficient payoff vector because each actor's payoff would be 0, which is lower than each actor's maximin payoff $R - K$. On the other hand, it does not seem reasonable to assume that the strategy choices of rational actors in VOD would result in the strategy vector $s^1$ because it is neither an equilibrium nor a maximin point.

The dilemma aspect of VOD becomes evident if we consider that the payoff vector associated with the maximin point $s^0$ is not efficient either.(21) Notice that $n - 1$ actors could be made better off without making the remaining volunteer worse off if $n - 1$ actors $j$ switch from their maximin strategy $s_j^0$ to $s_j^1$ and if the volunteer $i$ sticks to his maxi min strategy $s_i^0$. In this case, we get a strategy vector $(s_i^0, s_{-i}^1) = (s_1^1, \ldots, s_{i-1}^1, s_i^0, s_{i+1}^1, \ldots, s_n^1)$. The volunteer i again gets the payoff $R - K$ whereas all others receive the higher payoff $R$. Notice that there are $n$ such strategy vectors $(s_i^0, s_{-i}^1)$ and that each of them is a strong asymmetric equilibrium point (each actor uses his **only** best-reply strategy against the other actors' strategy combination) in pure strategies. Naturally, each actor $i$ prefers all the strategy points so that he himself is not the single volunteer to the remaining equilbrium point where he is volunteering. Thus, the actors are facing a bargaining problem with respect to the equilibria in pure strategies. Due to the symmetry of the game they are even in a bargaining deadlock (in Harsanyi's sense). Therefore, none of these $n$ equilibria can be considered (at least not according to Harsanyi's theory) the solution strategy vector.

Turning to mixed strategies, denote $s_i^{q(i)}$ the strategy of actor $i$ to choose non-contribution with probability $q(i)$ $(0 \leq q(i) \leq 1)$ and to contribute with probability $1 - q(i)$. If mixed strategies are admissible, actor $i$'s payoff $u_i(s_i^{q(i)}, s_{-i})$ if he chooses the (possibly mixed) strategy $s_i^{q(i)}$ against a combination $s_{-i}$ of (possibly mixed) strategies of the other actors is

$$(25) \quad u_i(s_i^{q(i)}, s_{-i}) = q(i) K \left(1 - \prod_{j \neq i} q(j)\right) + \left(1 q(i)\right) (R - K)$$

As Diekmann (1985, p. 607) shows, there is one symmetric equilibrium point in mixed strategies, namely, the strategy vector $s^{q(i)} = (s_1^{q(i)}, \ldots, s_n^{q(i)})$ where

(26) $q(0) = \left(\frac{K}{R}\right)^{\frac{1}{n-1}}$

The equilibrium point $s^{q(0)}$ will not give rise to bargaining problems. However, it follows immediately from Harsanyi's (1977, p. 102-103) lemmas on best-reply strategies, that all pure and mixed strategies of an actor *i* are likewise best-reply strategies against a strategy combination of the other actors *j* so that each of them chooses $s_j^{q(0)}$. Therefore, $s^{q(0)}$ is a weak equilibrium point and gives rise to indifference problems because no actor has a positive incentive to choose his equilibrium strategy if he expects all other actors to choose theirs. Furthermore, these lemmas imply as well for VOD that

(27) $u_i(s^{q(0)}) = R - K$

As can be seen from (27), each actor's payoff at the equilibrium point $s^{q(0)}$ is equivalent to his maximin payoff and, therefore, the mixed symmetric equilibrium is unprofitable. Again, $n - 1$ actors could be made better off without making the remaining volunteer worse off if the actors switch from $s^{q(0)}$ to one of the strategy vectors $(s_i^0, s_{-i}^1)$. Notice further (Diekmann 1985, p. 609) with respect to implications of increasing group size that $q(0)$, the probability of non-contribution, increases with increasing group size. The probability $P = 1 - q(0)^n$ that there will be at least one volunteer and that the collective good will be provided decreases with increasing group size if all actors choose $s_i^{q(0)}$.

Are there strategy combinations which make **all** actors better off compared to their payoffs asociated with maximin strategies or with the equilibrium $s^{q(0)}$ ? One possibility would be to use a jointly randomized strategy (Harsanyi 1977, p. 97), that is, a chance mechanism to decide which of the *n* asymmetric equilibrium points $(s_i^0, s_{-i}^1)$ in pure strategies is to be used. Such a jointly randomized strategy would determine one volunteer by lot and would be associated with a payoff $R - \frac{K}{n} > R - K$ for each actor. The jointly randomized strategy would therefore be profitable to all actors in comparison to the weak symmetric equilibrium, as well as in comparison to the maximin point. However, joint randomization requires communication as well as binding agreements and is thus not feasible in the present context of a noncooperative game.

An alternative which is still associated with higher payoffs than the weak equilibrium and the maximin point is a vector of strategies which Diekmann (1985, p. 608-609) terms "superrational". A vector of superrational strategies fulfills two conditions. The first condition is that each actor uses the same strategy. In this way, bargaining problems in a symmetric game are avoided. Secondly, the strategy is chosen such that the payoff for each actor is maximized. In VOD, there is a unique superrational strategy, the strategy $s_i^{q(*)}$ where

$$(28)\quad q\,(*) = \left(\frac{K}{nR}\right)^{\frac{1}{n-1}}$$

We have $q\,(*) < q\,(0)$ and thus $s_i^{q(*)}$ implies a lower probability of non-contribution than does $s_i^{q(0)}$. Denote $s^{q(*)} = \left(s_1^{q(*)}, \dots, s_n^{q(*)}\right)$ the vector of superrational strategies, then

$$(29)\quad u_i\,(s^{q(*)}) = R - mK \qquad 1 > m = 1 - q\,(*)\,\left(1 - \frac{1}{n}\right) > \frac{1}{n}$$

is the payoff for each actor associated with universal superrationality. We have $R - \frac{K}{n} > R - mK > R - K$ and therefore the payoff for each actor from a universal choice of the superrational strategy is lower than his payoff from a suitable jointly randomized strategy but higher than his payoff from the weak equilibrium point and from his maximin strategy. Using the term "cooperation" consistent with the explication given in section 1, it is therefore appropriate to call $s_i^{q(*)}$ the cooperative strategy in VOD.(22) With respect to group size effects on $q\,(*)$, notice (Diekmann 1985, p. 609) that $q\,(*)$ increases (as does $q\,(0)$ ) with increasing group size $n$. However, the probability $P = 1 - q(*)^n$ that at least one actor will contribute and that the collective good will be provided also increases with increasing n, provided that each actor uses the superrational strategy.

The problem is, of course, that $s_i^{q(*)}$ is not an equilibrium point at all. Actor $i$'s only best reply strategy against a strategy combination $s_{-i}^{q(*)}$ of the other actors $j$ such that each $j$ chooses his superrational strategy is to choose the strategy $s_i^1$ of certain non-contribution. This can be seen as follows. If all other actors j use the same strategy $s_j^q$, then

$$(30) \quad u_i\,(s_i^1, s_{-i}^q) >=< u_i\,(s_i^0, s_{-i}^q) \text{ iff } q >=< q\,(0)$$

where $s_{-i}^q$ is the strategy combination of the actors $j$ $(j \neq i)$ which results from their universal choice of $s_j^q$. The condition in (30) implies the intuitively plausible result that own non-contribution pays in VOD if the probability of the others' non-contribution is not too high, $q\,(0)$ being the critical value. We have seen that $Cq\,(*) < q\,(0)$ and therefore $s_i^1$ is a better reply against $s_{-i}^{q(*)}$ and is in fact the only best reply against this strategy combination. Notice that

$$(31) \quad u_i\,(s_i^1, s_{-i}^{q(*)}) = R - \frac{K}{n}$$

is the payoff of actor $i$ if he uses his best-reply strategy against superrational strategies of the other actors. Actor $i$'s payoff in this case is thus equivalent to his payoff in the case of joint randomization.

Concluding the game-theoretical analysis, it can be maintained that according to game-theoretical rationality postulates the vector $s^{q(*)}$ of cooperative superrational strategies cannot be considered the solution strategy vector, because it is neither an equilibrium nor a maximin point. The solution strategy vector may be either the maximin point or the weak symmetric equilibrium, dependent on the exact form of the rationality postulates which are used. The solution payoff vector will be $R - K < R - mK$ in either case and so VOD is indeed a Harsanyi dilemma game. Notice that the dilemma aspect of VOD is independent of group size.

Now consider the effects of a VOD supergame and in particular the effects of group size in such a supergame. The conditionally cooperative strategy now prescribes to use the cooperative strategy $s_i^+ = s_i^{q(*)}$ as long as all other actors likewise cooperate by using $s_j^{q(*)}$ in the constituent VOD games. A deviation of an actor in one constituent game implies the breakdown of cooperation in all succeeding constituent games. The consequence is the subsequent universal use of the solution strategy for the constituent game, whether universal use of the maximin strategy or universal use of the weak equilibrium strategy.(23) Therefore, $p_i(s_{-i}^{+}) = u_i(s_i^1, s_{-i_{q(*)}}) = R - \frac{K}{n}$, $u_i(s) = u_i(s^{q(*)}) = R - mK$ and $u_i(s^-) = R - K$. We thus have

$$(32) \quad a_i^*(s^+) = \frac{\left(R - \frac{K}{n}\right) - (R - mK)}{\left(R - \frac{K}{n}\right) - (R - K)}$$

for the temptation. Simplifying (32) and substituting gives

$$(33) \quad a_i^*(s^+) = 1 - q(*)$$

The temptation $a_i^*(s^+)$ has therefore a rather intuitive interpretation in VOD. It is equivalent to the probability of an actor's contribution to the production of the collective good if he uses the superrational strategy. The temptation to deviate from conditional cooperation in VOD therefore decreases if the probability of having to contribute due to cooperation decreases. If the discount parameters of all actors are higher than or equal to the temptation, then cooperation can turn from a superrational, i.e., an individually irrational, into a rational strategy.

What about the effects of group size on the temptation? We have seen that $q(*)$ increases with increasing $n$ and therefore

$$(34) \qquad \frac{da_i^*(s^+)}{dn} < 0$$

that is, the temptation to defect decreases in the VOD supergame with increasing group size. Again, we have the opposite of the "standard" effect of increasing group size. Notice that $q(*) = \frac{K}{2R}$ for $n = 2$ and that $q(*) \rightarrow 1$ for $n \rightarrow \infty$. For $n = 2$, thus, the temptation takes its maximum value $\frac{1-K}{2R}$ and $a_i^*(s^+) \rightarrow 0$ for $n \rightarrow \infty$.

Interpreting this - perhaps surprising - result, consider that a single contribution suffices to produce the collective good. If group size increases and if the actors are conditionally cooperative, i.e. superrational in the constituent games, each actor's probability to have to volunteer decreases although the probability of collective good production increases. As an actor's probability to have to volunteer decreases, his incentive to deviate and exploit the other actors' cooperation or superrationality in one of the constituent games decreases as well.

In the context of a VOD, the temptation to defect decreases with increasing group size. It should not be overlooked, however, that a low temptation is but one of four conditions for cooperation in dilemma situations. In the case of VOD it is quite evident that these conditions and the effects of group size on these conditions may counteract. Turning from the temptation to the endogenous sanctioning mechanism, it becomes clear that the actors are facing especially severe information problems in the VOD supergame. Cooperation in the VOD consists of choosing a certain mixed strategy which determines the probabilities for the choice of the two pure strategies or the probabilities for contribution or non-contribution, respectively. The overt behavior of the actors in each constituent game consists of contributing to the production of the collective good or in refusing to contribute. Observability of the other actors' overt behavior is therefore not sufficient to monitor their cooperation. Rather, each actor must have informations that the other actors' overt behavior follows a certain chance mechanism if **conditional** cooperation is to be a feasible strategy for himself.

## 6. Summary and Conclusion

In this paper, a game-theoretical analysis of the large-number dilemma has been provided. Such a dilemma is present if increasing group size increases problems of cooperation among the members of the group. The analysis required two preliminary steps. It was necessary to characterize the class of situations which can give rise to the dilemma. This was done in section 2. The intuitive notion of a problematic social situation was modelled as a noncooperative game with inefficient solution (Harsanyi dilemma). In this way, the wide-spread restriction to the rather special cases of (n-person) Prisoner's Dilemmas can be avoided. The second step (section 3) consisted of a game-theoretical analysis of (iterated) problematic situations. Subsequently, it was possible to treat the large-number dilemma itself. The game-theoretical analysis allowed for the derivation of four central conditions for cooperation in problematic situations. In sections 4 and 5, effects of the variable group size on these conditions have been discussed. In section 4, the general case of a Harsanyi dilemma has been considered. The next section concentrated on one of the conditions by analyzing group size effects in four paradigmatic situations. Figure 1 gives a summary of the conditions for cooperation and of effects of group size on these conditions.

FIGURE 1: GROUP SIZE AND CONDITIONS FOR COOPERATION

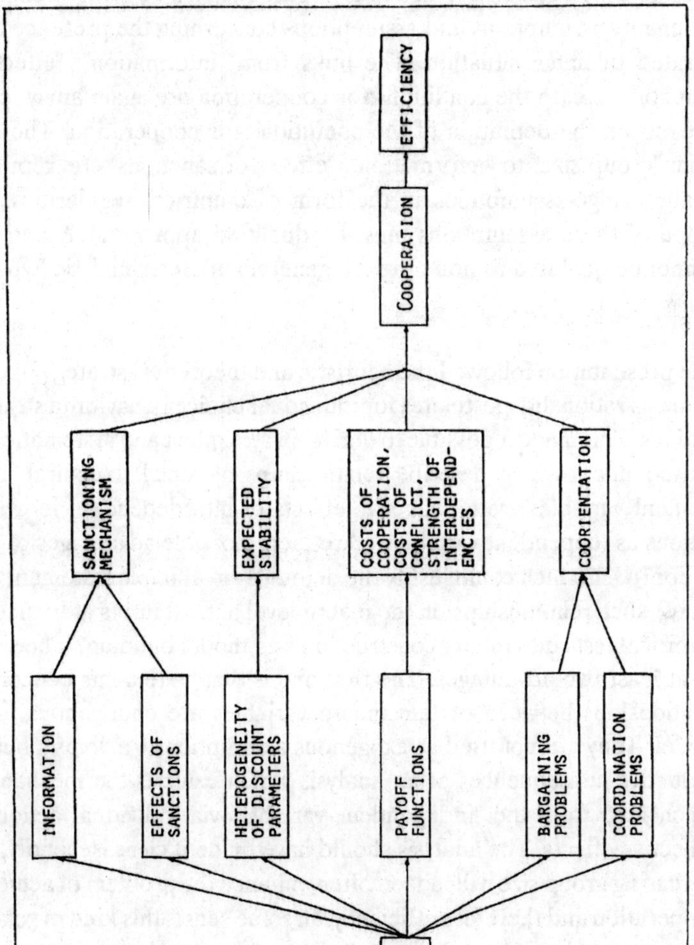

Notice the status of the various relationships which are represented in the figure. The link between "cooperation" and "efficiency" is analytic and is due to the definition of cooperation. The relationships between cooperation and the four conditions for cooperation are of an empirical nature and are at the same time deductive consequences of game-theoretical rationality assumptions and assumptions concerning the presence of an iterated dilemma situation. The links from "information", "effects of sanctions" etc. to the conditions for cooperation are again analytic and depend on the definition of the conditions for cooperation. The links from "group size" to "information", "effects of sanctions" etc. represent finally bridge-assumptions in the form of empirical regularities. The scope of these assumptions must be qualified appropriately and they cannot be qualified as nomological, general and deterministic hypotheses.

The presentation followed the heuristic and theoretical strategy of using rigorous rationality postulates for individual choice behavior in strategic settings. This made it possible to derive, in an explicit and systematic way, consequences which describe relationships of social structural "independent variables" with collective effects of interdependent individual actions as "dependent variables". Are there possible advantages of such an approach which could justify the detour from a simple statement of (a set of) such relationships on the macro level and attempts at immediate empirical tests into theory construction and model building? There may be at least two advantages. The first one is that statements concerning relationships between certain macro variables are endogenous in the model. They are not used as exogenous assumptions ("axioms") but are deductive consequences of an analysis which exhibits the mechanisms which lead from the "independent variable" via individual actions to collective effects. The analysis should have made it clear, secondly, that increasing group size will indeed often enhance the problem of achieving cooperation and therefore efficiency. In some sense, this kind of relation may even be considered the "standard case" (notice that the four conditions of cooperation are jointly sufficient but that each of them is necessary to establish a combination of conditionally cooperative supergame strategies as the solution of an iterated dilemma game). Nevertheless, there will be **no** universal and lawlike relationship of the social structural variable "group size" to the collective effect "efficiency (in problematic situations)". At least there will be no such general and lawlike relationship if the actors' behavior is purposive and incentive-guided. There are a number of "disturbing effects" (monitoring opportunities, effects of sanctions, heterogeneity of actors etc.) on which the relationship depends. These effects can be made explicit in the analysis presented here, they can be integrated in a theoretical model and introducing them ad hoc in the case of negative empirical evidence can be avoided.

**Notes**

* The paper draws on material from Raub and Voss (1986). Comments by Thomas Voss and suggestions by James Coleman are gratefully acknowledged. They are not responsible for any errors.

1 For the theoretical and methodological background of these remarks concerning "structural-individualistic" explanations of collective effects and processes, cf. Lindenberg (1977, 1985) and Raub and Voss (1981).

2 In this way, "depth" in Popper's (1957) sense is added to a theory of the large-number dilemma. Cf. de Vos (1981) for a discussion of this concept in the context of the structural-individualistic approach. From the point of view of empirical social research, Esser (1981) argues for the derivation of "causal models" of aggregate variables from a general theory of goal-directed and constrained action and additional assumptions.

3 Olson (1965, p. 50 n. 70) himself briefly touches upon the bargaining problem inherent in such a situation but does not provide an explicit analysis.

4 Cf. Schofield (1985, p. 209-210) for a short discussion of problems of cooperative game analysis in the context of the present paper. Schotter and Schwödiauer (1980, p. 480-482) provide some general arguments in favor of an approach which tries to avoid the assumption of exogenously given opportunities for binding agreements and rather tries to derive these opportunities endogenously as a consequence of the analysis.

5 See Elster (1985, p. 145) and Barry (1985, p. 157) for a related discussion. Cf. also Schüßler (1986).

6 Hardin's (1982, p. 31-37) argument is precisely that this problem is unresolved. Hardin argues that coercion and selective incentives are usually the result, and not the source, of group success. The by-product theory thus does not seem to be well-suited to explain how the organiza-

tion of a group was possible. Similarly, an existing organization may indeed offer career incentives to political entrepreneurs. The provision of such career incentives will nevertheless be problematic in cases where mobilization has not yet taken place.

7 Cf. Vanberg (1982, p. 132) for further references concerning Weber's arguments.- Social psychological experiments with respect to cooperation in n-person PD games likewise do not place the subjects in a one-shot situation, but usually study choice behavior in a sequence of games. This applies in particular to experimental studies of the effects of group size (cf. Colman 1982, p. 180-184 for an overview and for references to some of the experimental literature).

8 A similar analysis has been given by Kurz (1977). Cf. also Telser (1980). Shubik (1970), Taylor (1976) and Axelrod (1984) concentrate on the classical 2-person PD.

9 Furthermore, if $s^-$ is the unique equilibrium point of $G$, all equilibrium points of a game consisting of a finite number of repetitions of $G$ imply that all actors $i$ choose the defecting strategy $s_i^-$ in all periods in which $G$ is played. This follows from the backward induction argument which was sketched by Luce and Raiffa (1957, p. 97-102) for the special case of the classical 2-person PD. The backward induction argument does not generally apply if the game being repeated has more than one equilibrium point. Cf. Friedman (1986, p. 94-103) for a survey of the literature on finite repetitions of games.

10 A more complicated discussion of "forgiving" conditional strategies is possible but may be omitted in the context of the present paper. Cf. Taylor (1976, ch. 3.3) for a detailed analysis of an iterated n-person PD.

11 The proof is analogous to the proof of the theorem on cooperative equilibria.

12 A discussion of these bargaining problems can be found in Taylor/Ward (1982, p. 361-362).

13 Selten (1973) presents a complex model for a cartel formation problem, in which cartel probability (probability of cooperation) depends on the number of competitors. In this model, a sharp dividing line between "small" and "large" groups of suppliers can be specified endogenously. The small group case has an efficient solution (for the oligopolists). The large group case represents a (non recurrent) dilemma situation in the sense of this paper.

14 This paper concentrates on group size effects. Cf. Raub and Voss (1986, pt. IV) for a discussion of the effects of various other social structural variables on conditions for cooperation.

15 A paradigmatic example of intervening effects due to the internal structure of a group is Olson's (1965, p. 62-63) case of a "federal group" which consists of a number of small groups and may thereby overcome the large-number dilemma.

16 Cf. Murnighan and Roth (1983) for experimental research demonstrating the empirical importance of the condition $a_i > a_i^+ (s^+)$ in the iterated classical 2-person PD.

17 The "temptation" $a_i^* (s^+)$ should not be confused with the payoff $p_i (s^{\pm}_{-i})$ . In the case of the classical 2-person PD, this latter payoff has also been called "temptation" (cf. Rapoport/Chammah 1965, p. 34).- Notice that the interpretation of the temptation in the text underlines the "advantages" of a supergame equilibrium point based on conditionally cooperative strategies such that the value of the temptation is the same for all actors. If $a_i^* (s^+) = a_j^* (s^+)$ for $i, j = 1, \ldots, n$ , it can be expected that bargaining problems are reduced.

18 To be precise, Bonacich et al. (1976), who use a different terminology, discuss "costs of cooperation" and what is here referred to as "strength of interdependencies" (see below).

19 Cf. Schofield (1985, p. 208-20) for a generalization of Hardin's game. In Schofield's version, each actor is not confronted with a binary decision situation but is able to choose between various levels of contribution. The

results of the following analysis apply to this more complex model, too.- Taylor (1976, p. 18) has pointed out some restrictive assumptions underlying Hardin's game as a model of public goods production.

20 For reasons which will be mentioned below, Diekmann's notation as well as his terminology has been changed.

21 Diekmann describes $s_i^0$ as the "cooperative" strategy. This is an obvious terminology, which is nevertheless inconsistent with the one used in this paper precisely because $s^0$ is a strategy vector which is associated with an inefficient payoff vector. In section 2 above, a cooperative strategy has been characterized as an entry in an efficient strategy vector. In order to adhere to this convention, Diekmann's label cannot be used.

22 Cf. note 21. Notice further with respect to the notation for the two pure strategies that they are the two limiting cases of a mixed strategy.

23 It might be tempting to suppose that actor *j*'s deviation is punished by *i*'s use of $s_i^1$ in succeeding periods. However, $s^1$ is neither an equilibrium nor a maximin point. Against the use of the maximin strategy as a punishing strategy, as well as against the maximin point as a solution of the constituent VOD, it may be argued that an actor expecting other actors to choose maximin strategies has a strong incentive to use the pure strategy of non-contribution. However, refer to Harsanyi's (1977, p. 137-138) comments on the breakdown of rational expectations in unprofitable noncooperative games.- It should be added that there are other kinds of "cooperative" supergame equilibria the consequences of which for the constituent games are similar to the jointly randomized strategy mentioned in the text (cf. Diekmann 1985, p. 607). According to these equilibria, the actors are taking turns in volunteering in the constituent games such that each actor $i$ chooses $s_i^0$ and volunteers in periods $i, n+i, 2n+i, \ldots$ and chooses $s_i^1$ in all other periods. The strategy vectors for the constituent games in each period are thus equilibrium points. Therefore (Friedman 1977, p. 177, lemma 8.1) it follows immediately that the underlying supergame strategy vector, which can be composed of unconditional supergame strategies, is an equilibrium point as well.

Notice, however, that these latter supergame equilibria will again give rise to a bargaining problem. Due to the discounting of the payoffs in the constituent games, each actor will prefer volunteering in periods n, 2n, 3n, ... to volunteering in periods n-1, 2n-1, 3n-1, ... etc.

**References**

Aumann, R.J., 1981: Survey of repeated games. In: R.J. Aumann et al.: Essays in Game Theory and Mathematical Economics. Mannheim: BI, p. 11-42

Axelrod, R., 1984: The Evolution of Cooperation. New York: Basic Books

Axelrod, R.; Keohane, R.O., 1986: Achieving Cooperation under Anarchy. In: Oye 1986, p. 226-254

Barry, B., 1985: Comment on Elster. In: Ethics 96, p. 156-158

Blau, P.M., 1977: Inequality and Heterogeneity. New York: Free Press

Bonacich, P.; Shure, G.L.; Kahan, J.P.; Meeker, R.J., 1976: Cooperation and group size in the N-person prisoners' dilemma. In: Journal of Conflict Resolution 20, p. 687-706

Boudon, R., 1979: Generating models as a research strategy. In: R.K. Merton, J.S. Coleman/P.H. Rossi (eds.): Qualitative and Quantitative Social Research. Papers in Honor of Paul F. Lazarsfeld. New York: Free Press, p. 51-64

Brennan, G.; Lomasky, L., 1984: Inefficient unanimity. In: Journal of Applied Philosophy 1, p. 151-163

Buchanan, J.M., 1965: Ethical rules, expected values, and large numbers. In: Ethics 76, p. 1-13

Buchanan, J.M., 1975: The Limits of Liberty. Chicago: UP

Coleman, J.S., 1975: Social structure and a theory of action. In: P.M. Blau (ed.): Approaches to the Study of Social Structure. New York: Free Press, p. 76-93

Collins, R.; Makowsky, M., 1972: The Discovery of Society. New York: Random House

Colman, A.M., 1982: Game Theory and Experimental Games. Oxford: Pergamon

Dawes, R.M., 1980: Social dilemmas. In: Annual Review of Psychology 31, p. 169-193

Diekmann, A., 1985: Volunteer's dilemma. In: Journal of Conflict Resolution 29, p. 605-610

Diekmann, A., 1986: Volunteer's dilemma. A social trap without a dominant strategy and some experimental results. In: Diekmann/Mitter 1986, p. 187-197

Diekmann, A.; Mitter, P. (eds.), 1986: Paradoxical Effects of Social Behavior. Essays in Honor of Anatol Rapoport. Heidelberg: Physica

Elster, J., 1985: Rationality, morality, and collective action. In: Ethics 96, p. 136-155

Esser, H., 1981: Aufenthaltsdauer und die Eingliederung von Wanderern: Zur theoretischen Interpretation soziologischer 'Variablen'. In: Zeitschrift für Soziologie 10, S. 76-97

Friedman, J.W., 1971: A non-cooperative equilibrium for supergames. In: Review of Economic Studies 38, p. 1-12

Friedman, J.W., 1977: Oligopoly and the Theory of Games. Amsterdam: North-Holland

Friedman, J.W., 1986: Game Theory with Applications to Economics. New York: Oxford UP

Hamburger, H., 1973: N-person prisoner's dilemma. In: Journal of Mathematical Sociology 3, p. 27-48

Hardin, G., 1968: The tragedy of the commons. In: Science 162, p. 1243-1248

Hardin, R., 1971: Collective action as an agreeable n-prisoners' dilemma. In: Behavioral Science 16, p. 472-481

Hardin, R., 1982: Collective Action. Baltimore: Johns Hopkins UP

Harsanyi, J.C., 1976: Advances in understanding rational behavior. In: Essays on Ethics, Social Behavior, and Scientific Explanation. Dordrecht: Reidel, p. 89-117

Harsanyi, J.C., 1977: Rational Behavior and Bargaining Equilibrium in Games and Social Situations. Cambridge: UP

Hechter, M., 1983: A theory of group solidarity. In: M. Hechter (ed.): The Microfoundations of Macrosociology. Philadelphia: Temple UP, p. 16-57

Heuss, E., 1965: Allgemeine Markttheorie. Tübingen: Mohr

Hirshleifer, J., 1982: Evolutionary models in economics and law. In: Research in Law and Economics 4, p. 1-60

Hobbes, Th., 1651: Leviathan. Everyman's Library edition, London: Dent (1976)

Hume, D., 1739-40: A Treatise of Human Nature. Edited by L.A. Selby-Bigge, revised by P.H. Nidditch, Oxford: Clarendon (1978)

Kliemt, H., 1986: Antagonistische Kooperation. Freiburg: Alber

Kurz, M., 1977: Altruistic equilibrium. In: B. Belassa/R. Nelson (eds.): Economic Progress, Private Values, and Public Policy. Amsterdam: North-Holland, p. 177-200

Kurz, M., 1985: Cooperative oligopoly equilibrium. In: European Economic Review 27, p. 3-24

Lindenberg, S., 1977: Individuelle Effekte, kollektive Phänomene und das Problem der Transformation. In: K. Eichner/W. Habermehl (Hrsg.), Probleme der Erklärung sozialen Verhaltens. Meisenheim a.G.: Hain, S. 46-84

Lindenberg, S., 1985: An assessment of the new political economy. In: Sociological Theory 3, p. 99-114

MacLeod, W.B., 1985: A theory of conscious parallelism. In: European Economic Review 27, p. 25-44

Murnighan, J.K.; Roth, A.E., 1983: Expecting continued play in prisoner's dilemma games. In: Journal of Conflict Resolution 27, p. 279-300

Olson, M., 1965: The Logic of Collective Action. Cambridge, Mass.: Harvard UP

Opp, K.-D., 1983: Die Entstehung sozialer Normen. Tübingen: Mohr

Oye, K.A. (ed.), 1986: Cooperation under Anarchy. Princeton: UP

Oye, K.A., 1986a: Explaining cooperation under anarchy. In: Oye 1986, p. 1-24

Parsons, T., 1937: The Structure of Social Action. Glencoe: Free Press

Popper, K.R., 1957: The aim of science. In: Objective Knowledge. Oxford: UP 1972, p. 191-205

Rapoport, A., 1974: Prisoner's dilemma - Recollections and observations. In: A. Rapoport (ed.), Game Theory as a Theory of Conflict Resolution. Dordrecht: Reidel, p. 17-34

Rapoport, A.; Chammah, A.M., 1965: Prisoner's Dilemma. Ann Arbor: University of Michigan Press

Raub, W.; Voss, Th. 1981: Individuelles Handeln und gesellschaftliche Folgen. Darmstadt: Luchterhand

Raub, W.; Voss, Th. 1986: Conditions for cooperation in problematic social situations. In: Diekmann/Mitter 1986, p. 85-103

Schelling, Th.C., 1958: The strategy of conflict. In: Journal of Conflict Resolution 2, p. 203-264

Schelling, Th.C., 1973: Hockey helmets, concealed weapons and daylight saving. In: Journal of Conflict Resolution 17, p. 381-428

Schofield, N., 1985: Anarchy, altruism and cooperation. In: Social Choice and Welfare 2, p. 207-219

Schotter, A., 1981: The Economic Theory of Social Institutions. Cambridge: UP

Schotter, A.; Schwödiauer, G. 1980: Economics and the theory of games: A survey. In: Journal of Economic Literature 18, p. 479-527

Schüßler, R., 1986: Die Bedeutung der Unsicherheit über das ökonomische Menschenbild. München, mimeo

Selten, R., 1973: A simple model of imperfect competition, where 4 are few and 6 are many. In: International Journal of Game Theory 2, p. 141-201

Shubik, M., 1970: Game theory, behavior, and the paradox of the prisoner's dilemma. In: Journal of Conflict Resolution 14, p. 181-193

Simmel, G., 1908: Soziologie. Berlin: Duncker & Humblot

Taylor, M., 1976: Anarchy and Cooperation. London: Wiley

Taylor, M.; Ward, H. 1982: Chickens, whales and lumpy goods: Alternative models of public goods provision. In: Political Studies 30, p. 350-370

Telser, L.G., 1980: A theory of self-enforcing agreements. In: Journal of Business 53, p. 27-44

Ullmann-Margalit, E., 1977: The Emergence of Norms. Oxford: Clarendon

Vanberg, V., 1982: Markt und Organisation. Tübingen: Mohr

Vos, H. de, 1981: Verklaring en interpretatie in de sociologie. Van Loghum Slaterus

Voss, Th., 1985: Rationale Akteure und soziale Institutionen. München: Oldenbourg

Weber, M., 1921: Wirtschaft und Gesellschaft. 5. überarbeitete Aufl., Tübingen: Mohr 1976

Rudolf Schüßler

# Threshold Effects and the Decline of Cooperation

During the last decades some well-known problems of social philosophy have been reconstructed with the tools of game theory. The most prominent example for this trend is probably the Hobbesian problem of social order. If social order is perceived as a large n-person-Prisoner's Dilemma (PD), it turns out that purely voluntary cooperation among egoists will fail and that some sort of "Leviathan" is needed to restore order (cf. Olson 1965; Taylor 1976, 1987). To be sure, there are stable strategic equilibria in this dilemma even in the absence of a state or central control (cf. Raub/Voss 1986), but they vanish if the slightest informational incompleteness or probability of behavioral error is introduced into the model (cf. Bendor/Mookherjee 1987, p. 137). Therefore, solutions which are based on these equilibria are of no practical importance.

Some recent studies (cf. Bendor/Mookherjee 1987; Hirshleifer 1988) concentrate on cases where uncooperative individuals can be excluded from a group of actors and the consumption of a collective good. This option clearly supports the emergence of cooperation and is interesting as a possible first step to state-like organizations (cf. Nozick 1974). Nevertheless, even here centralized control plays a considerable role in creating order, because defections are revealed with a certain probability and have to be punished at a certain cost. Without centralized control each individual would have an incentive to ride for free and leave punishing defectors to others.

The present article proceeds from these findings and adds a new perspective to the problem. A major question will arise concerning the role of the state: if a "Leviathan" is necessary, how much power for it is enough? This is an inquiry into a hypothetical, minimal state (cf. Nozick

1974). For an answer, some threats to social order which have been largely neglected by game-theoretical analyses ought to receive some attention.

There could exist thresholds of detection such that not all defectors can be detected with some preassigned probability, but only those which show more than a certain degree of uncooperativeness. In this case, rational and (absolute) riskaverse actors would choose the lowest but still safe level of cooperative effort. Now assume that the standards of cooperation depend on revealed behavior and not on ideal demands. This should be true in many real world cases. As the individual cooperative effort declines to its lower bound, the threshold of detection will follow this move, and an iteration of this process would lead to a gradual but steady decline of cooperation. Thus, egoistical cooperation might not be compatible with relative thresholds of detection, which depend on observable behavior.

The introduction of a state alone might not suffice to stabilize order if detection thresholds influence societal cooperation. Plato's (1955) pessimistic view of the fate of social cooperation could be modeled this way. This view is also implicit in modern theories like Michels' (1949) "iron law of oligarchy" or Olson's (1982) diagnosis of "institutional sclerosis" in modern societies[1]. The present article will attempt a formal analysis of the intuitive idea of threshold effects and of a gradual decline of cooperation.

This is especially interesting, since the threat of a gradual decline of order prima facie calls for heavy handed solutions. One way to cope with veils of invisibility for defectors would be a superinformed Orwellian type of state, where a "big brother" could pull the veils away. Another possibility would be a system of effective inculcation of strict civic duties and an austere morality. My article, however, mainly investigates, whether rigid solutions can be avoided or whether they probably are not necessary under a more complete view of the strategic problems of veils of privacy.

The analysis of game models is not practically applicable in a straightforward sense, but it could hint at possible solutions to real strategic problems. It could help to play down overstated social dangers. The bearing of its consequences extends from the problem of social order to dilemmas of team production and to shirking in organizations. Nevertheless, the latter issues are not explicitly discussed here.

A second frame of reference for the article is formed by the backward induction argument, which Luce and Raiffa (1957, p. 98) developed for the finitely iterated PD. Luce and Raiffa showed that backward inductive reasoning will cause a complete breakdown of cooperation if the number of games is known in advance to the players. More recent studies have centered on the application of the backward induction principle to the economic example of the Chain-Store Paradox (cf. Selten 1978; Kreps/Wilson 1982a, 1982b; Trockel 1986). In this paradox a firm has to deliberate about how to deter a known number of potential competitors from entering a market.

The present article tries to apply backward induction to the previously mentioned Platonic version of Hobbes' problem[2]. To achieve this aim, it will use an evolutionary perspective instead of the rational action model (cf. Axelrod 1984; Maynard Smith 1982). In an evolutionary setting, the immediate, ratiocinative recourse to uncooperative action has to be substituted by a gradual, evolutionary breakdown of cooperation. In a finite PD-supergame with evolutionary game dynamics, cooperative actors are replaced by slightly less cooperative players, which in turn are replaced by even more uncooperative competitors. This process continues step by step, and highly uncooperative players succeed only if less uncooperative ones have undermined cooperation before[3].

It will be shown that this kind of process applies to a broad class of structures and not only to finite PD-supergames (section I). Above all, a "threshold dilemma" can be constructed, which possesses all the strategic properties that lead to a gradual decline of cooperation in the finite PD-supergame (Section II). Section III will provide the evolutionary dynamics for this dilemma. The results of the evolutionary analysis are contained in Section IV. Some discussion follows in the concluding Section V.

## I. The finite PD-supergame and Degeneration Games

The strategic structure of a finite PD-supergame can be easily revealed by inspecting its matrix of supergame strategies (called strategies in the following for simplicity). Suppose that the basic PD-game has the payoffs x=3, y=5, w=1, z=0 and is repeated for 200 rounds without discounting. Suppose further that there is only one basic strategy F which cooperates unless its partner defects, after which defection occurs in all later rounds[4]. In addition, there exist several variants En of F, which have unprovoked defection beginning with the nth-to-last endgame. These strategies account for the usual endgame effects in finite PD-supergames. The maximal uncooperative En, i.e. E200 in the present case, defects right from the start and is called ALL D. F would be equivalent to E0. Under these conditions, supergame Matrix M1 yields:

Matrix M1

| | F | E1 | E2 | E3 | E4 ... | En ... | ALL D |
|---|---|---|---|---|---|---|---|
| F | 600 | 597 | 595 | 593 | 591 | 599-2n | 199 |
| E1 | 602 | 598 | 595 | 593 | 591 | 599-2n | 199 |
| E2 | 600 | 600 | 596 | 593 | 591 | 599-2n | 199 |
| E3 | 598 | 598 | 598 | 594 | 591 | 599-2n | 199 |
| E4 | 596 | 596 | 596 | 596 | 592 | 599-2n | 199 |
| En | 600-2(n-2) | | ... | | | 600-2n | 199 |
| ALL D | 204 | 204 | ... | | | 204 | 200 |

Matrix M1 may serve as a basis for backward inductive reasoning. For this purpose M1 is inspected to determine which strategies are dominated and thus can be eliminated from M1 as irrelevant alternatives. If dominated strategies are eliminated (and only then), it is easy to see that all strategies En-1 are subsequently dominated by the next strategy En, with the exception of ALL D, which is not dominated at all. In addition, a strategy En-1 is in most cases dominated by En and not by any other strategy. Therefore, F (i.e. first row and column of M1) will be eliminated because of E1, which then is dominated by E2. Yet iterated elimination leads to the domination of E2 by E3 etc... Step by step the most cooperative of the remaining strategies is eliminated until only ALL D survives.

If outcomes are rationally anticipated, this means that actors will choose ALL D in a finite PD-supergame, just as Luce and Raiffa have shown. In an evolutionary context it follows that cooperative actors become fewer step by step, and that more and more uncooperative strategies thrive in a population of players until a firm and evolutionary stable regime of ALL D is established.

The interesting strategic structure of the game originates from the mechanism of domination and elimination. But then, this structure can be found in a broad class of games, which will be called degeneration games.

A game in normal form is defined by its number of players $m$, its set of pure strategies $S = (S_1, \dots, S_n)$ and its payoff function $A$. The payoffs are defined by $A_i(s)$ for each player $i$ in situation $s$, where $s$ is a realized strategy combination $s \in X^m S$ and $X^m S$ is $m$ times the cartesian product of $S$. A strategy $S_y$ of a player is dominated by a strategy $s_x$ $(= S_x \, dom \, S_x)$ iff:

(1) For all $s \in X^m S : A_i(S_y | s) \quad A_i(S_x | s)$, and

(2) There are $s \in X^m S : A_i(S_y | s) < A_i(S_x | s)$.

Equations (1) and (2) demand that actor $i$ is at least as well off playing $S_x$ instead of $S_y$ in all situations and that she is better off in at least one situation.

Let $S^*$ be the class of all degeneration games, and $S = S^{(n)}$ a strategy set with a finite number of $n$ pure strategies in $S$. $S^{(k)}$ denotes a strategy set with $k$ pure strategies, which is derived form $S^{(n)}$. A game is a (pure) degeneration game iff:

$S \in S^*$ iff for all $k \in (2, \ldots, n)$:

$S^{(k)} \in S^*$, whereas

(3) for all $S_y, S_w \in S^{(k)}$, there are $S_x, S_{k'} \in S^{(k)}$

with:

$S_x$ *dom* $S_{k'}$, and

$S_y$ *dom* $S_w \rightarrow S_y = S_x$ and $S_w = S_{k'}$

(4) $S^{(k-1)} = S^{(k)} \setminus S_{k'}$, (with "\" as set-theoretic subtraction)

The central part of the definition is (3), which assumes that exactly one strategy of a degeneration game is dominated only by exactly one other strategy. If (4) the dominated strategy $S_{k'}$ is excluded from $S = S^{(n)}$, a new strategy set $S^{(n-1)}$ results, which again is a degeneration game. This continues for all $S^{(k)}$ and subsequent exclusions, unless only two strategies are left in the set.

In case a strategy is dominated by more than one other in some step of this process, whereas the rest of the definition holds, a game will be called an impure degeneration game. Backward induction reasoning and the gradual, evolutionary decline of cooperation make sense in many impure cases too, as the finite PD-supergame shows. In M1 strategy F is dominated by E2 as well as by E1, thus constituting an impure degeneration game.

Based on the notion of a degeneration game, a model for the joint production of a collective good will now be introduced, which inherits the interesting strategical features of a finite PD-supergame.

## II. A model of a threshold dilemma

The degeneration game which will be analyzed in the following is called a threshold dilemma. Assume that a large group of actors jointly produce a collective good . It will be divided evenly among the actors or it will be jointly consumed if indivisible. The good is not public in a strict sense, because members can be expelled from the group (ostracism) and excluded from its consumption. Social order in premodern communities could be an example for such a good. After all, ostracism was a social practice once.

Bendor and Mookherjee (1987) show that the threat of expelling group members can stabilize cooperation under suitable circumstances in a n-person PD. For this result it is necessary to introduce a centralized control agency, which detects and punishes defectors with a sufficiently high probability, or to assume a network of rather small groups without central control.

In the present article the PD-framework is abandoned, but the central control solution is adopted together with one additional complication. It is a reasonable hypothesis that shirking in teams and deviation from social norms can only be detected and punished if the shirkers exceed a threshold of detection. Deviations remain invisible as long as they are suffiently small. Therefore, it should be rational to contribute only slightly less than one's full share for joint production.

It is further conjectured that the normative standards for individual contributions depend on the actual productivity or behavior of the group. Group productivity decreases if all contributors reduce their effort to a point just above the threshold, and so the standards for individual productivity and for the threshold of detection will deteriorate, too. Obviously, this process could be iterated and cause a stepwise deterioration of cooperation in the group. The whole argument resembles the strategic problems in a finite PD-supergame. It will be modeled as a degeneration game in the following. The main question will be whether the central agency can stop the decline of effort only by severe measures or whether the strategic situation by itself possesses selfstabilizing properties.

The model assumes that all individuals have equal endowments and capacities and that an ideal, maximal effort exists, which all actors should contribute. They may, however, actually contribute less in multiples of some effort unit. The amount of actual contribution defines the strategies $S_i$ of the game. For $S_0$ to $S_{n-1}$ each actor adopts a strategy of reducing the maximal level of effort for $i \in (0, \ldots, n-1)$ steps.

An actor who reduces his effort too much runs a risk of being discovered and expelled from the group by a central control agency. The costs of surveillance and expulsion are carried by the agency, which in turn receives a constant share of all efforts as payment. Therefore, the costs of control are implicit in the contributions and need not be modeled explicitly. Anybody who rejects paying the central agency is treated like any other defector.

The threshold of detection depends on the actual productivity of the group. The model accounts for this assumption by defining the probability of detection relative to a certain strategy and its relative frequency in the group. In general, a defector cannot be noticed if she reduces her effort only by one degree relative to a strategy. $S_1$ cannot be identified relative to $S_0$, and $S_i$ not against $S_{i-1}$. But if a defector deviates by more than one degree he is recognized with a linearly increasing probability relative to the reference strategy. The agency cannot use as yardstick the level of cooperation of a strategy, which does not exist in the pool of actors. Thus, if no one plays $S_0$ and $S_1$, strategy $S_3$ cannot be discovered as defector. This makes the central agency's judgement depend on the observable production level of the group.

The described assumptions are now modeled formally. The probability $w_{ij}$ for the detection of a defecting strategy $S_i$ relative to $S_j$ is defined first. It is important to note that there is more than one strategy of comparison for most defecting strategies. All strategies $S_j$, which contribute more than two increments of effort more than a defector $S_i$ have a share in informing the agency about $S_i$'s shirking. Each individual share is derived from a constant base probability of defection $c$, which is varied in the analyses of the model and reflects the agency's technology of surveillance. Parameter $c$ is weighted with the relative frequency $p_j$ of the reference strategy $S_j$ and with the degree of defection relative to the effort level of $S_j$. These weighting seems most important for the agency's chances to detect a defector. The smaller the amount of defection and the fewer (and hence less visible) the actors, who follow a highly productive strategy, the lower is the probability that a shirker will be caught. If $S_i$ defects only by one degree this factor will make $w_{ij}$ zero. Therefore:

(5) $w_{ij} = p_j \cdot (i - j - 1) \cdot c$; for $j < i$, and

; $= 0$ for all other cases.

The overall probability $q_i$ of detection is the probability relative to all reference strategies that defector $i$ is not overseen:

(6) $q_i = 1 - \prod j\,(1 - w_{ij})$.

The other variables of the model can now be defined. The total production $Y$ of the collective good is the sum of the individual contributions $Y_i$ weighted by the relative frequency $p_i$ of each strategy's occurence:

(7) $Y = \sum p_i \cdot Y_i$.

The highest contribution $Y_i$ is set to 1 and $i$ degrees of reduction of effort lead to a contribution decrease of $i$ times some production parameter $k$. Again, this parameter reflects a certain technology:

(8) $Y_i = 1 - i \cdot k$.

The utility $U_i$ of the collective good to $S_i$ is the weighted sum of the utilities $u_{ij}$ which $S_i$ derives from the individual contributions $Y_j$:

(9) $U_i = \sum j\, p_j \cdot u_{ij}$.

The particular utilities $u_{ij}$ are defined as the difference between the gains through $j$'s contribution $Y_j$, which are realized by $i$ only if she is not excluded, and $i$'s costs of effort $E_i$:

(10) $u_{ij} = (1 - q_i) \cdot Y_j - E_i$ .

The effort $E_i$ is contributed in all cases, since defectors are excluded only after having delivered a product however small. $E_i$ increases in proportion to an effort parameter *e* and the degree of *i*'s contribution. It is zero, by definition, for the maximal defective strategy:

(11) $E_i = (n - i - 1) \cdot e$ .

Based on equations (5)-(11), an example of a threshold dilemma, Matrix M2, with $u_{ij}$ as entries can be provided. Assume that there are seven strategies $S_0 - S_6$ and that arbitrarily[5], c=0.1, k=0.05 and e=0.005. This defines M2, which changes in every round of the game, depending on the evolutionary process to be introduced below. Accordingly, the backward-induction process cannot be read from M2 in the same obvious way as from M1. Only the change of M2 and the adaptation of the relative threshold of detection allows the deduction of a gradual decline of cooperation. In the first round M2 is:

MATRIX M2

| | $S_0$ | $S_1$ | $S_2$ | $S_3$ | $S_4$ | $S_5$ | $S_6$ |
|---|---|---|---|---|---|---|---|
| $S_0$ . | .92 | .87 | .82 | .77 | .72 | .67 | .62 |
| $S_1$ . . | .925 | .875 | .825 | .775 | .725 | .675 | .625 |
| $S_2$ . | .916 | .867 | .818 | .769 | .719 | .67 | .621 |
| $S_3$ . | .89 | .847 | .799 | .751 | .703 | .655 | .607 |
| $S_4$ . | .861 | .815 | .769 | .723 | .677 | .632 | .586 |
| $S_5$ . | .816 | .773 | .730 | .686 | .643 | .6 | .557 |
| $S_6$ . | .762 | .722 | .682 | .642 | .602 | .562 | .522 |

Matrix M2 belongs to an impure degeneration game, since $S_0$ is dominated by $S_1$, but also all strategies of higher index. Obviously, $S_1$ is the best strategy choice, but if all actors choose $S_1$, strategy $S_2$ would become invisible as defector and would hence dominate $S_1$. Therefore, $S_2$ would be a best answer in this step of reasoning, but then $S_3$ seems superior. This backward induction can be continued until $S_6$ is reached, which is not dominated in any further step of reasoning.

The short analysis shows that the strategic properties of a finite PD-supergame are shared by the threshold dilemma, whose evolutionary dynamics will be at issue in the next section.

**III. Evolutionary game dynamics**

The game dynamics of biological, evolutionary game theory (cf. Taylor/Jonker 1978; Zeeman 1980, 1981) is assumed for the analysis of the threshold dilemma for several reasons. Above all, evolutionary game theory (EGT) is a tool which helps to overcome the problems of rational choice models. The strong informational assumptions of rational actor game theory have long been subject to severe criticism. In contrast, EGT supports the view that actors may adopt a strategy for arbitrary and possibly non-rational reasons. Optimization occurs through a selection mechanism which favors the replication of successful strategies. In a first interpretation of the mechanism, all actors stick to their once adopted strategy and survive or die with it. Thus, there is a one-to-one mapping of actors and strategies, which allows dealing with the evolution of strategies directly.

The genetical determination of behavior in many animals makes this view appropriate in the biological domain. In the sciences of human behavior, however, a model would have to account for learning and ratiocination, even if these properties were not developed to the extremes of rational actor theory. But EGT can be reinterpreted suitably so that it fulfills this requirement as well.

The reinterpretation of EGT assumes that actors do not die with their strategies, but choose new ones if their old strategy proves inefficient[6]. Contrary to the rational choice case, they fail to know which single strategy is best. Instead, it is only assumed that a more efficient strategy will more likely be recognized as such and chosen. This leads to the hypothesis of a monotonic relationship between the success of a strategy and its adoption, which lies at the heart of EGT. After all, this premise seems to be plausible and far less restrictive than the information constraints of rational choice theory. Furthermore, evolutionary modeling will be of special value where the standards of rationality common in economics find no convincing application. This is the case in finite PD-supergames and degeneration games, where choice of the unique equilibrium seems absurd from the point of view of common-sense rationality (cf. Selten 1978, p. 133).

The actual EGT dynamics can be regarded as a simple, exploratory specification of the assumed monotonic relationship[7]. It specifies the growth rate of a strategy population as proportionally related to the strategy's relative success. The better a strategy scores than average, the more it replicates. The further its payoffs sink below average, the smaller its population becomes:

proportionate growth rate *i* = average payoff to strategy *i*

- overall average payoff to all strategies.

Given a payoff matrix A and a set of *n* strategies $S_i \in (S_0, \ldots, S_{n-1})$, a system of game dynamical differential equations (cf. Zeeman 1981) can be derived using this formula:

$$(12) \quad \frac{dp_i}{dt} = p_i \cdot \left((Ap)_i - pAp\right) .$$

In (12) the total population is normalized to 1. Therefore, it will not be necessary to deal with specific numbers of actors in this article. The analysis is concentrated on the success of strategies in terms of an increase in *i*'s share $p_i$ (= strategy population) of the total population of strategies. In equation (12) the denominator $p_i$ of the growth rate is transfered to the right hand side, and the first term in the brackets denotes the average payoff to *i* given A, whereas the second term represents the overall average payoff.

After matrix M2 is substituted for A, equation (12) allows for a dynamical analysis of the threshold dilemma. It is very convenient to use (12) instead of a different specification, because it is mathematically well investigated, and possible types of dynamic flows are classified (cf. Zeeman 1980). Since the dynamics of non linear differential equations may become very complicated, this advantage should not be underestimated. For this article (12) is transformed into a system of difference equations and simulated on the computer.

The original dynamics of EGT are deterministic, but here random variations of the size of strategy populations will be introduced, which could represent a noisy environment or imperfections in the rationality of the actors. There will be a random increase $z_i$ of $p_i$ in every iteration step of the computer simulation:

(13) $z_i = rnd / f \cdot n.$

In equation (13), *rnd* is a random number from a rectangular distribution over (0,1), $f$ is a fluctuation parameter and $n$ is the number of strategies. The fluctuation parameter $f \in R^+$ can be varied in the model in order to analyze the influence of $z_i$'s size. After the random variation $z_i > 0$ is added to the strategy populations, the total population is renormalized, so that $z_i$ finally results in an increase or decrease for the $p_i$[8].

**IV. Simulations of a threshold dilemma and their results**

The simulations of a threshold dilemma are executed using a small BASIC program. Their results are described in the following.

A gradual decline of cooperation occured for the deterministic EGT dynamics. Relatively cooperative strategies were dominated and subsequently eliminated by one degree step less cooperative opponents. Due to the impure degeneration matrix of the parameter specification used, strategy $S_1$ at first arrived a relative frequency of 0.99 first, and was then beaten by $S_2$ , $S_3$, etc., in regular sequence. The parameter values for the simulation were set to c=0.1, k=0.05, e=0.005. A velocity parameter $v$ was added as a factor to the evolutionary difference equations to speed up simulation. It is used for technical simplicity only and has no substantial meaning in the model[9]. Velocity was set to v=30 here. For all simulations a population minimum of $1 \cdot 10^{-7}$ was assumed in order to allow for a renaissance of once extinct strategies. This technical trick makes sense if a certain small probability is given to the reinvention or readoption of formerly unsuccessful strategies. The size of all strategy populations was the same initially.

Figure 1 provides an account of the development of the strategy populations $p_i$:

figure 1

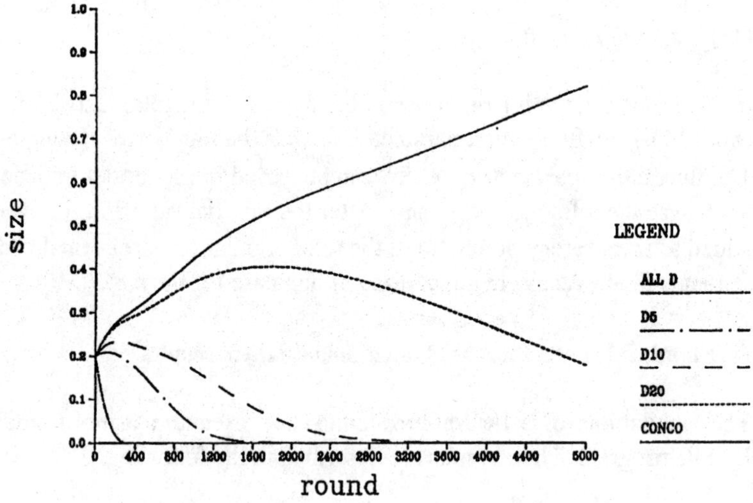


For the evolution in Figure 1, a 0.99 mark can be defined as the measure of success. The following table shows, in which round a strategy arrived at a relative frequency of 0.99 for the first time:

Table 1

| strategy: | $S_0$ | $S_1$ | $S_2$ | $S_3$ | $S_4$ | $S_5$ | $S_6$ |
|---|---|---|---|---|---|---|---|
| round (0.99): | - | 1 | 138 | 355 | 564 | 800 | 1018 |

The sequence of more and more uncooperative strategies attaining a population share of 0.99 provides an impressive picture of the stepwise decline of cooperation in the deterministic mode of the model.

The model dynamic changes if random variations in size of strategy populations are introduced. A simulation with the same assumptions and parameter values as in the deterministic case, but with random variations and a fluctuation parameter f = 10 leads to Figure 2:

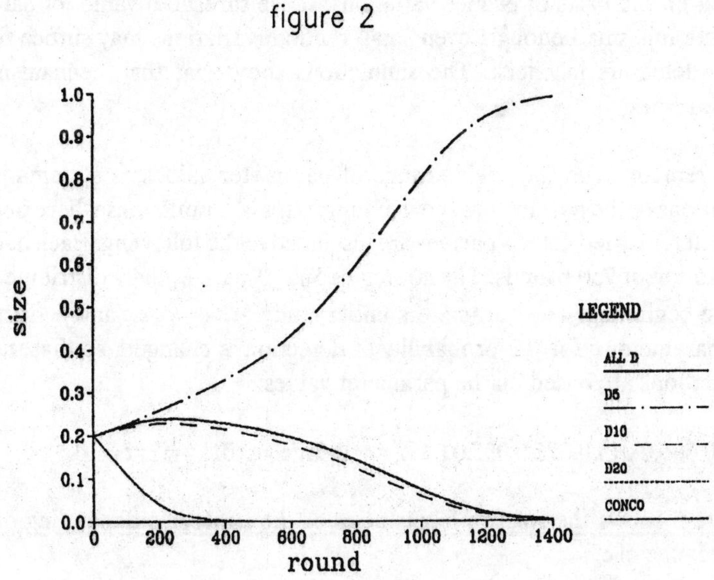


Figure 2 shows that the introduction of chance variations stops the gradual decline of cooperation at an early stage. When strategy $S_3$ has reached a share $p_3$ of roughly 0.82 (with $p_1 \approx 0.03$ and $p_2 \approx 0.1$) the system seems to arrive at an equilibrium. This happens after approximately 200 rounds and remains stable up to round 1000, after which the simulation was stopped. It cannot be proved, however, that a stable equilibrium isreached, since the model is not accessible to analytical treatment[10]. Nevertheless, the decline of cooperation is stopped effectively at an intermediate level for at least a long time if compared to the deterministic case.

Why can random variations stop the evolutionary decline of cooperation? There is a straightforward explanation at hand. A gradual decline occured because the central control agency could not monitor the full amount of defection when highly cooperative players were absent. The agency's monitoring capacity is improved if such players are continuously reintroduced on the basis of chance variations. If the threshold value for safe defection is small enough, even small random variations may suffice to keep defectors in check. The simulations show that this mechanism indeed works.

This remains true for a wide range of parameter values as systematic variations of the parameters show. Four groups of simulations where one parameter varied ceteris paribus are discussed in the following. Each had a duration of 750 rounds. The strategies $S_0 - S_6$ are equally distributed in the beginning. The parameters under study are $c$, $k$, $e$, and $f$. First, the parameter $c$ for the probability of detection is changed, so that the simulations are based on the parameter values:

$$c = (0.005, 0.015, 0.025, 0.035, 0.045); k = 0.05; e = 0.01; v = 2; f = 10.$$

Figure 3 shows the relative frequencies of the strategies depending on the change of $c$:

Figure 3

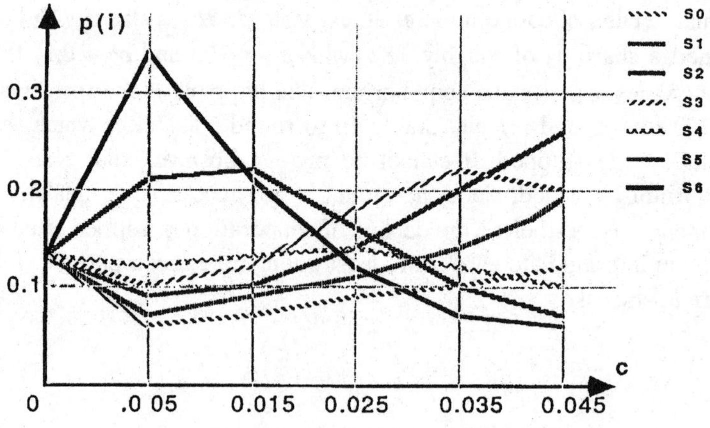

The top ranking strategy becomes more cooperative with increasing probability of spotting defectors, as was to be expected. But even in the worst case analyzed with c=0.005, the four most cooperative strategies still retain approximately 28% of the population. For c=0.025 this value increases to 43%. Therefore, cooperation never completely disappears.

Variation of the production parameter *k* influences the success of cooperators, too. Simulations were performed for the parameter values:

c=0.025; k=(0.025,0.05,0.075,0.1,0.125); e=0.01; v=2; f=10.

Figure 4 shows the results:

Figure 4

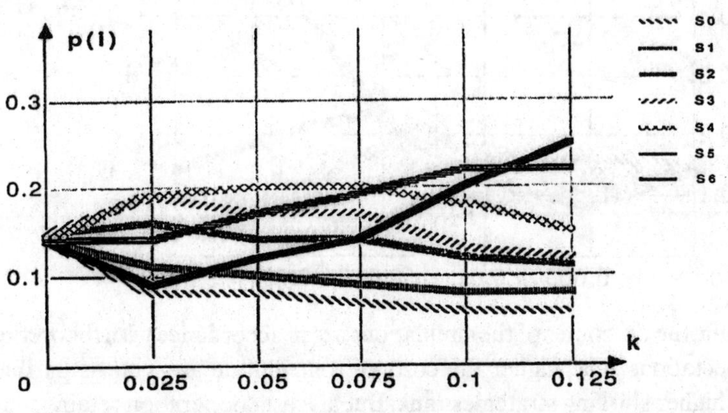


An increasing production parameter yields uncooperative strategies. The reasons for this outcome are not as obvious as for the parameter of discovery, but they are still intuitively intelligible. With *k* the difference of the contributions of the strategies and the difference between the columns of the game matrix increases. It follows that the relative share of production declines for uncooperative strategies. Cooperative strategies carry more of the burden of joint production and face an evolutionary disadvantage.

For the variation of the effort parameter *e* the following values are assumed:

c = 0.025; k = 0.05; e = (0.005,0.01,0.015,0.02,0.025); v = 2; f = 10.

Figure 5 shows the results of this group of simulations:

Figure 5

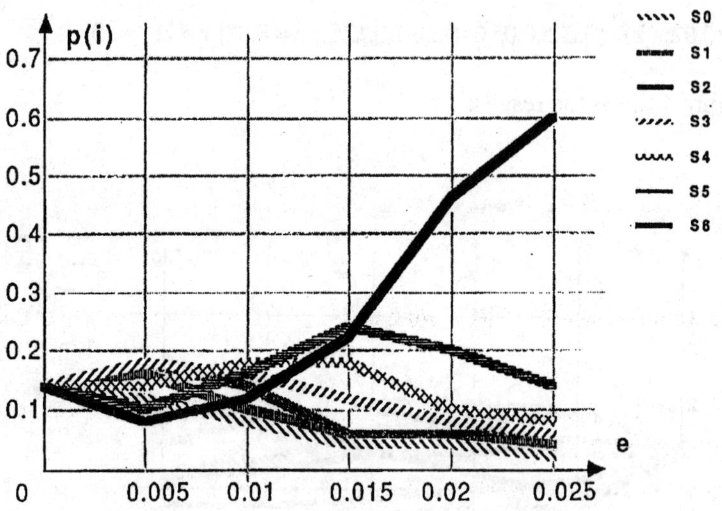


Again, the outcomes of the simulations are in accordance with theoretical expectations. The higher the costs of contribution are, ceteris paribus, the higher shirking strategies rank. But at least cooperation retains some importance. In the worst case analyzed, the four most cooperative strategies could maintain a population share of 16%. In the best case analyzed, they get 67%.

The direct influence of random variations can be observed if the fluctuation parameter *f* is varied:

c = 0.025; k = 0.05; e = 0.01; v = 2; f = (5,10,15,20,25).

Figure 6 provides the results:

Figure 6

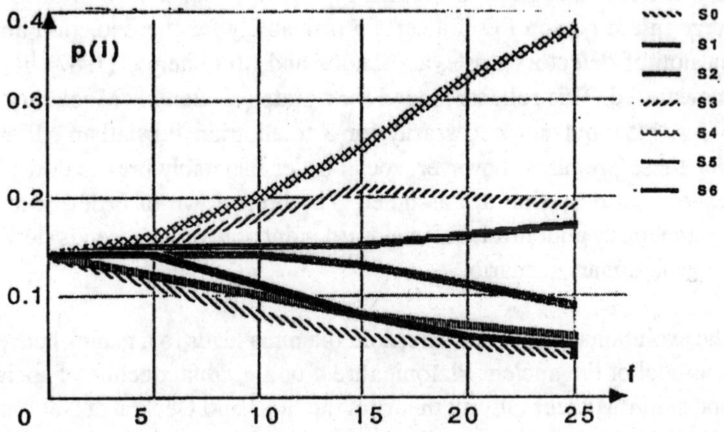


The lower *f* was, the greater was the success of cooperative strategies. For all *f* the strategies $S_3$ and $S_4$ of intermediate cooperativeness won. This outcome is again consistent with the theoretical assumptions. A low *f* reflects large random variations in every round, and as argued above, a high amount of fluctuation should improve monitoring and handicap defectors. Therefore, the share of the three most cooperative strategies decreased from 37.6% to 20.7% with increasing *f*. Fully uncooperative strategies take over only slowly, however, and the intermediate competitors $S_3$ and $S_4$ manage to keep (or even strengthen) their leading position even for f=25.

The results of the parameter variations show that an intermediate level of cooperation is not rare in the stochastic case of the threshold dilemma. In the last, concluding section of the article the implications of this findings for the problems initially presented will be discussed.

## V. Conclusions

The simulations of Section IV show that the introduction of threshold effects has negative implications for the stability of cooperation in social dilemmas. Cooperation is hardly stable in the pure n-person-PD, regardless of whether this game is iterated or not. But cooperative order can emerge in a n-person PD if a certain probability for the detection and expulsion of defectors exists, as Bendor and Mookherjee (1987) have demonstrated. This reflects a need for a state (cf. Bendor/Mookherjee 1987, p. 145), but not necessarily for a totalitarian "Leviathan". Even under these premises, however, social order inevitably breaks down if thresholds of detection are assumed. The breakdown of order occurs instantaneously under rational backward induction, or it proceeds slowly in an evolutionary scenario.

In the evolutionary case, the threshold dilemma leads to a game-theoretical model of the ancient Platonic threat of a gradual decline of social cooperation. Mancur Olson's theory of the "Rise and Decline of Nations" (1982) shows that this idea is still not outdated. It is interesting to see that its blending with modern reconstructions of Hobbes' argument creates a more violent form of the problem of order.

Thus game-theoretical studies seem to have underestimated the force of traditional, pessimistic arguments of social philosophy. Plato's austere and moralistic Republic as well as Hobbes' absolutistic "Leviathan" derive some justification from game-theoretical modeling. Olson (1982) prefers not to draw such severe conclusions from his diagnosis of a slowly increasing "institutional sclerosis" in modern industrial societies. He refers to war and revolution as possible but unwanted remedies. Unfortunately, however, he fails to show which more humane means could terminate the sclerotic process.

This question, of course, cannot be answered on the basis of any game simulation. Nevertheless, some hints can be given. It may surprise the reader that the mere introduction of random elements into the evolution of the threshold dilemma can stabilize cooperation. Random variations in the adoption of behavioral strategies can be expected to exist everywhere in reality. Therefore, it is not necessary to be too pessimistic about the fate of social order. A monotonic increase of "institutional sclerosis" and the decline of social cooperation do not follow inevitably from the existence of large, social dilemmas as long as some random variation is present. In consequence, game-theoretic modeling provides an argument against gloomy pleas for an extension of moral, informational or behavioral control over the individual in order to save society. And perhaps there is no need for wars and revolutions to break up "institutional sclerosis". The normal turbulence in societies might do, or at least some purposively created but controled turbulence resulting from institutional change. Even for the egoistic world-models of game theory there is no need to be too afraid that systems with intermediate control over its members, like the mixed constitutions of ancient and early modern political philosophy or modern democracies, will not work.

## Notes

* This article was first published in the Journal of Conflict Resolution (34, 1990, p. 476-494).

1) Michels' and Olson's "sclerosis" arguments refer not so much to a decline of civic morals as to an inflexibility of institutions and structures, which increases with the age of an organization, society or social movement. This growth of rigidity follows intuitively from the establishing of vested interests and can be derived game-theoretically from a n-person PD of support for flexibility.

2) Of course, labeling game-theoretical assumptions as Platonic or Hobbesian does injustice to the complex arguments of these philosophers. Nevertheless, it is in use and helpful for orientation if rightly understood in its limitations. Plato surely did not construct a threshold model, but described the slow decline of the aristocratic republic through timarchy, oligarchy, and democracy into tyranny. The label refers only to the pessimistic pattern of a continuous decline of a good republic.

3) For an evolutionary analysis of the finite PD-supergame see Schüßler (1988). Nachbar (1989) provides an even more general analysis of degeneration effects in the same game with parallels to the present paper, which independently corroborate its results for the deterministic case.

4) The payoffs, number of rounds, and the strategy name F (for FRIEDMAN) are taken from Axelrod (1984).

5) The parameter values are more or less arbitrary throughout the whole analysis. Therefore, the analysis demonstrates only in principle the dynamics which can occur in a threshold dilemma. This clearly delimits the scope of the results, but seems still better than an unreflected formation of expectations about the dynamics of social dilemmas.

6) Selten and Stoecker have used a Markov model instead of EGT for learning in the finite PD-supergame. Both assumptions, however, lead to the same qualitative dynamics of a gradual decline of cooperation. This dynamic has been corroborated by experimental tests (cf. Selten/Stoekker 1986).

7) In the absence of reliable empirical knowledge about the dynamics of social evolution, an exploratory assumption of linearity or proportionality seems natural. Nevertheless there can be problems with the microfoundation of the game dynamics used (mentioned in Nachbar 1989).

8) This type of model reflects the fact that one cannot subtract a $z_i$ directly from strategies that have become extinct.

9) Without empirical interpretation of the time scale of the evolution, neither velocity nor duration of the game have any empirical meaning. Velocity, however, makes some difference in simulations with difference equations. But in the present case simulations have shown that no qualitative or explosive changes occur after variations of evolutionary velocity. Velocity gains some limited effect only after stochastic variation is introduced.

10) A qualitative analysis of the game-dynamic differential equations (cf. Arrowsmith/Place 1982) presupposes a time constant payoff matrix, whereas the matrix of a threshold dilemma varies from round to round.

**References**

Arrowsmith, D./Place, C. (1982): Ordinary Differential Equations,London: Chapman & Hall

Axelrod, R. (1984): The Evolution of Cooperation, New York: Basic Books

Bendor, J./Mookherjee, D. (1987): Institutional Structure and the Logic of Ongoing Collective Action,In: American Political Science Review, 81, p. 129-154

Diekmann, A./Mitter, P. (eds.) (1986): Paradoxical Effects of Social Behavior, Heidelberg: Physica

Friedman, J. (1986): Game Theory with Applications to Economics New York: Oxford U.P.

Hamburger, H. (1973): N-Person Prisoner's Dilemma,In: Journal of Mathematical Sociology, 3, p. 27-48

Hirshleifer, D. (1988): Cooperation in a Finitely Repeated Prisoner's Dilemma, Game With Ostracism, Los Angeles: mimeo, University of California

Kreps, D./Wilson, R. (1982a): Sequential Eqilibrium, In: Econometrica, 50, p. 863-894

Kreps, D./Wilson, R. (1982b): Reputation and Imperfect Information, In: Journal of Economic Theory, 27, p. 253-279

Luce, R./Raiffa, H. (1957): Games and Decisions, New York: Wiley

Maynard Smith, J. (1982): Evolutionary Game Theory, Cambridge: Cambridge U.P.

Michels, R. (1949): Political Parties, Glencoe Ill: Free Press.

Milgrom, P./Roberts, J. (1982): Predation, Reputation, and Entry Deterrence, In: Journal of Economic Theory, 27, p. 280-312

Nachbar, J. (1988): Evolutionary Selection Dynamics in Games, mimeo, RAND Corp.

Nachbar, J. (1989): The Evolution of Cooperation in the Finitely Repeated Prisoner' s Dilemma, mimeo, RAND Corp.

Olson, M. (1965): The Logic of Collective Action, Cambridge: Harvard U.P.

Olson, M. (1982): The Rise and Decline of Nations, New York: Yale U.P.

Orbell, J./Schwartz-Shea, P./Simons, R. (1984): Do Cooperators Exit More Readily than Defectors?, In: American Political Science Review, 78, p. 147-162

Plato (1955): The Republic, London: (trans. by H. Lee), Penguin

Raub, W. (ed.) (1982): Theoretical Models and Empirical Analyses, Utrecht

Raub, W./Voss, T. (1986a): Conditions for Cooperation in Problematic Social Situations, In: Diekmann/Mitter (1986)

Schüßler, R. (1989): The Gradual Decline of Cooperation, In: Theory and Decision, 26, p. 133-155

Schüßler, R. (1989a): Exit Threats and Cooperation Under Anonymity, In: Journal of Conflict Resolution, 33, p. 728-749

Schüßler, R. (1990): Kooperation unter Egoisten: vier Dilemmata, München: Oldenbourg

Selten, R. (1978): The Chain Store Paradox, In: Theory and Decision, 9, p. 127-159

Selten, R./Stoecker, R. (1986):End Behavior in Sequences of Finite Prisoner's Dilemma Supergames, In: Journal of Economic Behavior and Organization, 7, p. 47-70

Taylor, M. (1976):Anarchy and Cooperation, London: Wiley

Taylor, M. (1987):The Possibility of Cooperation, Cambridge: Cambridge U.P.

Taylor, P./Jonker, L. (1978): Evolutionary Stable Strategies and Game Dynamics, In: Mathematical Biosciences, 40, p. 145-156

Trockel, W. (1986):The Chain Store Paradox Revisited, In: Theory and Decision, 21, p. 163-179

Wippler, R. (1982): The Generation of Oligarchic Structures in Constitutionally Democratic Organizations, In: Raub (1982)

Zeeman, E. (1980): Population Dynamics from Game Theory, In: Nitecki, Z./Robinson, C. (eds.): Global Theory of Dynamical Systems. Berlin: Springer

Zeeman, E. (1981): Dynamics of the Evolution of Animal Conflicts, In: Journal of Theoretical Biology, 89, p. 249-270

Karl-Dieter Opp*

# Die endogene Evolution von Kooperation. Ein empirischer Test einiger Hypothesen über den Verlauf von Kooperation in Situationen des Gefangenendilemmas

## Einführung

Die Frage, ob eine spontane soziale Ordnung, d.h. allseitige Kooperation der Akteure ohne äußere Sanktionsinstanz und ohne andere externe oder interne Anreize, zustandekommen kann, muß beim gegenwärtigen Stand der Forschung bejaht werden[1].

Dabei hat sich u.a. herausgestellt, daß für die Entstehung einer solchen endogenen Kooperation in den meisten Situationen Tit-for-Tat anderen Strategien überlegen ist. Diese Strategie besagt: beginne mit Kooperation und reagiere dann so, wie dein Partner unmittelbar vorher reagiert hat.

Der Erfolg dieser Strategie ist durch folgende Eigenschaften bedingt (vgl. insbesondere Axelrod 1984): (1) die Strategie ist freundlich ("nice"), d.h. es wird immer zuerst kooperiert. (2) Die Akteure sind provozierbar ("provocable" bzw. "retaliatory"), d.h. sie lassen sich in dem Sinne provozieren, daß sie auf Nicht-Kooperation mit Nicht-Kooperation reagieren und nicht z.B. immer kooperieren. (3) Die Strategie ist aber andererseits auch nicht nachtragend ("forgiving"); dies bedeutet, daß Nicht-Kooperation des Partners nur einmal mit Nicht-Kooperation beantwortet wird. (4) Schließlich ist die Strategie klar, da jeder Akteur das Verhalten des anderen Akteurs kennt und sich darauf einstellen kann.

Selbst wenn Tit-for-Tat die optimale Strategie für die Erreichung von Kooperation ist, so bedeutet dies nicht, daß Akteure diese Strategie auch tatsächlich wählen. So wird sich ein Akteur nur dann für Tit-for-Tat entscheiden, wenn er glaubt, daß die eigene Kooperation den Partner ebenfalls zu Kooperation veranlaßt. Solche Erwartungen brauchen jedoch keineswegs zu bestehen. Verhalten sich also Akteure so, wie es gemäß Tit-for-Tat zu erwarten ist? Diese Frage steht im Mittelpunkt dieses Aufsatzes. Im folgenden werden zehn Hypothesen formuliert und überprüft. Diese Hypothesen müßten sich empirisch bestätigen, wenn Tit-for-Tat in einer Situation des Gefangenendilemmas gewählt werden würde.

**Der Untersuchungsplan**

Wir haben den studentischen Teilnehmern an zwei soziologischen Seminaren an der Universität Hamburg im Jahre 1986 (12 Personen und 28 Personen) und in einem Seminar während des Europäischen Forums Alpbach im Jahre 1985 (12 Personen) folgende Entscheidungssituation vorgelegt:

"Stellen Sie sich vor, Sie hören gerne klassische Musik. Sie haben sich seit längerer Zeit angewöhnt, abends um 18 Uhr Ihre Stereoanlage anzustellen und mindestens eine Stunde Musik zu hören.

Nehmen Sie an, Sie wohnen in einem Haus mit mehreren Wohnungen und Ihr Wohnungsnachbar hat dieselbe Angewohnheit wie Sie: Er hört ebenfalls gerne klassische Musik und stellt jeden Abend um 18 Uhr seine Stereoanlage an. Leider ergibt sich nun folgendes Problem: Die Wände sind sehr hellhörig. Dies bedeutet, daß Ihr Musikgenuß empfindlich gestört wird, wenn der Nachbar ebenfalls Musik hört.

Was tun? Es gibt verschiedene Möglichkeiten. Sie könnten z.B. Kopfhörer kaufen, wenn Sie nicht schon welche besitzen. Sie könnten Ihre Gewohnheit ändern und nicht um 18 Uhr, sondern früher oder später Musik hören. Sie könnten den Nachbarn bitten, seine Gewohnheit zu ändern.

Dies alles komme jedoch für Sie nicht in Betracht: Sie wollen keine Kopfhörer kaufen. Sie wollen auch nicht mit Ihrem Nachbarn sprechen, es gebe also keine Kommunikationsmöglichkeit. Weiter gibt es für sie auch keine Möglichkeit, Ihre Gewohnheit zu ändern.

Das einzige, was Sie tun können, ist, Ihr Radio relativ laut oder relativ leise stellen. Gehen Sie also davon aus, daß Ihnen nur zwei Handlungsalternativen offenstehen: ihr Radio laut oder leise zu stellen.

Auch Ihr Nachbar hat nur diese Handlungsalternativen: Er kann ebenfalls sein Radio nur relativ laut oder leise stellen.

Da Sie und Ihr Nachbar jeden Abend um 18 Uhr die Stereoanlage anstellen, und da jeder von Ihnen diese laut oder leise stellen kann, gibt es zunächst vier Möglichkeiten, die man in der folgenden Tabelle darstellen kann - bitte beachten Sie zunächst nur die beiden ersten Spalten.

| | Ihr Nachbar stellt seine Stereoanlage: | Sie stellen Ihre Stereoanlage: | Ihr Musikgenuß (Rangfolge): |
|---|---|---|---|
| 1. | Leise | Laut | 4 |
| 2. | Leise | Leise | 3 |
| 3. | Laut | Laut | 2 |
| 4. | Laut | Leise | 1 |

Wenn Ihr Nachbar also sein Radio leise stellt, dann können Sie so reagieren, daß Sie Ihr Radio laut oder leise stellen. Dieselben Reaktionen stehen Ihnen offen, wenn Ihr Nachbar sein Radio laut stellt. Es gibt also vier Kombinationen von Reaktionsmöglichkeiten.

Ihr Musikgenuß hängt nun ab von dem Verhalten Ihres Nachbarn. Angenommen, Ihr Nachbar stellt das Radio leise. In diesem Falle hören Sie, so wollen wir annehmen, dessen Musik nicht. Dann ist Ihr Musikgenuß größer, wenn Sie Ihr Radio laut stellen. Nehmen wir nun an, Ihr Nachbar stellt das Radio laut. In diesem Falle hören Sie wenigstens etwas von Ihrer eigenen Musik, wenn Sie Ihr Radio ebenfalls laut stellen. Stellen Sie Ihr Radio leise, hören Sie von Ihrer eigenen Musik fast nichts. Ihr Musikgenuß ist also größer, wenn Sie Ihr Radio laut stellen.

Das Ausmaß Ihres Musikgenusses wollen wir nun mittels Zahlen symbolisieren. Einem höheren Musikgenuß ordnen wir eine höhere Zahl zu als einem niedrigen Musikgenuß. Die Zahlen sollen die Rangfolge des Nutzens bezeichnen, den Sie von ihrer Musik haben.

Verfolgen Sie nun anhand der vorigen Tabelle, letzte Spalte, die folgenden Ausführungen.

Wir wollen die Zahlen willkürlich wählen: die Zahl 4 soll den Musikgenuß bezeichnen, den Sie haben, wenn Ihr Nachbar das Radio leise und wenn Sie das Radio laut stellen. In dieser Situation, so wollen wir annehmen, ist Ihr Musikgenuß am größten. Er ist niedriger, wenn Sie in der genannten Situation - Ihr Nachbar stellt das Radio leise - Ihr Radio auch leise stellen. Diesem Musikgenuß ordnen wir die Zahl 3 zu.

Nun nehmen wir an, Ihr Nachbar stellt das Radio laut. Wenn Sie nun auch Ihr Radio laut stellen, hören Sie von Ihrer Musik mehr als wenn Sie Ihr Radio leise stellen. In dieser Situation ist Ihr Musikgenuß also größer, wenn Sie Ihr Radio laut als wenn Sie es leise stellen. Wir ordnen Ihrem Genuß wiederum zwei Zahlen zu, die Zahl 2, wenn Sie Ihr Radio laut und die Zahl 1, wenn Sie Ihr Radio leise stellen."

Die Spielsituation wird sodann noch in Form der folgenden Matrix (siehe Tabelle 1) dargestellt, die der Versuchsperson während des Spiels vorliegt, und weiter erläutert. Zum Ablauf des Spiels wird dann weiter ausgeführt:

"Beginnen wir nun unser Spiel. Angenommen, Ihr Nachbar ist soeben eingezogen und Sie haben von anderen erfahren, daß er wie Sie um 18 Uhr seine Stereoanlage anstellt. Es ist nun 18 Uhr und Sie entscheiden, wie Sie sich verhalten: Pünktlich um 18 Uhr stellen Sie entweder Ihre Stereoanlage laut oder leise. Ihr Nachbar trifft seine Entscheidung zur gleichen Zeit. Wie entscheiden Sie? Ihre Alternativen sind "laut" oder "leise".

Stellen Sie sich vor, Ihr Mitspieler sei Ihr Nachbar. Er trifft dieselbe Entscheidung: entweder das Radio laut oder leise stellen.

Wenn Sie beide entschieden haben - jeweils "laut" oder "leise", können Sie erneut entscheiden. Wiederum gilt, daß die Entscheidungen von Ihnen und Ihrem Nachbarn gleichzeitig erfolgen.

**Tabelle 1:** Die Auszahlungsmatrix des Musikspiels

| Sie stellen die Stereoanlage: | Ihr Nachbar stellt die Stereoanlage Leise | Laut |
|---|---|---|
| Leise | 3 | 1 |
| Laut | 4 | 2 |

Sie und Ihr Nachbar sollen so lange "spielen", bis der Versuchsleiter das Spiel beendet. Es ist also ungewiß, wie oft Sie Probleme mit Ihrem Nachbarn haben, d.h. wie oft Sie entscheiden müssen, das Radio laut oder leise zu stellen."

Es folgen weitere Erläuterungen, in denen die Schritte des Spiels noch einmal zusammengefaßt werden.

Die Versuchspersonen wurden zufällig in Paare aufgeteilt, die jeweils das Spiel gemeinsam spielten. Im ersten Durchgang traf jeder Spieler eines Paares seine Entscheidung ("leise" oder "laut") ohne Kenntnis der Entscheidung des anderen Spielers. Jeder Spieler notierte seine Entscheidung und zeigte sie dann dem anderen Spieler. Sodann notierte jeder Spieler die Entscheidung des anderen Spielers. Im zweiten Durchgang traf wiederum jeder Spieler zunächst seine Entscheidung wie im ersten Durchgang, notierte sie und zeigte sie dem anderen Spieler. Beide Spieler notierten die Entscheidung des anderen Spielers. In derselben Weise wurde in den weiteren Durchgängen bzw. Spielen verfahren. Jeder Spieler kannte also alle voraufgegangenen Entscheidungen des anderen Spielers. Während des Spiels erfolgte keine verbale Kommunikation. Das Spiel wurde nach zehn Durchgängen vom Versuchsleiter abgebrochen. Die Spieler kannten die Zahl der Durchgänge zu Beginn des Spiels nicht. Je Durchgang konnte je Paar keinmal, einmal oder zweimal "leise" bzw. "laut" entschieden werden.

Die Auszahlungen entsprachen der Situation des Gefangenendilemmas. Entsprechend wollen wir die Reaktion "leise" als Kooperation und die Reaktion "laut" als Nicht-Kooperation bezeichnen.

**Wie häufig wird kooperiert?**

Welches Ausmaß von Kooperation wird man bei den zehn Durchgängen erwarten? Die grundlegende theoretische Idee bei der Erklärung spontaner Kooperation ist, daß die Akteure das vergangene Verhalten anderer Akteure dadurch belohnen oder bestrafen, daß sie kooperativ oder nicht kooperativ handeln. Dabei wird angenommen, daß Kooperation oder Nicht-Kooperation eines Akteurs den anderen Akteuren die Bereitschaft für künftige Kooperation oder Nicht-Kooperation signalisiert[2].

In dem genannten Spiel bestand die Belohnung oder Bestrafung darin, daß man sich für "laut" oder "leise" entschied. Das Spiel war so angelegt, daß die Reaktionen eines Akteurs unmittelbar den Entscheidungen des anderen Akteurs folgten. Wegen der kurzen Dauer des Spiels dürfte der Gegenwartswert der künftigen Auszahlungen vermutlich relativ hoch gewesen sein. Entsprechend war zu erwarten, daß die Anreize für Kooperation generell sehr stark waren, so daß Kooperation in hohem Maße zu erwarten war. Da die einzelnen Paare durch Zufall gebildet wurden, war zu erwarten, daß das Ausmaß der Kooperation der Paare ähnlich war. Die beiden ersten Hypothesen lauten also:

(1) Das Ausmaß der Kooperation bei den einzelnen Gruppen (d.h. Paaren, die gemeinsam spielten) ist ähnlich.

(2) Die meisten Gruppen werden immer, d.h. in jedem Durchgang, kooperieren.

Beide Erwartungen wurden nicht bestätigt, wie Figur 1 zeigt. Bei den einzelnen Gruppen bestanden vielmehr starke Unterschiede im Ausmaß der Kooperation. Es gab zwar keine Gruppe, in der während des gesamten Spiels überhaupt nicht kooperiert wurde. Es gab jedoch eine Gruppe, in der nur dreimal kooperiert wurde.

**Figur 1: Häufigkeit der Kooperation in den Gruppen**

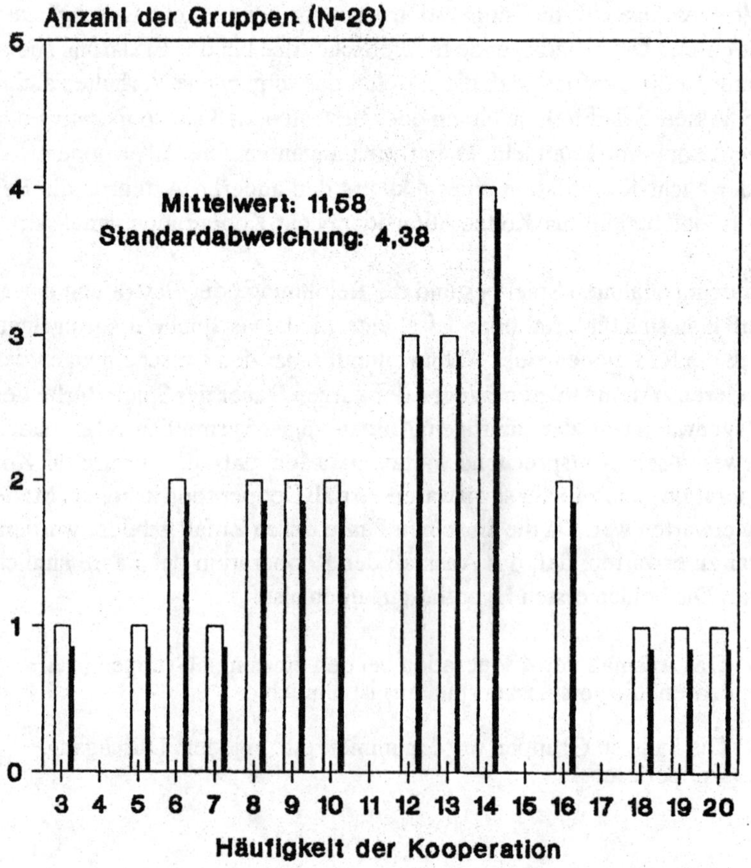

Andererseits gab es auch nur eine einzige Gruppe, in der ausschließlich, d.h. 20 mal, kooperiert wurde. Bei 10 von 26 Gruppen wurde zwischen 12 und 14 mal kooperiert. Der Modalwert liegt bei 14, d.h. bei vier Gruppen wurde insgesamt 14 mal kooperiert. Der Mittelwert der Kooperation beträgt 11,58 bei einer Standardabweichung von 4,38. Wir finden also insgesamt eine mittlere Kooperationsrate.

**Figur 2: Häufigkeit der Kooperation bei den Personen**

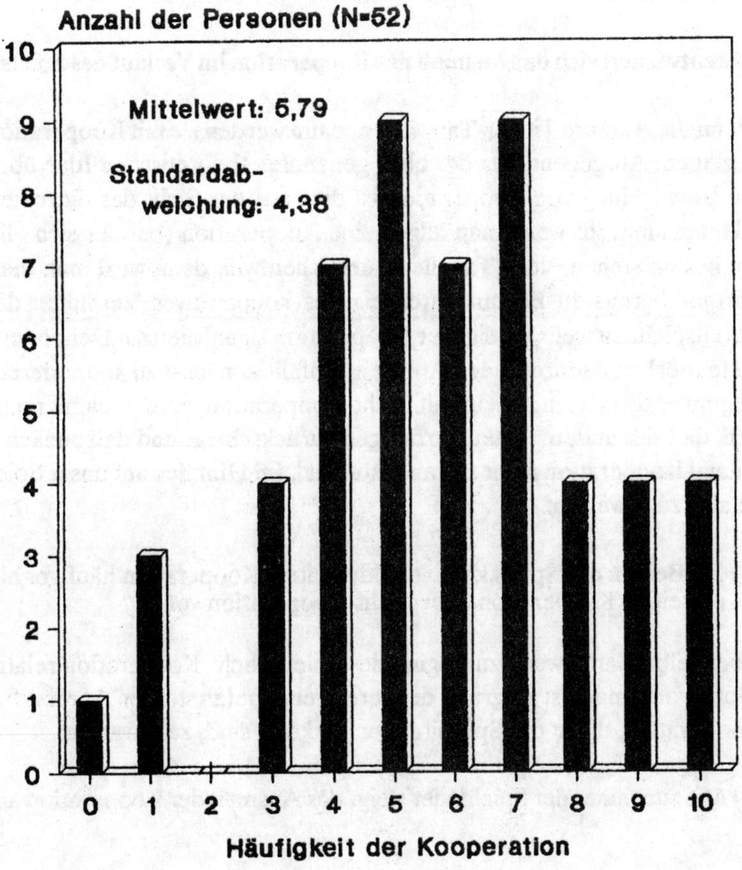

Wählt man Individuen als Untersuchungseinheiten, dann zeigt sich ein ähnliches Bild (vgl. Figur 2). Es gibt eine einzige Person, die nicht ein einziges Mal kooperiert. Es gibt andererseits aber auch nur vier Personen, die immer kooperieren. Insgesamt 25 der 52 Versuchspersonen kooperieren zwischen 5 und 7 mal. Der Mittelwert beträgt 5,79 mit einer Standardabweichung von 2,45.

Insgesamt sind das geringe Ausmaß und die große Variation der Kooperation erstaunlich. Man kann fragen: wenn in einer so einfachen Situation allseitige Kooperation schon nicht zustandekommt, kann es dann überhaupt eine reale Situation geben, in der ohne zusätzliche Anreize Kooperation entsteht?

**Wie entwickelt sich das Ausmaß der Kooperation im Verlauf des Spiels?**

Wenn die Akteure Tit-for-Tat wählen, dann werden sie mit Kooperation beginnen. Ausgehend von der oben genannten theoretischen Idee über die Entwicklung von Kooperation ist dies aus der Sicht des einzelnen Akteurs sinnvoll: wenn man allgemeine Kooperation (bei der sich alle am besten stehen, siehe Tabelle 1) erreichen will, dann wird man dem Partner bereits zu Beginn durch eigenes kooperatives Verhalten die Bereitschaft zu weiterer eigener Kooperation signalisierten. Der andere Akteur erhält dadurch einen Anreiz, ebenfalls zunächst zu kooperieren. Beginnt dagegen ein Akteur mit Nicht-Kooperation, muß er damit rechnen, daß der andere Akteur sozusagen zurückschlägt und daß zunächst einmal Kooperation nicht zustandekommt[3]. Im Hinblick auf unser Spiel ist also zu erwarten:

(3) Zu Beginn des Spiels kommt beiderseitige Kooperation häufiger als einseitige Kooperation oder Nicht-Kooperation vor.

Aber selbst dann, wenn zu Beginn des Spiels Nicht-Kooperation relativ häufig vorkommt, ist aufgrund der bereits erwähnten starken Anreize für Kooperation, die in der Spielsituation wirksam sind, zu erwarten:

(4) Mit zunehmender Spieldauer steigt das Ausmaß der Kooperation an.

Figur 3 zeigt, daß Hypothese 3 nicht bestätigt wird (siehe die beiden unteren Kurven): lediglich bei 7 von 26 Paaren kooperieren beide Partner im ersten Durchgang, während bei 7 Paaren zu Beginn kein Mitglied kooperiert. Da die Gesamtzahl der Paare 26 beträgt, kooperiert bei 12 Paaren jeweils nur ein einziges Mitglied.

**Figur 3: Anzahl der Personen und Paare mit unterschiedlicher Kooperation**

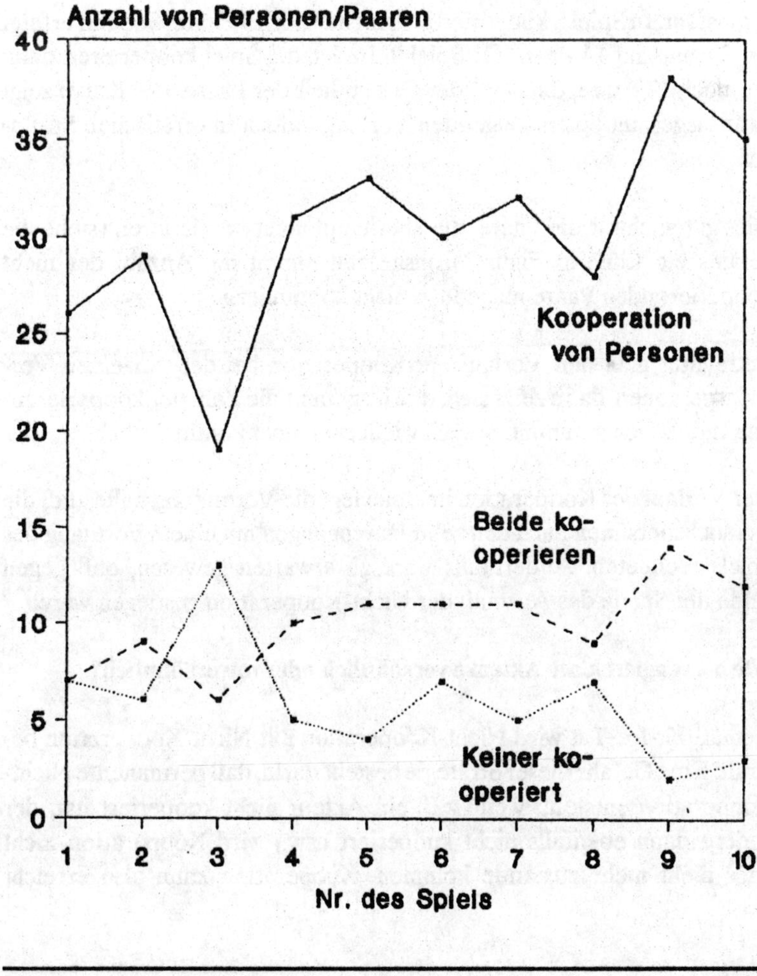

Betrachtet man nicht die Anzahl der Paare, sondern die Anzahl der Personen, die bei Spiel 1 kooperieren, dann zeigt sich, daß nur 26 Personen, also genau die Hälfte der Versuchspersonen, kooperieren (siehe die oberste Kurve in Figur 3).

Hypothese (4) wird bestätigt, jedoch nicht in der erwarteten Klarheit. Betrachten wir zunächst die Anzahl der Paare, bei denen je Durchgang beide Partner kooperieren (siehe Figur 3). Von Spiel 1 zu Spiel 2 erhöht sich die Anzahl der kooperierenden Paare von 7 auf 9. Im dritten Spiel kooperieren jedoch nur 6 Paare. Sodann steigt die Anzahl der kooperierenden Paare bis zu Spiel 5 auf 11 an und bleibt bei den Spielen 5, 6 und 7 konstant. In Spiel 8 kooperieren dann nur noch 9 Paare. Sodann erfolgt ein Sprung auf 14 Paare für Spiel 9. Im letzten Spiel kooperieren dann nur noch 12 Paare, d.h. 46% der Gesamtheit der Paare. Die Kurve zeigt zwar insgesamt einen steigenden Verlauf, jedoch in erratischen Sprüngen.

Dies gilt auch für die Paare, die überhaupt nicht kooperieren (siehe die gepunktete Linie in Figur 3): insgesamt nimmt die Anzahl der nicht kooperierenden Paare ab, jedoch nicht kontinuierlich.

Betrachtet man den Verlauf der Kooperation bei den einzelnen Versuchspersonen, dann zeigt sich, daß insgesamt die Zahl der kooperierenden Individuen zunimmt, jedoch wiederum nicht kontinuierlich.

Der Verlauf der Kooperation im Spiel legt die Vermutung nahe, daß die Versuchspersonen nach den zehn Durchgängen mit einem Fortgang des Spiels rechneten. Andernfalls wäre zu erwarten gewesen, daß gegen Ende der Spiele das Ausmaß der Nicht-Kooperation gestiegen wäre.

**Wie oft reagieren die Akteure versöhnlich oder unversöhnlich?**

Gemäß Tit-for-Tat wird Nicht-Kooperation mit Nicht-Kooperation bestraft. Eine Gefahr dieser Strategie besteht darin, daß permanente Nicht-Kooperation entsteht: wenn z.B. ein Akteur nicht kooperiert hat, der andere dann ebenfalls nicht kooperiert usw., wird Kooperation nicht oder nicht mehr zustande kommen. Kooperation kann also erreicht werden, wenn Akteure zuweilen "versöhnlich" reagieren, d.h. Nicht-Kooperation mit Kooperation beantworten. Wenn die Akteure dies erkennen, dann werden sie im Falle der Nicht-Kooperation des Partners nicht immer Nicht-Kooperation wählen. Allerdings wird generell doch Nicht-Kooperation relativ häufig sein, anderenfalls werden Bestrafungen in Form von Nicht-Kooperation weniger wirksam sein. Wir erwarten also:

(5) Wenn ein Akteur nicht-kooperativ reagiert, dann wird der Partner nicht ausschließlich, jedoch meist nicht-kooperativ reagieren.

Inwieweit reagieren nun die Akteure versöhnlich, d.h. wie oft kommt es vor, daß dann, wenn ein Akteur nicht kooperiert, der andere Akteur kooperiert?

In unserem Spiel kam es insgesamt 130 mal vor, daß ein Akteur nicht kooperierte. Dabei wurde in etwas weniger als der Hälfte der Fälle, nämlich 60 mal, versöhnlich, dagegen 70 mal unversöhnlich reagiert. D.h. in den meisten, jedoch bei weitem nicht in allen Fällen von Nicht-Kooperation erfolgt Nicht-Kooperation. Die von den Spielern verwendete Strategie ist also der Entstehung von allgemeiner Kooperation förderlich.

**Wie oft beuten die Spieler ihre Partner aus?**

Wenn ein Spieler kooperiert und wenn ein anderer Spieler daraufhin nicht kooperiert, dann ist dies der weiteren Kooperation nicht förderlich. Ein Spieler muß damit rechnen, daß der Partner die Nicht-Kooperation bei Kooperation des anderen Spielers, also Ausbeutung, wiederum mit Nicht-Kooperation beantwortet, vielleicht sogar mehrere Male, so daß die Akteure insgesamt Nutzen einbüßen. Es ist also zu erwarten:

(6) Wenn ein Akteur kooperiert, dann wird auch der andere Akteur relativ häufig kooperieren.

In unserem Spiel war das Ausmaß der Ausbeutung relativ hoch. Es gab insgesamt 158 Situationen, in denen ein Spieler kooperierte. In diesen Situationen wurde 99 mal mit Nicht-Kooperation, aber nur 59 mal mit Kooperation reagiert. In 63% der Fälle wurde also die Kooperationsbereitschaft eines Akteurs ausgebeutet. Eine so hohe Ausbeutungsrate entspricht nicht der Tit-for-Tat Strategie. Hypothese 6 wird also nicht bestätigt.

Hat die Art des Spielbeginns eine Wirkung auf den Verlauf des Spiels?

Wenn, wie wir bereits erwähnten, die Art der Beginns eines Spiels für den Verlauf des Spiels von entscheidender Bedeutung ist, dann müßte sich folgende Hypothese bestätigen:

(7) Je mehr Spieler einer Gruppe mit Kooperation beginnen, desto höher ist das Ausmaß der Kooperation in der Gruppe während der gesamten Spieldauer.

Um diese Hypothese zu prüfen, haben wir für die Durchgänge 2 bis 10 berechnet, wie häufig in den Gruppen insgesamt kooperiert wird. Die Korrelation des Ausmaßes der Kooperation im ersten Spiel mit der Kooperation in den Spielen 2 bis 10 beträgt 0,43. Dieser Koeffizient hat zwar das erwartete Vorzeichen, ist jedoch nicht signifikant.

**Wie stark beeinflußt Kooperation die weitere Kooperation?**

Wie wir bereits ausführten, geht die Tit-for-Tat Strategie von der Annahme aus, daß anfängliche Kooperation eines Akteurs A bei dem Interaktionspartner B Erwartungen auslöst, daß mit weiterer Kooperation von A zu rechnen ist und daß dies ein Anreiz für B ist, weiter zu kooperieren.

Es wäre jedoch auch folgende Möglichkeit denkbar: anfängliche Kooperation von A führt dazu, daß B zunächst einmal kooperiert, um seinerseits bei A die Erwartung hervorzurufen, daß er (B) weiter kooperiert. Sodann könnte B kurzfristig nicht kooperieren, d.h. A ausbeuten, um dann wieder zu Kooperation zurückzukehren. B könnte dabei annehmen, daß der Partner eine einmalige Nicht-Kooperation sozusagen verzeiht. Wenn sich die Akteure in dieser Weise verhalten, wäre zu erwarten:

(8) Kooperation in einem gegebenen Spiel wirkt am stärksten auf die Kooperation im darauf folgenden Spiel.

Um diese Hypothese zu prüfen, haben wir für jedes Spiel die Korrelationen zwischen der Häufigkeit der Kooperation einer Gruppe in einem Spiel mit der Häufigkeit der Kooperation bei jedem darauf folgenden Spiel berechnet. Wir ermittelten z.B., ob dann, wenn eine Gruppe in Spiel 1 relativ häufig kooperiert, auch das Ausmaß der Kooperation in Spiel 2, in Spiel 3 etc. relativ hoch ist.

**Tabelle 2**: Korrelationen zwischen der Häufigkeit der Kooperation je Spiel mit der Häufigkeit der Kooperation in den darauf folgenden Spielen

| Spiel Nr. | 2 | 3 | 4 | 5 | 6 | 7 | 8 | 9 | 10 |
|---|---|---|---|---|---|---|---|---|---|
| 1. | 42 | .58** | .21 | -.07 | .06 | .28 | .13 | .41 | .23 |
| 2. | - | 49* | .31 | -.06 | .03 | .16 | .12 | -.03 | -.23 |
| 3. | - | - | .41 | .06 | .24. | -.02 | .21 | .24 | .17 |
| 4. | - | - | - | .20 | .40 | -.01 | .24 | .22 | .25 |
| 5. | - | - | - | - | .59** | .32 | .38 | .41 | .45 |
| 6. | - | - | - | - | - | .32 | .52* | .31 | .53* |
| 7. | - | - | - | - | - | - | .5.0* | .34 | .15 |
| 8. | - | - | - | - | - | - | - | .55** | .31 |
| 9. | - | - | - | - | - | - | - | - | ..52* |

* signifikant auf dem .05 Niveau; ** signifikant auf dem .01 Niveau.

Tabelle 2 enthält die entsprechenden Korrelationskoeffizienten für die Häufigkeit der Kooperation jedes Spiels mit der Häufigkeit der Kooperation jedes darauf folgenden Spiels. So korrelierte das Ausmaß der Kooperation in Spiel 1 und in Spiel 2 mit r = 0,42. In jeder Zeile der Matrix sind die höchsten Koeffizienten unterstrichen.

Tabelle 2 zeigt, daß das Ausmaß der Kooperation in einem Spiel vor allem das Ausmaß der Kooperation in dem jeweils folgenden Spiel oder im übernächsten Spiel erhöht, d.h. Kooperation strahlt vor allem auf die unmittelbar folgenden Durchgänge aus. Die vorangegangene Hypothese wird also bestätigt.

**Wie stark beeinflussen Versöhnlichkeit und Unversöhnlichkeit die Kooperation?**

Gemäß Tit-for-Tat ist das dominante Verhalten Unversöhnlichkeit, d.h. auf Nicht-Kooperation wird mit Nicht-Kooperation reagiert. Dies bestätigen auch unsere Daten (siehe Hypothese 5). Wenn Nicht-Kooperation tatsächlich dem Partner signalisiert, daß er langfristig keinen Vorteil aus Nicht-Kooperation erzielen kann, dann ist zu erwarten:

(9) Unversöhnlichkeit erhöht stärker die Kooperation als Versöhnlichkeit.

Zur Prüfung dieser Hypothese wurde für jede Gruppe für alle zehn Spiele die Häufigkeit ermittelt, mit der bei Nicht-Kooperation erstens mit Kooperation (Versöhnlichkeit) und zweitens mit Nicht-Kooperation reagiert wurde (Unversöhnlichkeit). Beide Maße wurden korreliert mit dem Ausmaß, in dem in den Gruppen während der zehn Spiele kooperiert wurde. Je Durchgang konnte eine Gruppe keinmal, einmal oder zweimal kooperieren.

Hypothese 9 wird durch die Daten nicht bestätigt (vgl. Tabelle 3, Zeilen 1 und 2). Ein hohes Ausmaß an Unversöhnlichkeit erhöht nicht, sondern vermindert in hohem Maße die Kooperation (r = -0,92). Dies gilt auch für ein hohes Maß von Versöhnlichkeit (r = -0,39). Der zuletzt genannte Koeffizient ist jedoch statistisch nicht signifikant. In jedem Falle gilt: Versöhnlichkeit reduziert in geringerem Maße die Kooperation als Unversöhnlichkeit.

Bei den berichteten Korrelationen ist zu beachten, daß die Maße kontaminiert sind: Kooperation ist in beiden Maßen enthalten. Wie die unterschiedliche Größe der Koeffizienten zeigt, können die Maße jedoch variieren, so daß sie inhaltlich interpretiert werden können.

**Tabelle 3**: Versöhnlichkeit, Ausbeutung und Kooperation

(bivariate Korrelationen)

| Versöhnlichkeit und Ausbeutung | Ausmaß der Kooperation in den Gruppen bei allen Spielen |
|---|---|
| (1) Unversöhnlichkeit | -.92** |
| (2) Versöhnlichkeit | -.39 |
| (3) Keine Ausbeutung | -.66** |
| (4) Ausbeutung | -.58** |

** signifikant auf dem .01 Niveau.

## Wie stark beeinflußt Ausbeutung die Kooperation?

Gemäß der Tit-for-Tat Strategie ist Ausbeutung, d.h. nicht-kooperatives Verhalten, wenn der Partner kooperiert, selten (vgl. Hypothese 6). Trotzdem könnte Ausbeutung Kooperation vermindern, d.h.:

(10) Je häufiger in einer Gruppe Ausbeutung auftritt, desto geringer ist das Ausmaß der Kooperation in der Gruppe; je häufiger in einer Gruppe Nicht-Ausbeutung auftritt, desto höher ist das Ausmaß der Kooperation.

Wie Tabelle 3 (Zeilen 3 und 4) zeigt, wird diese Hypothese bestätigt: Das Ausmaß der Kooperation mit "keine Ausbeutung" beträgt 0,66, während die Korrelation zwischen Ausbeutung und Kooperation -0,58 beträgt. Beide Koeffizienten sind signifikant auf dem .01 Niveau.

## Inwieweit wird Tit-for-Tat gewählt?

Tit-for-Tat besagt, daß ein Spieler so reagieren soll wie der Partner vorher reagiert hat. Um zu ermitteln, inwieweit unsere Versuchspersonen diese Strategie wählten, wollen wir zunächst die Reaktionen jedes einzelnen Paares analysieren[4]. Nehmen wir an, die zehn Reaktionen des ersten Spielers werden hintereinander in die erste Spalte einer Matrix geschrieben ("0" für Nicht-Kooperation und "1" für "Kooperation"). In die zweite Spalte schreiben wir die Reaktionen des zweiten Spielers. Für jeden einzelnen Durchgang stehen also die Reaktionen, dic die Spieler simultan - ohne Kenntnis der Reaktion des anderen Spielers bei diesem Durchgang - wählten, nebeneinander. Wir können nun für ein Spielerpaar die bivariate Korrelation (phi) berechnen. Diese Korrelation ermittelt, inwieweit die simultanen Reaktionen miteinander zusammenhängen. Berechnet man den Durchschnitt der Korrelationen für alle Spielerpaare, erhält man ein Maß für den Zusammenhang zwischen den simultanen Reaktionen für alle Paare.

Um zu ermitteln, ob Spieler 2 genau so reagiert wie Spieler 1, müssen wir die Reaktion 2 von Spieler 2 mit der Reaktion 1 von Spieler 1 vergleichen. Wenn wir die Spalte 2 (die die Reaktion von Spieler 2 enthält) um einen Platz nach oben verschieben, erhalten wir sozusagen die versetzten Reaktionen. Wenn wir nun die erste und letzte Zeile der Matrix eliminieren, können wir die Korrelation zwischen den Werten der beiden Spalten berechnen. Je größer der Koeffizient ist, desto stärker entspricht die Reaktion von Spieler 2 der Reaktion von Spieler 1. In derselben Weise ermitteln wir, inwieweit Spieler 1 wie Spieler 2 reagiert. Der Mittelwert der beiden Korrelationen je Paar beschreibt das Ausmaß, in dem jeder Spieler so reagiert, wie der andere Spieler reagiert.

Bei der bisherigen Vorgehensweise erhalten wir einen Korrelationskoeffizienten für jedes einzelne Spielerpaar. Das arithmetische Mittel der Koeffizienten für alle Paare gibt an, inwieweit jeder Spieler jeweils so reagiert, wie der andere Spieler unmittelbar vorher reagiert hat.

Wenn Tit-for-Tat gewählt wird, müßte die gemittelte Korrelation für die einmal verschobene Matrix relativ hoch sein und auch höher als die gemittelte Korrelation für die simultanen Reaktionen.

Unsere Analysen ergaben, daß die gemittelte Korrelation für die simultanen Reaktionen erwartungsgemäß gering ist: sie beträgt 0,07. Die Korrelation für die einmal verschobenen Reaktionen ist zwar größer, beträgt jedoch nur 0,22. Tit-for-Tat wird also gewählt, jedoch nur in sehr geringem Maße[5].

**In welchem Maße maximieren die Spieler ihren Nutzen?**

Jeder Spieler kann in einem Spiel den höchsten Nutzen (nämlich 3) erreichen, wenn beide kooperieren. Zusammen erhalten die Spieler also eine Auszahlung von 6. Kooperiert keiner der beiden Spieler, erhält jeder eine Auszahlung von 2, die gemeinsame Auszahlung ist also 4. Kooperiert nur ein Spieler, ist die gemeinsame Auszahlung 5 - der nicht-kooperierende Spieler erhält eine Auszahlung von 4, der kooperierende Spieler eine Auszahlung von 1 (vgl. Tabelle 1).

Inwieweit maximieren die Spieler ihren Nutzen? Die geringste Auszahlung ergibt sich, wenn alle Spieler in jedem Durchgang nicht kooperieren. Bei 26 Paaren ergibt sich dann je Durchgang ein Gesamtnutzen von 26 x 4 = 104, bei 10 Durchgängen also 1040. Der maximal erreichbare Gesamtnutzen ist entsprechend 26 x 6 = 156, bei 10 Durchgängen also 1560. Tatsächlich wurde eine Auszahlung von 1341 erreicht.

Der Erfolg der Spieler läßt sich in folgender Weise berechnen: Die Differenz zwischen dem möglichen Minimum und Maximum ist 1560 - 1040 = 520. Die Spieler können also Auszahlungen zwischen 0 und 520 erreichen. Sie haben eine Auszahlung von 1341 erreicht, d.h. 301 Nutzeneinheiten mehr als das absolute Minimum. Von dem maximal möglichen Erfolg (520) wurde also 58 % erreicht (301/520). Bei einer so einfachen Situation wie unserem Musikspiel ist dies kein besonders gutes Ergebnis.

Betrachten wir die Erfolge der einzelnen Gruppen. Jede Gruppe konnte als Minimum bei allen zehn Durchgängen 40 (10 x 4) und als Maximum 60 (10 x 6) erreichen. Figur 4 zeigt, daß keine Gruppe das absolute Minimum von 40 erreichte. Das Maximum von 60 erreichte nur eine einzige Gruppe. Die Verteilung in Figur 4 gleicht einer Normalverteilung, die allerdings rechtsgipfelig ist. Der Mittelwert der Punkte, die die Gruppen erreichten, beläuft sich auf 51,56 mit einer Standardabweichung von 4,38. Auch hier fällt die starke Streuung der Gruppen auf.

**Figur 4: Die Verteilung des Gesamtnutzens der Gruppen**

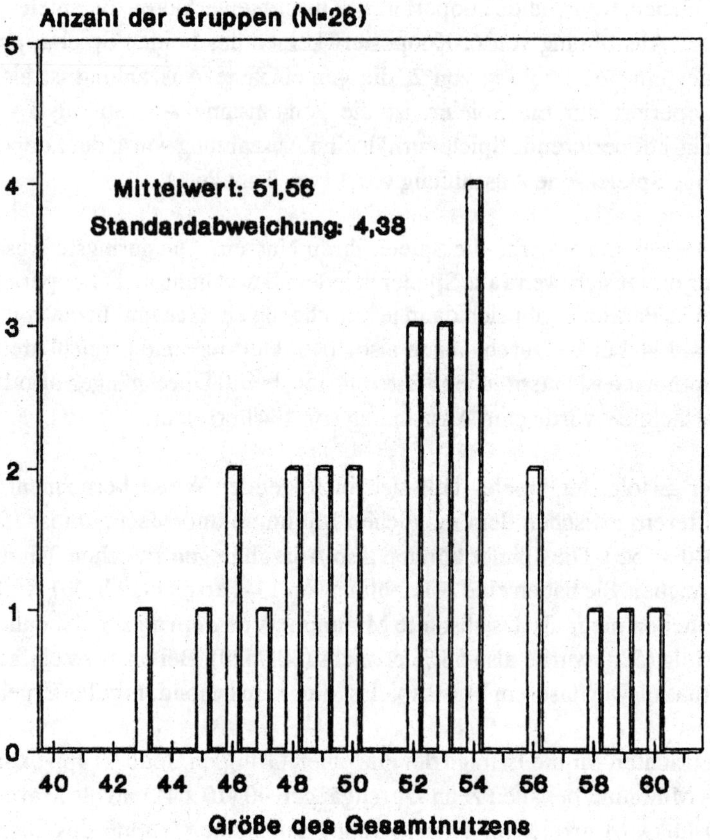


Mögliche Gesamtnutzen zwischen 40 und 60

## Diskussion der Ergebnisse

Die Ergebnisse unserer Untersuchung lassen sich so zusammenfassen: die Akteure verhalten sich nur in sehr eingeschränktem Maße so, wie man es aufgrund der Tit-for-Tat Strategie erwarten kann. Vermutlich reicht es also für die Entstehung von Kooperation nicht aus, beliebige

Akteure einfach miteinander interagieren zu lassen - selbst in einer Situation wie dem Musikspiel, die für allseitige Kooperation geradezu prädestiniert erscheint.

Diese Vermutung wird durch weitere Forschungsergebnisse gestützt: es scheint, daß z.B. Persönlichkeitsmerkmale für das Auftreten von Kooperation von Bedeutung sind (vgl. z.B. Kelley/Stahelski 1970). Rapoport und Chammah (1965) befassen sich ebenfalls mit der Entwicklung von Kooperation in einer Situation des Gefangenendilemmas. Den Versuchspersonen wurden Situationen des Gefangenendilemmas mit verschiedenen Auszahlungen vorgegeben. Jede Person entschied 300 mal und erhielt je nach dem Ergebnis der Entscheidung geringe Geldbeträge. Bei einer so großen Anzahl von Spielen hätte man, wenn Tit-for-Tat gewählt wird, die Entstehung von Kooperation bei allen Paaren erwarten können. Obwohl die Tendenz zur Kooperation eindeutiger ist als in unseren Daten, bleibt ein hohes Ausmaß an Nicht-Kooperation. Der Korrelationskoeffizient, der je Paar die Reaktionen des einen Partners auf die Reaktionen des anderen mißt, betrug für die Personen, denen während aller Spiele nur eine einzige Matrix präsentiert wurde ("pure matrix condition"), .46 (Rapoport/Chammah 1965, S. 61) - verglichen mit .22 in unseren Daten.

Rapoport und Chammah fanden deutliche Unterschiede in der Kooperation von Männern und Frauen. Wenn die bloße Interaktion von Individuen zu endogener Kooperation ausreicht, dürften solche Unterschiede nicht auftreten.

Wenn die bloße Interaktion beliebiger Individuen in künstlich geschaffener Anarchie nur eingeschränkt zu allseitiger Kooperation führt, empfiehlt es sich, Modelle zu entwickeln und zu prüfen, in denen die Anreize explizit berücksichtigt werden, die auch bei häufigen Interaktionen und hohen Gegenwartswerten künftiger Auszahlungen die Evolution von Kooperation beeinträchtigen oder fördern. Solche Modelle, die auch in natürlichen Situationen anwendbar sein müßten, wurden bisher nur unzureichend entwickelt, geschweige denn überprüft. Die spieltheoretische Literatur enthält eine Vielzahl von Hinweisen für Faktoren, die in solchen Modellen zu berücksichtigen wären.

**Anmerkungen**

* Dieser Aufsatz basiert auf einer früheren Publikation: Spontanous Order and Tit-for-Tat: Some Hypotheses and an Empirical Test. Journal of Institutional and Theoretical Economics 1988, 144, S. 374-385. Für wertvolle Anregungen möchte ich Peter Hartmann (Zentrum für Umfragen, Methoden und Analysen e.V., Mannheim) danken.

1 Vgl. insbesondere Axelrod 1984; Hegselmann/Raub/Voss 1986; Kliemt 1986; Kliemt/Schauenberg 1984; Lewis 1969; Orbell et al. 1984; Raub/Voss 1986a, 1986b; Schotter 1981; Taylor 1976, 1982, 1987; Ullmann-Margalit 1977.

2 Es wird also angenommen, daß bei der Kooperation eines Akteurs B bei Akteur A die subjektive Wahrscheinlichkeit steigt, daß bei eigener Kooperation der andere Akteur B ebenfalls kooperiert. Bezeichnen wir diese Wahrscheinlichkeit mit pc, dann ist der subjektiv erwartete Nutzen der Kooperation (SEUc) bei der obigen Auszahlungsmatrix gleich: 3 x pc + 1 x (1-pc). Wenn also pc steigt, dann steigt auch der subjektiv erwartete Nutzen von Kooperation.

3 Entsprechend der Argumentation in der vorangegangenen Anmerkung steigt also der subjektiv erwartete Nutzen für Nicht-Kooperation.

4 Vgl. zu dieser Art der Auswertung Rapoport/Chammah 1965, S. 60-62. Das Programm für die folgenden Auswertungen hat Peter Hartmann geschrieben.

5 Wenn Tit-for-Tat gewählt wird, ist weiter folgendes zu erwarten: Wenn die zweite Spalte der Matrix um zwei oder drei Zeilen verschoben und die Korrelation bei einem Paar berechnet wird, dann wird ermittelt, inwieweit eine Reaktion der zweiten, dritten etc. vorangegangenen Reaktion des Partners entspricht. Da Tit-for-Tat nur auf die unmittelbar vorhergehende Reaktion bezogen ist, müßten diese Koeffizienten auch relativ gering sein. Da nur zehn Reaktionen je Paar zur Verfügung stehen,

und da sich bei einer Verschiebung der Spalten die Anzahl der Fälle weiter verringert, sind die Koeffizienten wenig aussagekräftig und sollen deshalb hier nicht behandelt werden.

**Literatur**

Axelrod, R., 1984: The evolution of cooperation. New York: Basic Books

Hegselmann, R.; Raub, W.; Voss, Th., 1986: Zur Entstehung der Moral aus natürlichen Neigungen. Eine spieltheoretische Spekulation. Analyse und Kritik 8, S. 150-77

Kelley, H. H.; Stahelski, A.J., 1970: Social interaction basis of cooperators' and competitors' beliefs about others. Journal of Personality and Social Psychology 16, S. 66-91

Kliemt, H., 1986: Antagonistische Kooperation. München: Karl Alber

Kliemt, H.; Schauenberg, B., 1984: Coalitions and hierarchies: Some observations on the fundamentals of human cooperation, S. 9-32. In: Holler, M. J. (Hrsg.): Coalitions and Collective Action. Würzburg: Physica

Lewis, D. K., 1969: Convention. A philosophical study. Cambridge, Mass.: Harvard University Press

Orbell, J. M.; Schwartz-Shea, P; Simmons, R.T., 1984: Do cooperators exit more readily than defectors?. American Political Science Review 78, S. 147-62

Rapoport, A.; Chammah, A.M., 1965: Prisoner's dilemma. A study in conflict and cooperation. Ann Arbor: University of Michigan Press

Raub, W.; Voss, Th., 1986a: Conditions for cooperation in problematic social situations, S. 85-101. In: Diekmann, A.; Mitter, P. (Hrsg.): Paradoxical effects of social behavior. Essays in honor of Anatol Rapoport. Heidelberg und Wien: Physica

Raub, W.; Voss, Th., 1986b: Die Sozialstruktur der Kooperation rationaler Egoisten. Zur 'utilitaristischen' Erklärung sozialer Ordnung. Zeitschrift für Soziologie 15, S. 309-323

Schotter, A., 1981: The economic theory of institutions. Cambridge etc.: Cambridge University Press

Taylor, M., 1976: Anarchy and cooperation. London und New York: Wiley

Taylor, M., 1982: Community, anarchy, and liberty. Cambridge etc.: Cambridge University Press

Taylor, M., 1987: The possibility of cooperation. Cambridge etc.: Cambridge University Press

Ullmann-Margalit, E., 1977: The emergence of norms. Oxford: Clarendon Press

Henk de Vos

# Altruism and Group Boundaries

Human societies and organizations are in general characterized by a large extent of cooperation between genetically unrelated members of large groups, who are in prisoner's dilemma game-like situations. In social science there are two different approaches to the task of finding an explanation of this phenomenon.

On the base of the assumptions of rational choice it is, on the one hand, argued that explanations of this kind of cooperation or solidarity should not use behavioral models which include "extra-rational" motivations such as altruistic or prosocial ends (Hechter, 1987, p. 11). The argument is that altruistic motivations should be reconcilable with selection theory and that this is only possible in altruism towards closely related kin and in reciprocal altruism. As for the latter, Axelrod (1984) showed that clusters of nice and provocable (tit-for-tat playing) individuals can produce high levels of pairwise cooperation in large groups and that a tit-for-tat strategy is evolutionary stable if interaction is frequent enough. In this case Altruism is only temporary and not "extra-rational". The kind of cooperation which is accounted for is pairwise, that is: within the structure of a two-persons prisoner's dilemma game. Hechter therefore argues that formal controls are necessary for producing large scale cooperation, especially in many-person prisoner's dilemmas. This position is consistent with Coleman's (1990) theory of social institutions and with contractarian analyses of the production of public goods and constitutional democracy (a.o. Buchanan, 1975).

Others, however, think that altruistic motivations should be incorporated into the rational choice approach. They argue that there is strong evidence of altruism being "part of human nature" (Hoffman, 1981) and that this is consistent with modern evolutionary theory. Margolis (1982), Simon

(1983) and Caporael et.al. (1989) are examples of this line of reasoning. The foundation of their claims on evolutionary theory, however, leaves some important questions unanswered. Nevertheless, the notion of the possibility of such a foundation is intriguing and recently elicited several interesting contributions (Alexander, 1987; Boyd and Richerson, 1988, Dugatkin, 1990).

Inspection of the arguments of Margolis, Simon and Caporael et.al. lead me to believe that their evolutionary explanations of altruism as a propensity to cooperate in (large) groups are still incomplete because the question of the origin of group boundaries is dealt with in an unsatisfactory way. One should not simply take as given that humans lived in groups for a long time and argue that because of that they became group altruists. Instead of this I argue that (1) reciprocal altruism could have been the base on which typical human group boundaries evolved, (2) that possibly something like a group altruistic trait could thrive in a population consisting of this kind of groups and (3) that this origin of altruism could tell us something about its nature and way of operation.

**Group altruism and the problem of group boundaries**

Margolis, Simon and Caporael et.al., each in a different way, hold an evolutionarily evolved human trait responsible for cooperation in modern societies.

According to Margolis, individuals have a propensity to act in the interest of the group to which they belong. That is, that such acts yield psychic benefits. Concomitant with this trait is a protection-against-exploitation mechanism: the more resources the individual has recently invested in the group-interest, the more he will act in his self-interest in the near future. It is supposed that this mechanism will to be strong enough to guarantee that the social motivation is not eliminated in individual selection. Margolis suggests that such a group-interested motivation has survived as a kind of fossil kin-altruism from the long period that human beings lived in small bands of closely related hunter-gatherers. To identify group boundaries in modern societies, modern humans still use cognitive cues which evolved from cues that served to identify kin and and reciprocity partners in hunter-gatherer societies. This still leaves the question of the origin of non-kin group boundaries unanswered.

Simon observes that free-riding in organizations is not as wide-spread as one would expect on the base of conventional rational-choice assumptions, and that, on the contrary, employees and workers feel loyalty towards their organizations and are willing to exert more than minimally enforceable effort (Simon, 1989). He argues that in the utility functions of people there must be a special motivation, such as organizational identification: a propensity to work actively for organizational goals, quite apart from the mechanisms of reward or the ease with which authority can be policed. This kind of altruism has a genetic base, as part of the process of cultural evolution. If a group that is in competition with other groups has a culture that provides them with superior fitness, this group could survive at the expense of others if the individual members are susceptible enough to accept the "programs" of their culture. This individual trait Simon calls docility, a propensity to behave in socially approved ways, whatever these ways are, and is seen as the basis for altruism. Referring to the work of the biologist D.S. Wilson, he argues that it can indeed develop under the influence of group selection. This line of reasoning also rests on an assumption of existing group boundaries in the first place (and, by the way, on the assumption that some individuals are leaders). The (docile) altruist is rewarded and eventually survives, because he has other (docile) altruists in his trait group and because he interacts only with members of his own trait group.

Caporael et.al. (1989) argue that group living must have been characteristic of the initial state of the evolution of human beings, because group foraging was more efficient than individual foraging and because of the risks of predatory action. Their subsequent reasoning is also based on group selection theory: because more successful groups prevail, individuals who are better adapted to group living develop in-group biases (group altruism), and are fitter than other individuals. Therefore, the altruistic motivations of modern human beings are strongly connected to group categorization and group favoritism (Tajfel, ed., 1978).

In all three accounts, a condition of the development of an altruistic trait is, that for some reason, human beings already lived in stable groups larger than groups of close kin. This refers to a picture of the pre-Neolithic period of human beings living in groups of hunter-gatherers. The explanation of group living, i.e. groups other or larger than groups of close kin, is considered a separate task, perhaps even seen as relatively trivial.

Unfortunately, for human beings there doesn't seem to have been a system like that of certain insects that live in pitcher plants, where they find little pools of water in which there is only room for small groups (discussed by D.S. Wilson and described by Simon, 1983: p. 60). Also, a rather simple explanation on the base of predatory threats which account for living in herds or shoals doesn't seem applicable to human beings. It seems more plausible that the development of human group living went hand in hand with the development of reciprocal and group altruism, than that group living had a completely independent cause and was itself the prime cause of group altruism. In the latter case it would have to be supposed that in groups of completely selfish individuals, single individuals with a group altruistic trait caused by mutation, would survive and even evolve. This is in principle a real possibility. Group selection favors altruistic traits under the conditions specified by group selection theory. First, there must be a population of groups; second, these groups must have different proportions of altruists; third, groups with higher proportions should be more fit (in terms of number of offspring) than groups with lower proportions, and fourth, this differential fitness must be great enough to counter the differential fitness of individuals within groups (D.S. Wilson, 1989). Evolutionary biologists, however, regard it as very uncommon that altruism stemming only from mutations reaches a sufficiently high proportion in a group. This would be a different matter if groups were already formed on the base of a degree of some kind of altruism. A likely candidate for this could be reciprocal altruism (Axelrod, 1984). Then the reasoning shifts to the question of whether in an unstructured population of selfish individuals, direct reciprocity could be expected to change into delayed and indirect reciprocity, leading to group boundaries (stable groups) and eventually to the viability of a group altruistic trait. Direct and delayed reciprocity are defined as exchanges between two individuals without and with a time-lag respectively. Indirect reciprocity refers to kinds of exchanges in which a benificence to one person is at some later time returned by some other person, who also has some direct or indirect exchange relation with the first beneficiary or develops such a relation in the future.

On a superficial view, Alexander's account of the genesis of moral systems could provide an answer to this question (Alexander, 1987). According to this account, in the course of human evolution, moral systems which account for altruism evolved from indirect reciprocity, which in turn evolved from direct reciprocity. Axelrod's reciprocity theory completely accounts for the "altruistic" ingredient in direct reciprocity (Axelrod, 1984). Examples of indirect reciprocity given by Alexander (1987, p. 81) are: (1) A helps B, B helps C, C helps A, (2) A helps B; C, observing, later helps A; A helps C. He considers this kind of reciprocity, which leads to codes of conduct or moral systems, as probably never complete or balanced. In large complex societies, such systems foster tendencies to engage in indiscriminate social investment (Alexander, 1987, p. 97), which could be considered as altruism towards large groups. Without giving a detailed elaboration, making it difficult to pin him down, he then regards indirect reciprocity as a consequence of (delayed) direct reciprocity occurring in the presence of interested audiences , who confer reputation or status to the benificent individual only where outside threats dictate group cohesion (Alexander, 1987, p. 80, 93). It appears, then, that he refers to an exogenous factor which causes group formation, an external threat executed by other groups of humans. Humans lived in groups in the first place, because there was a group-against-group competition within the species from the very first beginning and then, as a result of this group-living, moral systems evolved (Alexander, 1987, p. 77-80). This begs the question.

**Social risk reduction: indirect and delayed reciprocity networks**

The first question to be answered is whether delayed and indirect reciprocity could be expected to evolve in a population of selfish individuals. The second question, whether delayed and indirect reciprocity gives rise to group boundaries, will be dealt with in the next section.

While trying to find a realistic base on which delayed and indirect reciprocity could arise, we should use the assumptions we can reasonably make about the more than ninety percent of the period of existence of human beings in which they lived as foragers as much as possible. If an altruistic trait was viable during at least a significant part of this period, we have good reason to accept that modern human beings, because of a "genetic lag" are still equipped with propensities based on this trait.

The complete and direct dependence on the precarious natural conditions stands out, as the predominating characteristic of the foraging way of living. By that not much is said about the average degree of harshness or abundance over a longer time period. Dependency only means that "foraging is often an inherently risky and uncertain proposition: risky because for many resources (especially large game) capture often eludes the forager, and because when it is successful there may be a temporary glut; uncertain because the location, abundance, ripeness, or behavior of the resource may be unpredictable over the short or long term" (Smith, 1988, p. 232f). The following propositions serve as a description of this "state-of-nature" (based on Winterhalder, 1986 and Smith, 1988):

(1) There is a population of foragers who, initially, act in isolation from each other. A forager is one actor or a collective actor with internal family ties (and kin altruism only within the collective).

(2) The environmental parameters relevant to the foragers' net rate of energy acquisition vary stochastically. This is represented by a normal distribution of the relative frequencies of net acquisition rates over time. At the lower end of this distribution there is a region of life-threatening food-shortage.

(3) The goal of the forager is to avoid risk, that is to minimize the probability of falling in the life-threatening lower end of the distribution.

(4) Foragers have decisions to make as to their diet-breadth. These decisions have different expected average net acquisition rates with different variations as outcomes. Foragers choose the optimal risk-minimizing diet, but the residual variation is still so large that risk is not totally avoided.

In this state-of-nature a further reduction of risk is possible if the average interforager correlation of the net acquisition rates is less than perfect or even negative. This is especially the case if foragers hunt and gather at different locations with temporarily asynchronic environmental conditions. They then can reduce the variation of their net acquisition rates still further by sharing, that is: pooling and dividing their catch. The resulting degree of risk reduction can be expressed as a function of the interforager correlation of net acquisition rates and of the number of individuals who share. It appears (Winterhalder, 1986) that, given moderate coefficients of variation to begin with, sharing is a very efficient means of risk reduction, especially with small or negative interforager correlations. Also, given a small or negative correlation, a small increase of the number of foragers, has a significant effect on risk reduction.

Showing that sharing is an attractive option is not the same as providing insight into the way the formation of sharing groups is accomplished by foragers who act in isolation. Sharing has collective good-characteristics: individuals who join with the sole intention to get temporary help and to leave afterwards, have to be excluded by special action. Thus a problem of collective action has to be solved. At the same time there is the problem of group formation: how do isolated actors accomplish the task of constituting a group with the "right" size and composition?

In our state-of-nature there is one particular occasion to the arisal of the combined collective action- and group formation-problem: the event that one forager, let's call him A, falls into the life-threatening region of his distribution of net acquisition rates. At this moment other foragers either are in the same state of distress and are of no help to A, or have no problem whatsoever. Ignoring the other destitute individuals, we concentrate on A's problem. We assume that he or she is sufficiently equipped with human capabilities to know that receiving help from one of the other foragers is the only chance for survival. If he goes to one of the others and pleads for help, a particular kind of game starts, called the two person mutual-aid game (Sugden, 1986, p. 123), an iterated prisoner's dilemma game with sequential choices.

The game is played by Donor and Recipient, called after their positions in the first round of the game. After each round there is a probability p that a next round will be played, in which both players have a probability of .5 of being the recipient. Donor has the choice between "co-operate" and "defect". If he co-operates, that is, if he shares with Recipient resulting in Recipient's survival, he looses c, the value to him of the resources (mainly consumption goods and time) he gave away. In this same round Recipient, in whom we recognize forager A, has no choices to make; his payoff is b if Donor co-operates and 0 if Donor defects. Because the two players are interchangeable in all respects but for the fact that in this round only Recipient is in distress, we allow ourselves to compare their utilities and say that b c. Then, by analogy with the iterated prisoner's dilemma game with simultaneous choices (Axelrod, 1984), a tit-for-tat strategy is a stable equilibrium, although not the only one, provided that the value of p is sufficiently high (Sugden, 1986, p. 123-128).

Regarding b and c as constants, we can think of several determinants of the value of p. In the first place, the amount of risk as defined above is important. p is small if Donor considers it very improbable that he will be needy during the rest of his life, or if he thinks that Recipient will remain needy in the future. Also, of course, the correlation between their net acquisition rates influences p. This kind of considerations could tempt us to think that only if risks are large enough and the interplayer correlation low enough, the game will have an optimal solution in which the players "take turns" in co-operating (delayed reciprocity). This is what Smith, following Axelrod's reciprocity theory, is doing with his version of the mutual-aid game, the Sharers Dilemma, in which "share" dominates "hoard" if the game is iterated (Smith, 1988).

Unfortunately, this easy solution only works if it never occurs that a third individual can act as an alternative donor to the player who is at that moment the recipient. In all other cases, which are the most frequent if there are more than a few players, the presence of other individuals might interfere, tempting players to cheat: that is, defecting always and every time you act as a recipient, you ask a new "victim" to act as donor. Because the population is unstructured and foragers act in isolation from one another, this strategy, which amounts to Donor and Recipient (acting as donor) always defecting, seems to be a stable equilibrium. So in our state-of-nature a stable equilibrium of delayed reciprocity will not arise.

What we seem to miss is something that ties two actors together as soon as they have taken their positions as Recipient and Donor. By introducing such a thing we should not, of course, leave our state-of-nature. This makes "reputation" less attractive as the binding factor, because such a pre-eminently social mechanism does not work in a population of isolated actors. What is consistent with this state-of-nature is a specific kind of transaction costs, that decrease with the number of interactions with the same partner. Because initially actors are strangers to each other, transaction costs could consist of search costs, costs of making acquaintance, the risk of exposing oneself to a stranger while being vulnerable oneself, etc., costs which drop to zero after the first interaction. This kind of transaction costs is borne completely by the destitute forager who is in the position of Recipient. Although this in itself makes the initiation of a mutual aid-game less frequent, once initiated, an optimum outcome is more easily attained. This is the case because Donor has zero transaction costs in future interactions (rounds) with Recipient, also in those in which he acts as a recipient. If the transaction costs are not prohibitively high, but high enough to deter both players to act as a cheater, a stable delayed reciprocal relationship will evolve. In order to derive an optimum outcome of the mutual-aid game in our state-of-nature, we then need an additional assumption about transaction costs:

(5) A forager who suffers from food-shortage, can further reduce risk by taking the position of Recipient in a mutual-aid game, thereby incurring transaction costs. Recipient and Donor have zero transaction costs in all future rounds of the game.

Next we have to consider the possibility that, after one or more rounds have been played, Recipient, whom I will call A again, and Donor, called B from now on, experience a period of food-shortage simultaneously. If this happens, that is, if the correlation of their net acquisition rates is higher than - 1, both will have to act as a recipient in a new game. Let's concentrate on B for a moment. B has to bear the transaction costs of initiating a mutual-aid game with a third actor, C, who has to consider whether he will cooperate or defect. C's position is similar to B's in the first period, with one difference: if he co-operates, he also, through B, makes contact with A. If at a future moment C needs help and asks B to act as a donor, two things can happen:

1. B is able to act as a donor and he co-operates;

2. B also suffers from a food-shortage, but he still has A's unreturned help as an asset. He could collect A's debt by asking A to act as C's donor also. Again two things can happen:

2.1 A is able to act as C's donor and co-operates. Thereby A amortizes his debt to B, thereby playing another round in his mutual-aid game with B, and B amortizes his debt to C, thereby playing another round with C. C has tapped a new donor without bearing transaction costs.

2.2 A also suffers from a food-shortage and C has to bear the transaction costs of initiating a new mutual-aid game (with an actor whom we would have called D if we had continued the analysis).

C's probability of acting successfully as a recipient towards B is twice as large as B's probability towards A. In general: it can be an advantage to Donor to have a player as Recipient who already plays mutual-aid games with others.

In the described way a chain of individuals emerges, connected by delayed and indirect reciprocity relations. Of course the chain can be extended by "transverse" growing. If B needs help again and A cannot act as a donor, B could ask a "transverse" newcomer to share with him, let's say Z. Then Z, by acting as a donor to B, also taps A and C as potential donors without having to bear the initial transaction costs.

Is the expectation that this kind of reciprocity networks would arise under the conditions of the hunter-gatherer way of living consistent with what we know of these societies? In anthropology a distinction is made between those hunter-gatherer societies with an immediate-return system and those with a delayed-return system (Woodburn, 1988). In immediate-return systems: people deploy their labor to obtain food and other resources which will be used on the day they are obtained or casually over the days that follow; people use simple, portable, easily acquired and replacable tools and weapons; people do not hold valued assets which represent a yield, a return for labor applied over time. A delayed-return system is one in which, in contrast, people hold valued assets which are of four main types: (1) technical facilities used in production: boats, nets, artificial weirs, stockades, pit-traps, beehives, and others which are a product of considerable labor and from which a food yield is obtained gradually over a period of months or years, (2) processed and stored food or materials usually in fixed dwellings; (3) wild products which have themselves been improved or increased by human labor, and (4) assets in the form of rights held by men over their female kin who are then bestowed in marriage on other men (Woodburn, 1988, p. 32).

In contemporary hunter-gatherer societies the immediate-return system is wide-spread, but Woodburn argues that both systems are likely to have existed in the pre-Neolithic period and that the delayed-return system might even have been more frequent. The reasoning behind this is that one of the factors which tend to push a society towards an immediate-return system is encapsulation by outsiders who are farmers or pastoralists. This is, of course, more frequent for recent hunter-gatherer societies. Woodburn gives some suggestive evidence for a correlation between the kind of system and the presence of encapsulation at the time when they entered historical record. But he also suggests a second factor: possibly it is harsh seasonality that stimulates the development of delayed-return systems. This hypothesis is also supported by some circumstantial evidence: by far most of the described hunter-gatherer societies with an immediate-return system are in or not far away from the tropics. Hunter-gatherer societies classified as having delayed-return systems are: the many different Inuit (Eskimo) groups, the peoples of the northwest coast of North America and the Australian Aborigines (Woodburn, 1988, p. 35).

Delayed-return fading into indirect reciprocity is of course typical for the reciprocity networks that I expect to evolve on the base of the analysis above. Then, if immediate-return systems in the pre-Neolithic period only existed temporarily in regions of relative abundance, it seems that the state-of-nature assumptions represent a large proportion of the various hunter-gatherer living conditions in that period. Moreover, the classification of a hunter-gatherer society as an immediate-return system is not always easy and uncontroversial. For instance, the !Kung San, living not far from the tropics, are classified by Woodburn as having an immediate-return system (1988, p. 35). But Wiessner, on the base of her observation that !Kung San life is precarious, describes their system of mutual reciprocity (the hxaro relationship) as typically delayed (Wiessner, 1982). And Cashdan argues that the Nata Basarwa of Botswana use delayed reciprocity (mainly food exchange) as a means of risk reduction (Cashdan, 1985), although by Woodburn's standards this society is encapsulated and there are no conditions of harsh seasonality. So it could very well be that some societies classified as immediate-return systems are susceptible to an analysis on the base of the state-of-nature assumptions on closer inspection. One could even maintain that this would be the case for all societies without money and market institutions.

Before switching to the question of group boundaries, it is worth-while to note that the state-of-nature assumptions introduced here differ from Boyd and Richerson's model of the evolution of indirect reciprocity (Boyd and Richerson, 1989). In that model individuals are arranged in rings of various sizes. Each individual interacts repeatedly with the "down-stream" individual and can help (cooperate) or defect. After an episode of interaction, with individual pay-offs from this episode added to the individual's fitness, new groups are formed by random sampling or assortatively, so that individuals with the same strategies are more likely to interact. Then the implications are calculated for two different contingent cooperative strategies as alternatives to "always defect": "help only when you are helped by your upstream partner" and "help only when your down-stream partner helps his down-stream partner". The actors in our state-of-nature are not fixed interaction partners, as in Boyd and Richerson's model (or randomly paired, as in Brown, Sanderson and Michod, 1982). Instead of this, the choice of interaction partners is part of the model: actors who are in danger seek others (initially strangers) who are able to help. As far as I know, formalized analyses of this process do not exist. Nevertheless, it seems worth-while to use our analysis in its present informal state to inspect whether it can give us some insight into the origin of group boundaries, a question which Boyd and Richerson (1988, 1989) and Brown, Sanderson and Michod (1982) do not discuss.

**Reciprocity networks and group boundaries**

As described in the previous section, in our state-of-nature networks of indirect reciprocal sharing will grow, each with an actor who needs help and who can bear the transaction costs as the origin. Will networks continue to grow, eventually being checked by one another, or do they have an optimal size which they are able to maintain?

A network grows if its members suffer from a period of food-shortage simultaneously. Then every member tries to add a new mutual-aid game to the games he is already playing "inside" the network, thereby, if successful, all together doubling the size of the network. For the isolated outsiders who are asked to act as Donor, it is particularly advantageous to do so, because through Recipient they contact the whole network, thereby decreasing their future transaction costs.

Every time the network size doubles, the heterogenity of the individual distributions of net acquisition rates increases; that is, the average inter-player correlation of rates inside the network decreases. At a certain size this correlation is so low that the frequency of occasions that network members are in distress simultaneously becomes very low. At this size and composition almost all possibilities to reduce risk by way of mutual aid can be employed internally, and therefore the network is practically closed. Also it has a high density (all actors are connected with one another). In this way a number of foragers constitute a sharing group, thereby solving the problem of collective action and the problem of group formation at the same time.

Yet it seems that there remains one possibility of extension: isolated actors outside the network may try to initiate a mutual aid game with a network member. Because the transaction costs are borne by the outsider, the network member can be expected to be indifferent to acting as a donor to an outsider or to a co-member. The only way to exclude this possibility seems to be to introduce "reputation" inside networks. Then, if co-operation towards an outsider goes necessarily together with defection towards a co-member, network members will always prefer to defect towards outsiders. This amounts to saying that networks who have reached a size and composition at which all requests for aid can be satisfied internally are stable (that is: remain closed) as long as every external request for aid concurs with an inside request. If the internal resources increase, it will occur more often that members feel free to honor requests of non-members: wealth weakens group boundaries.

Eventually all actors in the population belong to mutually excluding networks; that is, groups with a boundary which separates sharing partners from strangers. Certainly, those actors who, for whatever reason, should remain isolated, are less fit than others.

This picture of stable groups in a risky environment is consistent with the anthropological observation that delayed-return systems have groups with a stable composition, while the social groupings of immediate-return systems are flexible and constantly changing in composition (Woodburn, 1988; Ellen, 1988; Pedersen and Waehle, 1988).

A population of closed and dense reciprocal sharing groups seems to be an environment in which something like a group altruistic trait could prosper. Acting as a donor in a dense structure of mutual-aid relationships is, cognitively, very similar to contributing to the collective welfare of the group: if I help another group member, he will not only act as a donor towards myself in the future, but is also kept alive as a possible donor to others whom I eventually may need as a donor. If each group frequently gets in N-person prisoner's dilemma games with only group members as players, e.g. because they have opportunities to produce collective goods, and if a group altruistic trait is not very rare because it resembles the specific form of reciprocal altruism in a sharing group, it could be that this trait is favored by group selection.

**Discussion**

This paper gives an informal account of the genesis of group boundaries from a state-of-nature with a stochastic environment and actors who have risk reduction as a goal. The groups formed in this process are closed and dense networks. A population of such groups could represent an environment in which something like a group altruistic trait is favored by group selection.

Alexander argues that hostility among humans is the most important cause of group living (1987, p. 79). Contrary to this view, our analysis suggests that group boundaries arise without predatory action between actors.

If modern human beings have something resembling a group altruistic trait which has evolved on the basis of reciprocal altruism as described here, this could have implications for conditions affecting their willingness to cooperate in modern societies. If reciprocity considerations are cognitively connected with this trait, the expected behavior of other group members together with ideas about fair exchanges should be an important explanatory factor for cooperative behavior in a N-person prisoner's dilemma game. This was tested by De Vries (1991) in experimental studies of behavior in

asymmetrical social dilemmas. Subjects could invest a certain amount of chips collectively (the altruistic option) or individually (the egoistic option). The collective investments had a higher return than the private investments, but were distributed over the other group members. The dominant strategy was to invest all chips individually and was deficient. Such a game can have an asymmetric version: the collective or the private return on investments differs between subjects. The results of the studies suggest strongly that the subjects' altruistic behavior was primarily motivated by fairness considerations. In effect, the degree of altruistic behavior was influenced by the collective (and private) return on investments of the other players. De Vries shows that the behavior of the non-egoistic subjects, i.e. subjects that invested at least a part of their chips collectively, corresponded closely to that required by one or the other of two relevant justice criteria: either reciprocity in effort, based on intentions, or equity, based on the consequences of behavior. In the same studies, hypotheses derived from Margolis' model of group altruism were tested. According to these hypotheses, altruistic behavior is primarily motivated by its consequences for the welfare of the group. This implies that the degree of altruistic behavior should be strongly influenced by the return on own collective investments. In confrontation with one another, the "reciprocity interpretation" of altruistic behavior was more supported than the "group altruism" interpretation.

**Literature**

Alexander, Richard D., 1987: The Biology of Moral Systems. New York: Aldine de Gruyter

Axelrod, Robert, 1984: The Evolution of Cooperation. New York: Basic Books

Boyd, Robert; Richerson, Peter J., 1988: The evolution of reciprocity in sizable groups. In: Journal of Theoretical Biology 132, p. 337-356

Boyd, Robert; Richerson, Peter J., 1989: The evolution of indirect reciprocity. In: Social Networks 11, p. 213-236

Brown, Joel S.; Sanderson, Michael J.; Michod, Richard E., 1982: Evolution of social behavior by reciprocation. In: Journal of Theoretical Biology 99, p. 319-339

Buchanan, James M., 1975: The Limits of Liberty. Between Anarchy and Leviathan. Chicago and London: University of Chicago Press

Caporael, Linda R.: Dawes, Robyn M.; Orbell, John M.; van de Kragt, Alphons J.C., 1989: Selfishness examined: cooperation in the absence of egoistic incentives. Behavioral and Brain Sciences 12, p. 683-699

Cashdan, Elizabeth A., 1985: Coping with risk: reciprocity among the Basarwa of Northern Botswana. Man (N.S.) 20, p. 454-474

Coleman, James S., 1990: Foundations of Social Theory. Cambridge, MA: Harvard University Press

De Vries, Sjerp, 1991: Social Justice in Social Dilemmas: a Constrained Egoism Model for Altruistic Behavior. Groningen: University of Groningen (Dissertation)

Dugatkin, Lee Alan, 1990: N-person games and the evolution of cooperation: a model based on predator inspection in fish. In: Journal of Theoretical Biology 142, p. 123-135

Ellen, Roy, 1988: Foraging, starch extraction and the sedentary lifestyle in the lowland rainforest of Central Seram, p. 117-134. In: Ingold, Tim; Riches, David; Woodburn, James (eds.): Hunters and Gatherers I. History, Evolution and Social Change, Oxford etc.: Berg

Hoffman, Martin L., 1981: Is altruism part of human nature? In: Journal of Personality and Social Psychology 40, p. 121-137

Hechter, Michael, 1987: Principles of Group Solidarity. Berkeley etc., University of California Press

Margolis, Howard, 1982: Selfishness, Altruism, and Rationality. Cambridge: Cambridge University Press

McCloskey, D.M., 1976: English open fields as behavior towards risk. In: Research in Economic History 1, p. 144-170

Pedersen, Jon; Waehle, Espen, 1988: The complexities of residental organization among the Efe (Mbuti) and the Bagombi (Baka): a critical view of the notion of flux in hunter-gatherer societies, p. 75-90. In: Ingold, Tim; Riches, David; Woodburn, James (eds.): Hunters and Gatherers I. History, Evolution and Social Change, Oxford etc.: Berg

Simon, Herbert A., 1983: Reason in Human Affairs. Oxford: Basil Blackwell

Simon, Herbert A., 1989: Organizations and Markets. Mimeo

Smith, Eric A., 1988: Risk and uncertainty in the 'original affluent society': evolutionary ecology of resource-sharing and land tenure, p. 222-251. In: Ingold, Tim; Riches, David; Woodburn, James (eds.): Hunters and Gatherers I. History, Evolution and Social Change, Oxford etc.: Berg

Sugden, Robert., 1986: The Economics of Rights, Co-operation and Welfare. Oxford: Basil Blackwell

Tajfel, Henri (ed.), 1978: Differentiation Between Social Groups: Studies in the Social Psychology of Intergroup Relations. London: Academic Press

Wiessner, Polly, 1982: Risk, reciprocity and social influences on !Kung San economics, p. 61-84. In: Leacock, Eleanor; Lee, Richard (eds.): Politics and History in Band Societies, Cambridge etc., Cambridge University Press

Wilson, David Sloan, 1989: Levels of selection: an alternative to indivualism in biology and the human sciences. In: Social Networks 11, p. 257-272

Winterhalder, Bruce, 1986: Diet choice, risk, and food sharing in a stochastic environment. In: Journal of Anthropological Archaeology 5, p. 369-392

Woodburn, James, 1988: African hunter-gatherer social organization: is it best understood as a product of encapsulation? p. 31-64. In: Ingold, Tim; Riches, David; Woodburn, James (eds.): Hunters and Gatherers 1. History, Evolution and Social Change, Oxford etc., Berg

Andreas Diekmann

# Soziale Dilemmata
# Modelle, Typisierungen und empirische Resultate (1)

## 1. Soziale Dilemmata

Wer in einer Paniksituation, z.B. bei einem Feuer im Kino, zum Ausgang eilt, wird auf zahlreiche Menschen mit dem gleichen Motiv, sich in Sicherheit zu bringen, stoßen, wodurch letztlich allen der Ausgang versperrt ist. Sozialpsychologen haben derartige Situationen in einem einfachen Versuch simuliert. In einer Flasche befindet sich eine Anzahl von Metallplättchen, an denen je ein Faden befestigt ist, der aus dem Flaschenhals hinausführt. Nur jeweils ein Plättchen paßt zur gleichen Zeit durch die Öffnung. Erklärt man nun z.B. acht Versuchspersonen, daß der erste, der ein Plättchen herauszieht, 80 DM erhält, der zweite 70 DM usf., so weist die Situation nach dem "Startschuß" alle Merkmale einer Panik auf. Führt man ferner die Regel ein, daß die Entscheidungszeit sehr kurz ist - sagen wir eine Minute - so wird man des öfteren feststellen, daß alle Versuchspersonen leer ausgehen. Dieses Experiment, nach einer Idee von Mintz aus dem Jahr 1951, ist keineswegs trivial. (2) "Soziale Fallen" (Platt 1973) mit ähnlicher Struktur finden wir auf der Ebene kleiner Gruppen ebenso wie auf der Makroebene der Weltgesellschaft mit den einzelnen Nationen als handelnde Akteure. Beispiele wie das Wettrüsten, der Walfang der Japaner und Russen weit jenseits der das Gleichgewicht sichernden Reproduktionsrate, generell die Ausbeutung knapper Ressourcen, Umweltverschmutzung, aber auch der Wasserverbrauch in einem Mietshaus mit gemeinsamem Zähler mögen dies illustrieren.

So verschieden die gewählten Beispiele und auch deren Strukturen sein mögen, so ist ihnen doch eines gemeinsam: in allen Fällen existiert keine "unsichtbare Hand", die à la Adam Smith individuelle Interessen und kollektive Folgen zur Übereinstimmung bringt. Während in der Perspektive der klassischen Ökonomie individuelle Handlungen und kollektive Ziele durch die "unsichtbare Hand" des Marktes harmonisiert werden, zeichnen sich "soziale Dilemmata" (Dawes 1975) durch ein Spannungsverhältnis zwischen individueller und kollektiver Rationalität aus. "Soziale Dilemmata" sind definierbar als Interaktionsstrukturen, bei denen die individuell-rationalen Handlungen von zwei oder mehreren Akteuren zu kollektiv suboptimalen Ergebnissen führen. Außerdem lehren die Beispiele, daß es ein - leider weitverbreiteter Kurzschluß wäre - von den sichtbaren Folgen auf die unsichtbaren Motive der Handelnden zu schließen. Interdependentes Handeln kann zum Gegenteil des ursprünglich Beabsichtigten führen, das gerade ist der Kern der sozialen Paradoxien.

In den verschiedenen Disziplinen der Sozialwissenschaften hat der Kerngedanke der Dilemma-Forschung bereits eine längere Tradition. Soziologen sprechen von (unerwünschten) nicht-intendierten Handlungsfolgen (Merton 1936), "paradoxen Effekten" (Boudon 1977) oder von "Mikro-Motiven und Makroverhalten" (Schelling 1978), Ökonomen von "Marktversagen" oder "Kollektivgutproblematik" (Olson 1965) und Sozialpsychologen von "sozialen Fallen" (Platt 1973) und "sozialen Dilemmata" (Dawes 1975).

Auch in der Geschichte der Philosophie und besonders der Philosophie der Geschichte ist dieser Gedanke keineswegs neu. Thomas Hobbes, Kant, Hegel, Marx sind nur einige berühmte Namen. Dem Marxismus zufolge produziert die Bourgeoisie ihren eigenen Totengräber, das Proletariat, und handelt damit letztlich gegen ihre eigenen Interessen. Und Friedrich Engels schreibt in einem Brief an Bloch aus dem Jahre 1890 sehr deutlich, daß die Geschichte als "Endresultat stets aus den Konflikten vieler Einzelwillen hervorgeht...", wobei Engels betont: "Denn was jeder einzelne will, wird von jedem anderen verhindert, und was herauskommt, ist etwas, das keiner gewollt hat." (3)

## 2. Dilemmata mit positiven und negativen Externalitäten

Die genaue formale Analyse von Situationen interdependenter Handlungen ist das zentrale Thema der Spieltheorie. Sie leistet im wesentlichen dreierlei. Erstens werden Denkmodelle zum Studium von Konfliktsituationen zur Verfügung gestellt. Damit ist es möglich, unterschiedliche Handlungsstrukturen zu klassifizieren. Zweitens erleichtert sie die Suche nach optimalen Strategien, drittens können Sozialpsychologen im Rahmen der experimentellen Spieltheorie studieren, wie sich Menschen in genau definierten Konfliktsituationen tatsächlich verhalten und viertens stellt die Spieltheorie zumindest ein heuristisches Potential zur Stimulierung der Theorieentwicklung in den Sozialwissenschaften dar.

Eine Typologie sozialer Strukturen nach spieltheoretischen Kriterien ist keine bloße "Spielerei", sondern auch von theoretischem und praktischem Interesse. So ist es hinsichtlich der sozialen Folgen ein essentieller Unterschied, ob z.B. eine politische oder soziale Struktur durch die Merkmale eines Gefangenendilemmas, eines "Chicken-Spiels", eines Koordinationsspiels oder eines "Freiwilligendilemmas" (dazu weiter unten) gekennzeichnet ist. Auch verweist die Spieltheorie auf Auswege aus sozialen Dilemmata, indem sie strukturelle Bedingungen nennt, durch deren Veränderung eine Entschärfung eines sozialen Dilemmas erzielt werden kann.

In spieltheoretischen Termini sind zahlreiche, aber keineswegs alle sozialen Dilemmata (dazu weiter unten) durch zwei Prinzipien charakterisierbar (Dawes 1975):

- Die handelnden Personen haben eine (im Sinne der Spieltheorie) nicht-kooperative dominierende Strategie,

- und der Schnittpunkt der dominierenden Strategien stellt ein suboptimales Gleichgewicht dar. (4)

D.h. gleichgültig wie viele andere Personen sozial (oder kooperativ) handeln, immer ist es individuell rational, die nicht-kooperative Strategie zu wählen. Da jedoch diese Überlegung für alle Personen gilt, wird das

Ergebnis ein (nicht Pareto-optimales) Gleichgewicht sein, das für alle Personen unbefriedigender ist als das Resultat gemeinsamer Kooperation. Das Musterbeispiel für eine derartig charakterisierte Konfliktsituation ist das bekannte und in hunderten von sozialpsychologischen Experimenten erforschte Gefangenendilemma-Spiel. (5)

Soziale oder kooperative Entscheidungen sind immer positive Externalitäten für die Mitspieler. Von einer Beitragsleistung oder der Unterlassung einer Umweltverschmutzung profitieren immer auch die übrigen beteiligten Personen. Anders ausgedrückt ist eine kooperative Entscheidung als Beteiligung an der Produktion eines Kollektivguts (bzw. der Nicht-Beteiligung an einem "kollektiven Übel") anzusehen, von dessen Gebrauch definitionsgemäß keiner der kooperativ oder auch unkooperativ handelnden Mitspieler ausgeschlossen ist. Ein hohes Kooperationsniveau, d.h. ein geringer Grad an Umweltverschmutzung, eine hohe Effektivität einer Organisation usf. kann in diesem Rahmen gleichgesetzt werden mit einem hohen Ausmaß der Versorgung mit kollektiven Gütern.

Die oben erwähnten Beispiele zeigen, daß die kooperative Entscheidung sowohl in einer bestimmten Handlung (Beitritt zu einer sozialen Bewegung, die ein kollektives Gut produziert) als auch im Unterlassen einer Handlung (Rohstoffausbeutung in einer "Tragedy-of-the-Commons-Situation" (Hardin 1968), Umweltverschmutzung, Überbelastung des Stromnetzes, "Tempo 100" etc.) gesehen werden kann. Experimentelle Spiele für beide Situationen wurden von Hamburger (1973) vorgeschlagen. Bei dem ersteren Spiel handelt es sich um ein N-Personen-Gefangenendilemma, ein Beitragsleistungsspiel für ein kollektives Gut mit dem Namen "deterministic give-some-game". Hier kann jeder Spieler eine positive Zahl nennen (seinen Beitrag). Der Wert einer streng monotonen Funktion von S, der Summe aller individuellen Beiträge, abzüglich des vom Spieler i geleisteten Beitrags ist dann der Auszahlungsbetrag an den Akteur i. Der Konflikt ist offensichtlich. Jeder Spieler möchte von den Beiträgen der anderen Personen profitieren, selbst aber möglichst als "Freerider" keinen Beitrag leisten. Die soziale Leistung ist bei diesem Spiel eine Handlung, die als positive Externalität für die Mitbeteiligten aufgefaßt werden kann. (6)

Bei dem zweiten Spiel, dem "probabilistic take-some-game", besteht genau umgekehrt die soziale Reaktion im Unterlassen einer Aktivität. Jeder Spieler nennt hierbei ebenfalls eine positive Zahl aus einer bestimmten Menge von Zahlen. Die Summe S wird sodann mit einer zufallsgenerierten Zahl L verglichen (wobei den Spielern nur die Wahrscheinlichkeitsverteilung von L, nicht aber der genaue Wert bekannt ist). Nur wenn S kleiner oder gleich L ist, erhält jeder Spieler Auszahlungseinheiten in Höhe der von ihm genannten Zahl, andernfalls gehen alle Spieler leer aus. Jeder Spieler hat natürlich ein individuelles Interesse daran, eine möglichst hohe Zahl zu nennen. Folgen jedoch alle Spieler dieser Überlegung, so ist die Wahrscheinlichkeit hoch, daß keiner der Beteiligten etwas bekommt. In einer ähnlichen Situation befinden sich die Energieverbraucher bei einem überlasteten Stromnetz. Die Handlungen (Nennen einer hohen Zahl, hoher Stromverbrauch) stellen negative Externalitäten für die anderen Personen dar. Die Logik beider Spiele ist von Hamburger (1973) genauer untersucht worden. Es erwies sich, daß beide Spiele als bestimmte Verallgemeinerungen des Gefangenendilemmas bzw. Gefangenendilemma-ähnlicher Spiele angesehen werden können.

Während die Spieltheorie Modelle zur Verfügung stellt, um die logische Struktur einer Konfliktsituation zu erhellen, ist es Aufgabe der experimentellen Sozialpsychologie zu erforschen, wie sich Personen bei variierenden Struktur- und Persönlichkeitsmerkmalen tatsächlich in Konfliktsituationen der beschriebenen Art verhalten. Als dritte Disziplin, die sich mit dem Problem individuell-kollektiver Konflikte befaßt, ist die in der Ökonomie verwurzelte Forschungsrichtung zum Thema "Theorien kollektiver Güter" zu nennen. Alle drei Disziplinen profitieren in hohem Maße voneinander. Ihnen gemeinsam ist, daß sie kollektive Resultate auf der Basis individueller Verhaltensmaximen und bestimmter Annahmen über die Struktur der Situation zu erklären versuchen. Scheinbar unterschiedliche Probleme in verschiedenen Sozialwissenschaften werden dadurch aus einem einheitlichen Blickwinkel und manchmal in einem überraschend neuen Licht gesehen. So ist z.B. Olsons (1965) Theorie kollektiver Güter auf die Erklärung des Organisationsgrads von Gewerkschaften in verschiedenen Ländern, die Erklärung des Erfolgs von Automobilclubs wie dem ADAC oder auch auf das Marxsche Problem der Entstehung von Klassenbewußtsein anwendbar.

"Beitragsspiele" korrespondieren eher mit Kollektivgutproblemen, wie sie von Olson untersucht wurden. Ressourcenentnahmespiele (take-some-games) entsprechen dagegen Allmende- oder "Commons-Dilemma"-Situationen. Wir diskutieren zunächst einige Beispiele sowie eine Reihe empirischer Resultate zur Problematik von Commons-Dilemma-Situationen. Anschließend betrachten wir den Zusammenhang zwischen Olsons Theorie kollektiver Güter und dem N-Personen -Gefangenendilemma-Spiel. Es sei aber darauf hingewiesen, daß weder Beitragsspiele zur Herstellung von Kollektivgütern noch Ressourcenentnahmeprobleme notwendigerweise exakt dem Spieltyp eines Gefangenendilemmas entsprechen müssen. Insbesondere sind soziale Dilemmata von Beitragssituationen denkbar, in denen keine dominierende Strategie existiert (siehe auch Liebrand 1983, Taylor 1987, Diekmann 1985). Derartige Situationen werden in Abschnitt 5, ein korrespondierendes spieltheoretisches Modell wird in Abschnitt 6 diskutiert. Abschließend werden neuere experimentelle Ergebnisse zur Hypothese von Gruppengrößeneffekten auf das Kooperationsniveau präsentiert. Hierbei zeigt sich, daß im (einmaligen) Gefangenendilemma das Kooperationsniveau keineswegs negativ mit der Gruppengröße korreliert sein muß.

## 3. Das "Commons-Dilemma": Ressourcenmanagementprobleme

Bei ungeregelten Zugriffschancen einer Mehrzahl von Personen auf knappe Ressourcen ist mit hoher Wahrscheinlichkeit zu beobachten, daß die Ressourcen suboptimal nachgefragt werden und häufig nach kurzer Zeit erschöpft sind. Dieses "Commons-Dilemma" wurde von G. Hardin (1968) in einem einflußreichen Artikel am Beispiel des Verfalls des gemeinsamen Weidelands ("The Commons") in den Neuenglandstaaten illustriert. Für jeden einzelnen Farmer war es in der von Hardin beschriebenen Situation individuell rational, die Zahl der eigenen Rinder auf dem gemeinsamen Weideland zu erhöhen. Dadurch jedoch, daß alle Farmer diese Strategie verfolgten, wurde die Allmende durch überextensive Nutzung ruiniert. Das Commons-Dilemma (Allmende-Problem, Ressourcenmanagementproblem) ist je nach den vorliegenden strukturellen Bedingungen (nicht-erneuerbare versus erneuerbare oder wachsende Ressourcen, Preis-Kosten-Relationen der Ressourcennutzung u.a.m) als einmaliges oder wiederholtes (iteratives) N-Personen-Dilemma-Spiel, nicht notwendigerweise aber als Gefangenendilemma, konzeptualisierbar. In der Regel existiert eine kollektiv optimale (pareto-optimale) Bewirtschaftungsstrategie. Die einzelnen Akteure haben jedoch den Anreiz, von dieser Strategie individuell abzuweichen, um "Sondervorteile" zu erzielen. Gewissermaßen schnappt die "soziale Falle" zu, wenn alle Beteiligten dieser Logik folgen und dadurch ein kollektiv suboptimaler Zustand erreicht wird. Eine Vielzahl von Problemen der realen Welt entspricht der Struktur nach dem Commons-Dilemma-Typ. So etwa der Fischfang in den Weltmeeren, die Beinahe-Ausrottung verschiedener Walarten, die Ausbeutung knapper Bodenschätze, Belastungen der Umwelt oder die kollektive Nutzung eines Universitäts-Kopiergeräts durch die Angehörigen verschiedener Lehrstühle.

Eine auf den ersten Blick naheliegende Lösung des Commons-Dilemmas erscheint die Privatisierung der Ressourcen zu sein. So wurde auch verschiedentlich beobachtet, daß historisch in Situationen des Commons-Dilemmas Eigentumsrechte entstehen können (Demsetz 1967). Dieser Ausweg verbietet sich allerdings, wenn die direkten und indirekten Kosten der Privatisierung relativ hoch sind. Zum anderen ist die Privatisierung von Ressourcen keine Garantie für die Konservierung und Pflege von Ressourcen. Auch bei privatem Management ist die Gefahr der ruinösen Ausbeutung von Ressourcen gegeben, wenn die Wachstumsrate der Ressourcenerträge geringer ist als der Zinssatz auf Kapitalanlagen (siehe z.B. Clark 1974).

Neben der Möglichkeit der Privatisierung oder "Territorialisierung" existieren eine Reihe von strukturellen Faktoren, die kooperatives Verhalten in Commons-Dilemma-Situationen beeinflussen (siehe z.B. die Aufsätze in Hardin und Baden 1977 sowie die Überblicke von Orbell und Dawes 1981, Messick und Brewer 1983). Eine Ressourcenbewirtschaftung ist dabei umso kooperativer, je größer die Übereinstimmung des individuellen Verhaltens mit der kollektiv optimalen Strategie ist. Zu den strukturellen Variablen zählen: Die Kosten der Ressourcenausbeute, beeinflußt von Technologien wie z.B. Fischfang- oder Jagdmethoden, sowie der Preis und die Wachstumsrate der Ressourcen. Diese Komponenten kommen im spieltheoretischen Modell in der Auszahlungsmatrix zur Geltung. Von Bedeutung ist ferner die Anzahl von Personen mit Zugriffsmöglichkeiten auf den Ressourcenpool, d.h. die Gruppengröße, die Möglichkeit der Kommunikation zwischen den Beteiligten, die Möglichkeit, bindende Verträge abzuschließen, das Ausmaß der Information (über die Natur des Dilemmas, den Stand der Ressourcen, über optimale Strategien und das Verhalten der Mitspieler) sowie die Spieldynamik, d.h. die Strategien der Mitspieler in iterativen Dilemma-Situationen. Über diese "strukturellen" Faktoren hinaus kann das Ausmaß der Kooperation von kulturellen Normen über faire und gerechte Ressourcennutzung, von moralischen Aufrufen und von persönlichen Merkmalen, etwa der kognitiven Einsicht in die Situation oder Erfahrungen mit ähnlichen Dilemma-Situationen, abhängen. Das zentrale Forschungsproblem empirischer Studien zum Commons-Dilemma ist die Frage, in welcher Weise und in welchem Ausmaß diese Faktoren kooperatives Verhalten in Commons-Dilemma-Situationen beeinflussen.

Antworten auf die Frage nach den Bedingungen kooperativen Verhaltens können sowohl historische und zeitgenössische Fallstudien als auch experimentelle Untersuchungen liefern. Fallstudien haben gegenüber Experimenten natürlich den Vorteil größerer Realitätsnähe und externer Validität, während Experimente den Vorzug der Manipulierbarkeit der unabhängigen Variablen nach den theoretischen Vorstellungen des Forschers aufweisen. Beide Kategorien von Forschungen können einander auf diesem Gebiet ergänzen.

Fallstudien in der "Property-Rights"-Tradition beschreiben die Entstehung von Eigentumsrechten in Commons-Dilemma-Situationen in Abhängigkeit von den Privatisierungskosten (Demsetz 1967; Andersen und Hill 1975). Wilson (1977) vergleicht den Effekt geregelter Ressourcenbewirtschaftung anhand der Fangquoten von Hummern in kontrollierten und nicht-kontrollierten Gewässern. Es zeigte sich, daß die zugangs-kontrollierten Küstenabschnitte sowohl bezüglich des Einkommens der Fischer als auch bezüglich der Ressourcenbewahrung günstiger abschnitten als die unkontrollierten Gewässer. Bullock und Baden (1977) untersuchen Commons-Dilemma-Probleme bei zwei religiösen Gemeinschaften. Mißerfolge der Mormonen bei der Einrichtung eines kollektiven Fonds (zu Beginn des 19. Jahrhunderts) im Gegensatz zur erfolgreichen Bewirtschaftung von Ressourcen durch die Hutterer werden auf strukturelle Unterschiede der jeweils gewählten, institutionellen Regelungen zurückgeführt. So ist es bei den Hutterern üblich, die Gemeinschaft ab einer bestimmten zahlenmäßigen Größe aufzuteilen und Tochterkolonien zu bilden. Auf diese Weise wurde der Faktor Gruppengröße, eine vermutlich wichtige Determinante kooperativen Verhaltens, durch institutionalisierte Regelungen kontrolliert.

Experimentelle Untersuchungen des Commons-Dilemmas orientierten sich zum einen am einmaligen N-Personen-Gefangenendilemma (Colman 1982: 158 pp, 178 pp). Diese Studien erfassen jedoch nicht die für das Commons-Dilemma charakteristische Dynamik des Spielverlaufs. Mit den Ressourcenmanagementspielen (Brechner 1977; Cass und Edney 1978; Edney und Harper 1978a,b; Jorgenson und Papciak 1981: Messick u.a. 1983; Knapp 1986; Popp 1988; Rapoport 1988b) auf der anderen Seite wird besonders dem iterativen Aspekt von Commons-Dilemma-Situationen Rechnung getragen. Typisch für diese Experimente ist das folgende Design: N Personen nehmen an einem Spiel über mehrere Runden teil, wobei in jeder Runde Punkte aus einem "Topf" (dem Ressourcenpool) angefordert werden können. Die jeweils im Pool verbleibenden Ressourcen wachsen mit einer bestimmten, vorgegebenen Rate. Die Ressourcen sind erschöpft, wenn in einer Spielrunde insgesamt mehr Punkte angefordert werden, als im Pool enthalten sind. Registriert werden als Indikatoren für die effiziente und kooperative Ressourcenbewirtschaftung a) die insgesamt erzielten Punkte, b) die Rundenzahl bis zur völligen Ausbeutung der Ressourcen, c) das Ausmaß der Übereinstimmung mit einer "optimalen" Bewirtschaftungsstrategie wie z.B. der Aufrechterhaltung eines bestimmten Ressourcen-Niveaus.

Mit diesem Design können die Effekte einer Vielzahl interessanter struktureller Variationen und Persönlichkeitsmerkmale auf die Ressourcenbewirtschaftungsstrategie studiert werden. So liegen beispielsweise Befunde vor zum Einfluß von Kommunikationsmöglichkeiten über Spielstrategien (Brechner 1977; Edney und Harper 1978b; Jorgenson und

Papciak 1981), Rückmeldungen über den jeweiligen Stand der Ressourcen (Informationsfeedback, Cass und Edney 1978; Jorgenson und Papciak 1981), zum Effekt der Identifizierbarkeit von Mitspielerentscheidungen (Jorgenson und Papciak 1981), der Aufklärung über optimale Spielstrategien (mit widersprüchlichen Ergebnissen, vgl. Edney und Harper 1978b; Rapoport 1988b) sowie zur Rolle induzierter Emotionen bei der Bewirtschaftung knapper Ressourcen (Knapp 1986; Popp 1988).

Besondere Aufmerksamkeit verdient die Untersuchung von Gruppengrößeneffekten, da dieser Einflußfaktor auch aus praktischen Gründen von erheblicher Bedeutung ist. In Überblicken zu spieltheoretischen Kooperationsexperimenten wird wiederholt erwähnt, daß sich die Kooperationsbereitschaft mit der Anzahl der Mitspieler vermindert (z.B. Edney 1981: 27 p; Stroebe und Frey 1982: 125 p; Messick und Brewer 1983: 34 p). Die meisten dieser Experimente beziehen sich auf das N-Personen-Gefangenendilemma. Abgesehen davon, daß auch im N-Personen-Gefangenendilemma nicht notwendigerweise ein negativer Zusammenhang zwischen der Gruppengröße und der Wahrscheinlichkeit einer kooperativen Wahl auftreten muß (Bonacich et al. 1976, Bonacich und Light 1978: 165 p, siehe auch Abschnitt 7), kann die Gruppengrößen-Kooperationsrelation wesentlich durch den jeweiligen Strukturtyp eines Dilemmas bestimmt werden (Raub 1988). Ergebnisse aus Experimenten zum N-Personen-Gefangenendilemma sollten daher nicht vorschnell auf Ressourcenmangementprobleme übertragen werden. Bisherige Untersuchungen der Gruppengrößeneffekte bei Ressourcenmanagementproblemen liefern widersprüchliche Resultate. So konnten Brewer und Kramer (1986) keinen Einfluß der Gruppengröße im Commons-Dilemma beim Vergleich von Gruppen der Größe acht und zweiunddreißig nachweisen - ein Resultat, das die Hypothese der Autoren über eine größere Wahrscheinlichkeit von Gruppengrößeneffekten bei Kollektivgutproblemen im Vergleich mit Commons-Dilemma-Situationen bestätigt. Nach Harper et al. hingegen (unveröffentlichtes Manuskript, zitiert bei Orbell und Dawes 1981: 58) sinkt die Kooperation mit der Gruppengröße im Vergleich von ein-, drei- und sechs-Personen-Gruppen.

Brewer und Kramer (1986: 544) zitieren in einer Diskussion des Gruppengrößeneffekts weitere Studien, in denen kein Gruppengrößeneffekt ermittelt werden konnte. Sie erklären die widersprüchlichen Befunde mit einander gegenläufigen Effekten der Gruppengröße, wobei die Risikoorientierung eine Schlüsselrolle spielt. Auffallend bei den empirischen Befunden ist aber, daß offenbar Gruppengrößeneffekte beim Vergleich relativ großer Gruppen (N > 6) nicht zu ermitteln waren, während beim Vergleich kleinerer Gruppen signifikante Unterschiede im Ausmaß der Kooperation hervortraten. Diese Resultate sind konsistent mit der Hypothese, daß der Zusammenhang zwischen der Gruppengröße und der Wahrscheinlichkeit unkooperativer Entscheidungen nicht-linear verläuft. Bei einer konkaven Funktion wären Gruppengrößeneffekte nur im unteren Größenbereich nachweisbar (siehe auch Diekmann 1986).

Experimentell untersucht wurde im Commons-Dilemma ferner der Extremfall des Privatisierungseffekts, d.h. der Fall N = 1 versus N > 1 (Cass und Edney 1978). In dem Experiment wird ein höheres Kooperationsniveau unter der Privatisierungsbedingung berichtet, aber natürlich verschwinden unter dieser Bedingung auch die typischen Dilemma-Eigenschaften eines individuell-kollektiven Konflikts. Die Bewirtschaftung privater Ressourcen ist nurmehr ein individuelles Optimierungsproblem, bei dessen Lösung die kurz- und langfristigen Interessen eines Akteurs (der Diskontfaktor) und dessen kognitive Einsichtsfähigkeit eine Rolle spielen mag.

Sofern sich in Commons-Dilemma-Situationen ein negativer Gruppengrößeneffekt auf die Kooperationsbereitschaft zeigt, ist auch dessen Wirkung erklärungsbedürftig. Handelt es sich darum, daß in Dilemma-Situationen mit der Gruppengröße die Kommunikation erschwert wird, die relativen Erträge kooperativen Verhaltens sinken, eine Art De-Individuation stattfindet, das perzipierte Risiko der Ressourcenerschöpfung diffundiert (Brewer und Kramer 1986), oder in iterativen Dilemmata nicht-kooperatives Verhalten von Mitspielern nicht mehr gezielt sanktionierbar ist (vgl. auch Bonacich und Light 1978; Orbell und Dawes 1981; Stroebe und Frey 1982; Messick und Brewer 1983)? Besonderes Interesse verdient daher in Commons-Dilemma-Situationen nicht nur die Erforschung der Stärke und Richtung von Gruppengrößeneffekten, sondern auch die Erklärung der Wirkungsweise dieses besonders bedeutsamen strukturellen Einflußfaktors.

Gemäß den Resultaten der Theorie iterativer Spiele (Friedmann 1971; Taylor 1976,1987; Axelrod 1984, siehe auch Voss 1985) sollten die Entscheidungen eines Akteurs auch von den Strategien der Mitspieler abhängen. Effekte der Spieldynamik wurden in Ressourcenmanagementspielen bislang wenig beachtet. Messick et al. (1983) berichten, daß in einer Situation extensiver Ausbeutung des Ressourcenpools diejenigen Personen, die kooperatives Verhalten der Mitspieler erwarten, dieses Verhalten erwidern. Weiterhin zeigte sich, daß die Spieler bei extensiver Ressourcenausbeutung dazu neigen, eine zentrale Kontrollinstanz zu bestimmen, die das Ressourcenmanagement dirigiert - sozusagen Hobbes Leviathan als Alternative zur Privatisierung. Den Einfluß (simulierter) Mitspieler-Strategien in einem endlich oft wiederholten Commons-Dilemma demonstriert ferner ein Experiment von Diekmann, Meier und Rapoport (1990). Erwartungsgemäß erhöhen kooperative Mitspieler-Strategien die Wahrscheinlichkeit der Kooperation bei einer Versuchsperson. Hiermit ist auch die rasche Erosion der Kooperation in manchen sozialen Gruppen erklärbar. Wenn Personen mit niedrigem Defektions-Schwellenwert beginnen, unkooperativ zu handeln, werden die Akteure in der Reihenfolge ihrer Schwellenwerte im Sinne eines Domino-Effekts nach und nach die Kooperation aufkündigen. Insbesondere in größeren Gruppen dürfte dann auch bei iterierten Dilemmata ein Neuaufbau der Kooperation (ohne äußere Einwirkungen oder einklagbare Verträge) wenig wahrscheinlich sein (vgl. auch Diekmann und Manhart 1989).

Die Vielzahl sozialpsychologischer Einzelhypothesen ergibt als Summe sicher noch keine Theorie des kooperativen Verhaltens im Commons-Dilemma. Die experimentellen Befunde verweisen jedoch auf relevante Einflußfaktoren, wobei die erzielten Kenntnisse auch für die praktische Sozialgestaltung nützliche Hinweise liefern könnten. Nicht immer ist die Privatisierungslösung wünschbar oder machbar. Um die Überfischung der Weltmeere zu verhindern, können in den Ozeanen keine Zäune errichtet werden. Die Festlegung von Quoten oder aber die Besteuerung negativer Externalitäten kann erhebliche Überwachungskosten, d.h. die

Finanzierung bürokratischer Apparate erfordern. Die Untersuchung alternativer Lösungsmöglichkeiten in Commons-Dilemma-Situationen ist aus diesen Gründen nicht nur theoretisch, sondern auch praktisch von Belang.

## 4. N-Personen-Gefangenendilemma und die Theorie kollektiver Güter

Wohl kaum ein Buch hat die Diskussion über die Kollektivgutproblematik und das damit verbundene Verhältnis von Individual- und Gruppeninteressen so nachhaltig geprägt wie Mancur Olsons (1965) bekannte Studie über die "Logik kollektiven Verhaltens". Wenn Olsons Analyse auch vorwiegend auf mikroökonomischen Modellen basiert, so ist doch die Verwandtschaft zu spieltheoretischen Denkweisen unübersehbar.

Der Grundgedanke der Theorie läßt sich ohne formale Hilfsmittel leicht an einem Beispiel skizzieren. Gehen wir davon aus, daß eine Gewerkschaft das kollektive Gut "Lohnerhöhung" für alle Arbeitnehmer produziert, d.h. sowohl Mitglieder als auch Nicht-Mitglieder kommen in den Genuß einer Lohnerhöhung. Weiterhin sei angenommen, daß die Stärke der gewerkschaftlichen Organisation und damit das Ausmaß des kollektiven Guts "Lohnerhöhung" mit der Zahl der Mitglieder steigt. Welcher Anreiz besteht dann für einen Arbeiter, der Gewerkschaft beizutreten? Betrachten wir seine Kosten-Nutzen-Rechnung. Tritt er der Gewerkschaft bei, so muß er einen Mitgliedsbeitrag zahlen. Auf der anderen Seite erhöht sich sein Nutzen (und damit der Nutzen aller) aufgrund der etwas höheren Organisationsstärke beim Eintritt eines neuen Mitglieds nur äußerst minimal. In der Sprache der ökonomischen Grenzkostenanalyse ausgedrückt, ist der marginale Nutzen eines Beitritts immer geringer als die marginalen Kosten. Der individuell rational denkende Arbeiter wird zum "Freerider". Folgt in einer latenten, nicht-organisierten Gruppe jede an einem Kollektivgut interessierte Person dieser Überlegung, so wird das Kollektivgut erst gar nicht produziert. Olson hat sozusagen den Mythos eines sich automatisch realisierenden "Gruppeninteresses" zerstört. Nicht die Gruppe handelt, sondern die Individuen sind die Akteure. Hieraus resultiert das Paradox, daß zwar eine Menge von Personen an der Produktion eines Kollektivguts interessiert ist, jeder aber die Kosten seinen "Mitspielern" überlassen möchte.

Es sei am Rande vermerkt, daß vier Wege aus dem Dilemma führen können. Erstens starke Solidaritätsnormen, zweitens der Ausschluß von Nicht-Mitgliedern von der Konsumption des Gutes (wodurch es den Charakter eines Kollektivguts verliert), drittens Zwangsbeiträge und viertens individuelle Anreize. Die erste Lösung stand am Anfang der Arbeiterbewegung, die zweite Maßnahme entspricht im Falle des Gewerkschaftsbeispiels den "closed shops" in England und den USA, Maßnahme drei realisieren z.B. öffentlich rechtliche Kammern und Maßnahme vier dürfte von den meisten sich frei bildenden Organisationen angewandt werden. So bieten die Gewerkschaften Rechtsberatungen, Fortbildungskurse usf., d.h. der marginale Nutzen einer Mitgliedschaft wird über das Niveau der Beitrittskosten angehoben. Es ist gut möglich, daß der variierende Organisationsgrad in Hinblick auf Gewerkschaften und Parteien in verschiedenen Ländern u.a. durch eine Variation der individuellen Anreize erklärbar ist (z.B. der für westliche Verhältnisse extrem hohe Organisationsgrad in Österreich).

Abbildung 1: N-Personen-Gefangenendilemma

| | | Zahl anderer Mitspieler, die C wählen | | | | | |
|---|---|---|---|---|---|---|---|
| | | 0 | 1 | 2 | 3 | 4 | 5 |
| Spieler i | C | -0,5 | 0 | 0,5 | 1 | 1,5 | 2 |
| | D | 0 | 0,5 | 1 | 1,5 | 2 | 2,5 |

In spieltheoretischen Termini lautet das von Olson aufgeworfene Problem, daß das nicht-kooperative Freerider-Verhalten in großen Gruppen als dominante Strategie angesehen werden kann, d.h. unabhängig von dem Ausmaß der Kooperation anderer Personen ist die Nichtbeteiligung an der Kollektivgut-Produktion individuell lohnenswerter, wobei der

Schnittpunkt der dominanten Strategien ein suboptimales Gleichgewicht bildet. Diese beiden Merkmale kennzeichnen auch eine Gefangenendilemma-Situation. N-Personen-Gefangenendilemma und die von Olson analysierte Situation der "Logik kollektiver Aktionen" sind (unter gewissen Bedingungen) strukturell identisch (Hardin 1971).

Ein Zahlenbeispiel zur Illustration (Abbildung 1) läßt sich leicht auf der Basis des Beitragsspiels von Hamburger konstruieren. Nehmen wir an, sechs Personen sind an der Herstellung eines Kollektivguts interessiert. Die Beitragsleistung beträgt eine Nutzeneinheit, wobei jede Beitragsleistung den Nutzen des Kollektivguts um 50% des Beitrags erhöht. Aus der Sicht jedes Individuums sind dann die marginalen Kosten doppelt so hoch wie der individuelle marginale Nutzen. Die Auszahlungsfunktion für Person i im Beitragsspiel lautet:

$$A(i) = 0{,}5\,S - s(i)$$

wobei der Betrag s(i) den Wert 0 (kein Beitrag) oder 1 (Beitragsleistung) aufweist und S der Summe der Beiträge der sechs Personen entspricht. Bezeichnen wir wieder die kooperative Wahl mit C $(s(i) = 1)$ und die nicht-kooperative Wahl mit D $(s(i) = 0)$, so kann das symmetrische N-Personen-Gefangenendilemma-Spiel in vereinfachter Weise als Matrix dargestellt werden.

Wählt z.B. Person i die Alternative C und entscheiden sich hierfür ebenfalls drei andere Personen, so ist

$$A(i) = 0{,}5 \times 4 - 1.$$

Der resultierende Wert ist in der Matrix in der Zeile C-Wahl/3 andere Mitspieler mit C-Wahl eingetragen. Man erkennt, daß D eine dominierende Strategie darstellt. Unabhängig von dem Kooperationsniveau der anderen Personen ist der Nutzen stets eine halbe Einheit höher als bei kooperativer Wahl. Entscheiden sich jedoch alle Personen für D, so ist der Auszahlungsbetrag null, während jede Person bei vollständig kooperativem Verhalten immerhin zwei Einheiten erhielte.

Abbildung 2: 2-Personen-Gefangenendilemma als Basisspiel

| | | Spieler 2 | |
|---|---|---|---|
| | | C | D |
| Spieler 1 | C | 0,4 / 0,4 | -0,1 / 0,5 |
| | D | 0,5 / -0,1 | 0 / 0 |

Man kann die Matrix in Abbildung 1 als Erweiterung eines Zwei-Personen-Gefangenendilemmas ansehen. Das Basisspiel, auf dem die Matrix aufgebaut ist, hat die in Abbildung2 gezeigte Gestalt.

Wenn jede Person dieses 2x2 Gefangenendilemma-Spiel gegen jede andere Person spielt, erhält man die Auszahlungsmatrix in Abbildung 1.

Olson hat die Freerider-Hypothese für große Gruppen formuliert. Dies ändert jedoch nichts an der Tatsache der strukturellen Übereinstimmung seiner Theorie mit der Logik des N-Personen-Gefangenendilemmas. Die an dem 6-Personen-Beispiel illustrierten Überlegungen gelten ja auch bei beliebig großem N. Eine wichtige Konsequenz der Hardinschen These von der strukturellen Übereinstimmung zwischen N-Personen-Gefangenendilemma und Olsons Theorie ist die Möglichkeit, Hypothesen über die Herstellung von Kollektivgütern in spieltheoretischen Experimenten zu überprüfen. Verschiedene Experimente haben sich u.a. von dieser Idee leiten lassen.

In kleinen "privilegierten" Gruppen vermutet Olson (1965: 32 f.) die Wirksamkeit anderer Mechanismen. Hier sind Personen häufig individuell daran interessiert, zumindest einen gewissen Betrag des Kollektivguts herzustellen. Anders ausgedrückt ist hier D nicht für jede Person eine dominierende Strategie, die Auszahlungsfunktion konstituiert nicht notwendigerweise eine Gefangenendilemma-Struktur. Wenn wenigstens für ein Individuum der Nutzen des Kollektivguts höher ist als sein individueller Beitrag zur Produktion des Gutes (derartige Gruppen werden von Olson als "privilegiert" bezeichnet), dann ist für Olson (1965: 22) die Versorgung der Gruppe mit dem Kollektivgut gesichert. Diese Hypothese ist jedoch keineswegs unproblematisch. Wenn nämlich die Gruppe mehr als einen "privilegierten" Akteur umfaßt, entsteht ein strategisches Handlungsproblem. Paradoxerweise ist bei Gruppen mit k privilegierten Akteuren für $k = 1$, nicht aber für $k > 1$ die Herstellung des Kollektivguts mit Sicherheit zu erwarten. Das in Abschnitt 6 entwickelte Freiwilligendilemma modelliert die Handlungsstruktur eines derartigen "Missing-Heroe-Dilemmas".

## 5. "Missing-Heroe-Fallen"

Nicht alle sozialen Fallen weisen das Merkmal einer dominierenden Strategie auf wie in Entscheidungssituationen des Olson-Typs. Wie sich zeigen wird, sind Situationen konstruierbar, in denen der individuelle marginale Nutzen einer kooperativen Handlung die marginalen Kosten übersteigt und dennoch nicht garantiert ist, daß das Kollektivgut erzeugt wird. "Missing-Heroe-Fallen" (Platt 1973) zählen unter bestimmten Bedingungen zu dieser Kategorie.

Ein "Missing-Heroe-Dilemma" (MHD) ist in der einfachsten Version dadurch beschreibbar, daß erstens das Kollektivgut (eine Hilfeleistung, die Beseitigung eines Hindernisses für eine Gruppe etc.) von einer Person produziert werden kann und zweitens das Kollektivgut einen "Alles-oder-nichts-Charakter" aufweist - ähnlich wie eine Brücke, deren

Nutzen null ist, wenn sie nur eine Hälfte des Flusses überspannt. Es ist wichtig, zwei Fälle von MHDs zu unterscheiden. Zum einen Situationen, in denen der "Held" oder Freiwillige, der das Kollektivgut herstellt, von seiner kooperativen Handlung selbst profitiert. Der Nutzen einer kooperativen Handlung übersteigt also die Kosten, allerdings ist der Nettonutzen noch größer für die "Freerider", die das Kollektivgut zum "Nulltarif" erhalten. Eine derartige Situation sei als MHD mit positivem Kooperationswert bezeichnet. In einem MHD mit negativem Kooperationswert sind dagegen die Kosten eines potentiellen Freiwilligen größer als sein individueller Nutzen. Schellings (1971) "Matratzenproblem" (siehe unten) ist hierfür ein lehrreiches Beispiel. Nur im Falle negativer Kooperationswerte existiert eine dominierende Strategie.

Einige Beispiele mögen dies illustrieren. Schelling (1971) berichtet von Verkehrsstauungen an Sommerwochenenden, die regelmäßig dadurch verursacht werden, daß eines der vom Strand zurückgekehrten Fahrzeuge auf einer zweispurigen Autobahn die auf dem Autodach befestigten Matratzen beispielsweise auf der linken Fahrspur verliert. Ein kilometerlanger Stau wäre zu vermeiden, wenn sich jemand bereit fände, das Hindernis zu beseitigen. Nun ist die Situation deswegen besonders heimtückisch, da nur derjenige Autofahrer das Kollektivgut "Hindernisbeseitigung" erzeugen kann, der sich direkt vor dem Hindernis befindet. Der individuelle Nutzen der Beseitigung ist aber invers zur Entfernung vom Hindernis. Daher wird der Fahrer an der Spitze der Schlange "D" wählen, d.h. das Hindernis umfahren. Die weit hinten in der Schlange eingekeilten Autofahrer hätten dagegen von dem Kollektivgut einen hohen Nutzen zu erwarten; leider sind gerade sie nicht in der Lage, die Matratzen von der Fahrbahn zu räumen. Allgemein formuliert ist ein soziales Dilemma in einer nichtorganisierten Gruppe dann nur schwer lösbar, wenn im Extremfall nur eine Person das Kollektivgut erzeugen kann, für die die Kosten der kooperativen Handlung einen höheren Wert haben als der Nutzen. (7)

Es existieren jedoch auch hiervon strukturell verschiedene Situationen, in denen anders als bei Schellings "Matratzenproblem" mehrere Akteure potentiell in der Lage sind, das Kollektivgut herzustellen. Wird z.B. bei einer Kinovorführung ein unscharfes Bild auf die Leinwand projiziert, dann ist im Prinzip jeder Zuschauer in der Lage, durch Rufen oder einen Hinweis an der Kinokasse auf den Mißstand aufmerksam zu machen. Üblicherweise dauert es jedoch erhebliche Zeit, bis sich mindestens eine Person dazu entschließt, aus Eigeninteresse für das "Kollektiv" der Zuschauer tätig zu werden. Wie ist dieser Verzögerungseffekt zu erklären? Selbst wenn angenommen wird, daß bei mehreren Personen der Nutzen einer kooperativen Entscheidung die Kosten übertrifft, so erscheint es dennoch individuell rational zu sein, zunächst abzuwarten, ob sich nicht jemand anders bereit findet, einem Mißstand abzuhelfen. Wenn im Extremfall alle Personen darauf spekulieren, das Kollektivgut zum "Nulltarif" zu erzielen, kann es passieren, daß das Kollektivgut überhaupt nicht realisiert wird.

Hilfeleistungen bei Verbrechensopfern, Unfällen oder in Notsituationen stellen weitere und sozial gewiß bedeutsamere Beispiele dar (siehe auch Stroebe & Frey 1982). So hat vor zwei Jahrzehnten der Mord an einer jungen Frau in New York für großes Aufsehen gesorgt. 38 Zeugen haben diesen Mord von ihrer Wohnung aus beobachtet, wie nachträgliche Rekonstruktionen ergaben. Keiner der Zeugen, von denen jeder einzelne bemerken konnte, daß weitere Beobachter zugegen waren, hat Hilfe geleistet oder auch nur zum Telefonhörer gegriffen, um die Polizei zu benachrichtigen. Die Anonymität städtischer Lebensformen, Persönlichkeitsmerkmale usf. wurden damals zur Erklärung herangezogen. Diese Faktoren dürften durchaus eine Rolle spielen. Von Interesse ist aber auch ein zusätzlich wirsamer Mechanismus, auf den Darley und Latané (1968) verweisen. Ihr Diffusion-von-Verantwortung-Prinzip besagt, daß jeder der Zeugen von einem anderen Beobachter erwartet, daß er die Mühe der Hilfeleistung auf sich nimmt. Denken alle Beobachter in dieser Weise, resultiert hieraus der paradoxe Effekt (d.h. ein Effekt, der letztlich auch den Absichten der Zuschauer zuwiderläuft), daß die Hilfeleistung unterbleibt.

Die beiden genannten Autoren haben eine derartige Situation in einem Experiment im Labor simuliert. Die aus dem Verantwortungsdiffusions-Prinzip ableitbare Hypothese, die in dem Experiment untersucht werden sollte, lautete dabei, daß sich die Wahrscheinlichkeit einer Hilfeleistung durch eine bestimmte Person mit zunehmender Zuschauerzahl verringert. Den Versuchspersonen an dem Experiment wurde vorgespiegelt, sie nähmen an einer Diskussion über das College-Leben teil. Jede Person wurde in einen Raum gebeten, in dem sie sich über ein Mikrophon mit den (vorgetäuschten) anderen Gruppenmitgliedern unterhalten konnte. Je nach Versuchsbedingung wurde eine Zwei-Personen, Drei-Personen oder Sechs-Personen-Gruppe suggeriert. Nach einem vorgetäuschten epileptischen Anfall eines Gruppenmitglieds wurde die Reaktion der Versuchspersonen in einem Zeitraum von sechs Minuten aufgezeichnet. Als Hilfeleistung wurde gewertet, wenn die Versuchsperson den Raum verließ, um den Versuchsleiter auf die vermeintliche Notsituation des "Opfers" aufmerksam zu machen. Die Ergebnisse zeigt die folgende Tabelle:

Wie anhand der Tabelle erkennbar, wurde die Hypothese eindrucksvoll bestätigt. Ferner zeigte sich, daß Persönlichkeitsmerkmale (Apathie, Entfremdung, Anomie) kaum verhaltensrelevant waren.

Tabelle 1: Gruppengröße und Hilfe-Wahrscheinlichkeit im Darley und Latané-Experiment

| Gruppengröße der Versuchspersonen | N | Hilfeleistungs-Reaktionen in % während der Dauer des simulierten Anfalls | Durchschnittl. Zeit in sec bis zur Reaktion |
|---|---|---|---|
| 1 (Versuchsperson und "Opfer") | 13 | 85 | 52 |
| 2 (Versuchsperson, "Opfer" und andere Personen) | 26 | 62 | 93 |
| 5 (Versuchsperson, "Opfer" und 4 andere Personen) | 13 | 31 | 166 |

Alle Unterschiede sind für alpha = 0,05 signifikant

Es ist allerdings zu berücksichtigen, daß zwar die Wahrscheinlichkeit sinkt, daß eine bestimmte Person Hilfe leistet, wenn die Gruppengröße steigt, daß aber andererseits in einer realen Situation mehr Personen vorhanden sind, die potentiell Hilfe leisten können. Dadurch wiederum kann die Wahrscheinlichkeit steigen, daß das Opfer Hilfe von irgendeiner Person erhält. Es handelt sich also um zwei gegenläufige Faktoren. Wenn n die Zuschauerzahl bezeichnet und p die Eingriffswahrscheinlichkeit einer Person, so ist die Wahrscheinlichkeit, daß das Opfer Hilfe erhält:

$$P(n) = 1 - [1 - p(n)]^n.$$

Man kann anhand der Tabellenwerte berechnen, daß die Wahrscheinlichkeit, daß das Opfer Hilfe erhält, in allen drei Versuchsbedingungen ungefähr konstant bleibt (ca. 0,85), sich die beiden Faktoren also gegenseitig kompensieren. (8)

In dem hier beschriebenen Kontext kann die Tatsache einer Hilfeleistung als Kollektivgut angesehen werden. Die meisten Personen werden Hilfeleistungen als einen positiven Wert ansehen, was auch die hohe Zahl von Reaktionen in der ersten Versuchsbedingung (Gruppengröße 2) unterstreicht. Auch dürfte der marginale Nutzen einer Realisierung der Norm größer sein, als die marginalen Kosten, zumindest bei den 85% der Versuchspersonen, die vermeintlich mit dem "Opfer" allein waren. Wie in der Kino-Situation kann der Nettonutzen in größeren Gruppen eventuell dadurch maximiert werden, daß man sich auf die Reaktion anderer verläßt - eine Reaktionsweise, die aber geradezu in die soziale Falle führen kann.

## 6. Freiwilligendilemma

Freiwilligendilemma ist ein Spiel, mit dem sich "Missing-Heroe-Situationen" spieltheoretisch analysieren lassen. (9) Das Spiel sei zunächst anhand einer Anekdote und sodann durch ein einfaches Experiment skizziert.

Nehmen wir an, in einem Land mit einem fremdartigen Rechtssystem werden N Gefangene vor folgende Wahl gestellt. Meldet sich mindestens einer von ihnen freiwillig, so erhält dieser eine Strafe von 5 Jahren, während die übrigen Gefangenen, die sich nicht gemeldet haben, frei gelassen werden. Meldet sich jedoch keiner, so ist die Strafe für alle 10 Jahre.

Da das N-Personen-Spiel symmetrisch ist, läßt es sich leicht in Matrix-Form darstellen. Wie bei Dilemma-Spielen üblich, bezeichnen wir die kooperative Wahl, d.h. die Herstellung des Kollektivguts "Freiheit", mit "C" und die nicht-kooperative Wahl mit "D".

Jeder Beteiligte kann C oder D wählen, er befindet sich also in der Rolle des Zeilenspielers. Je nachdem wie viele andere Personen C gewählt haben, bestimmt sich hierdurch die Höhe der Auszahlung an den Zeilenspieler.

Das Kollektivgut ist offensichtlich "Freilassung der Gefangenen", wobei die Kosten der Herstellung 5 Jahre Gefängnis für den "Helden" betragen. Auch der "Held" profitiert jedoch von seiner kooperativen Handlung, denn würde sich keiner freiwillig melden, so müßte er mit einer zehnjährigen Strafe rechnen. Aber wer soll den Helden spielen? Ist es rational, C zu wählen mit der Aussicht auf Gewinn durch eine Verkürzung der Haftzeit um fünf Jahre, oder ist D die rationale Wahl im Vertrauen darauf, daß sich ein anderer Freiwilliger findet? Wie man anhand der

Abbildung 3: Freiwilligendilemma-Beispiel

andere C-Wähler

| | 0 | 1 | 2 | 3 | ...N-1 |
|---|---|---|---|---|---|
| C | -5 | -5 | -5 | -5 | ...-5 |
| D | -10 | 0 | 0 | .0 | ...0 |

Matrix erkennt, gibt es keine dominierende Strategie. Wenn keine andere Person C wählt (0-Spalte), ist es günstiger, selbst C zu wählen. In allen anderen Fällen (Spalten 1 bis N-1) sichert D einen höheren Gewinn.

In der humaneren Version des Spiels sind die Auszahlungen positiv. Man kann sehr leicht folgendes Experiment arrangieren. Jeder Teilnehmer darf einen Betrag U oder U-K fordern, sagen wir 2 DM oder 0,20 DM. Der gewünschte Betrag wird auf einen Zettel geschrieben, wobei die Forderung jedes Spielers erfüllt wird, sofern mindestens ein Spieler U-K fordert, d.h. die Strategie C wählt. Absprachen sind, jedenfalls in der Grundform des Spiels, nicht erlaubt. Das Freiwilligendilemma-Spiel hat dann allgemein die folgende Form:

Sofern U-K > 0 gilt, handelt es sich um ein MHD mit positivem Kooperationswert. Für den Spezialfall N = 2 und U-K positiv, wird es zu einem Quasi-Chicken-Spiel. Ist U-K negativ, dann nimmt das Spiel den Charakter eines MHD mit negativem Kooperationswert an. In letzterem Fall ist natürlich D eine dominierende Strategie und die Herstellung des Kollektivguts wenig wahrscheinlich - es sei denn, es existieren verbindliche Normen oder die Möglichkeit von Absprachen (10). Schellings

Abbildung 4: Freiwilligendilemma

andere C-Wähler

| | 0 | 1 | 2 | 3 | ...N-1 |
|---|---|---|---|---|---|
| C | U-K | U-K | U-K | U-K | ...U-K |
| D | 0 | U | U | U | U |

(1971) Autofahrer an der Spitze der Schlange direkt vor dem Hindernis befindet sich in einer MHD-Situation mit negativem Kooperationswert. Nach Schellings Beobachtungen wählen alle Autofahrer D und umfahren das Hindernis, anstatt es zu beseitigen. Nur der Fahrer an der Spitze des Staus kann das Hindernis beseitigen. Für ihn ist aber U-K negativ. Für die Personen am Ende des Staus ist dagegen U-K positiv; nur sind leider gerade sie vorerst nicht in der Lage, an dem "Spiel" teilzunehmen.

Der Mordfall Genovese in New York, der Darleys und Latanés (1968) Untersuchungen über Hilfeleistungen beeinflußt hat, läßt sich dagegen als MHD mit positivem Kooperationswert rekonstruieren. Den 38 Zeugen des Mordes, die jeweils von ihren Wohnungen aus das Geschehen beobachtet haben, war vermutlich der Mord nicht gleichgültig. Vermutlich war wenigstens für einige Beteiligte auch die Rettung eines Menschen, d.h. die Herstellung eines bestimmten Wertes, ein Kollektivgut mit einem höheren Wert U als die Kosten K der Unbequemlichkeit eines Telefongesprächs mit der Polizei. Nur sind die Kosten offenbar niedriger, wenn sich jemand anders opfert und Hilfe leistet. In diesem Sinne ist Darleys und Latanés (1968) Hypothese der "Diffusion-von-Verantwortung" in einem Freiwilligendilemma-Kontext rekonstruierbar.

Allerdings schließt die Erklärung durch Verantwortungsdiffusion nicht die Wirkung anderer oben genannter Faktoren aus, wie kulturelle Werte der Hilfeleistungsmoral, der Betroffenheit und Identifikation mit dem Opfer, externe Sanktionen im Falle unterlassener Hilfeleistung oder interne Sanktionen durch das eigene Gewissen, wenn humanitäre Verpflichtungen verletzt werden. Diese Faktoren können mehr oder minder variieren und haben in anonymen Großstadtsituationen möglicherweise geringere Ausprägungen als in integrierten Gemeinschaften. Sie bestimmen den Wert von U , wobei die Wahrscheinlichkeit einer Hilfeleistung mit dem Wert U relativ zu den Kosten wächst. In diesem Sinne ist die Kritik an der mangelnden Verantwortungsbereitschaft im großstädtischen Sozialverhalten nach dem Genovese-Mord nicht aus der Luft gegriffen. Die Hypothese der Verantwortungsdiffusion verweist jedoch auf einen zusätzlichen strukturellen Einfluß, der in vielen Situationen dieses Typs wirksam werden kann (siehe auch die in Anmerkung 8 angegebene Literatur zu den verschiedenen Bestimmungsgründen von Hilfeleistungen).

Weist die Situation - wie im Falle von Hilfeleistungen - eine Freiwilligendilemma-Struktur mit U-K > 0 auf, und ist den Personen nur die Zahl der "Mitspieler", nicht jedoch deren Entscheidung bekannt (wie bei dem Darley-und-Latané-Experiment), so dürfte die Kooperationsbereitschaft einer Person mit der Gruppengröße sinken, wie die Verantwortungsdiffusions-Hypothese behauptet. Kann man jedoch davon ausgehen, daß die Entscheidung der anderen Personen sichtbar wird, dann dürften die meisten Personen geneigt sein, ihre Wahl hinauszuzögern. In einer "offenen" Hilfeleistungssituation z.B., in der N Personen zugegen sind, wird vermutlich ein starker Verzögerungseffekt auftreten.

Anders als bei Kollektivgutproblemen des N-Personen-Gefangenendilemma-Typs mit dominierender Strategie, ist im Falle der hier beschriebenen Strukturen eine Verhaltensprognose aus spieltheoretischer Sicht schwierig, da eine dominierende Strategie in den Matrizen der Abbildungen 3 und 4 nicht existiert. Gehen die Beteiligten vom Maximin-Prinzip aus, d.h. der Wahl der besten unter den möglicherweise auftretenden schlimmsten Ereignissen, so müssen sie C wählen. Da eine rational denkende Person aber annimmt, daß die Mitspieler ebenso rational handeln wie sie selbst, muß sie davon ausgehen, daß sich auch die Mitspieler nach dem Maximin-Prinzip richten. In diesem Fall ist es aber günstiger D zu wählen. Geht die Überlegung aller Personen bis zu diesem Punkt, so wird bei gemeinsamer D-Wahl das schlimmste Ereignis eintreten, also wäre es doch besser C zu wählen - usw. ad infinitum. In einer derartigen Situation, in der es nicht gelingt, eindeutige Verhaltensprognosen aus gewissen zugrunde gelegten Verhaltensmaximen abzuleiten, sind sozialpsychologische Experimente über das tatsächliche Verhalten besonders aufschlußreich.

Die verschiedenen Typen spieltheoretisch exakt formulierbarer Entscheidungsdilemmas zeigen auch die Grenzen einer allzu simplen Anwendung der Nutzentheorie. Im Falle einer interdependenten Handlungsstruktur mit den Merkmalen eines sozialen Dilemmas können verschiedene Entscheidungsprinzipien (Maximin-Prinzip, Gleichgewichtsstrategie, maximaler subjektiver Erwartungswert (SEU-Modell) usf.) je nach Typ der "sozialen Falle" in Konkurrenz zueinander stehen. Deshalb auch sind derartige Dilemmasituationen für die Grundlagenforschung in der Entscheidungstheorie so bedeutsam. (11)

## 7. Gruppengrößeneffekte im N-Personen-Gefangenendilemma und Freiwilligendilemma

Insbesondere stimuliert durch Olsons Theorie wurde der Einfluß der Gruppengröße auf das Kooperationsverhalten in zahlreichen sozialpsychologischen Untersuchungen studiert (siehe die Überblicke Orbell und Dawes 1981; Stroebe und Frey 1983; Messick und Brewer 1983, vgl. auch Abschnitt 3). Zumeist wird als Fazit derartiger Untersuchungen formuliert, daß sich mit steigender Gruppengröße das Ausmaß an Kooperation vermindere. Dabei wird häufig übersehen, daß tatsächlich die Art des Zusammenhangs zwischen den beiden Größen vom Typ des sozialen Dilemmas abhängig sein dürfte (Raub 1988).

Betrachten wir zunächst das Freiwilligendilemma. Die Wahl von D ist hier die risikoreiche Maximax-, C die Maximin-Strategie. Eine dominierende Strategie existiert in diesem Spiel nicht. Werden gemischte Strategien berücksichtigt (D-Wahl mit Wahrscheinlichkeit q, C-Wahl mit Wahrscheinlichkeit 1-q), dann kommen zwei weitere Strategien in Frage: Erstens die gemischte Nash-Gleichgewichtsstrategie und zweitens das mit Hofstadter (1985) so bezeichnete "Superrationalitätsprinzip". Werden die Strategien für das Freiwilligendilemma allgemein abgeleitet, dann zeigt sich für beide Strategien, daß die Wahrscheinlichkeit der Nichtkooperation (D-Wahl) einer Person mit dem Quotienten aus den Kooperationskosten und dem Wert des kollektiven Gutes (K/U) ansteigt, mit der Gruppengröße N hingegen absinkt (siehe genauer Diekmann 1985, 1986). Die Richtung der Effekte ist auch intuitiv einsichtig. Je größer die Zahl der Akteure ist, als desto größer wird die Wahrscheinlichkeit wahrgenommen, daß irgendeine andere Person das Kollektivgut bereitstellen wird. Dies ist die exakte, spieltheoretische Untermauerung der Darley-Latané-Hypothese der Verantwortungsdiffusion.

Tabelle 2 enthält die Formeln für die verschiedenen strategischen Prinzipien.

Wie verhalten sich Versuchspersonen nun tatsächlich in einer Freiwilligendilemma-Situation im Vergleich zum N-Personen-Gefangenendilemma?

| Strategien | Wahrscheinlichkeit der Nicht-Kooperation (D-Wahl) | Erwarteter Nutzen | Wahrscheinlichkeit der Herstellung des kollektiven Guts |
|---|---|---|---|
| Maximin | 0 | U - K | 1 |
| Gemischtes Nash-Gleichgewicht | $q_0 = \sqrt[N-1]{\frac{K}{U}}$ | U - K | $1 - q_0^N$ (mit N abnehmend) |
| "Superrationalität" | $q^* = \sqrt[N-1]{\frac{1}{N}\frac{K}{U}}$ | $U-K<E<U-\frac{K}{N}$ | $1 - q^{*N}$ (mit N ansteigend) |

Tabelle 2: Entscheidungsregeln im Freiwilligendilemma

Die Ergebnisse aus drei Experimenten liefern ein relativ einheitliches Bild. In sämtlichen Experimenten bestätigt sich die Hypothese, daß die Kooperationswahrscheinlichkeit im Freiwilligendilemma negativ mit der Gruppengröße korreliert ist. Die Wahrscheinlichkeit einer D-Wahl (q) wächst demnach monoton mit der Gruppengröße N, wobei sich in Experiment 3 von Franzen (1990) näherungsweise das Bild einer konkaven Funktion ergibt (Tabellen 3,4, Abbildung 5).

Beim Gefangenendilemma dagegen ist kein konsistenter Gruppengrösseneffekt nachweisbar. Die Experimente 1 und 2 liefern in zwei Fällen einen positiven, in einem Fall einen negativen Zusammenhang zwischen der Gruppengröße und dem Ausmaß der Nicht-Kooperation. Außerdem sind die Effekte relativ schwach. Experiment 3, das eine Vielzahl unterschiedlicher Gruppengrößen von N = 2 bis N = 101 vergleicht, läßt ebenfalls keinen Trend, weder in Richtung eines positiven noch eines negativen Zusammenhangs erkennen.

Tabelle 3: Experiment 1: Relative Häufigkeit der Nicht-Kooperation (D-Wahl) nach der Gruppengröße

| | | Typ des Dilemmas | |
|---|---|---|---|
| | | Freiwilligendilemma* | Gefangenendilemma** |
| Gruppengröße N | 2 | 0,34 | 0,59 |
| | 5 | 0,78 | 0,74 |
| signifikant für alpha = 0,05 | | + | - |

* U = 100, K = 50
** Auszahlungsmatrix für 2-PD-Basisspiel 0,10,30,50
Anzahl Versuchspersonen 29, zur Beschreibung siehe genauer Diekmann 1986

Tabelle 4: Experiment 2: Relative Häufigkeiten der Nicht-Kooperation nach Gruppengröße und Anreizstruktur

| | Dilemmatyp | | | |
|---|---|---|---|---|
| | Freiwilligendilemma | | Gefangenendilemma | |
| | Anreiz Kooperation* | | Anreiz Kooperation** | |
| Gruppengröße | höher | niedriger | höher | niedriger |
| 2 | 0,70 | 0,67 | 0,20 | 0,14 |
| 5 | 0,37 | 0,36 | 0,05 | 0,18 |

* höherer Anreiz: U = 100, K = 50
niedrigerer Anreiz: U = 100, K = 80
** höherer Anreiz: Basisspiel 0, 10, 30, 50
niedrigerer Anreiz: 0, 10, 20, 50
Anzahl Versuchspersonen: 82

Abbildung 5: Experiment 3: Gruppengrößeneffekte im Freiwilligendilemma und Gefangenendilemma

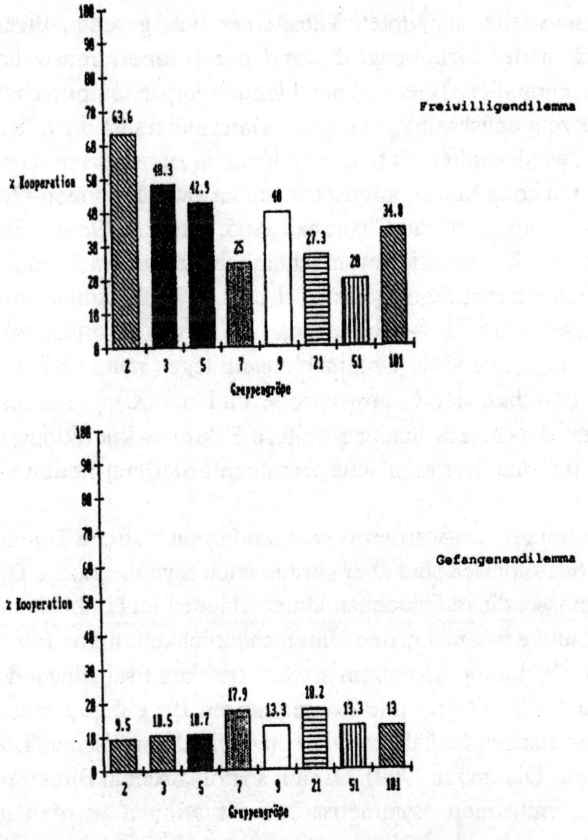


Freiwilligendilemma: Versuchspersonen 197, U = 100, K = 50
Gefangenendilemma: Versuchspersonen 186, Auszahlungsmatrix
Basisspiel: 0, 20, 60, 80

Die bezüglich des Gefangenendilemmas im Vergleich mit anderen Experimenten abweichenden Ergebnisse erscheinen keineswegs unplausibel. Im Gefangenendilemma existiert unabhängig von der Gruppengröße eine dominierende Strategie. Beim einmaligen Gefangenendilemma (präsentiert in Matrix-Form bei anonymer Entscheidungssituation ohne Kommunikation, ohne externe soziale Anreize, ohne bindende Vertragsmöglichkeiten etc.) wählt ein Teil der Versuchspersonen eben die dominierende Strategie - und dies ist unabhängig von der Gruppengröße "Nichtkooperation". Nach den vorliegenden experimentellen Befunden erscheint die immer wieder behauptete These einer quasi gesetzmäßigen Beziehung zwischen der Gruppengröße und der Kooperationswahrscheinlichkeit im (einmaligen) Gefangenendilemma von der empirischen Seite her an Überzeugungskraft zu verlieren. Ganz anders ist die Situation im iterierten, wiederholten Gefangenendilemma zu bewerten. Hier existieren zum einen hohe Kooperationschancen im Zwei-Personen-Gefangenendilemma (Rapoport und Chammah 1965; Axelrod 1984), während andererseits die Kooperationswahrscheinlichkeit mit wachsender Gruppengröße deutlich zurückgeht (Bonacich et al. 1976; Diekmann und Manhart 1989). Sowohl spieltheoretische Analysen als auch Simulationsexperimente und experimentelle Untersuchungen legen nahe, daß der Zusammenhang zwischen der Gruppengröße und der Kooperationswahrscheinlichkeit durch verschiedene weitere Faktoren konditioniert wird, wobei das Merkmal "Iteration" eine prominente Stellung einnimmt.

In dem vorliegenden Artikel wurden vorwiegend symmetrische Dilemmata behandelt. Soziologisch sind aber gerade auch asymmetrische Dilemmata von Interesse, die individuellen Unterschieden im Hinblick auf erwartete Profite und Kosten, d.h. den Unterschiedlichkeiten von Interessen und Macht, Rechnung tragen. Im asymmetrischen Freiwilligendilemma ergeben sich z.B. interessante Konsequenzen, die einige Zweifel am deskriptiv-empirischen Gehalt traditioneller spieltheoretischer "Lösungen" begründen (Diekmann 1990). Die aus soziologischem Blickwinkel besonders bedeutsamen asymmetrischen Situationen wurden in Theorie und Experimenten der "Dilemma-Forschung" bislang eher stiefmütterlich behandelt. Hier ergeben sich für die Forschung interessante Perspektiven und Aufgaben, mit deren Bearbeitung die sozialpsychologisch orientierte experimentelle Spieltheorie auch ein stärkeres Echo in der Soziologie finden könnte.

**Anmerkungen**

(1) Die Abschnitte 1,2 und 4-6 sind in überarbeiteter Form dem Aufsatz Diekmann (1985a) entnommen. Teil 3 ist eine ergänzte Fassung eines Abschnitts aus dem Forschungsantrag Diekmann und Rapoport (1988). Die in Abschnitt 7 diskutierten experimentellen Untersuchungen wurden durch die Deutsche Forschungsgemeinschaft (DFG) gefördert.

(2) In dem Original-Experiment handelte es sich um Gruppen von 15-21 Personen, die relativ geringe Beträge (bis 25 cents) erhielten. Siehe Mintz 1951. Zu einer Theorie "sozialer Fallen" siehe auch Platt 1973.

(3) Engels 1966, S. 227. Sehr viel prägnanter wurde das Problem nichtintendierter Konsequenzen individueller Handlungen vor Engels und Merton von Wilhelm Busch formuliert: "Und auch hier wie überhaupt, kommt es anders als man glaubt!"

(4) Eine grundlegende Einführung in die Spieltheorie findet man z.B. in dem klassischen Lehrbuch von Luce und Raiffa (1957). Einen kurzen Überblick vermittelt Rapoport (1980).

(5) Es wäre eine eigene, umfassende Arbeit, die Lehren aus den experimentellen Spielen einer kritischen Würdigung zu unterziehen. Allein die Bibliographie der bisher durchgeführten Experimente zum Gefangenendilemma umfaßt hunderte von Titeln. So hat man z.B. Männer gegen Frauen spielen lassen, oder Angehörige verschiedener Kulturen gegeneinander, allein oder in Gruppen, einmalig und wiederholt, mit und ohne Kommunikation usw. Eine Bibliographie der Experimente wurde von Guyer und Perkel (1972) zusammengestellt.

(6) Die Auszahlungsfunktion lautet gemäß Hamburger (1973) A(i) = v(S) - s(i), wobei s(i) die von i genannte Zahl und S die Summe aller genannten Zahlen ist. v(S) ist nach Hamburger eine strikt monotone Funktion von S.

Man muß jedoch noch eine weitere Bedingung hinzufügen, damit das nicht-kooperative Verhalten zu einer dominanten Strategie wird. Werden die folgenden Bezeichnungen eingeführt: $S^* = S - a$, $s^*(i) = s(i) - a$ und $A^*(i) = v(S^*) - s^*(i)$, so soll gelten: $A^*(i) > A(i)$. D.h. bei einer Verringerung des Beitrages um den Wert a und unverändertem Kooperationsniveau der Mitspieler soll sich die Auszahlung an i vergrößern. Z.B. ist $v(S) = 2S$ hierfür ein Gegenbeispiel, d.h. in diesem Fall wird die Bedingung einer dominanten nicht-kooperativen Strategie nicht erfüllt. Dürfen die positiven Externalitäten v(S) auf der einen Seite nicht zu groß werden, so dürfen sie auf der anderen Seite auch nicht zu klein sein. Eine weitere Bedingung muß hinzukommen, die garantiert, daß das resultierende Gleichgewicht suboptimal ist. Ist v(S) nämlich extrem gering, so kann es passieren, daß das unkooperative Gleichgewicht $S = 0$ ein Optimum darstellt. Bei linearer Funktion $v(S) = \alpha S + \beta$ z.B. lauten beide Bedingungen: $1 > \alpha > 1/N$ wobei N die Zahl der Beteiligten ist.

(7) Gesucht ist also zur Lösung des Dilemmas ein "Held", der nicht nur individuelles sondern auch kollektives Wohlergehen bei seinen Entscheidungen berücksichtigt. Hier machen sich sicher kulturspezifische Besonderheiten bemerkbar, wie auch Platt (1973) am Beispiel des kollektiven Verhaltens der Mormonen deutlich macht. Hat man in einem Land keine "Helden" zur Verfügung, dann besteht die zweite Lösungsalternative darin, eine Organisation einzurichten, die für Hilfeleistungen bezahlt wird - im Falle des "Matratzenproblems" etwa einen Autobahndienst. Veränderungen der Struktur einer Situation können "Helden" überflüssig machen. Dies ist ja auch eine der Lehren aus Brechts (1972) Galilei. Auf die Anschuldigung seines Schülers Andrea nach Galileis Widerruf "Unglücklich das Land, das keine Helden hat!" antwortet dieser: "Nein. Unglücklich das Land, das Helden nötig hat."

(8) Siehe auch Darley und Latané 1968 , S. 380. Eine kurze Diskussion von Folgeexperimenten findet sich in Mann 1974, S. 87 ff. sowie in Lück 1975, S. 92 ff. Dort werden auch verschiedene kritische Einwände gegenüber der Hypothese von Darley und Latané diskutiert, die aufgrund weiterer Experimente formuliert wurden; siehe ferner Latané und Nida (1981).

(9) Zu einer genaueren spieltheoretischen Analyse siehe Diekmann (1985, 1986).

(10) Eine allgemeinere Form des Spiels sieht die Einführung von Kostenteilung und Entscheidungszeitkosten vor, d.h. U(t) und K(t) verringern bzw. vergrößern sich im Zeitablauf. Kostenteilung bei mehrfacher C-Wahl dürfte dazu führen, daß die Wahrscheinlichkeit einer C-Wahl wächst.

Für N = 2 handelt es sich bei Kostenteilung um ein Chicken-Spiel, sofern U(t) - K(t) positiv ist. Mit der skizzierten Versuchsanordnung und den erwähnten Variationen ist die Möglichkeit gegeben, eine Vielzahl von Hypothesen über das Verhalten in Freiwilligendilemma-Situationen zunächst "in vitro", d.h. in einfachen Experimenten, zu erforschen.

(11) Zu diesem Thema sei auch auf die Experimente von Kahnemann und Tversky (1979) verwiesen. Die Autoren untersuchen zahlreiche Entscheidungssituationen, in denen konsistente Abweichungen vom Prinzip des maximalen Erwartungsnutzens zu beobachten sind. Zu einer kritischen Diskussion der Nutzentheorie und des Rationalitätsprinzips siehe auch Elster (1979).

**Literatur**

Anderson, T. L.; Hill, P. J. (1975): The evolution of property rights: A study of the American West. Journal of Law and Economics, 12, S. 163-179

Axelrod, R. (1984): The Evolution of Cooperation. New York

Bonacich, Ph.;Shure, G. H.; Kahan, J. P.; Meeker, R. J. (1976): Cooperation and group size in the N-person prisoner's dilemma. Journal of Conflict Resolution, Vol. 20, S. 687-706

Bonacich, P., Light, J. (1978): Laboratory experimentation in sociology. Annual Review of Sociology, 4, S. 145-170

Boudon, R. (1980): Die Logik gesellschaftlichen Handelns. Neuwied

Brechner, K. C. (1977): An experimental analysis of social traps. Journal of experimental Social Psychology, 50, S. 552-564

Brecht, B. (1972): Leben des Galilei. 14. Aufl. Frankfurt am Main

Brewer, M. B.; Kramer, R. M. (1986): Choice behavior in social dilemmas: Effects of social identity, group size and decision framing. Journal of Personality an Social Psychology, 50, S. 543-549

Bullock, K.; Baden, J. (1977): Communes and the logic of the commons, in: Hardin und Baden, a.a.O.

Cass, R. C.; Edney, J. J. (1978): The commons dilemma. A simulation testing resource visibility and territorial division. Human Ecology, 6, S. 371-386

Clark, C. W. (1977): The economics of overexploitation. Science, 181, 630-634

Darley, J. M.; Latané, B. (1968): Bystander intervention in emergencies. Diffusion of responsibility. Journal of Personality and Social Psychology, Vol. 8, S. 377-383

Dawes, R. M. (1975): Formal models of dilemmas in social decision making. In: Kaplan, M.; Schwartz, S. (eds.): Human judgement and decision processes: Formal and mathematical approaches. New York

Dawes, R. M.; McTavish, J.; Shaklee, H. (1977): Behavior, communication, and assumptions about other people's behavior in a commons dilemma situation. Journal of Personality and Social Psychology, Vol. 35, S. 1-11

Dawkins, R. (1978): Das egoistische Gen. Berlin/Heidelberg

Demsetz, H. (1967): Toward a theory of property rights. American Economic Review, 57

Diekmann, A. (1985): Volunteer's dilemma. Journal of Conflict Resolution, Vol. 29

Diekmann, A. (1985a): Spieltheoretische Modelle sozialer Fallen, in: Angewandte Sozialforschung, Jg. 13, S. 365-379

Diekmann, A. (1990): Asymmetric volunteer's dilemma, Ms., Universität Bern

Diekmann, A.; Mitter, P. (eds., 1986): Paradoxical Effects of Social Behavior. Essays in Honor of Anatol Rapoport. Heidelberg/Wien

Diekmann, A. (1986a): Volunteer's dilemma. A social trap without dominant strategy and some experimental results. In: A. Diekmann;.Mitter, P. (eds.), a.a.O., S. 123-134

Diekmann, A.; Rapoport, A. (1988): Experimentelle Untersuchungen zum "Commons-Dilemma", Antrag an die DFG zur Gewährung einer Sachbeihilfe, Mannheim: ZUMA

Diekmann, A.; Manhart, K. (1989): Kooperative Strategien im Gefangenendilemma. Computersimulation eines N-Personen-Spiels. Analyse und Kritik, 11, S. 134-153

Diekmann, A.; Meier, H.; Rapoport, A. (1990): Experiments with social traps III: Commons dilemma, unveröffentlichtes Manuskript, Universität Mannheim

Edney, J. J. (1981): Paradoxes on the commons: Scarcity and the problem of equality. Journal of Community Psychology, 9, S. 3-34

Edney, J. J.; Harper, C. S. (1978a): The effects of information in a resource management problem: A social trap analog. Human Ecology, 6, S. 387-395

Edney, J. J.; Harper, C. S. (1978b): The commons dilemma: A review of contributions from psychology. Environmental Management, 2, S. 491-507

Elster, J. (1979): Ulysses and the Sirens. Studies in Rationality and Irrationality. Cambridge.

Engels, F, (1966): Brief an J. Bloch vom September 1890. In: I. Fetscher (Hrsg.): Marx-Engels-Studienausgabe, Bd. 1., Frankfurt a. Main, S. 226-228

Fox, J.; Guyer, M. (1977): Group size and other's strategy in a N-person game. Journal of Conflict Resolution, Vol. 21, S. 323-338

Franzen, A. (1990): Die Gruppengröße und das Problem der Kooperation in sozialen Dilemmata, Diplomarbeit, Fakultät für Sozialwissenschaften der Universität Mannheim

Friedman, J. W. (1971): A non-cooperative equilibrium for supergames. Review of Economic Studies, 38, S. 1-12

Guyer, M.; Perkel, B. (1972): Experimental games: a bibliography. Communication No. 293. Mental Health Research Institute, University of Michigan. Ann Arbor

Hamburger, H. (1973): N-person prisoner's dilemma. Journal of Mathematical Sociology, Vol. 3, S. 27-48

Hardin, G. (1968): The tragedy of the commons. Science, Vol. 162, S. 1243-1248

Hardin, R. (1971): Collective action as an agreeable N-prisoner's dilemma. Behavioral Science, Vol. 16, s. 472-481

Hardin, G; Baden, J. (eds. 1977): Managing the Commons. San Francisco

Hofstadter, D. R. (1980): Metamagical Games. Questing for the Essence of Mind and Pattern, New York

Hofstadter, D. R. (1983): The calculus of cooperation is tested through a lottery. Scientific American, No. 6, S. 14-18

Jorgensen, D. D.; Papciak, A. S. (1981): The effects of communication, resource feedback, and identifiability on behavior in a simulated commons. Journal of Experimental Social Psychology, 17, S. 373-385

Kahnemann, D.; Tversky, A. (1979): Prospect theory: an analysis of decision under risk. Econometrica. Vol. 47, S. 263-291

Knapp, A. (1986): Die Auswirkungen emotionaler Zustände auf das Lösen eines sozialen Dilemmas. Zeitschrift für Sozialpsychologie, 17, S. 160-172

Kurt, F. (1984): Kein Kampf ums Dasein. Natur, Heft 2, S. 79-87

Latané, B.; Nida, S. (1981): Ten years of research on groupsize and helping. Psychological Bulletin, Vol. 89, S. 308-324

Liebrand, W. B. G., (1983): A classification of social dilemma games. Simulation an Games, 14, S. 123-138

Liebrand, W. B. G. (1984): The effect of social motives, communication and group size on behavior in an N-person multi-stage mixed motive game. European Journal of Social Psychology, 21, S. 86-102

Liebrand, W. B. G.; van Run, G. J. (1985): The effects of social motives on behavior in social dilemmas in two cultures. Journal of Experimental Social Psychology, 21, S. 86-102

Lück, H. E. (1975): Prosoziales Verhalten. Empirische Untersuchungen zur Hilfeleistung. Köln

Luce, R. D.; Raiffa, R. (1957): Games and Decisions. New York

Mann, L. (1974): Sozialpsychologie. 2. Aufl. Weinheim

Messick, D. M.; Brewer, M. B.; Kramer, R. M.; Zemle, B. E.; Lui, L. (1983): Individual adaptations and structural change as solutions to social dilemmas. Journal of Personality and Social Psychology, 41, S. 294-309

Merton, R. K. (1936); The unanticipated consequences of purposive social action. American Sociological Review, 1, S. 894-904

Mintz, A. (1951); Non-adaptive group behavior. Journal of Abnormal and Social Psychology, Vol. 46, S. 150-159

Mitter, P. (1986): Takesome games: The commons dilemma and a land of cockaigne. In: A. Diekmann; Mitter, P. (eds.): a.a.O., S. 199-208

Olson, M. (1968): The Logic of Collective Action. New York

Orbell, J.; Dawes, R. (1981): Social dilemmas, in: Stephenson, G. M., Davis, J. M.: Progress in Applied Social Psychology, 1. New York, S. 37-65

Platt, J. (1973): Social Traps. American Psychologist, Vol. 28, S. 641-651

Popp, M. (1988): Wirkung von Informationsbedingung, emotionellem Zustand und externer Speichermöglichkeit auf das Lösen sozialer Fallen. Archiv für Psychologie, 140, S. 33-51

Rapoport, A. (1980): Mathematische Modelle in den Sozialwissenschaften. Heidelberg (Physica)

Rapoport, A. (1981): Der spieltheoretische Ansatz zur Entscheidungstheorie. Angewandte Sozialforschung, Bd. 9, S. 153-168

Rapoport, A. (1988a): Experiments with N-Person social traps: I. Prisoner's dilemma, weak prisoner's dilemma, volunteer's dilemma and largest number. Journal of conflict Resolution. Jg. 32

Rapoport, A. (1988b): Experiments with social traps: II. Tragedy of the Commons. Journal of Conflict Resolution. Jg. 32

Rapoport, A.; Chammah, A. M. (1965): Prisoner's Dilemma. A Study in Conflict and Cooperation, Ann Arbor, Mich.

Schelling, Th.C. (1978): Micromotives and Macrobehavior. New York-London

Stroebe, W.; Frey, B. S. (1982): Self interest and collective action: the economics and psychology of public goods. British Journal of Social Psychology, Vol. 21, S. 121-137

Taylor, M. (1976): Anarchy and Cooperation, London

Taylor, M. (1987): The Possibility of Cooperation, London

Raub, W. (1988): Problematic Social Situations and the "large number dilemma". Journal of Mathematical Sociology, 13, S. 311ff.

Voss, Th. (1985): Rationale Akteure und soziale Institutionen. München de Vries, S.; Wilke, H. A. M.: Resource management in an uncertain environment, unveröffentlichtes Manuskript, Rijksuniversiteit Groningen.

Wilson, J. A. (1977): A test of the tragedy of the Commons, in: Hardin und Baden, (1977), a.a.O.

Rudolf Schüßler

# Die zweite Hand - eine Untersuchung über den Tausch ohne Schutz durch Recht und Moral

Seit Adam Smith wird dem Markt die Fähigkeit zugeschrieben, die Produktion und Konsumtion von Gütern und Dienstleistungen wie durch eine "unsichtbare Hand" effizient zu regeln. Der Fähigkeit zur allokativen Selbstregulation steht jedoch ein Problem gegenüber, auf das bereits die klassischen Soziologen hinwiesen. Ohne einen institutionellen Rahmen von Recht und Moral kann der Markt ihrer Meinung nach seine ordnenden Kräfte nicht entfalten.

Die vorliegende Arbeit widerspricht dieser These. Sie versucht, die Existenz einer "zweiten unsichtbaren Hand" nachzuweisen. Während die erste unsichtbare Hand des Marktes die Preise und Mengen von Gütern bestimmt, sorgt die zweite dafür, daß sich Betrug beim Tausch nicht mehr auszahlt als faire Kooperation. Die "zweite Hand" ist ein marktspezifischer Regelprozeß, der stabile Kooperation unter ausschließlich eigeninteressierten Tauschpartnern zu erzeugen vermag.

Die Untersuchung verwendet die formalen Methoden spieltheoretischer Modellbildung. Diese methodische Ausrichtung führt zu weiteren Fragen nach den minimalen (Modell-) Voraussetzungen egoistischer Kooperation und dem Wert spieltheoretischer Analysen für die Sozialtheorie. Die gleichen Fragen beschäftigten mich in früheren Arbeiten, die jedoch im folgenden weiterentwickelt und korrigiert werden.

## 1. Grundriß der Untersuchung

Die Suche nach einer "zweiten Hand" des Marktes definiert zwei Ziele dieser Untersuchung. Zunächst gilt es der Annahme zu widersprechen, daß Märkte ohne rechtlichen und moralischen Schutz nicht funktionstüchtig sein können. Anschließend müssen unter den verschiedenen Faktoren, die moralfreie Kooperation unter Egoisten induzieren, jene herausgearbeitet werden, die dem Markt im Unterschied zu anderen Formen der Regulation sozialer Interaktionen in idealtypischer Weise zukommen. Zur Vereinfachung dieser Aufgabe werde ich unter "Markt" einen primitiven Tauschmarkt verstehen. Das entspricht natürlich nicht der Realität moderner Gesellschaften, dürfte aber einen analytisch akzeptablen ersten Schritt zur Erörterung der Problematik darstellen.

Der Ruf nach einem normativen Korsett für den Markt reflektiert die Gefahren, die Tauschmärkten nach Ansicht von Soziologen wie Tönnies (1935), Durkheim (1977) oder Parsons (1949) durch das ökonomische Handeln selbst drohen. Im Kapitalismus des 19.Jahrhunderts begann sich das ökonomische Denken fest in den modernen Gesellschaften zu etablieren und alle sozialen Belange zu dominieren. Eine radikalisierende Extrapolation der zukünftigen Entwicklung dieser Gesellschaften und des in ihnen vorherrschenden Denkens ließ schwere Konflikte erwarten. Der ökonomische Egoismus, den die Individuen beim Gütertausch miterwarben, drohte die normative Basis zu untergraben, die der Markt für seine Funktionen voraussetzen mußte. Falls die letzten moralisch-normativen Bindungen der Individuen an die Gemeinschaft zerrissen, wäre die notwendige Folge eine Orgie von Betrug und Gewalt unter den isolierten Wirtschaftssubjekten.

Bis heute (vgl. Münch 1982) wird diese Überzeugung rein theoretisch und nicht aufgrund empirischer Forschung abgeleitet. Ebenfalls auf theoretischer Ebene erheben spieltheoretische Untersuchungen (vgl. Axelrod 1987; Olson 1968; Raub/Voss 1986; Taylor 1976, 1987) Einspruch gegen die behauptete Unmöglichkeit allein auf Eigennutz gegründeter sozialer Systeme. Allerdings stimmen die üblichen spieltheoretischen Modellannahmen nicht mit den Charakteristika idealtypischer Tauschakte überein. Damit die Kritik am soziologischen Normativismus auch für Tauschsysteme wirksam werden kann, analysiere ich deshalb ein einfaches Grundmodell des bilateralen Tausches, in dem beide Tauschpartner über symmetrische strategische Optionen verfügen. Das Modell erfaßt wesentliche Aspekte idealtypischer Tauschmärkte, indem es eine unbegrenzte potentielle und eine begrenzte tatsächliche Mobilität der Akteure, sowie einen Mangel an Wissen über prospektive Partner unterstellt. Außerdem erlaubt es die Betrachtung normativistischer Ängste vor der Amoralität und Anonymität zukünftiger universalisierter Marktgesellschaften, weil es die Chancen egoistischer Kooperation unter ungünstigen Bedingungen untersucht. Ich nehme an, daß a) alle Individuen radikal eigennützig sind, b) niemand, der jemanden ausgenutzt hat, von dritten als Ausbeuter identifiziert werden kann, und c), daß kein Ausbeuter gezwungen ist, in einer Bindung zu verharren, in der ihm Vergeltung für seine "Vergehen" droht. Die Anonymität im Modell ist besonders bedeutsam, da ein idealtypischer Tauschmarkt keine Grenze für die Zahl der Marktteilnehmer kennt, und es deshalb bei gleichzeitiger unbegrenzter Mobilität unwahrscheinlich wird, daß z.B. das Wissen um die Reputationen der Spieler jedem Marktteilnehmer zuverlässig präsent ist. Wie ich zeigen werde, kann trotz dieser ungünstigen Annahmen stabile Kooperation zwischen Egoisten entstehen. Betrug und Gewalt des einen Partners gegen den anderen stellen in diesem Szenario keine universell erfolgversprechenden Mittel zur Gewinnmaximierung dar. Andere Formen der Gewalt werden von meinem Modell allerdings nicht erfaßt. Auch sie können jedoch, wie verschiedentlich gezeigt wurde (vgl. die Diskussion in Schüßler 1990), in rein egoistischen Gemeinschaften unter Kontrolle gehalten werden.

Der Prozeß, der im Modell moralfreie Kooperation generiert, stützt sich ausschließlich auf die Kontraktfreiheit der Individuen und die Möglichkeit zu freiwilliger Zusammenarbeit. Er ist speziell auf Märkten anzutreffen und stellt deren "zweite unsichtbare Hand" dar. Bislang konzentrierten sich spieltheoretische Untersuchungen auf Strukturen, in denen Akteure die wechselseitige Interaktion nicht willkürlich abbrechen können (Superspiel), oder in denen das Verhalten der Akteure zur Bildung einer dritten Personen hinlänglich bekannten Reputation führt (vgl. Kreps/Wilson 1982; Lahno 1990; Milgrom/Roberts 1982; Raub/Weesie 1988), oder in denen sich Akteure in kleinen Gemeinschaften an ihre Partner längere Zeit erinnern können (vgl. Coleman 1986). Das Vorliegen mindestens einer dieser Strukturen gilt als notwendige Voraussetzung für das Entstehen von Kooperation unter Egoisten. Diese Voraussetzung ist jedoch im gegenwärtigen Modell nicht erfüllt. Insofern versucht die Arbeit als drittes Ziel, zur Klärung der Frage nach den tatsächlichen minimalen Voraussetzungen egoistischer Kooperation beizutragen.

Als viertes Ziel schließlich sollen die Ergebnisse meiner Untersuchung zeigen, daß einige Grundfragen der Sozialtheorie nicht ohne die formale Unterstützung durch die Spieltheorie zu behandeln sind, obwohl spieltheoretische Modelle sicherlich nie alle sozialtheoretisch interessanten Problembereiche erfassen werden können .

In den Grundzügen deckt sich die folgende Analyse mit den Ausführungen in Schüßler (1989, 1990), an denen sie jedoch wesentliche Korrekturen vornimmt. In Schüßler (1989, 1990) stimmen Modell und Interpretation nicht in allen Teilen überein. Das liegt daran, daß ich versuchte, die Kooperation zwischen Populationen von Individuen, die in Anteilen einer Gesamtheit ausgedrückt sind, und zwischen großen Einheiten mit einem bestimmten Marktanteil durch das gleiche Modell zu repräsentieren. Inzwischen habe ich erkannt, daß dies in der gewählten Form nicht möglich ist. Die älteren Arbeiten beziehen sich tatsächlich auf einen Wettbewerb, bei dem die Strategien als Einheit gesehen werden (also als ob eine Strategie eine Organisation mit Marktanteilen wäre). Das neue Modell liefert die korrekte Repräsentation für die Konkurrenz von Individuen, die bestimmte Strategien spielen. In den Ergebnissen unterscheiden sich beide Analysen dadurch, daß in der älteren radikal unkooperative Akteure völlig verschwanden, sofern kooperative Konkurrenten siegten, während in der neuen kooperative und unkooperative Akteure im Gleichgewicht nebeneinander existieren können. An der allgemeinen Konklusion, also der Erkenntnis, daß egoistische Kooperation unter scheinbar sehr ungünstigen Bedingungen entstehen und der Ausbeutung anderer Akteure überlegen sein kann, ändert sich allerdings nichts.

## 2. Das Modell

Die grundlegenden Transaktionen auf einem einfachen Tauschmarkt modelliere ich durch ein Zwei-Personen-Gefangenendilemma. Dabei wird angenommen, daß der Tausch zwischen zwei Akteuren die idealtypische Grundform von Tauschhandlungen darstellt. Außerdem unterstelle ich, daß beide Individuen asymmetrische Informationsvorteile besitzen, also sich wechselseitig hinsichtlich der Qualität der getauschten Produkte betrügen können, was der Betrogene wiederum schnell feststellt. Die Ordnung der individuellen Präferenzen über die möglichen Kombinationen von Handlungen entspricht unter diesen Prämissen einem klassischen Gefangenendilemma[1] mit $T > R > P > S$. Beide Akteure schätzen es aus egoistischer Sicht am höchsten, den Partner zu betrügen, ohne selbst betrogen zu werden (= T). Es erscheint ihnen jedoch besser, beidseitig nicht zu betrügen (= R) als beidseitig zu betrügen (= P). Am wenigsten wollen sie betrogen werden, während sie selbst ehrlich sind (= S).

Da es im folgenden nicht auf numerische Nutzenwerte ankommt, repräsentiere ich die strategische Situation willkürlich durch die von Axelrod (1987, S.8) gewählte Auszahlungsmatrix:

| | C | D |
|---|---|---|
| C | 3,3 | 0,5 |
| D | 5,0 | 1,1 |

Traditionell werden die beiden Handlungsstrategien im Gefangenendilemma als C (oder Kooperation) und D (oder Defektion = Betrug oder Täuschung) bezeichnet. Die Spieler können in Anlehnung an diese Terminologie "Kooperateure" oder "Defekteure" genannt werden, wobei beide Bezeichnungen immer relativ zum betrachteten Dilemma zu verstehen sind, und nichts über die allgemeine moralische Vorzugswürdigkeit von Kooperation aussagen. Kooperation kommt schließlich auch in Verbrecherorganisationen vor. Bei üblichen Markttransaktionen darf aber Kooperation als anzustrebendes Ziel angesehen werden.

Dem Grundriß der Untersuchung entsprechend soll ein Modell konstruiert werden, in dem volle Mobilität der Akteure bei maximaler Anonymität für Betrüger vorliegt. Es wird den Spielern zunächst erlaubt, mit dem gleichen Partner mehrere sukzessive Tauschinteraktionen vorzunehmen. Bilden sich auf diese Weise dauerhafte Paarungen, so spreche ich von einer "Stammbindung", weil solche Partnerschaften an Beziehungen der Stammkundschaft erinnern. Die Fragestellung der Arbeit zielt auf die Möglichkeit von Kooperation unter ökonomischen Egoisten. Die Möglichkeit Stammbindungen einzugehen, erweist sich in dieser Hinsicht als sehr wichtig. Wie aus zahlreichen spieltheoretischen Kooperationsanalysen bekannt ist, stellt beiderseitige Kooperation zwar im einzelnen Spiel eines Gefangenendilemmas keine rationale Wahl dar, wohl aber bei Wiederholung dieses Spiel mit dem gleichen Partner, also wenn ein iteriertes oder Super-Spiel stattfindet. Eine Stammbindung stellt nichts anderes als ein iteriertes Spiel dar.

Ich wähle dennoch die unübliche Bezeichnung, weil im folgenden einige scheinbar kooperationsfeindliche Annahmen eingeführt werden, die in der üblichen Theorie der Superspiele nicht auftreten[2]. Die Akteure können jederzeit ihre Stammpartner verlassen, sich ohne direkte Kosten neue Partner suchen, und diese aufgrund der Modellkonstruktion auch problemlos finden. Diese Annahmen spiegeln eine hohe potentielle Mobilität der Akteure auf dem betrachteten Tauschmarkt wieder. Allerdings gehe ich nicht von einem Prozeß der bewußten Partnerwahl aus. Zur Vereinfachung des Modells wird unterstellt, daß Partner zufällig und mit gleichen Chancen für alle Bindungssuchenden zugeteilt werden. Außerdem existieren keine Reputationseffekte im vorliegenden Modell. Akteure, die eine Bindung verlassen, können von neuen Partnern nicht identifiziert werden, d.h., es ist nicht möglich, einen Spieler aufgrund seines Verhaltens gegenüber einem anderen Spieler zur Verantwortung zu ziehen. Aus diesem Grund erscheint eine zufällige Partnerzuteilung auch nicht unangebracht. Die Anonymität im Modell geht schließlich soweit, daß kein Spieler seine früheren Partner identifizieren kann, falls das Paar sich getrennt hat.

Offenkundig erleichtern diese Randbedingungen den Einsatz erfolgversprechender Ausbeutungstaktiken. Ein Akteur kann seinen Partner betrügen, ihn sodann verlassen, die Gewinne aus dem Betrug mitnehmen, und sich einem neuen Opfer zuwenden, ohne daß er Gefahr läuft, anderen als Defekteur bekannt zu werden. Axelrod behauptet im Einklang mit der herrschenden Meinung in der Spieltheorie, "daß ein defektierendes Individuum nicht davonkommen darf, ohne daß die anderen Individuen zur Vergeltung fähig sind. Das erfordert, daß das defektierende Individuum nicht in einem Meer der Anonymität verschwindet." (Axelrod 1987: 90). Das gegenwärtige Modell verstößt gegen dieses Postulat, und es wird deshalb interessant sein zu sehen, ob egoistische Kooperation selbst unter seinen Bedingungen entstehen kann.

Entgegen Axelrods Annahme läßt sich die Möglichkeit nicht ausschließen, daß egoistische Kooperation auch im gegenwärtigen Modell entsteht. Die Stammbindungen sichern kooperative Partner vor Betrügern, sofern die Kooperateure sich keine neuen Partner suchen. Ich nehme daher an, daß sich kooperative Akteure nicht nach neuen Partnern umsehen, solange sie sich in einer befriedigenden iterierten Interaktion befinden. Für einen unprovozierten Partnerwechsel besteht bei der gegebenen Auszahlungsmatrix auch kein ökonomischer Grund. Unkooperative Wettbewerber werden jedoch von ihren Partnern verlassen; worauf sich der Verlassene und der Verlassende einen neuen Partner suchen müssen. Da sich die kooperativen Akteure mit der Zeit mehr und mehr in dauerhaften Bindungen aufhalten, wächst der Anteil der unkooperativen Akteure unter den Partnersuchenden an, falls, wie angenommen wird, kein zu starker Zustrom von Spielern von außen stattfindet. Am Ende bekämpfen sich die unkooperativen Akteure gegenseitig, während die Kooperateure im Schutz ihrer Bindungen hohe Tauschvorteile realisieren[3].

Kooperation könnte aufgrund dieser Zusammenhänge auch ohne Reputation und Vergeltung eine egoistisch optimale Strategie sein, aber das läßt sich ohne genauere Betrachtung nicht feststellen. Der kooperationsfördernden Wirkung der Stammbindungen stehen Verluste durch hit-

and-run-Taktiken entgegen, und es bleibt ex ante offen, welche Seite per saldo obsiegt. Genauere Auskünfte wird erst die Betrachtung eines konkreten Modells geben.

Im folgenden wird die Aufgabe der Kooperateure sogar noch weiter erschwert. Es erscheint unrealistisch zu unterstellen, daß zwei kooperative Partner für ewig eine Stammbindung eingehen können. Äußere Umstände aber auch interne Mißverständnisse werden mit einer gewissen Wahrscheinlichkeit zum Auseinanderbrechen einer Stammbindung führen. Diese Annahme wird im Modell durch eine Wahrscheinlichkeit $q$ repräsentiert, mit der eine Bindung in einer Runde beendet wird, auch wenn die Akteure eigentlich ihre Fortsetzung beabsichtigen. Aus Gründen der Einfachheit trennt $q$ alle Paare mit der gleichen Wahrscheinlichkeit und das über alle betrachteten Runden konstant. Nach einer exogen induzierten Trennung suchen sich beide Akteure neue Partner.

Die Zahl der Akteure geht nicht in das Modell ein. Das Modell kann verschieden große Gruppen oder Gemeinschaften repräsentieren, weil es sich auf Strategien und nicht Akteure konzentriert. Für eine Betrachtung des Erfolgs von Strategien reicht es aus, zu wissen, wieviel Prozent der Akteure eine Strategie spielen, und wieviele eine andere, bzw. wie sich diese Prozentzahlen mit der Zeit verändern[4]. Entscheidend hierfür ist natürlich, ob und wie Akteure ihre Strategien wechseln, aber die Betrachtung bleibt zumindest unabhängig von der Zahl $n$ der Akteure.

Das wird deutlich, wenn die Auszahlungen für die Strategien ins Modell eingeführt werden. Die Auszahlungen liefern den Maßstab für den Erfolg von einzelnen Akteuren wie auch von Strategien in der wechselseitigen Konkurrenz um Tausch- oder Betrugsgewinne. Im gegenwärtigen Modell geht es um den Erfolg von Strategien, während die Akteure nur als Träger der Strategien fungieren. Die Gesetzmäßigkeiten, nach denen Träger ihre Strategien ändern, werden weiter unten eingeführt. Sie hängen vom durchschnittlichen Erfolg der Strategie für ihre Träger ab. Dieser durchschnittliche Auszahlungserfolg $Z1$ einer Strategie $i$ ist definiert als:

$$(1) \qquad Z1_i = p_{i,T} \cdot 5 + p_{i,R} \cdot 3 + p_{i,P} \cdot 1 + p_{i,S} \cdot 0,$$

$$\text{mit} \sum p_{i,.} = 1 .$$

In Gleichung (1) steht $p_i$ für den Anteil einer Strategie an der Gesamtpopulation, oder anders gesagt für den Anteil der $p_i$-Spieler an der Gesamtheit der Akteure. Die $p_{i,.}$ wiederum sind die Anteile einzelner Untergruppen der Strategiepopulation $p_i$. Der Punkt in diesen Untergruppen kann durch einen der Buchstaben T,R,P oder S ersetzt werden und bezeichnet den Bruchteil einer Strategiepopulation, der jeweils in einer Runde einen Gewinn von 5,3,1, oder 0 Auszahlungspunkten einstreicht. Die Summe $Z1_i$ der mit den Auszahlungen multiplizierten Unteranteile stellt den durchschnittlichen Gewinn für einen $p_i$-Spieler dar. Es ist wichtig zu beachten, daß sowohl $p_i$ als auch die $p_{i,.}$ sich jeweils auf eine Runde im Gesamtspielverlauf beziehen, also eigentlich mit einem Zeitindex versehen sein müßten. Auf einen solchen Index wurde jedoch aus Gründen der Übersichtlichkeit verzichtet.

Im Modell wird die durchschnittliche Auszahlung Z1i zusätzlich normiert, d.h. durch die Summe aller Durchschnittsauszahlungen über alle Strategien geteilt:

$$(2) \qquad Z_i = \frac{Z1_i}{\sum Z1_k}$$

Die normierte durschnittliche Auszahlung *Z* wird direkt als Erfolgskriterium und zur Modellierung des Strategiewechsels herangezogen.

Für die Veränderung der Strategiepopulationen mit der Zeit unterstelle ich einen einfachen Zusammenhang. Je besser eine Strategie gegenüber dem Durchschnitt aller betrachteten Strategien abschneidet, desto mehr soll sie sich in einer Population ausbreiten, d.h. übernommen werden; je schlechter sie sich relativ zum Durchschnitt erweist, desto mehr soll sie schrumpfen, bzw. aufgegeben werden. Da für die untersuchten Zusammenhänge in den Sozialwissenschaften praktisch keine empirischen Daten vorliegen, sei in erster Näherung angenommen, daß Wachstum und Schrumpfung in einem proportionalen Verhältnis zum Erfolg stehen.

Die skizzierte Dynamik liefert einen auf einfachen Grundannahmen beruhenden Makro-Prozeß, der jedoch in seiner mathematischen Formulierung die Form eines kubischen (also nicht-linearen) Gleichungssystems annimmt, aus dem äußerst komplexe Bahnverläufe folgen können, wie sie die moderne Theorie des Chaos beschreibt. Aus diesem Grund erscheint es hilfreich, daß das betreffende Gleichungssystem im Rahmen der vor allem in der Biologie benutzen "evolutionären Spieltheorie" (vgl. Maynard Smith 1982; Müller 1990) sehr gut analysiert ist (vgl. Hofbauer/Sigmund 1984; Zeeman 1980, 1981). Der Preis, der hierfür gezahlt werden muß, besteht in der mangelnden Mikrofundierung des Modells. Die Evolutionsdynamik wird nicht aus Annahmen über das Verhalten einzelner Spieler abgeleitet. Dieser Mangel läßt sich jedoch ertragen, weil die gewählte Dynamik eine Näherung an ein Gemisch unterschiedlicher, aber plausibler Prinzipien der Strategiewahl darstellen dürfte.

Nochmals zusammengefaßt führt die beschriebene Dynamik zu folgender Gleichung:

Wachstumsrate von Strategie *i* = Durchschnittsauszahlung für *i*

- Durchschnittsauszahlung für alle Strategien.

Oder:

(3) $$\frac{dp_i}{dt} = \left(Z_i - \sum Z_k \cdot p_k\right) \cdot p_i.$$

In (3) wurde gegenüber der verbalen Formulierung lediglich $p_i$ auf die rechte Seite der Gleichung gebracht; die Wachstumsrate von $p_i$ ist die Veränderung der Population der Strategie *i* mit der Zeit im Verhältnis zur Populationsgröße von *i*. Damit ist die mathematische Formulierung des Modells komplett und wir können zur Beschreibung der zu untersuchenden Strategien übergehen.

## 3. Die Strategien

Die formale Darstellung des Modells läßt Raum offen für die Wahl von konkurrierenden Strategien. In vielen Strategiewettkämpfen geht es um die Suche nach der erfolgversprechendsten, d.h. auszahlungsmaximierenden Strategie in einem gegebenen Modell. Dieses Ziel steht jedoch hier nicht im Vordergrund. Vielmehr wird gefragt, ob egoistische Kooperation unter den Bedingungen des Modells überhaupt entstehen bzw. in hinreichend hohem Maße bestehen bleiben kann. Es spricht daher nichts dagegen, die strategischen Handlungsoptionen im iterierten Gefangenendilemma mit Exitmöglichkeit in sinnvollem Maß einzuschränken.

Zunächst gehe ich davon aus, daß betrogene Akteure bei vorhandener Exit-Option nicht in der Interaktion mit einem Defekteur verharren werden. Alle betrachteten Strategien brechen die Interaktion mit einem defektierenden Partner nach erfolgter Tat sofort ab. In der Runde nach der Defektion spielen sie bereits mit einem neuen Partner zusammen. Es wäre sicherlich interessant, mildere Strategien zu untersuchen, die einem unkooperativen Partner Rehabilitationschancen einräumen, indem sie die Interaktion mit ihm fortsetzen. Dennoch bleibt der sofortige Interaktionsabbruch eine plausible Verhaltensstrategie, die sich in der Realität häufig beobachten läßt. Wenn mich z.B. ein Obsthändler mit der Qualität seiner Produkte enttäuscht, kaufe ich mein Obst in Zukunft in einem anderen Geschäft. Noch überzeugender wirkt die Abbruchannahme, wenn man bedenkt, daß im Modell keine Hindernisse Defekteure davon abhalten, ihre Gewinne aus der Übervorteilung von Partnern einzustreichen, aus der Interaktion auszutreten und einen neuen Partner zu suchen. Diese hit-and-run-Taktik wird durch die Anonymität in der Population und die Kostenfreiheit der Exit-Option möglich. Das Verschwinden des Ausbeuters ist demnach ein zweite Stütze für die Annahme, daß eine iterierte Interaktion nach der ersten Defektion einer Seite abbrechen wird.

Der sofortige, reaktive Kooperationsabbruch erlaubt es, daß ich mich auf die Untersuchung eines speziellen Typs "*Dn*" von Strategien beschränke[5]. Als Parameter tritt in den Strategien nur das Spiel *n* auf, in dem eine mehr oder weniger kooperative Strategie *Dn* zum ersten Mal mit der Absicht defektiert, den Partner auszubeuten. D8 beabsichtigt beispielsweise siebenmal zu kooperieren und beim achten Mal zu defektieren, D312 beabsichtigt 311mal zu kooperieren etc. Taktische Erwägungen, die über die beabsichtigte Dauer eines kooperativen Spielbeginns hinausgehen, erübrigen sich, denn bereits die erste Defektion beendet eine Interaktion. Falls zwei Strategien mit unterschiedlicher Kooperationsabsicht miteinander spielen, wie z.B. D5 und D10, dann entscheidet die Strategie mit dem kleineren n, wann die Bindung auseinanderbricht. Im Beispielsfall würden sich beide Spieler nach der fünften Runde neue Partner suchen müssen. Die Strategien D1 und D∞ erhalten besondere Namen, entsprechend der Rolle, die sie für die Kooperationsanalyse spielen. D1 kooperiert nie und ist daher äquivalent mit ALL D; D∞ stellt die einzige im eigentlichen Sinn kooperative Strategie dar, da sie nie von sich aus defektiert. Sie wird deshalb CONCO (conditional cooperation) genannt. CONCO verhält sich im gegenwärtigen Kontext wie TIT FOR TAT[6], ist jedoch mit dieser Strategie nicht identisch.

## 4. Simulationsergebnisse

Mit dem vorgestellten Modell wurden Simulationen auf einem PC durchgeführt (BASIC-Programm). Im Rahmen einer kürzeren Veröffentlichung können nicht alle Aspekte des Modells zur Sprache kommen; außerdem erlaubt der Verzicht auf eine mathematisch analytische Lösung der Modellgleichungen keine endgültigen Aussagen über z.B. die Gleichgewichts- und Stabilitätseigenschaften der Ergebnisse. Dennoch versuche ich, im folgenden die interessantesten Resultate aus den Simulationsläufen zusammenzufassen. Entsprechend der Modellkonstruktion steht zu erwarten, daß vor allem die Strategienmenge, die Anfangsverteilung der Populationsgrößen für die einzelnen Strategien, und die Wahrscheinlichkeit des Spielabbruches über Erfolg und Mißerfolg der rivalisierenden Strategien entscheiden.

Die Wahl von Strategien, die sich nur durch den Zeitpunkt der ersten unprovozierten Defektion unterscheiden, und ansonsten jede Defektion mit dem sofortigen Austritt aus einer bestehenden Partnerbindung ahnden, erlaubt es, auf komplizierte Variationen der Strategiemenge zu verzichten. Für die Strategien existiert ein einfaches lineares Maß der

Kooperativität, das durch die Runde der ersten unprovozierten Defektion definiert wird. Bei der Auswahl der Strategien dürfte es daher ausreichen, wenn ein hinlänglich breites Spektrum an verschieden kooperativen Wettbewerbern erfaßt wird. Im gegenwärtigen Fall nehme ich an, daß eine Strategienmenge mit fünf Konkurrenten dieser Forderung gerecht wird. Dabei stellen ALL D und CONCO die Pole der Kooperativitätsskala dar. Zwischen den Polen betrachte ich noch die Strategien D5, D10 und D20, die jeweils in der fünften, zehnten und zwanzigsten Runde unprovoziert defektieren möchten, und spätestens in der darauf folgenden Runde neue Partner suchen müssen. Neben der Strategienmenge S = (ALL D, D5, D10, D20, CONCO) wird keine weitere Strategienmenge untersucht.

Auch auf eine Variation der Anfangsverteilungen für die Populationsgrößen wird hier verzichtet. Das geschieht jedoch nicht, weil solche Variationen überflüssig wären, sondern weil sie in zu vielschichtiger Weise die Ergebnisse von Simulationen beeinflussen. Die letztlich erreichten Gleichgewichte hängen stark von der Wahl der Anfangsbedingungen ab. Meine Simulationsergebnisse besitzen daher nur exemplarischen Charakter. Dies vorausgesetzt scheint es mir am einfachsten, alle Simulationen mit einem gleichen Populationsanteil $p_a = 0.2$ für alle fünf Strategien zu beginnen.

Damit bleibt als Parameter nur die Wahrscheinlichkeit $q$ für einen nichtreaktiven Abbruch der Interaktion nach jeder Runde zu untersuchen. Diese Wahrscheinlichkeit wird in den folgenden Simulationsläufen systematisch variiert. Im Einklang mit offenkundigen theoretischen Erwartungen und Ergebnissen aus eigenen, früheren Modellanalysen sollten kooperative Strategien von einer steigenden Abbruchwahrscheinlichkeit benachteiligt werden, denn im vorliegenden Modell stellt die Chance zur Iteration von Interaktionen mit kooperativen Partnern den einzigen Vorteil kooperativer Wettbewerber dar. Es wird jedoch zu untersuchen sein, in welchem Ausmaß die Abbruchwahrscheinlichkeit den Erfolg der Strategien beeinflußt, und welche Strategien den Wettkampf gewinnen können.

Betrachten wir eine Simulation mit Strategiemenge *S*, anfänglicher Gleichverteilung der Strategien und einer Abbruchwahrscheinlichkeit $q = 0.05$. Die Simulation lief, wie normalerweise auch die übrigen, 2500 Runden lang und wurde alle 20 Runden protokolliert. Die Entwicklung der Populationsanteile zeigte folgenden Verlauf:

**Abbildung 1**

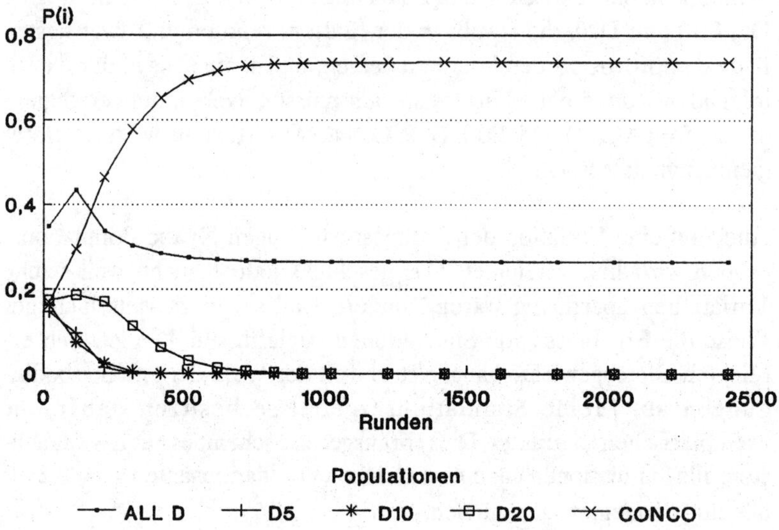


Nach einem anfänglichen, beträchtlichen Anwachsen der ALL D-Population breitet sich CONCO immer stärker in der Gesamtpopulation aus. Nur diese beiden Strategien überleben am Ende, wobei anscheinend ein stabiles (polymorph gemischtes) Populationsverhältnis mit einem Anteil von 0.735 für CONCO und 0.265 für ALL D entsteht. Es kann daher nur in einem eingeschränkten Sinn von einem "Sieger" des Wettkampfes die Rede sein. Als Sieger bezeichne ich im folgenden die verbreitetste Strategie, aber es bleibt natürlich zu beachten, wie verbreitet die Verlierer sind. Ein Maximum an Ausbreitung erlebt ALL D in Runde 60, als es auf einen Anteil von 0.489 anwächst. Die anderen Strategien besitzen in dieser Runde weit geringere Populationsanteile (D5: 0.06; D10: 0.109; D20: 0.156; CONCO: 0.185). In Runde 160 erreicht D20 sein Anteilsmaximum von 0.191, und ALL D weist mit 0.383 gegenüber den 0.371 von

CONCO letztmals einen größeren Anteil als CONCO auf. In Runde 800 schließlich nähert sich die Populationsverteilung bereits stark dem Endergebnis an. CONCO besitzt einen Anteil von 0.730 und ALL D von 0.266. Bis Runde 2500 ändert sich nur sehr wenig an den Resultaten, wobei hauptsächlich noch das langsame Aussterben der Strategien D5-D20 eine Rolle spielt. Die geringen Veränderungen in den Runden 800-2500 bilden die Grundlage für meine Annahme, daß das Modell ein stabiles gemischtes Gleichgewicht erreicht.

Eine zweite Simulation mit *S*, Gleichverteilung und einer Abbruchwahrscheinlichkeit von $q = 0.115$, führte erwartungsgemäß zu einem schlechteren Ergebnis für CONCO, obwohl sich am Sieg dieser Strategie nichts änderte:

**Abbildung 2**

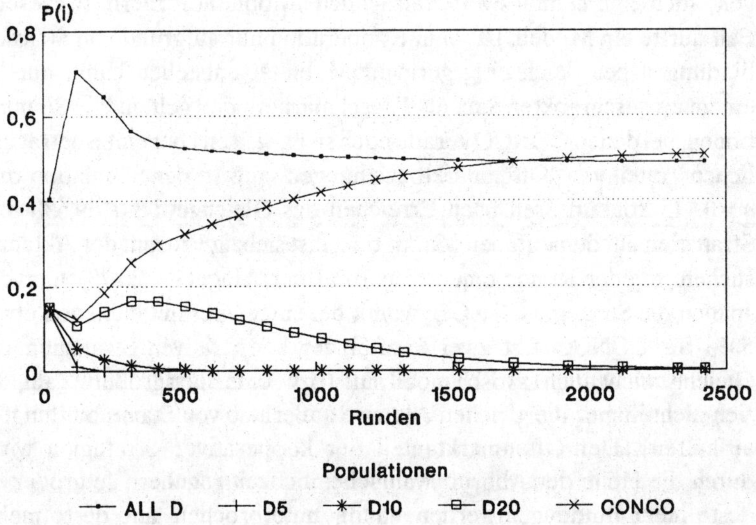


CONCO gewinnt denkbar knapp mit einem Anteil von 0.508 gegenüber 0.489 von ALL D nach 2500 Runden. Allerdings wächst der Anteil von CONCO zu diesem Zeitpunkt noch etwas an, während der von ALL D stabil bleibt. Nach 4000 Runden liegt der CONCO-Anteil bei 0.511; danach wurde die Beobachtung aufgegeben. Ein Maximum für ALL D entsteht diesmal in Runde 120 mit einem Anteil von 0.705, während für den Rest gilt D5: 0.01; D10: 0.054; D20: 0.108; CONCO: 0.123. In Runde 1760 übertrifft CONCO mit einem Anteil von 0.493 erstmals ALL D (Anteil: 0.492).

Bei einer Abbruchwahrscheinlichkeit von $q = 0.125$ in einer ansonsten unveränderten Simulation verdrängt schließlich ALL D alle anderen Wettbewerber aus der Population. Von Anfang an stellt diese Strategie die größte Teilpopulation und erreicht den Anteil von $p_i = 1$ bereits in Runde 320.

Von Interesse ist bei allen Simulationen der Anteil kooperativer Strategien, die sich außerhalb schützender, iterativer Stammbindungen aufhalten. Man könnte für idealtypische Tauschmärkte neben einer hohen potentiellen Mobilität, die das Bestehen von Kontraktfreiheit widerspiegelt, auch eine nennenswerte tatsächliche Mobilität fordern. In diesem Fall dürfte ein Modell, bei dem Kooperation nur aufgrund von Stammbindungen bei gleichzeitig geringer Mobilität entstehen kann, nur in einem eingeschränkten Sinn als Tauschmarktmodell gelten. Die Simulationen, bei denen CONCO gerade noch siegt, weisen aber einen beträchtlichen Anteil von "Offenmarktbeziehungen" auf. In der Simulation mit $q = 0.115$ konkurrieren nach Erreichen des Gleichgewichts 69,6% der Strategien auf dem offenen Markt, d.h., fast siebzig Prozent der Akteure suchen in jeder Runde einen neuen Partner. Ungefähr 20,7% hiervon spielen die Strategie CONCO, womit bei einem Gesamtanteil von etwa 50% für CONCO fast zwei Fünftel der kooperativen Strategien im Gleichgewicht auch faktisch mobil sind (bzw. eine noch größere Zahl, da sich nicht immer die gleichen Akteure außerhalb von Stammbindungen aufhalten). Der Offenmarktanteil der kooperativen Strategien wird durch die Höhe der Abbruchwahrscheinlichkeit reguliert. Je größer $q$, desto mehr Bindungen werden ständig unterbrochen, und desto mehr Akteure müssen sich pro Runde neue Partner suchen.

Auch bei Variation der Anfangsanteile der Strategien erweisen sich relativ kooperative Strategien als erfolgreich. Bei einer Abbruchwahrscheinlichkeit von $q = 0.05$ ergaben sich in zahlreichen Simulationen immer nur drei Gleichgewichte für die Strategiemenge S: eine Anteilsmischung von 0.735 für CONCO und 0.265 für ALL D, eine Anteilsmischung von 0.623 für D20 und 0.377 für ALL D, und der völlige Sieg für ALL D mit Anteil 1. Allerdings entstand ein reines ALL D-Gleichgewicht nur, wenn die Simulationen mit einem hinreichen hohen Anteil von ALL D (mehr als 85%) begannen. Mehr möchte ich zu den Effekten der Variation der Anfangsbedingungen nicht sagen, da ich noch nicht über einen systematischen Überblick über die qualitative Modelldynamik, nicht zuletzt auch für andere Abbruchwahrscheinlichkeiten verfüge.

**5. Diskussion der Ergebnisse**

Aus den beschriebenen Simulationen möchte ich entsprechend der anfangs skizzierten vierfachen Zielsetzung der Untersuchung Schlüsse ziehen[7]. Zunächst gilt es aber festzuhalten: im Modell kann Kooperation unter Egoisten entstehen, auch wenn sie von einer geeigneten Konstellation der Anfangsbedingungen und der exogenen Wahrscheinlichkeit für einen Abbruch von Partnerschaften abhängt. Je nach Höhe dieser Wahrscheinlichkeit kann sich im Gleichgewicht ein mehr oder weniger großer Prozentsatz kooperativer Strategien behaupten. Bis zu einer Abbruchwahrscheinlichkeit von $q = 0.115$ übertrifft der Anteil der kooperativen Akteure im Gleichgewicht sogar den Anteil ihrer unkooperativen ALL D-Kontrahenten.

Der breite Mainstream der Soziologie sieht Kooperation unter den Prämissen des ökonomischen Eigennutzes als fragiles Unterfangen an, das unbedingt durch die normative Sozialisation der Individuen geschützt werden muß. Demgegenüber deuten die Ergebnisse meiner Simulationen eher auf die Robustheit egoistischer Kooperation auch unter ungünstigen Umständen hin. Zwar konnten auch radikal unkooperative ALL D-Strategien im Modell gewinnen, aber die Überraschung ist eigentlich, daß CONCO überhaupt zu siegen vermochte. Das Ergebnis streicht heraus, daß die Frage nach der Stabilität real existierender Märkte unter der Annahme, daß moralische und rechtliche Institutionen wegfallen, nur empirisch, und damit beim gegenwärtigen Erkenntnisstand der Sozialwissenschaften praktisch gar nicht, geklärt werden kann. Bereits diese Aussage steht im Widerspruch zu den außerordentlichen Ansprüchen der apriorischen, theoretischen Argumentation von Durkheim und Parsons. Es existiert daher kein Grund, an einer prinzipiellen Unmöglichkeitsthese für egoistische Sozial- und Tauschsysteme festzuhalten.

Der im Modell wirksame Mechanismus zur Erzeugung egoistischer Kooperation kann als "zweite Hand" des Marktes bezeichnet werden. Im Unterschied dazu treten Vergeltung und Reputation in fast allen Wirtschaftsformen und sozialen Strukturen auf. Die Drohung, einen Partner zu verlassen, bzw. das Angebot, weiter mit ihm zusammenzuarbeiten, setzen jedoch Mobilität und Kontraktfreiheit voraus, und sind daher für marktähnliche soziale Systeme typisch. Der Markt verfügt somit nicht nur über spezielle Eigenschaften zur Allokation von Gütern, Geld und Arbeit (die erste "unsichtbare Hand"), sondern auch über ihm eigene Mechanismen der Selbststabilisierung gegen Betrug und Skrupellosigkeit. Dieser "zweiten unsichtbaren Hand" des Marktes sollte bei spieltheoretischen Kooperationsanalysen mehr Aufmerksamkeit gewidmet werden. Im Gegensatz zu den allgegenwärtigen Reputations- und Vergeltungseffekten kann sie die idealtypischen quasi-normativen Eigenschaften des Marktes im Vergleich zu anderen Formen der Organisation sozialer Interaktionen erklären helfen. Diese Eigenschaften könnten z.B. eine besondere Resistenz gegen Korruption und Betrug umfassen.

Als Indiz für die Kraft der "zweiten Hand" mag gelten, daß Stammbeziehungen auch ohne Reputation und Ausstiegsbarrieren die Tauschkooperation im Modell erheblich unterstützen. Das Ausmaß von Stammbeziehungen auf realen Märkten dürfte für deren Fähigkeit zum Selbstschutz gegen Betrug und zur Selbststabilisierung von noch größerem Gewicht sein, als ohnehin anzunehmen war. Ein Selbstschutz durch Stammbeziehungen kann, wie im Modell, außerdem sehr "weich" erfolgen, also ohne Rekurs auf Vergeltung und die damit verbundene Eskalationsgefahr. Strukturimmanente Eskalationspotentiale mindern die positiven Wirkungen unflexibler, normaler Superspielbindungen.

Der Erwerb von Reputation oder die Möglichkeit erfahrene Schädigungen später zu vergelten, sind im übrigen keine unabdingbaren Voraussetzungen egoistischer Kooperation. Die Chance, mit einem Partner freiwillige Stammbindungen eingehen und schnell wieder lösen zu können, reicht allein bereits aus, um einen völligen oder sogar überwiegenden Verfall der Kooperation zu verhindern, selbst wenn Anonymität und risikofreie hit-and-run-Taktiken unkooperative Akteure bevorteilen. Diese Bedingungen bilden daher eine bessere Annäherung an die minimalen Voraussetzungen egoistischer Kooperation, als die üblicherweise angenommenen Kandidaten.

Ohne spieltheoretische Analyse schließlich hätten die vorgestellten Ergebnisse nicht erzielt werden können. Rein verbal lassen sich zwar die Vor- und Nachteile von Kooperation oder Ausbeutung des Partners diskutieren, aber es bleibt unklar, welche Seite per saldo überwiegt. Das sollte ausreichen, die Spieltheorie als notwendiges Handwerkszeug der Sozialtheorie zu legitimieren (womit über die Mindestzahl und Art der notwendigen Werkzeuge noch nichts ausgesagt ist).

## Anmerkungen

1) Das Gefangenendilemma ist Thema des Buches von Rapoport und Chammah (1965). Die definitorischen Auszahlungsrelationen werden dort als $T > R > P > S$ und $2R > T + S$ angegeben (vgl. S. 24ff.)

2) Superspiele können unendlich oder endlich lang sein, oder werden durch eine exogene Wahrscheinlichkeit abgebrochen. In der Regel sind jedoch zwei oder mehrere Partner während des Superspiels zwingend aneinander gebunden, d.h., sie können die Interaktion nicht zu von ihnen gewünschten Zeitpunkten verlassen (vgl. Axelrod 1987). Das schränkt die Anwendbarkeit von Superspielanalysen in der Realität ein. Wie wichtig Ausstiegsoptionen in der wirtschaftlichen und politischen Praxis sind, betont Hirschman (1974).

3) Der hier beschriebene Effekt entspricht dem der "adversen Selektion" in der Ökonomie. Mit der Zeit verändert sich die durchschnittliche Kooperation in einem Akteurspool zu schlechteren, allerdings im vorliegenden Fall mit dem Ergebnis, daß sich die unkooperativen Wettbewerber gegenseitig schaden.

4) Die Betrachtung der Dynamik von Populationsanteilen (Populationsdynamik), statt der Interaktion von n Personen bei variierendem n, entspricht dem Vorgehen der sogenannten "evolutionären Spieltheorie" (vgl. Maynard Smith 1982; Müller 1990; Hofbauer und Sigmund 1984).

5) Nicht betrachtet wird die durchaus realistische Möglichkeit, daß Akteure zwischen verschiedenen Dn-Strategien hin und her wechseln, als z.B. zwanzig Runden D5 spielen und dann D30. Jedenfalls dürfte der Erfolg solcher Strategien nicht unerheblich vom hier untersuchten Erfolg der Grundstrategien abhängen. Die gegenwärtige Analyse kann also auch zur Fundierung komplizierterer Strategiewettkämpfe gebraucht werden.

6) TIT FOR TAT ist die von Anatol Rapoport ins Rennen geschickte Siegstrategie in Axelrods (1987) Wettkämpfen. Diese Strategie besagt: "Beginne kooperativ, und spiele danach immer die Strategie (C oder D), die dein Opponent im Zug zuvor dir gegenüber gespielt hat". TIT FOR TAT verkörpert demnach die alttestamentarische Reziprozitätsregel "Auge um Auge, Zahn um Zahn".

7) Was meine persönlichen Werthaltungen angeht, möchte ich, durch Mißverständnisse gewarnt, eine Klarstellung vornehmen. Die Untersuchung trägt keinen wertenden Charakter, und aus ihr geht nicht hervor, was ich moralisch vom ökonomischen Egoismus halte, oder ob ich den Markt in allem bewundere. Ich will den Markt hier weder rechtfertigen noch angreifen, sondern lediglich auf Ansatzpunkte zur Erklärung seiner erstaunlichen, sehr umfassenden Fähigkeiten zur Selbststabilisierung verweisen.

**Literatur**


Axelrod, R. (1987): Die Evolution der Kooperation (engl. 1984). München: Oldenbourg

Blau, P. (1964): Exchange and Power in Social Life. New York: Wiley

Coleman, J. (1986): Social Structure and the Emergence of Norms among Rational Actors. In: Diekmann/Mitter (1986).

Colman, A. (1982): Game Theory and Experimental Games. Oxford: Pergamon Press

Damme, E. van (1987): Stability and Perfection of Nash Equilibria. Berlin: Springer

Diekmann, A.; Mitter, P. (Hrsg.) (1986): Paradoxical Effects of Social Behavior. Heidelberg: Physica

Durkheim, E. (1977): Über die Teilung der sozialen Arbeit (1. Ausgabe 1893). Frankfurt: Suhrkamp

Friedman, J. (1986): Game Theory with Applications to Economics. New York: Oxford U.P.

Harsanyi, J. (1977): Rational Behavior and Bargaining Equilibrium in Games and Social Situations. Cambridge: Cambridge U.P.

Hirschman, A. (1974): Abwanderung und Widerspruch. Tübingen: Mohr

Hofbauer, J.; Sigmund, K. (1984): Evolutionstheorie und dynamische Systeme. Berlin: Parey

Kliemt, H. (1986): Antagonistische Kooperation. Freiburg: Alber

Kreps, D.; Wilson, R. (1982): Reputation and Imperfect Information, In: Journal of Economic Theory, 27, S. 253-279

Lahno, B. (1990): Differenzierte Reputationsmodelle. Duisburg (mimeo)

Luce, R.; Raiffa, H. (1957): Games and Decisions. New York: Wiley

Maynard Smith, J. (1982): Evolutionary Game Theory. Cambridge: Cambridge U.P.

Milgrom, P.; Roberts, J. (1982): Predation, Reputation, and Entry Deterrence. In: Journal of Economic Theory, 27, S. 280-312

Mueller, U. (Hrsg.)(1990): Evolution und Spieltheorie. München: Oldenbourg

Münch, R. (1982): Theorie des Handelns. Frankfurt/M: Suhrkamp

Olson, M. (1968): Die Logik des kollektiven Handelns. Tübingen: Mohr

Parsons, T. (1949): The Structure of Social Action (1. Ausgabe 1937). Glencoe (Ill.): Free Press

Rapoport, A.; Chammah, A. (1965): Prisoner's Dilemma. Ann Arbor: University of Michigan Press

Raub, W.; Voss, T. (1986): Die Sozialstruktur der Kooperation rationaler Egoisten. In: Zeitschrift für Soziologie, 15, S. 309-323

Raub, W.; Weesie, J. (1988): Reputation and Efficiency in Social Interactions. Utrecht (mimeo)

Schüßler, R. (1988): Der Homo Oeconomicus als skeptische Fiktion. In: Kölner Zeitschrift für Soziologie und Sozialpsychologie, 3, S. 447-463

Schüßler, R. (1989): Exit Threats and Cooperation under Anonymity. In: Journal of Conflict Resolution, 33, S. 729-749

Schüßler, R. (1989a): The Gradual Decline of Cooperation. In: Theory and Decision, 26, S. 133-155

Schüßler, R. (1990): Kooperation unter Egoisten: vier Dilemmata. München: Oldenbourg

Taylor, M. (1976): Anarchy and Cooperation. London: Wiley

Taylor, M. (1987): The Possibility of Cooperation. Cambridge: Cambridge U.P.

Tönnies, F. (1935): Gemeinschaft und Gesellschaft (1. Ausgabe 1887). Leipzig: Hans Buske

Voss, T. (1985): Rationale Akteure und soziale Institutionen. München: Oldenbourg

Zeeman, E. (1980): Population Dynamics from Game Theory. In: Nitecki, Z./Robinson, C. (Hrsg.): Global Theory of Dynamical Systems. Berlin: Springer

Zeeman, E. (1981): Dynamics of the Evolution of Animal Conflicts. In: Journal of Theoretical Biology, 89, S. 249-270

# D. Interdependenzen, Prozesse und Selbstorganisation sozialer Systeme

Wolfgang Weidlich

# Synergetische Modelle für eine quantitative Sozialwissenschaft

## 1 Einführung

In den letzten beiden Jahrzehnten erreichte das Verständnis komplexer Systeme in der Physik, Chemie und Biologie eine neue Ebene. Ihren allgemeinen Ausdruck finden die neuen Konzepte in der Synergetik, der Wissenschaft makroskopischer Raum-Zeit-Strukturen von Vielkomponentensystemen, die sich aus miteinander wechselwirkenden Einheiten zusammensetzen.

Diese zentralen Konzepte gründen sich auf die Tatsache, daß das makroskopische Raum-Zeit-Verhalten solcher Multikomponentensysteme von der Dynamik einiger weniger Ordnungsparameter bestimmt wird. Die systematische Ursache dieser Selbstorganisation liegt in einem von H. Haken (1978) als "**Versklavungsprinzip**" bezeichneten Effekt: es gelang ihm, in recht allgemeiner Form zu zeigen, daß das dynamische Verhalten einer Vielzahl mikroskopischer Freiheitsgrade bereits durch eine kleine Zahl von **Ordnungsparametern** festgelegt (versklavt) ist. Daher ist es möglich, die Mikrovariablen zu eliminieren, so daß sich eine **geschlossene Dynamik** für die **Ordnungsparameter allein** ergibt. Diese Dynamik läßt sich in Form **nichtlinearer Bewegungsgleichungen** formulieren, die verschiedene, möglichst experimentell bestimmbare, **Kontrollparameter** enthalten. Solche Gleichungssysteme zeigen universelle Strukturen, die unabhängig von der Natur der Untereinheiten sind, aus denen das Gesamtsystem gebildet wird. In dieser Tatsache liegt die interdisziplinäre Relevanz der Synergetik begründet.

Die von solchen Gleichungen beschriebene globale Dynamik der Ordnungsparameter kann umschlagen und zu neuen Raum-Zeit-Strukturen führen, wenn die Kontrollparameter bestimmte **kritische Bereiche** erreichen. Solche Veränderungen der globalen Natur von Lösungen werden als **Phasenübergänge** bezeichnet.

Da die spezifische Form der makroskopisch auftretenden dynamischen Strukturen, die der Satz nichtlinearer Gleichungen beschreibt, nicht durch irgendwelche Vorschriften auf der Makroebene festgelegt wird, sondern sich aus dem Zusammenwirken der Untersysteme sozusagen "von selbst" ergibt, ist der Gebrauch des Begriffs **"Selbstorganisation"** in diesem Zusammengang gerechtfertigt.

Der vorliegende Artikel hat das Ziel, die prinzipielle Einbindung der Sozialwissenschaften in den konzeptionellen Rahmen der Synergetik aufzuzeigen. Eine ausführliche Beschreibung findet sich in dem Buch "Concepts and Models of a Quantitative Sociology" (Weidlich/Haag 1983) un dem Artikel "Physics and Social Sciences - The Approach of Synergetics" (Weidlich 1991).

Es ist in der Tat naheliegend, daß die menschliche Gesellschaft, die sich ja aus einer Vielzahl von Individuen zusammensetzt, ein System bildet, in dem sich synergetische Gesetze erkennen lassen:

- die Gesellschaft wird von einigen wenigen politischen, ökonomischen, kulturellen, religiösen und sozialen Ordnungsparametern "regiert".

- Entscheidungen und Aktivitäten Einzelner sind "versklavt", das heißt beeinflußt, gerichtet und weitgehend vorbestimmt von der jeweiligen sozialen, religiösen, kulturellen, ökonomischen und politischen Situation, die sich aus den Ordnungsparametern des sozialen Systems ergibt.

- Die globale Entwicklung einer Gesellschaft kann daher in erster Linie als geschlossene Dynamik endogener Ordnungsparameter gesehen werden, die jedoch von äußeren Einflüssen wie Umwelt, Ressourcen, ökonomischen Einschränkungen, Auslandsbeziehungen etc. kontrolliert wird.

- Die innere Struktur einer Gesellschaft ist daher nur teilweise von äußeren Einflüssen vorherbestimmt und entwickelt sich auf eine sich selbst organisierende Art. Das Ergebnis liegt jedoch nicht eindeutig fest; vielmehr können sich unter denselben äußeren Bedingungen unterschiedliche Modifikationen des sozialen Systems ergeben.

- Insbesondere in kritischen Situationen kann die Entwicklung des Systems sich destabilisieren, so daß Phasenübergänge (beispielsweise eine Revolution) in einen neuen Zustand und andersartige dynamische Verhaltensweisen im System "Gesellschaft" auftreten können.

Die bisherigen Bemerkungen über die menschliche Gesellschaft scheinen mehr oder weniger bekannt und Allgemeinwissen zu sein. Das Hauptproblem ist jedoch, diese Aussagen in eine quantitative Form zu bringen, um bewährte Verfahren der mathematischen Analyse ebenso wie in den Naturwissenschaften auf den gesellschaftlichen Bereich anwenden zu können. Dabei sollten von einer quantitativen Theorie gesellschaftlicher Systeme folgende wesentliche Anforderungen erfüllt werden:

- Der Zusammengang zwischen der Mikroebene, auf der sich die Entscheidungen und Aktivitäten der Individuen abspielen, und der Makroebene der Bewegungsgleichungen der kollektiven Ordnungsparameter der Gesellschaft muß hergestellt werden.

- Die globale Struktur der Dynamik quantitativer Modellsysteme muß die möglichen stationären Zustände, Entwicklungen und Revolutionen einer Gesellschaft widerspiegeln.

- Unter ausreichend wohldefinierten Bedingungen sollte das quantitative Modell den Vergleich mit konkreten empirisch erfaßbaren Systemen durch Regressionsanalyse und Prognose ermöglichen.

## 2 Allgemeine Grundlagen einer Quantifizierung

Ausgehend von der Mikroebene der einzelnen Individuen mit ihren Haltungen und Entscheidungen wollen wir eine Quantifizierung sozioökonomischer Prozesse versuchen. Dazu gehen wir auf die Makroebene quantitativer Kollektivvariablen und ihrer Dynamik über. Abschließend soll dann der Zusammenhang der beiden Ebenen beleuchtet werden.

### 2.1 Die Mikroebene

Innerhalb eines sozialen Systems existieren unterschiedliche Aspekte, die für ein Individuum von Bedeutung sein können. Beispielsweise sind dies Politik, Religion, Bildung, Wohnung, Angebot und Nachfrage von Waren und Gütern. Betrachtet man nun alle (unabhängigen) Aspekte als Dimensionen eines Zustandsraums, läßt sich mit ihnen der sogenannte "Aspekte-Raum" $\mathcal{A}$ aufbauen.

Weiter sollen die Dimensionen dieses Raums so definiert sein, daß jedem Individuum die Möglichkeit offensteht, bezüglich jeden Aspekts unterschiedliche Haltungen bzw. Aktivitäten einnehmen zu können.

Werden $A$ Aspekte betrachtet, $a = 1,2,3,...,A$ und $d_a$ Haltungen $i_a = 1,2,3,..., d_a$ bezüglich des Aspekts $a$, so ist das "Haltungsmultipel" $\mathbf{i} \in \mathcal{A}$ eines Individuums definiert als $\mathbf{i} = \{i_1, i_2, \dots, i_A\}$. Der Raum $\mathcal{A}$ kann nun als $A$-dimensionaler Gitterraum mit $L = \prod_{a=1}^{A} d_a$ Gitterpunkten definiert werden, deren Koordinaten durch die Haltungsmultipel festgelegt werden.

Die Gesellschaft setzt sich aus Subpopulationen $P_\alpha$ *zusammen. Eine* **homogene** Subpopulation wird über die (prinzipiell nachprüfbare) Annahme definiert, daß ihre Mitglieder dasselbe probabilistische Entscheidungsverhalten bezüglich der verschiedenen Aspekte zeigen. Allgemein läßt sich festhalten, daß die Klassen gleichen sozioökonomischen Hintergrunds eine mögliche Grundlage für die Untergliederung der Gesellschaft in homogene Subpopulationen bieten. Es liegt auf der Hand, daß eine detailliertere Beschreibung der Gesellschaft eine Unterteilung in mehr Unterpopulationen erfordert, als dies bei einer grobkörnigeren Betrachtung nötig ist.

Dynamik auf der Mikroebene einer Gesellschaft ergibt sich dadurch, daß Individuen sich entscheiden, Ihre Haltung bzw. Aktivität zu ändern. Solche Entscheidungen können nicht deterministisch, sondern nur wahrscheinlichkeitstheoretisch beschrieben werden. In diesem Sinne führen wir individuelle Übergangswahrscheinlichkeiten pro Zeiteinheit ein:

$$(1) \qquad p_{ji}^{\alpha} = \begin{cases} \text{Übergangswahrscheinlichkeit pro Zeiteinheit} \\ \text{für ein Mitglied der Subpopulation } P_{\alpha} \\ \text{von Haltung } i \text{ nach Haltung } j \text{ zu wechseln} \end{cases}$$

Es stellt sich nun die Frage nach der "treibenden Kraft", die ein Individuum zu einem Übergang zwischen unterschiedlichen Haltungen bewegt. Dazu nehmen wir an, es existiere ein Maß $u_i^{\alpha}$ bzw. $u_j^{\alpha}$ eines subjektiven "Nutzens" (utility), den ein Mitglied der Unterpopulation $P_{\alpha}$ mit einer "alten" Haltung *i* bzw. einer "neuen" Haltung *j* verbindet. Es wird nun davon ausgegangen, daß das Individuum den Nutzen der beiden Haltungen vergleicht und daß mit wachsender Differenz ( $u_j^{\alpha} - u_i^{\alpha}$ ) die Übergangsrate innerhalb der Population $P_{\alpha}$ von *i* nach *j* mehr und mehr die entgegengesetzte Übergangsrate von *j* nach *i* übertrifft. Da $p_{ji}^{\alpha}$ per Definition eine positiv definite Größe sein muß, ergibt sich als plausibelster Zusammenhang mit den utilities der alten und neuen Haltung.

$$(2) \qquad p_{ji}^{\alpha} = \nu \exp\left(u_j^{\alpha} - u_i^{\alpha}\right)$$

Umgekehrt bietet sich (2) an, um bei bekannten Übergangsraten $p_{ji}^{\alpha}$ die utilities $u_i^{\alpha}$ empirisch zu ermitteln und derart eine Bestätigung des theoretischen Ansatzes zu erhalten.

Zusammenfassend läßt sich sagen, daß die individuellen Haltungsmultipel als Mikrovariablen das System beschreiben und die individuellen Übergangswahrscheinlichkeiten deren Mikrodynamik wiedergeben.

## 2.2 Die Makroebene

Die Mikrovariablen und die Mikrodynamik bilden nun den Ausgangspunkt, um unter Zuhilfenahme allgemeiner mathematischer Methoden zu den Makrovariablen und makrodynamischen Konzepten zu gelangen.

Wird mit $n_{\mathbf{i}}^{\alpha}$ die Zahl der Mitglieder der Subpopulation $P_{\alpha}$ bezeichnet, die die Haltung $\mathbf{i} = (i_1, i_2, \ldots, i_A)$ vertreten, dann charakterisiert die **Soziokonfiguration**

$$(3) \qquad \mathbf{n} = \left(n_1^1, \ldots, n_1^P; n_2^1, \ldots, n_2^P; \ldots n_{\mathbf{i}}^{\alpha} \ldots; n_L^1, \ldots, n_L^P\right)$$

zu einem gegebenen Zeitpunkt die Verteilung der Haltungen innerhalb der Gesamtbevölkerung. Im allgemeinen ist die Annahme $n_{\mathbf{i}}^{\alpha} >> 1$ gerechtfertigt, und daher kann $n_{\mathbf{i}}^{\alpha}$ als quasikontinuierliche Variable behandelt werden. Die Soziokonfiguration wird als zentrale (vielkomponentige) Makrovariable der Gesellschaft betrachtet.

Während die Soziokonfiguration der Verteilung abstrakter Haltungen in der Gesellschaft quantifiziert, ist es ebenso notwendig (und üblicherweise wird dies von den Wirtschaftswissenschaften getan), die materielle Situation innerhalb der Gesellschaft zu beschreiben. Dies wird durch die Einführung des **Situationsmultipels**

$$(4) \qquad \mathbf{y} = (y_1, y_2, \ldots, y_S)$$

ermöglicht. Es setzt sich aus quantifizierten Maßen und Indikatoren $y_m$ der materiellen Variablen zusammen. Die Größen $y_m$ schließen Preise, Kapital, Warenbestand, Erfindungen, Investitionen und Produktionsraten, Wohnungen, Infrastruktur, etc. mit ein.

Wechselt ein $P_\alpha$ angehörendes Individuum von Haltung $i$ nach $j$ über, verändert sich dabei die Soziokonfiguration in folgender Weise:

$$(5)\qquad \mathbf{n} = \left(n_1^1, \dots, n_i^\alpha, \dots n_j^\alpha, \dots n_L^P\right)$$

$$\rightarrow \mathbf{n}_{ji}^\alpha = \left(n_1^1, \dots, \left(n_i^\alpha - 1\right), \dots, \left(n_j^\alpha + 1\right), \dots, n_L^P\right)$$

Kann jedes der $n_i^\alpha$ Mitglieder von $P_\alpha$ mit der Haltung $i$ diesen Übergang nach $j$ statistisch unabhängig vollziehen, ergibt sich die **konfigurelle Übergangswahrscheinlichkeit** je Zeiteinheit von $\mathbf{n}$ nach $\mathbf{n}_{ji}$ zu

$$(6)\qquad w\left(\mathbf{n}_{ji}^\alpha \mid \mathbf{n}\right) \equiv w_{ji}^\alpha(\mathbf{n}) = n_i^\alpha\, \nu \exp\left(u_j^\alpha - u_i^\alpha\right)$$

während alle anderen Übergangsraten von $\mathbf{n}$ nach $\mathbf{n}' \neq \mathbf{n}_{ji}^\alpha$ verschwinden:

$$(7)\qquad w\left(\mathbf{n}' \mid \mathbf{n}\right) = 0 \quad \text{für } \mathbf{n}' \neq \mathbf{n}_{ji}^\alpha$$

**2.3 Bewegungsgleichungen**

Die Einführung konfigureller Übergangswahrscheinlichkeiten führt nun auf natürliche Weise zu Bewegungsgleichungen für die Soziokonfiguration.

Wir erwarten wegen der wahrscheinlichkeitstheoretischen Beschreibung des Mikroprozesses, daß die exakte Beschreibung der Dynamik der Soziokonfiguration ebenfalls nur wahrscheinlichkeitstheoretisch sein kann. Um dem gerecht zu werden, führen wir die Wahrscheinlichkeitsverteilung über Soziokonfigurationen ein:

(8) $P(\mathbf{n}, t) =$ Wahrscheinlichkeit, daß zur Zeit $t$ die Soziokonfiguration $\mathbf{n}$ realisiert ist.

Diese Wahrscheinlichkeit erfüllt die Normierungsbedingung

(9) $$\sum_{\mathbf{n}} P(\mathbf{n},t) = 1$$

Die zeitliche Entwicklung der Wahrscheinlichkeitsverteilung folgt einer fundamentalen Gleichung, der **Master-Gleichung**, die sich aus einer Betrachtung der dynamischen Wahrscheinlichkeitsbilanz ergibt:

(10) $$\frac{dP(\mathbf{n},t)}{dt} = \sum_{\substack{\alpha,\mathrm{j},\mathrm{i} \\ (\mathrm{j} \neq \mathrm{i})}} \left[ w_{\mathrm{ij}}^{\alpha}\left(\mathbf{n}_{\mathrm{ji}}^{\alpha}\right) P\left(\mathbf{n}_{\mathrm{ji}}^{\alpha},t\right) - w_{\mathrm{ji}}^{\alpha}\left(\mathbf{n}\right) P\left(\mathbf{n},t\right)\right]$$

Gleichung (10) hat offensichtlich folgende Bedeutung: die zeitliche Änderung der Wahrscheinlichkeit einer Realisation der Konfiguration $\mathbf{n}$ ergibt sich als Folge der beiden einander entgegenwirkenden Terme auf der rechten Seite von (10). Der erste Term beschreibt den Wahrscheinlichkeitsfluß pro Zeiteinheit aus allen benachbarten Konfigurationen in die Konfiguration $\mathbf{n}$, der zweite den Wahrscheinlichkeitsfluß aus $\mathbf{n}$ in alle benachbarten Konfigurationen. Der erste Term gibt einen positiven, der zweite einen negativen Beitrag zur Änderung der Wahrscheinlichkeit $P(\mathbf{n},t)$ pro Zeiteinheit.

Die Lösung der Gleichung (10) enthält nicht nur die Entwicklung der wahrscheinlichsten Konfiguration, sondern ebenso die Breite und Form der Verteilung der Fluktuationen. Für die meisten Anwendungsfälle in den Sozialwissenschaften enthält diese Lösung zuviel Information, um sie mit reinen empirischen Daten vergleichen zu können. Daher empfiehlt es sich meistens, von den Variablen $n_{\mathrm{i}}^{\alpha}$ zu ihren Mittelwerten $\overline{n}_{\mathrm{i}}^{\alpha}(t)$ überzugehen.

Die Mittelwerte der $n_{\mathrm{i}}^{\alpha}$ sind definiert als

(11) $$\overline{n}_{\mathrm{i}}^{\alpha}(t) = \sum_{\mathbf{n}} n_{\mathrm{i}}^{\alpha} P(\mathbf{n},t)$$

Aus der Mastergleichung (10) können nun mit (11) auf direktem Wege exakte Bewegungsgleichungen für die Mittelwerte aufstellt werden (vgl. Weidlich/Haag 1983 und Weidlich 1991).

$$(12) \qquad \frac{d\bar{n}_i^{\alpha}(t)}{dt} = \sum_{j(\neq i)} \left[ \overline{w_{ij}^{\alpha}(\mathbf{n})} - \overline{w_{ji}^{\alpha}(\mathbf{n})} \right]$$

Diese Gleichungen sind jedoch noch nicht in sich abgeschlossen, da die Ermittlung der rechten Seite die Kenntnis der Wahrscheinlichkeitsverteilung $P(\mathbf{n},t)$ verlangt. Für scharfe eingipflige Verteilungen ist jedoch die Annahme gerechtfertigt

$$(13) \qquad \overline{w_{ij}^{\alpha}(\mathbf{n})} \approx w_{ij}^{\alpha}\left(\bar{\mathbf{n}}(t)\right)$$

womit die Gleichungen (12) die genäherte, jedoch abgeschlossene Form annehmen

$$(14) \qquad \frac{d\bar{\mathbf{n}}_i^{\alpha}(t)}{dt} = \sum_{j \neq i} \left[ w_{ij}^{\alpha}\left(\bar{\mathbf{n}}(t)\right) - w_{ji}^{\alpha}\left(\bar{\mathbf{n}}(t)\right) \right]$$

Um schließlich die dynamische Beschreibung der Gesellschaft auf der Makroebene zu vervollständigen, müssen noch Bewegungsgleichungen für das Multipel der materiellen Situation aufstellt werden. Wir wollen an dieser Stelle nicht weiter ins Detail gehen, jedoch noch eine Anmerkung anfügen, die für die Struktur unserer Theorie maßgeblich zu sein scheint:

Konventionelle Makroökonomische Modelle gründen sich auf phänomenologische Gleichungen für die Makrovariablen. Diese Vorgehensweise verschleiert jedoch die zwischen Mikro- und Makroökonomie bestehenden Beziehungen.

Als alternatives Verfahren hierzu, die Gleichungen für die materiellen Variablen zu finden, bietet sich unser konzeptioneller Rahmen an: die Entwicklung aller materieller Variablen - Investitionen, Produktion, Preise, Warenkonsum, usw. - ist ausnahmslos mit den Entscheidungen und Aktivitäten einzelner Teilgruppen der Gesellschaft - Manager, Produzenten, Händler, Verbraucher etc. - verbunden, die als Partner oder Gegenspieler auftreten können. Daher läßt sich die Dynamik der materiellen Variablen auf Haltungen und Handlungen und Übergänge der Mitglieder der einzelnen Subpopulationen zwischen diesen Haltungen und Handlungen zurückführen. Gleichzeitig liefert diese Art, die makroökonomischen Gleichungen aufzustellen, die Verbindung zur Mikroökonomie.

## 2.4 Die wechselseitige Abhängigkeit von Mikro- und Makroebene

Auf den ersten Blick scheint die Mikroebene (individuelle Haltungen, Unternehmungen und Entscheidungen) die Dynamik der Makrovariablen zu bestimmen, während es kein Feedback von der Makro- zur Mikroebene gibt. Das ist jedoch keineswegs der Fall! Stattdessen findet eine gegenseitige Beeinflussung der beiden Ebenen statt: die Aktivitäten Einzelner drücken sich im kollektiven Zustand und der Dynamik der Gesellschaft aus, was sich wiederum umgekehrt auf das individuelle Entscheidungsverhalten auswirkt. Daher sind Mikroverhalten und Makrodynamik in selbstkonsistenter Weise gekoppelt.

Formal drückt sich die Abhängigkeit individueller Entscheidungen vom Makrozustand dadurch aus, daß der Nutzen $u_i^\alpha$ der Haltung $i$ für ein Mitglied der Population $P_\alpha$ im allgemeinen vom bestehenden Makrozustand abhängig ist:

$$(15) \quad u_i^\alpha = u_i^\alpha(\mathbf{n}, \mathbf{y})$$

Damit werden auch die individuellen Übergangswahrscheinlichkeiten Funktionen des Makrozustandes

$$(16) \quad p_{ji}^\alpha(\mathbf{n}, \mathbf{y}) = \nu \exp\left[u_j^\alpha(\mathbf{n}, \mathbf{y}) - u_i^\alpha(\mathbf{n}, \mathbf{y})\right]$$

Dies hat zur Konsequenz, daß nun die Mittelwertgleichungen (14) zu nichtlinearen Differentialgleichungen werden. Dasselbe gilt ganz allgemein für Gleichungen, die die Entwicklung der materiellen Situation beschreiben.

Die Nichtlinearität der hier vorgestellten Gleichungen spiegelt die Komplexität sozioökonomischer Prozesse wider. Das oben erwähnte "Versklävungsprinzip" wird von Gleichung (16) impliziert, da diese Gleichung die Entscheidungen auf der Mikroebene direkt mit dem Makrozustand und somit mit den Ordnungsparametern verknüpft. Die nichtlineare Dynamik führt nun - abhängig von den Anfangsbedingungen und äußeren Kontrollparametern - im allgemeinen zu einer komplexen Vielfalt an Möglichkeiten selbstorganisierender dynamischer Strukturen innerhalb einer Gesellschaft.

## 3 Ein Beispiel: die Migration menschlicher Populationen

Als geeignetes Beispiel dynamischer soziale Prozesse bietet sich die Migration menschlicher Populationen aus folgenden Gründen an:

- Jedes Individuum trifft innerhalb eines gegebenen Zeitraums eine wohldefinierte Entscheidung, entweder seinen Wohnsitz zu wechseln oder ihn beizubehalten.

- Die Wechselwirkung von Populationen auf unterschiedlichen psychologischen, sozialen und ökonomischen Ebenen führt zu nichttrivialen Auswirkungen auf das Migrationsverhalten, wie sich dies beispielsweise in der gleichmäßigen Vermischung unterschiedlicher Populationen, in der Ghettobildung oder dem Wachstum von Metropolen zeigt.

- \- Die Theorie ermöglicht den Vergleich mit der empirischen Situation, da in einer Reihe von Ländern Migrationsdaten verfügbar sind.

### 3.1 Das allgemeine Migrationssystem

Das System aus $P$ Unterpopulationen $\alpha = 1,2,...,P$ welche innerhalb $L$ Regionen $i = 1,2,...,L$ migrieren, läßt sich als direkte Anwendung der oben entwickelten allgemeinen Konzepte sehen, indem folgende Identifizierungen getroffen werden:

- Haltung $i$ = "in der Region i leben"

- "Nutzen" $u_i^\alpha$ = "Maß der Attraktivität der Region i für ein Mitglied der Subpopulation $P_\alpha$"

- individuelle Übergangswahrscheinlichkeit pro Zeiteinheit $p_{ji}^\alpha = \nu \exp\left(u_j^\alpha - u_i^\alpha\right)$ = Wahrscheinlichkeit pro Zeiteinheit für einen Übergang eines Mitglieds der Subpopulation $P_\alpha$ von i nach j.

- Soziokonfiguration $\mathbf{n} = \left(n_i^\alpha\right)$ = regionale Bevölkerungsverteilung derart, daß $n_i^\alpha$ Mitglieder der Subpopulation $P_\alpha$ in Region i leben.

Eine zwar einfache, jedoch nichttriviale Form der utilities ergibt sich durch die Annahme, sie als Funktion der Soziokonfiguration zu betrachten (vgl. 15), die in eine Taylorreihe bis zur ersten Ordnung entwickelt werden kann:

$$(17) \quad u_i^\alpha(\mathbf{n}) = \delta_i^\alpha + \sum_{\beta=1}^{P} \sum_{j=1}^{L} \kappa_{ij}^{\alpha\beta} n_j^\beta$$

In diesem Abschnitt betrachten wir den Fall, daß die Attraktivität (der "Nutzen") der Region *i* nur von der in dieser Region lebenden Bevölkerung abhängt. Das führt zu einer Vereinfachung der Gleichung (17):

$$(18) \quad u_i^\alpha(\mathbf{n}) = \delta_i^\alpha + \sum_{\beta=1}^{P} \kappa^{\alpha\beta} n_i^\beta$$

Gemäß Ihrer Bedeutung werden die $\delta_i^\alpha$ als **Präferenzparameter** bezeichnet und die $\kappa^{\alpha\beta}$ als **Agglomerationsparameter**. Die explizite Form der Mastergleichung (10) und der Mittelwertgleichungen (14) erhält man nun durch Einsetzen der Zusammenhänge (18). Insbesondere nehmen nun die Mittelwertgleichungen folgende Form an:

$$(19) \quad \frac{d\bar{n}_i^\alpha}{dt} = \sum_{j \neq i} \nu \bar{n}_j^\alpha \exp\left[\left(\delta_i^\alpha - \delta_j^\alpha\right) + \sum_\beta \kappa^{\alpha\beta}\left(\bar{n}_i^\beta - \bar{n}_j^\beta\right)\right]$$

$$- \sum_{j!=i} \nu \bar{n}_i^\alpha \exp\left[\left(\delta_j^\alpha - \delta_i^\alpha\right) + \sum_\beta \kappa^{\alpha\beta}\left(\bar{n}_j^\beta - \bar{n}_i^\beta\right)\right]$$

Im folgenden Abschnitt sollen die Ergebnisse diskutiert werden, die sich bei diesem Spezialfall ergeben können.

### 3.2 Migration zweier Populationen innerhalb zweier Gebiete

Einer der einfachsten Fälle, die sich mit diesem Modell beschreiben lassen, ist der zweier Populationen $P_\alpha$, $P_\beta$ die zwischen zwei Regionen, beispielsweise innerhalb einer Stadt, wandern. Die Soziokonfiguration ist dabei $\mathbf{n} = \left(n_1^\alpha, n_2^\alpha, n_1^\beta, n_2^\beta\right)$ Da das Gleichungssystem (19) die Gesamtzahl der Mitglieder der einzelnen Unterpopulationen nicht verändert,

$$(20) \quad n_1^\alpha + n_2^\alpha = 2\bar{m}$$

$$n_1^\beta + n_2^\beta = 2\bar{n}$$

existieren letztlich nur zwei dynamische Variablen, deren Angabe die Soziokonfiguration eindeutig charakterisiert. Dies erfüllen beispielsweise die normierten Differenzvariablen

$$(21) \quad x = \frac{n_1^\alpha - n_2^\alpha}{2\bar{m}} \quad \text{mit} -1 < x < +1$$

$$y = \frac{n_1^\beta - n_2^\beta}{2\bar{n}} \quad \text{mit} -1 < y < +1$$

womit die Übergangsraten (2) in die Form

$$(22)\quad p_{12}^{\alpha} = \nu \exp\left[\Delta u^{\alpha}(x,y)\right]$$

$$p_{21}^{\alpha} = \nu \exp\left[-\Delta u^{\alpha}(x,y)\right]$$

$$p_{12}^{\beta} = \nu \exp\left[\Delta u^{\beta}(x,y)\right]$$

$$p_{21}^{\beta} = \nu \exp\left[-\Delta u^{\beta}(x,y)\right]$$

gebracht werden können, mit

$$(23)\quad \Delta u^{\alpha}(x,y) = \pi^{\alpha} + \kappa^{\alpha}x + \sigma^{\alpha}y$$

$$\Delta u^{\beta}(x,y) = \pi^{\beta} + \kappa^{\beta}x + \sigma^{\beta}y$$

Dabei beschreiben $\kappa^{\alpha}, \kappa^{\beta}$ den internen Agglomerationstrend innerhalb der Populationen $P_{\alpha}$ beziehungsweise $P_{\beta}$ und $\sigma^{\alpha}, \sigma^{\beta}$ den Sympathie-(positives Vorzeichen) bez. Antipathietrend (negatives Vorzeichen), mit der jeweils anderen Population im selben Gebiet zusammenleben zu wollen.

Innerhalb dieses einfachen Modells können nun drei qualitativ unterschiedliche Klassen migratorischer Dynamik beschrieben werden, indem die Trendparameter $\kappa^{\alpha}, \kappa^{\beta}, \sigma^{\alpha}, \sigma^{\beta}$ unterschiedlich gewählt werden. (Zur Vereinfachung betrachten wir nur die Fälle mit $\pi^{\alpha} = \pi^{\beta} = 0$.) Die Abbildungen 1-3 stellen für jede dieser Klassen einen charakteristischen Fall dar. Dabei zeigen die Abbildungen a) jeweils die Fußlinien, denen das System im Laufe der Zeit folgt, die Abbildungen b) stellen für dieselbe Wahl der Parameter die stationäre Wahrscheinlichkeitsverteilung dar. Aus darstellerischen Gründen wurden für die Abbildungen b) sehr kleine Werte $\overline{m} = \overline{n} = 20$ gewählt, um eine hinreichende Breite der Verteilung zu erhalten.

Der erste Fall, mit mäßigen Werten der Agglomerationstrends $\kappa^{\alpha}, \kappa^{\beta}$ und Sympathietrends $\sigma^{\alpha}, \sigma^{\beta}$ führt zu einem stabilen Fixpunkt, der homogenen Vermischung der Populationen (Abbildungen 1a,b).

Im zweiten Fall, wo hohe Werte für Agglomeration und positive Sympathie angenommen sind, ergeben sich zwei stabile Fixpunkte im ersten und dritten Quadranten, die anzeigen, daß beide Populationen dazu neigen, sich in derselben Region niederzulassen (Abbildungen 2a,b). Schlägt die Sympathie in Antipathie um ($\sigma^{\alpha}$, $\sigma$ negativ, liegen die Fixpunkte stattdessen im zweiten und vierten Quadranten. Diese Situation beschreibt die "Ghettobildung", also die Agglomeration der Populationen in getrennten Gebieten.

Der dritte Fall beschreibt die Situation bei hohen Agglomerationstrends $\kappa^{\alpha}, \kappa^{\beta}$ und entgegengesetzten Sympathietrends $\sigma^{\alpha}, = - \sigma^{\beta}$. Hier stellt sich eine Lösung ein, bei der sich die Mittelwerte einem Grenzzyklus annähern, und die stationäre Wahrscheinlichkeitsverteilung viergipflig wird (Abbildungen 3a,b). Dieser "ruhelose" Migrationsprozess kann folgendermaßen interpretiert werden: Wir gehen von einen Anfangszustand aus, in dem die beiden Populationen $P_{\alpha}$ und $P_{\beta}$ gemeinsam in Region 1 leben. Wegen $\sigma^{\alpha} = - \sigma^{\beta} = 1.0$ wollen die Mitglieder von $P_{\alpha}$ mit denen von $P_{\beta}$ zusammenleben, wohingegen diejenigen von $P_{\beta}$ der Population $P_{\alpha}$ ausweichen möchten. Daher verläßt $P_{\beta}$ die Region 1 und läßt sich in Region 2 nieder, worauf $P_{\alpha}$ der Population $P_{\beta}$ folgt, um ebenso in Region 2 zu siedeln. Nun wiederholt sich das Spiel und das System kommt somit nie zur Ruhe.

### 3.3 Migration dreier Populationen innerhalb dreier Regionen

Die alltägliche Erfahrung, die wir mit der Politik machen, lehrt uns, daß das Chaos eine wichtige Rolle in sozialen Prozessen spielt. Das legt die Erwartung nahe, daß die Bewegungsgleichungen für die Dynamik sozioökonomischer Systeme diese Tatsache widerspiegeln. Im folgenden Abschnitt werden wir zeigen, daß die Mittelwertgleichungen der Migration selbst bei konstanten Trendparametern, d.h. bei zeitunabhängigen Kooperationstrends, das sogenannte "deterministische Chaos" einschließen, sobald die Zahl der unabhängigen dynamischen Variablen die Minimalgrenze von drei übersteigt (eine ausführliche Diskussion der nun folgenden Ergebnisse findet sich in Reiner/Weidlich 1986).

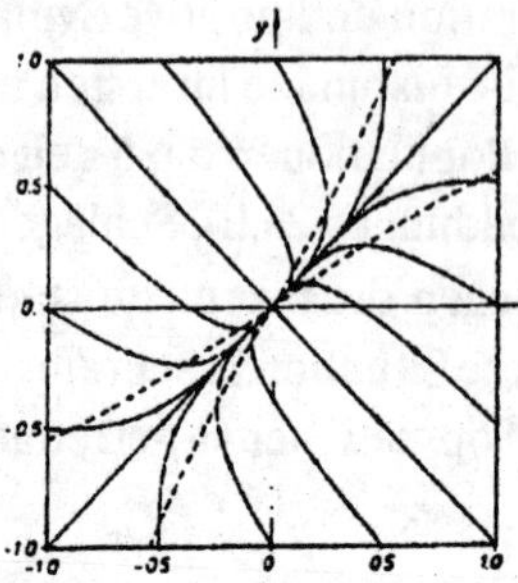


1a Flußlinien der Mittelwerte für Agglomerationstrends $\varkappa^{\alpha}=\varkappa^{\beta}=0.2$.

1a Flux lines of the mean values for agglomeration trends $\varkappa^{\alpha}=\varkappa^{\beta}=0.2$ and sympathy trends $\sigma^{\alpha}=\sigma^{\beta}=0.5$.

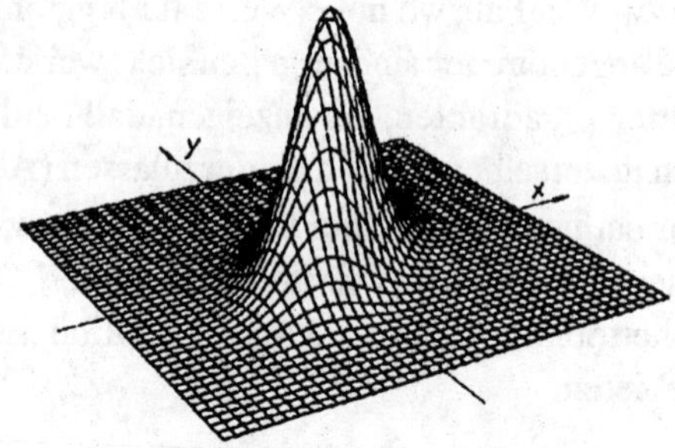


1b Stationäre Lösung der Mastergleichung für $\overline{m}=\overline{n}=20$ und den Trendparametern aus Abb. 1a.

1b Stationary solution of the master equation for $\overline{m}=\overline{n}=20$ and the trend parameters from Figure 1a.

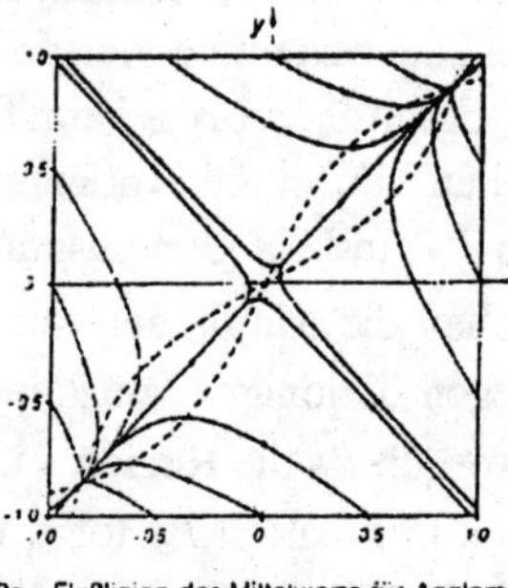


2a Flußlinien der Mittelwerte für Agglomerationstrends $\varkappa^{\alpha}=\varkappa^{\beta}=0.5$ und Sympathietrends $\sigma^{\alpha}=\sigma^{\beta}=1.0$.

2a Flux lines of the mean values for agglomeration trends $\varkappa^{\alpha}=\varkappa^{\beta}=0.5$ and sympathy trends $\sigma^{\alpha}=\sigma^{\beta}=1.0$.

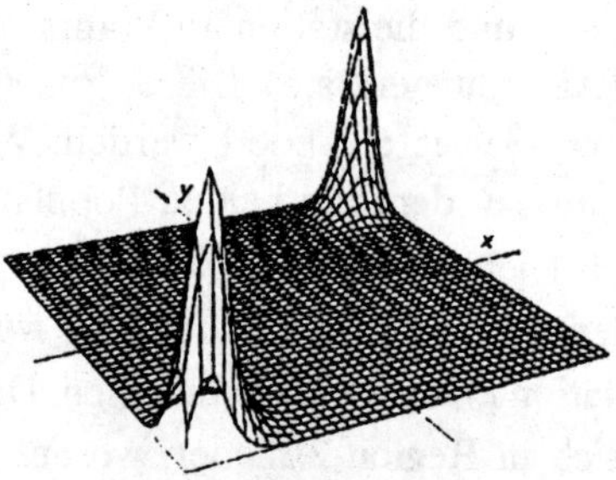


2b Stationäre Lösung der Mastergleichung für $\overline{m}=\overline{n}=20$ und den Trendparametern aus Abb. 2a.

2b Stationary solution of the master equation for $\overline{m}=\overline{n}=20$ and the trend parameters from Figure 2a.

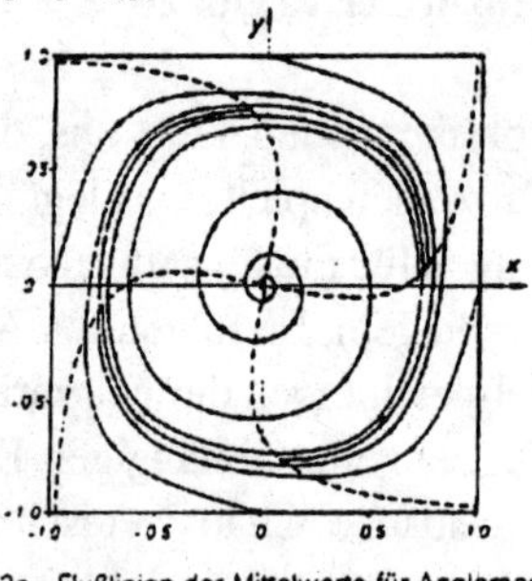


3a Flußlinien der Mittelwerte für Agglomerationstrends $\varkappa^{\alpha}=\varkappa^{\beta}=1.2$ und Sympathietrends $\sigma^{\alpha}=-\sigma^{\beta}=1.0$.

3a Flux lines of the mean values for agglomeration trends $\varkappa^{\alpha}=\varkappa^{\beta}=1.2$ and sympathy trends $\sigma^{\alpha}=\sigma^{\beta}=1.0$.

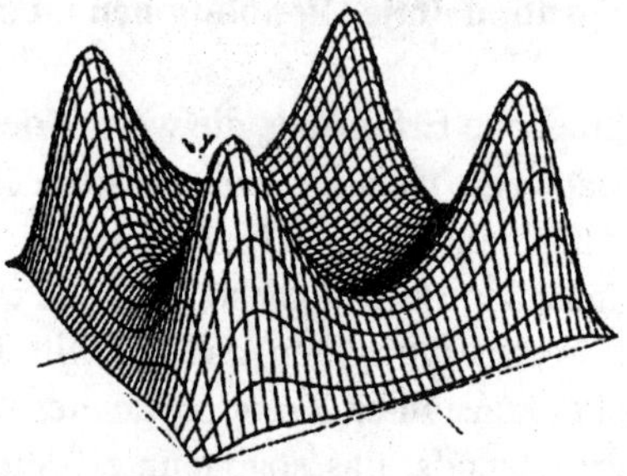


3b Stationäre Lösung der Mastergleichung für $\overline{m}=\overline{n}=20$ und den Trendparametern aus Abb. 3a.

3b Stationary solution of the master equation for $\overline{m}=\overline{n}=20$ and the trend parameters from Figure 3a.

Unsere Untersuchungen beginnen bei den Gleichungen (19) für den Fall dreier Populationen $P_\alpha$, $\alpha = 1,2,3$ die zwischen drei Regionen $i = 1,2,3$ migrieren. Da keine Geburts- und Todesprozesse berücksichtigt werden, genügen die Bevölkerungszahlen den Bedingungen

$$(24) \quad \sum_{i=1}^{3} n_i^\alpha = N^\alpha = \text{konstant}$$

wie sich durch Summation aus (19) direkt ergibt. Sechs der neun Variablen $n_i^\alpha(t)$ sind daher unabhängig, so daß die Möglichkeit der Existenz eines "seltsamen Attraktors" besteht.

Eine numerische Analyse dieses Systems mit unterschiedlichen Sätzen repräsentativer Werte der Agglomerationsmatrix $\kappa^{\alpha\beta}$ ergibt die folgenden Hinweise, unter welchen Bedingungen chaotisches, also nicht vorhersagbares Verhalten des Systems eintreten kann:

- die internen Agglomerationsparameter $\kappa^{\alpha\alpha}$ müssen positiv und oberhalb eines kritischen Wertes sein,
- die Vorzeichen der Kooperationstrends $\kappa^{\alpha\beta}$, $\alpha \neq \beta$, die die Bereitschaft der Population $P_\alpha$ kennzeichnen, mit $P_\beta$ in derselben Region leben zu wollen, müssen zumindest zwischen zwei Gruppen entgegengesetzt sein,
- die Vorzeichen der Wechselwirkungsparameter dürfen nicht vollständig antisymmetrisch sein.

Wie der Weg dieses Migrationssystems vom regulären Verhalten ins chaotische verläuft, wird nun anhand des Beispiels einer Agglomerationsmatrix

$$(25) \quad \left(\kappa^{\alpha\beta}\right) = \begin{pmatrix} 1.7 & 1.5 & -1.5 \\ 1.5 & 1.7 & 1.5 \\ \kappa^{13} & -1.5 & 1.7 \end{pmatrix}$$

gezeigt. Die Abbildungen 4 bis 8 zeigen die Ergebnisse für unterschiedliche Werte $\kappa^{13} = 1.5, -0.5, -0.55, -1.5$

In den Abbildungen 4a bis 8a sind für verschiedene Werte $\kappa^{13}$ die Projektionen der asymptotischen Trajektorien (Attraktoren) in die $n_1^1/n_1^2$-Ebene dargestellt, die Abbildungen 4b bis 8b zeigen das dazugehörige Fourierspektrum $lg\left[n_1^1(f)\right]$.

Zu $\kappa^{13}$ existieren gleichzeitig zwei Grenzzyklen (Abb. 4,5) mit nur geringfügig unterschiedlichen Fourierspektren. Beide gehen in einen einzigen über, wenn $\kappa^{13}$ den Wert -0.5 erreicht (Abb. 6). Periodenverdopplung (oder besser Periodenvervielfachung) des Grenzzyklus erscheint in den Abbildungen 7 a,b für einen nur wenig veränderten Wert $\kappa^{13} = -0.55$. Schließlich hat sich für $\kappa^{13} = -1.5$ aus dem Grenzzyklus ein "strange attractor" mit dem zugehörigen kontinuierlichen Spektrum entwickelt (Abb. 8).

### 3.4 Eine Population in L Gebieten: empirische Auswertung

In föderal organisierten Ländern, die sich aus L Regionen zusammensetzen, sind üblicherweise folgende Daten für die interregionale Migration auf einer jährlichen Erhebungsbasis verfügbar:

| Region | Bevölkerung | Anzahl der Wanderungen von i nach j | | | |
|---|---|---|---|---|---|
| 1 | $n_1$ | * | $w^e_{21}$ | $w^e_{j1}$ | $w^e_{L1}$ |
| 2 | $n_2$ | $w^e_{12}$ | * | $w^e_{j2}$ | $w^e_{L2}$ |
| : | : | : | : | : | : |
| i | $n_i$ | $w^e_{1i}$ | $w^e_{2i}$ | $w^e_{ji}$ | $w^e_{Li}$ |
| : | : | : | : | : | : |
| L | $n_L$ | $w^e_{1L}$ | $w^e_{2L}$ | $w^e_{jL}$ | * |

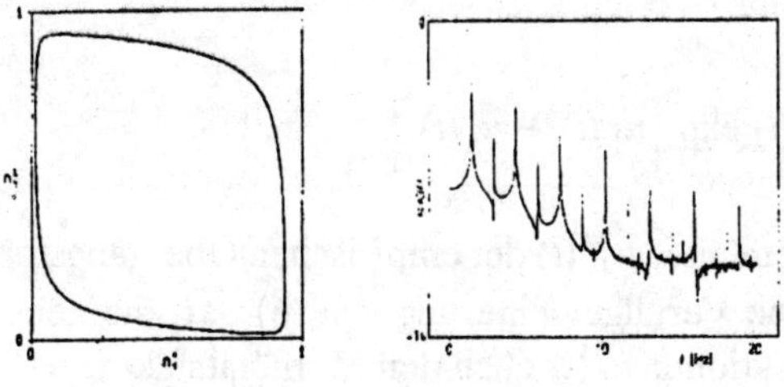

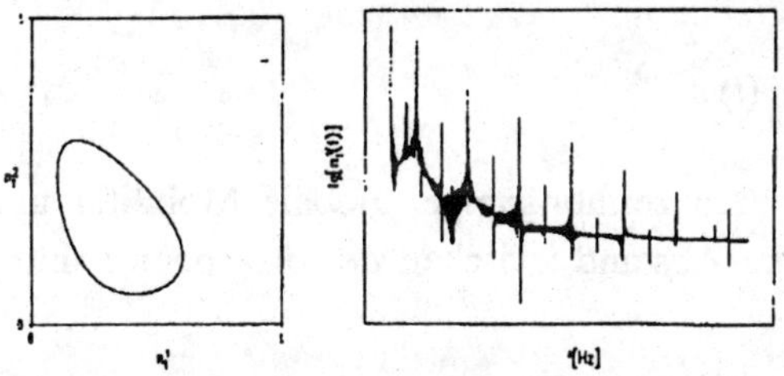

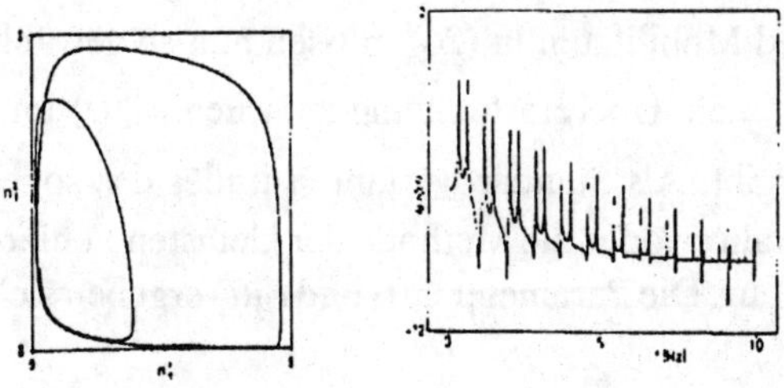

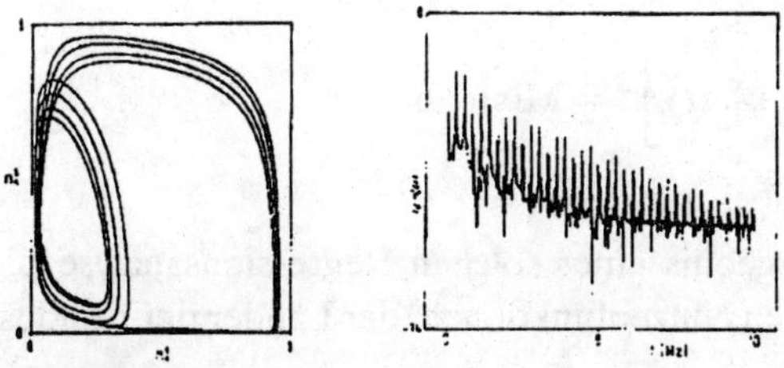

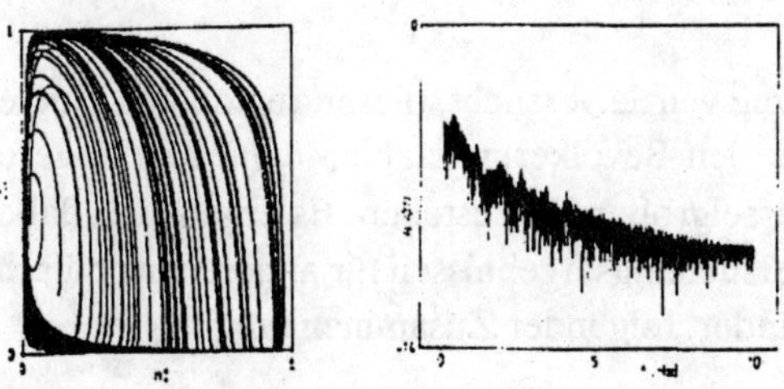

4a und b Projektion eines Grenzzyklus und das dazugehörige Fourierspektrum für $x^{13} = 1.5$.

5a und b Projektion eines zweiten Grenzzyklus und das dazugehörige Fourierspektrum für $x^{13} = 1.5$.

6a und b Projektion eines Grenzzyklus und das dazugehörige Fourierspektrum für $x^{13} = -0.5$.

7a und b Projektion eines Grenzzyklus mit Periodenvervielfachung und das dazugehörige Fourierspektrum für $x^{13} = -0.55$.

8a und b Projektion eines strange attractors und das dazugehörige Fourierspektrum für $x^{13} = -1.5$.

4a and b Projection of a limit cycle and the corresponding Fourier spectrum for $x^{13} = 1.5$.

5a and b Projection of a second boundary cycle and the corresponding Fourier spectrum for $x^{13} = 1.5$.

6a and b Projection of a boundary cycle and the corresponding Fourier spectrum for $x^{13} = -0.5$.

7a and b Projection of a boundary cycle with period multiplication and the corresponding Fourier spectrum for $x^{13} = 0.55$.

8a and b Projection of a strange attractor and the corresponding Fourier spectrum for $x^{13} = -1.5$.

In unserem Migrationsmodell entsprechen die konfigurellen Übergangsraten

$$(26) \quad w_{ji}^{th}(t) = \nu_{ij}(t)\, n_i(t) \exp\left[u_j(t) - u_i(t)\right]$$

den oben aufgelisteten Elementen $w_{ji}^{e}(t)$ der empirischen Übergangsmatrix. Formel (26) stellt eine Verallgemeinerung von (6) dar, die neben den regionalen Nutzenfunktionen $u_i(t)$ auch den Mobilitätsfaktor

$$(27) \quad \nu_{ji}(t) = \nu_{ij}(t) = \nu_0(t)\, e^{-D_{ij}}$$

einschließt, wobei $\nu_0(t)$ eine zeitabhängige, globale Mobilität und $D_{ij} = D_{ji}$ einen effektiven Abstand zwischen den Regionen $i$ und $j$ darstellen.

Die Nutzenfunktionen und Mobilitäten in (26) müssen nun so gewählt werden, daß sich eine optimale Übereinstimmung zwischen $w_{ji}^{th}(t)$ und den empirischen $w_{ji}^{e}(t)$ ergibt. Als Standardverfahren findet das sogenannte Least-Square-Verfahren oder die Methode der kleinsten Fehlerquadrate häufige Anwendung. Die Parameter $u_i(t)$ und $\nu_{ij}(t)$ ergeben sich aus der Forderung

$$(28) \quad \sum_{i,j=1}^{L} \sum_{t=1}^{T} \left[w_{ji}^{th}(t) - w_{ji}^{e}(t)\right]^2 \stackrel{!}{=} \text{Minimum}$$

Abbildung 9 zeigt als Ergebnis einer solchen Regressionsanalyse die zeitabhängigen "Regionalen Nutzenfunktionen" der Länder der Bundesrepublik Deutschland.

In der weiteren Auswertung wurde versucht, diesen regionalen Nutzen $u_i(t)$ in Abhängigkeit von den Bevölkerungszahlen $n_i(t)$ und anderen sozioökonomischen Schlüsselgrößen darzustellen. Es ergab sich dabei, vergleichbar mit den Untersuchungsergebnissen für andere europäische und außereuropäische Länder, folgender Zusammenhang:

(29) $u_i(t) = \kappa n_i(t) - \sigma n_i^2(t) + \delta_i$

Dabei wird die Abhängigkeit der $u_i(t)$ von der Größe einer Region in den beiden ersten Termen berücksichtigt. $\kappa n_i(t)$ beschriebt den Agglomerationseffekt, dem ab einer bestimmten Einwohnerzahl der "Sättigungseffekt" $-\sigma n_i^2(t)$ entgegenwirkt. Die "Präferenzen" $\delta_i(t)$ dagegen sind ein größenunabhängiges Maß der Attraktivität einer Region. Die Präferenzen können durch geeignet gewählte sozioökonomische Schlüsselgrößen $\Omega_i^\alpha(t)$ ausgedrückt werden.

(30) $\delta_i(t) = \sum_\alpha a_\alpha \Omega_i^\alpha(t)$

(Eine ausführliche Darstellung dieser empirischen Auswertungen wird in dem Buch "Interregional Migrations" (Weidlich/Haag 1988) gegeben.)

Abbildung 10 zeigt die Präferenzen, also den größenunabhängigen Anteil der regionalen Nutzenfunktionen. Die letze Abbildung 11 gibt die Ergebnisse wieder, die eine simultane Anpassung aller Nutzenfunktionen durch nur sechs sozioökonomische Variablen liefern. Neben den Bevölkerungszahlen $n_i(t)$ und ihren Quadraten $n_i^2(t)$ sind dies:

- die Zahl der Übernachtungen im Reiseverkehr pro Jahr, bezogen auf die Einwohnerzahl eines Bundeslandes,
- ein Exportindex, der die Abhängigkeit von ernährungswirtschaftlicher bzw. gewerblicher Produktion charakterisiert,
- die Arbeitslosenquote und
- der Anteil der Beschäftigen im Dienstleistungsbereich.

Der Versuch, die regionalen Nutzenfunktionen in Abhängigkeit von sozioökonomischen Schlüsselgrößen darzustellen, wurde selbstverständlich nicht um seiner selbst willen unternommen. Der tiefere Grund für diese Untersuchungen liegt in dem allgemeinen Ziel, bei komplexen

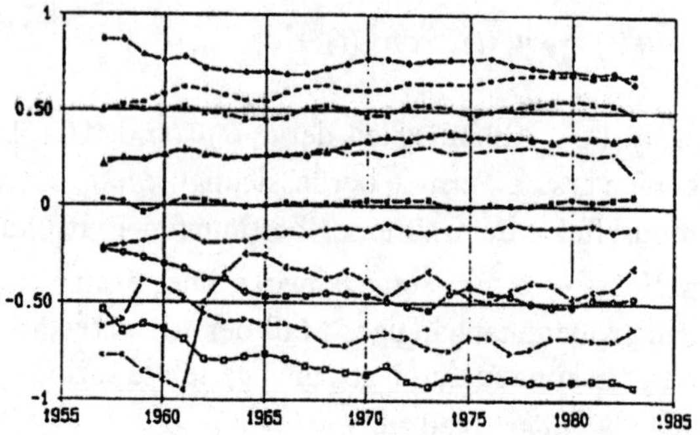


9 Regionale Nutzenfunktionen der Länder der Bundesrepublik Deutschland. Die Symbole bedeuten im Einzelnen: + Schleswig-Holstein, ○ Hamburg, △ Niedersachsen, □ Bremen, ◇ Nordrhein-Westfalen, • Hessen, * Rheinland-Pfalz, × Baden-Württemberg, = Bayern, > Saarland, < Westberlin.

9 Regional utility functions of the »Länder« of the Federal Republic of Germany. The symbols stand for: + Schleswig-Holstein, ○ Hamburg, △ Lower Saxony, □ Bremen, ◇ North Rhine-Westphalia, • Hesse, * Rhineland-Palatinate, × Baden-Württemberg, = Bavaria, > Saarland, < West Berlin

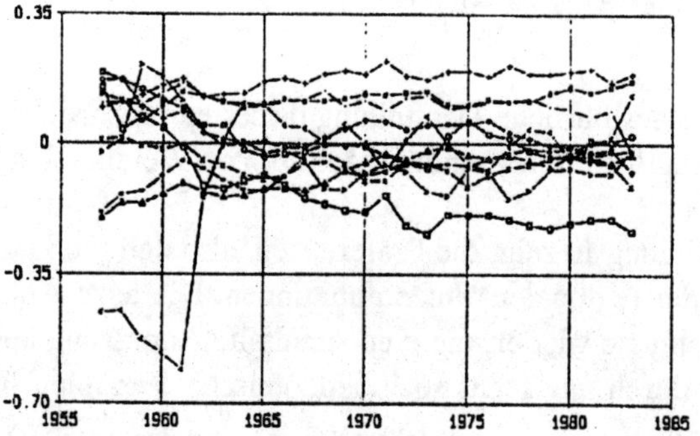


10 Die regionalen Präferenzen $\delta_i(t)$ der Bundesländer. Symbole wie in Abb. 9.

10 The regional preferences $\delta_i(t)$ of the federal »Länder«. Symbols as in Figure 9.

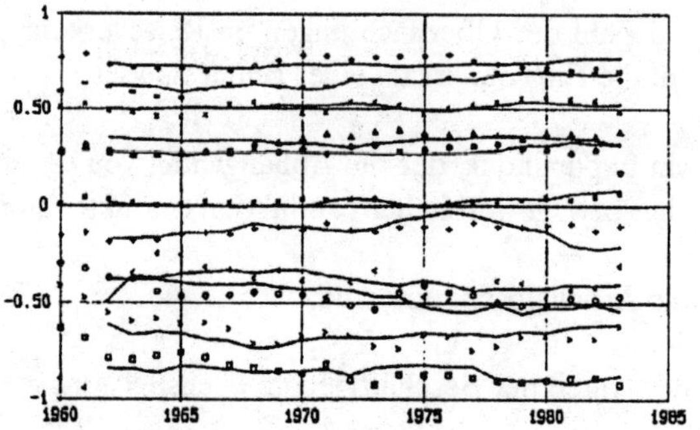


11 Darstellung der regionalen Nutzenfunktionen durch sozioökonomische Schlüsselfaktoren. Symbole: regionale Nutzenfunktionen aus Wanderungsdaten, wie in Abb. 9 Durchgezogen: unter Verwendung der im Text beschriebenen Größen berechnete Werte.

11 Representation of the regional utility functions by means of socio-economic key factors. Symbols: regional utility functions from migration data, as in Figure 9. Lines: values calculated using the parameters described in the text.

Selbstorganisationssystemen, wie dies beispielsweise eine Gesellschaft ist, auf indirektem Weg Ursache/Wirkung - Beziehungen finden zu können. Die Darstellbarkeit (30) der Präferenzen durch die genannten Schlüsselgrößen läßt sich in diesem Sinne versuchsweise als Hinweis auf mögliche kausale Abhängigkeit interpretieren.

**Literatur**

Haken, H. 1978: Synergetics - An Introduction. Springer: Berlin, Heidelberg, New York

Reiner, R.; Weidlich, W. 1986: Chaotic and regular dynamics in migratory systems. In G.C. Vansteenkiste, E.J.H. Kerkhoffs, L. Dekker, and J.C. Zuidervaart, editors, Proceedings of the 2nd European Simulation Congress, pp. 105-111 Antwerp September

Weidlich, W. 1991: Physics and Social Sciences - The Approach of Synergetics; Physics Reports 204, pp. 1-163

Weidlich, W.; Haag, G. 1983: Concepts and Models of a Quantitative Sociology. Springer: Berlin, Heidelberg, New York

Weidlich, W. 1991: Physics and Social Sciences - The Approach of Synergetics; Physics Reports 204, pp. 1-163

Klaus G. Troitzsch[1]

# Selbstorganisation in sozialen Systemen

## 1 Empirische Hinweise auf die Nichtlinearität von Einstellungsänderungen

In den von der Forschungsgruppe Wahlen e.V., Mannheim, durchgeführten Wahlpanels der Jahre 1972, 1976 und 1983 finden sich Skalometer, die die Einstellungen der Befragten zu den vier Parteien CDU, CSU, FDP und SPD und zu den Politikern Hans-Dietrich Genscher (FDP), Helmut Kohl (CDU), Franz Josef Strauß (CSU) und Willy Brandt (SPD) messen. Aus diesen Skalometern lassen sich Hauptkomponenten errechnen, deren erste im wesentlichen eine "links"-"rechts"-Dimension ist, während die zweite eine Dimension der politischen Zufriedenheit ist[2]. Nachdem Hauptkomponentenwerte für jeden derjenigen Befragten berechnet wurden, die an allen drei Wellen des Panels teilgenommen haben, kann seine Verlagerung in diesem zweidimensionalen Einstellungsraum sichtbar gemacht werden. Für je zwei Wellen eines Panels kann zwischen der Position eines Individuums in der ersten Welle $\mathbf{X}(t_1)$ und seiner Position in der zweiten Welle $\mathbf{X}(t_2)$ ein Vektor gezeichnet werden. Dieser individuelle Verlagerungsvektor $\Delta\mathbf{X}(t_1)$ kann als eine stochastische Funktion der Position des Individuums in der ersten Welle $\mathbf{X}(t_1)$ angesehen werden. Wenn wir diese Idee generalisieren, können wir schrieben

$$\Delta\mathbf{X}(t) = \mathbf{K}[\mathbf{X}(t)] \qquad (1)$$

Nehmen wir bedingte Erwartungswerte - was in gewissem Ausmaß empirisch möglich ist - und lassen wir $t_2$ gegen $t_1$ oder $h = t_2 - t_1$ gegen 0 gehen - was empirisch unmöglich ist, weil niemand bereit sein wird, sich kontinuierlich interviewen zu lassen - finden wir

$$\lim_{h \downarrow 0} \frac{1}{h} E \langle \mathbf{X}(t+h) - \mathbf{X}(t) \mid \mathbf{X}(t) = \mathbf{x} \rangle = \mu(\mathbf{x}, t) \qquad (2)$$

und gewinnen so eine Vorstellung, wie eine empirische Schätzung des Trendparameters (der erwarteten infinitesimalen Verlagerung) des Prozesses berechnet werden könnte: Wir berechnen empirische bedingte Schätzungen für ein Gebiet um die Position jedes Individuums in der ersten Welle für abnehmende Gebietsumfänge. In unserem zweidimensionalen Fall könnte dieses Gebiet ein Quadrat mit der Fläche $(2\varepsilon)^2$, etwa $\mathbf{A}_\varepsilon(\mathbf{x}) = [x_1 - \varepsilon, x_1 + \varepsilon] \times [x_2 - \varepsilon, x_2 + \varepsilon]$, sein. Auf diese Weise lautet die beste mögliche empirische Schätzung für die erwartete infinitesimale Verlagerung von **x** aus

$$\hat{\mu}(\mathbf{x}, t_1) = \lim_{\varepsilon \downarrow 0} \frac{1}{t_2 - t_1} E \langle \mathbf{X}(t_2) - \mathbf{X}(t_1) \mid \mathbf{X}(t_1) \in \mathbf{A}_\varepsilon(\mathbf{x}) \rangle \qquad (3)$$

Auf gleiche Weise kann der Diffusionsparameter (die erwartete infinitesimale Varianz-Kovarianz-Matrix der Verlagerung) geschätzt werden als

$$\hat{\Sigma}(\mathbf{x}, t) = \lim_{\varepsilon \downarrow 0} \frac{1}{t_2 - t_1} E \langle \{ [\mathbf{X}(t_2) - \mathbf{X}(t_1)] - \hat{\mu}(\mathbf{x}, t_1)\} \times$$

$$\{ [\mathbf{X}(t_2) - \mathbf{X}(t_1)] - \hat{\mu}(\mathbf{x}, t_1) \}^{\mathrm{T}} \mid \mathbf{X}(t_1) \in \mathbf{A}_\varepsilon(\mathbf{x}) \rangle \qquad (4)$$

Diese Schätzungen werden unter keinen Umständen genau oder unverzerrt sein, aber eine Visualisierung von $\hat{\mu}(\mathbf{x}, t)$ und einige individuelle Verlagerungsvektoren (vgl. Abb. 1) liefern einen ersten Eindruck davon, wie sich die Individuen - gesehen als unabhängige Realisierungen des stochastischen Prozesses, und sie sind mindestens in den Stichprobenerhebungen unabhängig, schon weil es zwischen irgend zwei der Befragten keine Interaktionen gibt - zwischen den beiden Panelwellen durch ihren gemeinsamen Einstellungsraum bewegt haben.

Abb. 1a zeigt mittlere Verlagerungen aus Gebieten ("Fenstern") der Größe 0.25 (d.h. Gebieten $\mathbf{A}_\varepsilon(\mathbf{x}) = [x_1 - \varepsilon, x_1 + \varepsilon] \times [x_2 - \varepsilon, x_2 + \varepsilon]$ mit $x_1, x_2$ als ungerade Vielfache von 0.125 und $\varepsilon = 0.125$, vorausgesetzt, sie enthielten mindestens drei individuelle Fälle in der ersten Panelwelle). Abb. 1b zeigt die Individuen, die in der ersten Panelwelle durch zwei Fenster bei (1.0,1.0) und (0.7,-0.7) "sichtbar" waren. Hier wird die Diffusion, die im Verlaufe des Prozesses geschieht, sehr deutlich dadurch sichtbar, daß sich die Fenster erweitern. Die entsprechenden Graphiken für die Verlagerungen zwischen der zweiten und der dritten Welle sehen ungefähr gleich aus.

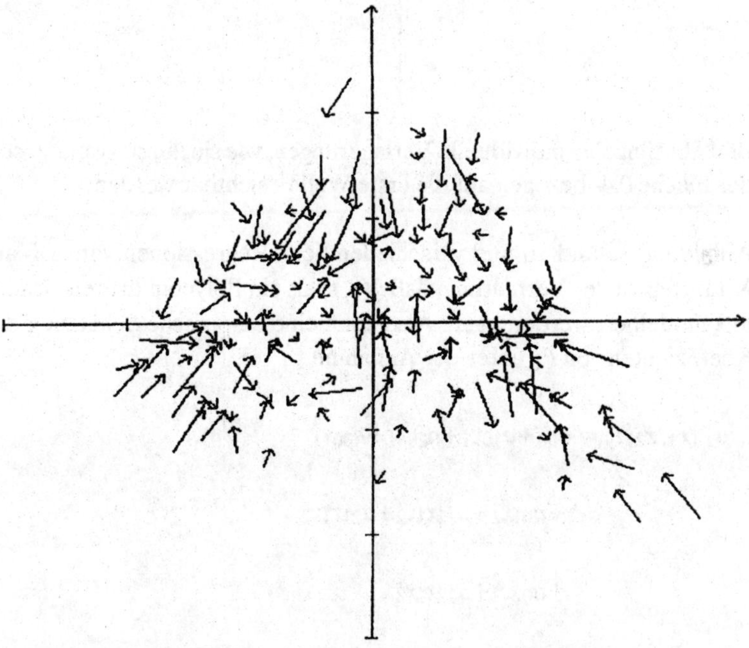

**Bild 1a**: Mittlere bedingte Verlagerungen zwischen den ersten beiden Wellen des Wahlpanels von 1976 .

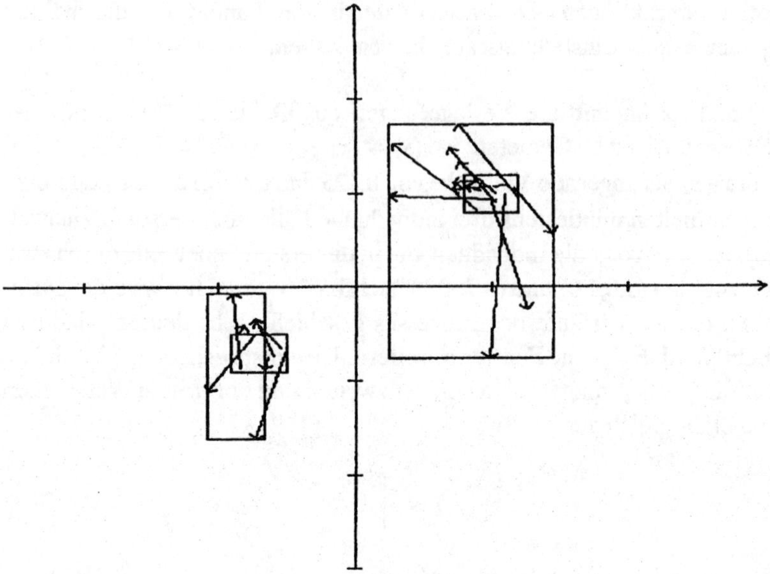

**Bild 1b**: Einzelne individuelle Verlagerungen, wie sie durch zwei Fenster der Fläche 0.4- bezogen auf die erste Welle - sichtbar werden

Abbildung 1a und 1b und verschiedentliche Regressionen von $\Delta\mathbf{X}$ auf $\mathbf{X}$ führten zu der Vermutung, daß $\mu(\mathbf{x}, t)$ als ein Polynom dritten Grades in $\mathbf{x}$ modelliert werden kann. Also kann eine empirische Schätzung der Koeffizienten von $P_3$ unter der Annahme

$$\begin{aligned}\mu_1(x_1, x_2; t) = {} & a_{00}+a_{10}x_1+a_{20}x_1^2+a_{30}x_1^3 \\ & +a_{01}x_2+a_{11}x_1x_2+a_{21}x_1^2x_2 \\ & +a_{02}x_2^2+a_{12}x_1x_2^1 \\ & +a_{03}x_2^3 \qquad (5)\end{aligned}$$

$$\mu_2(x_1, x_2; t) = b_{00}+b_{10}x_1+b_{20}x_1^2+b_{30}x_1^3$$

$$+b_{01}x_2+b_{11}x_1x_2+b_{21}x_1^2x_2$$

$$+b_{02}x_2^2+b_{12}x_1x_2^1$$

$$+b_{03}x_2^3 \qquad (6)$$

erreicht werden.

Diese Annahme erklärt ungefähr 20 % der gesamten Varianz der Verlagerung; d.h. wenn man die Gleichungen 5 und 6 anstelle von $\mu_{1,2} \equiv 0$ in Gleichungen 4 einsetzt, reduzieren sich $\sigma_{11}^2$ und $\sigma_{22}^2$ um 20 %. $\Sigma$ erwies sich als ziemlich unabhängig sowohl von $\mathbf{x}$ als auch von $t$..

In einer weiteren empirischen Anstrengung wurden die einzeitigen Wahrscheinlichkeitsdichtefunktionen über dem Einstellungsraum analysiert. Sie erwiesen sich als signifikant nichtnormal. Hier wurde die Annahme gemacht, daß die Wahrscheinlichkeitsdichtefunktion ein Mitglied der Exponentialfamilie mit

$$f(\mathbf{x}, t) = \exp[-P_4(\mathbf{x}, t)]$$

ist, wobei die Koeffizienten von $P_4$ (einem Polynom 4. Grades) mit einem Momentenvergleichsalgorithmus (Vgl. Gleichung 22 weiter unten und [Tro87]) geschätzt wurden. Mit diesem Algorithmus ergibt sich eine Wahrscheinlichkeitsdichtefunktion, deren Momente bis zur vierten Ordnung genau gleich den empirischen Momenten sind. Im folgenden wird ein alternativer Algorithmus vorgestellt und benutzt, der wesentlich weniger Rechenzeit erfordert (einige Sekunden auf einem 386-AT anstelle von rund 2.250 Sekunden auf einem Großrechner des Typs Siemens 7.536-20). Höhenliniendarstellungen der Resultate des Momentenvergleichsalgorithmus werden in Abbildung 4 weiter unter verwendet.

## 2 Der modellierte Prozeß

Im vorigen Abschnitt präsentierten wir eine grobe Skizze unseres Modells, die wir jetzt präzisieren werden, wobei wir einige Vermutungen benutzen, die sich aus den erwähnten und in Abbildung 1 gezeigten Visualisierungen ergeben.

Unser Modell einer Population besteht aus einer großen Zahl von Individuen mit einer oder mehreren kontinuierlich veränderlichen Merkmalen wie z.B. politischen Einstellungen. Diese individuellen Einstellungen werden betrachtet als veränderlich sowohl unter stochastischen Einflüssen als auch unter dem Einfluß der Wahrscheinlichkeitsdichte über der gesamten Population.

Die individuellen Einstellungen spannen einen ein- oder mehrdimensionalen Einstellungsraum auf, der gleichzeitig der gemeinsame Zustandsraum aller Mitglieder der Population ist. Das wichtigste Attribut der Population ist die Wahrscheinlichkeitsdichtefunktion über dem Einstellungsraum(3).

Nichtstochastische Bewegungen der Individuen im Einstellungsraum folgen einem lokalen Dichtegradienten, was sicherstellt, daß jedes Dichtemaximum ein Attraktor ist. Dies bedeutet, daß die Individuen ausgestattet sind mit der Fähigkeit sich in einem Potential zu bewegen, daß als Resultat der schieren Existenz dieser Individuen entsteht.

Wir machen keine Annahme darüber, wie die individuellen Mitglieder unserer Population etwas über ihre Verteilung im Einstellungsraum oder über die Form des Potentials, in dem sie sich bewegen müssen, in Erfahrung bringen. Stattdessen unterstellen wir hier, daß sie sowohl die Verteilung als auch das Potential genau kennen.

Wir modellieren die Wahrscheinlichkeitsdichtefunktion als zugehörig zur Exponentialfamilie, d.h. als

$$f(\mathbf{x}) = \exp\{-V(\mathbf{x})\} \qquad (8)$$

worin $V$ ein Polynom in den Elementen des Zustandsvektors $\mathbf{x}$ bis zu einem geradzahligen Grade ist. Auf diese Weise können wir $V$ als (proportional zu einem) Potential ansehen, in dem sich die Individuen unserer Population bewegen, und die Bewegungsgleichung (Langevin-Gleichung) lautet

$$\dot{\mathbf{x}} = \frac{-\delta\gamma V(\mathbf{x})}{\delta\mathbf{x}} + \mathbf{u}(t) \qquad (9)$$

worin $\mathbf{u}$ der stochastische Einfluß auf die Bewegungen der Individuen ist, den wir als proportional zu Gaußschem weißem Rauschen modellieren, d.h. $E\langle u_i(t)\, u_j(t')\rangle = \sigma_u^2 \delta_{ij} \delta(t-t')$, so daß die Pfade der Individuen durch ihren gemeinsamen Einstellungsraum fast sicher stetig, aber nirgendwo differenzierbar sind.

Präziser und in der Notation von [KT81, S. 157-160] schreiben wir die infinitesimalen Parameter des Prozesses in gleicher Weise wie in den Gleichungen 3 bis 6:

$$\mu(\mathbf{x}, t) = \frac{-\delta\gamma V(\mathbf{x})}{\delta\mathbf{x}} \qquad (10)$$

$$\Sigma(\mathbf{x}, t) = \sigma_u^2 \mathbf{I} \qquad (11)$$

Für $\gamma = \frac{\sigma_u^2}{2}$ modellieren wir infinitesimale Verlagerung und Varianz des Prozesses gerade in der Weise, als ob seine aktuelle Wahrscheinlichkeitsdichtefunktion schon seine stationäre Dichte wäre, denn Gleichung 8 ist gerade die stationäre Wahrscheinlichkeitsdichtefunktion eines Prozesses, der mit den Gleichungen 10 und 11 beschrieben wird, wenn man in Gleichung 10 $\gamma$ durch $\frac{\sigma_u^2}{2}$ ersetzt.

Zum Zwecke einer leichten und kompakten Spezifikation eines Simulationsmodells, das den oben gegebenen Beschreibungen entspricht, benutzen wir MIMOSE, eine Modellspezifikations- und -simulationssprache, die z.Z. in einem Forschungsvorhaben unter der Leitung von Michael Möhring und des Verfassers entwickelt wird.

```
stochvar        : real;
gamma           : real;
population      : =
{
      members   : list of person;
      pdfparams : list of real
                : = calcpdfparams(members.att);
      Kparams   : list of real
                : = derivative(pdfparams);
}
person          : =
{
      att       : real
                : = att_1 + DT * (-gamma*polynomial(att_1, pop.Kpara,s)

                                      + normal(0.0, stochvar/DT);
      pop       : Population;
}
```

Die Modellspezifikation besteht aus der Definition zweier Objekttypen - *population* und *person* -; in dieser Fassung erhält es keine Input- oder Output-Möglichkeiten. Es benutzt einige Funktionen, die wir hier als vordefiniert annehmen wollen:

*calcpdfparams* wie in Abschnitt 3 dieses Beitrags erläutert,

*derivative* die die Liste der Koeffizienten $\theta$ eines Polynoms **V** $(x; \theta)$ zu einer Liste von Koeffizienten des Polynoms $\delta\mathbf{V}(x; \theta)/\delta x$ verarbeitet,

*polynomial* die den Funktionswert von $\delta\mathbf{V}(x; \theta)/\delta x$ für gegebenes **x** und $\theta$ berechnet, und

*normal* die eine normalverteilte Zufallszahl zurückgibt.

Dies ist eine eindimensionale Fassung des Modells, sein mehrdimensionales Gegenstück läßt sich mühelos durch Ersetzung der Zeilen *att : real* durch *att : list of real* und *Kparams : list of real* durch *Kparams : list of list of real* hinschreiben, denn die Funktionen *calcpdf, derivative, polynomial* und *normal* können als "überladen" angesehen werden (*derivative* verarbeitet dann eine Liste von Koeffizienten $\theta$ eines Polynoms **V** (**x**; $\theta$) in eine Liste von Polynominalkoeffizientenlisten $\delta$**V** (**x**; $\theta$)/$\delta$**x**, *polynomial* berechnet dann $\delta$**V** (**x**; $\theta$)/$\delta$**x** für gegebenes **x** und $\theta$ und *normal* gibt eine Liste von normalverteilten Zufallszahlen zurück).

In mancher Hinsicht ähnelt unser Modell dem Modell, das Weidlich und Haag [WH83, S. 18-30, 40-49] präsentiert und diskutiert haben. In diesem Modell ist jedoch der Einstellungsraum eindimensional und - was der wichtigere Unterschied ist - diskret, was man mühelos aus seiner MIMOSE-Darstellung ablesen kann, die aus [Möh89] entnommen ist:

```
ny         : real;
delta      : real;
kappa      : real;
my1        :real -> real
           := fct x to ny*exp(-(delta + kappa*X)) end;
population :=
{
 members   : list of voter;
   state   : real
           := 2 * count(members[members.att = pro]) /
                  count(members) - 1.0:
}
person     :=


{
 att  : (pro, con)
      := case att_1
            pro : con if my1(pop.state_1) > uniform(0.0, 1.0)
                  else pro;
            con : pro if my2(pop.state_1) > uniform(0.0. 1.0)
                  else con;
      end;
pop : Population;
}
```

In diesem Modell ist die Verteilung von *att* in der Population vollständig definiert durch den Skalar *state*, der eng zusammenhängt mit den (binomialen) Wahrscheinlichkeiten *p* und *q*, ein Individuum mit der Einstellung *pro* bzw. *con* zu finden (*state* entspricht *p* - *q*). Wie in unserem

Modell die infinitesimale Verlagerung $\mu(x,t)$, hängen in Weidlichs und Haags Modell die Übergangswahrscheinlichkeiten von der aktuellen Verteilung in der Population ab.

In der gleichen Weise wie bei den Modellen von Weidlich und Haag (cf. [WH83, S. 55-140], [Tro89a]), kann auch unser Modell auf zwei oder mehrere interagierende Populationen erweitert werden - zum Beispiel könnte eine zweite Population die Medien sein, die sowohl die Öffentlichkeit (unsere erste Population) über die Ergebnisse von Meinungsumfragen informieren als auch Einfluß auf die Veränderung von Meinungen ausüben (cf. [NN80]).

## 3 Schätzung der Parameter multimodaler Wahrscheinlichkeitsdichtefunktionen

Wir folgen einem Beweis und einem Algorithmus von [Cob78] für eindimensionale Verteilungen und schätzen die Parameter von Wahrscheinlichkeitsdichtefunktionen multidimensionaler Verteilungen des Typs

$$\begin{aligned} f(x,y;\theta) = \exp\{ & \theta_{00} + \theta_{10}x + \theta_{20}x^2 + \ldots + \theta_{n0}x^n \\ & + \theta_{01}y + \theta_{11}xy + \ldots\ \theta_{n-1,1}x^{n-1} \\ & + \ldots \\ & + \ldots + \theta_{ij}x^iy^j + \ldots \\ & + \theta_{0n}y^n \} \qquad (12) \end{aligned}$$

mit $n$ gerade, $i+j \le n, i,j \ge 0, \theta_{n0}, \theta_{0n} < 0$ und

$\int_{-\infty}^{\infty}\int_{-\infty}^{\infty} f(x,y;\theta)\,dx\,dy = 1$ durch folgendes Verfahren. (Die obige Gleichung und das folgende Verfahren können ohne weiteres auf mehr als zwei Dimensionen erweitert werden, wie bei [Her90] gezeigt wird.)

Zunächst definieren wir so viele Funktionen $m_x(x, y, ...)$, $m_y(x, y, ...)$, ..., wie wir Dimensionen haben (im folgenden also zwei):

$$m_x(x, y) = -\frac{\delta f(x, y; \theta)}{\delta x} / f(x, y, \theta)$$

$$= \sum_{j=0}^{n-1} \sum_{i=1}^{n-i} \alpha_{ij} x^{i-1} y^j \qquad (13)$$

$$m_y(x, y) = -\frac{\delta f(x, y; \theta)}{\delta y} / f(x, y; \theta)$$

$$= \sum_{i=0}^{n-1} \sum_{j=1}^{n-i} \beta_{ij} x^i y^{j-1} \qquad (14)$$

mit $\alpha_{ij} = -i\theta_{ij}$ und $\beta_{ij} = -j\theta_{ij}$, was zugleich bedeutet

$$\frac{\alpha_{ij}}{i} = \frac{b_{ij}}{j} \qquad (15)$$

für alle $i, j > 0, i+j \leq n$, und bemerken, daß

$$E \langle p(x, y)\, m_x(x, y) \rangle = E \langle \frac{\delta p(x, y)}{\delta x} \rangle \qquad (16)$$

$$E \langle p(x, y)\, m_y(x, y) \rangle = E \langle \frac{\delta p(x, y)}{\delta y} \rangle \qquad (17)$$

für jedes Polynom $p(x, y)$ in $x$ und $y$.

Um die $\theta_{ij}$'s aus den empirischen Momenten $\hat{E} \langle x^k y^l \rangle, k, l \geq 0$, $k + l \leq 2n - 2$ zu schätzen, minimieren wir ein quadratisches Kriterium

$$Q\left(\hat{\alpha}_{10},\ldots,\hat{\beta}_{n-1,1}\right)=E\left\langle\left[m_x(x,y)-\sum_{j=0}^{n-1}\sum_{i=1}^{n-j}\hat{\alpha}_{ij}x^{i-1}y^j\right]^2+\right.$$

$$\left.\left[m_y(x,y)-\sum_{i=0}^{n-1}\sum_{j=1}^{n-i}\hat{\beta}_{ij}x^iy^{j-1}\right]^2\right. \qquad (18)$$

mit Nebenbedingungen bezüglich der $\hat{\alpha}_{ij}$'s und $\hat{\beta}_{ij}$'s wie in Gleichung 15, woraus sich ein monströses, aber lösbares lineares Gleichungssystem ergibt:

$$\sum_{j=0}^{n-1}\sum_{i=1}^{n-j}\hat{\alpha}_{ij}\hat{E}\langle x^{i+k-2}y^{j+l}\rangle+\frac{\lambda_{kl}}{2k}=(k-1)\hat{E}\langle x^{k-2}y^l\rangle \qquad (19)$$

$$\sum_{i=0}^{n-1}\sum_{j=1}^{n-i}\hat{\beta}_{ij}\hat{E}\langle x^{i+k}y^{j+l-2}\rangle-\frac{\lambda_{kl}}{2l}=(l-1)\hat{E}\langle x^ky^{l-2}\rangle \qquad (20)$$

$$\frac{\hat{\alpha}_{kl}}{k}-\frac{\hat{\beta}_{kl}}{l}=0 \qquad (21)$$

worin die Gleichungen 19 und 20 für $(n^2+n)/2$einzelne Gleichungen stehen; Gleichung 21 steht für $(n^2-n)/2$ einzelne Gleichungen. In den Gleichungen vom Typ 19 läuft $l$ von 0 bis $n$-1, und $k$ läuft von 1 bis $n$-l; in den Gleichungen vom Typ 20 läuft $k$ von 0 bis $n$-1, und läuft von 1 bis $n$-$k$; in den Gleichungen vom Typ 21 läuft $k$ von 1 bis $n$-1, und läuft von 1 bis $n$-$k$.

Auf diese Weise muß für zwei Dimensionen und ein Polynom $n$-ten Grades im Exponenten der Wahrscheinlichkeitsdichtefunktion ein System von $(3n^2+n)/2$ linearen Gleichungen gelöst werden.

Dieser Algorithmus wird manchmal - vor allem wenn die tatsächliche Verteilung in der Population ungefähr normal ist - $\theta_{n0}>0$ und/oder $\theta_{0n}>0$ ergeben, was unserer Annahme widerspricht. In diesen Fällen wird $n$ entsprechend geändert werden müssen; $n=2$ wird sich $\theta_{20}>0$

oder $\theta_{02} > 0$ niemals ergeben, denn die Parameter einer Normalverteilung können immer aus den Momenten bis zur zweiten Ordnung berechnet werden.

Der hier vorgestellte Algorithmus ist viel schneller als ein früher für Datenanalysezwecke verwendeter Momentenvergleichsalgorithmus [Tro87]. Der Momentenvergleichsalgorithmus

$$\hat{E}\langle x^k y^l \rangle = \int_{-\infty}^{\infty} \int_{-\infty}^{\infty} x^k y^l f(x, y; \theta)\, dy\, dx \tag{22}$$

für $k, l \geq 0, k+l \leq n$ ergibt die Parameter $\theta_{ij}, i, j \geq 0, i+j \leq n$ einer Wahrscheinlichkeitsdichtefunktion, deren Momente bis zur Ordnung $n$ genau mit ihren empirischen Schätzern $\hat{E}\langle x^k y^l \rangle$ übereinstimmen, jedoch auf Kosten der Lösung eines Systems von $\frac{(n^2 + 3n + 2)}{2}$ nichtlinearer Gleichungen, deren Nichtlinearitäten von den uneigentlichen Integralen in Gleichung 22 stammen.

## 4 Simulationsergebnisse

Die hier diskutierten Simulationsergebnisse sind mit einem selbständigen, in der Programmiersprache "C" geschriebenen Programm produziert worden, denn noch standen nicht alle benötigten Funktionen von MIMOSE zur Verfügung.

Die Simulationsergebnisse für das eindimensionale Modell, das mit einer normalverteilten Population startet, zeigen das erwartete Verhalten: innerhalb kurzer Zeit wird die Verteilung multimodal, denn die individuellen Fluktuationen werden verstärkt.

Mit im Vergleich zu $\sigma_u^2$ großen Werten von $\gamma$ wird die Wahrscheinlichkeitsdichtefunktion schnell scharf zugespitzt. Wir sehen hier etwas wie einen Sprung von der Quantität zur Qualität, denn tatsächlich wird das eindimensionale kontinuierliche Attribut diskret, denn es nimmt nur noch die wenigen Werte an, für die die Wahrscheinlichkeitsdichtefunktion ihre Spitzen hat: Die Population wird aufgespalten in eine kleine Zahl von Gruppen mit extremer innerer Kohäsion und Homogenität. Die Anzahl der Gruppen hängt klarerweise von der Ordnung $n$ des Polynoms $V$ ab, das für die Schätzung der Wahrscheinlichkeitsdichtefunktion benutzt wird, denn die Anzahl möglicher Maxima der Wahrscheinlichkeitsdichtefunktion ist kleiner oder gleich $\frac{n}{2}$.

Wenn man mit kleineren $\gamma$'s, d.h. mit einem flacherenPotential experimentiert, ergeben sich Resultate, in denen die Maxima nicht scharf zugespitzt sind. Abbildung 2 zeigt eine Serie von Simulationsergebnissen, die mit einer Population von 250 annähernd normalverteilten Individuen mit Varianz 2.0 und Mittelwert 0.0 begann und für die die Modellparameter $\gamma = 1.5$ und $\sigma_u = 0.5$ waren. Auch hier wurde Bimodalität nach weniger als 20 Simulationsschritten (von DT = 0.005) erreicht. Da die Simulation ein Polynom der Ordnung $n = 4$ benutzte, waren mehr als die beobachteten zwei Maxima nicht zu erwarten.

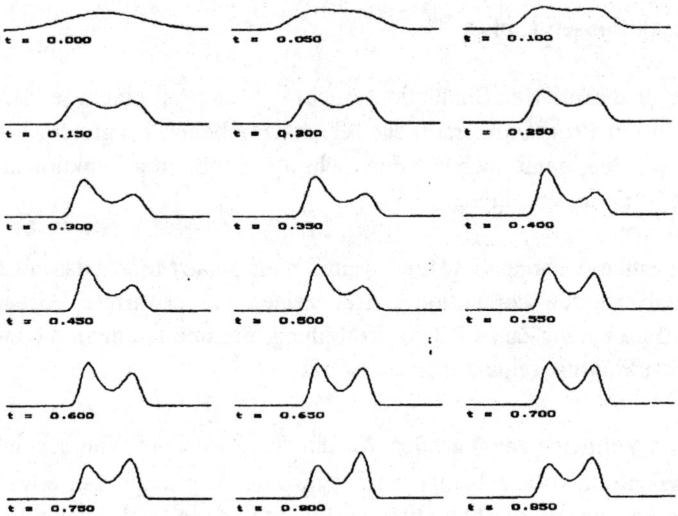


**Bild 2:** Simulationsergebnis für das eindimensionale Modell

Im Fall der zweidimensionalen Simulation finden wir ein noch breiteres Spektrum von Selbstorganisation und Musterbildung.

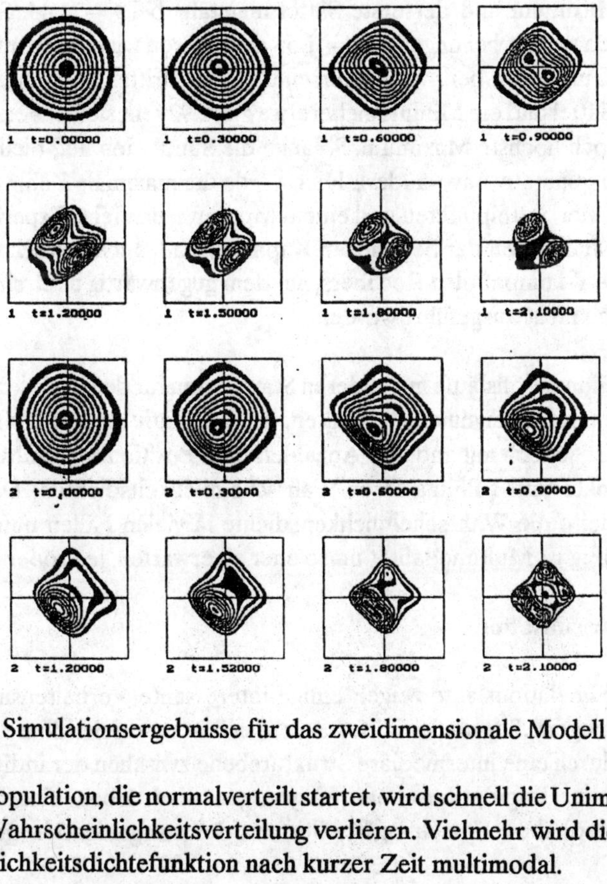


**Bild 3:** Simulationsergebnisse für das zweidimensionale Modell

Eine Population, die normalverteilt startet, wird schnell die Unimodalität ihrer Wahrscheinlichkeitsverteilung verlieren. Vielmehr wird die Wahrscheinlichkeitsdichtefunktion nach kurzer Zeit multimodal.

Abbildung 3 zeigt zwei verschiedene Realisierungen des gleichen Prozesses mit den Parametern $\sigma_u = 1.5$ und $\gamma = 1.5$, d.h. $\gamma$ ist etwas größer als $\frac{\sigma_u^2}{2.}$ Beide beginnen mit einer näherungsweise normalen Anfangsverteilung mit Standardabweichung 1.5 und Mittelwert 0.0 Sie unterscheiden sich nur im Startwert des Pseudozufallszahlengenerators(4).

In der ersten dieser beiden Realisierungen sind erstmals bei ungefähr t =0.80 zwei Maxima und ein Sattel vorhanden, und jedenfalls bis zum Ende des Simulationslaufs bei $t = 2.20$ entstehen keine weiteren Maxima und Sättel; in der zweiten dieser beiden Realisierungen erscheint das zweite Maximum und der erste Sattel ungefähr bei $t = 1.44$. Sie verschwinden wieder bei ungefähr $t = 1.58$ und kehren wieder bei ungefähr $t = 1.64$, und etwa bei $t = 1.84$ erscheinen ein drittes Maximum, zwei weitere Sättel und ein Minimum; bei etwa $t = 1.92$ teilt sich das erste und immer noch höchste Maximum. Solange die Simulation lief, bleib diese Situation qualitativ unverändert. Hier wurde die maximale Zahl von vier Maxima, vier Sattelpunkten und einem Minimum erreicht. Experimente mit $n$ 4 sind wegen der begrenzten Kapazität und Rechengeschwindigkeit des AT-kompatiblen Rechners, auf dem gegenwärtig noch simuliert wird, noch nicht ausgeführt worden.

Andere Simulationsläufe mit anderen Startwerten für den Pseudozufallszahlengenerator zeigen ein Verhalten, das qualitativ dem in Abbildung 3 gleich ist, jedoch mit anderen Anzahlen (und Positionen) der Maxima, Sattelpunkte und Minima ihrer Wahrscheinlichkeitsdichten. Darüber hinaus bleibt die Wahrscheinlichkeitsdichte in vielen Fällen unimodal. Regelmäßig ist Multimodalität umso eher zu erwarten, je größer $\gamma$ ist.

### 5 Selbstorganisation

Unsere Simulationsläufe zeigen einige interessante Verhaltensmuster: Eine homogene Population differenziert sich in unterscheidbare Gruppen, wodurch eine intermediäre Strukturebene zwischen der individuellen und der Populationsebene eingezogen wird. Eben dies ist von unterschiedlichen Forschungstraditionen Selbstorganisation genannt worden.

Wir werden ein System selbstorganisierend im Sinne der Synergetik nennen [Hak88, S. 11],"if it acquires a spatial, temporal oder functional structure without specific interference from the outside. By "specific" we mean that the structure oder functioning is not impressed on the system, but that the system is acted upon from the outside in a nonspecific fashion." In unserer Simulation ist der unspezifische Einfluß von außen auf die Population der stochastische Einfluß, der - normalverteilt und unkorreliert - nicht mehr bewirkt, als die Individuen in Bewegung zu halten, der aber nicht für die entstehenden Gruppen und Muster verantwortlich gemacht werden kann.

Unsere Simulationsergebnisse vertragen sich auch mit Bunges Definition von Selbstorganisation (vgl. [Bun79, S. 27]), denn das "Aggregate" von Modellindividuen, die anfangs unverbunden sind, verwandelt sich von selbst in ein System zufolge der Tatsache, daß die Individuen ausgestattet sind mit der Fähigkeit, sich in seinem Potential zu bewegen, das aufgebaut wird als Ergebnis der schieren Anwesenheit eben dieser Individuen. Natürlich mag es fragwürdig erscheinen, ob es vernünftig ist, einen Prozeß in einem Aggregat künstlicher (computermodellierter) Komponenten mit dem Namen "selfassembly" zu versehen - wie Bunge diesen Vorgang nennt; aber man betrachte das oft zitiert "natürliche" Beispiel des Schleimpilzes *Dictyostelium discoideum* [Wur88], dessen Komponenten ausgestattet sind mit der Fähigkeit, sowohl die Signalsubstanz cAMP (zyklisches Adenosinmonophosphat) auszuscheiden als auch sich im Konzentrationsfeld von cAMP zu bewegen. Auf der anderen Seite erscheint es nicht fragwürdig, den Prozeß "Selbstorganisation" zu nennen, denn "the resulting system is composed of subsystems that were not is existence prior to the onset of the process" [Bun79, S. 27]. Hier kann sogar noch die Ebenenstruktur des System im Lauf des Prozesses angereichert werden, soweit und sobald die Gruppen oder Cluster entstehen.

Darüber hinaus ähneln die Ergebnisse unserer Simulationen auch dem, was Maturana und Varela Autopoiesis genannt haben. Nach [Var79, S. 13], "an autopoietisch system is organized ...as a network of processes ...that produces the components that ...through their interactions ...continuously regenerate und realize the network of processes ...that produced them...". Die Komponenten, die in unserem Simulationsmodell erzeugt werden, müssen offenbar mit den Clustern identifiziert werden, die um die sich heraushebenden Maxima der Populationsdichte herum entstehen, denn sie können recht gut verglichen werden mit den Ketten von Substratelementen, deren Enden sich in dem zellularen Automaten aus Varelas Experiment verbinden, um einen Einschlußring zu bilden. [Mat85, S. 160-169] [Var79, S. 19-23, 279-283] [Rap86, S. 115-116].

Auf der anderen Seite stellt Hejl [Hej88, S. 322-327] fest, daß soziale Systeme weder selbstorganisierend sind in dem Sinne, wie es physikalische oder chemische Systeme sind, noch autopoietisch in dem Sinne, wie es biologische Systeme sind, noch auch nur selbstreferentiell in dem Sinne, wie es Gehirne sind. Vielmehr muß - wenn man Hejl folgt - eine vollständig neue Terminologie entwickelt werden, die dazu führt, für soziale Systeme den Begriff "synreferentiell" zu verwenden. Auf den ersten Blick - aber nur dann - erscheint Hejls Argumentation überzeugend:

- Die Komponenten sozialer Systeme sind nie so einheitlich wie die Komponenten physikalischer oder chemischer selbstorganisierender Systeme. Damit kann die Entstehung eines spezifischen sozialen Systems nicht wiederholt werden. Dies ist natürlich richtig, aber es ist ebenso richtig für Systeme physikalischer oder chemischer Art. Außer bei streng kontrollierten Experimenten im Laboratorium kommen selbstorganisierende Systeme auch in der Physik oder Chemie als unterscheidbare "Individuen" der gleichen Art daher: Jeder Schleimpilz, jedes Tiefdruckgebiet - sogar verschiedene Läufe des gleichen Simulationsmodells - sind verschieden von ihren jeweiligen Nachbarn und Vorgängern. Es trifft lediglich zu, daß sich soziale Systeme und ihre Komponenten in einer größeren Zahl von Merkmalen unterscheiden können als physikalische oder chemische selbstorganisierende Systeme und ihre Komponenten.

- Soziale Systeme erzeugen nicht die lebenden Systeme, aus denen sie bestehen. Eine Fußballmannschaft erzeugt nicht ihre Mitglieder, vielmehr sind es biologische Systeme, die Fußballspieler erzeugen. Dies ist zwar richtig, aber auch lebende Systeme - als Ganze - erzeugen nicht ihre Zellen, dies geschieht vielmehr durch Zellteilung.

- Der Zustand eines Neurons oder einer Gruppe von Neuronen wird ausschließlich beeinflußt von dem selbstreferentiellen System "Gehirn", dessen Teil es bzw. sie ist, während Komponenten eines sozialen Systems beeinflußt werden von anderen sozialen Systemen, deren Teile sie gleichzeitig sind. Der Unterschied liegt darin, daß

Komponenten eines sozialen Systems gleichzeitig auch Komponenten anderer sozialer Systeme sein können. Dies scheint mindestens für menschliche Gesellschaften zuzutreffen, die stets so komplex sind, daß sie aus sozialen Subsystemen bestehen, die mindestens einige ihrer Mitglieder gemeinsam haben. So scheint es sinnvoll zu sein, einen Unterschied zu sehen zwischen Selbstreferentialität und "Synreferentialität", wobei man die erstere findet in einer Welt von -sozusagen- undifferenzierten Systemen, die keine Subsysteme gleicher Art wie sie selbst haben, während die zweite sich findet in einer Welt von Systemen, die aus vielen verschiedenen und einander überlappenden Subsystemen auf verschiedenen Ebenen bestehen. Damit ist der Unterschied nur zwischen "Selbst-" und "Syn-" und nicht zwischen "referentiell" und "nicht-referentiell".

Um zum Schluß zu kommen: Die Diskussion, ob soziale Systeme selbstorganisierend, autopoietisch, oder selbstreferentiell oder einiges oder nichts davon sind, muß in Rechnung stellen, daß die Komponenten einer menschlichen Gesellschaft immer Mitglieder mehr als eines der vielen verschiedenen Subsysteme ihrer Gesellschaft sind, während die Komponenten $x_{ij}$ eines Systems $\sigma$ anderer Art offenbar zu jeder Zeit Komponenten genau eines Subsystems $\sigma_i$ dieses Systems sind - wobei dieses Subsystem gar noch identisch sein kann mit dem System $\sigma$, wenn kein eigentliches Subsystem innerhalb des Systems $\sigma$ identifiziert werden kann. Aber das macht für die Verwendung von Begriffen wie Selbst*organisation*, Auto*poiesis* oder Selbst*referentialität* gerade keinen Unterschied.

Damit erscheint es - entgegen Hejls Position - möglich, die Begriffe Selbstorganisation, Autopoiesis und Selbstreferentialität auch für soziale Systeme zu benutzen, aber wir sollten dabei im Bewußtsein behalten, daß menschliche Gesellschaften (und auch soziale Systeme anderer sozial lebender Tiere) sehr viel komplexer sind als selbstorganisierende, autopoietische oder selbstreferentielle Systeme auf niedrigeren Ebenen. Vielleicht können wir eine Matrix von Begriffen aufstellen, die Systeme mit dem Vorhandensein oder der Abwesenheit von

- Selbstorganisation, Autopoiesis und Selbstreferentialität und von

- identifizierbaren echten Subsystemen mit oder ohne gemeinsame Komponenten

beschreiben. Solange es nur eine "bonding relation" (Wirkungsbeziehung) [Bun79, S. 6ff] gibt, die die Komponenten eines Systems koppelt, sind überlappende Subsysteme unmöglich, denn in diesem Fall können sich Subsysteme nur in ihrer Zusammensetzung unterscheiden. Der Schleimpilz *Dictyostelium discoideum* ist natürlich von dieser Art, denn die Wirkungsbeziehung besteht in der Fähigkeit seiner Komponenten, cAMP auszuscheiden und sich im Konzentrationsfeld des cAMP zu bewegen. Unser Simulationsmodell ist offenbar von derselben Art. Beide zeigen Selbstorganisation und Autopoiesis, insofern Cluster (nicht überlappende Subsysteme) entstehen.

Sobald es mehr als eine Wirkungsbeziehung gibt (was in allen Gesellschaften höherer Tiere der Fall zu sein scheint), werden überlappende Subsysteme möglich, denn nun lassen sich Subsysteme definieren mit jeweils nur einer Wirkungsbeziehung, wobei jedes Subsystem alle oder die meisten der Komponenten des Gesamtsystems enthalten kann.

Damit modelliert unser Simulationsmodell nur einen Aspekt des Sozialsystems, das wir modellieren wollten. Nach einer Darstellung unserer empirischen Ergebnisse werden wir zu der Frage zurückkehren, ob und wie ein selbstorganisierendes, autopoietisches oder selbstreferentielles System mit überlappenden Subsystemen modelliert werden könnte.

## 6 Empirische Ergebnisse

Die Daten, die hier für den Vergleich zwischen dem Simulationsmodell und den empirischen Ergebnissen benutzt werden, entstammen einer Serie von 42 nahezu monatlichen Umfragen unter dem westdeutschen Elektorat, die zwischen Januar 1985 und Dezember 1988 im Feld waren. Diese Umfragen wurden durchgeführt von der Forschungsgruppe Wahlen e.V., Mannheim und dokumentiert vom Zentralarchiv für empirische Sozialforschung, Köln (Studiennummern 1469 bis 1479, 1536, 1642 bis 1650, 1677 und 1687 bis 1696). Sie enthalten jeweils mehrere Skalometerfragen, die die Einstellungen der Befragten zu den fünf Parteien CDU,

CSU, FDP, SPD und Die Grünen sowie zu den Politikern Hans-Dietrich Genscher (FDP), Helmut Kohl (CDU), Gerhard Stoltenberg (CDU) und Hans-Jochen Vogel (SPD) enthalten[5].

Diese neun Skalometer - die einen neundimensionalen diskreten Einstellungsraum aufspannen - wurden einer Hauptkomponentenanalyse unterworfen, die zwei Hauptkomponenten mit insgesamt 64.1 % der Gesamtvarianz ergab. Der Eigenwert der dritten Komponente beträgt nur 0.78 (8.7 % der Gesamtvarianz oder etwa die Hälfte des zweiten Eigenwerts), und darum erscheint die Projektion des ursprünglich neundimensionalen Einstellungsraums in die Ebene der ersten beiden Hauptkomponenten angemessen. Die Hauptkomponenten wurden in einem SPSSX-Lauf über die 35582 Befragten aller 42 monatlichen Umfragen berechnet.

Diese Daten sind vom gleichen Typ wie die in Abschnitt 1 erwähnten. Darum erscheint es angemessen, sie in derselben Weise zu analysieren und die Koeffizienten ihrer Wahrscheinlichkeitsdichtefunktionen wie in Gleichung 7 zu berechnen.

Was die Qualität der Skalometer angeht, sollten wir hinzufügen, daß die Befragten alle Objekte - Parteien und Politiker - gleichzeitig bewerten und auf den entsprechenden Skalen auf der gleichen Seite des Fragebogens positionieren konnten. Es kommt hinzu, daß die Mittelwerte der Skalometer jeden Monat einmal in Anschluß an eine Nachrichtensendung des Zweiten Deutschen Fernsehen publiziert und so in die Öffentlichkeit zurückgespielt werden. Das Argument, daß die Multimodalität und Nicht-Normalität nur ein Methodenartefakt sei, verfängt nicht, denn wir finden unimodale und nahezu normale Skalometer (wie für Rau und Genscher) ebenso wie höchst nicht-normale und bi- oder gar trimodale Skalometer (wie für Strauß und Schily) gerade so, wie man dies naiverweise bei den jeweiligen Persönlichkeiten erwarten würde. Jede Analyse auf der Basis der Rohdaten unterstützt also das Argument, daß die Daten die Topologie des wahren Einstellungsraums reflektieren und kein bloßes Artefakt sind.

Natürlich könnten wir argumentieren, daß diese Skalometer - da sie nur Einstellungen gegenüber einigen Parteien und ihren Führern messen - nicht genau wiedergeben, was man angemessenerweise den Einstellungsraum der Wählerschaft nennen sollte. Vielmehr hätten wir es vorgezogen, Intervalldaten zur Hand zu haben, mit denen Einstellungen zu einer Vielzahl politischer Sachfragen gemessen worden wären (zum Beispiel wie die Daten aus der Wahlstudie 1983, bei der die Forschungsgruppe Wahlen e.V. eine Batterie von vierzehn Skalen verwendete, die auf einer Fünf-Punkte-Skala bewertet werden konnten - vgl. [Kue86]), aber Daten wie diese werden nur sehr selten und unregelmäßig erhoben. Also müssen wir uns für den Test unseres Modells mit diesen neun Elf-Punkt-Skalen zufrieden geben.

Natürlich hätten wir auch gern wenigstens einige zusätzliche Skalometer verfügbar gehabt, die die Einstellungen zu einer Rechtspartei oder ihrem Führer gemessen hätten (die man möglicherweise nach der Europawahl vom Juni 1989 hätte einsetzen können, bei der die sogenannten Republikaner rund sieben Prozent der Stimmen erhielten), aber da 1985 - als die ununterbrochene Folge von Politbarometer-Umfragen, die der wissenschaftlichen Gemeinschaft verfügbar sind, begann - kein nennenswerter rechter Stimmenanteil vorhanden war, konnten solche Daten nicht erhoben werden. Wir werden aber sehen, daß über viele Jahre eine Konzentration rechter, unzufriedener Wähler bestand, die zuweilen sogar als Dichtemaximum im Einstellungsraum deutlich unterscheidbar war, z.B. im Dezember 1986, obwohl die genannte Rechtspartei nicht einmal an der Bundestagswahl vom Januar 1987 teilnahm.

Abbildung 4 zeigt eine Serie von Höhenliniendiagrammen der Art, wie sie in Fußnote 4 erläutert ist. Diese Graphiken zeigen die Entwicklung der Wahrscheinlichkeitsdichtefunktion der Hauptkomponenten von Januar 1985 bis Dezember 1988. Die Maxima und Sattelpunkte der Wahrscheinlichkeitsdichtefunktionen (die nicht sehr präzise aus den Graphiken abgelesen werden können) sind in Tabelle 1 enthalten.

Bevor die empirischen Ergebnisse diskutiert werden können, scheint es angemessen, die beiden Hauptkomponenten zu interpretieren. Die erste ist ganz klar eine links-rechts-Dimension, denn der Großteil der SPD-

Wähler ist in der linken Hälfte des Koordinatensystems zu finden, und die meisten CDU/CSU-Wähler finden sich in der rechten Hälfte. Die senkrechte Dimension in den Graphiken, d.h. die zweite Hauptkomponente, ist hoch korreliert mit Indikatoren für politische Zufriedenheit (vgl. [Tro87, S. 116-118]).

Ganz allgemein gesprochen ist die Wahrscheinlichkeitsdichtefunktion über dem zweidimensionalen Einstellungsraum für alle 42 Umfragen zusammengenommen nach links und nach rechts unten schief - was bedeutet: die extremsten Einstellungen finden sich rechts unten und links, während rechts und oben links die Wahrscheinlichkeitsdichtefunktion ziemlich steil ist. Der Modalwert der gemeinsamen Wahrscheinlichkeitsdichtefunktion (der Mittelwert liegt selbstverständlich im Ursprung des Koordinatensystems) ist deutlich nach rechts oben verlagert, er liegt bei (0.308,0.519). In den siebziger und frühen achtziger Jahren, d.h. während der Zeit der sozialliberalen Koalition pflegte der einzige oder der höchste von mehreren Modalwerten nach links verschoben zu sein.

Wenn wir die einzelnen Wahrscheinlichkeitsdichtefunktionen ansehen, entdecken wir sogleich, daß nur in sehr wenigen Monaten der Modalwert beträchtlich - zuweilen um eine volle Standardabweichung - links von der Mitte liegt: dies trifft zu

- Für Mai 1985, den Monat, in dem die SPD die Landtagswahlen in Nordrhein-Westfalen und im Saarland gewann;
- im März 1986, als die SPD die Kommunalwahlen in Schleswig-Holstein gewann;
- im Oktober 1987, als die Barschel-Affäre entdeckt worden war;
- im April und Mai 1988 während des Wahlkampfs für die vorgezogenen Landtagswahlen in Schleswig-Holstein, die dann - nach ernsten Auseinandersetzungen in der Koalition auf Bundesebene (den in den Medien so genannten "Osterfestspielen") von der SPD gewonnen wurden;

- im August 1988, als die Koalition auf Bundesebene ein erneutes "Sommertheater" aufführte (wie es in den Medien bezeichnet wurde), bei dem es um Steuergesetze ging, die im Spätherbst korrigiert werden mußten.

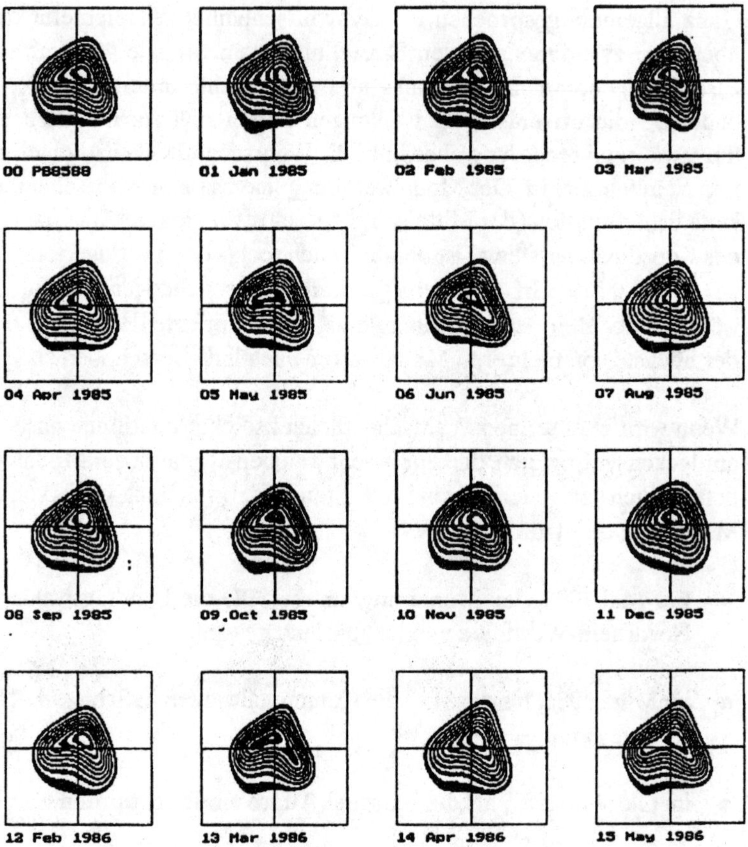


**Bild 4:** Höhenliniendarstellungen der Wahrscheinlichkeitsdichtefunktionen für die Hauptkomponenten von Skalometermessungen, Januar 1985 bis Dezember 1988

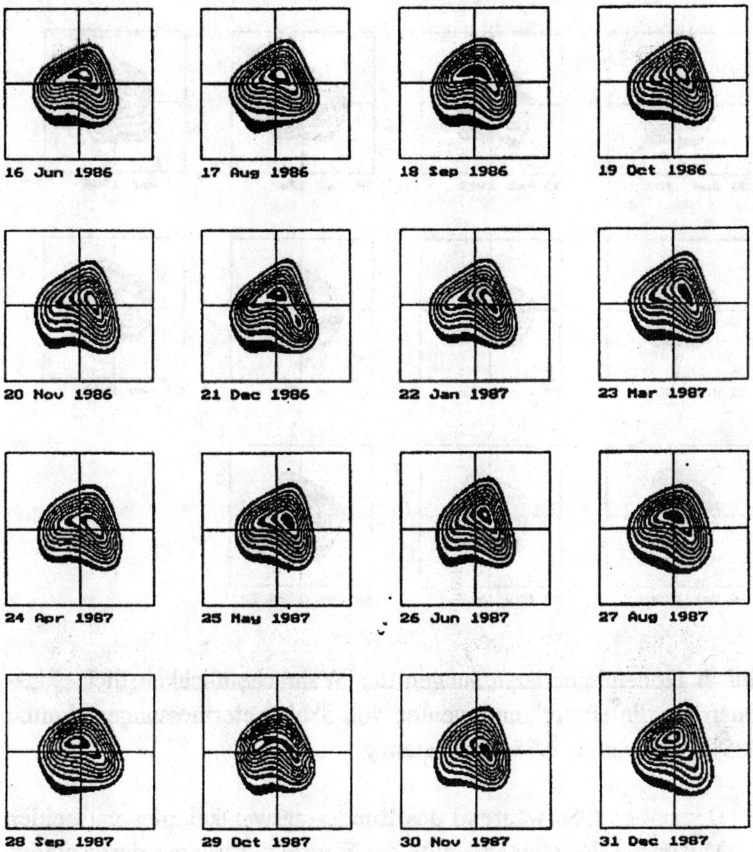


**Bild 4:** Höhenliniendarstellungen der Wahrscheinlichkeitsdichtefunktionen für die Hauptkomponenten von Skalometermessungen, Januar 1985 bis Dezember 1988 - Fortsetzung

Nur in wenigen Monaten finden wir, was wir Polarisierung in der Wählerschaft nennen könnten, die sich ausdrückt in einer Zweigipfligkeit der Wahrscheinlichkeitsdichtefunktion. Diese Monate sind

- Mai 1986 - der Monat nach dem Tschernobyl-Unfall - mit Maxima bei (-1.135,-0.015) und (0.310,0.374);

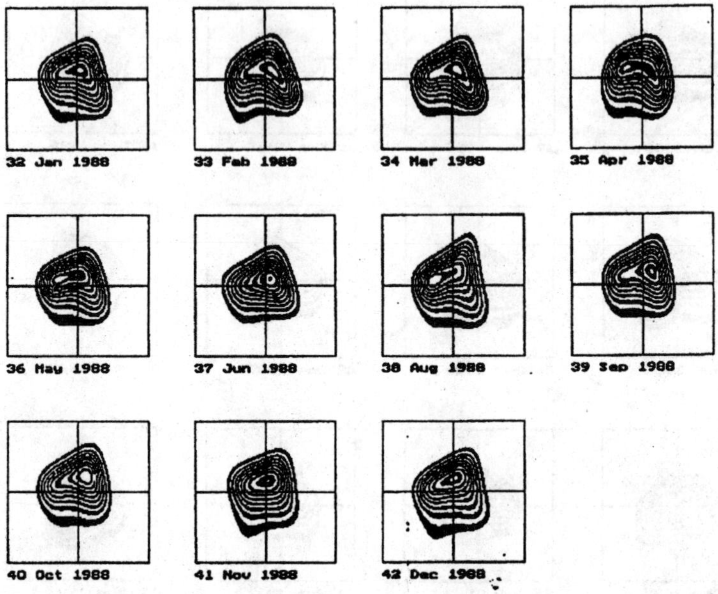


**Bild 4:** Höhenliniendarstellungen der Wahrscheinlichkeitsdichtefunktionen für die Hauptkomponenten von Skalometermessungen, Januar 1985 bis Dezember 1988 - Fortsetzung

- Dezember 1986 während des Bundestagswahlkampfes mit beiden Maxima in der rechten Hälfte des Einstellungsraums, deren niedrigeres sehr weit rechts und unter bei (1.218,-0.863) liegt;

- Oktober 1987 mit der bereits erwähnten Barschel-Affäre; und

- April und Mai 1988 während des bereits erwähnten Landtagswahlkampfes in Schleswig-Holstein - hier ist es interessant zu sehen, daß die Höhe der Maxima viel größer ist als die der April-Maxima und daß sie näher beisammen liegen, nachdem sich das rechte Maximum nach "links" bewegt hat.

In allen Fällen zeigt sich Bimodalität in Perioden intensiver politischer Auseinandersetzung. In keinem der Fälle hält sich das zusätzliche entstandene (linke) Maximum, nur im November 1987 bleibt das im vorangegangenen Monat entstandene zweite Maximum bestehen, verschwindet aber im Dezember 1987 wieder, und im August 1988 gibt es eine - wenn auch vorübergehende - "Wiederkehr" des linken Maximums, das dort im April und Mai schon einmal sichtbar gewesen war.

| Monat | x | y | f | | Monat | x | y | f | |
|---|---|---|---|---|---|---|---|---|---|
| PB8588 | 0.308 | 0.519 | 0.142 | max | Jan 87 | 0.747 | 0.272 | 0.148 | max |
| Jan 85 | 0.492 | 0.376 | 0.139 | max | Mar 87 | 0.622 | 0.581 | 0.147 | max |
| Feb 85 | 0.435 | 0.488 | 0.136 | max | Apr 87 | 0.846 | 0.136 | 0.152 | max |
| Mar 85 | 0.233 | 0.337 | 0.159 | max | Mai 87 | 0.654 | 0.473 | 0.161 | max |
| Apr 85 | 0.241 | 0.353 | 0.137 | max | Jun 87 | 0.509 | 0.777 | 0.160 | max |
| Mai 85 | -0.620 | 0.443 | 0 .131 | max | Aug 87 | 0.037 | 0.669 | 0.147 | max |
| Jun 85 | 0.007 | 0.418 | 0.143 | max | Sep 87 | - 0.286 | 0.519 | 0.146 | max |
| Aug 85 | 0.116 | 0.339 | 0.156 | max | Okt 87 | - 1.021 | 0.396 | 0.147 | max |
| Sep 85 | 0.293 | 0.462 | 0.152 | max | | 0.065 | 0.648 | 0.135 | sad |
| Okt 85 | 0.074 | 0.556 | 0.139 | max | | 0.940 | -0.161 | 0.143 | max |
| Nov 85 | 0.380 | 0.316 | 0.151 | max | Nov 87 | 0.617 | -0.042 | 0.174 | max |
| Dez 85 | 0.145 | 0.410 | 0.144 | max | Dez 87 | - 0.123 | 0.718 | 0.167 | max |
| Feb 86 | 0.334 | 0.485 | 0.151 | max | Jan 88 | 0.222 | 0.542 | 0.153 | max |
| Mar 86 | - 0.145 | 0.557 | 0.136 | max | feb 88 | 0.470 | 0.501 | 0.138 | max |
| | 0.898 | -0.318 | 0.116 | sad | Mar 88 | 0.303 | 0.536 | 0.146 | max |
| | 1.021 | -0.491 | 0.116 | max | Apr 88 | -0.887 | 0.549 | 0.138 | max |
| Apr 86 | 0.323 | 0.470 | 0.144 | max | | -0.049 | 0.631 | 0.131 | max |
| Mai 86 | -1.135 | -0.015 | 0.119 | max | | 0.502 | 0.310 | 0.133 | max |
| | -0.847 | 0.119 | 0.118 | sad | Mai 88 | -1.066 | 0.374 | 0.161 | max |
| | 0.310 | 0.374 | 0.136 | max | | -0.372 | 0.583 | 0.155 | sad |
| Jun 86 | 0.295 | 0.533 | 0.147 | max | | -0.017 | 0.634 | 0.156 | max |
| Aug 86 | 0.246 | 0.473 | 0.141 | max | Jun 88 | 0.257 | 0.388 | 0.176 | max |
| Sep 86 | 0.115 | 0.676 | 0.130 | max | Aug 88 | -1.094 | 0.282 | 0.146 | max |
| Okt 86 | 0.465 | 0.437 | 0.158 | max | Sep 88 | 0.504 | 0.709 | 0.158 | max |
| Nov 86 | 0.693 | 0.239 | 0.151 | max | Okt 88 | 0.452 | 0.936 | 0.164 | max |
| Dez 86 | 0.129 | 0.641 | 0.127 | max | Nov 88 | 0.129 | 0.648 | 0.159 | max |
| | 0.779 | -0.123 | 0.114 | sad | Dez 88 | 0.062 | 0.755 | 0.155 | max |
| | 1.218 | -0.863 | 0.123 | max | | | | | |

**Tabelle 1:** Maxima und Sattelpunkte der Wahrscheinlichkeitsdichtefunktionen

## 7 Schlußfolgerungen

Wenn wir die Abbildungen 3 und 4 vergleichen, entdecken wir einige Ähnlichkeiten und einen größeren Unterschied. Der Unterschied liegt offensichtlich darin, daß sich die Simulationsergebnisse einem stationären Zustand anzunähern scheinen, während die empirischen Ergebnisse ein wenig erratisch zu sein scheinen.

Die Ähnlichkeit liegt darin, daß für Gruppen aufeinanderfolgender Monate - zum Beispiel November 1985 bis März 1986 oder Oktober bis Dezember 1986 oder März bis Oktober 1987 oder Januar bis Mai 1988 - die empirische Wahrscheinlichkeitsdichtefunktion ebenfalls einem vorübergehend stationären Zustand zuzustreben scheint, der anschließend aber durch benennbare äußere Ereignisse geändert wird, die die Unähnlichkeiten zwischen den Gruppen von aufeinanderfolgenden Wahrscheinlichkeitsdichtefunktionen erklären können. Diese äußeren Ereignisse waren Einflüsse, die zumeist eher so unspezifisch (im Sinne der Definition von "Selbstorganisation", wie sie auf Seite 15 gegeben wurde) waren wie der stochastische Einfluß in unserem Simulationsmodell; aber während der letztere als Gaußsches (stetiges) weißes Rauschen modelliert wurde, waren die Einflüsse, die die empirische Wahrscheinlichkeitsdichtefunktion in einer etwas erratischen Weise änderten, keineswegs stetig oder auch nur Gaußsch.

Wir können daher vermuten, daß während Perioden, in denen sich die Umgebung der Population nur langsam ändert, die Population dazu neigt, sich selbst in ihrem Einstellungsraum in gleicher Weise selbst zu organisieren, wie wir diesen Prozeß modelliert haben, während sich die Population in Perioden mit plötzlichen Veränderungen der Umwelt, in die sie mit ihren Mitgliedern eingebettet ist, an die neuen Umweltbedingungen anpassen muß, die - in den oben erwähnten Beispielen - darin bestehen, daß ein Wahlkampf vorbei ist, daß ein Skandalaffäre beigelegt ist oder daß wichtige Reformgesetze eingebracht und intensiv diskutiert werden. In diesem Zusammenhang werden die "Umwelt" und ihr unspezifischer Einfluß stets mit dem Zufallszahlengenerator und dem einzigen externen Parameter $\gamma$ (der für die Intensität der Kopplung der Individueneinstellungen an den Zustand der Population steht) unseres Simulationsmodell modelliert. In der Sprechweise von Varela haben wir eine "autopoietic machine [which is] perturbed by independent events und undergo[es] internal structural changes which compensate these perturbations" [Var79, S. 15].

Damit müßte das Simulationsmodell in folgender Weise erweitert werden:

- durch die Einführung diskreter zufälliger Schocks zusätzlich zu dem Gaußschen weißen Rauschen, das auch in den empirischen Daten vorhanden zu sein scheint;

- durch Interaktionen zwischen dem Elektorat und der politischen Elite (die dann als zweite Population aufzufassen wäre), obwohl solche Effekte erst angemessen modelliert werden können, nachdem eine Erhebung passender Daten über Einstellungen und/oder Verhalten der politischen Elite erfolgreich geplant und durchgeführt sein wird;

- durch zusätzliche "Wirkungsbeziehungen" ("bonding relations") zwischen den Komponenten sowohl des Elektorats und der Elite (und weiterer Subpopulationen oder Subsystemen) um sicherzustellen, daß überlappende Subsysteme (im Simulationsmodell) definiert und (in den empirischen Daten) identifiziert werden können.

Aber unser Modell, so wie es ist, ist in der Lage, die Entstehung multimodaler Verteilungen von Wählern in ihrem Einstellungsraum zu erklären. Downs (in einer Dimension) und Tullock (in zwei Dimensionen) diskutieren nicht einmal, warum und wie solche bi- oder multimodalen Verteilungen entstehen, sie nehmen lediglich an, daß solche Verteilungen existieren und dazu führen können, daß "neither [of two parties under the assumption of a bimodal distribution of the voters] can gain votes by moving closer to the other, yet they are very far apart" [Tul67, S. 57]. Unser Modell sieht vor, daß eine Population, die von einem hohen Kopplungsparameter bestimmt wird, mehrere Dichtemaxima herausbilden und so die Entstehung mehrere Parteien begünstigen wird, die für einige Zeit "are far apart", während eine Population, die von einem niedrigeren Kopplungsparameter bestimmt wird, Parteien entstehen läßt, deren Positionen nahe beieinander liegen. Auf der anderen Seite bleibt die Frage offen, *wer* oder *was* verantwortlich gemacht werden kann für die Stärke der Kopplung. Modelle und empirische Analysen, die in Betracht ziehen, daß unterscheidbare Teilpopulationen oder Subsysteme der Gesamtpopulation miteinander interagieren, könnten in der Lage

| Strukturgleichungs-Ansatz | Ansatz der nichtlinearen stochastischen Prozesse |
|---|---|
| linear | nichtlinear |
| Normalverteilung | nicht-normal Verteilung |
| Algorithmen angemessen für riesige Variablenanzahlen | Algorithmen verlangen Reduktion der Variablenanzahl |
| ein Koeffizient für jedes Variablenpaar | riesige Anzahlen von Koeffizienten |
| Struktur | Dynamik |
| Kausalbeziehung zwischen Variablen, die zu einem (höchstens: wenigen) Zeitpunkten gemessen werden | Wechselwirkung zwischen Variablen über die Zeit hinweg |
| konstante Topologie der Dichtefunktion | veränderliche Topologie der Dichtefunktion |
| allenfalls Effekte des Kontexts auf das Individuum | Wechselwirkungen zwischen Individuum und Kontext |
| Struktur gegeben durch Korrelations- und ähnliche Koeffizienten | Struktur gegeben durch höhere Momente, die unabhängig von niederen Momenten sind |
| Struktur ist (wird modelliert als) konstant, oder Struktur verändert sich nur quantitativ und exogen | Struktur ist (wird modelliert als) veränderlich, und Struktur verändert sich qualitativ, abhängig von quantitativen Veränderungen auf Individualebene |

**Tabelle 2**: Unterschiede und Gemeinsamkeiten zwischen dem Strukturgleichungsansatz und dem Ansatz nichtlinearer stochastischer Prozesse

sein, den Kopplungsparameter (der jetzt exogen ist) zu endogenisieren - gerade in der Weise wie die $\theta$'s in dem in diesem Papier präsentierten Modell endogeneParameter sind, während sie in früheren Versuchen, den Einstellungsänderungsprozeß zu modellieren (wie etwa in [Tro87], und [Tro90, S. 124-177]), exogen waren.

Modell und empirische Analyse zeigen, daß es der Mühe wert ist, quantitative empirische Daten in einer Weise zu analysieren, daß die Aufdeckung ihrer Nicht-Normalität und Multimodalität wird. Selbstorganisation innerhalb einer Population setzt voraus, daß diese Population einem nichtlinearen (stochastischen) Prozeß unterworfen ist, der zu einer nicht-normalen Verteilung der Attribute der Individuen in der Population führt.

So scheint auch in den Sozialwissenschaften jede erfolgreiche Suche nach Selbstorganisationsprozessen eine intensive Beschäftigung mit nichtlinearen stochastischen Prozessen erforderlich zu machen, denn lineare Modelle - z.B. Strukturgleichungsmodelle - werden niemals irgendwelches selbstorganisierendes Verhalten an den Tag legen. Darüber hinaus hat der lineare Ansatz - verglichen mit dem Ansatz der nichtlinearen stochastischen Prozesse - eine Reihe weiterer Nachteile (wie sie in Tabelle 7 aufgelistet sind). Diese Nachteile werden auch nicht aufgewogen durch offensichtliche Vorteile wie die Verfügbarkeit schneller und mächtiger Algorithmen in den meisten verbreiteten Statistikpaketen.

Der offensichtlichste Vorteil des nichtlinearen Ansatzes ist seine Fähigkeit,

- endogenen Strukturwandel und Phasenübergänge - d.h. Selbstorganisation - und

- Interaktionen zwischen unterschiedlichen Analyseebenen (Individuum, Gruppe, Population), d.h. Kontexteffekte auf Individuen ebenso wie Individueneffekte auf den Kontext - was ebenfalls Selbstorganisation zur Folge zu haben schein -

zu modellieren.

Daher ist der nichtlineare Ansatz unvermeidlich für erfolgreiche Forschung im Gebiet der sozialen Selbstorganisation - das im Kernbereich aller Sozialwissenschaften liegt, denn "the problems which they try to answer arise only in so far as the conscious action of many men produce undesigned results, in so far as regularities are observed which are not the result of anybody's design. If social phenomena showed no order except in so far as they were consciously designed, there could be no room for theoretical sciences of society...It is only in so far as some sort of order arises as a result of individual action but without being designed by any individual that a problem is raised which demands a theoretical explanation." [Hay44, S. 288].

**Anmerkungen**

1) Die hier dargestellten Forschungsergebnisse entstammen dem von der Deutschen Forschungsgemeinschaft unter dem Aktenzeichen Tr 225/3-1 geförderten Forschungsvorhaben "Mikro- und Mehrebenenmodellierungssoftwareentwicklung (MIMOSE)". Ich danke Gerhard Arminger, Bärbel Bellach, Karl G. Jöreskog, Peter Ph. Mohler und Peter Schmidt für hilfreiche Kommentare zu früheren Versionen dieses Beitrages.

2) Es sei hier angemerkt, daß die Interpretation der Hauptkomponenten für die folgenden Untersuchen nicht substantiell ist. Insbesondere sind sie nicht theoretische Variablen im üblichen Sinne, und wir zielen nicht auf irgendwelche Schlußfolgerungen zum Einfluß politischer Zufriedenheit auf Parteiensympathie. Unser theoretisches Konzept ist ein multidimensionaler Einstellungsraum, dessen (erste) beide Dimensionen mit der Hilfe der Skalometer meßbar gemacht worden sind.

3) "Einstellungsraum" und "Verteilung" bedeuten hier dasselbe wie bei Downs [Dow68, S.114ff] in einer Dimension und bei Tullock [Tul67, S. 50-61] in zwei Dimensionen, aber weder Downs noch Tullock scheinen empirische Daten oder angemessene Algorithmen zur Verfügung gehabt zu haben, um eine Theorie über multimodal verteilte Wählereinstellungen zu testen.

4) Abbildung 3 enthält einfachste Höhenliniendarstellungen, die wie folgt zu lesen sind: wo der ganzzahlige Teil von $\frac{16 \cdot f(x,y)}{f_{\max}}$, $-4 < x < 4$, $-4 < y < 4$ geradzahlig ist, wird $(x,y)$ weiß, wo er ungeradzahlig ist $(x,y)$ schwarz eingefärbt. Die ersten beiden Zeilen enthalten die erste Realisierung, die anderen beiden die zweite Realisierung.

5) Im Januar 1986 und im Februar 1987 wurde das Vogel-Skalometer nicht benutzt, daher konnten nur 42 Umfragen analysiert werden. Da Josef Strauß (CSU) im Oktober 1988 starb und Martin Bangemann

(FDP) von seinem FDP- (Oktober 1988) und seinem Regierungsamt (Dezember 1988) zurücktrat, um EG-Kommissar zu werden, wurden diese beiden Skalometer seit Oktober bzw. September 1988 nicht mehr benutzt. Daher werden sie in der ganzen Analyse nicht berücksichtigt. Es schien interessanter, eine langen Zeitraum zu untersuchen als eine große Zahl von Skalometern. Die Unterschiede zwischen den Wahrscheinlichkeitsdichtefunktionen mit und ohne Strauß und Bangemann sind vernachlässigbar.

**Literatur**

[Bun79] Mario Bunge. Ontology II: A world of systems. Treatise on basic philosophy, vol. 4. Reidel, Dordrecht, Boston, London, 1979.

[Cob78] Loren Cobb. Stochastic catastrophe models and multimodal distributions. Behavioral Science, 23:360-374, 1978.

[Dow68] Anthony Downs. Ökonomische Theorie der Demokratie. J.C.B. Mohr (Paul Siebeck), Tübingen, 1968

[Hak88] Hermann Haken. Information and Self-Organization. A Macroscopic Approach to Complex Systems. Springer Series in Synergetics, vol. 40. Springer, Berlin, Heidelberg, New York, 1988.

[Hay44] Friedrich A. Hayek. Scientism and the study of society. Economica, 9, 10, 11:267-291, 34-63, 27-39, resp., 1942, 1943, 1944.

[Hej88] Peter M. Hejl. Konstruktion der sozialen Konstruktion: Grundlinien einer konstruktivistischen Sozialtheorie. In: Siegfried J. Schmidt, Hrsg., Der Diskurs des Radikalen Konstruktivismus, S. 303-339, Suhrkamp, Frankfurt am Main, 2. Aufl., 1988.

[Her90] Lothar Herlitzius. Ein Verfahren zur Schätzung nicht-normaler Wahrscheinlichkeitsdichtefunktionen. Diplomarbeit, EWH Koblenz, Informatik, 1990.

[KT81] Samuel Karlin; Howard M. Taylor. A Second Course in Stochastic Processes. Academic Press, Orlando, San Diego, 1981.

[Kue86] Manfred Kuechler. Maximizing utility at the polls? A replication of Himmelweit's 'Consumer Model of Voting'with German election data from 1983. European Journal of Political Research, 14:81-95, 1986.

[Mat85] Humberto R. Maturana. Erkennen: Die Organisation und Verkörperung von Wirklichkeit. Vieweg, Braunschweig, Wiesbaden, 2. Aufl., 1985.

[Möh89] Michael Möhring. MIMOSE. Eine funktionale Sprache zur Modellierung und Simulation individuellen Verhaltens in interagierenden Populationen. In: Henrik Kreutz, Hrsg., Proceedings of the 3rd Nuremberg Symposium on Computer Simulation in the Social Sciences, Opladen, 1989. Leske.

[NN80] Elisabeth Noelle-Neumann. Die Schweigespirale. Öffentliche Meinung - unsere soziale Haut. Piper, München, Zürich, 1980.

[Rap86] Anatol Rapoport. General System Theory. Essential Concepts and Applications. Abacus, Tunbridge Wells, Cambridge, Mass., 1986.

[Tro87] Klaus G. Troitzsch. Bürgerperzeptionen und Legitimierung. Anwendung eines formalen Modells des Legitimations-/Legitimierungsprozesses auf Wählereinstellungen und Wählerverhalten im Kontext der Bundestagswahl 1980. Lang, Frankfurt, Bern, New York, 1987.

[Tro89a] Klaus G. Troitzsch. Chaotisches Verhalten in einem Sozialsystem. Gegenüberstellung eines Makro- und eines Mikromodells. In: Ali B. Cambel, Bruno Fritsch, Jürgen W. Keller, Hrsg., Dissipative Strukturen in Integrierten Systemen, S. 173-191, Baden-Baden, 1989. Nomos.

[Tro89b] Klaus G. Troitzsch. Mikromodellierung der Bildung politischer Einstellungen in interagierenden Populationen. In: Jürgen W. Falter, Hans Rattinger, Klaus G. Troitzsch, Hrsg., Wahlen und politische Einstellungen in der Bundesrepublik Deutschland, S. 29-57, Frankfurt, Bern, New York, Paris, 1989. Lang.

[Tro90] Klaus G. Troitzsch. Modellbildung und Simulation in den Sozialwissenschaften. Westdeutscher Verlag, Opladen, 1990.

[Tul67] Gordon Tullock. Towards a Mathematics of Politics. University of Michigan Press, Ann Arbor, 1967.

[Var79] Francisco J. Varela. Principles of Biological Autonomy. North Holland, New York, Oxford, 1979.

[WH83] Wolfgang Weidlich; Günter Haag. Concepts and Models of a Quantitative Sciology. The Dynamics of Interacting Populations. Springer Series in Synergetics, vol. 14. Springer, Berlin, Heidelberg, New York, 1983.

[Wur88] B. Wurster. Periodic cell communication. In: Maria Markus, Stefan C. Müller, Grégoire Nicolis, Hrsg., From Chemical to Biological Organization, S. 255-260, Berlin, Heidelberg, New York, Paris, 1988. Springer.

Otto Keck[1]

# Das Informationsdilemma
## - ein spieltheoretisches Modell kommunikativen Handelns mit Anwendungen auf Transaktionsprobleme beim Markttausch, bei der staatlichen Regulierung, in hierarchischen Organisationen und in politischen Systemen

### Einleitung

Die Kommunikation zwischen Menschen ist ein komplexes Phänomen, das viele Aspekte hat. Der Fächereinteilung der Wissenschaft folgend kann man logische, linguistische, psychologische, soziologische, ökonomische und politische Aspekte unterscheiden. In diesem Artikel geht es um die rationalen Aspekte menschlicher Kommunikation, die ein Querschnittsthema in verschiedenen Wissenschaftsdisziplinen darstellen: Worte haben Wirkungen, und rationale Akteurinnen bedenken bei der Wahl ihrer Worte die Wirkungen, die diese bei anderen Akteurinnen hervorrufen[2]. Sie schätzen ab, welche Wirkung verschiedene mögliche Äußerungen auf das Verhalten anderer Akteurinnen haben, und entscheiden sich für diejenige Äußerung, die die Verwirklichung ihrer Ziele am meisten fördert.

Max Weber (1922/73, S. 64) hat dies mit folgenden Worten ausgedrückt: *"jedes militärische Kommando, jedes Strafgesetz, ja jede Aeußerung, die wir im Verkehr mit anderen machen, 'rechnet' auf den Eintritt bestimmter Wirkungen in der 'Psyche' derer, an die sie sich wendet, - nicht auf eine absolute Eindeutigkeit in jeder Hinsicht und bei allen, aber auf eine* **für die Zwecke**, *denen das Kommando, das Gesetz, die konkrete Aeußerung überhaupt dienen wollen, genügende. Sie tut dies, logisch betrachtet, in ganz und* *gar keinem anderen Sinn, als 'statische' Berechnungen eines Brückenbaumeisters, agrikulturchemische Berechnungen eines Landwirts und physiologische Erwägungen eines Viehzüchters ..."*

Das Wort "Psyche" setzt Max Weber in Anführungszeichen. In manchen Fällen mag sich die Berechnung von Äußerungen auf die Wirkungen beschränken, die sie in der Psyche der Adressatinnen hervorrufen. Normalerweise bezieht sich aber die Berechnung auf das aus diesen psychischen Wirkungen resultierende Verhalten. Dieses kann Rückwirkungen auf die Urheberin der Äußerung haben, so daß diese bei der Verwirklichung ihrer Ziele behindert oder gefördert wird. Die Urheberin wird diese Rückwirkungen, so gut sie kann, einkalkulieren. Worte, die keine Rückwirkungen auf die haben, die sie äußern, sei es direkt oder indirekt, sei es sofort oder erst in der Zukunft, sind belanglos. Schließlich wird sich die Abschätzung der Wirkungen eines Wortes nicht allein auf die direkten Wirkungen bei den Adressatinnen beziehen, sondern auch auf die indirekten Wirkungen, die daraus entstehen können, daß andere Akteurinnen die Worte wahrnehmen oder daß die Adressatin andere darüber informiert.

Kommunikatives Handeln umfaßt nicht nur die berechnende Auswahl von Äußerungen innerhalb der Menge aller möglichen Äußerungen, sondern auch die Möglichkeit des Sich-Nicht-Äußerns oder des Schweigens. Selektive Weitergabe von Informationen ist immer zugleich selektive Zurückhaltung und damit eine Art von Informationsverzerrung. Eine halbe Wahrheit ist eine ganze Lüge, sagt der Volksmund. Von dieser schwachen Art der Informationsverzerrung gibt es einen kontinuierlichen Übergang zu stärkeren Arten, etwa wenn eine Akteurin andere durch Schweigen in einem Irrtum beläßt oder wenn sie durch selektive, subjektiv richtige Äußerungen bei der Adressatin einen falschen Eindruck erweckt oder wenn sie schließlich andere durch subjektiv unrichtige Aussagen irreführt. In der neueren Wirtschaftstheorie wird ein solches Verhalten auch als Opportunismus bezeichnet. Nach Williamson (1985, S. 47) bezieht sich Opportunismus "... auf die unvollständige oder verzerrte Mitteilung von Informationen, besonders auf berechnende Bemühungen irrezuführen, zu verzerren, zu verbergen, zu verdunkeln oder auf sonstige Weise zu verwirren." (Übersetzung O.K.)

In diesem Aufsatz modelliere ich rationales kommunikatives Handeln mit dem Instrumentarium der Spieltheorie. Ich beginne mit einem einfachen, doch grundlegenden Modell, dessen Verständnis keine mathematischen Kenntnisse voraussetzt. Mit diesem Modell läßt sich zeigen, daß ungleich verteilte Information unter bestimmten Bedingungen ein soziales Dilemma darstellt: In ihnen führt rationales kommunikatives Handeln zu einem Ergebnis, das für alle Beteiligten suboptimal ist. Dann präsentiere ich verschiedene Erweiterungen, um einige der dem einfachen Modell zugrundeliegenden Geltungsbedingungen zu diskutieren. Um den Artikel möglichst lesbar zu halten, werden diese Erweiterungen im Haupttext hauptsächlich verbal diskutiert, und die formalen Modelle selbst in einem separaten Anhang dargestellt. Schließlich werden Anwendungen auf Marktprozesse, auf die staatliche Regulierung der Wirtschaft und auf politische Prozesse beschrieben[3].

**Informationsspiele**

Um das Modell möglichst einfach zu halten, nehme ich zunächst an, daß der Kommunikationsprozeß zwischen zwei Akteurinnen stattfindet, der Informationsinhaberin oder Senderin auf der einen Seite und der Adressatin oder Empfängerin auf der anderen Seite. Nehmen wir an, die Informationsinhaberin könne wählen, ob sie der Empfängerin eine bestimmte Nachricht zukommen läßt oder nicht. Behält die Senderin die Nachricht für sich, passiert nichts weiter. Sendet sie sie an die Empfängerin, dann ändert sich deren Verhalten in einer Weise, die die Senderin im voraus abschätzen kann.

Die Nachricht kann der Empfängerin eine Handlungsoption eröffnen, an die diese bisher nicht gedacht hat, oder sie kann ihre Auffassung über den jetzigen oder zukünftigen Zustand der Welt verändern, oder sie kann ihr Wissen über die Konsequenzen der ihr bereits bekannten Handlungsoptionen erweitern. Nach dem Erhalt der Nachricht kann die Empfängerin entscheiden, ob sie ihr Handeln an dieser neuen Information orientiert oder nicht.

Spiele, bei denen Akteurinnen zwischen alternativen Möglichkeiten kommunikativen Handelns entscheiden, nenne ich Informationsspiele. Die einfachste Form eines Informationsspiels ist in Abbildung 1 dargestellt. Die Senderin beginnt das Spiel, indem sie sich entscheidet, ob sie (*1*) die Nachricht für sich behält oder (*2*) sie an die Empfängerin sendet. Behält sie die Nachricht für sich, dann ist das Spiel beendet. Sendet sie sie an die Empfängerin, dann eröffnet sich dieser eine neue Handlungsoption, und sie hat sich zu entscheiden, ob sie (*a*) die neue Handlungsoption ausführt oder (*b*) nicht ausführt.

**Abbildung 1:** Das einfache Informationsspiel in extensiver Form

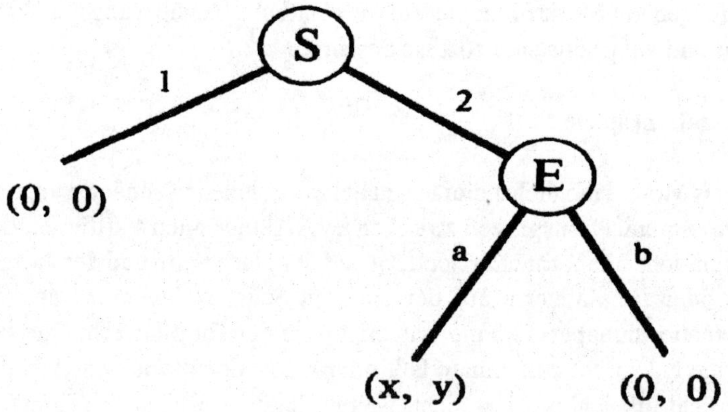


Führt die Empfängerin die ihr neu eröffnete Handlungsoption aus, dann hat dies eine Auswirkung auf ihren eigenen Nutzen wie auch auf den Nutzen der Senderin. Die Auswirkung auf den Nutzen der Senderin bezeichne ich mit $x$, die auf den Nutzen der Empfängerin mit $y$. Zunächst gehe ich davon aus, daß für beide Spielerinnen der Nutzen kardinal meßbar sei und ein interpersonaler Nutzenvergleich möglich sei.

Damit sind die Auszahlungen des Spiels definiert. Behält die Senderin die Nachricht für sich, dann ist die Auszahlung für beide Spielerinnen gleich 0. Sendet sie die Nachricht an die Empfängerin, dann sind die

Auszahlungen folgende: $x$ für die Senderin und $y$ für die Empfängerin, wenn diese die Handlungsoption realisiert; 0 für beide Spielerinnen, wenn die Empfängerin die Handlungsoption nicht ausführt.

Um die Analyse der Auszahlungen zu erleichtern , werden in Abbildung 2 alle möglichen Kombinationen von $x$ und $y$ durch einen zweidimensionalen Raum mit den Koordinaten $x$ und $y$ veranschaulicht. Sind $x$ und $y$ beide positiv, dann besteht zwischen Senderin und Empfängerin eine Interessenkonvergenz: Es liegt im eigenen Interesse der Senderin, die Nachricht zu übermitteln, und im eigenen Interesse der Empfängerin, die Handlungsoption auszuführen. Die Spielerinnen befinden sich im Bereich des beiderseitigen Nutzens.

**Abbildung 2:** Der Informations-Handlungs-Raum

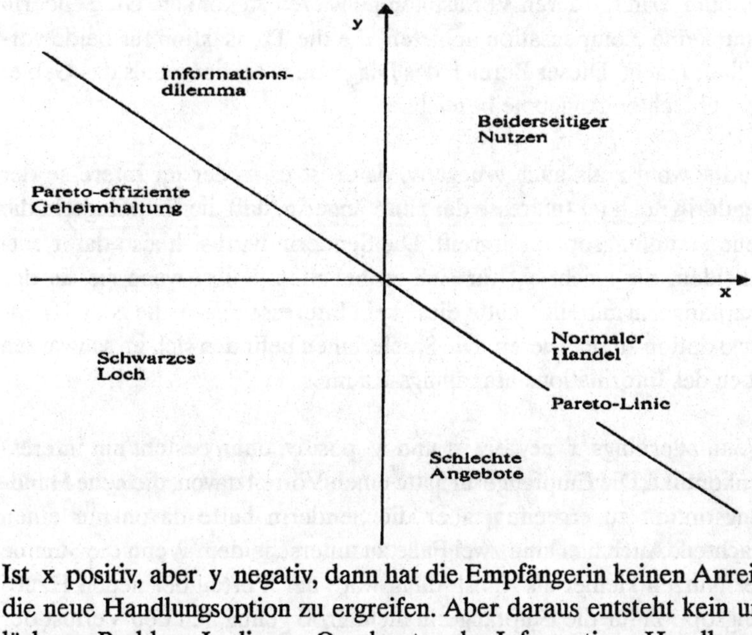


Ist x positiv, aber y negativ, dann hat die Empfängerin keinen Anreiz, die neue Handlungsoption zu ergreifen. Aber daraus entsteht kein unlösbares Problem. In diesem Quadranten des Informations-Handlungs-Raumes sind zwei Fälle zu unterscheiden. Erstens kann der Nutzen für die Senderin größer sein als der Verlust für die Empfängerin: $x > |y|$ . Dann kann die Senderin die Empfängerin veranlassen, die neue Handlungsoption zu ergreifen, indem sie deren Verlust kompensiert. Sie muß nur die Nachricht mit dem bindenden Angebot verknüpfen, der Empfängerin deren Verlust zu kompensieren. Damit die Empfängerin einen hinreichend großen Anreiz hat, die neue Handlungsoption zu ergreifen, muß die Kompensation nur geringfügig größer sein als der Verlust der Empfängerin. Bezeichnen wir die angebotene Kompensation mit dem Buchstaben $a$. Unter der Annahme, daß der für beide Seiten nützliche Handel stattfindet, sind dann die Auszahlungen $x - a > 0$ für die Senderin und $y + a > 0$ für die Empfängerin. Diesen Bereich des Informations-Handlungs-Raumes nenne ich darum das Gebiet des normalen Handels.

Zweitens kann im vierten Quadranten x kleiner sein als der Betrag von $y$. In diesem Fall reicht der Vorteil für die Senderin nicht aus, um die Empfängerin für deren Verlust kompensieren zu können. Die Senderin kann keine Kompensation anbieten, die die Transaktion für beide vorteilhaft macht. Dieser Bereich des Diagramms sei darum als das Gebiet der schlechten Angebote bezeichnet.

Sind sowohl $x$ als auch $y$ negativ, dann ist es weder im Interesse der Senderin noch im Interesse der Empfängerin, daß die Empfängerin die neue Handlungsoption ergreift. Die Senderin wird sich also dafür entscheiden, die Nachricht für sich zu behalten. Selbst wenn sie sie der Empfängerin mitteilte, hätte diese kein Interesse daran, die neue Handlungsoption zu realisieren. Die Spielerinnen befinden sich im schwarzen Loch des Informations-Handlungs-Raumes.

Wenn allerdings $x$ negativ ist und $y$ positiv, dann besteht ein Interessenkonflikt. Die Empfängerin hätte einen Vorteil davon, die neue Handlungsoption zu ergreifen, aber die Senderin hätte davon nur einen Nachteil. Auch hier sind zwei Fälle zu unterscheiden. Wenn die Summe der Nutzen kleiner als 0 ist, dann wäre der Vorteil der neuen Handlungsoption für die Empfängerin nicht groß genug, um den Verlust der Senderin kompensieren zu können. Die Spielerinnen befinden sich im Bereich der pareto-effizienten Geheimhaltung.

Ist aber die Summe der Nutzen größer als 0, dann befinden sich die Spielerinnen in einem wirklichen Dilemma: Die Transaktion könnte zum Vorteil beider Spielerinnen sein, wenn die Senderin die Nachricht übermittelte und die Empfängerin die Senderin für die negativen Auswirkungen ihrer Handlung auf deren Wohlfahrt kompensierte. Wenn jedoch die Senderin die Nachricht übermittelt, ist es für die Empfängerin besser, die neue Handlungsoption zu ergreifen, ohne die Senderin für deren Verlust zu kompensieren. Diesen Bereich des Informations-Handlungs-Raumes bezeichne ich als den des Informationsdilemmas.

Die logische Struktur des Informationsdilemmas läßt sich noch deutlicher herausarbeiten, wenn wir das einfache Informationsspiel um den Zug *c* ergänzen, daß die Empfängerin die neue Handlungsoption ergreift und zugleich die Senderin für die Information belohnt. Diese Belohnung bezeichne ich mit $b$ . Es gilt immer $b > 0$. Dieses modifizierte Spiel nenne ich das Informations-Belohnungs-Spiel. Seine extensive Form ist in Abbildung 3, seine Normalform in Tabelle 1 dargestellt. Im Bereich des Informationsdilemmas ist eine Belohnung $b$ möglich, die kleiner ist als $y$ und größer als der Betrag von $x$ , so daß $y - b > 0$ und $x + b > 0$. Unter dieser Bedingung dominiert für die Empfängerin die Strategie, die Handlungsoption zu ergreifen, ohne die Senderin zu belohnen. Da die Senderin dies weiß, dominiert für sie die Strategie, die Nachricht für sich zu behalten. Beide wären besser gestellt, spielte jede eine dominierte Strategie: die Senderin die Strategie, die Nachricht mitzuteilen (Strategie 2), und die Empfängerin die Strategie, die Handlungsoption zu ergreifen und die Senderin zu belohnen (Strategie c).

**Abbildung 3:** Das Informations-Belohnungs-Spiel in extensiver Form

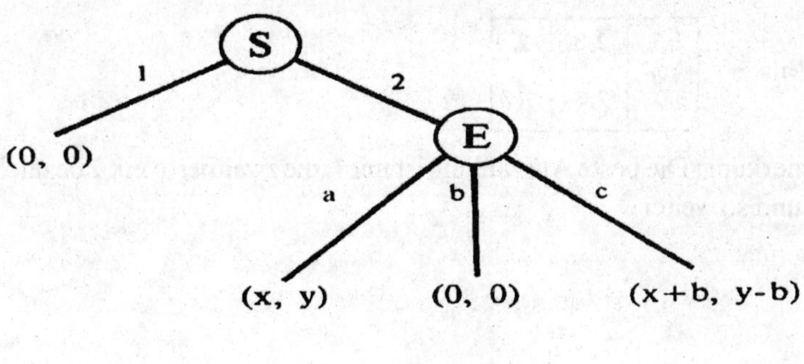

**Tabelle 1**: Das Informations-Belohnungs-Spiel in Normalform

| | | Empfängerin a | b | c |
|---|---|---|---|---|
| Senderin | 1 | 0, 0 | 0, 0 | 0, 0 |
| | 2 | x, y | 0, 0 | x + y, y − b |

Die Existenz des Informationsdilemmas ist keineswegs an die Bedingung gebunden, daß für beide Spielerinnen der Nutzen kardinal meßbar ist und ein interpersonaler Nutzenvergleich möglich ist. Sie setzt nur voraus, daß die Empfängerin neben einer ersten Handlungsoption, deren Verwirklichung die Empfängerin besser und die Senderin schlechter stellt als der Status quo, gleichzeitig über eine zweite Handlungsoption (Belohnung genannt) verfügt, so daß, wenn die Empfängerin beide Handlungsoptionen zusammen realisiert, das Ergebnis für beide Spielerinnen besser ist als der Status quo. Dies kann man auch dadurch zeigen, daß man die Auszahlungen im Informationsdilemma ordinal ausdrückt (siehe Tabelle 2). Der Status quo (Strategie 1) ist für die Senderin das zweitbeste und für die Empfängerin das drittbeste Ergebnis. Das Strategiepaar (*2*, *c*) würde beide besser stellen. Dieses Ergebnis wird nicht realisiert, weil für die Empfängerin die Strategie *a* ein noch besseres Ergebnis herbeiführt.

**Tabelle 2**: Das Informationsdilemma mit ordinalen Auszahlungen

| | | Empfängerin a | b | c |
|---|---|---|---|---|
| Senderin | 1 | 2, 3 | 2, 3 | 2, 3 |
| | 2 | 3, 1 | 2, 3 | 1, 2 |

Anmerkung: Die beste Auszahlung ist mit 1, die zweitbeste mit 2 bezeichnet und so weiter.

## Informationsverträge

Wenn die Empfängerin sich der Problematik der Situation bewußt wird, kann sie das Dilemma beseitigen, indem sie sich verpflichtet, die Senderin zu belohnen. Dies könnte theoretisch geschehen in der Form eines Vertrags oder in der Form einer bindenden Selbstverpflichtung. Im formalen Modell läßt sich dies dadurch darstellen, daß man die Möglichkeit eliminiert, daß die Empfängerin die neue Handlungsoption ergreift, ohne die Senderin zu belohnen. Streicht man Zug *a* aus der extensiven Form (Abbildung 3) oder Strategie *a* aus der Normalform (Tabelle 1) dann ist das Problem beseitigt.

Diese Lösung setzt jedoch voraus, daß beide Spielerinnen den Wert von *x* und *y* kennen. Sie versagt jedoch, wenn die Empfängerin für die Einschätzung des Wertes von y oder von beiden Variablen von Informationen der Senderin abhängig ist. Betrachten wir zunächst den Fall, daß die Empfängerin zwar den Wert von *x* kennt, aber sich für die Einschätzung von *y* auf die Senderin verläßt. In diesem Fall ist, sofern die Empfängerin keine Verpflichtungen eingeht, die Senderin zu belohnen, nicht nur das Gebiet des Informationsdilemmas problematisch, sondern es entstehen zusätzliche Probleme in den Gebieten des normalen Handels und der schlechten Angebote. Handlungsoptionen, die nach Auffassung der Senderin im Bereich des Informationsdilemmas liegen, kann sie der Empfängerin gegenüber als im schwarzen Loch liegend präsentieren und so die Empfängerin davon abhalten, diese Handlungsoptionen zu realisieren. Bei Handlungsoptionen im Bereich des normalen Handels hat die Senderin einen Anreiz, diese gegenüber der Empfängerin als im Bereich des beiderseitigen Nutzens liegend darzustellen, so daß sie die Empfängerin zum Handeln verleitet, ohne ihr eine Kompensation zahlen zu müssen. Handlungsoptionen, die im Bereich der schlechten Angebote liegen, kann die Senderin der Empfängerin als im Bereich des gegenseitigen Nutzens liegend präsentieren und so die Empfängerin zu einer Handlung verleiten, die der Empfängerin mehr schadet als sie der Senderin nutzt.

Kann die Empfängerin die Probleme in den Bereichen des Informationsdilemmas, des normalen Handels und der schlechten Angebote dadurch lösen, daß sie sich verpflichtet, die Senderin zu belohnen, wenn diese ihr sagt, daß eine Handlungsoption in einem dieser Bereiche liegt? Eine solche Belohnungsstrategie hat jedoch einen kontraproduktiven Effekt in den anderen Bereichen des Informations-Handlungs-Raumes. Die Senderin erhält nämlich nun einen Anreiz, Handlungsoptionen im Bereich des schwarzen Lochs und der pareto-effizienten Geheimhaltung der Empfängerin als im Bereich des Informationsdilemmas liegend zu präsentieren und die Handlungsoptionen in den Bereichen des beiderseitigen Nutzens und des normalen Handels als im Bereich der schlechten Angebote liegend zu charakterisieren. Wenn immer die Empfängerin für die Bewertung von Handlungsoptionen von Informationen der Senderin abhängig ist, bringt die Belohnungsstrategie große Risiken mit sich. Dies ist im Anhang modelliert. Eine rationale Akteurin dürfte diese Risiken nicht eingehen.

Schließlich ist noch der Fall zu betrachten, daß die Empfängerin sich nicht nur für den Wert von $y$, sondern auch für den Wert von $x$ auf Informationen der Senderin verläßt. Ohne eine Verpflichtung zur Belohnung ist diese Situation strategisch dieselbe wie die Situation, in der die Empfängerin nur für die Werte von $y$ von den Informationen der Senderin abhängt. Mit einer solchen Verpflichtung jedoch würde die Empfängerin der Senderin die Möglichkeit zur unbegrenzten Ausbeutung schaffen. Diese kann nun beliebig Handlungsoptionen als in diesem oder jenem Bereich des Informations-Handlungs-Raumes liegend präsentieren und dadurch die Empfängerin ausbeuten. Wie im Anhang dargestellt ist, kann sie sich theoretisch nicht nur den gesamten durch das Handeln der Empfängerin geschaffenen Nutzen, sondern die gesamte Wohlfahrt der Empfängerin aneignen. In der Realität mögen Informationsempfängerinnen nicht so leichtgläubig sein, sondern eine Plausibilitätsprüfung machen, bevor sie eine Belohnung zahlen oder aufgrund der Informationen anderer handeln. Wird das Informations-Spiel wiederholt, dann kann die Belohnungsstrategie zur Ausbeutung in kleinen Raten führen. Eine rationale Akteurin wird sie auf keinen Fall anwenden, wenn sie bei der Bewertung des Nutzens einer Handlungsoption für sie selbst und gleichzeitig bei der Bewertung der Effekte dieser Handlungsoption auf die Wohlfahrt der Senderin von den Informationen der letzteren abhängig ist.

**Erweiterungen**

Es ist nun zu fragen, ob beim Informationsdilemma ähnlich wie beim Gefangenendilemma Kooperation entstehen kann, wenn das Spiel wiederholt wird[4]. Sicher mag es Situationen geben, in denen dies der Fall ist, doch die Bedingungen dafür sind restriktiv. Erstens muß die Senderin mehr als nur eine bestimmte Information besitzen. Es ist sinnlos, eine bestimmte Information wiederholt mitzuteilen, denn das Mitteilen von Informationen ist ein irreversibler Prozeß, es sei denn, die Empfängerin habe kein Gedächtnis. Zweitens muß die Wahrscheinlichkeit hoch genug sein, daß die beiden Spielerinnen wieder aufeinander treffen und das Spiel wiederholen, oder die Defektion muß für andere Spielerinnen sichtbar sein, mit denen der Defektierende später spielen muß oder spielen möchte. Dazu muß die Defektion beobachtbar sein, was aber im Informationsspiel oft nicht der Fall ist[5]. Wenn die Senderin ihre Information für sich behält, wird die Empfängerin dies oft gar nicht bemerken, es sei denn, die Senderin verwendet die Information selbst in einer Weise, daß für die Empfängerin offensichtlich wird, daß sie darüber verfügt. Oft wird die Empfängerin nicht einmal merken, daß sie von der Senderin irregeführt wurde. Zum Beispiel kann die Senderin der Empfängerin weismachen, eine Handlungsoption liege im schwarzen Loch, wohlwissend, daß sie im Bereich des Informationsdilemmas liegt. Dann wird die gläubige Empfängerin die Handlungsoption nicht realisieren und nicht merken, daß sie eine Gelegenheit versäumte, ihre Wohlfahrt zu verbessern.

Wenn aus der Sicht der Empfängerin Unsicherheit besteht, dann kann das Spiel einige Male wiederholt werden, bis die Empfängerin Verdacht schöpft, und vielleicht noch einige weitere Male, bis ihr Verdacht so stark ist, daß sie sich zu einer Vergeltung zu entschließt. In der Realität gibt es oft Ambiguität, das heißt Situationen, in denen vernünftige Akteurinnen unterschiedliche Aussagen machen über den Zustand der Welt oder unterschiedliche Voraussagen über die Konsequenzen bestimmter

Handlungen. In solchen Situationen kann eine Akteurin mit strategischem Kalkül die Einschätzung wählen, die für sie am besten ist. Opportunistisches Verhalten kann sich in solchen Situationen leicht verstecken hinter der Tatsache, daß andere vernünftige Akteurinnen eine ähnliche Einschätzung geäußert haben.

Schöpft die Empfängerin Verdacht, daß die Senderin sich opportunistisch verhalten hat, dann gibt es oft Ausreden, mit denen sie den Anschein von Opportunismus beseitigen oder reduzieren kann. Sie kann vorgeben, daß sie die Information erst vor kurzer Zeit erhalten hat, oder daß sie nachgedacht und sich eines besseren besonnen hat, oder daß sie zwar die Information kannte, aber nicht dachte, sie wäre relevant.

Schließlich gibt es in der Realität viele Situationen, in denen Geheimhaltung ein gängiges Routineverhalten darstellt und nicht als Defektion in einer problematischen sozialen Situation perzipiert wird. Zwischen Firmen, zwischen Akteuren des politisch-administrativen Systems und auch zwischen nationalen Regierungen ist Geheimhaltung ein stabiles Verhaltensmuster, obwohl das Informationsspiel wieder und wieder gespielt wird.

Bisher haben wir nur die einfache Version des Informationsspiels mit zwei Spielerinnen betrachtet. Die Erweiterung auf ein Spiel mit vielen Spielerinnen kann man sich in verschiedener Weise vorstellen. Erstens kann man die Zahl der Senderinnen oder der Empfängerinnen oder beider erhöhen und annehmen, daß sie alle unabhängig voneinander spielen. Dies ändert nicht den strategischen Charakter des Spiels, ob nur einmal oder wiederholt gespielt, solange für alle Senderinnen und Empfängerinnen die Handlungsoptionen im gleichen Bereich des Informations-Handlungs-Raumes liegen. Man kann sich sogar Koalitionen von Senderinnen vorstellen, die sich verabreden, bestimmte Informationen nicht weiterzugeben. Dann können durchaus für einzelne Spielerinnen Handlungsoptionen im Bereich des beiderseitigen Nutzens liegen. Diese können aber von anderen Senderinnen durch Nutzentransfers dazu gebracht werden zu schweigen. Zweitens kann man sich ein N-Personen-Informations-Spiel so vorstellen, daß in einer Population von Senderinnen und Empfängerinnen je eine Spielerin aus beiden Unterpopulationen paarweise aufeinandertreffen. Ob in einer solchen Population Kooperation entsteht, hängt davon ab, ob Kooperation und Defektion beobachtbar sind. Oft sind sie es leider nicht.

Die Konstruktion der bisherigen Modelle ging davon aus, daß die Senderin nur zwischen zwei Möglichkeiten des kommunikativen Handelns entscheiden kann: Entweder sie behält eine Information für sich oder sie übermittelt diese an die Empfängerin. Ohne Änderung sind diese Modelle auch auf Situationen anwendbar, in denen der Senderin die Möglichkeit des Schweigens verschlossen ist, aber die Wahl zwischen zwei verschiedenen Botschaften offensteht. Um Entscheidungssituation mit beliebig vielen Möglichkeiten kommunikativen Handelns zu modellieren, könnte man das einfache Informationsspiel mit nur zwei Möglichkeiten kommunikativen Handelns zu einem allgemeinen Informationsspiel mit beliebig vielen Möglichkeiten kommunikativen Handelns erweitert. Doch das soll hier nicht durchgeführt werden, da viele grundlegende Einsichten bereits am Modell des einfachen Informationsspiels gewonnen werden können. Stattdessen möchte ich einige Anwendungen des Modells beschreiben.

**Märkte**

Die neoklassischen Gleichgewichtsmodelle des Markttauschs setzen vollkommene Information voraus. So wie der Markt unter vollkommener Information als Mechanismus versagt bei öffentlichen Gütern, bei abnehmenden Grenzkosten oder bei Externalitäten, kann er aber auch versagen, wenn eine Seite in einer Markttransaktion einen Informationsvorsprung besitzt.[6] Wenn zum Beispiel Verkäufer besser über die Qualität ihrer Ware Bescheid wissen als Käufer, können, wie Akerlof (1970) gezeigt hat, Probleme bei der Übermittlung von Informationen über die Qualität von Gütern auftreten, so daß schlechte Güter die guten verdrängen oder Märkte sogar ganz zusammenbrechen. Heal (1976) hat dies als ein Gefangenendilemma dargestellt. Hier besteht ein Informationsdilemma: Der Verkäufer von Waren schlechter Qualität schadet sich nur, wenn er potentiellen Käufern sein Wissen preisgibt[7].

Auch in Versicherungsmärkten können Informationsprobleme das Funktionieren von Märkten beeinträchtigen, etwa wenn Versicherte besser über ihr Versicherungsrisiko Bescheid wissen als Versicherer (Adverse Selection), oder wenn der Versicherer keine direkten Informationen hat darüber, welche Maßnahmen der Versicherte zur Vermeidung eines möglichen Schadens oder zur Begrenzung eines eingetretenen Schadens ergreift (Moral Hazard)[8]. Schließlich kann ungleich verteilte Information auch dann zu Marktversagen führen, wenn ein Auftraggeber die Dienste eines Agenten in Anspruch nimmt, der über Spezialwissen verfügt (Principal-Agent-Problem)[9]. Auch in diesen Situationen liegt oft ein Informationsdilemma vor: Der Versicherungsnehmer, der den Versicherungsgeber darüber informiert, daß sein Versicherungsrisiko besonders schlecht ist oder daß er Handlungen zur Schadensbegrenzung oder -vermeidung unterlassen hat, schadet sich nur, ebenso der Agent, der seinen Auftraggeber wissen läßt, daß er weniger getan hat, als dieser von ihm erwartet hat, oder daß er einen Fehler gemacht hat.

Die Theorie des Informationsdilemmas verweist uns darüber hinaus auf weitere Situationen, in denen der Markt wegen asymmetrischer Information versagt. Jeder Käufer sieht sich jeden Tag auf dem Markt Situationen ausgesetzt, in denen der Verkäufer Informationen zurückhält, die für den Käufer nützlich zu wissen wäre, etwa um sich ein Urteil über den Nutzen eines Produkts ($y$ im formalen Modell) zu bilden. Einige Situationen dieser Art sind so trivial, daß man sie kaum als problematisch empfindet. Von einem Autoverkäufer erwartet man nicht, daß er einen zur Konkurrenz schickt, wenn er annimmt, daß diese ein besseres Angebot machen kann. Andere Fälle dagegen werden als problematisch empfunden. Betrachten wir zum Beispiel die Information, daß Rauchen gefährlich für die Gesundheit sein kann. Der sich selbst überlassene Markt liefert diese Information nicht dem Verbraucher, da weder Zigarettenhersteller noch andere Firmen durch die Übermittlung dieser Information ihren Profit steigern können. Darum war es Sache des Staates, die Firmen durch eine entsprechende Vorschrift zur Übermittlung dieser Information zu zwingen[10].

Ein ähnlicher Fall ist der Gebrauch von künstlicher Babynahrung in Regionen mit schlechter Wasserqualität, besonders in Entwicklungsländern. Da Babynahrung, wenn sie mit Wasser schlechter Qualität zubereitet wird, ein Risiko für die Gesundheit darstellt, wäre Muttermilch für Kinder in diesen Regionen normalerweise eine bessere Ernährung. Doch die Marktkonkurrenz zwingt die Hersteller von künstlicher Babynahrung keineswegs dazu, diese Information mit dem notwendigen Nachdruck den Müttern mit Kleinkindern in diesen Regionen mitzuteilen. Es ist darum falsch, hier ein individuelles Fehlverhalten von Firmen zu sehen, sondern die Ursache dafür liegt in dem System von Transaktionen, das man Markt nennt und das mit unsichtbarer Hand die Firmen zu einem solchen Verhalten zwingt. Wie im Fall der Gesundheitsrisiken des Rauchens ist eine Intervention des Staates, durch die die Übermittlung bestimmter Informationen zwingend vorgeschrieben wird, notwendig (und auch hinreichend), um das Problem zu lösen[11].

Doch nicht immer können die zum Versagen des Marktes führenden Informationsprobleme durch staatliche Regulierung gelöst werden. "Moral Hazard" in Versicherungsverträgen zum Beispiel kann der Staat durch Intervention nicht beseitigen. Allerdings kann man die durch "Moral Hazard" verursachten Ineffizienzen dadurch in Grenzen halten (wenn auch nicht gänzlich eliminieren), daß man eine Selbstbeteiligung des Versicherungsnehmers vorsieht. Das Problem zwischen Auftraggeber und besser informiertem Auftragnehmer (Principal-Agent-Problem) kann durch Überwachung oder durch geeignete Anreizstrukturen reduziert werden.

**Staatliche Regulierung**

Der Wirksamkeit staatlicher Regulierung sind dadurch Grenzen gesetzt, daß das Informationsdilemma auch in der Beziehung zwischen dem Staat und den von ihm regulierten Akteuren auftreten kann. Max Weber schon hat im Informationsvorsprung von Firmen gegenüber dem Staat die Ursache dafür gesehen, daß staatliche Regulierung oft versagt (1922/1980, S. 574): "*Schon deshalb ist die behördliche Beeinflussung des Wirtschaftslebens im kapitalistischen Zeitalter an so enge Schranken gebunden und entgleisen die Maßregeln des Staates auf diesem Gebiete so oft in unvorhergesehene und unbeabsichtigte Bahnen oder werden durch die überlegene Sachkenntnis der Interessenten illusorisch gemacht.*"

Die neuere sozialwissenschaftliche Forschung hat diese Sicht bestätigt. Noll und Owen (1983, S. 63) fassen die Erfahrungen in den Vereinigten Staaten mit folgenden Sätzen zusammen: "*Die Geschichte der Fernsehregulierung, der Genehmigung neuer Arzneimittel, der Standards für die Luftreinhaltung, und der Energieregulierung enthält viele Beispiele dafür, daß die Regulierenden die Industrie um Daten ersuchen, um auf dieser Grundlage ihre Entscheidungen vorzubereiten. Die Industriegruppen antworten mit unterschiedlicher Offenheit und Vollständigkeit auf diese Bitten, wie es ihre Interessen erfordern ... Viele Aussagen über die Wirkungen der Regulierung können (es sei denn, man dereguliert) nur verifiziert werden, wenn man Zugang zu Informationen hat, die in den Händen derer liegt, die ein Interesse daran haben, die Regulierung aufrecht zu erhalten. Aber Interessengruppen haben einen Anreiz, solche Informationen zurückzuhalten, die mit ihrer Position in Widerspruch stehen, und unvollständige oder verzerrte Informationen zu präsentieren, die ihre Ansichten unterstützen.*"

Das Informations-Handlungs-Diagramm (siehe Abbildung 2) kann problemlos auf die staatliche Regulierung angewandt werden und uns helfen, diese Einsicht zu präzisieren. Zum Zweck der Analyse können wir den Staat (hier die Regierung und die Bürger) als einen einzigen einheitlichen rationalen egoistischen Akteur verstehen. Dann bedeutet y die durch die Handlung des Staates herbeigeführte Änderung in der öffentlichen Wohlfahrt und $x$ die durch die Handlung des Staates herbeigeführte Änderung im Profit der regulierten Firma[12]. Jeder Punkt im Diagramm repräsentiert nun eine von der regulierten Firma an den Staat gegebene Information und die aufgrund dieser Information vom Staat vollzogene regulierende Handlung. Unter regulierender Handlung verstehe ich dabei nicht nur die Implementation einer bestehenden Regulierung, sondern darüber hinaus jede Änderung in der Regulierung, so daß meine Theorie sowohl auf die Einführung einer neuen Regulierung als auch auf die Reform der Regulierung und selbst auf Deregulierung angewandt werden kann.

Firmen, die der staatlichen Regulierung unterliegen, werden ihren Informationsvorsprung benutzen, um Handlungsoptionen im zweiten Quadranten vor dem Staat zu verbergen oder um sie dem Staat gegenüber als im Schwarzen Loch liegend darzustellen. Ferner werden sie Handlungsoptionen im vierten Quadranten fälschlicherweise als im Bereich des gegenseitigen Nutzens liegend beschreiben. Ihr Opportunismus wird der öffentlichen Wohlfahrt immer schaden. Während für alle Informations-Handlungs-Punkte im Bereich des normalen Handels die gesamte Wohlfahrt trotzdem zunimmt, nimmt sie im Bereich der schlechten Angebote ab. Im Bereich des Informations-Dilemmas ist das Ergebnis sogar für die regulierte Firma selbst suboptimal.

Die Regulierungstheorie von George Stigler (1971) bewegt sich innerhalb des vierten Quadranten und versucht Fehlentwicklungen bei der Regulierung als Staatsversagen zu erklären: Der Staat "verkauft" nach Stiglers Auffassung seine Regulierung gegen eine Bezahlung, die in private Taschen statt in den Staatssäckel wandert oder die in Wahlkämpfen verschleudert wird oder die weniger ist, als der Staat fordern könnte, oder die nicht ausreicht, um den Nachteil der Regulierung für die öffentliche Wohlfahrt auszugleichen.

Nun kann man nicht ausschließen, daß Firmen Nutzentransfers an Staatsbeamte, Politiker oder politische Parteien durchführen, um solche Änderungen in der Regulierung zu erreichen, die mit Wissen beider Seiten den Firmen nutzen und gleichzeitig die öffentliche Wohlfahrt mindern. Solche Transaktionen jedoch werden normalerweise vor der Öffentlichkeit geheimgehalten. In einem demokratischen System sind sie kaum vorstellbar unter der Bedingung, daß die Öffentlichkeit vollständig informiert ist. Darum setzt die Regulierungstheorie Stiglers eine asymmetrische Informationsverteilung innerhalb des politischen Systems voraus, und diese stellt ein Informationsdilemma dar, wenn immer sie zu einem pareto-ineffizienten Ergebnis führt.

Die Theorie des Informationsdilemmas dagegen zeigt auf, daß asymmetrische Information eine hinreichende Bedingung dafür sein kann, daß regulierende Maßnahmen des Staates fehlgehen, und darum Staatsversagen bei der Regulierung auch ohne Nutzentransfers der regulierten

Firmen an die Regulierer erklärt werden kann. Daraus folgt eine wichtige Konsequenz für die Theorie des Staatsversagens: Um Mißerfolge der Politik bei der Regulierung zu erklären, muß man nicht notwendigerweise ein Versagen oder sonst eine Unvollkommenheit innerhalb des politischen Systems annehmen[13]. Die Regierung kann sich wahrhaftig die öffentliche Wohlfahrt zum einzigen Handlungsziel machen und sie kann eine noch so vollkommene innere Struktur haben, doch wann immer sie bei der Politikformulierung von Informationen der regulierten Firmen abhängig ist, um die Wirkung dieser Politiken auf die öffentliche Wohlfahrt zu bewerten, kann sie dabei Politikergebnisse produzieren, die suboptimal aus der Sicht des Staates sind und zugleich suboptimal aus der Sicht der regulierten Firmen. Die Marktkonkurrenz zwingt die Firmen nicht, dem Staat gegenüber offen und wahrhaftig zu sein, sondern im Gegenteil sie zwingt sie dazu, durch selektive Information gegenüber dem Staat möglichst eine solche Regulierung zu erreichen, die sie besser stellt als ihre Konkurrenten.

Da selbst ein vollkommener Staat keine vollkommene Regulierung leisten kann, solange die regulierte Industrie über die Wirkungen der Regulierung besser informiert ist als der Staat selbst, gibt es in der realen Welt nur eine Wahl zwischen unvollkommener Regulierung, Deregulierung oder Verstaatlichung. Welche Alternative die beste ist, kann nicht theoretisch am Schreibtisch entschieden werden, sondern muß in der konkreten Realität, für jeden Teilbereich der Wirtschaft gesondert, durch Versuch und Irrtum herausgefunden werden. Dabei ist das Fehlgehen von Regulierung kein unabänderliches Datum, sondern Regulierung kann durch Lernprozesse verbessert werden (Levine 1981), insbesondere durch eine gesunde Skepsis gegenüber allen von regulierten Firmen gelieferten Informationen und durch ein verstärktes Heranziehen von unabhängiger Politikanalyse.

### Hierarchische Organisation

Ökonomische Analysen der hierarchischen Organisation gehen hauptsächlich der Frage nach, wie Untergebene davon abgehalten werden können, sich vor der Arbeit zu drücken (shirking) und konzentrieren sich darum auf Probleme der Überwachung und Kontrolle (Miller 1977,

Jensen 1983, Moe 1984). Die Theorie des Informationsdilemmas weist darauf hin, daß es noch ein anderes Problem gibt: Entscheidungen einer Organisation zwischen mehreren Handlungsalternativen sind oft von Informationen abhängig, die von Mitgliedern der Organisation geliefert werden, und diese können dadurch das Handeln der Organisation in eine Richtung lenken, die ihren eigenen persönlichen Interessen entgegenkommt, selbst wenn sie dabei den Interessen der Organisation schaden. Durch selektive Weitergabe von Information kann ein Organisationsmitglied das Handeln seiner Vorgesetzten beeinflussen, und aus der Theorie des Informationsdilemmas folgt, daß eine solche Situation ein wirkliches Dilemma darstellen kann.

Man denke zum Beispiel an eine Ingenieurin, der die Verantwortung für das Lieblingsprojekt der Firmenchefin übertragen wurde und die zu irgendeinem Zeitpunkt auf den Gedanken kommt, das Projekt könnte ein Fehlschlag werden. Dann könnte man denken, es sei ihre Pflicht, der Chefin zu offenbaren, was sie denkt, so daß diese entscheiden kann, ob das Projekt fortgesetzt oder beendet wird. Aber was geschieht, wenn die Chefin die Ansicht der Ingenieurin nicht akzeptiert und entscheidet, daß das Projekt weitergeführt wird? Wird die Chefin dann ihr Lieblingsprojekt von jemandem managen lassen, der denkt, es werde ein Flop? Wenn die Ingenieurin glaubt, daß die Antwort auf diese Frage "Nein" lautet und daß sie dann auf ein weniger wichtiges Projekt oder eine weniger anspruchsvolle Aufgabe abgeschoben wird, dann ist es in ihrem Interesse, nichts zu sagen. Hier liegt ein wirkliches Dilemma vor. Stellen Sie sich vor, Sie wären die Chefin. Würden Sie dann einer Ingenieurin ein Projekt übertragen, die nicht an dessen Erfolg glaubt? Stellen Sie sich vor, Sie wären die Ingeneurin. Würden Sie dann die Chefin wissen lassen, daß Sie nicht an den Erfolg des Projekts glauben?

Sicher wäre die Ingenieurin schlecht beraten, objektive Informationen, die sie von Untergebenen oder Auftragnehmern erhalten hat, der Chefin vorzuenthalten, da diese Art von opportunistischem Verhalten wahrscheinlich entdeckt und dann entsprechend sanktioniert werden würde. Aber wenn sie sich entscheidet, diese Informationen so zu interpretieren, daß ein Konflikt mit der Chefin vermieden wird, oder wenn sie ihre Einstellung zu dem Projekt falsch darstellt und heuchelt, von dem Projekt begeistert zu sein, während sie es in Wirklichkeit mit großer Skepsis betrachtet, dann ist keine besondere Fähigkeit erforderlich, um dieses opportunistische Verhalten unbeobachtbar zu halten.

In jeder hierarchischen Organisation werden Informationen durch diesen Mechanismus blockiert, und darum erreichen viele Informationen nicht die Organisationsleitung, obwohl sie für deren Entscheidungen relevant wären. Vorgesetzte, die gut informiert sein möchten, müssen darum vermeiden, so zu handeln, daß Informationen, die ihnen mitgeteilt werden, explizit oder auch nur stillschweigend sanktioniert werden. Doch nicht immer sind sie in der Lage, dies zu vermeiden, oder selbst dann, wenn sie es vermeiden können, können sie nicht immer ihren Untergebenen die Sicherheit vermitteln, daß es keine Sanktion geben wird.

**Politik**

Das Informationsdilemma tritt auch zwischen Akteuren innerhalb des politischen Systems auf. Ein klassisches Thema ist der Informationsvorsprung der Verwaltungsbürokratie gegenüber Regierung und Parlament. Max Weber (zum Beispiel 1922/1980, S. 572) hat bereits das spezialisierte Fach- und Tatsachenwissen der Bürokratie als Grundlage ihrer Macht beschrieben. Neuere Bürokratietheorien konzentrieren sich hauptsächlich auf den Informationsvorsprung der Bürokratie hinsichtlich ihrer (analog zur Firma verstandenen) Produktionskosten (Niskanen 1971, Spencer 1982, Miller/Moe 1983, Bendor et al. 1985). Da normalerweise nur ein Bruchteil des Budgets direkt in persönlichen Nutzen für die Bürokraten umgesetzt wird (Migué/Bélanger 1974), steckt in diesen Modellen ein Informationsdilemma: Sowohl die Gesetzgeber als auch die Bürokraten würden sich besser stellen, wenn die Bürokraten ihre Information offenbarten und die Gesetzgeber sie entsprechend belohnten.

Die Theorie des Informationsdilemmas legt jedoch den Gedanken nahe, daß die Manipulation der Nachfrage des Gesetzgebers nach den Leistungen einer Bürokratie mindestens ebenso wichtig sein kann wie die Manipulation der Information über die Produktionskosten. Die übertriebene

Darstellung des Nutzens, den der Staat durch die Aktivitäten einer Bürokratie erhält, ist eine weitverbreitete Erscheinung im politischen Alltag, ebenso das Herabspielen der Kosten und der nachteiligen Wirkungen.

Ein Informationsdilemma kann auch zwischen dem Staat und den Firmen (seien sie privatwirtschaftlich oder staatlich) bestehen, die dem Staat irgendwelche Inputs für die Produktion öffentlicher Güter liefern. Firmen wissen oft mehr über den Nutzen eines Projekts für den Staat als dieser selbst. Wenn sie erwarten, daß das Projekt als nutzloser "Weißer Elefant" enden wird, oder wenn sie sehen, daß der Staat eine größere Menge von einem Gut kauft als für ihn optimal wäre ist es nicht in ihrem eignen Interesse, ihr wahres Urteil zu offenbaren (Keck 1981/1984 und 1988a).

Als weiteres Beispiel für ein Informationsdilemma in der Politik könnte man an eine Parteiführung in einem Zwei-Parteien-System denken, die sich bewußt ist, daß in der Öffentlichkeit völlig falsche Vorstellungen über den Nutzen eines Projekts oder über die Konsequenzen irgendeiner Politik bestehen. Wenn sie versucht, diese falschen Vorstellungen zu korrigieren, kann sie möglicherweise Steuergelder sparen, aber sie riskiert dabei, bei der nächsten Wahl die Stimmenmehrheit zu verlieren. Die von technischen und ökonomischen Realitäten völlig abgehobene Begeisterung für die Kernenergie in den fünfziger und sechziger Jahren wäre ein Beispiel für eine solche in der Öffentlichkeit bestehende Fehlperzeption, die gegenüber entgegenlaufenden Informationen sehr widerständig war[14].

Man kann auch an die Entscheidung eines Parlamentsmitgliedes denken, wenn es in der Fraktion darum geht, die Position zu einem aus öffentlichen Mitteln finanzierten Projekt festzulegen, und das Parlamentsmitglied persönlich überzeugt ist, daß dieses Projekt nutzlos ist. Fraktionsmitglieder, für deren Wahlkreis das Projekt Arbeitsplätze oder sonst einen Nutzen bringt, sind in einem Informationsdilemma: Wenn sie ihre persönliche Meinung offenbaren, schaden sie damit ihrem Wahlkreis und beeinträchtigen damit die Chance, wiedergewählt zu werden. Es wäre naiv zu erwarten, daß Politiker sich durch eine solche Bewertung davon abhalten lassen, für das Projekt zu stimmen. Aber auch die anderen Fraktionsmitglieder sind in einem Informationsdilemma: Sie stehen vor der Entscheidung, entweder gegen das Projekt zu stimmen oder sich ihre Zustimmung zu dem Projekt von einem seiner Befürworter abhandeln zu lassen gegen dessen Unterstützung bei einer anderen Entscheidung, die ihren eigenen Wahlkreis betrifft[15]. Wenn sich ein Parlamentsmitglied in der Öffentlichkeit gegen das Projekt ausspricht, kann es sich damit die Möglichkeit verderben, Unterstützung für die Projekte zu sammeln, die für seinen eigenen Wahlkreis wichtig sind. Im Extremfall ist nicht auszuschließen, daß individuell rationales Verhalten dazu führt, daß ein ganzes Parlament für ein Projekt stimmt, das alle als nutzlos betrachten.

**Die (manchmal unsichtbaren) Rationalitätsfallen der unsichtbaren Hand**

In der antiken Welt soll es den Brauch gegeben haben, den Überbringer schlechter Nachrichten zu töten. In der modernen Welt sollen die Bräuche etwas zivilisierter geworden sein, aber das Problem besteht immer noch, daß viele Botschaften Nachteile für die mit sich bringen, die sie übermittelt. Darum werden Informationen in vielen Situationen zurückgehalten oder nur verzerrt weiter gegeben. In vielen Fällen könnten beide, die Informationsinhaberin und die Empfängerin, besser gestellt werden, wenn der Informationsinhaberin ihre Information korrekt offenbaren würde und wenn die Empfängerin davon absehen würde, aufgrund dieser Information in einer Weise zu handeln, die der Informationsinhaberin schadet.

Im wirklichen Leben können sich Akteurinnen manchmal die Laune erlauben, gegen ihre eigenen Interessen zu handeln und eine Information herauszulassen, wenn sie über eine Information im Bereich des Informationsdilemmas verfügen, oder eine Belohnung zu zahlen, wenn sie eine solche Information erhalten. Aber sie können dies nur so lange tun, als der daraus resultierende Wohlfahrtsverlust so gering ist, daß er ihr Überleben in ihrer jeweiligen Position nicht gefährdet. Je härter die Konkurrenz ist, der Akteurinnen ausgesetzt sind, umso weniger können sie es sich leisten, gegen ihre eigenen Interessen zu handeln, da die

Konkurrenz sie aus dem System, in dem sie sich befinden, hinausdrängen würde. Konkurrenz gibt es in vielen Bereichen, nicht nur auf Märkten, sondern auch in hierarchischen Organisationen und in der Politik. Die unsichtbare Hand wirkt auch hier, und wie im Markt kann sie die Akteurinnen in eine Situation zwingen, in der rationales individuelles Handeln zu einem Ergebnis führt, das für alle Beteiligten suboptimal ist.

Manchmal ist sich die potentielle Empfängerin einer Information gar nicht dessen bewußt, daß eine Informationsasymmetrie besteht. Dann kann es zu gesellschaftlich ineffizienten Situationen kommen, die als solche für einen Teil der Beteiligten gar nicht sichtbar sind und über die die anderen Beteiligten nicht reden können, weil sie sich im Informationsdilemma befinden. Solche Situationen sind umso stabiler, je mehr die unsichtbare Hand die Akteure zu rationalem egoistischen Verhalten zwingt.

Völlige Offenheit zu fordern ist keine generelle Lösung der hier beschriebenen Informationsprobleme. Erstens gibt es im Informations-Handlungs-Raum (siehe Abbildung 2) auch den Bereich der pareto-effizienten Geheimhaltung. Zweitens ist diese Forderung dort, wo generelle Offenheit eine Verbesserung für alle bringen würde, oft schlicht nicht durchzusetzen: was eine Akteurin weiß oder denkt, weiß oft nur sie selbst. Die Neue Institutionelle Ökonomie hat ein Forschungsprogramm etabliert, das institutionelle Regelungen in Marktprozessen erklärt als Gegenstrategien gegen die aus der Ausnutzung von Informationsvorteilen entstehenden Wohlfahrtsverluste (Williamson 1975, 1985). Die Theorie des Informationsdilemmas ermöglicht es, dieses Forschungsprogramm auf weitere Bereiche zu erweitern. Die Analyse und das Design von Institutionen und Politiken kann verbessert werden und unsere Wohlfahrt, individuell und kollektiv, kann erhöht werden, wenn wir die Dilemmasituationen identifizieren, in denen die unsichtbare Hand viele Informationen blockiert hält, und Strategien und Institutionen entwickeln, damit besser umzugehen.

**Anhang: Das Informations-Spiel mit asymmetrischer Information über den Nutzen einer Handlung für die Empfängerin**

In diesem Anhang soll gezeigt werden, daß ein Vertrag zwischen Senderin und Empfängerin das Informationsdilemma nicht beseitigt, wenn die Empfängerin auf Informationen der Senderin angewiesen ist, um den Wert von Handlungen für sie selbst ($y$ im formalen Modell) beurteilen zu können. Dabei sind zwei Fälle zu unterscheiden: [1] die Empfängerin ist für die Beurteilung von $x$ und $y$ von der Senderin abhängig; [2] die Empfängerin ist nur für die Beurteilung von $y$ von der Senderin abhängig und kann sich über den Wert von $x$ ein eigenständiges Urteil bilden.

Betrachten wir zunächst den Fall, daß die Empfängerin sowohl für die Beurteilung von $y$, als auch von $x$ auf Informationen der Senderin angewiesen ist. Die gesamte Ressourcenausstattung der Empfängerin sei mit $Y$ bezeichnet. Dann kann die Senderin im einmal gespielten Informa- tions-Spiel der Empfängerin vormachen, daß eine Handlungsoption durch die Werte $x^* > -Y-y$ und $y^* > -x^*$ charakterisiert ist, falls die Handlungsalternative in Wirklichkeit irgendwo oberhalb der x-Achse liegt, oder durch die Werte $x^* > -Y$ und $y^* > -x^*$, falls die Handlungsalternative in Wirklichkeit irgendwo auf oder unterhalb der x-Achse liegt. Dann verliert die Empfängerin alles, was sie hat.

Verläßt sich die Empfängerin für ihr Urteil über den Wert von $y$ auf die Senderin (kann aber den Wert von $x$ unabhängig von der Senderin beurteilen), dann kann man die Situation in folgender Weise modellieren (siehe Abbildung A1). Im ersten Zug entscheidet die Empfängerin, ob sie Informationen überhaupt nicht belohnt (Zug A) oder ob sie folgende bindende Verpflichtungen eingeht (Zug B): Wenn eine Handlungsoption nach Angaben der Senderin im Bereich der pareto-optimalen Geheimhaltung liegt, wird sie diese nicht realisieren; wenn sie eine Handlung ausführt, die nach Angabe der Senderin im Bereich des Informationsdilemmas liegt, wird sie der Senderin eine Belohnung $b$ zahlen, so daß $x + b > 0$; wenn eine Handlungsoption nach Angabe der Senderin im Bereich der schlechten Angebote liegt und sie, die Empfängerin, daraufhin von der Realisierung dieser Handlungsoption absieht, wird sie der Senderin eine Belohnung *b* zahlen, die über dem Nutzen liegt, den die Senderin gehabt hätte, wenn die Empfängerin diese Handlungsoption realisiert hätte, also $b > 0$ .

**Abbildung A1: Extensive Form des Informations-Belohnungs-Spiels (mit asymmetrischer Information über den Nutzen der Empfängerin)**

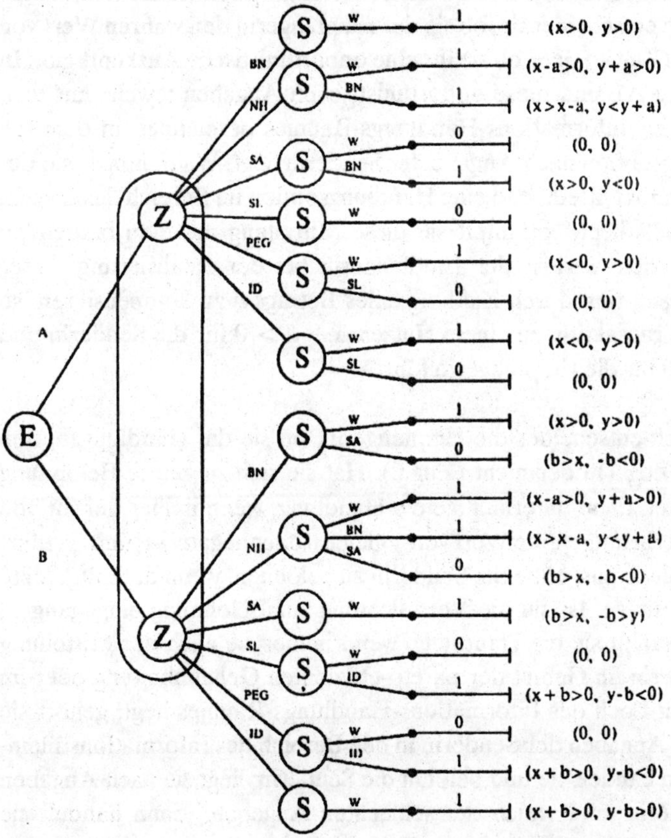


Soll sich die Verpflichtung zur Belohnung für die Empfängerin lohnen, dann muß jedoch im Informationsdilemma die Belohnung kleiner sein als $y$ , so daß $y - b > 0$ . Im Bereich der schlechten Angebote muß die Belohnung kleiner sein als der Betrag des Verlusts, den die Empfängerin erlitten hätte, wenn sie die Handlungsoption realisiert hätte, so daß $b < |y|$ .

Der zweite Zug wird von einem Zufallsmechanismus durchgeführt, der (unabhängig vom ersten Zug) die Senderin darüber informiert, welchen Nutzen eine bestimmte Handlungsoption für die Empfängerin hat. In Abbildung A1 wird angegeben, in welchem Bereich des Informations-Handlungs-Raumes die Handlungsoption liegt. Die entsprechenden Abkürzungen verstehen sich von selbst. Sodann informiert die Senderin die Empfängerin über den Nutzen der Handlungsoption für die Empfängerin. Dabei entscheidet sie, ob sie der Empfängerin den wahren Wert von $y$ mitteilt (Zug w) oder ob sie ihr eine opportunistische Auskunft gibt. In Abbildung A1 sind diese opportunistischen Angaben jeweils mit dem Bereich des Informations-Handlungs-Raumes bezeichnet, in dem die Handlungsoption nach Angabe der Senderin liegt. Wann immer sie der Empfängerin mitteilt, daß eine Handlungsoption im Bereich des normalen Handels liegt, verknüpft sie diese Mitteilung mit dem bindenden Angebot, den Verlust der Empfängerin bei der Realisierung dieser Handlungsoption durch Zahlung eines Betrags $a$ zu kompensieren, so daß die Transaktion zu einem Nutzen $x - a > 0$ für die Senderin und $y + a > 0$ für die Empfängerin führt.

Schließlich entscheidet die Empfängerin, ob sie die Handlungsoption ergreift (Zug 1) oder nicht (Zug 0). Hat sie sich zu keiner Belohnung verpflichtet, dann unterläßt sie die Handlung, wenn immer der ihr von der Senderin mitgeteilte Wert von $y$ gleich 0 oder negativ ist; und sie führt die Handlung aus, ohne die Senderin zu belohnen, wenn der mitgeteilte Wert positiv ist. Ist sie die Verpflichtung zur Belohnung eingegangen, dann unterläßt sie die Handlung, wenn immer sie nach der Mitteilung der Senderin im Gebiet der pareto-effizienten Geheimhaltung oder im schwarzen Loch des Informations-Handlungs-Raumes liegt; gehört sie nach den Angaben der Senderin in den Bereich des Informationsdilemmas, dann handelt sie und belohnt die Senderin; liegt sie nach Angaben der Senderin im Bereich der schlechten Angebote, dann handelt sie nicht, belohnt aber die Senderin dafür, daß sie sie von einer für schädlichen Handlung abgehalten hat. In Abbildung A1 wird nur eine reduzierte extensive Form des Spielbaums dargestellt: Manche dominierten Züge, bei denen für die Entscheidende offensichtlich ist, daß sie nicht in ihrem Interesse sind, wurden weggelassen.

Die Auszahlungen sind folgende. Betrachten wir zunächst den Fall, daß die Empfängerin keine Verpflichtung eingeht (Zug A). Fällt eine Handlungsoption in den Bereich des beiderseitigen Nutzens (BN), dann ist es im eigenen Interesse der Senderin, der Empfängerin die Wahrheit zu sagen (Zug w). Die Empfängerin wird die Handlungsoption realisieren (Zug 1) und die Auszahlung wird $x > 0$ für die Senderin und $y > 0$ für die Empfängerin sein. Die Senderin kann ihren Nutzen nicht verbessern, indem sie der Empfängerin sagt, die Handlungsoption liege im Bereich des normalen Handelns oder im Bereich der schlechten Angebote.

Fällt die Handlungsoption in den Bereich des normalen Handels (NH), dann wird die Empfängerin die Handlungsoption realisieren, wenn die Senderin den wahren Wert von $y$ mitteilt und damit das verbindliche Angebot verknüpft, der Empfängerin eine Summe $a > |y|$ zu zahlen. Die Auszahlung wäre dann $x - a > 0$ für die Senderin und $y + a > 0$ für die Empfängerin. Die Senderin hat jedoch einen Anreiz, opportunistisch zu handeln und der Empfängerin mitzuteilen, die Handlungsoption liege im Bereich des beiderseitigen Nutzens. Dann wird die Empfängerin sie realisieren, ohne daß die Senderin ihr eine Kompensation zahlen muß. Die Senderin erhält in diesem Fall die Auszahlung $x$, die größer ist als $x - a$ ; die Empfängerin erhält die Auszahlung $y$, die dann kleiner ist als $y + a$ .

Fällt die Handlungsoption in den Bereich der schlechten Angebote (SA) und sagt die Senderin die Wahrheit, dann führt die Empfängerin sie nicht aus, und die Auszahlung für beide Spielerinnen ist 0. Allerdings hat die Senderin die Möglichkeit, ihren Nutzen zu verbessern, indem sie der Empfängerin mitteilt, die Handlungsoption liege im Bereich des beiderseitigen Nutzens. Die Empfängerin führt dann die Handlung aus. Die Auszahlung für die Empfängerin ist $x > 0$ und für die Empfängerin $y < 0$.

Bei Handlungsoptionen im Bereich des schwarzen Lochs (SL) hat die Senderin keinen Anreiz zum Opportunismus. Sagt sie die Wahrheit, dann wird die Empfängerin die Handlungsoption nicht realisieren, was im beiderseitigen Interesse ist. Teilt die Senderin der Empfängerin mit, die Handlungsoption liege im Bereich der pareto-effizienten Geheimhaltung oder im Bereich des Informationsdilemmas, dann würde die Empfängerin sie realisieren, was jedoch gegen das Interesse der Senderin wäre.

Im Bereich der pareto-effizienten Geheimhaltung (PEG) und im Bereich des Informationsdilemmas (ID) muß die Senderin damit rechnen, daß die Empfängerin handelt, wenn sie dieser den wahren Wert von $y$ mitteilt. Dann wäre die Auszahlung $x < 0$ für die Senderin und $y > 0$ für die Empfängerin. Die Senderin stellt sich also besser, wenn sie der Empfängerin sagt, daß die Handlungsoption im schwarzen Loch liegt. Dann wird diese sie nicht realisieren und die Auszahlung für beide Spielerinnen ist 0.

Beschreiben wir nun die Auszahlungen für den Fall, daß die Empfängerin die oben beschriebene Verpflichtung zur Belohnung eingeht (Zug B). Fällt die Handlungsoption in den Bereich des beiderseitigen Nutzens und sagt die Senderin die Wahrheit, dann führt die Empfängerin die Handlung aus, und die Auszahlungen sind $x > 0$ für die Senderin und $y > 0$ für die Empfängerin. Die Senderin kann sich jedoch besser stellen, indem sie sagt, die Handlungsoption liege im Bereich der schlechten Angebote. Dann verzichtet die Empfängerin darauf, sie zu realisieren und belohnt die Senderin für ihre Information. Die Senderin erhält die Auszahlung $b > x$, die Empfängerin die Auszahlung $-b$. Diese hält die Empfängerin immer noch für besser als den vermeintlichen Verlust, den ihr nach Angaben der Senderin die Realisierung dieser Handlungsoption einbrächte.

Fällt die Handlungsoption in den Bereich des normalen Handels und sagt die Senderin die Wahrheit (und verbindet sie damit das Angebot, eine Kompensation $a$ zu zahlen), dann realisiert die Empfängerin die Handlungsoption, und die Auszahlung ist für die Senderin $x - a > 0$ und für die Empfängerin $y + a > 0$. Die Senderin stellt sich aber besser, wenn sie sich opportunistisch verhält und der Empfängerin mitteilt, die Handlungsoption liege im Bereich des beiderseitigen Nutzens. Dann führt die Empfängerin die Handlung aus, ohne daß die Senderin eine Kompensation anbieten muß. Die Auszahlung ist dann $x > x - a$ für die Senderin und $y < y + a$ für die Empfängerin. Noch besser ist die Auszahlung, wenn die Senderin der Empfängerin sagt, die Handlungsoption liege im Bereich der schlechten Angebote. Dann verzichtet die Empfängerin darauf, sie zu realisieren und zahlt der Senderin die Belohnung $b$, welche größer ist als $x$. Die Empfängerin selbst hat die Auszahlung $-b$, welche schlechter ist als $y$.

Bei einer Handlungsoption im Bereich der schlechten Angebote erhält die Senderin eine Belohnung, sofern sie die Wahrheit sagt. Die Auszahlungen sind dann $b > x$ für die Senderin und $-b > y$ für die Empfängerin. Die Senderin hat keinen größeren Nutzen, wenn sie sich opportunistisch verhält und sagt, die Handlungsoption liege im Bereich des beiderseitigen Nutzens. Dann würde die Handlungsoption von der Empfängerin realisiert, und die Senderin würde nur die Auszahlung $x$ erhalten.

Im Bereich des schwarzen Loches sind die Auszahlungen für beide Spielerinnen gleich 0, wenn die Senderin die Wahrheit sagt. Opportunistisches Verhalten würde sich für die Senderin lohnen, wenn sie der Empfängerin angibt, die Handlungsoption liege im Bereich des Informationsdilemmas. Dann führt die Empfängerin die Handlung aus und bezahlt der Senderin eine Belohnung, so daß diese die Auszahlung $x + b > 0$ und sie selbst die Auszahlung $y - b < 0$ erhält.

Ähnlich ist die Situation im Bereich der pareto-effizienten Geheimhaltung. Sagt die Senderin die Wahrheit, dann ist für beide Spielerinnen die Auszahlung gleich 0, denn die Empfängerin ist in diesem Fall verpflichtet, die Handlungsoption nicht zu realisieren. Die Senderin kann aber eine bessere Auszahlung erhalten, wenn sie sich opportunistisch verhält und der Empfängerin angibt, die Handlungsoption liege im Bereich des Informationsdilemmas. Dann führt die Empfängerin die Handlung aus und bezahlt der Senderin eine Belohnung, so daß diese die Auszahlung $x + b > 0$ und sie selbst die Auszahlung $y - b < 0$ erhält.

Bei einer Handlungsoption im Bereich des Informationsdilemmas hat die Senderin keinen Anreiz, sich opportunistisch zu verhalten, da die Empfängerin sich ja verpflichtet hat, ihr eine Belohnung zu zahlen. Die Auszahlung beträgt $x + b > 0$ für die Senderin und $y - b > 0$ für die Empfängerin.

**Tabelle A1**: Strategien der Senderin im Informations-Belohnungs-Spiel mit asymmetrischer Information über den Nutzen der Empfängerin

| | Empfängerin: keine Verpflichtung | | | | | | Empfängerin: Verpflichtung | | | | | |
|---|---|---|---|---|---|---|---|---|---|---|---|---|
| Bereich | BN | NH | SA | SL | PEG | ID | BN | NH | SA | SL | PEG | ID |
| Totale Wahrheit | W | W | W | W | W | W | W | W | W | W | W | W |
| Begrenzte Wahrheit | W | W | W | W | SL | W | W | W | W | W | W | W |
| Begrenzter Opportunismus | W | BN | W | W | SL | W | W | BN | W | W | W | W |
| Totaler Opportunismus | W | BN | BN | W | SL | SL | SA | SA | W | ID | ID | W |

Die Analyse der Normalform des Spiels kann sich auf einige ausgewählte Strategien beschränken. Für die Senderin untersuche ich die in Tabelle A1 aufgeführten Strategien. Die Strategie der totalen Wahrheit ist der Plan, immer die Wahrheit zu sagen. Als begrenzte Wahrheit bezeichne ich eine Strategie, in der die Senderin nur dann etwas anderes als die Wahrheit sagt, wenn die Wahrheit zu einer Verringerung des Gesamtnutzens führen würde. Konkret führt diese Strategie dazu, daß die Senderin immer die Wahrheit sagt, es sei denn, die Empfängerin verpflichte sich nicht zur Belohnung und eine Handlungsoption liege im Bereich der pareto-effizienten Geheimhaltung. In diesem Fall teilt sie der Empfängerin mit, daß die Handlungsoption im schwarzen Loch liegt. Als begrenzten Opportunismus bezeichne ich einen Handlungsplan, nach dem die Senderin sich nur dann opportunistisch verhält, wenn dies ohne Verringerung des Gesamtnutzens möglich ist. Wenn die Empfängerin sich nicht zur Belohnung verpflichtet, dann sagt sie bei Handlungsoptionen im Bereich der pareto-effizienten Geheimhaltung, sie lägen im schwarzen Loch. Gleichgültig, ob die Empfängerin sich zu einer Belohnung verpflichtet oder nicht, im Bereich des normalen Handels teilt sie der Empfängerin mit, die Handlungsoption liege im Bereich des beiderseitigen Nutzens und verleitet diese dazu, die Handlungsoption zu realisieren, ohne daß sie deren Verlust kompensieren muß. Als totalen Opportunismus schließlich bezeichne ich den Handlungsplan, immer dann etwas anderes als die Wahrheit zu sagen, wenn dieses den eigenen Interessen nützt.

Aus der Normalform des Spiels (siehe Tabelle A2) geht hervor, daß für die Senderin die Strategie des totalen Opportunismus die anderen Strategien dominiert. Die Empfängerin kann ihre Überlegungen also auf diese Strategie konzentrieren. In den Bereichen des Informationsdilemmas und der schlechten Angebote wäre es für die Empfängerin besser, eine Verpflichtung zur Belohnung einzugehen. In den anderen Bereichen hat jedoch eine solche Verpflichtung einen perversen Effekt: Sie erhöht den Anreiz zum Opportunismus und verschlechtert die Auszahlungen für die Empfängerin.

Da die Empfängerin nicht a priori weiß, wie die Handlungsoptionen im Informations-Handlungs-Raum verteilt sind, kann sie a priori auch nicht mit Sicherheit sagen, ob es nicht doch besser für sie wäre, eine Verpflichtung zur Belohnung einzugehen. Doch diese Verpflichtung birgt ein großes Risiko. Betrachten wir die beiden Gebiete rechts und links der y-Achse jeweils für sich, und nehmen wir an, daß die Senderin ihre dominante Strategie spielt.

Auf dem Gebiet rechts von der y-Achse muß sich die Empfängerin klar darüber sein, daß sie ohne Verpflichtung zur Belohnung nur im vierten Quadranten einen Wohlfahrtsverlust erleidet, mit einer solchen Verpflichtung dagegen muß sie im ersten und im vierten Quadranten Wohlfahrtsverluste erwarten. Sie hat also die Wahl zwischen einem Spiel, in dem sie die Chance hat, wenigstens in einem Teilbereich ihre Wohlfahrt zu verbessern, und einem anderen Spiel, bei dem sie auf jeden Fall ihre Wohlfahrt verschlechtern wird. Ein rationale Akteurin wird das erstere vorziehen.

**Tabelle A2**: Normalform des Informations-Belohnungs-Spiels mit asymmetrischer Information über den Nutzen der Empfängerin

| | | Empfängerin | |
|---|---|---|---|
| | | **Keine Verpflichtung** | **Verpflichtung** |
| | BN | $x>0,\ y>0$ | $x>0,\ y>0$ |
| | NH | $x-a>0,\ y+a>0$ | $x-a>0,\ y+a>0$ |
| Totale Wahrheit | SA | 0, 0 | $b>x,\ -b<0$ |
| | SL | 0, 0 | 0, 0 |
| | PEG | $x<0,\ y>0$ | 0, 0 |
| | ID | $x<0,\ y>0$ | $x+b>0,\ y-b<y$ |
| | BN | $x>0,\ y>0$ | $x>0,\ y>0$ |
| | N | $x-a>0,\ y+a>0$ | $x-a>0,\ y+a>0$ |
| Begrenzte Wahrheit | SA | 0, 0 | $b>x,\ -b<0$ |
| | SL | 0, 0 | 0, 0 |
| | PEG | 0, 0 | 0, 0 |
| | ID | $x<0,\ y>0$ | $x+b>0,\ y-b<y$ |
| Senderin | | | |
| | BN | $x>0,\ y>0$ | $x>0,\ y>0$ |
| Begrenzter Opportunismus | NH | $x>x-a,\ y<y+a$ | $x>x-a,\ y<y+a$ |
| | SA | 0, 0 | $b>x,\ -b<0$ |
| | SL | 0, 0 | 0, 0 |
| | PEG | 0, 0 | 0, 0 |
| | ID | $x<0,\ y>0$ | $x+b>0,\ y-b<y$ |
| | BN | $x>0,\ y>0$ | $b>x,\ -b<0$ |
| Totaler Opportunismus | NH | $x>x-a,\ y<0$ | $b>x,\ -b<y$ |
| | SA | $x>0,\ y<0$ | $b>x,\ -b>y$ |
| | SL | 0, 0 | $x+b>0,\ y-b<0$ |
| | PEG | 0, 0 | $x+b>0,\ y-b<0$ |
| | ID | 0, 0 | $x+b>0,\ y-b>0$ |

Links von der y-Achse ist ohne Informationsvertrag bei allen Handlungsoptionen die Auszahlung für die Empfängerin gleich 0. Mit einem Informationsvertrag erhält sie im schwarzen Loch und im Gebiet der pareto-effizienten Geheimhaltung eine negative Auszahlung und im Bereich des Informationsdilemmas eine positive Auszahlung. Die Empfängerin hat also letztlich die Wahl, ob sie ein riskantes Spiel eingeht, bei dem sie möglicherweise mehr verliert als sie gewinnt, oder ob sie das Informationsdilemma bewußt als eine Minimax-Strategie eingeht, die ihre maximalen Verluste minimiert. Sie ist in einer Situation, in der sie den unbekannten Nutzen der Handlungsoptionen im Bereich des Informationsdilemmas eintauscht gegen die Sicherheit, daß ihre Wohlfahrt sich nicht verschlechtert. Dies scheint eine weise Entscheidung zu sein.

Ein weiterer Grund für diese Entscheidung ergibt sich daraus, daß ein Informationsvertrag einen Anreiz für die Senderin schafft, nach Handlungsoptionen zu suchen, die im Bereich des Informationsdilemmas liegen. Dabei entsteht jedoch das zusätzliche Problem, daß dann, wenn die Empfängerin für die Einschätzung von *y* auf Informationen der Senderin angewiesen ist, ein solcher Vertrag auch einen perversen Anreiz schafft, Handlungsoptionen unterhalb der Pareto-Linie zu identifizieren. Der Vertrag wird also die Senderin veranlassen, nach Handlungsmöglichkeiten unterhalb der Pareto-Linie zu suchen. Zusätzliche Handlungsoptionen unterhalb der Pareto-Linie sind viel leichter zu finden als zusätzliche Handlungsoptionen im Bereich oberhalb der Pareto-Linie. Wenn die Senderin in die Suche nach Handlungsoptionen unterhalb der Pareto-Linie investiert, kann sie damit rechnen, aufgrund des Informationsvertrags so hohe Nutzentransfers von der Empfängerin zu erhalten, so daß sich diese Investition lohnt. Doch diese Investition trägt nichts zum Gesamtnutzen bei, sondern reduziert den Gesamtnutzen um genau den Betrag, der investiert wird. Überdies setzt sich die Empfängerin mit dem Informationsvertrag selbst unter Druck, zusätzliche Handlungsmöglichkeiten unter der Pareto-Linie zu identifizieren, um die Belohnung, die sie an die Senderin zu zahlen hat, möglichst klein zu halten. Soweit diese Suche Kosten hat, reduziert auch sie den Gesamtnutzen. Der Informationsvertrag setzt also eine Dynamik in Gang, die der Empfängerin schadet.

Man könnte daran denken, den Informationsvertrag zu verbessern in der Weise, daß die Empfängerin eine größere Belohnung $b' > b$ zahlt, um die Senderin davon abzuhalten, Handlungsoptionen in den Bereichen der pareto-effizienten Geheimhaltung und des schwarzen Lochs als im Bereich des Informationsdilemmas liegend darzustellen und Handlungsoptionen in den Bereichen des beiderseitigen Nutzens und des normalen Handels als im Bereich der schlechten Angebote liegend zu präsentieren. Doch wenn die Empfängerin diese größere Belohnung zahlt, um die Senderin von diesen Manövern abzuhalten, dann setzt sie zugleich für die Senderin einen Anreiz, Handlungsoptionen im Bereich des Informationsdilemmas nun als im Bereich des schwarzen Lochs oder der pareto-effizienten Geheimhaltung liegend darzustellen und Handlungsoptionen in den Bereichen der schlechten Angebote und des normalen Handels als im Bereich des beiderseitigen Nutzens liegend zu präsentieren.

Bei einem solchen verbesserten Informationsvertrag ist die Empfängerin schlechter gestellt als ohne jeden Informationsvertrag. Da die Senderin nun Handlungsoptionen im Bereich des Informationsdilemmas in irreführender Weise als im Bereich des schwarzen Lochs oder im Bereich der pareto-effizienten Geheimhaltung liegend darstellt, wird die Empfängerin davon abgehalten, diese Handlungsoptionen zu realisieren. Links von der y-Achse zahlt sie nun für jede Handlungsoption die größere Belohnung $b'$ an die Senderin. Von Handlungsoptionen im Bereich des Informationsdilemmas hat sie also denselben direkten Nutzen wie ohne Informationsvertrag, nämlich keinen, nur muß sie bei einem verbesserten Informationsvertrag für jede Handlungsoption links von der y-Achse der Senderin die Belohnung $b'$ zahlen.

Ebenso rechts von der y-Achse zahlt die Empfängerin nun für alle Handlungsoptionen die größere Belohnung $b'$, da die Senderin nun alle Handlungsoptionen unterhalb der x-Achse als im Bereich des beiderseitigen Nutzens liegend darstellt. Der direkte Nutzen von allen Handlungsoptionen, die die Empfängerin aufgrund der Informationen der Senderin realisiert, ist aber derselbe wie ohne jeden Informationsvertrag: $y > 0$

für alle Handlungsoptionen im Bereich des beiderseitigen Nutzens und $y < 0$ für alle Handlungsoptionen in den Bereichen des normalen Handels und der schlechten Angebote.

Natürlich könnte man daran denken, den Informationsvertrag noch einmal ... und noch einmal zu verbessern, doch das würde das Dilemma nur in andere Bereiche verschieben ... und wieder zurück und so weiter. Das ist nur ein Teufelskreis, der immer weiter vom Optimum weg führt.

**Literatur**

Akerlof, G. A., 1970: The market for "lemons". Quarterly Journal of Economics 84, S. 488-500

Arrow, K. J., 1963: Uncertainty and the welfare economics of medical care. American Economic Review 53, S. 941-973

Arrow, K. J., 1986. Agency and the market. S. 1183-1195. In: Arrow, K.J.; Intriligator, M. D. (Hrsg.): Handbook of Mathematical Economics, Bd. 3. Amsterdam: Elsevier

Axelrod, R., 1984/1987: The Evolution of Cooperation. New York: Basic Books (deutsche Übersetzung: Die Evolution der Kooperation. München: Oldenbourg, 1987)

Bamberg, D.; Spremann, K., 1987 (Hrsg.): Agency Theory, Information, and Incentives. Berlin: Springer

Baron, D. P.; Besanko, B., 1984: Regulation and information in a continuing relationship. Information Economics and Policy 1, S. 267-302

Baron, D. P.; Mayerson, R. B., 1982: Regulating a monopolist with unknown cost. Econometrica 50, S. 911-930

Bendor, J.; Taylor, S.; Van Gaalen, R., 1985: Bureaucratic expertise versus legislative authority: a model of deception and monitoring in budgeting. American Political Science Review 79, S. 1041-1060

Chetley, A., 1986: The Politics of Baby Food. London: Pinter 1986

Downs, G. W.; Rocke, David M.; Siverson, Randolph M., 1985: Arms races and and cooperation. World Politics 38, S. 118-146

Dube, N., 1988: Die öffentliche Meinung zur Kernenergie in der Bundesrepublik Deutschland 1955-1986. Paper FS II 88-303, Berlin: Wissenschaftszentrum Berlin für Sozialforschung

Grossman, S. J.; Hart, O. D., 1983: An analysis of the principal agent problem. Econometrica 51, S. 7-45

Harris, M.; Raviv, A., 1979: Optimal incentive contracts with imperfect information. Journal of Economic Theory 20, S. 231-259

Heal, G., 1976: Do bad products drive out good? Quarterly Journal of Economics 90, S. 499-502

Hirshleifer, J.; Riley, J.G., 1979: The analytics of uncertainty and information: an expository survey. Journal of Economic Literature 17, S.1375-1421

Holmstroem, B., 1979: Moral hazard and observability. Bell Journal of Economics 10, S. 74-91

Jänicke, M., 1986: Staatsversagen: Die Ohnmacht der Politik in der Industriegesellschaft. München: Piper

Jensen, M. C., 1983: Organization theory and methodology. Accounting Review 8, S. 319-337

Keck, O., 1981/1984: Policymaking in a Nuclear Program: The Case of the West German Fast Breeder Reactor, Lexington, Mass. and Toronto: Lexington Books (deutsche Übersetzung: Der Schnelle Brüter, Frankfurt und New York: Campus Verlag, 1984)

Keck, O., 1988a: A Theory of White Elephants: Asymmetric Information in Government Support for Technology. Research Policy 17, S. 187-201

Keck, O., 1988b: Präventive Umweltpolitik als Abbau von Informationsrestriktionen. S. 105-125. In: Simonis, U. E. (Hrsg.): Präventive Umweltpolitik. Frankfurt am Main: Campus.

Klein, B.; Leffler, K. B., 1981: The role of market forces in assuring contractual performance. Journal of Political Economy 89, S. 615-641

Koehler, D. H., 1975: Vote trading and the voting paradox: a proof of logical equivalence. American Political Science Review 69, S. 954-960

Leland, H. E., 1979: Quacks, lemons, and licensing: a theory of minimum quality standards. Journal of Political Economy 87, S. 1328-1346

Levine, M. E., 1981: Revision revised? Airline deregulation and the public interest. Law and Contemporary Problems 44, S. 179-195

Littlechild, S. C., 1985: Smoking and Market Failure. S. 271-284. In: Tollison, R. D.(Hrsg.), Smoking and Society. Lexington, Mass.: Lexington Books

Loeb, M.; Magat, W. A., 1979: A decentralized method of utility regulation. Journal of Law and Economics 22, S. 399-404

McKean, R. N., 1964: Divergencies between individual and total costs within government. American Economic Review 54, S. 243-249

Migué, J.-L.; Bélanger, G., 1974: Toward a general theory of managerial discretion. Public Choice 17, S. 27-43

Miller, G., 1977: Bureaucratic compliance as a game on the unit square. Public Choice 29, S. 37-51

Miller, G.; Moe, T. M., 1983: Bureaucrats, legislators, and the size of government. American Political Science Review 77, S. 297-322

Mirrlees, J. A., 1976: The optimal structure of incentives and authority within an organization. Bell Journal of Economics 7, S. 105-131

Moe, T. M., 1984: The new economics of organization. American Journal of Political Science 28, S. 739-777

Molander, P., 1985: The optimal level of generosity in a selfish, uncertain environment. Journal of Conflict Resolution 29, S. 611-618

Mueller, U., 1987: Optimal retaliation for optimal cooperation. Journal of Conflict Resolution 31, S. 692-724

Niskanen, W., 1971: Bureaucracy and Representative Government. Chicago: Aldine-Atherton

Noll, R.; Owen, B. M., 1983: The Political Economy of Regulation. Washington: American Enterprise Institute for Public Policy Research

Pauly, M. V., 1968: The economics of moral hazard: comment. American Economic Review 58, S. 531-537

Pauly, M. V., 1974: Overinsurance and public provision of insurance: the roles of moral hazard and adverse selection. Quarterly Journal of Economics 68, S. 44-62

Peacock, A., 1980: On the Anatomy of Collective Failure. Public Finance 35, S. 33-43

Radkau, J., 1983: Aufstieg und Krise der deutschen Atomwirtschaft 1945-1975, Reinbek: Rowohlt

Rasmussen, E., 1989: Games and Information. Oxford, England und Cambridge, Mass.: Blackwell

Recktenwald, H. C., 1978: Unwirtschaftlichkeit im Staatssektor: Elemente einer Theorie des ökonomischen Staats"versagens". Hamburger Jahrbuch für Wirtschafts- und Gesellschaftspolitik 23, S. 155-166

Riker, W. H.; Brams, S. J, 1973: The paradox of vote trading. American Political Science Review 67, S. 1235-1247

Ross, S. A., 1973: The economic theory of agency: the principal's problem. American Economic Review 63, S. 134-139

Rothschild, M.; Stiglitz, J., 1976: Equilibrium in competitive insurance markets. Quarterly Journal of Economics 90, S. 629-49

Ruß-Mohl, Stephan, 1980. Kann der Markt, was der Staat nicht kann? Aus Politik und Zeitgeschichte 14/80, S. 17-27

Sappington, D., 1983: Optimal regulation of a multiproduct monopoly with unknown technological capabilities. Bell Journal of Economics 14, S. 453-463

Schenk, K.-E., 1980: Marktversagen und Bürokratieversagen. S. 192-199. In: Boettcher, E.; Herder-Dorneich P.; Schenk, K.-E. (Hrsg.), Neue Politische Ökonomie als Ordnungstheorie. Tübingen: Mohr

Scholz, J. T., 1984: Cooperation, deterrrence and the ecology of regulatory enforcement. Law and Society Review 18, S. 179-224

Schulenberg, J.-M. v.d., 1978: Moral hazard and its allocative effects under market insurance and compulsory insurance. Munich Social Science Review 4, S. 83-97

Shavell, S., 1979a: Risk sharing and incentives in the principal and agent relationship. Bell Journal of Economics 10, S. 53-73

Shavell, S., 1979b: On moral hazard and insurance. Quarterly Journal of Economics 93, S. 541-562

Shubik, M. J., 1970: Game theory, behaviour, and the paradox of the prisoner's dilemma. Journal of Conflict Resolution 14, S. 181-193

Sirkin, G., 1975: The Anatomy of Public Choice Failure. S. 15-26. In: Leiter, R.D.; Sirkin, G. (Hrsg.), Economics of Public Choice. New York: Cyrco Press

Spence, M.; Zeckhauser, R., 1971: Insurance, information, and individual action. American Economic Review 61, S. 380-387

Spencer, B. J., 1982: Asymmetric information and excessive budgets in government bureaucracies. Journal of Economic Behavior and Organization 3, S. 197-224

Stigler, G., 1971: The theory of economic regulation. Bell Journal of Economics and Management Sciences 2, S. 3-21

Stiglitz, J. E., 1983: Risk, incentive, and insurance: the pure theory of moral hazard. Geneva Papers on Risk and Insurance 8, S. 4-32

Taylor, M., 1976: Anarchy and Cooperation. London and New York: Wiley

Ungern-Sternberg, T. v.; Weizsäcker, C. C. v., 1981: Marktstruktur und Marktverhalten bei Qualitätsunsicherheit. Zeitschrift für Wirtschafts- und Sozialwissenschaften 10, S. 609-626

Uslaner, E. M.; Davis, J. R., 1975: The paradox of vote trading: effects of decision rules and voting strategies on externalities. American Political Sience Review 69, S. 929-942

Vining, Aidan; Weimer, David L., 1988. Information asymmetry favoring sellers: a policy framework. Policy Sciences 21, S. 281-303

Weber, M., 1922/1973: Gesammelte Aufsätze zur Wissenschaftslehre. 4. Aufl., Tübingen: Mohr (1. Aufl. 1922)

Weber, M., 1922/1980: Wirtschaft und Gesellschaft. Tübingen: Mohr (1. Aufl. 1922)

Williamson, O. E., 1975: Markets and Hierarchies. New York: Free Press; London: Collier Macmillan

Williamson, O. E., 1985: The Economic Institutions of Capitalism. New York: Free Press; London: Collier Macmillan

Wolf, C. Jr., 1979: A theory of nonmarket failure: framework for implementation analysis. Journal of Law and Economics 22, S. 107-139

Wolf, C., Jr., 1988: Markets or Governments. Cambridge, Mass.: MIT Press

**Anmerkungen**

1) Überarbeitete Übersetzung eines ursprünglich im Journal of Conflict Resolution 31 (1987), S. 139-163 veröffentlichten Artikels. Ich danke Karl W. Deutsch und Richard R. Nelson für hilfreiche Diskussionen über die ersten Entwürfe und Andreas Ryll, Jan Bongaerts und Franz Hubert für Kommentare.

2) Die Verwendung des Femininums ist rein stilistisch, da die Formulierung "Akteurinnen und Akteure" etwas umständlich ist und die Neuschöpfung "AkteurInnen" weiterhin bei Pronomen und Adjektiv umständliche Formen erfordert.

3) Für Anwendungen der Theorie des Informationsdilemmas auf den Bereich der Umweltpolitik siehe jetzt Keck 1988b.

4) Zum iterierten Gefangenendilemma vgl. Shubik 1970, Taylor 1976, Axelrod 1984/1987.

5) Zum Problem der unvollständigen Information im Gefangenendilemma vgl. Molander 1985, Downs et al. 1985, Mueller 1987.

6) Eine Übersicht geben Hirshleifer/Riley 1979. Eine spieltheoretische Darstellung von Moral Hazard, Adverse Selection und Principal-Agent-Problemen gibt jetzt Rasmussen 1989.

7) Zur Qualitätsunsicherheit vgl. ferner Leland 1979, Klein/Leffler 1981, Ungern-Sternberg/Weizsäcker 1981. Zu den institutionellen Gegenmaßnahmen, mit denen sich Wohlfahrtsverluste durch Qualitätsunsicherheit reduzieren lassen vgl. Vining/Weimer 1988.

8) Zu Adverse Selection vgl. Rothschild/Stiglitz 1976, zu Moral Hazard vgl. Arrow 1963, Pauly 1968, 1974, Spence/Zeckhauser 1971, Schulenburg 1978, Shavell 1979b, Stiglitz 1983.

9) Vgl. Ross 1973, Mirrlees 1976, Harris/Raviv 1979, Holmstroem 1979, Shavell 1979a, Grossman/Hart 1983. In jüngster Zeit dehnen einige Autoren (Arrow 1986, Rasmussen 1989) den Begriff des Principal-Agent-Problems auf alle Situationen mit asymmetrischer Information aus; dieser Sprachgebrauch trägt wohl kaum zur terminologischen Klarheit bei.

10) Eine ausführlichere Diskussion des Problems bietet Littlechild 1985.

11) Die politischen Auseinandersetzungen um dieses Problem werden von Chetley (1986) beschrieben, allerdings ohne daß er auf die hier angesprochenen theoretischen Fragen Bezug nimmt.

12) Das Augenmerk liegt hier auf dem Informationsvorteil der Firma über die Wirkung einer bestimmten Regulierung auf die öffentliche Wohlfahrt, nicht auf dem besseren Wissen der regulierten Firma über ihre Produktionskosten. Das letztere Problem wird zum Beispiel von Loeb/Magat (1979), Baron/Myerson (1982), Sappington (1983) und Baron/Besanko (1984) behandelt. Ferner geht es in diesem Text um die Poltikformulierung, nicht um die Implementation. Letztere wird von Scholz (1984) als ein Gefangenendilemma beschrieben.

13) Zur Diskussion über das Staatsversagen vgl. McKean 1964, Sirkin 1975, Recktenwald 1978, Wolf 1979, Peacock 1980, Ruß-Mohl 1980, Schenk 1980, Jänicke 1986, Wolf 1988.

14) Vgl. dazu Keck 1981/1984, Radkau 1983, Dube 1988.

15) Der Stimmentausch wurde von Riker/Brams (1973) als Gefangenendilemma dargestellt. Vgl. dazu auch Uslaner/Davis 1975 und Koehler 1975. Es geht in diesem Artikel nicht um dieses Problem, sondern darum, daß die Entscheidung eines Parlamentsmitglieds, welche Position es in der Öffentlichkeit zu einem Projekt bezieht, Rückwirkungen hat auf die Möglichkeit, seine Stimme überhaupt tauschen zu können.

Andreas Diekmann

# Mathematische Modelle des Heiratsverhaltens und Ehescheidungsrisikos

Demographische Prozesse sind das Resultat einer Vielzahl individueller Entscheidungen, die naturgemäß eine relativ große Variabilität aufweisen. Einzelne Personen mögen sich zwar je nach Situation und individuellen Merkmalen völlig unterschiedlich verhalten; bei einer großen Zahl von Individuen werden sich jedoch erstaunlich klare Muster aggregierter Verhaltensweisen herausbilden. Diese Regelmäßigkeiten sind einer mathematischen Modellierung zugänglich, wobei stochastische Modelle, also Wahrscheinlichkeitsmodelle, besonders geeignet erscheinen. Der Vorteil der Formalisierung ist hierbei zunächst in der Präzisierung der Beziehungen zwischen den untersuchten Größen zu sehen. Mathematische Modelle gestatten darüber hinaus die strikte Ableitung von Hypothesen, die Berechnung von Prognosen, und häufig stellen sie auch ein Hilfsmittel dar, um demographische oder allgemein soziale Prozesse tiefergehend zu erklären.

In dem vorliegenden Artikel werden einige alternative Modelle des Heiratsverhaltens diskutiert und einem empirischen Test unterzogen. Zwei der betrachteten Modelle, das log-logistische- und das Hernes-Modell, sind aus den Annahmen eines sozialen Diffusionsprozesses ableitbar und damit genauer begründbar. Als weitere Alternative bietet sich an, das Heiratsverhalten durch ein Modell zu beschreiben, das auf der Annahme einer heterogenen Population mit variierender Heiratsneigung basiert. Auch der "sichelförmige" Verlauf des Ehescheidungsrisikos kann u.a. durch Heterogenitätsannahmen erklärt werden. Eine knappe Erklärungsskizze des typischen Verlaufs ehedauerabhängiger Scheidungsrisiken wird im Schlußabschnitt dieses Artikels präsentiert.

## 1. Grundlegende Beziehungen bei Übergangsratenmodellen

Zahlreiche soziale Prozesse sind in angemessener Weise durch eine spezielle Klasse von Übergangsratenmodellen formalisierbar. Bei diesen Modellen wird die Ankunftszeit bis zum Eintreffen eines Ereignisses (z.B. Ortswechsel, Beendigung der Arbeitslosigkeit, Heirat, Ehescheidung usf.) als stetige Zufallsvariable ($T$) aufgefaßt. Die sogenannte Zustandsraumvariable ist dichotom, d.h. es existiert jeweils ein Ausgangszustand (z.B. "ledig") und ein "Zielzustand" (z.B. "verheiratet"). Beobachtet werden Realisierungen von $T$, etwa die Zeitspanne $t_i$ zwischen dem Mindestheiratsalter einer Person i und ihrem Erstheiratsalter. Zudem liegen in der Regel zensierte (abgeschnittene) Beobachtungen vor, da ja nicht bei allen Personen das jeweils untersuchte Ereignis bis zum Zeitpunkt der Befragung eingetreten ist. Zensierte Daten werfen spezielle Schätzprobleme auf, die jedoch mit den Methoden der Verlaufsdaten- oder Survivalanalyse (siehe z.B. Tuma/Hannan 1984, Andress 1985, Diekmann/Mitter 1984a, 1990, Blossfeld/Hamerle/Mayer 1986) unter gewissen Annahmen über den Zensierungsmechanismus lösbar sind.

Betrachten wir nun das allgemeine Übergangsratenmodell bei einem Ausgangs- und einem Zielzustand. Für die bedingte Übergangswahrscheinlichkeit eines Zustandswechsels (d.h. die Wahrscheinlichkeit eines Ereignisses im Zeitintervall $\Delta t$, wobei bis $t$ kein Ereignis aufgetreten ist) schreiben wir:

$$(1) \quad q\,(t\,, t+\delta t) = P\,(t + \delta t > T \geq t \mid T \geq t\,)$$

Wird die Wahrscheinlichkeitsdichtefunktion von $T$ mit $f(t)$, die kumulierte Verteilungsfunktion mit $F(t)$ und das Komplement von $F(t)$, die sogenannte "Überlebensfunktion", mit $G(t) = 1\text{-}F(t)$ bezeichnet, dann ergibt sich aus (1):

(2) $$r(t) = \lim_{\delta t \to 0} \frac{1}{\delta t}\, q(t, t+\delta t) = \frac{f(t)}{1-F(t)} = \frac{f(t)}{G(t)}$$

Hierbei ist *r(t)* die Übergangsraten- oder Risikofunktion des betrachteten Prozesses. Im Falle von Ehescheidungen z.B. bemißt *r(t)* das momentane Scheidungsrisiko in Abhängigkeit von der Ehedauer *t*. Wird *t* in Jahren gemessen und gilt z.B. *r(5) = 0,07*, dann werden näherungsweise sieben von hundert bis zum fünften Ehejahr stabilen Ehen im darauf folgenden sechsten Ehejahr geschieden sein.

Wegen *f(t) = dF(t)/dt* kann für die Übergangsrate (2) geschrieben werden:

(3) $$r(t) = \frac{\frac{dF(t)}{dt}}{1-f(t)}$$

mit der Lösung:

(4) $$F(t) = 1 - \exp\left(-\int_0^t r(u)\, du\right)$$

der Überlebensfunktion:

(5) $$G(t) = \exp\left(-\int_0^t r(u)\, du\right)$$

und der Wahrscheinlichkeitsdichte:

(6) $$f(t) = r(t) \exp\left(-\int_0^t r(u)\, du\right)$$

Für eine spezielle parametrische Funktion des Risikos *r(t)* liefern die Ausdrücke (4), (5) und (6) jeweils eine spezielle Verteilung der Ankunftszeit. Weiterhin sind mittels der Formeln (5) und (6) wichtige komprimierte Kennziffern des Prozesses wie der Median (berechenbar aus (5) mit der Beziehung $G$(Median) = 0,5 ) und die mittlere Ankunftszeit ableitbar.

Als Beispiel sei im einfachsten Fall angenommen, daß das Risiko im Verlauf des gesamten betrachteten Prozesses mit $r(t) = a$ konstant sei. Wir erhalten dann aus den obigen Formeln die Exponentialverteilung der Ankunftszeit mit $F(t) = 1\text{-}exp(-at)$, $G(t) = exp(-at)$, $f(t) = a\ exp(-at)$ und dem Mittelwert $1/a$ sowie dem Median $1/a\ ln\ 2$. Der Median beträgt ungefähr 70% des Mittelwerts (ln 2 = 0,69). Wie bei rechtsschiefen Verteilungen nicht anders zu erwarten, ist der Median geringer als die mittlere Ankunftszeit.

Entsprechend lassen sich durch alternative Festlegungen von $r(t)$ die hieraus jeweils resultierenden Verteilungen gewinnen. Wie sich zeigt (vgl. (3)-(6)), sind die hier zugrunde gelegten stochastischen Prozesse vollständig durch eine parametrische Risikofunktion charakterisierbar. Aus der Risikofunktion läßt sich - wie gesagt - die Überlebensfunktion und die Verteilung der Ankunftszeiten sowie Mittelwert und Median der Verteilung ableiten. Aus der Risikofunktion der Heiratsneigung ergeben sich somit die Funktion der altersabhängigen Ledigenquoten, die Verteilung des Heiratsalters und das mittlere sowie Median-Heiratsalter. Sind die Verteilung und die Überlebensfunktion bekannt, dann können im nächsten Schritt Maximum-Likelihood-Schätzungen der Parameter anhand von Verlaufsdaten (den beobachteten zensierten und nicht zensierten Zeiten) ermittelt werden. Das an Daten geschätzte Modell ist u.a. für prognostische Zwecke in der Bevölkerungssoziologie verwendbar.

Die Risikofunktion ist daher gewissermaßen das Herzstück des jeweils untersuchten Prozesses. Sowohl beim Heiratsalter als auch beim Scheidungsrisiko weist die Risikofunktion in Abhängigkeit von der Verweildauer einen charakteristischen nicht-monotonen, eingipfeligen Verlauf auf. Die Heiratsneigung bzw. das Scheidungsrisiko steigt zunächst stark an, erreicht ein Maximum und sinkt dann mit zunehmendem Lebensalter bzw. der Ehedauer wieder ab. Man kann diesen charakteristischen Risikoverlauf geradezu als eine soziale Gesetzmäßigkeit bezeichnen (vgl. hierzu schon Quetelet 1914, 282 ff.). Wie aber ist die ohne Ausnahme empirisch beobachtete Verhaltensregelmäßigkeit erklärbar? Eine Antwort auf diese Frage geben zu können, bedeutet, einen sozialen Prozeß tiefergehend zu erklären. Die erklärende, deduktive Kette beginnt bei theoretisch begründbaren Modellannahmen eines Prozesses, die die Ableitung der Risikofunktion gestatten und hieraus wiederum die Deduktion der beobachteten Verteilung sowie weiterer prüfbarer Eigenschaften des Prozesses.

## 2. Heiratstafel-Schätzung: Die "Heiratsglocke"

Die Heiratsneigung (das "Heiratsrisiko") der Frauen und Männer kann mittels der Heiratstafel-Methode (siehe z.B. Diekmann und Mitter, 1984) in Abhängigkeit vom Lebensalter berechnet werden. Zur Schätzung der Heiratsneigung wird auf die gewichteten Daten von etwa 6.000 Haushalten des Allbus 1982 und 1984 zurückgegriffen. Die Angaben zum Heiratsalter (und zur Ehedauer) liegen jeweils in Jahresintervallen vor[1)].

Abbildung 1 zeigt den Verlauf der nicht-parametrisch geschätzten Risikofunktion für Frauen und Männer. Die Kurve der Männer ist um ca. 2-3 Jahre gegenüber der Kurve der Frauen nach "rechts" verschoben. Die starken "Ausschläge" der Kurve jenseits des Alters von 40 Jahren sind mit Vorsicht zu interpretieren. Wegen der geringen Zahl von Verheiratungen erhält man in diesem Bereich eher Zufallsfluktuationen. Bei den Frauen wird das maximale Heiratsrisiko - dies ist im allgemeinen nicht identisch mit der größten Heiratshäufigkeit - im Alter von etwa 27 Jahren, bei den Männern im Alter von ca. 30 Jahren erreicht. Diese globale Schätzung differenziert noch nicht nach Geburtskohorten (vgl. dazu Diekmann 1990a). Dennoch ergibt sich für den äußerst starken "Lebenszykluseffekt" eine deutliche Kontur: Den Verlauf der Risikofunktion kann man bildhaft als glockenförmig, sozusagen als "Hochzeitsglocke" bezeichnen.

Die Risikofunktion gibt (ungefähr) die bedingte Wahrscheinlichkeit an, daß eine noch ledige Person im nächsten Jahr heiraten wird. Über die Heiratshäufigkeit informiert dagegen die Dichteverteilung (Abbildung 2). Die größte Heiratshäufigkeit ist bei den Frauen ungefähr im 23. und bei den Männern im 25. Lebensjahr mit einer Häufigkeit von etwa

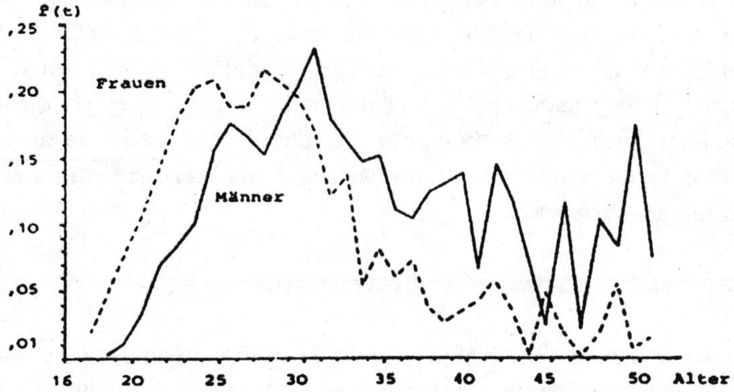


N = 2961 Frauen, 2593 Männer

Abbildung 1 Heiratstafel-Schätzung der Übergangsrate (Risikofunktion)

10-11% aller ledigen Frauen bzw. Männer zu beobachten. Die Dichteverteilung informiert im Unterschied zur Risikofunktion über die unbedingte Wahrscheinlichkeit, in einem bestimmten Jahr *t* zu heiraten. Natürlich unterscheiden sich die angegebenen Werte nach Kohorten und

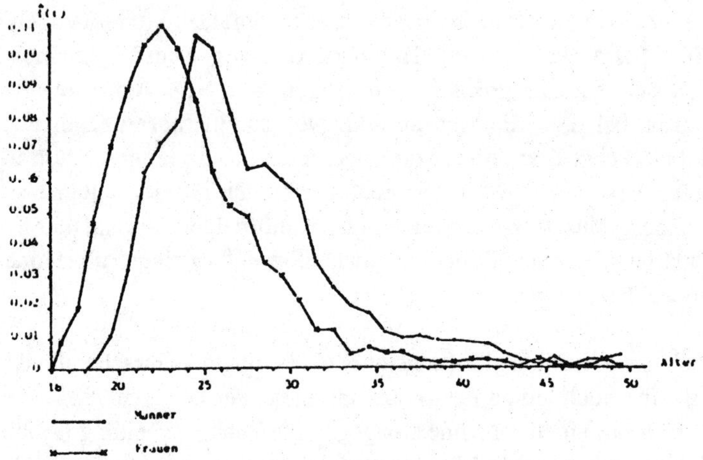


Abbildung 2 Heiratstafel-Schätzung der Wahrscheinlichkeitsdichteverteilung

weiteren unabhängigen Variablen (Diekmann 1990a,b). Uns kommt es hier aber zunächst auf die globale Charakterisierung des Verheiratungsvorgangs an.

Ein typisches Muster weist auch die Überlebensfunktion auf. Die altersspezifischen Ledigenquoten lassen einen spiegelbildlich S-förmigen Verlauf erkennen, der bei den Männern in den mittleren Heiratsjahren um ca. 3 Jahre gegenüber den Frauen verschoben ist. Das männliche Median-Heiratsalter beträgt etwa 26 Jahre, das weibliche 23-24 Jahre.

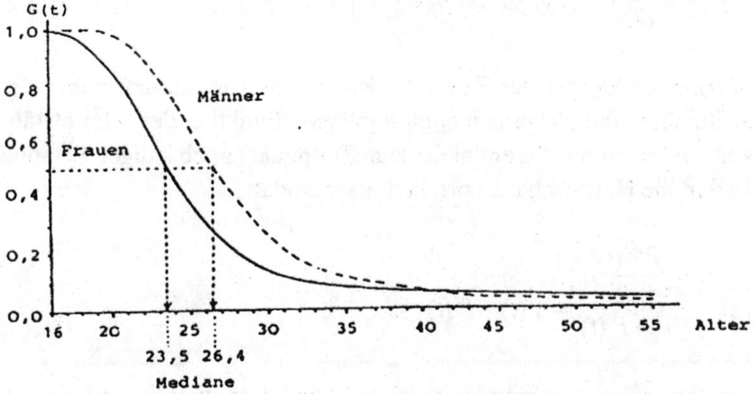


Abbildung 3 Heiratstafel-Schätzung der altersspezifischen Ledigenquoten (Überlebensfunktion)

Modelle des Verheiratungsvorganges sollten die in den Abbildungen 1 - 3 dargestellten beobachteten Kurven ("Heiratsglocke" und S-förmige Überlebenskurven) erklären können. Eine Minimalforderung ist daher, daß die Risikofunktion erklärender Modelle des Verheiratungsvorgangs einen nicht-monotonen, eingipfeligen Verlauf aufweist.

## 3. Der Verheiratungsprozeß als Diffusionsmodell

Den Hypothesen von Hernes (1972) zufolge ist die Heiratswahrscheinlichkeit das Resultat zweier gegenläufiger Faktoren: Einem zunehmenden sozialen Druck, ausgelöst durch die Wahrnehmung des Anteils von Ehen im Freundes- und Bekanntenkreis, und einer mit dem Alter abnehmenden "Heiratsfähigkeit". Diese beiden Faktoren werden formal in einem Diffusionsmodell berücksichtigt, wie es ähnlich zur Erklärung der Diffusionskurve von z.B. technischen Innovationen herangezogen wird (siehe z.B. Coleman Katz/ Menzel 1957). Bezeichnen wir den kumulierten Anteil von Ehen in einer Geburtskohorte zum Alter $t + t_0$ mit dem Mindestalter $t_0$ (18 Jahre bei den Männern und 16 Jahre bei den Frauen) mit $P(t)$, so läßt sich eine allgemeine Fassung des Diffusionsmodells schreiben:

$$(7) \qquad \frac{dP(t)}{dt} = s(t) \cdot P(t) \cdot (1 - P(t))$$

$dP(t)/dt$ ist hierbei der Zuwachs des Anteils von Verheiratungen pro Zeiteinheit und $s(t)$ eine monoton fallende Funktion der "Heiratsfähigkeit". $1\text{-}P(t)$ ist das Potential der zum Zeitpunkt $t$ noch ledigen Personen, so daß die Heiratschance pro Heiratskandidat:

$$(8) \qquad \frac{\frac{dP(t)}{dt}}{1 - P(t)} = s(t) \cdot P(t)$$

genau von dem hemmenden Faktor $s(t)$ und dem stimulierenden Faktor der bereits Verheirateten $P(t)$ abhängt.

Die linke Seite von (8) ist aber nichts anderes als das Heiratsrisiko $r(t)$ (vgl. (3)). In der Terminologie der Verlaufsdatenanalyse gilt ja für die kumulierte Verteilung der verheirateten Personen $F(t) = P(t)$, $G(t) = 1\text{-}P(t)$ und $f(t) = dP(t)/dt$. Durch Vergleich von (3) und (8) folgt somit:

$$(9) \qquad r(t) = s(t) \cdot F(t)$$

Der fallende Verlauf von $s(t)$ wird von Hernes durch die abnehmende Heiratsfähigkeit begründet. Es ist jedoch auch die alternative Begründung denkbar, daß $s(t)$ die mit dem Alter verringerte Chance, ledige Personen im gleichen Altersbereich anzutreffen, zum Ausdruck bringt (2). Der "Heiratsmarkt" ist im oberen Altersbereich ausgedünnt, so daß die Informationskosten der Partnersuche mit dem Alter zunehmen.

Zweifellos ist es kein Zufall, daß das Alter in Heiratsinseraten weit über dem durchschnittlichen Heiratsalter liegt. Die Partnersuche im Rahmen üblicher gesellschaftlicher Kontakte bietet rein numerisch geringere Chancen mit ansteigendem Lebensalter.[2)]

Die Überlegungen von Hernes können so gedeutet werden, daß der Diffusionsprozeß in einer Alterskohorte auf der Basis persönlicher Bekanntschaften erfolgt. Streng genommen ist dann die "gesamtgesellschaftliche" Diffusionskurve des Verheiratungsvorgangs das Ergebnis einer Aggregation über sämtliche "face-to-face"-Alterskohorten.

**4. Das Modell von Hernes als Verlaufsdatenmodell**

In seiner Arbeit leitet Hernes (1972) die Anteile der Verheirateten $P(t)$ durch Integration der Gleichung (7) ab, wobei eine exponentiell fallende Funktion für $s(t)$ gewählt wird, und schätzt sodann die Parameter anhand verschiedener US-Kohorten. Es zeigt sich eine sehr gute Übereinstimmung des Modells mit den Beobachtungen.

Hernes diskutiert sein Modell nicht im Rahmen der Verlaufsdatenanalyse. Aufgrund der oben aufgezeigten, offensichtlichen Korrespondenz von Diffusionsmodellen in der Form (7) und der Risikofunktion (9) läßt sich jedoch das Hernes-Modell verlaufsdatenanalytisch rekonstruieren (vgl. hierzu und zum folgenden auch Diekmann 1989).

Im Hernes-Modell wird $s(t)$ als exponentielle fallende Funktion spezifiziert.

$$(10) \quad s(t) = m \cdot \exp(-c\,(t-1)) \quad \text{mit } t \geq 1, \text{ und } m, c > 0$$

Wird $s(t)$ mit dieser Spezifikation in (7) eingesetzt, so folgt nach einigen Umformungen als Lösung der Differentialgleichung unter Berücksichtigung von $G(t) = 1-P(t)$:

$$(11) \quad G(t) = \frac{1}{1 + ka^{b^{t-1}}}$$

Hierbei ist: $k = \frac{1 - G(1)}{G(1)} e^{m/c}$ , $a = e^{-m/c}$ , $b = e^{-c}$

$m, c$ bzw. $k$, $a$ und $b$ sind empirisch zu schätzende Parameter; $G(1)$ ist der Anteil der Ledigen ein Jahr nach Beginn des Prozesses, d.h. im Altersjahr $x = t_0 + 1$.

Mit wachsendem Alter nähert sich $G(t)$ einem konstanten Wert an. Das Modell impliziert Immunität: Es folgt nämlich, daß, auch wenn $t$ über alle Grenzen wächst, ein gewisser Prozentsatz der Population noch ledig sein wird. Dieser Anteil beträgt:

$$(12) \quad G(\infty) = \frac{1}{1 + k}$$

Aus (11) läßt sich ferner für $G(T^*) = 0{,}5$ der Median des Heiratsalters ableiten:

$$(13) \quad T^* = \frac{1}{\ln b} \cdot \ln\left(-\frac{\ln k}{\ln a}\right) + 1$$

Schließlich erhalten wir aus (9) unter Berücksichtigung von (10), (11) und der Beziehung $F(t) = 1\text{-}G(t)$ die Risikofunktion des Hernes-Modells:

$$(14) \quad r(t) = \frac{\ln a \cdot \ln b \cdot b^{t-1}}{1 + \left\{ka^{b^{t-1}}\right\}^{-1}}$$

Hernes schätzt die Parameter des Modells nach einer Methode von Prescott (1922) anhand der kumulierten Verteilung der Verheiratungen. Im Prinzip sind aber auch statistisch bessere Schätzungen mittels der Maximum-Likelihood-Methode erzielbar. Gemäß unseren Ableitungen ist sowohl $r(t)$ als auch $G(t)$ bekannt, so daß mittels der Likelihoodmethode ML-Schätzungen der Parameter unter Einschluß zensierter Daten berechnet werden können.

## 5. Diffusionstheoretische Begründung des log-logistischen Modells

Das in der Verlaufsdatenanalyse häufiger verwendete log-logistische Modell weist unter der Bedingung von Parameterwerten $p > 1$ einen nicht-monotonen Verlauf auf (vgl. Ausdruck (19), siehe auch z.B. Diekmann/Mitter 1984a, Kap. 5). Das log-logistische Modell ist daher ein möglicherweise geeigneter Kandidat zur parametrischen Modellierung des Heiratsrisikos. Sørensen und Sørensen (1985) verwenden das Modell wegen dieser Eigenschaft zur Analyse norwegischer Heiratsdaten. Es existiert jedoch noch ein weiterer Grund, der das log-logistische Modell bei der Untersuchung des Verheiratungsprozesses interessant erscheinen läßt. Die nicht-monotone Risikofunktion und die Verteilung des Heiratsalters ist nämlich wie im Falle des Hernes-Modells mit exponentiell fallender Funktion $s(t)$ aus der Differentialgleichung (7) ableitbar.

Wählen wir für den "hemmenden" Faktor des Verheiratungsprozesses die Funktion:

$$(15) \quad s(t) = \frac{p}{t}$$

so folgt aus der Differentialgleichung des Diffusionsmodells:

$$(16) \quad \frac{dP}{dt} = \frac{p}{t} \cdot P(t)\,(1 - P(t))$$

mit $P(t) = F(t)$ und $1\text{-}P(t) = G(t)$ die Überlebensfunktion:

$$(17) \quad G(T) = \frac{1}{1 + (\lambda t)^{p}}$$

wobei sich der Parameter $\lambda$ aus der Integrationskonstante ergibt. Anhand des Ausdrucks (vgl. (9)):

$$(18) \quad r(t) = s(t) \cdot (1 - G(t))$$

läßt sich unmittelbar die Risikofunktion berechnen:

$$(19) \quad r(t) = \frac{\lambda p\,(\lambda t)^{p-1}}{1 + (\lambda t)^{p}}$$

(17) aber ist die Überlebensfunktion und (19) die Risikofunktion des log-logistischen Modells. Dies Modell ist daher nicht nur wegen des umgekehrt U-förmigen Verlaufs der Risikofunktion in die engere Wahl zur Modellierung des Verheiratungsvorgangs zu ziehen; es ist vielmehr auch diffusionstheoretisch begründbar. Bei geeigneter Wahl der Funktion $s(t)$ ist das log-logistische Modell als Alternative zu der exponentiell fallenden Spezifikation von $s(t)$ aus dem Diffusionsmodell (7) deduzierbar.

## 6. Ein empirischer Test der Modelle

Wir wollen in diesem Abschnitt prüfen, wie genau die beiden diffusionstheoretisch begründbaren Modelle sowie als zusätzliche Alternative das "Sichel-Modell" (siehe Diekmann/Mitter 1983, 1984b und weiter unten) die Risikofunktionen und die altersspezifischen Ledigenquoten (Abbildungen 1 und 3) "erklären" können. Das "Sichel-Modell" ist zwar nicht aus einer Diffusionsgleichung ableitbar; weist aber ebenfalls eine nicht-monotone, "sichelförmige" Übergangsratenfunktion auf (zur Formel für r(t) und G(t) siehe Tabelle 1). Alle drei Modelle erfüllen somit die qualitative Minimalforderung einer nicht-monotonen, eingipfeligen Risikofunktion. Sozusagen als Maßstab, als Basismodell, wird das Exponentialmodell mit konstanter Rate in den Vergleich einbezogen.

Tabelle (1) informiert über die Parameterschätzungen der vier Modelle anhand der Allbus-Daten[3]. Mit den geschätzten Werden der Parameter können jeweils die Risiko- und Überlebensfunktionen prognostiziert werden. Der Vergleich mit den "Beobachtungen", d.h. mit den nicht-parametrischen Heiratstafel-Schätzungen, liefert Aufschlüsse über die Güte der Anpassung der Modellprognosen.

Eine ausgezeichnete Übereinstimmung der prognostizierten Risikofunktion mit der Heiratstafel-Schätzung liefert das Hernes-Modell bei der Frauen-Stichprobe (Abbildung 4). Das log-logistische und das Sichel-Modell schneiden hier weniger gut ab. Beide Modelle unterschätzen das

Risiko im mittleren und überschätzen das Risiko im höheren Altersbereich. Entsprechend finden wir bei den Überlebensfunktionen eine Überschätzung im mittleren und eine Unterschätzung im höheren Altersbereich (Abbildung 5a).

Wird das Risiko überschätzt, so resultiert hieraus eine Unterschätzung der Ledigenquoten. Allerdings sind die Abweichungen des log-logistischen Modells weniger kraß als im Falle des Sichel-Modells. Das Exponentialmodell ist nur in der Lage, das Durchschnittsrisiko anzugeben. Beim Verheiratungsprozeß sind die Prognosefehler daher beträchtlich. Das Durchschnittsrisiko überschätzt in den ersten Jahren das Heiratsri-

| Modell | r(t) und G(t) | Parameter* Männer | Frauen |
|---|---|---|---|
| Exponential | $r=a \quad G=e^{-at}$ | $\hat{a}=0{,}0882$ | $\hat{a}=0{,}0933$ |
| Sichel | $r=ct\,e^{-t/\lambda}$ | $\hat{\lambda}=17{,}061$ | $\hat{\lambda}=10{,}157$ |
| | $G=\exp(-\lambda c(\lambda-(t+\lambda)\exp(-t/\lambda)))$ | $\hat{c}=0{,}025441$ | $\hat{c}=0{,}03901$ |
| log-logistisch | $r=\frac{\lambda p(\lambda t)^{p-1}}{1+(\lambda t)^{p}}$ | $\hat{\lambda}=0{,}1165$ | $\hat{\lambda}=0{,}1302$ |
| | $G=\frac{1}{1+(\lambda t)^{p}}$ | $\hat{\beta}=3{,}006$ | $\hat{\beta}=2{,}735$ |
| Hernes | $r=\frac{\ln a \cdot \ln b \cdot b^{t-1}}{1+(ka^{(b^{t-1})})^{-1}}$ | $\hat{a}=0{,}0002096$ | $\hat{a}=0{,}0005223$ |
| | | $\hat{b}=0{,}91298$ | $\hat{b}=0{,}8711$ |
| | $G=\frac{(ka^{(b^{t-1})})^{-1}}{1+(ka^{(b^{t-1})})^{-1}}$ mit $t \geq 1$ | $\hat{k}=57{,}788$ | $\hat{k}=21{,}609$ |

* Maximum-Likelihood-Schätzungen unter Berücksichtigung zensierter Daten bei Sichel- und log-logistischem Modell. Berechnung bei Hernes-Modell nach der Prescott-(1922)-Methode zur Schätzung von Gompertz-Funktionen mit der Heiratstafel-Schätzung der Ledigenquote als Ausgangsmaterial.

Tabelle 1 Schätzung der Parameter verschiedener Übergangsratenmodelle des Verheiratungsvorgangs

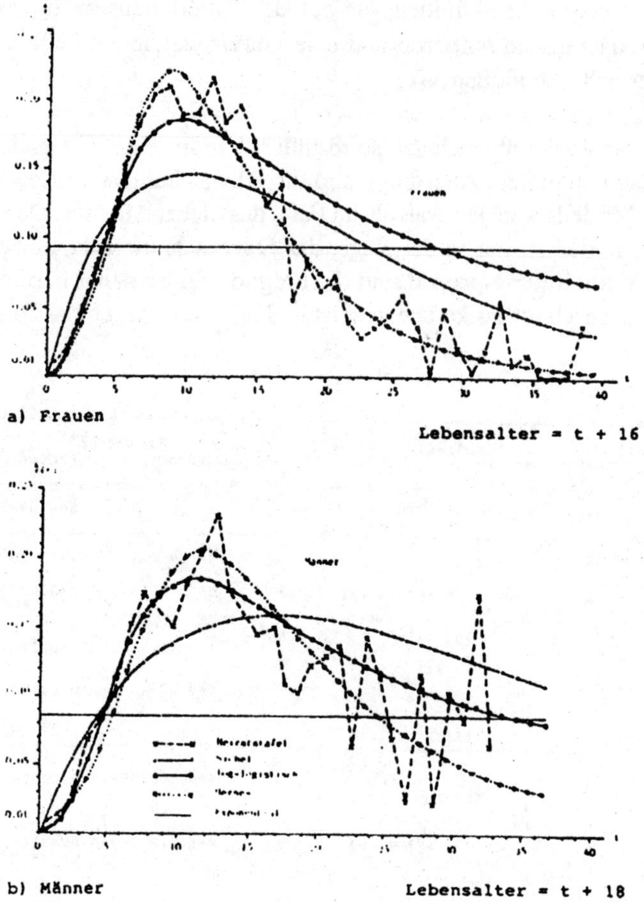


Abbildung 4 Vergleich der parametrischen Risikofunktionen mit der Heiratstafel-Schätzung

siko, so daß die Überlebenskurve in diesem Zeitabschnitt weit unter der Heiratstafel-Schätzung liegt. Im weiteren Verlauf ist es dann genau umgekehrt, d.h. die Ledigenquoten werden überschätzt.

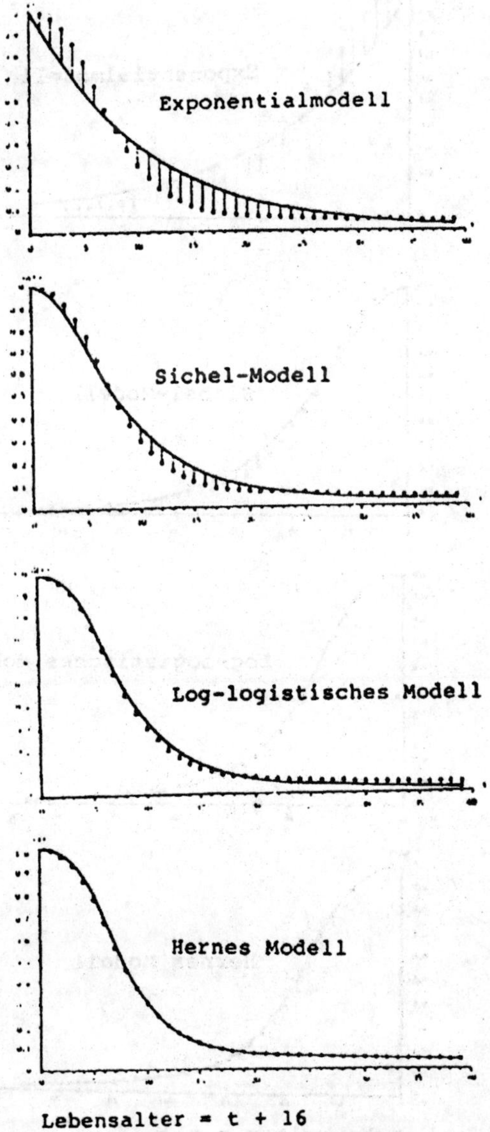


Abbildung 5a Vergleich der parametrischen Überlebensfunktionen mit der Heiratstafel-Schätzung (Frauen)

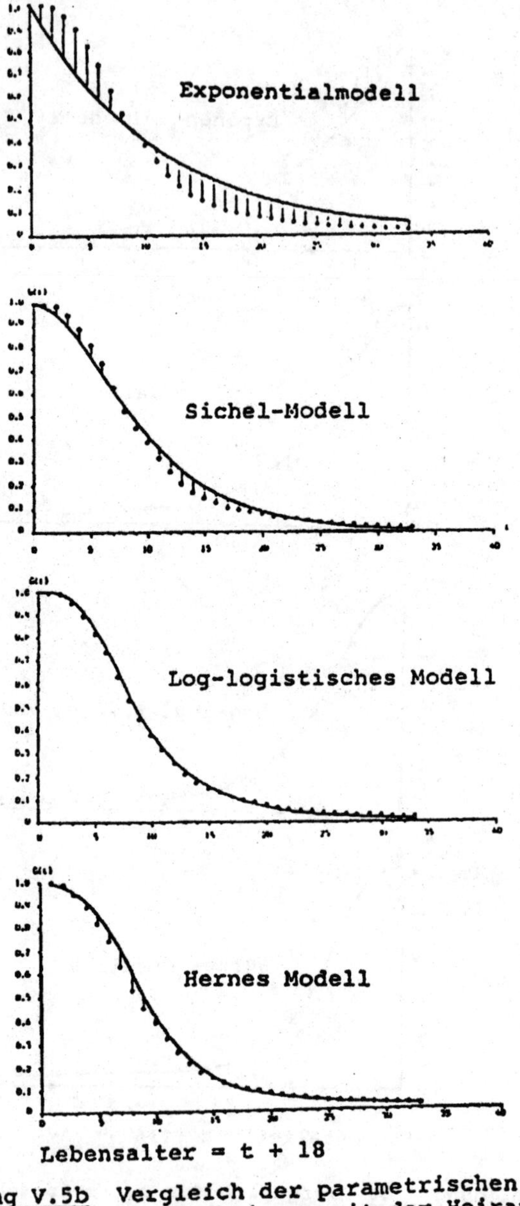


Abbildung V.5b Vergleich der parametrischen Überlebensfunktionen mit der Heiratstafel-Schätzung (Männer)

Dem Augenschein nach ist bei der männlichen Stichprobe sowohl beim Hernes- als auch beim log-logistischen Modell eine relativ gute Übereinstimmung mit den nicht-parametrisch geschätzten Risikowerten erkennbar (Abbildung 5b). Der Vergleich der Überlebenskurven zeigt aber, daß das log-logistische Modell besser mit den Beobachtungen im Einklang steht als das Hernes-Modell. Eine relativ schlechte Anpassung ist wiederum im Falle des Sichel-Modells gegeben.

Die Güte der Anpassung der vier Modelle an die "beobachtete" Heiratstafel-Schätzung der Ledigenquote im Beobachtungszeitraum können wir mit einem einfachen Index messen: Dem Durchschnittswert der absoluten Abweichungen zwischen der Modellprognose und der Heiratstafel-Schätzung (Tabelle 2). Als Ergebnis erhalten wir, daß das Hernes-Modell bei der Frauen-Stichprobe und das log-logistische Modell bei der Männer-Stichprobe den ersten Platz belegt. Das Sichel-Modell ist in beiden Fällen weniger gut geeignet, die Beobachtungen zu reproduzieren.

| | Exponentialmodell | Sichel-Modell | log-logistisches Modell | Hernes-Modell |
|---|---|---|---|---|
| Frauen | 0,076 | 0,030 | 0,017 | 0,004 |
| Männer | 0,086 | 0,024 | 0,007 | 0,015 |

$$\text{Abweichungsmaß} = 1/33\ \Sigma\,|\hat{G}_{Heiratstafel} - G_{Modell}|$$

Tabelle 2 Vergleich der Modellprognosen mit der Heiratstafel-Schätzung der Überlebensfunktion

Bezogen auf die Zeitspanne von t = 33 (d.h. bis zum Alter von 49 Jahren bei den Frauen und 51 Jahren bei den Männern) beträgt der Prognosefehler der Ledigenquoten im Mittel bei den beiden bestplacierten Modellen 0,4 - 1,7 Prozentpunkte. Gegenüber dem Prognosefehler des

Basismodells (der Annahme eines Zufallsprozesses mit konstantem Risiko) in der Höhe von etwa 8 Prozentpunkten ist dies sicherlich eine sehr gute Verbesserung.

Die bessere Anpassung des log-logistischen Modells bei den Männern gegenüber dem Hernes-Modell ist um so erstaunlicher, als das log-logistische Modell nur zwei freie Parameter enthält, das Hernes Modell hingegen drei. Das log-logistische Modell stellt damit eine sparsamere Parametrisierung dar. Eine Schwäche des Modells ist aber bei verschiedenen Anwendungen darin zu erblicken, daß das log-logistische Modell keine "Immunität" kennt. Aus (17) folgt ja $G(\infty) = 0$ . Sowohl das Hernes-Modell als auch das Sichel-Modell implizieren "Immunität", d.h. auch wenn die Zeit über alle Grenzen wächst, verbleibt ein bestimmter Anteil der Population im Ausgangszustand. Es ist zu vermuten, daß das log-logistische Modell um so schlechtere Prognoseleistungen bietet, je höher der Anteil der niemals-heiratenden Personen ist (vgl. auch Sørensen und Sørensen 1985, Wu 1990)

| | | US-Bürger, im Jahre 1960 35 Jahre alt | | | | US-Bürger, im Jahre 1960 75 Jahre alt | | | |
|---|---|---|---|---|---|---|---|---|---|
| | Frauen, weiß, geboren 1920-24 i.d.USA | Männer, weiß | Frauen, weiß | Männer, farbig | Frauen farbig | Männer, weiß | Frauen, weiß | Männer, farbig | Frauen farbig |
| | (1) | (2) | (3) | (4) | (5) | (6) | (7) | (8) | (9) |
| Hernes - Modell | 0,004 | 0,005 | 0,006 | 0,005 | 0,006 | 0,003 | 0,006 | 0,009 | 0,011 |
| log-logistisches Modell | 0,019 | 0,018 | 0,015 | 0,010 | 0,013 | 0,012 | 0,011 | 0,006 | 0,007 |
| Parameter des log-logistischen Modells (MLE) $\lambda$ | 0,1208 | 0,1011 | 0,1402 | 0,0945 | 0,1442 | 0,0768 | 0,1101 | 0,0778 | 0,1309 |
| $\beta$ | 2,783 | 3,523 | 2,787 | 2,571 | 2,012 | 2,810 | 2,146 | 2,129 | 1,675 |

Als Minimum-Heiratsalter bei der Parameter-Schätzung des log-logistischen Modells wurde $t_0$=14 fü alle neun Kohorten zugrunde gelegt. Für Hohorte (1) reicht die Spannweite der beobachteten Heira alter von 15 - 38, bei den Übrigen Kohorten von 14 - 34. Für die Schätzungen mit einem GLIM-Makr bedanke ich mich bei Dr. Gilg Seeber, Innsbruck.

Index der Anpassungsgüte = $(1/n)\Sigma|G_{Heiratstafel} - G_{Modell}|$. Hierbei ist n=24 für Kohorte 1 und n für die Kohorten (2) - (9). Siehe Hernes (1972) zu einer genaueren Beschreibung der Daten.

Tabelle 3: Anpassungsgüte für das Hernes-Modell und das log-logistische Modell bei neun Geburtskohorten

Die gute Approximation des log-logistischen Modells (mit zwei Parametern) in der männlichen Stichprobe gegenüber dem Hernes-Modell (mit drei Paramtern) ist möglicherweise auf eine Besonderheit der verwendeten Daten zurückzuführen. Weitere Vergleiche anhand der Kohorten-Daten von Hernes (1972) sowie anhand der nach Geburtskohorten aufgeschlüsselten Allbus-Stichproben zeigen, daß in der überwiegenden Zahl von Fällen das Hernes-Modell besser abschneidet als das log-logistische Modell. Eine Schätzung des log-logistischen Modells an neun US-Geburtskohorten (zu den Daten siehe Hernes 1972) liefert bei sieben Kohorten eine günstigere Anpassung des Hernes-Modells (siehe Tabelle 3). Im allgemeinen dürfte daher das Hernes-Modell für prognostische Zwecke geeigneter sein als das log-logistische Modell.

## 7. Ein alternatives Heterogenitätsmodell

Es ist darauf hinzuweisen, daß die nicht-monotone, eingipfelige Risikofunktion der Heiratsneigung auch aus Annahmen ableitbar ist, die im Gegensatz zur diffusionstheoretischen Begründung stehen[4]. Ein gutes Abschneiden der Diffusionsmodelle ist zwar ein Teilerfolg, aber noch kein abschließendes Urteil über die empirische Validität der Annahmen.

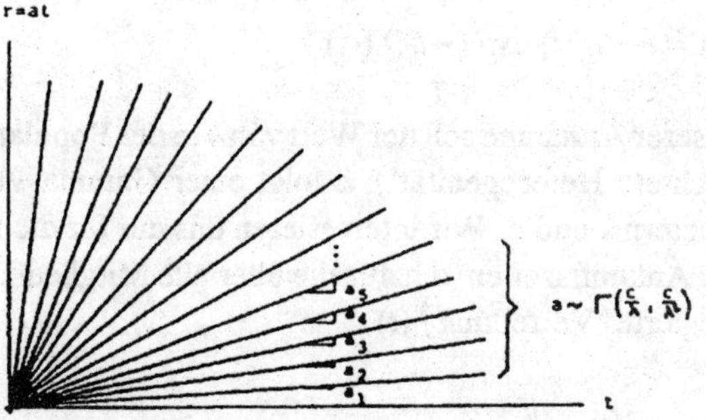


Abbildung 6 Individuelle Risikofunktionen der Heiratsneigung

Wir demonstrieren dies an einem Heterogenitätsmodell (siehe auch Vaupel und Yashin 1985), das möglicherweise auch eine brauchbare Alternative zu den bisher erwähnten Modellen darstellt.

Die zentrale Annahme des Modells lautet, daß das Heiratsrisiko bei allen Personen linear ansteigt, der Alters-Risikozuwachs, die Intensität des Risikos, aber in der Population variiert, und zwar gemäß der relativ allgemeinen Gamma-Verteilung (Abbildung 6)[5]. Für die aggregierte Risikofunktion der Population läßt sich dann eine nicht-monotone, eingipfelige Funktion ableiten.

Wir gehen dabei zunächst - ohne Einschränkung auf lineare individuelle Risikofunktionen - von einem allgemeineren "Proportional-Hazard"-Modell mit dem Parameter $a$ $(a > 0)$ und einer beliebigen zeitabhängigen Funktion $q(t)$ aus6):

(20) $$r(t) = a \cdot q(t)$$

Für die kumulierte Hazardfunktion schreiben wir:

(21) $$H(t) = a \int_0^t q(\tau)\, d\tau = a \cdot Q(t)$$

Die Dichteverteilung der Ankunftszeiten bei konstantem $a$ lautet dann:

(22) $$f(t) = a \cdot q(t) \exp(-aQ(t))$$

Gemäß unserer Annahme soll der Wert von $a$ in der Population variieren ("unbeobachtete Heterogenität"): $a$ folgt einer Gamma-Verteilung mit den Parametern $\lambda$ und c. Wir interessieren uns nur für die Marginalverteilung der Ankunftszeiten, d.h. für die über alle Mitglieder der Population "aggregierte" Verteilung $\bar{f}(t)$:

(23) $$\bar{f}(t) = \frac{q(t) \cdot \lambda^c}{\Gamma(c)} \int_0^\infty a^c\, e^{-a(\lambda + Q(t))}\, da$$

Hieraus folgt für die kumulierte Verteilung, die Überlebensfunktion und die Risikofunktion gemäß den Beziehungen (3) - (6)

$$(24) \quad \overline{F}(t) = 1 - \left( \frac{\lambda}{\lambda + Q(t)} \right)^{c}$$

$$(25) \quad \overline{G}(t) = \left( \frac{\lambda}{\lambda + Q(t)} \right)^{c}$$

$$(26) \quad \overline{r}(t) = \frac{c \cdot q(t)}{\lambda + Q(t)}$$

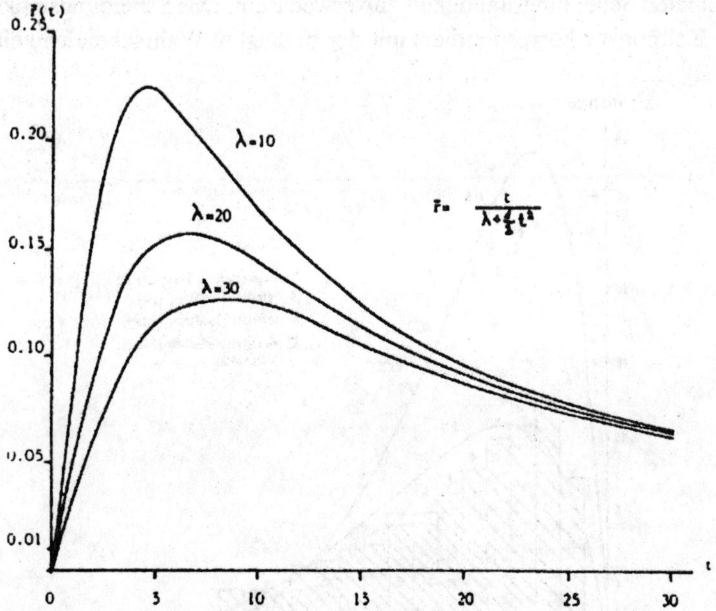


Abbildung 7 "Aggregierte" Risikofunktion des Heterogenitätsmodells für verschiedene Werte des Parameters λ

Im Falle eines linear ansteigenden Risikos ist für $q(t) = t$ (vgl. (20) und für $Q(t) = (1/2)\, t^2$ in (26) einzusetzen:

$$(27) \quad \bar{r}(t) = \frac{c \cdot t}{\lambda + \frac{1}{2} t^2}$$

Diese Risikofunktion ist nicht-monoton und eingipfelig. Sie erreicht ein Maximum für $t_{max} = \sqrt{2\lambda}$ Für den Spezialfall $c = 1$ ($a$ ist in diesem Fall exponentialverteilt) läßt sich der Risikoverlauf aus Abbildung 7 entnehmen.

## 8. Die Scheidungsrisikofunktion

Wie beim Heiratsrisiko ist das maximale Scheidungsrisiko nicht mit der maximalen Scheidungshäufigkeit zu verwechseln. Das Scheidungsrisiko zum Zeitpunkt $t$ korrespondiert mit der bedingten Wahrscheinlichkeit,

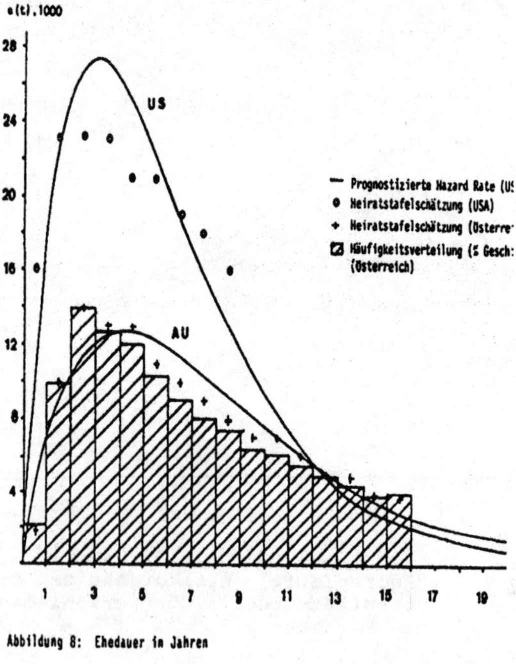


Abbildung 8: Ehedauer in Jahren

daß im folgenden Ehejahr eine Scheidung eintritt, wenn die Ehe bis zum Zeitpunkt *t* existiert hat. Im allgemeinen wird das Maximum des Scheidungsrisikos später als das Maximum der Scheidungshäufigkeit zu beobachten sein.

In den ersten Ehejahren steigt das Scheidungsrisiko rasch an, erreicht ziemlich bald - etwa im dritten bis fünften Ehejahr - ein Maximum und sinkt dann wieder relativ langsam auf ein niedriges Niveau ab (Abbildung 8). Die Scheidungsrisikofunktion hat die Form einer Sichel. Im Gegensatz zur "Heiratsglocke" kann der Risikoverlauf im Vergleich mit verschiedenen anderen Modellen relativ gut mit dem Sichel-Modell angenähert werden. Dies belegen genauere Analysen des Risikoverlauf anhand von Kohortendaten verschiedener Heiratsjahrgänge.

Diekmann und Mitter (1984) haben Scheidungsrisikoschätzungen auf der Basis von Massendaten US-amerikanischer und österreichischer Heiratskohorten vorgenommen. Das Hauptziel der Studie bestand in dem Vergleich verschiedener Modelle zur Beschreibung und Prognose der Scheidungsrisikofunktion und der ehedauerabhängigen Scheidungsquoten. Beim Vergleich von sechs parametrischen Modellen der Risikofunktion (das Hernes-Modell wurde allerdings nicht berücksichtigt), zeigte sich, daß die Entwicklung der Ehescheidungsraten bei österreichischen und US-amerikanischen Kohorten mit der Überlebensfunktion des Sichel-Modells am besten übereinstimmte (Diekmann/ Mitter 1984b). Das log-logistische Modell lieferte bei diesem Test eine extrem schlechte Anpassung. Der Grund hierfür ist wohl in dem Umstand zu sehen, daß bei der Untersuchung von Scheidungsdaten der Anteil "immuner" Fälle bis zu 95% erreicht. Es läßt sich somit vermuten, daß das Sichel-Modell eher bei einem hohen, das log-logistische Modell dagegen bei einem geringen Anteil von "Immunität" eine gute Übereinstimmung mit den Daten liefert, sofern die Risikofunktion eingipfelig ist.

Wie ist nun der sichelförmige Verlauf des Scheidungsrisikos erklärbar? Auf diese Frage gibt es verschiedene Antwortmöglichkeiten, wobei sich im wesentlichen die zwei Argumentationslinien "genuine Zeitabhängigkeit" versus "Heterogenität" herausdestillieren lassen. Die erstere Argumentation behauptet, daß sich der sichelförmige Verlauf des Risikos im

Sinne eines "Entwicklungsgesetzes" auf sämtliche Ehen bezieht. Für alle Ehen gilt danach, daß das Risiko nach der Eheschließung bis zum "Gefährdungsgipfel" ansteigt und anschließend absinkt. Auf den ersten Blick wird diese These auch durch Ehezufriedenheitsuntersuchungen gestützt. Man hat nämlich durch Befragungen in Abhängigkeit von der Ehedauer u-förmige Zufriedenheitskurven ermittelt (Anderson, Russell und Schumm 1983; Überblick in Pongratz 1983: 68-87). Das Minimum der Zufriedenheitskurve wird aber erheblich später als das Maximum des Scheidungsrisikos erreicht. Eine Erklärung der Scheidungsrisikofunktion durch die empirisch erhobene Zufriedenheitskurve stößt mithin auf das Problem, daß die vermeintliche Ursache zeitlich auf die Wirkung folgt.

Eine hiermit völlig kontrastierende Erklärung liefert das Heterogenitätsargument. Existieren im einfachsten Fall zwei Gruppen von Ehen mit unterschiedlichen Risikoverläufen, wobei das Risiko der einen Gruppe ansteigt und das der zweiten Gruppe konstant bleibt oder mit der Ehedauer absinkt, so kann die kombinierte Risikofunktion auf der Aggregatebene die beobachtete, sichelförmige Gestalt aufweisen. Die Aufteilung der Ehen in "Mover" und "Stayer" ist nun aber nicht als endogen gegeben anzusehen, sondern gerade erklärungsbedürftig. Die Familienökonomie und die Suchtheorie geben einige Hinweise, die sich zu der folgenden Erklärungsskizze verbinden lassen (siehe auch Becker 1974: 336 - 338): Wird die Partnersuche als Suchprozeß unter unvollständige Information aufgefaßt, so lassen sich zwei Kategorien von Merkmalen unterscheiden: Suchmerkmale und Erfahrungsmerkmale. Erstere sind manifeste Eigenschaften wie formale Bildung, Status, physische Attraktivität etc. Diese Merkmale eines potentiellen Heiratskandidaten sind vor der Eheschließung erkennbar. Anders verhält es sich mit den weniger offenkundigen "Erfahrungsmerkmalen". Informationen hierüber werden häufig erst nach der Eheschließung gesammelt. Es besteht nun eine gewisse Wahrscheinlichkeit, daß die an äußeren Suchmerkmalen orientierte Partnerwahl zu Irrtümern führt, die erst nach der Sammlung von Informationen über "Erfahrungsmerkmale" während der Ehe bekannt werden. Der Suchvorgang erzeugt daher - nach diesem einfachen Schema - zwei Gruppen von Ehen und damit Heterogenität. Es kann nun davon ausgegangen werden, daß das Risiko einer Scheidung in der Kategorie von

Ehen mit Enttäuschungen ansteigt. In der Gruppe von Ehen hingegen, in der die Erwartungen mit den Informationen über Erfahrungsmerkmale übereinstimmen, vermindert sich das Risiko mit der Ehedauer. Ein weiterer Grund für die Abnahme des Risikos in der stabileren Gruppe ist das Wachstum "ehespezifischer Investitionen" mit der Ehedauer. Hier macht sich auch ein Rückkoppelungseffekt bemerkbar: Je stabiler die Ehe ist, je langfristiger die Ehedauer aus der Sicht der Partner eingeschätzt wird, umso stärker sind die Ehepartner geneigt, in die Ehe zu "investieren", wodurch sich auf der anderen Seite wiederum die Ehestabilität erhöht. Sinkendes Risiko in der "Stayer"- und steigendes Risiko in der "Mover"-Gruppe können auf der aggregierten Ebene den beobachteten sichelförmigen Scheidungsrisikoverlauf generieren (Abbildung 9).

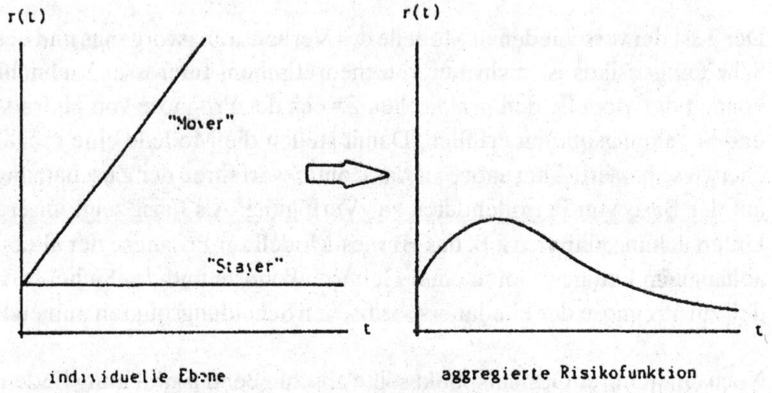


Abbildung V.9 Erklärung der eingipfeligen Scheidungsrisikofunktion durch Heterogenität

Aus dem Heterogenitätsmodell läßt sich die Hypothese ableiten, daß "Probeehen" zu einer Verminderung des Scheidungsrisikos führen. Es besteht ja in Probeehen die Chance, schon vor der Eheschließung Informationen über "Erfahrungsmerkmale" zu sammeln, so daß Irrtümer mit höherer Wahrscheinlichkeit vor der Heirat entdeckt werden und damit der Umfang der "Mover-Gruppe" reduziert wird. Aus empirischer Sicht wird der vermutete risikomindernde Probeeheneffekt aber neueren Untersuchungen zufolge kontrovers diskutiert (siehe etwa Bennett, Blanc, Bloom 1988).

Zwischen verschiedenen Erklärungsmodellen der Scheidungsrisikofunktion anhand von Scheidungsdaten empirisch zu diskriminieren, ist außerordentlich schwierig. Sofern nicht die Möglichkeit existiert, die Annahmen direkt zu überprüfen (etwa durch Panel-Befragungen von Eheleuten), empfiehlt sich, analog zu unserer Untersuchung der Heiratsfunktion ein Wettstreit der Modelle. Werden unterschiedliche Erklärungen formalisiert, und ist aus formalisierten Modellen die Risikofunktion ableitbar, dann wird die Güte der Übereinstimmung zwischen der beobachteten und prognostizierten Risiko- oder Überlebensfunktion Hinweise auf die Validität des erklärenden Modells liefern.

Der Test der verschiedenen Modelle des Verheiratungsvorgangs und des Scheidungsrisikos ist nicht nur von theoretischem Interesse. Vielmehr können die Modelle den praktischen Zweck der Prognose von Heirats- und Scheidungsquoten erfüllen. Damit stellen die Modelle eine möglicherweise bessere Alternative als das Routineverfahren der Zuschätzung auf der Basis von Periodendaten zur Verfügung. Als Fazit zeigt unsere Untersuchung, daß sich z.B. das Hernes-Modell zur Prognose der altersabhängigen Ledigenquoten einer Geburtenkohorte und das Sichel-Modell zur Prognose der ehedauerspezifischen Scheidungsquoten anbietet.

Noch ein weiterer Gesichtspunkt sollte abschließend Erwähnung finden. Mit Hilfe des log-logistischen oder Hernes-Modells sowie des Sichel-Modells wird die Möglichkeit eröffnet, die Effekte unabhängiger Variablen (Kovariate) auf die Heiratsneigung und das Ehescheidungsrisiko abzuschätzen. Es fragt sich z.B., in welchem quantitativen Ausmaß Merkmale wie die Schulbildung von Frauen und Männern, die Kohortenzugehörigkeit, die Konfession, der Grad der Mobilität und weitere sozialdemographische Merkmale die Heiratsneigung und das Scheidungsrisiko beeinflussen. Werden die Parameter der hier diskutierten Modelle in funktionaler Abhängigkeit von Kovariaten dargestellt, so können anhand geeigneter Daten die Effekte der Kovariate auf die Übergangsrate mittels der Maximum-Likelihood-Methode geschätzt werden. Die zur

Schätzung erforderlichen Computerprogramme sind hierfür bereits allgemein verfügbar.[7] Anwendungen bezüglich der Heiratsneigung, des Scheidungsrisikos und der Länge von Geburtenintervallen werden z.B. in den Arbeiten von Sørensen und Sørensen (1985), Papastefanou (1987), Diekmann 1990a (log-logistisches Modell der Heiratsrate), Diekmann und Klein (1991, log-logistisches und Sichel-Modell des Scheidungsrisikos) sowie Klein (1989, Sichel-Modell von Geburtenraten) beschrieben.

**Anmerkungen**

1) Die Daten, die in dieser Arbeit benutzt werden, wurden vom Zentralarchiv für empirische Sozialforschung, Universität zu Köln, zugänglich gemacht. Die Daten entstammen der Allgemeinen Bevölkerungsumfrage der Sozialwissenschaften (ALLBUS). Der ALLBUS ist ein von der DFG gefördertes Vorhaben und stand unter der Leitung von M. Rainer Lepsius (1980-1982), Walter Müller (1984), Franz Urban Pappi (1984), Erwin K. Scheuch (1980-1984) und Rolf Ziegler (1980-1984).

Der ALLBUS wird in enger Zusammenarbeit mit dem Zentrum für Umfragen, Methoden und Analysen (ZUMA) e.V. in Mannheim und dem Zentralarchiv realisiert.

Weder die vorgenannten Personen und Institute noch das Zentralarchiv tragen irgendeine Verantwortung für die Analyse oder Interpretation der Daten in diesem Beitrag.

Die Befragung ist haushaltsrepräsentativ. Um Personenrepräsentativität herzustellen, wurden die Daten (im wesentlichen) mit der Haushaltsgröße gewichtet. Berechnungen mit den ungewichteten Daten (z.B. Diekmann 1990, 1991) ergaben in der Regel nur geringfügige Unterschiede zu den hier berichteten Befunden.

2) Bei der Formalisierung von Hernes wird die "Gelegenheitsstruktur", d.h. die mit dem Alter verringerte Chance eines Kontakts zwischen zwei ledigen Personen verschiedenen Geschlechts, indirekt in der monoton fallenden Funktion $s(t)$ berücksichtigt. Explizit könnte die Gelegenheitsstruktur - einem Hinweis von R. Ziegler folgend - in der Diffusionsgleichung dadurch zum Ausdruck gebracht werden, daß die Heiratswahrscheinlichkeit pro Zeiteinheit in Abhängigkeit von $P(t)$ und dem Produkt $(1 - P(t)) \cdot (1 - P(t))$ geschrieben wird. Für die Risikofunktion ergibt sich dann auch bei konstantem Proportionalitätsfaktor der gewünschte

nicht-monotone Verlauf ($r(t) = s \cdot F(t)(1 - F(t))$). In der diffusionsforschung wird dies Modell auch als "Floyd-Modell" bezeichnet (vgl. hierzu genauer Diekmann 1990b).

3) Für die Maximum-Likelihood-Schätzung der Parameter des log-logistischen Modells mit einem GLIM-Makro bedanke ich mich bei Gilg Seeber vom Institut für Statistik der Universität Innsbruck.

4) Zu zwei weiteren erklärenden Modellen der Heiratsrisikofunktion siehe Coale und McNeil (1972) sowie Mitter (1990).

5) Die Gammaverteilung hat für unsere Anwendung drei Vorteile. Sie ist für positive Zufallsvariablen definiert (der Parameter $a$ - siehe unten - der Risikointensität soll ja keine negativen Werte annehmen), sie ist relativ allgemein (die Chi2- und Exponentialverteilung sind Spezialfälle) und mathematisch gut handhabbar.

6) Für den Spezialfall $q(t) = 1$ erhält man das u.a. in der Unfallforschung angewandte klassische Yule-Greenwood-Modell.

7) Das log-logistische -, Sichel- und Hernes-Modell kann mit einer ergänzenden Routine des Programmpakets BMDP (BMDP3RFUN, siehe Brüderl und Wallascheck 1988) geschätzt werden. Für das Sichel-Modell mit Kovariateneffekten auf beide Parameter liegt ein ML-Schätzprogramm von Peter Mitter vor. Das in GAUSS geschriebene Programm ist am Institut für Höhere Studien, Wien, zu beziehen. Das log-logistische Modell ist auch in verschiedenen weiteren Programmpaketen (z.B. LIMDEP von W. Green) implementiert.

**Literatur**

Anderson, St. A.; Russel, C. S.; Schumm, W. R., 1983: "Perceived marital quality and family life-cycle categories: a further analysis".In: Journal of Marriage and the Family 45, S. 127-139

Andress, H. J., 1985: Multivariate Analyse von Verlaufsdaten. Statistische Grundlagen und Anwendungsbeispiele für die dynamische Analyse nichtmetrischer Merkmale. Mannheim: ZUMA

Becker, G. S., 1974: "A theory of marriage".In: Schultz, T. W. (Hrsg.): Economics of the Family. Marriage, Children and Human Capital. Chicago and London, S. 299-344

Bennett, N. G.; Blanc, A. K.; Bloom, D. E., 1988: Commitment and the modern union. In: American Sociological Review 53, S. 127-138

Blossfeld, H.-P.; Hamerle, A.; Mayer, K. U., 1986: Ereignisanalyse. Statistische Theorie und Anwendungen in den Wirtschafts- und Sozialwissenschaften. Frankfurt

Brüderl, J., 1989: Surveyanalyse mit BMDP. Die Programme P3R und PAR. Unveröffentlichtes Manuskript. Sonderforschungsbereich 333 der Universität München

Coale, A. J.; McNeil, D. R., 1972: "The distribution by age of the frequency of first marriage in a female cohort". In: Journal of the American Statistical Association 67, S. 743-749

Coleman, J. S.; Katz, E.; Menzel, H., 1957: "The diffusion of an innovation among physicians". In: Sociometry 20, S.253 -270

Diekmann, A., 1990a: Der Einfluß schulischer Bildung und die Auswirkungen der Bildungsexpansion auf das Heiratsverhalten. In: Zeitschrift für Soziologie 19, S. 265-277

Diekmann, A., 1990b: Hazrad rate models of social diffusion processes, Vortragsmanuskript für den Kongreß der "American Sociological Association" in Washington

Diekmann, A., 1991: Der Zeitpunkt der Erstheirat und die Streuung des Heiratsalters. Zum Wandel von Heiratsmustern in der Kohortenfolge In: Voges, W.; Behrens, J.(Hrsg.): Statuspassagen und Institutionalisierung. Opladen: Westd. Verlag (im Druck)

Diekmann, A.; Klein, Th., 1991: Bestimmungsgründe des Ehescheidungsrisikos. Eine empirische Untersuchung mit den Daten des sozioökonomischen Panels. In: Kölner Zeitschrift für Soziologie und Sozialpsychologie,43, S. 271-290

Diekmann, A.; Mitter, P., 1983: "The 'sickle hypothesis'. A time dependent Poisson model with applications to deviant behavior and occupational mobility" In: Journal of Mathematical Sociology 9, S. 85-101

Diekmann, A.; Mitter, P., 1984a: Methoden zur Analyse von Zeitverläufen. Stuttgart

Diekmann, A.; Mitter, P., 1984b: "A comparison of the 'sickle function' with alternative stochastic models of divorce rates". In: Diekmann, A.; Mitter, P. (Hrsg.): Stochastic Modelling of Social Processes. Orlando, S. 123-153.

Diekmann, A.; Mitter, P., 1990: Stand und Probleme der Ereignisanalyse. In: Mayer, K. U. (Hrsg.), Lebensverläufe und sozialer Wandel. Sonderheft 31 der Kölner Zeitschrift für Soziologie und Sozialpsychologie, S. 404-441

Hernes, G., 1972: The process of entry into first marriage". In: American Sociological Review 37, S. 173-182

Klein, Th., 1989: Bildungsexpansion und Geburtenrückgang. Eine kohortenbezogene Analyse zum Einfluß veränderter Bildungsbeteiligung auf die Geburt von Kindern im Lebenslauf. In: Kölner Zeitschrift für Soziologie und Sozialpsychologie.41, S. 483-503

Mitter, P., 1989: Compound arrival times and a search model of marriage. In: Journal of Mathematical Sociology 15, S. 1-9

Papastefanou, G., 1986: "Zur Bedeutung des Berufszugangs für die Geschlechts- und Kohortendifferenzierung des Heiratsprozesses". Beitrag zur 13. internationalen Konferenz des Arbeitskreises "Mathematische Sozialwissenschaften" (MASO) zum Thema "Applications of event history analysis in life course research". Berlin: Max-Planck-Institut für Bildungsforschung

Pongratz, H., 1983: Die Ehebeziehung nach der Ablösung der Kinder - familiensoziologische Deutungen der "nachelterlichen Gefährtenschaft". Diplomarbeit am Institut für Soziologie der Universität München

Prescott, R. B., 1922: "Law of growth in forecasting demand". In: Journal of the American Statistical Association 18, S. 471-479

Quetelet, A., 1914: Soziale Physik. Abhandlungen über die Entwicklung der Fähigkeiten des Menschen (nach der Ausgabe 1869 übersetzt von Valentine Dorn), 1. Bd., Jena

Sørensen, An.; Sørensen, Aa., 1985: "An event history analysis of the process of entry into first marriage". In: Current Perspectives on Aging and the Life Cycle, 2, S. 53-71

Tuma, N. B. und Hannan, M. T., 1984: Social Dynamics. Models and Methods. Orlando

Vaupel, J. W. und Yashin, A. I., 1985: "The deviant dynamics of death in heterogeneous populations". In: Tuma, N. B. (Hrsg.): Sociological Methodology. San Francisco, S. 179-211

# E. Netzwerke und soziale Beziehungen

Jeroen Weesie Albert Verbeek * Henk Flap

# An Economic Theory of Social Networks

## 1 Introduction

### 1.1 Organisation of the paper

First we will discuss social capital and exchange in social networks. These are the two fundamental, sociological concepts we have built this paper on. Thereafter, section 2 defines the model and presents the leading questions, and section 3 defines the exchange mechanism. Section 4 gives our main theoretical result: Theorem 2 describes two powerful relations between the occurrences of exchanges and the presence of interest in support. In our model neither exchange nor interest need be reciprocal. In order to obtain analytical results we introduce a special class of utility functions in section 5. Examples with these utilities are discussed extensively in section 6. Section 7 describes a simulation study based on stochastically generated interests with a homogeneous expectation. Section 8 gives some ideas on the use of the model in data analysis. Finally, some extensions of the model are outlined in section 9.

### 1.2 Social capital

A basic assumption of the social sciences is that the behavior of people is goal-directed. But people have many goals, often they can reach these goals in a number of ways, and usually some goals are conflicting. After all, not everything is possible, and not much is for free. Thus people have to set priorities and make their choices under constraints. We will elaborate on an economic model for these constrained choices. We assume that people have various amounts of resources they can employ to achieve their goals. Instead of resources one could speak of forms of capital that produce a better life for the owners; it relates to physical or abstract 'commodities' of limited availability that can be spent only once, like money and time.

The term 'capital' usually refers to economic capital, essentially consisting of control over material objects. One of the great steps forward in the social sciences in the last decades, has been the introduction of the idea of human capital, consisting of personal capabilities, such as skills and the ability to enjoy oneself. Human capital can be applied for direct goals of the owner or it can be 'sold' to others, e.g., to employers, friends, or relatives. This notion has led increasing abstraction and greater generality of arguments. A wealth of research has been undertaken in its wake. The fastly growing body of social network studies makes it natural to add yet another kind of resources: those available to a person through his social network. Important 'network resources' are status, power, influence, respect, honor of persons in his or her network, and social relations in general. Note that economic capital, human capital, as well as social network resources may be applied to achieve other goals, but they may also give intrinsic pleasure, and for many people their acquisition, possession, and/or exhibition is a goal in itself.

Now social capital is the access to the economic, human, and network resources of those persons who are linked to the individual (cf. e.g., Lin 1982; Flap 1988). Through power and influence social capital can also be derived from indirect links. Some social scientists (e.g., Coleman 1988) go even further, and suggest to regard all institutions and norms as social capital.

To emphasize this difference between human and social capital, Boissevain aptly calls social capital second-order or indirect resources (Boissevain 1974). Economic and human capital can be sold (that is exchanged for money, goods or services), or it can be invested in social relations, thereby increasing one's social capital, which may give direct pleasure and/or can be applied in the production of other goals later. However, social capital is much less secure and erodes more quickly than economic or human capital; in general it can not be preserved over a long period without costs ('continuous investments'). Three important dimensions of social capital are: the number of other persons prepared or obliged to lend a helping hand, their resources, and the strengths of the relations between the person and these other persons.

The social network with the economic, human, and social capital of its members is an important collective property of a group or even of a whole society. Apart from satisfying an intrinsic need for social contact in most humans, social capital can increase the efficiency with which people achieve other goals; social capital increases the general level of welfare of a group.

In this contribution, we will use the term social capital in the following precise and more restricted way. It is defined as the right to control the resources of related actors in the network at hand. As a further simplification we assume resources to be one-dimensional, and we call this 'time', which can be seen as a principle intermediate of human resources. (Only in section 9 we will briefly discuss multidimensional resources.)

**1.3 Exchanges**

The aim of this paper is to model the exchange of time in a social network; or more precisely, the exchange of the control of time. To this end we propose an economic theory of social networks. See Coleman (1988), who discusses a similar scheme. Of course, people do not give up the control over their time for nothing. In return they receive 'fictional money' or 'credit slips' with which they buy control over part of the time of other people. Thus giving and receiving of support is modelled as an economic exchange process. Moreover we assume that exchange is regulated by a price system, i.e., system-wide exchange rates. People have a price for their support. People in whose time many people are interested receive a higher price for their time than people whose support is less in demand.

Following Levi-Strauss' (1949) terminology, one may discern two types of exchange.

* **In restricted** or direct exchange, people make pairwise and balanced exchanges. A pairwise exchange is called balanced if an actor A pays for the support of actor B by A's support for B. In such a system all support can be explained by reciprocity. The network aspect is implied because people have time budgets that apply simultaneously to all their exchanges: if A spends all his time on B, he cannot spend any time on anyone else.

* In a system with **generalized** or indirect exchange, people exchange support without the requirement of balance within each of the pairs of actors involved: A may work for B, B for C, and C for A, etc. All persons increase their well-being by the exchange of support. In a system with generalized exchange, there is no requirement for reciprocity in social relations.

Generalized exchange is probably more difficult to achieve and maintain than restricted exchange, especially if no central agency surveils whether the parties to an exchange fulfil their plights (Ekeh 1974). With restricted exchange the victim of a break of a possibly implicit agreement may punish the offender by a refusal to stick to his part of the bargain. With generalized exchange a victim need not be able to sanction an offender, as the offender need not be dependent on the support of his victim. We expect that generalized exchange, without a central agency, is only possible in social systems in which persons can easily observe whether other parties keep to the terms of the exchange contract, that is, where people can acquire reputations and remain within the system for a long time (cf. Raub and Weesie, in this volume), or in systems with highly interdependent actors and a high degree of trust and solidarity. Examples of such systems are small, tight networks with a lifetime of many years, such as families (Sahlins 1972), small communities, teams, and working groups.

## 2 The model

First we must introduce the following notational conventions. Boldface capitals and lowercase letters represent matrices and vectors. The *ij*-th element of a matrix **A** is denoted by $A_{ij}$ ; the *i*-th row by $\mathbf{A}_{i*}$ and the *j*-th column by $\mathbf{A}_{*j}$. The *i*-th row sum and the *j*-th column sum are denoted by $\mathbf{A}_{i+}$ and $\mathbf{A}_{+j}$ respectively. Now the main ingredients of our model are:

* A fixed set of say *n* **actors,** with **time budgets** $t_1, ..., t_n$ .

* A square **control matrix C**: $C_{ij}$ is the amount of time of *j* controlled by *i*; i.e., the amount of support from *j* to *i*. The diagonal element $C_{ii}$ is the time that *i* keeps for himself.

* The **utility** of a possible control matrix **C** to *i* only depends on the support *i* receives, that is, on the **i**-th row $\mathbf{C}_{i*}$. It will be denoted by $u_i(\mathbf{C}_{i*})$. As in game theory we assume that utility is defined in such a way that people act as if they try to maximize their utility. (People do not really maximize their utility, but we can use utility to describe their behavior.) A consequence of this model for utility is, that an actor does not obtain utility from *supporting* another actor. Support is not intrinsically rewarding. Who controls the time of *i* is immaterial, as long as he or she pays *i*'s price.

* A square **interest matrix X**: $X_{ij}$ is the interest of actor i in one unit of the time of actor *j*. More precisely it is the marginal interest of *i*, if *i* does not yet control any time of anyone. This is, as it were, the matrix of initial values of the interests, when negotiations for exchange start.

* **System wide prices:** $p_i$ for one unit of *i*'s time. These prices are to be constructed from **u** and **t**.

* Market theory to derive the vector of prices **p** and the control matrix **C**, from the vectors of utilities **u** and of time budgets **t**. We use a market model of pure exchange; no production is assumed.

The matrices **X** and **C** will be interpreted as networks, that is as weighted directed graphs (e.g., Harary, Norman, and Cartwright 1965). The vertices of these graphs are the actors; for **X** the arc from $i$ to $j$ has weight $X_{ij}$ . An arc with weight zero is the same as no arc. If the weights are forgotten we get the (unweighted) 'interest digraph', in which there is an arc from $i$ to $j$ if and only if $X_{ij} > 0$ (we will assume that $X_{ij}$ can't be negative). Similarly for **C**. The price $p_i$ can be interpreted as a measure of $i$'s power or status, similarly to Hubbell's status scores for vertices in a directed network. For more detail see the Appendix.

The two leading questions are:

*How does the control network depend on the utility functions and the time budgets?

* How do the prices depend on the utility functions and the time budgets?

Now we will introduce and discuss the restrictions that we place on these ingredients. First the time budgets are assumed to be positive. It would be difficult to interpret negative time budgets, and actors with a zero time budget will not participate in any exchange, they are completely uninteresting, and they are better dropped from the analysis. So

$$t_i > 0 \quad i = 1, ..., n. \tag{1}$$

Similarly the elements of the control matrix are assumed to be non-negative, but these can be zero:

$$C_{ij} \geq 0 \quad i,j = 1, ..., n. \tag{2}$$

Time budgets are called this way, because no one can spend more time than his time budget. Moreover, any time not spend on others is spend on oneself (that is, it goes into $C_{ii}$ ), so the following *feasibility constraint* is an equality:

$$\sum_{i=1}^{n} C_{ij} = \sum_{i=1}^{n} C_{ij}^{0} = t_j \qquad j = 1, ..., n. \tag{3}$$

Here $C_{ij}^{0}$ denotes the control matrix prior to exchange; we assume $C_{ij} = 0$ for $i \neq j$.

For the exchange $C_{ij}$ of time from $j$ to $i$, $i$ must pay j the value $p_j\, C_{ij}$. We assume that the same prices hold system-wide; that is $j$ asks the same price for one unit of time from every client $i$. In other words, the price factor $p_j$ of the exchange $C_{ij}$ does not depend on $i$. In order to get interesting results, one has to model prices someway; this is about the simplest model, which is yet quite powerful. It would be possible to introduce prices $p_{ij}$, but the resulting model, with interesting applications such as brokerage behavior (cf. Marsden 1982), seems quite complex.

Actor $i$ has a budget $r_i = p_i\, t_i$. So, we have the following *budget constraint:*

$$\sum_{j=1}^{n} p_j\, C_{ij} \leq p_i\, t_i \qquad i = 1, \ldots , n\ . \tag{4}$$

It follows that there are no transaction costs in our model: the exchange process itself does not cost time or money; overhead or friction is assumed to be negligible. Also notice that in this approach only relative prices matter. Without loss of generality we can scale the prices such that $p_+ = 1$; occasionally we will do so.

As to the utility functions $u_i$, we allow plus or minus infinite values, but we will always assume that

$$u_i\,(C_{i1}, ..., C_{in})\ \textit{is} \begin{cases} \textit{differentiable}, \\ \textit{non-decreasing}\ \text{and}\ \textit{concave}, \text{and} \\ \textit{strictly increasing in at least one argument}. \end{cases} \tag{5}$$

That the utility is strictly increasing immediately leads to the following very useful result.

**Lemma 1** Under (5) and positive prices actor $i$ will spend his whole budget, when maximizing his utility.

Concavity of $u_i$ in $C_{ij}$ just means that the marginal utility of $C_{ij}$, that is, the partial derivative $\frac{\partial u_i}{\partial C_{ij}}$, is non-increasing in $C_{ij}$. Moreover, $X_{ij}$ is the $j$-th partial derivative of $u_i$ in the origin:

$$X_{ij} = \frac{\partial u_i}{\partial C_{ij}} (0, ..., 0) . \tag{6}$$

That is, we assume that $\frac{\partial u_i}{\partial C_{ij}}$ (0, ..., 0) exists and is finite. This implies that also $u_i$ (0, ..., 0) is finite. Now we have the following important results.

**Lemma 2** Under (5) $X_{ij} \geq 0$ for all $i, j = 1, ..., n$, and $X_{ij} = 0$ implies $C_{ij} = 0$.

In words: the interests are non-negative, and actors do not waste there budgets on time they are not interested in.

**Proof** That $X_{ij} \geq 0$ follows immediately from the assumption that $u_i$ is non-decreasing. Now, if $X_{ij} = 0$, concavity of $u_i$, that is decreasing marginal utility, implies that $u_i$ is non-increasing in $C_{ij}$, so it must be constant in $C_{ij}$. Because the prices are positive (nothing is for free), and $u_i$ is always strictly increasing in some coordinate, $i$ can always do better than waste resources on $C_{ij}$. So when $i$ maximizes his utility, $C_{ij} = 0$. □

Additionally we assume that

$$\text{for all } i \text{ there is a } j \neq i \text{ such that } X_{ij} > 0. \tag{7}$$

That is "everyone is being loved by someone"; for every actor there is at least one actor, who is interested in the first one. Otherwise the 'unloved' actor would not be involved in any exchange, and this solitaire could just as well be left out of the analysis. This condition (7) implies that all equilibrium prices are positive, see Lemma 3 below. (We do not really need a $j \neq i$ in (7) for positive prices, but we are not interested in solitaires anyway.)

Finally, without loss of generality, the utility functions $u_i$ can be scaled such that

$$u_i(0, \ldots, 0) = 0 \tag{8}$$

$$\mathbf{X}_{i+} = 1. \tag{9}$$

When we make this assumption, we will say so explicitly.

**3 Competitive markets**

Our model of the exchange of time is a standard model for generalized exchange without money ('barter economy') and without production. It is taken from classical economics. More specifically it is a perfect, competitive market (cf. e.g., Takayama 1982). On our market there are *n* buyers and *n* commodities. The buyers are our actors, and commodity *i* consists of the time of actor *i*. An exchange is the operation in which one actor, *i* say, buys a certain amount of time, $C_{ij}$, from another actor, *j*, for which i pays $p_j\, C_{ij}$ to *j*. Our market works as follows.

**Definition 1** The market. Given prices **p**, actors seek to maximize their utility under the budget constraint (4) (cf. Theorem 3 below). This leads to a demand matrix $\mathbf{C}^d$. More precisely, $\mathbf{C}^d_{i*}$ maximizes $u_i(\mathbf{C}_{i*})$ under the budget constraint. The vector of column sums of the demand matrix is called the demand vector: $\mathbf{C}^d_{+j}$, is the demand for the time of actor *j*. The supply by actor *j* is $t_j$, cf. the feasibility constraint (3).
Now if the demand for the time of actor *j* exceeds the supply $t_j$, his price $p_j$ is too low. Conversely if the supply exceeds the demand, his price is too high.
We have an equilibrium if demand equals supply. Then the prices, and the exchange matrix are denoted by $\mathbf{p}^*$ and $\mathbf{C}^*$. That is, $\mathbf{C}^*$ satisfies the

feasibility constraint (3), $(\mathbf{C}^*, \mathbf{p}^*)$ satisfies the budget constraint (4), and

$$u_i(\mathbf{C}^*_{i*}) = \max u_i(\mathbf{C}_{i*}) \quad i = 1, ..., n \tag{10}$$

for all **C** that satisfy (3) and (4).

In words: a competitive equilibrium is a combination of prices and of an allocation of the time of actors such that

i) the feasibility and budget constraints are satisfied, and
ii) given the prices, no actor can increase his utility by making other purchases with his budget $p_i\, t_i$.

A major restriction of this model is, that it is a one-shot affair. In one limited period of time, all prices are established, all exchanges are made, and that is it. No future is modelled. That means, no future exchanges, no investments that may later on carry fruits, no conflicts between short term goals and long term goals, no reputations are build up or ruined. In many discussions of generalized exchange and of unbalanced restricted exchange time is an important dimension. People support other people, implicitly in return for a credit slip, to be used when need arises in a wide range of circumstances. We did not try to model all this, however interesting and important it may be, mainly because we could not handle much more complexity. Also, despite these limitations, we think that this model captures essential aspects of the exchange of social capital.

Furthermore, it is somewhat problematic whether competitive price theory can be applied in this way. The model assumes, as economists say, that actors are *price-takers*; an actor decides on the optimal bundel of commodities that he can be bought with his budget, assuming that the prices, and hence his budget, are unaffected by his behavior. Such an assumption can be defended in situations where there are many actors, none of whom owns much more than the rest. Otherwise, actors may be able to influence prices by 'strategic behavior', such as 'a priori withholding' some of his goods from exchange, coalition formation, or even the *destruction* of some of his goods. In Weesie (1989), the assumption of price-taking is dropped. As an alternative to competitive equilibrium, the core solution of a cooperative exchange game is studied. The main result of this paper, Theorem 2, is generalized for an arbitrary control matrix in the core. (It is well known that a competitive equilibrium is always in the core, hence core theory generalizes competitive equilibrium.) Throughout this paper, however, we will assume price-taking.

Using this model, the following result is quite useful.

**Lemma 3** If (5) and (7) hold, each equilibrium price $p_i^*$ is positive $(i = 1, ..., n)$.

**Proof** Consider a price vector p with $p_i \leq 0$. By (7) there is an actor *j* with interest in *i*'s time; i.e., $X_{ij} > 0$. Because the price is non-positive and $u_j$ is increasing in $C_{ji}$, *j* generates an infinite demand for *i*'s time, simply by trying to maximize his utility $u_j$ under the budget constraint. Hence demand exceeds supply for *i*, and *i*'s price is too low. □

One of the central research areas in mathematical economics involves conditions for the existence of competitive price equilibria in exchange economies and in production economies. We give one result that is sufficiently general for our purposes.

**Theorem 1** If the utility functions $u_i$ are increasing and concave, there exists a competitive price equilibrium.

**Proof** See e.g., Takayama (1985: 255). □

For non-concave $u_i$, an equilibrium need not exist. Even if an equilibrium exists, neither $C^*$ nor the scaled equilibrium prices $p^*$ need to be unique. Given $p^*$ and strictly concave $u_i$ uniqueness of $C^*$ is easily established; for a special case, see Theorem 3 below. Conditions that ensure uniqueness are rather restricted, e.g., requiring that all goods are gross substitutes. Disregarding degenerate cases (a set of measure zero), the number of equilibria is odd, equilibria are isolated, and an equilibrium depends locally continuous on the parameters of the model. Except for Theorem 3 we will not pursue questions of uniqueness and of comparative statics and dynamics any further here.

It should be noted that the existence proofs given in the literature are based on one of the greatest discoveries in mathematics: Brouwer's fixed point theorem 1, (or more precisely, on a generalisation due to Kakutani), and so are not constructive. In fact, it has been shown that Brouwer's theorem and the existence of competitive equilibria are equivalent. To compute an equilibrium numerically one can use algorithms developed by Scarf; in many cases a Walrasian tâtonnement will also yield equilibria.

**4 Which actors interact?**

Formally, the question which actors interact translates into the question which arcs exist in the control digraph. (For the few notions from graph-theory see Harary, Norman, and Cartwright (1965) or the appendix.) The results in this section only depend on the interest digraph, that is, on the existence of (positive) interests, but not on the sizes of these interests.

A trivial relation between **X** and $\mathbf{C}^*$ has been established in Lemma 2: $X_{ij} = 0$ implies that $C^*_{ij} = 0$; it makes no sense to purchase commodities one is not interested in. In a model for pairwise exchange, $C^*_{ij}$ implies that also the transpose $C^*_{ji} = 0$. In our model, with generalized exchange, $X_{ij} = 0$ does not imply that also the transpose $C^*_{ji} = 0$. It is quite possible that in a system in which actor 1 is not interested in actor 2, actor 1 still supports 2, 2 supports 3, and 3 supports 1. The next lemma and theorem give more conditions under which such generalized exchange is impossible.

**Lemma 4** Let the utility function u be strictly increasing. Suppose $\mathbf{C}^*$ is an equilibrium control matrix, and let all equilibrium prices $p^*_i$ be positive (e.g., because u satisfies (7)).

i) If there is no path in the interest network **X** from *i* to *j*, then $C^*_{ij} = C^*_{ji} = 0$.

ii) If there is no path in the control network $C^*$ from *i* to *j*, then also $C^*_{ji} = 0$.

iii)In other words, if $C^*_{ij} > 0$,

* $X_{ij} > 0$

* There is a path in the interest network from *i* to *j* and back.

* There is a path in the control network from *i* to *j* and back.

**Proof**

i) Because $X_{ij} = 0$, Lemma 2 implies that $C_{ij} = 0$, proving the first half of the assertion.

Let $R_i$ be the set consisting of actor *i* and of all other actors that can be reached from *i* in the interest network **X**. Next define the value $F^*_{kl}$ of the control $C^*_{kl}$ by $F^*_{kl} = p^*_l\ C^*_{kl}$. Now consider the following partial sums

$$A = \sum_{k \in R_i} \sum_{l \in R_i} F^*_{kl},$$

$$B = \sum_{k \in R_i} \sum_{l \notin R_i} F^*_{kl},$$

and

$$C = \sum_{k \notin R_i} \sum_{l \in R_i} F^*_{kl}.$$

Notice that $F^*_{l+} = F^*_{+l} = t_l\, p^*_l$. That is, the row sums of $F^*$ are equal to the column sums. Hence

$$A + B = A + C. \tag{11}$$

Now for $k \in R_i$ and $l \notin R_i$, $X_{kl} = 0$, otherwise $l$ could be reached from $i$ via $k$. Then i) implies $C^*_{kl} = F^*_{kl} = 0$. That is, $B = 0$. Substitution in (11) yields $C = 0$. Because the values $F^*_{kl}$ are non-negative, all terms of C are zero, and as the prices are strictly positive, also $\mathbf{C}^*$ is zero here. More precisely,

$$C^*_{kl} = 0 \text{ if } k \notin R_i \text{ and } l \in R_i.$$

And in particular we have $C^*_{ji} = 0$. This proves i).

ii) The proof is very similar to the proof of i), with some minor simplifications.

iii) follows immediately from Lemma 2, i), and ii). Note that in the last assertion of the lemma the path from $i$ to $j$ is trivial, because $C^*_{ij} > 0$. □

This lemma and Lemma 2 immediately translate into the following theorem.

**Theorem 2** Let the utility function **u** be strictly increasing and satisfy (7), with an equilibrium control matrix $\mathbf{C}^*$. Then the control digraph is a subgraph of the interest digraph (with the same vertices but less-or-the-same arcs), the weak components of the control digraph coincide with the strong components of the control digraph, and these are contained in the strong components of the interest digraph.

Intuitively, assertion i) of the lemma can be understood as follows. For generalized exchange to be realized, actor 1 will not support an actor 2, in whom 1 is not interested, unless 1 is rewarded for this support by some other actor, who is rewarded by someone, who is rewarded by someone, etc., who in turn is rewarded by 2. Thus 1 may receive support as a reward for his support to 2 if there is a support path from 2 back to 1. Such a path will not be realized if there is no interest path from 2 to 1. In our model such a path could be of arbitrary length, as transaction costs are neglected.

These results only give necessary conditions on the **X**-network for the existence of arcs in the $\mathbf{C}^*$-network. If two actors are mutually interest-connected, exchange need not be beneficial, and $C^*_{ij}$ and/or $C^*_{ji}$ can still be zero, cf. the example in section 6.

As an illustration of this theorem, consider a two class system. The actors in class 1 have interests in actors in class 1, but not in actors in class 2. The actors in class 2 have interests in actors both in class 1 and class 2. Possibly after a permutation of the actors, the interest matrix **X** has the following structure

$$\mathbf{X} = \begin{pmatrix} \mathbf{X}_{11} & 0 \\ \mathbf{X}_{21} & \mathbf{X}_{22} \end{pmatrix}$$

Actors in class 1 and in class 2 are in different components of **X**. It follows from Theorem 2 that the actors have to make all exchanges within the classes. There is no inter-class exchange. Also the equilibrium $\mathbf{C}^*$ (or more generally, the set of equilibria) does not depend on the interclass interests $\mathbf{X}_{21}$ . The equilibrium is unaffected if $\mathbf{X}_{21}$ is set to zero. This example also implies that, normalized prices need not be to unique. If $\mathbf{p}^*_1$, $\mathbf{p}^*_2$ are equilibrium price vectors for classes 1 and 2, so are $\mu_1 \mathbf{p}^*_1$ and $\mu_2 \mathbf{p}^*_2$ for any positive scalars $\mu_i$. Thus the prices of the actors in class 1 cannot be compared meaningfully with the prices in class 2.

## 5 Special utility and demand functions

The previous section gave necessary conditions for the existence of exchange *ij* (that is, for $C_{ij} > 0$), which, surprisingly, only depended on the existence of interest-chains (chains of paths *kl* for which $\mathbf{X}_{kl} > 0$). In order to obtain sufficient conditions for the existence of exchange *ij*, we need quantitative information about all the interests $\mathbf{X}_{kl}$, and about all the utilities $u_k$ and all the time budgets $t_k$. This does not only lead to qualitative information about exchange, but also to quantitative information.

As to the utilities $u_i$, we mentioned above, that for general, concave utility functions we do have equilibrium prices and controls, but the proof of this fact is non-constructive. In order to obtain explicit formulas, we must be more specific about the form of the utility functions. To this end we introduce 'additive' utility functions, that is,

$$u_i\,(c_{i1}, \ldots, c_{in}) = \sum_{j=1}^{n} u_{ij}\,(C_{ij})\,. \tag{12}$$

Moreover we will assume that the $u_{ij}$ are alike, in the sense that the $u_{ij}$ can be written as

$$u_{ij}(c) = \xi_{ij}\,\varphi(c) \tag{13}$$

where $\xi_{ij}$ is non-negative, and does not depend on $c$. Furthermore, $\varphi(c)$ does not depend on $ij$.

Note that the scaling of $\xi_{ij}$ and $\varphi$ is arbitrary; $3\xi_{ij}$ and $\varphi/3$ lead to the same $u_{ij}$ as $\xi_{ij}$ and $\varphi$. So it is natural to standardize $u_i$, and $\varphi$ and $\xi_{ij}$ so that

$$\varphi(0) = 0\,, \quad \varphi'(0) = 1\,, \text{and} \quad \xi_{ij} = X_{ij}\,. \tag{14}$$

Our assumption that $\varphi'(0)$ is finite (so that it can be standardized to 1), is very natural for the interpretation, but not really theoretically necessary. In fact, below we will discuss a model of Coleman where $\varphi(c) = \log(c)$, so that $\varphi(0) = -\infty$ and $\varphi'(0) = \infty$, and we will argue why this is not what we want. Except in this example we will always assume (14).

Note that because of (14) and $X_{ij} \geq 0$, (5) is equivalent to $\varphi$ being differentiable, concave and strictly increasing. From now on we will assume

$$\varphi \text{ is differentiable, strictly concave, and strictly increasing.} \tag{15}$$

The next theorem describes the demand $\mathbf{c}^*$ of an actor at a given vector of prices $\mathbf{p}$ with a budget $r$. Recall that our assumptions imply that all prices are positive, cf. Lemma 3, and that the 'monetary' budget of actor $i$ is $r_i = p_i t_i$. For simplicity of notation we only consider one actor, and drop the (first) index $i$.

**Theorem 3** Let $p_1, \ldots, p_n$ be the positive prices of the commodities 1, ..., n while our actor (buyer) has a budget $r$, and an additive utility $u(c_1, \ldots, c_n) = \sum_j x_j \varphi(c_j)$ for a commodity bundle with $c_j$ units of commodity $j$. Define $q_j = x_j / p_j$. As discussed above, we suppose that $\varphi$ satisfies $\varphi'(0) = 1$ and (15). Then the maximum utility subject to $c_j \geq 0$ and to the budget constraint

$$\sum_{j=1}^{n} p_j c_j \leq r$$

is attained in a unique $c^*$,

$$c_j^* = \psi(\lambda / q_j)$$

where

$$\psi(y) = \begin{cases} (\varphi')^{-1}(y) & y \geq 1 \\ 0 & y < 1 \end{cases} \qquad (16)$$

and $\lambda$ is the unique solution of

$$r = \sum_{j=1}^{n} p_j \psi(\lambda / q_j)\,. \qquad (17)$$

An actor should buy commodity $j$ if and only if $\lambda > q_j$.

**Proof** First note that $\varphi$ is strictly increasing, and hence the budget inequality can be changed to an equality constraint. As the set of non-negative commodities bundles that satisfy the budget constraint is compact, and $u$ is continuous, existence of a maximizer $\mathbf{c}^*$ is ensured. The maximizer $\mathbf{c}^*$ satisfies

$$x_j \varphi'(c_j^*) = \lambda p_j \text{ if } c_j^* > 0$$

$$x_j \leq \lambda p_j \text{ if } c_j^* = 0$$

where $\lambda$ is the positive Lagrange multiplier of the budget constraint. It follows that

$$c_j^* = \psi(\lambda / q_j) \quad j = 1, ..., n$$

and so

$$r = \sum_{j=1}^{n} p_j c_j = \sum_{j=1}^{n} p_j c_j^* = \sum_{j=1}^{n} p_j \psi (\lambda / q_j). \tag{18}$$

$\psi$ is increasing, continuous, and non-negative with $\psi(1) = 0$; thu,s the righthand side of (18) is non-negative, increasing, and continuous in $\lambda$. Hence, there is at most one solution $\lambda$. As existence of a solution is ensured, there is exactly one solution $\lambda$. □

In a series of publications, Coleman applied the economic model of exchange at a perfect market to various social science problems (see a.o. Coleman 1973). A substantial number of researchers have explored and extended these ideas (e.g., Feld (1977); Kappelhoff (1977); Marsden (1982, 1983); Michener, Cohen, and Sörensen (1977); Pappi and Kappelhoff (1984)). Coleman's market model fits the model described here (apart from the condition that $\varphi'(0) = 1$) by the *Cobb-Douglas* specification

$$\varphi(c) = \log c.$$

Analytically this variant is about the simplest possible. For properties, see Karlin (1959) and Braun (1990). The equilibrium prices satisfy a linear equation defined in terms of the interest matrix **X** and the initial control matrix $\mathbf{C}^0$. However, this specification of $\varphi$ is not suitable for the problem studied here, because in equilibrium each actor buys time from all actors he is interested in; $X_{ij} > 0$ implies $C^*_{ij} > 0$. The reason is that if an actor does not purchase any time from an actor he is interested in, his utility would be minus infinity. Except when the interest matrix **X** is sparse, this would result in a dense network. In a system with many actors such that all actors are interested in each other, even if only minimally, each actor would purchase time of all actors. We consider this an undesirable property. People do not have that many relations. *Not every desirable relation should have to be realised to avoid disaster*. Moreover, a small change in control should not possibly make the difference between life (finite utility) and death (utility minus infinity). In the examples in the next section we will consider a slightly modified version of the Cobb-Douglas utility function, namely

$$\varphi(c) = \log(1 + c). \tag{19}$$

Notice that with this specification, (14) and (15) are satisfied, and an actor is not forced to attain at least some control over all actors he is interested in to avoid disaster. Below we will see that with this specification of utility in many systems actors will obtain control over the time of only a limited number of others.

The next corollary applies the general results of Theorem 3 to the special case of the modified Cobb-Douglas utility functions.

**Corollary 1** Under the conditions given in Theorem 3 , with the $q_j = x_j / p_j$ ordered , $q_1 \geq q_2 \geq \dots \geq q_n \geq 0 = q_{n+1}$ , and with $\varphi(c) = \log(1 + c)$, the demand $c^*$ satisfies

$$c^*_j = \begin{cases} (q_j / \lambda) - 1 & j = 1, \dots, k \\ 0 & j = k + 1, \dots, n \end{cases}$$

where

$$\lambda = \frac{X_k}{P_k + r} \tag{20}$$

with $X_k = x_1 + ... + x_k$ and $P_k = p_1 + ... + p_k$, and $k$ is the unique solution of

$$q_{k+1} < \frac{X_k}{P_k + r} \leq q_k. \tag{21}$$

Hence if $q_h = q_{h+1} = ... = q_{h+l}$, $k < h$ or $k \geq h + l$.

**Proof** In this case we have $\psi(y) = \frac{1}{y} - 1$ for $y \geq 1$. Substitution in (18) gives

$$r = \sum_{\{j:\lambda > q_j\}} p_j \left(\frac{q_j}{\lambda} - 1\right),$$

which immediately gives (20). From the last remark of Theorem 3 one obtains (21). Uniqueness of $k$ follows from the uniqueness of $\lambda$. □

## 6 Special cases

In this section we consider a number of special cases of the market model for the exchange of time, using additive utility and the modified Cobb-Douglas utility function,

$$\varphi(c) = \log(1 + c). \tag{22}$$

This utility function is related to the popular Klein-Rubin form.

### 6.1 Two actors

As a first example we consider a system with only two actors. Of course, the assumption that actors are now price-takers is especially strong here. The actors are allowed to have different interests in each other, i.e., we impose no restrictions on the 2 × 2-matrix **X**. Also, actors are allowed to have different time budgets. We will give the exact conditions under which the several kinds of boundary solutions occur. It will be seen that, already in this simple case, the results on the boundary are rather complicated. Define the interest ratios $\alpha_1 = X_{12}/X_{11}$, and $\alpha_2 = X_{21}/X_{22}$. By $\beta$ we denote the ratio of the prices $p_2/p_1$. The budget constraints are $t_i$; define $T_i = t_i + 1$. Note that $C_{21} = \beta C_{12}$ under the budget constraint.

1. There is a no-exchange equilibrium $C_{11}^* = t_1$ and $C_{22}^* = t_2$, with price ratio $\beta^*$, if an only if

$$\alpha_1 T_1 \leq \beta^* \leq \frac{1}{\alpha_2 T_2}.$$

2. There is an equilibrium with $C_{12} = t_2$, i.e., actor 1 controls all of the time of actor 2, and with equilibrium price ratio $\beta^*$, if and only if

$$\min\left(\frac{\alpha_1 T_1}{\alpha_1 t_2 + T_2}, \frac{t_1}{t_2}\right) \geq \beta^* \geq \frac{1}{\alpha_2 - r_2} > 0.$$

3. There is a full-exchange equilibrium, $C_{12} = t_2$ and $C_{21} = t_1$, i.e., both actors spend all of their time supporting the other actor, with equilibrium price ratio $\beta^*$, if and only if

$$\alpha_2 - t_2 \geq \frac{t_2}{t_1} = \beta^* \geq \frac{1}{\alpha_1 - t_1} > 0.$$

4. If there is an internal equilibrium $0 < C_{ij} < t_j$, with equilibrium price ratio $\beta^*$, it satisfies

$$\beta = \frac{C_{21}^*}{C_{12}^*} = \frac{(\alpha_2 + 1)\,\alpha_1 T_1 + \alpha_1 + 1}{(\alpha_1 + 1)\,\alpha_2 T_2 + \alpha_2 + 1}$$

and

$$C_{12}^{*} = \beta^{*} C_{21}^{*} = \frac{\alpha_1 T_1 - \beta}{(1 + \alpha_1)\beta}.$$

The first case illustrates that equilibrium prices need not be unique. The second case demonstrates that an equilibrium allocation need not be unique either: for each permissible price ratio $\beta^*$, and corresponding $C_{21}^*$ the system is in equilibrium.

If the actors have equal time budgets, $t_1 = t_2 = t$, $T = t + 1$, and have equal interests $\alpha_1 = \alpha_2 = \alpha$, the results are much simpler.

*There is a no-exchange equilibrium if and only if $\alpha \le \frac{1}{T}$.

*There is a full-exchange equilibrium if and only if $\alpha \ge T$.

*There is an internal equilibrium if and only if $\frac{1}{T} < \alpha < T$.

**6.2 One class: the homogeneous network**

Next we consider an interest structure that can be interpreted as a single class, or as a homogeneous network. Each actor distinguishes between himself and the others; he is indifferent between the other actors. The interest matrix **X** takes the simple form,

$$\mathbf{X} = (x_1 - x_2)\,\mathbf{I_n} + x_2\,\mathbf{1_n}\,\mathbf{1'_n} = \begin{pmatrix} x_1 & x_2 & \dots & x_2 \\ x_2 & x_1 & \dots & x_2 \\ . & . & \dots & . \\ x_2 & x_2 & \dots & x_1 \end{pmatrix}. \qquad (23)$$

The rows, and hence also the columns, of **X** are scaled, and so $x_1 + (n-1)x_2 = 1$. Again it is assumed that all actors have the same time budget $t$. By symmetry (and, in this case, uniqueness) of the equilibrium, all actors have the same equilibrium prices, i.e., they are equally powerful. The equilibrium allocation of time satisfies

$$C^*_{ij} = \begin{cases} x_1 (n+t) - 1 & i = j \\ x_2 (n+t) - 1 & i \neq j \end{cases} \tag{24}$$

provided $\frac{n-1}{n+t-1} < \frac{x_1}{x_2} < 1 + t$. If $\frac{x_1}{x_2} \geq 1 + t$, the equilibrium is $C^*_{ii} = t$ and $C^*_{ij} = 0$, that is no exchanges are performed. Similarly, if $\frac{n-1}{n+t-1} \geq \frac{x_1}{x_2}$, $C^*_{ii} = 0$ and $C^*_{ij} = \frac{r}{n-1}$, i.e., no actor keeps any time for himself.

### 6.3 The king and his divided subordinates

A star-like interest structure is about the simplest system with two kinds of actors. The actors are called the *king*, actor 1, and the *subordinates*, actors 2,...,n. The king has interests in his own time and in the time of his subordinates. A subordinate has interest in his own time and in the time of the king. The subordinates are called 'divided' as they do not have interests in each other. Assuming homogeneity of the subordinates, the interest matrix X takes the form

$$\mathbf{X} = \begin{pmatrix} x_1 & x_2 & x_2 & \dots & x_2 \\ x_4 & x_3 & 0 & \dots & 0 \\ \cdot & 0 & \cdot & \dots & \cdot \\ \cdot & \cdot & \cdot & \dots & 0 \\ x_4 & 0 & \cdot & \dots & x_3 \end{pmatrix}$$

where

$$x_1 + (n-1)x_2 = 1 \quad \text{and} \quad x_3 + x_4 = 1.$$

The time budget of the king and his price are $t_1$ and $p_1$, and those of the subordinates are $t_2$ and $p_2$. For any prices and allocation of time that satisfy the feasibility and the budget constraints we have

$$p_2 C_{12} = p_1 C_{21}$$

and in an internal equilibrium, i.e., in a star-like equilibrium control

$$\beta^* = \frac{p_2^*}{p_1^*} = \frac{x_2\,(1+t_1)+x_3}{x_4\,(1+t_2)+x_1}.$$

It follows

$$C_{12}^* = x_2\,(1+t_1)\,/\beta^* - x_1 \qquad C_{21}^* = \beta^*\,C_{12}^*.$$

Boundary cases are here of special relevance. For instance, $C_{12} = t_2$ (and hence $C_{22} = 0$) means that the subordinates spend all their time to work for the king. It can be seen that there is a competitive price equilibrium with $C_{12}^* = t_2$ and equilibrium prices $p^*$, if and only if

$$0 < \frac{x_3}{x_4 - t_1} \leq \frac{p_2^*}{p_1^*} \leq \min\left(\frac{x_2\,(1+t_1)}{x_1 + t_2}\,,\ \frac{t_1}{(n-1)\,t_2}\right).$$

Notice that if such a price equilibrium exists, in general neither the equilibrium prices nor the equilibrium allocation of support is uniquely defined. For $n = 2$, i.e., one king and one subordinates, this result reduces to the 2 actor case ii) discussed above. For fixed $\mathbf{X}$ and $t$, no price equilibrium with $C_{12} = t_2$ exists for $n$ sufficiently large.

The example of the king and his subordinates is, of course, a special case of the general two class system with interest matrix

$$\mathbf{X} = \begin{pmatrix} \mathbf{X}_{11} & \mathbf{X}_{12} \\ \mathbf{X}_{21} & \mathbf{X}_{22} \end{pmatrix}$$

where the $n_l \times n_l$ matrices $\mathbf{X}_{ll}$ take the form of homogeneous networks (23), and the $n_l \times n_h$ matrices $\mathbf{X}_{lh}$ are constant. Thus each actor distinguishes between himself, the other actors in his class, and the actors in the other class. Actors in the same class have the same time budget.

The center-periphery situation can be described by a two-class form with $\mathbf{X}_{22}$ is diagonal, i.e., actors in peripherical class 2 are not interested in each other. All actors are interested in the actors in the center class 1.

Unfortunately the general two-class situation cannot be easily dealt with explicitly. For instance, the price ratio $p_2/p_1 = C_{21}/C_{12}$ is a rather complicated rational function in the entries of the interest matrix and in the time budgets. Conditions for intra-class exchange are even more complicated.

### 6.4 The 'round table' network

Consider *n* actors placed around a round table. For simplicity we restrict attention to *n* odd. The interest of an actor *i* in actor *j* is a function of some distance measure between actor *i* and *j*. The table is circular and the actors are equally spaced around the table. Let $x_0 = 1$ be the interest of an actor in his own time, and let $x_j$ be his interest is some actor at distance $j, j = 1, ..., (n-1)/2$. It is assumed that interest decreases with distance,

$$x_0 > x_1 > ... > x_{(n-1)/2}.$$

The interest matrix **X** takes the form

$$\mathbf{X} = \begin{pmatrix} x_0 & x_1 & x_2 & x_3 & \dots & x_2 & x_1 \\ x_1 & x_0 & x_1 & x_2 & \dots & x_3 & x_2 \\ x_2 & x_1 & x_0 & x_1 & \dots & x_4 & x_3 \\ \cdot & \cdot & \cdot & \cdot & \dots & \cdot & \cdot \\ x_1 & x_2 & x_3 & x_4 & \dots & x_1 & x_0 \end{pmatrix}.$$

We assume that all actors have the same time budget *t*. Define *k* as the largest index *i* such that

$$\frac{1 + 2X_i}{t + 2i + 1} < x_i,$$

where $X_i = x_1 + x_2 + ... + x_i$, and $k = 0$ if no index satisfies the constraint. Notice that with given interests **X**, *k* increases with *t*. Let $c_0$ be amount of time kept for oneself, and $c_i$ the control of the time of an actor at distance *i*. In equilibrium an actor buys time from his 2*k* neighbors within distance *k*,

$$c_i^* = \begin{cases} \dfrac{t + 2k + 1}{1 + 2X_k} - 1 & i = 0 \\ x_i\,(1 + c_0^*) - 1 & i = 1, \ldots, k \\ 0 & \textit{otherwise} \end{cases} \qquad (25)$$

### 6.5 One-sided interests

This example illustrates that reciprocity in support relations does not have a structural role in our theory of social networks based on generalized exchange. Consider a system with, for simplicity, and odd number of actors, $n = 2m + 1$. The maximum number of support relations in this system such that there is no reciprocity, i.e., no pair of actors supporting each other, is $nm$. There exist a interest matrix and time budget such that this maximal number of support relations is attained in equilibrium. Consider once again a round table layout. In this case an actor his interest $x_1$ in his own time, interest $x_2$ in the support of his $m$ righthand side neighbors, and interest zero in the support of his $m$ lefthand side neighbors. It is easy to verify that there is an equilibrium in which each actor supports himself and his $m$ righthand side neighbors if $1/(1+t) < x_1/x_2 < 1+t$ and so the maximal number of support relations without any reciprocity is a possible outcome of our model.

### 6.6 Complete networks

A network is called *complete* if there exists an arc from each actor to each other actor. Assuming the equilibrium support network is complete, the equilibrium prices and support are easily expressed explicitly. To simplify notation we assume without loss of generality that $\mathbf{X}_{i+} = 1$ for all $i$, and $p_+ = 1$. In a complete network in equilibrium we have

$$\lambda_i = \frac{X_{i+}}{p_+ + p_i\,t_i} = (1 + p_i\,t_i)^{-1}$$

and hence

$$C_{ij} = \frac{X_{ij}\,(1 + p_i\, t_i)}{p_j} - 1. \tag{26}$$

Summing $p_j\, C_{ij}$ over $i$

$$(n + t_j)\, p_j - \sum_i X_{ij}\, t_i\, p_i = X_{+j}$$

or in matrix notation,

$$\begin{pmatrix} n\,\mathbf{I_n} + (\mathbf{I_n} - \mathbf{X'})\,\mathbf{Diag}\,(\mathbf{t}) \\ \mathbf{1'_n} \end{pmatrix} \mathbf{p} = \begin{pmatrix} \mathbf{X'\,1} \\ 1 \end{pmatrix}. \tag{27}$$

Hence the equilibrium prices can be obtained as the solution of a linear system; this system is similar to the one encountered in Coleman's model with Cobb-Douglas utility functions. Thus for complete networks the models are computationally rather similar.

We have a complete network if and only if $m = n$ in (21) for each actor. This holds if and only if (26) > 0 for the **p** satisfying (27) for all $i$ and $j$. Thus a network is complete if and only if

$$X_{ij}\,(1 + p_i\, t_i) > p_j$$

for all $i, j$ and for the **p** satisfying (27).

**7 A randomized homogeneous network**

In this section we study the degree to which exchange in our model is reciproque, that is whether restricted exchange occurs if generalized exchange is possible. Social support networks usually have a high degree of reciprocity as the joint effect of reciprocity in interest relations and the reciprocity in the exchange of support. Considerable reciprocity can be found in many interest networks. People have high interest in the support of the people they live and work with. Such relations between people are reciproque, often by definition: If your support is important to me as you are my neighbor, I am your neighbor too, and so my support is probably important to you. Hence a substantial degree of reciprocity in support is caused by reciprocity in interest. To study the degree to which our model for social support induces reciprocity we need to disregard the reciprocity in support that results from reciprocal interest networks.

In this section the interest structure **X** and time budgets **t** are realizations from a probability distribution. All elements $X_{ij}$ are independent. The off-diagonal elements are sampled from one distribution, and the diagonal elements from another one. The time budgets are independent realizations from a third probability distribution. Here we consider a system with 10 actors, $n = 10$ sampled from the following distributions:

$$X_{ii} = 1$$

$$X_{ij} \approx \text{Uniform } [0,4]$$

$$t_i \approx \text{Uniform } [3,5]$$

Hence the **expected** interest structure and the **expected** time budgets form a one-class or homogeneous system as studied in section 6 here the equilibrium control network is either complete (everyone supports everyone) or completely degenerate (nobody supports anyone) and so we have full reciprocity. However, in a realization of **X** the interest of actor *i* in the time of another actor *j* is not equal to the interest of actor *j* in the time of actor *i* (with probability 1). Also the time budgets of the actors differ (with probability 1). An example of an interest matrix and time budgets, obtained from these specifications, is shown in Table 1. All actors are interested in their own time and in the support of all other actors; the zeros in the table are small positive numbers rounded to zero. Notice that the rows of the interest matrix have been scaled to unity.

In Table 2 the equilibrium distribution of the control of the time of the actors, i.e., the support relations, are shown. For easy inspection, zero entries in the equilibrium control matrix are represented by white space. All actors keep time for themselves. From the 90 possible support relations between the 10 actors, only 30 relations are realized. Thus on average an actor supports 3 other actors and, trivially, is supported by

**Table 1: Interests and time budgets in an example with 10 actors. The rows of the interest matrix are scaled to 1. Zero entries are actually small entries displayed as zero.**

**Interest X**

| | 1 | 2 | 3 | 4 | 5 | 6 | 7 | 8 | 9 | 10 | $t_i$ |
|---|---|---|---|---|---|---|---|---|---|---|---|
| 1. | .36 | .01 | .04 | .06 | .08 | .09 | .09 | .05 | .11 | .12 | 3.33 |
| 2. | .13 | .35 | .05 | .02 | .08 | .02 | .10 | .06 | .09 | .09 | 3.62 |
| 3. | .07 | .08 | .32 | .08 | .12 | .06 | .04 | .07 | .12 | .04 | 3.50 |
| 4. | .10 | .08 | .01 | .43 | .04 | .06 | .01 | .05 | .05 | .17 | 3.09 |
| 5. | .10 | .00 | .06 | .09 | .32 | .08 | .11 | .05 | .08 | .10 | 3.18 |
| 6. | .09 | .00 | .06 | .09 | .08 | .33 | .06 | .13 | .03 | .13 | 4.71 |
| 7. | .02 | .11 | .12 | .00 | .10 | .00 | .44 | .09 | .07 | .05 | 3.35 |
| 8. | .06 | .12 | .04 | .09 | .09 | .03 | .11 | .37 | .04 | .05 | 4.09 |
| 9. | .13 | .01 | .05 | .04 | .07 | .05 | .12 | .14 | .35 | .04 | 4.56 |
| 10. | .09 | .09 | .03 | .03 | .02 | .04 | .07 | .07 | .13 | .44 | 4.75 |

**Table 2: Equilibrium control, prices, and degrees for the interest matrix and time budgets in Table 1. White space in the control matrix represents zero entries. The degrees neglect loops.**

| | Equilibrium control $C^*$ | | | | | | | | | | degree | | |
|---|---|---|---|---|---|---|---|---|---|---|---|---|---|
| | 1 | 2 | 3 | 4 | 5 | 6 | 7 | 8 | 9 | 10 | in | out | price |
| 1 | 2.56 | | | | | .55 | | | .23 | .24 | 3 | 4 | .12 |
| 2 | .38 | 3.02 | | | .02 | | .05 | | .11 | | 4 | 3 | .11 |
| 3 | | | 2.97 | | .22 | | | | .22 | | 2 | 1 | .08 |
| 4 | | | | 2.78 | | | | | | .25 | 1 | 2 | .09 |
| 5 | .02 | | | .09 | 2.75 | .21 | .09 | | | .05 | 5 | 4 | .10 |
| 6 | | | | | | 3.95 | | .28 | | .21 | 2 | 2 | .07 |
| 7 | | .08 | .54 | | .10 | | 2.38 | | | | 3 | 4 | .12 |
| 8 | | .43 | | .22 | .09 | | .15 | 3.24 | | | 4 | 2 | .11 |
| 9 | .35 | | | | | | .22 | .58 | 3.27 | | 3 | 4 | .10 |
| 10 | .02 | .09 | | | | | | | .73 | 4.00 | 3 | 4 | .11 |

3 actors. The variation between the number of relations of actors is substantial. Actor 5 can call for support on 5 other actors, and can be called to support by 4 other actors. Actor 4 can call for support on only 1 other actor, and can be called to support by 2 other actors. The powers

of the actors, in terms of the prices of their time, vary substantially. The most extreme exchange ratio is between actors 6 and 7: for 1 hour of the time of actor 7, actor 6 has to support actor 7 for 1.7 hour.

We now turn to the problem whether the degree to which support in this system is reciprocal, that is two actors supporting each other. We do not consider whether the values exchanged between pairs of actors balance. In our example there are only 4 pairs of actors who support each other. We would argue that reciprocity does not play an important role in this example. Assume that support relations are formed at random with probability $\frac{1}{3}\left(=\frac{30}{90}\right)$. Then we would expect approximately $45\left(\frac{1}{3}\right)^2 = 5$ pairs of actors supporting each other. Thus the relations in our example do not show more reciprocity that could be expected under random selection of relations.

Next we consider the relation between the number of support relations, reciprocity, and the number of actors in the system. Table 3 reports the number of relations and the number of reciprocal relations for systems with different numbers $n$ of actors. For each selected value of $n$, 10 simulations are performed. The interests and the time budgets are again sampled from the distributions specified above. The mean number of relations of an actor, neglecting loops, can be described very well (for $n > 5$) as a linear function of the number of actors,

$$\#\text{ relations} \approx 1.25 + .22\,n.$$

We find it surprising that the mean number of relations of an actor seems to increase at a linear rate with the number of actors in the system. We would have expected a much slower increase with the number of actors. As expected from the law of large numbers, the variation in prices decreases with an increasing number of actors in the system. For instance, in all simulations with 50 actors, the prices of all actors varied between .18 and .22. Thus the most powerful actor is only 1.2 times as powerful as the least powerful actor (in terms of exchange rates).

Table 3 also reports the number of pairs of actors who support each other. We see that the number of reciprocal pairs may vary substantially due to random structure. To judge whether the number of reciprocal pairs is large, this observed number of pairs could be compared with the number of reciprocal pairs that could be expected in a random network with the same density. The expected number of reciprocal pairs, *er*, can be estimated by

$$er = \binom{n}{2} \hat{\pi}^2 = \frac{(d-n)^2}{2n\,(n-1)} .$$

For a more sophisticated way to test for uniformity, conditional on the indegrees and outdegrees of the actors, see Snijders and Stokman (1987). The data in Table 3 indicate that the 'observed' number of reciprocal pairs tends to be somewhat larger than the 'expected' number *er*. The difference, however, can hardly be considered as substantial.

**Table 3:** Number d of relations, and number r of reciprocal relations in 10 simulations for different number n of actors. md is the mean number of relations of an actor, averaged over the simulations and over the actors; er is the expected number of reciprocal relations, estimated from md (see text).

| | 5 | | 10 | | 20 | | 30 | | 40 | | 50 | |
|---|---|---|---|---|---|---|---|---|---|---|---|---|
| | d | r | d | r | d | r | d | r | d | r | d | r |
| 1 | 8 | 0 | 39 | 3 | 131 | 16 | 255 | 34 | 419 | 39 | 608 | 55 |
| 2 | 13 | 1 | 42 | 4 | 135 | 20 | 256 | 26 | 423 | 45 | 611 | 63 |
| 3 | 14 | 1 | 43 | 6 | 137 | 19 | 262 | 35 | 427 | 46 | 634 | 73 |
| 4 | 14 | 4 | 43 | 6 | 141 | 18 | 265 | 35 | 431 | 48 | 635 | 74 |
| 5 | 15 | 2 | 45 | 6 | 142 | 21 | 277 | 43 | 435 | 52 | 637 | 79 |
| 6 | 15 | 3 | 45 | 7 | 144 | 23 | 280 | 35 | 441 | 54 | 654 | 74 |
| 7 | 15 | 4 | 47 | 12 | 148 | 22 | 282 | 35 | 442 | 63 | 672 | 89 |
| 8 | 16 | 2 | 48 | 7 | 151 | 18 | 288 | 40 | 446 | 57 | 673 | 86 |
| 9 | 16 | 3 | 49 | 9 | 152 | 23 | 293 | 45 | 450 | 69 | 675 | 85 |
| 10 | 16 | 5 | 49 | 12 | 152 | 28 | 295 | 40 | 465 | 69 | 678 | 82 |
| md | 2.8 | | 4.5 | | 7.2 | | 9.2 | | 10.9 | | 13.0 | |
| er | | 2 | | 7 | | 20 | | 35 | | 51 | | 73 |

Finally we consider the relation between the number of relations of an actor and his power, as expressed by the price of his time. Usually it is expressed that power increases with the number of relations of an actor, or with the number of actors he receives support from. Of course, this does not hold generally if the weight of relations is not taken into account. In our model the relation between number of relations and power seems to be rather in the opposite direction, though we do not expect this to hold generally. In Table 4 the correlation matrix between prices and degrees is given for a random homogeneous system with 50 actors. The correlation between prices and outdegrees, i.e., the number of actors controlled by an actor, is -.25. Thus the more powerful actors tend to control less actors than the less powerful actors. The correlation between power of an actor and the number of actors controlling his time, is nil. It is somewhat surprising that the variances in these correlations, estimated from several simulations not reported here, are rather substantial.

**Table 4:** Correlation matrix of the prices, the in and outdegrees d, and the sum of the in and outdegrees, in a system with 50 actors

| | price | din | dout |
|---|---|---|---|
| din | -.00 | | |
| dout | -.25 | .41 | |
| dsum | -.15 | .85 | .83 |

## 8. Some remarks on inference

Inference on market models on the basis on an observed outcome $\mathbf{C}^{obs}$ of an exchange process is a difficult problem. For inference we assume that the observed control network $\mathbf{C}^{obs}$ is an equilibrium control network for an unknown interest network **X**. Neglecting measurement error, the column sums of $\mathbf{C}^{obs}$ are the time budgets $\mathbf{t}^{obs}$ of the actors; in our application it is reasonable to assume that the control matrix prior to exchange is diagonal. The non-trivial inference problem is the derivation of a interest matrix **X** that ensures the existence of a price vector **p** such that ($\mathbf{C}^{obs}$, **p**) is a competitive price equilibrium with respect to **X** and $\mathbf{t}^{obs}$. In general even if such an interest matrix exists, it need not be unique. The possibility of multiple solutions makes inference complicated. In fact, if an observed network is not complete, there are always infinitely many such interest matrices.

To illustrate the inference problems, consider a system with 2 actors who do not support each other, i.e., who do not exchange time. Describing the interaction situation with a market model with utility functions $\varphi(c) = \log(1 + c)$, and assuming that the observed situation is in equilibrium, we have seen in section 6 that the relation between the interests and the time budgets should satisfy

$$\alpha_1 \alpha_2 (1 + t_1)(1 + t_2) \leq 1$$

where $\alpha_1 = \frac{X_{12}}{X_{11}}$, and $\alpha_2 = \frac{X_{21}}{X_{22}}$. Even if the time budgets of the actors are known, we can only conclude that the product $\alpha_1 \alpha_2$ does not exceed some known value. It is not possible to make a further inference on the interest ratios $\alpha_i$ unless we are willing to make extra assumptions or have extra information on the actors. Notice that it is not even possible to give informative conditions for a single $\alpha_i$.

While any non-degenerate control matrix can be considered as an equilibrium, using the corresponding interest matrix may not be very interesting; it is more or less the solution in a saturated model. In inference we rather use a class **X** of interest matrices. Estimation of the interest matrix can be performed by some distance method, i.e., choosing an interest matrix $X^* \in \mathbf{X}$ that minimizes

$$\Delta\left(\mathbf{C}^{\mathrm{obs}}, \mathbf{C}^*(\mathbf{X}^*)\right)$$

for some suitable distance measure $\Delta$. Usually in statistics a (not necessarily symmetric) distance measure is obtained by making distributional assumptions on $\mathbf{C}^{\mathrm{obs}}$ and using e.g., the maximum-likelihood method. However, we do not yet have ideas for a suitable measurement model. An ad-hoc distance is a quadratic $\Delta$.

An interesting class of interest structures makes the assumption that the interests in other actors are the result of *k* different abilities and different interests in these abilities,

$$X_{ij} = \sum_{h=1}^{k} F_{ih} L_{hj} \quad i \neq j.$$

The matrix **F** describes the interests of actors in abilities; $F_{ih}$ is the interest of actor $i$ in ability $h$. The abilities of the actors are described by the matrix L; $L_{hj}$ is the score of actor $j$ at ability $h$. However, the interest of an actor in his own time need not depend only on these abilities; he can do other things with his time as well. Hence $X_{ii}$ should exceed the ability term. This assumption can be formulated concisely in matrix notation as

$$\mathbf{X} = \mathbf{FL} + \mathbf{Diag}\,(\mathbf{d}). \tag{28}$$

Thus the interest matrix **X** is the sum of a non-negative $n \times n$ matrix of rank (at most) $k$, and a non-negative diagonal matrix. The assumption (28) on the interests of actor $i$ in controlling the resources of actor $j$ reflects our one-dimensional interpretation of resources as time. In the amount of time of actor $j$ controlled by actor $i$, $i$ can fully use all abilities of $j$.

## 9 Discussion and extensions

First, the assumption that utility functions $u_i$ are (quasi-)concave is rather problematic in itself. (Notice that the additive utility functions discussed in sections 5-8 are still concave.) For many types of support a more sensible assumption would be that **u** is approximately constant for a small amount of support, increases sharply for intermediate amounts of support, and again levels off for high amounts of support. For instance if you ask an expert colleague for support on a complicated statistical problem, the first say one hour goes by while you explain your problem and your colleague is thinking about a solution; it takes another two hours for your colleague to think of a solution and explain it to you. However, extra support on this problem does not bring much more utility. Similarly, concavity of $u_i$ implies that people prefer averages to extremes. It is not hard to think of examples in which either one of two people giving support for half an hour is preferred over one hour support by one of these people.

Dropping concavity, however, poses substantial technical problems as existence of competitive equilibria is no longer guaranteed, and conditions for uniqueness are even more restrictive.

Second, our model considers n commodities representing the *one-dimensional* resources of the *n* actors. The number of commodities on the market can be expanded in the following two ways. First, extra divisible commodities can be introduced that are initially owned by one or more actors. For instance consider a research group. A member *i* can call on the support of another member *j* in exchange of *i*'s support for *j* or for a third member *k*. An extra commodity in this situation could be research funds that are used for the purchase of equipment, for travel expenses, etc. Members who do much contract research have access to such funds, and they can exchange (part of) these funds for the support of members of the unit who have not obtained such funds. Time is now exchanged for money. The extension of the model with extra commodities is quite straightforward.

Third, in network analysis frequently *multiple relations* between a set of actors are considered. In some of these cases such 'multiplex' relations can be interpreted as *simultaneous* exchange relations for multiple commodities. For example, we can consider social support and social approval or esteem simultaneously. As a rather heroic assumption, we consider social approval given by one actor as (a fixed amount) of a single divisible good that can be distributed over the other actors and partly kept for himself. Now the exchange model can be applied by modelling the initial endowment of an actor as a *k*-vector of commodities. Thus we have a system with *n* actors and *nk* commodities. Initially an actor completely controls his *k* commodities. The commodities are exchanged both for commodities of the same type, 'support for support', and for commodities of another type, 'support for esteem' (cf. Cook 1982: 179). The equilibrium allocation of the *nk* commodities can then be interpreted as *k* weighted directed networks.

## Appendix: Some digraph theory

A *digraph* is a directed graph. If we forget about the directions we get the *underlying undirected graph*. Two vertices $i$ and $j$ in a digraph are called *weakly* connected if there is a path from $i$ to $j$ in the underlying undirected graph. They are called *strongly connected* if there are paths from $i$ to $j$ and back in the directed graph. A set is called weakly/strongly connected if every pair of vertices in the set is weakly/strongly connected. A weak/strong component is a maximal weakly/strongly connected set.

Because strongly connectedness implies weakly connectedness, the strong components are contained in (form a further partitioning of) the weak components. Clearly, every vertex is contained in (at least) one weak component and in (at least) one strong component. Moreover the union of two intersecting weakly/strongly connected sets (of vertices) is weakly/strongly connected. Hence different weakly connected components are disjoint, every vertex is contained in exactly one weak component, and the same holds for strong components.

The equilibrium prices can be interpreted similar to Hubbell's status scores for vertices in a directed weighted network. For all $(\mathbf{C}, \mathbf{p})$ that satisfy the budget constraint (and hence for $(\mathbf{C}, \mathbf{p})$ in an equilibrium), the prices satisfy the linear equation

$$\mathbf{Diag}^{-1}(\mathbf{t})\,\mathbf{C}\,\mathbf{p} = \mathbf{p} \quad .$$

Thus the prices $\mathbf{p}$ are the Hubbell's status scores for the network derived from $\mathbf{Diag}^{-1}(\mathbf{t})\,\mathbf{C}$. The elements $C_{ij}/t_i$ of this matrix, however, are not easily interpreted. It is far easier to give an interpretation for the 'monetary' budgets $\mathbf{r}$,

$$\mathbf{r} = \mathbf{Diag}(\mathbf{t})\,\mathbf{p}$$

which satisfy the linear equation

$$\left(\mathbf{C}\,\mathbf{Diag}^{-1}(\mathbf{t})\right)\mathbf{r} = \mathbf{r} \; .$$

The budgets **r** (that is the time budgets, weighted with their prices) are Hubbell's status scores for the network derived from $\mathbf{C}\,\mathbf{Diag}^{-1}(\mathbf{t})$. The element $C_{ij}/t_j$ of this matrix is the proportion of the time of actor $j$ controlled by actor $i$.

**Acknowledgements**

We thank the participants of the MASO conference, and in particular Cees Hoede, Peter Marsden, and Frits Tazelaar for stimulating comments and discussions, that have led to improvements and extensions.

**Notes**

* On sptember 9, 1990 Albert Verbeek died after a long, severe illness.

1 No standard textbook on economics that we know of gives a proof of Brouwer's theorem. Franklin (1980) gives three rather elementary proofs that seem to be little known. For instance Garcia's proof solely uses calculus.

**References**

Boissevain, J. F. 1974: Friends of Friends. Oxford: Blackwell

Braun, N. 1990: Statics and Dynamics of Coleman's Model of Action. Journal of Mathematical Sociology. Forthcoming, 1990

Coleman, J. S. 1970: Political Money. American Political Science Review 64, 1074-1087

Coleman, J. S. 1973: The Mathematics of Collective Action. London: Heinemann

Coleman, J. S. 1988: Social Capital in the Creation of Human Capital. American Journal of Sociology 94, supplement Organizations and Institutions, 95-120

Cook, K. 1982: Network Structures from a Network Perspective. In: Marsden, P. V.; Lin, N. (eds.): Social Structure and Network Analysis. Beverly Hills: Sage, p. 177-199.

Ekeh, P. 1974: Social Exchange Theory. London: Heinemann

Feld, S. L. 1977: A Reconstruction of the Problem of Collective Decisions. Journal of Mathematical Sociology 5, 257-271

Flap, H. D. 1988: Conflict, Loyalty, and Violence. Frankfurt am Main: Peter Lang

Franklin, J. 1980: Methods in Mathematical Economics. Linear and Non-Linear Programming, Fixed-Point Theorems. New York; Springer

Harary, F.; Norman, R. Z.; Cartwright, D. 1965: Structural Models: An Introduction to the Theory of Directed Graphs. New York: Wiley

Intriligator, M. D. 1971: Mathematical Optimization and Economic Theory. Englewood Cliffs, N.J.: Prentice-Hall

Kappelhoff, P. 1977: Markt- und Netzwerkansatz bei der Analyse von Machtbeziehungen: Kollektive Entscheidungen als Tausch von Kontrolle. Wien: Institut für Soziologie der Universität Wien

Karlin, S. 1959: Mathematical Methods and Theory in Games, Programming and Economics. Reading: Addison-Wesley

Levi-Strauss, C. 1949: Les Formes Élementaires de la Parenté. Paris: Presses Universitaires de France

Lin, N. 1982: Social Resources and Instrumental Action. In: Marsden, P. V.; Lin, N. (eds.): Social Structure and Network Analysis. Beverly Hills: Sage, p. 131-146

Marsden, P. V. 1982: Brokerage Behavior in Restricted Exchange Networks. In: Marsden, P. V.; Lin, N. (eds.): Social Structure and Network Analysis. Beverly Hills: Sage, p. 201-218

Marsden, P. V. 1983: Restricted Access in Networks and Models of Power. American Journal of Sociology 88, 4, 686-717

Michener, H. A.; Cohen, E. D.; Sörensen, A. B. 1977: Social Exchange: Predicting Transactional Outcomes in Five-Event, Four-Person Systems. American Sociological Review 42, 522-535.

Pappi, F. U.; Kappelhoff, P. 1984: Abhängigkeit, Tausch und kollektive Entscheidung in einer Gemeindeelite. Zeitschrift für Soziologie 13, 87-117.

Sahlins, M. 1982: Stone Age Economics. Chicago: Aldine

Snijders, T. A. B.; Stokman, F. N. 1987: Extensions of the Triad Count to Networks with Different Subsets of Points and Testing Underlying Random Graph Distributions. Social Networks 9, 249-275

Takayama, A. 1985: Mathematical Economics. 2nd edition. Cambridge: Cambridge University Press

Vanberg, V. 1979: Markt und Organisation. Tubingen: J.C.B. Mohr

Weesie, J. 1989: Social Networks and the Exchange of Social Support. Paper presented at the Sunbelt Conference on Social Network Analysis. Tampa Bay, Florida

Winship, C. 1979: The Allocation of Time among Individuals. In: Schuessler, K. (ed.): Sociological Methodology. San Francisco: Jossey-Bass, p. 75-100

Peter Kappelhoff

# Macht in sozialen Tauschsystemen

Macht in Tauschsystemen kann einmal in bezug auf die Ressourcenausstattung der Akteure untersucht werden. Mächtig ist ein Akteur danach insoweit, wie er über wertvolle Ressourcen verfügt, oder, falls man ein generalisiertes Tauschmedium unterstelllt, durch seine Kaufkraft. In der einfachsten Form kann ein solches Tauschsystem als ein vollkommener Markt modelliert werden. Die Macht eines Akteurs, d.h. seine Kaufkraft auf dem Markt, entspricht dann der Verfügungsgewalt über die Ressourcen des Systems, bewertet mit den jeweiligen Gleichgewichtspreisen. Diesen ersten Machtaspekt werden wir mit Hilfe des Coleman-Modells (CM) kollektiven Handelns darstellen, das im Kern eine Übertragung (und Vereinfachung) des neoklassischen Gleichgewichtsmodells der Ökonomie auf einen soziologischen Problemzusammenhang darstellt (siehe 1.1).

Zwar kann auch im CM von den Abhängigkeiten der Akteure untereinander gesprochen werden. Solche Abhängigkeiten können als Interessenverflechtungen charakterisiert werden, d.h. ein Akteur ist an Ressourcen interessiert, über die ein anderer Akteur verfügt, und ist insofern von ihm abhängig. Entsprechend der Annahme eines vollkommenen Marktes entsteht daraus aber keine relationale Abhängigkeit im Sinne einer sozialen Beziehung, da jeder der Akteure die ihn interessierenden Ressourcen auf dem "anonymen" Markt einkaufen kann.

Die zentrale Aussage der sozialen Tauschtheorie ist es nun aber gerade, daß solche Transaktionen in den meisten und gerade in den soziologisch interessanten Fällen nicht als anonyme Markttransaktionen verstanden werden können, sondern auf eine unterliegende Tauschbeziehung, d.h.

auf eine soziale Einbettung (siehe Granovetter 1985), angewiesen sind. Soziale Tauschbeziehungen verweisen auf eine gemeinsame Geschichte der Tauschpartner, in der sie einerseits Wissen über beiderseitig profitable Tauschmöglichkeiten und zum anderen Vertrauen in die Zuverlässigkeit der Beziehung erworben haben. Macht und Abhängigkeit in einem sozialen Tauschsystem können daher nicht allein in Hinblick auf die Ressourcenausstattung der Akteure untersucht werden. Die Ressourcenausstattung stellt nur die Machtbasis dar, die je nach der Art der Einbindung in das Netzwerk der Tauschbeziehungen mehr oder weniger gut in reale Machtausübung umgesetzt werden kann (siehe Burt 1977). In diesem Sinne können Tauschbeziehungen als sekundäre Ressourcen verstanden werden (vgl. Boissevain 1974). So besteht z.B. in jedem Tauschsysten eine Tendenz zur Ausdifferenzierung von speziellen Vermittlerpositionen, die ihre Macht gerade aus der Pflege strategisch wichtiger Tauschbeziehungen gewinnen. Ökonomisch gesehen besteht der Wert dieser Tauschbeziehungen in der dadurch möglichen Senkung von Transaktionskosten im Sinne von Informations-, Verhandlungs- und Erzwingungskosten. Aus der individuellen Perspektive kann also jeder Akteur in einem Tauschsystem als ein sozialer Unternehmer verstanden werden, der versucht, seine Machtposition durch Pflege strategisch wichtiger Beziehungen zu erhalten und weiter auszubauen. Diesen zweiten, relationalen Machtaspekt werden wir mit Hilfe der relationalen Machttheorie von Emerson modellieren (siehe 1.2).

Von entscheidender Bedeutung für die Bestimmung des Zusammenhangs zwischen Tauschmacht und Netzwerkposition ist die Art der Verbundenheit der Tauschbeziehungen (2.1). Dazu entwickeln wir ein neues Machtmaß, das sowohl für negativ als auch für positiv verbundene Tauschnetzwerke anwendbar ist (2.2). In Bezug auf kommunalpolitische Entscheidungsprozesse in Gemeindeeliten werden sodann eine positiv verbundene klientelistische Abhängigkeitsstruktur (3.1) und eine negativ verbundene ökonomische Tauschstruktur unterschieden (3.2). Die Brauchbarkeit dieser neu entwickelten theoretischen Konzepte wird abschließend in einer empirischen Analyse des Machtzentrums einer Gemeindeelite demonstriert (3.3).

## 1. Zwei Aspekte von Macht

### 1.1 Tausch auf einem vollkommenen Markt

Das CM wurde als Modell für kollektive Entscheidungen unter Bezug auf die Praxis des Log-rolling in amerikanischen Gesetzgebungskörperschaften entwickelt (siehe Coleman 1966, 1972, 1973). Abstrakt gesprochen besteht das CM aus einer Menge von Akteuren, die in unterschiedlicher Weise an einer Menge von Ereignissen interessiert sind. Diese Ereignisse werden wiederum durch die Akteure kontrolliert, so daß ein System von Interessenabhängigkeiten entsteht, das profitable Tauschchancen eröffnet. So wird ein rational handelnder Akteur Kontrolle über Ereignisse, an denen er weniger stark interessiert ist, gegen Kontrolle über für ihn wichtigere Ereignisse eintauschen. Die kritische Annahme des Modells ist, daß diese Transaktionen auf einem vollkommenen Markt stattfinden, auf dem es also weder sachliche oder persönliche noch räumliche oder zeitliche Differenzierungen gibt. "Auf ihm werden außerhalb von Raum und Zeit von geschlechtslosen Menschen unterschiedslose Güter umgesetzt" (Arndt 1973, S.24). Hinzu kommt noch die Annahme der Markttransparenz, also der völligen Kenntnis der Marktbedingungen.

Das CM abstrahiert vollkommen von den konkreten dyadischen Transaktionen und betrachtet das Gleichgewicht von Angebot und Nachfrage lediglich für jeden einzelnen Akteur und auf der Ebene des Gesamtsystems. Da es keine Transaktionskosten gibt, können alle profitablen Transaktionen auch durchgeführt werden und der Markt wird zu Gleichgewichtspreisen geräumt.

Wegen dieser restriktiven Annahmen verwenden wir das CM im folgenden lediglich als Ausgangspunkt für unsere Diskussion von Macht in Tauschsystemen. Darüber hinaus beschränken wir uns auf private, teilbare Güter als "Ereignisse". Damit umgehen wir weitere unrealistische Annahmen, die im Falle von kollektiven Gütern als Ereignissen zusätzlich gemacht werden müssen (siehe insbesondere die probabilistische Entscheidungsregel bei Coleman 1973).

Ausgangspunkt des Modells ist eine Menge von Akteuren ($j = 1,...,m$) und eine Menge von Ereignissen ($i = 1,...,n$). Akteure und Ereignisse sind durch die Interessenmatrix $X$ und die Kontrollmatrix $C$ verbunden. Die Elemente $x_{ji}$ von $X$ repräsentieren das Interesse eines Akteurs $j$ an einem Ereignis $i$ und die Elemente $c_{ij}$ von $C$ die Kontrolle des Ereignisses $i$ durch Akteur $j$. Da ein geschlossenes System unterstellt wird, können beide Matrizen reihenweise normiert werden, d.h. das Interesse der Akteure an einem Ereignis wird als Bruchteil ihres gesamten Interesses und die Kontrolle über ein Ereignis als Bruchteil der gesamten Kontrolle über dies Ereignis gemessen:

(1) $$\sum_{i=1}^{n} x_{ji} = 1 \quad \text{und} \quad \sum_{j=1}^{m} c_{ij} = 1$$

Die zentrale Verhaltensannahme des CM ist die Regel der proportionalen Ressourcenallokation. Danach setzen die Akteure ihre Kaufkraft proportional zu ihrem Interesse ein, d.h. ihre Nachfrage nach Kontrolle über Ereignisse des Systems ist proportional zu ihrem Interesse an diesen Ereignissen - gewichtet mit den jeweiligen Marktpreisen (siehe Coleman 1972, S.533). Nur unter speziellen Voraussetzungen ist diese Regel der proportionalen Ressourcenallokation mit der allgemeineren Annahme der Nutzenmaximierung verträglich (siehe Coleman 1972, S.550ff).

Auf der Grundlage dieser Annahmen ist es möglich, das allgemeine neoklassische Gleichgewichtsmodell entsprechend zu spezifizieren und Gleichgewichtspreise zu berechnen. Damit kann die Macht der Akteure im CM als Maß ihrer Kaufkraft, d.h. ihrer mit Gleichgewichtspreisen bewertete Ressourcenausstattung verstanden werden. Wie weitere Ableitungen zeigen (Coleman 1972, S.535), kann die Macht der Akteure auch direkt aus der Matrix der Interessenverflechtungen $Z$ berechnet werden. Dabei mißt die Abhängigkeit $z_{jk}$ eines Akteurs $j$ von Akteur $k$ das Ausmaß, zu dem Akteur $k$ über Kontrolle von Ereignissen verfügt, an denen Akteur $j$ interessiert ist:

(2) $$\sum z_{jk} = \sum_{i=1}^{n} x_{ji}\, c_{ik} \quad \text{oder} \quad Z = XC$$

Da $X$ und $C$ reihenstochastisch sind, ist auch $Z$ reihenstochastisch. Die Macht eines Akteurs k kann nun direkt als Abhängigkeit anderer mächtiger Akteure verstanden werden, d.h. formal:

$$(3) \quad p_k = \sum_{j=1}^{m} p_j z_{jk} \quad \text{oder} \quad p = pZ$$

Der Machtvektor $p$ ist also gerade der linke Eigenvektor der Interessenverflechtungsmatrix $Z$ zum Eigenwert 1.(1)

Diese Ableitung der Coleman-Macht hat den Vorteil, daß die Macht eines Akteurs direkt auf die Abhängigkeit anderer Akteure bezogen werden kann und damit Anknüpfungspunkte an die relationale Machttheorie möglich sind.

Bevor wir darauf zurückkommen, zeigen wir zur empirischen Veranschaulichung eine Anwendung des Modells auf den kommunalpolitischen Entscheidungsprozeß einer Gemeinde. Die Daten stammen aus der zweiten Gemeindeelitestudie von Altneustadt, einer Stadt mittlerer Größe im Rheinland.(2) Die Mitglieder der Gemeindeelite wurden in zwei Schritten bestimmt: Zunächst wurden die Inhaber multipler Führungspositionen ausgewählt und dann mit Hilfe der Reputationstechnik die einflußreichsten Personen aus dieser Positionselite herausgefiltert.(3) Durch diese Auswahlprozedur ist sichergestellt, daß die Elitemitglieder ein soziales System bilden, da sie sich wechselseitig für einflußreich halten und damit auch bei ihren Handlungen wechselseitig in Rechnung stellen. Das System enthält 72 Elitemitglieder, die je nach Auswahlposition unterschiedlichen institutionellen Bereichen zugeordnet werden können: CDU-Politiker (12), Verwaltung (6), Wirtschaft (16), Kultur (15), Vereine (15) und SPD-Politiker(8).(4)

Als Ereignisse im Sinne des CM definieren wir die folgenden vier Bereiche der Gemeindepolitik: Wirtschaftsförderung, Lebensqualität der Einwohner, Bildung und Kultur sowie Strukturfragen der kommunalen Selbstverwaltung.(5) Alle Elitemitglieder wurden nach dem Politikbereich gefragt, an dem sie am stärksten interessiert waren; daneben konnten weitere Politikbereiche genannt werden.(6) Die Kontrolle der

Akteure wurde in Form einer Reputationsfrage ermittelt, die direkt an die Machtreputationsfrage anschloß und gezielt nach dem Einfluß der Elitemitglieder in den vier genannten Bereichen der Gemeindepolitik fragte.(7) Gemäß Formel (2) kann damit die Interessenverflechtungsmatrix *Z* (72x72) als Produkt der Interessen- und der Kontrollmatrix berechnet werden. Inhaltlich mißt die Abhängigkeit $z_{jk}$ des Akteurs *j* von dem Akteur *k* daher das Ausmaß, zu dem Akteur *k* Bereiche der Gemeindepolitik kontrolliert, an denen Akteur *j* interessiert ist. Die daraus nach (3) resultierende Machtverteilung zeigen wir im Zusammenhang mit der Z-Matrix in aggregierter Form (siehe Tabelle 1). Als Grundlage

**Tabelle 1**: Interessenabhängigkeit und Macht im CM (aggregiert)

| | CDU | WI | PE1 | PE2 | SPD |
|---|---|---|---|---|---|
| CDU | 59.07 | 11.37 | 4.34 | 17.12 | 8.10 |
| WI | 56.96 | 18.99 | 3.55 | 13.06 | 7.44 |
| PE | 56.09 | 8.49 | 5.36 | 22.65 | 7.40 |
| PE2 | 54.81 | 8.67 | 5.88 | 23.57 | 7.07 |
| SPD | 55.68 | 12.37 | 4.91 | 19.80 | 7.22 |
| p | 58.25 | 12.22 | 4.33 | 17.33 | 7.88 |
| p/nB[a)] | 3.64 | 1.53 | .54 | .54 | .99 |

a) durchschnittliche Macht (Erwartungswert 100/72 = 1.39)

unserer Darstellung greifen wir dabei auf fünf Machtstrukturblöcke zurück, die mit Hilfe einer Blockmodellanalyse der Netzwerke der Machtreputation, der politischen Diskussion und des politischen Tauschs bestimmt wurden.(8) Den mit Abstand mächtigsten Block haben wir CDU-Fraktion (CDU, N = 16) genannt, da alle CDU-Stadträte zu ihm gehören, darunter auch der Bürgermeister, der mit Abstand mächtigste Mann in der Gemeinde. Alle anderen Blöcke sind zu 55 bis 60 Prozent von der CDU-Fraktion abhängig, was einen Machtanteil von exakt 58,25 Prozent bedeutet. Auf jedes Mitglied dieses zentralen Machtblocks entfällt damit im Durchschnitt ein Anteil von 3,64 Prozent der Gesamtmacht im System. Als zweitmächtigster Block folgt die Wirtschaft (WI, N = 8) mit den einflußreichsten Unternehmern in Altneustadt. Allerdings ist der Abstand zur CDU-Fraktion mit einer durchschnittlichen Macht von 1,53 bereits deutlich. Die SPD-Stadträte folgen als drittmächtigster Block, hier SPD-Opposition (SPD, N = 8) genannt. Ihre Macht liegt mit 0,99 bereits deutlich unter dem allgemeinen Erwartungswert von 1,39. Die Peripherie der CDU-Koalition spaltet sich noch einmal in zwei Blöcke (PE1, PE2) auf, deren Mitglieder mit 0,54 vollends machtlos sind. Insgesamt kann gesagt werden, daß die große CDU-Koalition (CDU, WI, PE1 und PE2) mit über 92 Prozent der Gesamtmacht ein erdrückendes Übergewicht über die SPD-Opposition hat (siehe aber Anmerkung 7).

### 1.2 Relationale Machttheorie

Die relationale Machttheorie von Emerson (1962, 1972, 1976) hat ihren Ausgangspunkt in der isolierten zweiseitigen Tauschbeziehung. Hier entspricht die Macht von Alter über Ego, oder anders ausgedrückt die Abhängigkeit Ego's von Alter, gerade dem Vorteil, den Ego aus dem Tausch mit Alter zieht. Es herrscht also das Prinzip des geringsten Interesses. Nach Cook und Emerson (1978) kann die isolierte zweiseitige Tauschbeziehung als bilaterales Monopol aufgefaßt werden, in dem der mächtigere Akteur, d.h. derjenige, der den geringeren Vorteil aus der Tauschbeziehung zieht, die Tauschrate solange zu seinen Gunsten verändern kann, bis er schließlich einen gleichgroßen Tauschvorteil erzielt wie sein Opponent und sich Tausch- und Machtgleichgewicht einstellt.

Dieses verändert sich, wenn ein dritter Akteur in den Tauschzusammenhang eintritt. Nehmen wir dazu an, Ego verfüge über zwei Tauschpartner $Alter_1$ und $Alter_2$, die beide um die von Ego angebotenen Ressourcen konkurrieren. Durch die alternative Tauschbeziehung zu $Alter_2$ verringert sich Egos Abhängigkeit von $Alter_1$ und Ego kann diesen Machtzugewinn nutzen, um die Tauschrate gegenüber $Alter_1$ (und $Alter_2$) weiter zu seinen Gunsten zu verändern. Als mögliche Ausgleichsstrategien erwähnt Emerson (1962): 1. Rückzug: Einer der Alteri zieht sich zurück. 2. Spezialisierung: Aufhebung der Konkurrenz zwischen den Alteri durch Produktdifferenzierung. 3. Status gewähren: Überführen von Macht in Status (von Blau 1964 als sekundärer Tausch konzipiert). 4.

Erweiterung des Tauschnetzes: Die Alteri suchen ihrerseits nach einem neuen Tauschpartner, der mit Ego konkurriert. 5. Koalitionsbildung: Die beiden Alteri handeln die Tauschrate mit Ego gemeinsam aus.

Alle diese Ausgleichsstrategien führen zu einer Umstrukturierung des Tauschsystems und damit zu einer umfassenderen Theorie, die Tauschsysteme als dynamische Ungleichgewichtssysteme betrachtet (vgl. Kappelhoff 1988). Wir wollen uns im folgenden auf die Frage nach dem Zusammenhang zwischen der Position im Netzwerk der Tauschbeziehungen und der Macht in einem gegebenen Tauschsystem beschränken.

Um die Beziehung zwischen Zentralität im Tauschnetzwerk und der daraus resultierenden Tauschmacht zu untersuchen, gehen wir etwas genauer auf die Experimente der Emerson-Gruppe (insbesondere Cook und Emerson 1978 und Cook et al. 1983) ein. Abbildung 1 zeigt ein Tauschnetzwerk mit einer Zentrum-Peripherie-Struktur. Die zentrale

**Abbildung 1:** Gelegenheitsstruktur zum Tausch (nach Cook et al. 1983)

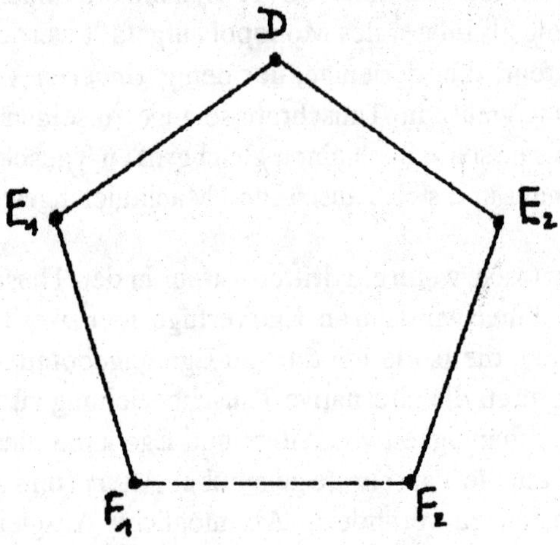


"—" Tauschbeziehung mit 24 Gewinnpunkten
"-----" Tauschbeziehung mit 8 Gewinnpunkten

D-Position kann mit beiden E-Positionen tauschen, wobei die Kapazität der Tauschbeziehungen jeweils 24 Gewinnpunkte beträgt, über deren Verteilung zwischen den Akteuren verhandelt werden muß. Die E-Positionen ihrerseits verfügen ebenfalls über eine Tauschalternative, nämlich die Tauschbeziehung zu den F-Positionen mit ebenfalls 24 Gewinnpunkten. Dagegen steht den peripheren F-Positionen nur die geringwertige Alternative des gegenseitigen Tausches mit einer Kapazität von 8 Gewinnpunkten offen. Wegen der geringen Kapazität der $F_1F_2$-Beziehung nähert sich die Struktur des Tauschnetzwerks einer Kette mit der zentralen D-Position und den peripheren F-Positionen.

In allen Fällen wird vor Beginn des eigentlichen Tauschexperiments dafür gesorgt, daß alle Akteure über genügend Ressourcenpunkte verfügen, um die sich bietenden Tauschchancen ausnutzen zu können. Dadurch wird erreicht, daß alle Akteure über die gleiche Ressourcenmacht verfügen und der Einfluß der Tauschposition in Reinheit studiert werden kann.

Das Tauschexperiment wurde in drei Blöcken von je 20 Tauschperioden durchgeführt, in denen die Akteure ihre Ressourcenpunkte durch Tausch in Gewinnpunkte umsetzen konnten. Jede Tauschperiode dauerte drei Minuten; in dieser Zeit mußten die Verhandlungen zwischen den jeweiligen Tauschpartnern abgeschlossen und die Transaktion getätigt sein. Da pro Tauschperiode nur eine einzige Transaktion erlaubt war, bestand tatsächlich Konkurrenz zwischen den alternativen Tauschpartnern. Ohne diese Bedingung würde das Tauschsystem in eine Menge von isolierten dyadischen Tauschbeziehungen zerfallen. Nach Beendigung des Experiments wurden die insgesamt erwirtschafteten Gewinnpunkte in Geld umgetauscht; dieser Betrag, zusammen mit einem Festbetrag, stellte die Bezahlung für die Teilnahme am Experiment dar.

Welche Voraussagen über die Erträge und damit über die Tauschmacht der Akteure macht nun die relationale Machttheorie? Die D-Position kann $E_1$ und $E_2$ gegeneinander ausspielen - allerdings wird diese Möglichkeit dadurch eingeschränkt, daß die E-Positionen über alternative Tauschmöglichkeiten verfügen. Lediglich die F-Positionen sind auf den Tausch mit den E-Positionen angewiesen, wollen sie sich nicht auf die minderwertige Tauschbeziehung $F_1F_2$, und damit auf den minimalen Ertrag von jeweils vier Gewinnpunkten, beschränken. Die F-Positionen werden daher jedes Angebot der E-Positionen annehmen, das ihnen mehr als dieses Minimum garantiert. Damit sind aber die E-Positionen auch gegenüber der D-Position in einer günstigeren Verhandlungsposition. Die D-Position muß daher schließlich zu den gleichen Bedingungen wie die F-Positionen abschließen, wenn sie überhaupt im Geschäft bleiben will.

Diese Überlegungen werden durch die Resultate des Tauschexperiments bestätigt (siehe Tab.2). Schon im Durchschnitt der ersten 20 Tauschperioden (Block 1) ist die Macht zugunsten der E-Position verschoben - eine Tendenz, die sich bis zum dritten Block noch deutlich verstärkt. Darüber hinaus ist zu erkennen, daß zunächst die F-Positionen verlieren und dann die D-Position. (10)

**Tabelle 2:** Durchschnittlicher Ertrag im Tausch mit der E-Position in Abb.1 (nach Cook et al. 1983)

| | Block 1 | Block 2 | Block 3 |
|---|---|---|---|
| D-Position | 10.45 | 10.79 | 8.74 |
| F-Position | 9.60 | 8.28 | 7.82 |

Damit kann die allgemeine Aussage der relationalen Machttheorie als bestätigt gelten, daß Zentralität in Tauschnetzwerken nicht notwendig auch mit Tauschmacht verbunden ist. Dennoch bleibt unklar, wie aus den Prinzipien der relationalen Machttheorie auch für komplexere Tauschnetzwerke die relative Macht einer Netzwerkposition abgeleitet werden kann. Der Versuch von Cook et al., ein solches formales Modell auf der Basis von Punkt- (1983) oder Kantenverwundbarkeit (1986) zu entwikkeln, hat sich als voreilig erwiesen, wie auch die Kritik von Willer (1986) zeigt. Ein neuer Versuch von Markovsky et al. (1988) bringt zwar beträchtliche Fortschritte, bleibt aber auf relativ einfache Strukturen (ohne Zyklen) und Tauschbedingungen beschränkt. Außerdem stehen die Ergebnisse teilweise im Widerspruch zu denen von Cook et al. (1986) (für eine ausführlichere Diskussion dieser neueren Ansätze siehe Kappelhoff 1990). Da sich beide Formalisierungsversuche nur auf den Fall von Tauschkonkurrenz, also negativer Verbundenheit, beziehen, bleibt darüber hinaus eine ganze Klasse von Tauschsystemen ausgeschlossen (siehe 2.1). Damit kann als Fazit festgehalten werden, daß die relationale Machttheorie eine im Kern dyadische Theorie bleibt, die zusätzlich die Netzwerkeinbettung in Form der Anzahl möglicher Tauschalternativen berücksichtigt.

## 2. Verbundenheit von Tauschbeziehungen

### 2.1 Formen der Verbundenheit

Soziologische Tauschtheorien können grob gesprochen in die folgenden drei Gruppen eingeteilt werden:

1. Individualistische Tauschtheorien, die ihren Ausgangspunkt in behavioristischen Verhaltenstheorien (z.B. Homans 1974) oder Theorien rationalen Handelns (z.B. Thibaut und Kelley 1959) haben.

2. Theorien, die die Bedeutung von Tauschbeziehungen als einer eigenständigen Analyseebene betonen (z.B. Emerson 1962 oder auch Blau 1964).

3. Strukturalistische Theorien, die die systemischen Eigenschaften von Tauschnetzwerken in den Vordergrund rücken (z.B. Lévi-Strauss 1984 oder auch Ekeh 1974).

Das im folgenden zu entwickelnde Konzept eines sozialen Tauschsystems soll Elemente dieser verschiedenen Theorietraditionen integrieren. Im Sinne des CM gehen wir auf der individuellen Ebene von einer Menge von Akteuren aus, die an bestimmten Ereignissen (Gütern oder Ressourcen) interessiert sind und entsprechend den Annahmen des rationalen Handlungsmodells versuchen, durch Tausch zu einer optimalen Allokation ihrer Kontrollressourcen zu kommen. Wie in 1.1 ausführlicher diskutiert, kann in diesem Zusammenhang die Annahme eines vollkommenen Marktes nur als Baseline-Model akzeptiert werden.

Auf Grund dieser Ausgangslage eröffnen sich den Akteuren im System also Tauschmöglichkeiten, aus denen sich im Laufe der Zeit soziale Tauschbeziehungen entwickeln können. Dieses Netzwerk der Tauschbeziehungen T betrachten wir als das zweite grundlegende Element eines Tauschsystems. Darüber hinaus muß auf der systemischen Ebene der institutionelle Rahmen, in dem die einzelnen Tauschhandlungen stattfinden, Berücksichtigung finden, so z.B. Eigentumsrechte, informelle Tauschnormen oder explizit formalisiertes Vertragsrecht. Wie bereits mit dem Hinweis auf die Arbeiten von Lévi-Strauss und Ekeh angedeutet, besteht ein innerer Zusammenhang zwischen der Struktur des Tauschnetzwerkes und der Art dieser institutionellen Regelungen.

Eine besonders wichtige Unterscheidung betrifft die Art der Verbundenheit der Tauschbeziehungen. Wie bereits ausgeführt, müssen die verschiedenen Beziehungen in dem Tauschnetzwerk untereinander verbunden sein, wenn sie nicht zu einer Menge von isolierten dyadischen Beziehungen zerfallen sollen. Nach Cook und Emerson (1978, S.725) heißen zwei Tauschbeziehungen positiv (negativ) verbunden, falls eine Transaktion in der einen Beziehung die Chance für eine Transaktion in der anderen Beziehung erhöht (vermindert) und umgekehrt. Gilt dies nur in einer Richtung, spricht Emerson (1972) von einseitiger positiver (negativer) Verbundenheit.

Zweiseitige negative Verbundenheit ist charakteristisch für Konkurrenzsituationen, wie sie z.B. auch in den in 1.2 geschilderten Tauschexperimenten durch die Beschränkung auf eine Transaktion pro Tauschperide erzeugt werden. Damit gelten die Ergebnisse, die den Zusammenhang zwischen Zentralität und Tauschmacht in Frage stellen, nur für negativ verbundene Tauschnetzwerke (Yamagishi et al. 1988 berichten erste Ergebnisse von Experimenten in positiv verbundenen Tauschnetzwerken).

Ob allerdings in negativ verbundenen Tauschnetzwerken (Lévi-Strauss und Ekeh sprechen hier etwas abschätzig von eingeschränktem Tausch) generell eine Quid pro quo-Mentalität vorherrscht und Integration nur über mechanische Solidarität (Ekeh 1974, S.52) möglich ist, erscheint mir fraglich. Gegenargumente finden sich vor allem im Bereich der Theorieentwürfe, die von der Idee einer marktvermittelten sozialen Ordnung ausgehen (Vanberg 1975). Diese Argumente beziehen sich aber eher auf gegenseitige Abhängigkeiten, wie sie in der Folge von Arbeitsteilung oder generell von sozialer Differenzierung entstehen und wie sie im engeren Sinne z.B. in den Input-Output-Tabellen der volkswirtschaftlichen Gesamtrechnung erscheinen. Hier sind dann allerdings vor allem indirekte Ressourcenflüsse und damit Elemente von positiver Verbundenheit von Bedeutung (siehe unten). In diesem Sinne ist auch die These Durkheims von der Beziehung zwischen Arbeitsteilung und organischer Solidarität zu verstehen. Ob aber eine solche Beziehung theoretisch befriedigend abgeleitet werden kann, bezweifelt nicht nur Ekeh (1974; siehe z.B. auch Luhmann 1988, Tyrell 1985 und Müller und Schmid 1988). Wir wollen hier lediglich festhalten, daß real existierende Tauschsysteme durchaus eine Mischung aus negativer und positiver Verbundenheit enthalten können.

Indirekte Ressourcenflüsse sind charakteristisch für positive Verbundenheit . Neben den von Lévi-Strauss untersuchten einseitigen Tauschzyklen bei matrilateraler Kreuzkusinenheirat stellt der Kula-Ring das wohl bekannteste Beispiel eines positiv verbundenen Tauschsystems dar (siehe Malinowski 1979). Wie in Abbildung 2 schematisch dargestellt, besteht das System aus zwei gegenläufigen einseitigen Tauschzyklen. Im Gegensatz zu den einseitigen Heiratsallianzen bei matrilateraler Kreuzkusinenheirat sind hier also auch Elemente direkter Reziprozität eingebaut, die die Tauschbeziehungen dyadisch stabilisieren. Entscheidend bleibt aber, daß jeder Akteur seine Tauschverpflichtungen nur erfüllen kann, wenn der globale Tauschzyklus nicht unterbrochen wird. Diese nicht reduzible systemische Abhängigkeit ist ein bedeutsames Charakteristikum generalisierten einseitigen Tausches (vgl. Ekeh 1974, S.52ff) in der vorliegenden Form. Solche Tauschformen sind oft streng ritualisiert und benötigen für ihre Aufrechterhaltung einen umfassenden Kanon normativer Regeln. Diese Tauschmoralität, die das System im Zuge seines Operierens selbst wieder verstärkt (siehe z.B Titmuss' 1971 vergleichende Untersuchung der Entwicklung von freiwilligen Blutspenden in Großbritannien und den USA) entstehen aber nicht gleichsam naturwüchsig aus der Arbeitsteilung oder der positiven Verbundenheit per se, sondern stellen eine eigenständige Analyseebene von Tauschsystemen dar.

**Abbildung 2**: Schematische Darstellung des Kula-Ringes

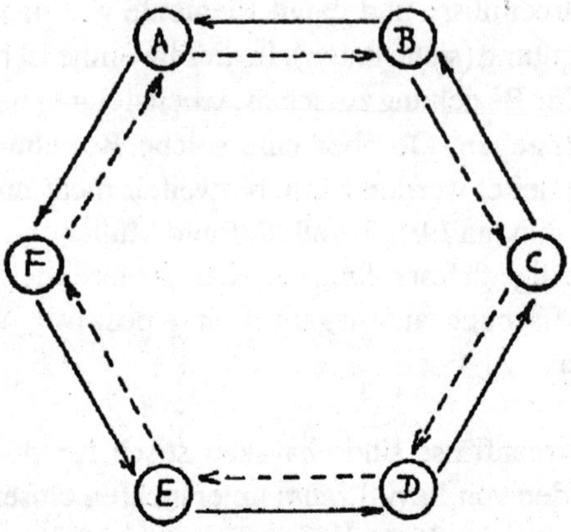


"—" Armreifen (mwali)
"---" Halsketten (soulava)

Im Zusammenhang mit unserer Diskussion von Macht in Tauschsystemen sind folgende Eigenschaften positiv verbundener Tauschformen hervorzuheben:

1. Im Gegensatz zu negativ verbundenen Tauschnetzwerken stellen die Tauschbeziehungen des Tauschpartners keine Alternativen in einer Konkurrenzsituation dar, sondern sind gerade Bedingung für einen indirekten Ressourcenfluß. Sie beeinträchtigen also die Machtposition des fokalen Akteurs nicht nur nicht, sondern sind Voraussetzung für die Stärkung seiner Macht.

2. Die schon im Zusammenhang mit negativ verbundenen Strukturen kritisierte Zentrierung der relationalen Machttheorie auf dyadische Tauschbeziehungen im Kontext ihrer lokalen Einbettung (siehe 1.2) ist im Falle positiv verbundener Tauschnetzwerke wegen der noch stärkeren

systemischen Integration der Tauschbeziehungen vollends unzureichend. Die Machtposition von Akteuren in positiv verbundenen Tauschsystemen wird daher noch stärker von den globalen Eigenschaften der Tauschnetzwerke bestimmt.

**2.2 Verbundenheit und Macht**

Um die Machtposition von Akteuren in Abhängigkeitsstrukturen mit unterschiedlichem Verbundenheitsgrad zu erfassen, verwenden wir einen von Bonacich (1987) entwickelten Zentralitätsindex. Als Resümee der vorangegangenen Überlegungen formulieren wir die folgenden Bedingungen an ein solches Maß:

1. Indirekte Abhängigkeiten sollten je nach positiver/negativer Verbundenheit des Tauschnetzwerkes einen positiven/negativen Beitrag zur Macht des fokalen Akteurs leisten.

2. Indirekte Abhängigkeiten höheren Grades sollten bei negativer Verbundenheit bei gerader/ungerader Pfadlänge positiv/negativ berücksichtigt werden, bei positiver Verbundenheit dagegen generell positiv.

3. Die Auswirkungen indirekter Abhängigkeiten sollten entsprechend ihrer Pfadlänge durch einen Dämpfungsfaktor abgeschwächt werden.

4. Um auch systemische Effekte in komplex vernetzten Strukturen erfassen zu können, sollten prinzipiell indirekte Effekte beliebiger Länge berücksichtigt werden.

5. Macht im CM sollte sich als Spezialfall des allgemeinen Machtmaßes darstellen lassen.

Wir beginnen mit einer beliebigen Strukturmatrix $S$, die in unseren Anwendungen die Tauschbeziehungen und die Abhängigkeiten in diesen Tauschbeziehungen abbilden wird. Der Bonacich-Index $b\ (\beta\ , S)$ ist wie folgt definiert:

$$(4a)\quad b(\beta, S) = e\,(S + \beta S^2 + \ldots + \beta^{n-1} S^n + \ldots)$$

$$(4b)\quad b(\beta, S) = e\,S \sum_{n=0}^{\infty} \beta^n S^n$$

$$(4c)\quad b(\beta, S) = e\,S\,(I - \beta S)^{-1}$$

In dieser kompakten Matrixdarstellung ist $b(\beta, S)$ ein Reihenvektor, der für jeden Akteur $k$ den Bonacich-Index bezüglich der Strukturmatrix S und des Dämpfungsfaktors $\beta$ enthält; $e$ ist ein Reihenvektor aus lauter Einsen, der für jeden Akteur $k$ die Werte der $k$-ten Spalte der Matrizen $\beta^{n-1} S^n$ aufsummiert. Der absolute Betrag des Dämpfungsfaktors $\beta$ muß dabei kleiner sein als der reziproke Wert des betragsgrößten Eigenwertes von $S$, um die Konvergenz der unendlichen Reihe zu gewährleisten. Nicht mit in Formel (4) aufgenommen wurde ein weiterer skalarer Faktor $\alpha$, durch den eine Normierung von $b(\beta, S)$ erreicht wird. Im folgenden gehen wir immer davon aus, daß $b(\beta, S)$ auf eine Reihennorm von eins standardisiert wurde.

Die Konstruktion des Bonacich-Index kann am besten an Formel (4a) erläutert werden. Zunächst werden für jeden Akteur $k$ die direkten Abhängigkeiten aller Akteure $j$ von Akteur $k$ aufsummiert (eS). Sodann werden die indirekten Abhängigkeiten berücksichtigt ($e\beta S^2$), und zwar um den Faktor $\beta$ abgeschwächt. Entscheidend für den Fall negativer Verbundenheit ist die Möglichkeit, auch negative $\beta$-Werte zu berücksichtigen. In diesem Falle vermindern die indirekten Abhängigkeiten die Macht des fokalen Akteurs $k$. Für höhere Potenzen ($e\beta^{n-1} S^n$) ergeben sich alternierend positive und negative Beiträge, die die indirekten Abhängigkeiten höherer Ordnung repräsentieren, jeweils abgeschwächt durch entsprechend höhere Potenzen des Dämpfungsfaktors $\beta$. Anders dagegen im Falle positiver Verbundenheit und damit positver $\beta$-Werte. Hier ist der Beitrag indirekter Abhängigkeiten in jedem Falle positiv, allerdings auch hier zunehmend gedämpft. Damit erfüllt der Bonacich-Index die ersten vier der oben formulierten Bedingungen. Auf die letzte Bedingung werden wir in 3. zurückkommen.

Um die Wirkungsweise unseres neuen Machtmaßes zu demonstrieren, betrachten wir das Netzwerk in Abbildung 3, das eine Zentrum-Peripherie-Struktur analog zu Abbildung 1 aufweist, allerdings etwas komplexer ist. Wieder haben wir eine zentrale D-Position, intermediäre E-Positionen und periphere F-Positionen. Im Zusammenhang mit den in 1.2 geschilderten Tauschexperimenten haben Cook et al. (1983) auch eine Simulation für dieses Tauschsystem durchgeführt. Die Ergebnisse des simulierten Tauschexperiments (siehe Tab. 3.a) entsprechen wiederum den Erwartungen: Zwar ist die D-Position anfänglich etwas erfolgreicher als die F-Positionen, doch nähern sich beide Positionen schließlich dem minimalen Ertrag von vier Gewinnpunkten an. Zentrale und periphere Positionen sind also gleich machtlos im Vergleich zu der intermediären E-Position.

**Abbildung 3:** Gelegenheitsstruktur zum Tausch in der Simulationsstudie von Cook et al. (1983)

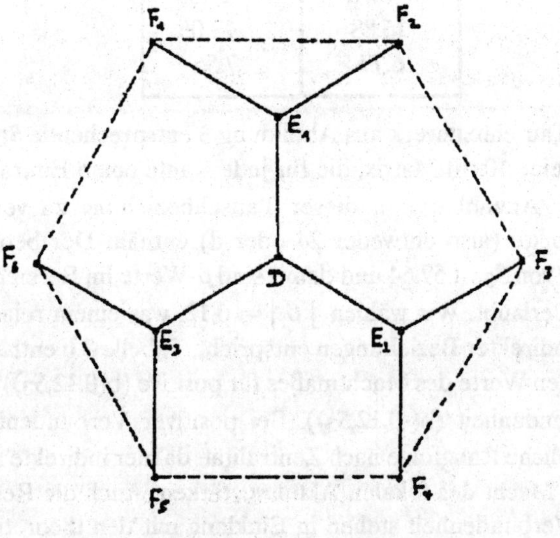


"–" Tauschbeziehung mit 24 Gewinnpunkten
"---" Tauschbeziehung mit 8 Gewinnpunkten

**Tabelle 3**: Tauschmacht in der Struktur aus Abb. 3

a) Durchschnittlicher Ertrag im Tausch mit der E-Position
(Simulationsergebnisse nach Cook et al. 1983)

| Position | Block 1 | 2 | 3 | 4 | 5 | 6 |
|---|---|---|---|---|---|---|
| D | 10.01 | 6.31 | 4.35 | 3.94 | 3.89 | 3.89 |
| F | 7.65 | 5.32 | 4.14 | 3.89 | 3.78 | 3.99 |

b) Machtmaß für positive und negative Verbundenheit

| | b(-.012, $S_3$) | b( +.012, $S_3$) |
|---|---|---|
| D | 8.70 | 15.50 |
| E | 16.88 | 13.05 |
| F | 6.77 | 7.56 |

Die dem Tauschnetzwerk aus Abbildung 3 entsprechende Strukturmatrix $S_3$ ist eine 10x10 Matrix, die für jede Kante einen Eintrag entsprechend der Anzahl der in dieser Tauschbeziehung zu verteilenden Gewinnpunkte (also entweder 24 oder 8) enthält. Der betragsgrößte Eigenwert von $S_3$ ist 57.64 und damit sind $\beta$-Werte im Bereich von -0.17 bis +0.17 erlaubt. Wir wählen $|\beta| = 0.12$, was einem relativ großen Gewicht indirekter Beziehungen entspricht. Tabelle 3.b enthält die entsprechenden Werte des Machtmaßes für positive (b(0.12,$S_3$)) und negative Verbundenheit (b(-0.12,$S_3$)). Bei positiver Verbundenheit ergibt sich die übliche Rangfolge nach Zentralität, da hier indirekte Abhängigkeiten die Macht des fokalen Akteurs stärken. Auch die Resultate für negative Verbundenheit stehen in Einklang mit den theoretischen Erwartungen und den Resultaten der Simulationsstudie: Die E-Position ist mit Abstand am mächtigsten und die D-Position ist beinahe so machtlos wie die F-Position. Das Bonacich-Zentralitätsmaß kann also durchaus als Machtmaß in positiv oder negativ verbundenen Tauschnetzwerken fungieren.

## 3. Macht in sozialen Tauschsystemen

### 3.1 Klientelistische Abhängigkeit und positive Verbundenheit

Wie in 2.2 erwähnt, ist, $b(\beta, S)$ nur für Werte von $\beta$ definiert, die kleiner als das Reziproke des betragsgrößten Eigenwertes von $S$ sind. Wie Bonacich (1987, S.1173) zeigt, konvergiert $b(\beta, S)$ gerade gegen den zugehörigen linken Eigenvektor von S, falls $\beta$ gegen das Reziproke des betragsgrößten Eigenwertes strebt. Damit kann ein Zusammenhang zwischen der Coleman-Macht $p_C$ und dem Bonacich-Index für die zugehörige Interessenverflechtungsmatrix $Z$ des CM nachgewiesen werden:

$$(5) \quad b(1, Z) = \lim_{\beta \to 1} b(\beta, Z) = p_C$$

Die Coleman-Macht entspricht demnach gerade dem Bonacich-Index für die Abhängigkeitsstruktur Z bei maximaler positiver Verbundenheit. Es ist auf den ersten Blick sicherlich überraschend, daß das CM mit seiner Annahme eines vollkommenen Tauschmarktes und damit strikter ökonomischer Konkurrenz als eine positiv verbundene Abhängigkeitsstruktur dargestellt werden kann. Bereits Burt (1980) hat die nahe Verwandtschaft der Formel (3) für die Coleman-Macht mit soziometrischen Statusmaßen in der Tradition von Katz (1953) und Hubbell (1965) bemerkt, wobei die Abhängigkeitsmatrix die Soziomatrix ersetzt.

Damit bietet sich eine neue Deutung der Coleman-Macht an, die von den restriktiven Tauschannahmen des CM weitgehend unabhängig ist. Soweit die Matrix der Interessenverflechtungen Z ein valides Maß für die Abhängigkeiten im System darstellt (und dies hängt im wesentlichen von der korrekten Messung der Interessen- und der Kontrollmatrix ab, aber nicht von den Annahmen eines vollkommenen Marktes und der proportionalen Ressourcenallokation), kann die Coleman-Macht als Statusmaß betrachtet werden, das auch indirekte Abhängigkeiten berücksichtigt, und zwar im Sinne positiver Verbundenheit. In Formel (3) kommt das darin zum Ausdruck, daß die Abhängigkeiten jeweils mit der Macht der abhängigen Akteure gewichtet sind und damit auch indirekte Abhängigkeiten beliebiger Länge erfassen, und zwar ungedämpft. Solche positive Gewichtung indirekter Abhängigkeiten ist typisch für klientelistische Systeme, wie sie allgemein von Boissevain (1974), Schmidt et al. (1977) und Eisenstadt und Roniger (1984) untersucht werden; im Zusammenhang mit Gemeindeelitestudien sind hier insbesondere die Arbeiten in der Tradition von Hunter (1953) zu nennen.

Voraussetzung für die Existenz solcher klientelistischer Abhängigkeiten ist allerdings eine persönliche Beziehung zwischen Patron und Klient, durch die die gegenseitigen Leistungen definiert und organisiert werden. Im Zusammenhang mit unserer Diskussion von Macht in Tauschsystemen schlagen wir daher vor, die Matrix $Z/T$, also die Abhängigkeitsmatrix $Z$ eingeschränkt auf die im System vorhandenen Tauschbeziehungen $T$, als klientelistische Abhängigkeitsstruktur zu betrachten und mit dem Bonacich-Maß bei positiver Verbundenheit zu analysieren: $b( + , Z/T )$. Das " + " steht hier für positive Verbundenheit, wobei der aktuelle $\beta$-Wert in Abhängigkeit von dem betragsgrößten Eigenwert von $Z/T$ und der gewünschten Abschwächung indirekter Beziehungen gewählt werden muß.

### 3.2 Ökonomischer Tauschhandel und negative Verbundenheit

Die Grundidee des CM ist Interessenausgleich durch ökonomischen Tausch von Kontrolle. Allerdings bedeutet nicht jede Interessenabhängigkeit, wie sie in den Elementen der Z-Matrix zum Ausdruck kommt, auch einen Anreiz zum Tausch. Dies läßt sich leicht daran erkennen, daß sich die Interessenabhängigkeiten auch im Falle eines Systems im Tauschgleichgewicht berechnen lassen.

In diesem Zusammenhang muß noch einmal daran erinnert werden, daß Macht im CM die Kaufkraft eines Akteurs meint, also Verfügungsgewalt über wertvolle Ressourcen. Das Denken in persönlichen Abhängigkeiten ist einem Modell, das Tauschgleichgewicht auf einem vollkommenen Markt voraussetzt, eigentlich fremd. Um dennoch den möglichen

Tauschumfang in einer dyadischen Tauschbeziehung in Abhängigkeit von den Interessen- und Kontrollverteilungen berechnen zu können, muß zunächst die genaue Form dieser Tauschgeschäfte geklärt werden. Wir glauben nicht, daß hier eine generelle Antwort gegeben werden kann, da die institutionellen Rahmenbedingungen in den einzelnen Anwendungsbereichen zu unterschiedlich sind.

Wir beschränken uns daher im folgenden auf den Fall politischer Tauschgeschäfte im Zusammenhang mit Entscheidungsprozessen in einer Gemeindeelite. Wegen des Fehlens eines allgemeinen Tauschmediums, wie z.B. übertragbarer Obligationen oder gar einer Art politischen Geldes (vgl. Coleman 1970), kommt nur der Fall des "Naturaltausches", also des direkten zweiseitigen Tausches von Kontrollressourcen, in Betracht. Da diese Tauschgeschäfte im allgemeinen nicht Zug um Zug, sondern mit einer gewissen zeitlichen Verzögerung des Gegengeschäftes erfolgen werden, sind auch hier Elemente des sozialen Tausches, also des Aufbauens von Vertrauen in die Kreditwürdigkeit des Tauschpartners, konstitutiv. Wir werden daher zunächst rein formal den Umfang möglichen direkten Tauschhandels $B$ aus den Voraussetzungen des CM ableiten und dann die Einschränkung auf das Tauschnetzwerk $B/T$ betrachten.

Direkter Tauschhandel beruht auf der doppelten Komplementarität von Überschußangebot und -nachfrage. Das Angebot an Kontrolle ist für jeden Akteur und für jedes Ereignis durch die Kontrollmatrix $C$ gegeben. Die Nachfrage nach Kontrolle $C^*$ kann mit Hilfe der Regel der proportionalen Ressourcenallokation aus der Interessenmatrix abgeleitet werden. Daraus kann die Matrix des Überschußangebots bzw. der Überschußnachfrage D für jeden Akteur und für jedes Ereignis als bewertete Differenz bestimmt werden $( D = (C-C^*)w )$. (11) Für je zwei Akteure können dann die Profile von Überschußangebot bwz. -nachfrage über alle Ereignisse des Systems verglichen und daraus gemäß der Bedingung der doppelten Komplementarität die Matrix des möglichen Tauschumfangs $B$ bestimmt werden. Die $B$-Matrix ist also einer Matrix von Dissimilaritätsindizes ähnlich, wie sie sich aus den Vektoren von Überschußangebot bzw. -nachfrage der Akteure (Zeilenvektoren von $D$)

ergibt. Da die formale Ableitung zwar etwas umständlich, aber insgesamt unproblematisch ist, verzichten wir hier auf eine genauere Darstellung (siehe Kappelhoff 1988, Kap. 5.2).

Betrachtet man das CM als ökonomisches Tauschsystem und nicht als eine klientelistische Abhängigkeitsstruktur, so muß also die Matrix der Tauschmöglichkeiten *B* zur Grundlage der Bestimmung der Tauschmacht im System gemacht werden. Da ökonomischer Tauschhandel Konkurrenz zwischen den Akteuren impliziert, betrachten wir *B*/*T*, also die Beschränkung der Tauschmöglichkeiten *B* auf die tatsächlich im System realisierten Tauschbeziehungen *T*, als eine negativ verbundene Struktur. Damit erhalten wir als Index für die ökonomische Tauschmacht im CM: $b(-, B/T)$. Analog zum Fall der klientelistischen Abhängigkeitsstruktur steht das "-" hier für negative Verbundenheit, wobei die möglichen Werte von ß durch das Reziproke des betragsgrößten Eigenwertes von *B*/*T* beschränkt werden.

### 3.3 Das Machtzentrum der Gemeindeelite von Altneustadt

Abschließend wollen wir unsere abstrakten Überlegungen zu den verschiedenen Machtformen in Tauschsystemen an Hand einer Analyse des Machtzentrums der Gemeindeelite von Altneustadt konkretisieren. Das Tauschnetzwerk wurde durch folgende Frage erhoben, die direkt an die Frage nach Diskussionspartnern in Gemeindeangelegenheiten anschloß (siehe dazu und zu einer ersten Analyse des Tauschnetzwerkes Pappi und Kappelhoff 1984, S.109ff): "Gemeindepolitik besteht nicht nur aus Diskussionen, sondern auch aus Verhandlungen und der konkreten Vorbereitung von Entscheidungen. Dabei beteiligt man sich manchmal an Entscheidungen, die einen selbst weniger interessieren, um jemand anderen einen Gefallen zu tun. Der andere wird einem dadurch verpflichtet, und man kann auf diese Verpflichtungen vielleicht einmal zurückkommen. So bilden sich Beziehungen gegenseitiger Unterstützung heraus. Welche Personen auf dieser Liste kommen für Sie in solchen Fällen als Partner in Frage?" Wir haben die Tauschfrage deshalb im Wortlaut wiedergegeben, um zu zeigen, daß sie sich genau auf die Situation bezieht, wie sie dem Kontrolltausch im Rahmen des CM zugrunde liegt.

Für die folgende Analyse benutzen wir eine symmetrisierte Version des Tauschnetzwerkes *T*. Dies ist für den ökonomischen Tauschhandel und die klientelistische Abhängigkeitsstruktur von der Sachlogik her erzwungen. Der hierarchische Aspekt der klientelistischen Beziehungen drückt sich dabei in der unterschiedlichen Stärke der Abhängigkeiten in der Dyade aus, während die Tauschmöglichkeiten per def. symmetrisch sind. Für die klientelistische Abhängigkeitsstruktur $Z/T$ ergibt sich bei einem betragsgrößten Eigenwert von .308 ein Wert von 3.24 als obere Schranke von $\beta$. Wir wählen $\beta = 2$, also eine relativ starke positive Verbundenheit für unser Machtmaß $b(2,Z/T)$. Auch indirekte Abhängigkeiten sollen also bei der Berechnung der klientelistischen Macht durchaus von Bedeutung sein.

Der betragsgrößte Eigenwert für die Struktur des ökonomischen Tauschhandels beträgt .038, was eine obere Schranke von 26.3 für $\beta$ bedeutet. Wir wählen $\beta = -10$, also eine nur moderate negative Verbundenheit, da die Kapazität der Tauschbeziehungen den Umfang der notwendigen Reallokation von Ressourcen im System nur geringfügig übersteigt und damit nur wenig Raum für ökonomische Konkurrenz bleibt (siehe Kappelhoff 1988, Kap. 5). Außerdem dürfte die stark segmentierte Struktur der politischen Beziehungen innerhalb der Gemeindeelite (siehe Kappelhoff und Pappi 1987) die ökonomische Konkurrenz weiter einschränken.

Als Zentrum der Machtstruktur in Altneustadt definieren wir die 14 einflußreichsten Elitemitglieder (gemäß Coleman-Macht), die auch im Tauschnetzwerk zentral sind (siehe Abb. 4). Bezogen auf die in 1.2 diskutierte Blockmodellösung gehören 10 von ihnen der CDU-Fraktion an, zwei der Wirtschaft und zwei der SPD-Fraktion. Im Kern der CDU-Fraktion kann noch einmal ein innerer Kreis ($C_1$, $C_2$, $C_3$, $C_9$, $C_{10}$) und eine Gruppe von Vermittlern ($C_4$, $C_5$, $C_6$, $C_7$, $C_8$) unterschieden werden. (12) Zum inneren Kreis gehören unter anderem der Bürgermeister, der Stadtdirektor, ein stellvertretender Bürgermeister (die graue Eminenz des Systems) und ein hoher katholischer Geistlicher. Der andere stellvertretende Bürgermeister gehört ebenso wie der Fraktionsvorsitzende und weitere CDU-Stadträte zur Vermittlergruppe. Die Vertreter der

Wirtschaft sind Leiter von großen privaten Unternehmen und die SPD-Fraktion wird durch ihren Vorsitzenden und einen weiteren Stadtrat repräsentiert.

**Abbildung 4: Tauschnetzwerk innerhalb des Machtzentrums**

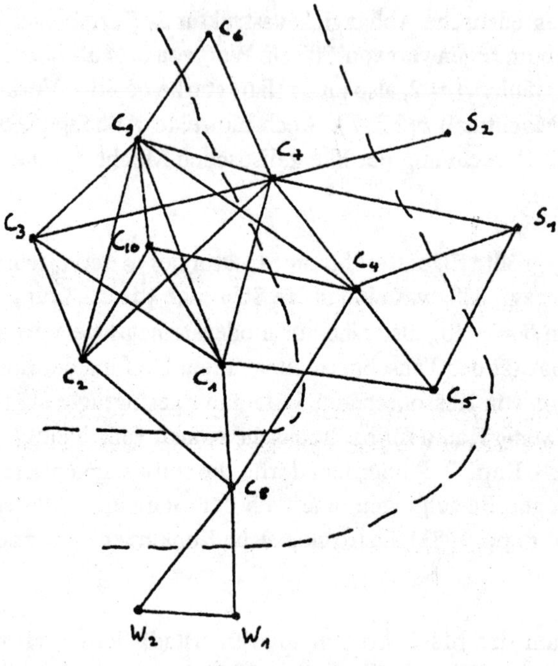


Die Machtverteilung innerhalb des Machtzentrums ist in Tabelle 4 wiedergegeben. Neben der Coleman-Macht als Ressourcenmacht enthält sie die diskutierten Machtmaße für die klientelistische Abhängigkeitsstruktur und den ökonomischen Tauschhandel. Dabei zeigen sich interessante Unterschiede zwischen dem inneren Kreis und der Vermittlergruppe. Die Macht des inneren Kreises ist mit insgesamt 44.49 Prozent am höchsten in der klientelistischen Struktur und fällt für den ökonomischen Tauschhandel deutlich ab (auf insgesamt 28.77); dagegen erhöht sich die Macht der Vermittlergruppe sogar leicht auf 21.98 (im Vergleich zu 21.14 in der klientelistischen Struktur). Hier wird eine Differenzierung der politischen Funktionen zwischen den beiden Gruppen deutlich, die an die unterschiedlichen Vorstellungen der Elitisten und Pluralisten über

**Tabelle 4**: Macht der Mitglieder des Machtzentrums

| | Coleman-Macht | Bonacich-Macht | | Angewiesenheit auf Tausch |
|---|---|---|---|---|
| | *pc* | *b( +2,Z/T)* | *b(-10,B/T)* | |
| $C_1$ | 12.98 | 19.58 | 13.42 | 1.05 |
| $C_2$ | 7.72 | 8.58 | 2.91 | 4.24 |
| $C_3$ | 5.78 | 7.21 | 6.17 | .54 |
| $C_4$ | 3.86 | 7.22 | 5.69 | .62 |
| $C_5$ | 3.41 | 2.39 | .88 | 2.48 |
| $C_6$ | 3.40 | 2.62 | 3.96 | 1.49 |
| $C_7$ | 2.90 | 4.35 | 6.67 | .44 |
| $C_8$ | 2.89 | 4.56 | 4.78 | .71 |
| $C_9$ | 2.25 | 5.50 | 3.10 | .45 |
| $C_{10}$ | 1.96 | 3.62 | 3.17 | .33 |
| $W_1$ | 3.44 | 1.12 | 1.63 | .85 |
| $W_2$ | 1.70 | .69 | .60 | 2.19 |
| $S_1$ | 2.76 | 2.00 | 1.40 | 2.89 |
| $S_2$ | 1.57 | .34 | 1.17 | 1.45 |

politische Machtstrukturen erinnern. Die Vermittlergruppe scheint eher dem (ökonomischen) Interessenausgleich zwischen den unterschiedlichen Machtgruppen in der Gemeinde zu dienen, während der innere Kreis die eigentliche Machtelite darstellt, bei der alle klientelistischen Abhängigkeiten zusammenlaufen. Man könnte darin auch eine Differenzierung zwischen der Routine der täglichen Kompromisse in den Ausschüssen und dem Fällen von weitreichenden Grundsatzentscheidungen sehen.

Zusammen mit der ökonomischen Tauschmacht haben wir auch den Quotienten aus dem bei optimaler Reallokation der Kontrollressourcen erforderlichen Tauschumfang und der Gesamtkapazität der vorhandenen Tauschbeziehungen angegeben: Ein Quotient größer als eins weist demnach auf eine ungenügende Gelegenheitsstruktur zum Tausch hin. Das damit verbundene stärkere Angewiesensein auf die vorhandenen Tauschbeziehungen sollte bei negativer Verbundenheit zu einer Machteinbuße führen. Nimmt man die Coleman-Macht als Vergleichsmaßstab, bestätigt sich diese These in 11 von 14 Fällen - die krasseste Machteinbuße findet sich bei $C_2$, der mit 4.24 auch am stärksten auf den Tausch angewiesen ist.

Insgesamt zeigt unsere Analyse, daß die beiden neu entwickelten Machtmaße durchaus eigenständige Aspekte von Macht erfassen können und darüber hinaus Ergebnisse liefern, die im Einklang mit unseren theoretischen Erwartungen stehen.

**Anmerkungen:**

1 Der Eigenvektor $p$ existiert, da $Z$ nach Konstruktion reihenstochastisch ist. Allerdings ist $p$ nur bis auf einen skalaren Faktor eindeutig bestimmt. Der Eindeutigkeit wegen standardisieren wir auch $p$ auf eine Reihennorm von 1. Damit kann die Macht eines Akteurs als Bruchteil der Gesamtmacht des Tauschsystems interpretiert werden.

2 Eine zusammenfassende Darstellung der ersten Altneustadt-Studie bieten Laumann und Pappi (1976). Eine Analyse der Machtstruktur der Gemeindeelite in Altneustadt mit Hilfe des CM wurde erstmals von Pappi und Kappelhoff (1984) auf der Grundlage von 7 konkreten kommunalpolitischen Issues durchgeführt. Unsere Analyse setzt auf der allgemeineren Ebene der Felder der Gemeindepolitik an (für eine ausführlichere Darstellung siehe Kappelhoff 1988).

3 Die Machtreputationsfrage wurde an alle Mitglieder der Positionselite gestellt. Auswahlkriterium war dann die Anzahl der Nennungen als "allgemein sehr einflußreich" (für eine genauere Darstellung des Auswahlverfahrens siehe Pappi und Kappelhoff 1984).

4 Zum Zeitpunkt der Untersuchung 1978 wurde Altneustadt durch eine "große Koalition" von CDU, Wirtschaft und führenden Vertretern aus dem Kultur- und Vereinssektor regiert; die SPD hatte als Opposition zu diesem Zeitpunkt nur geringen Einfluß.

5 Der Gehalt dieser vier Politikbereiche wurde durch eine Analyse der kommunalpolitischen Grundsatzprogramme der Parteien aus dem Jahre 1975 konkretisiert.

6 Jeder Akteur erhält zwei Punkte für sein hauptsächliches und einen Punkt für jedes weitere Interessengebiet. Daraus ergibt sich die Interessenmatrix $X$ (72x4) durch reihenweise Normierung.

7 Für jeden Politikbereich ergibt sich so für jeden Akteur die Anzahl der Nennungen als Indikator für seinen Kontrollanteil. Wiederum durch reihenweise Normierung ergibt sich daraus die Kontrollmatrix $C$ (4x72).

Auf Grund dieser Operationalisierung wird also eher "Ressourcenreputation" als Ressourcenbesitz im eigentlichen Sinne gemessen - ein Punkt, der bei der Interpretation der folgenden Ergebnisse mit berücksichtigt werden muß.

8 Die Blockmodellanalyse gruppiert Akteure nach einem Kriterium struktureller Äquivalenz in multiplen Netzwerken; es wurde der CO-BLOC-Algorithmus benutzt (siehe Kappelhoff 1987). Aus Platzgründen können wir die Ergebnisse der Blockmodellanalyse hier nicht detaillierter darstellen.

9 Hier soll noch einmal betont werden, daß das CM auf der individuellen Ebene operiert und der Machtvektor daher auf der individuellen Ebene berechnet wurde (als reihennormierter linker Eigenvektor der 72x72 *Z*-Matrix nach (3) ). Die Werte in Tab. 1 wurden also nachträglich aggregiert, um eine übersichtlichere Darstellung zu erhalten.

10 Allerdings wird der theoretisch vorausgesagte minimale Ertrag von 4 Gewinnpunkten auch nach 60 Tauschperioden noch deutlich überschritten. Dies dürfte auf Bedingungen des Experiments zurückzuführen sein, auf die aus Raumgründen nicht näher eingegangen werden kann (die Gesamtstruktur des Tauschnetzes war den Akteuren ebenso unbekannt wie die Kapazität der Tauschbeziehungen - die Offerten wurden per Computer übermittelt, die jeweils nur mitteilten, wieviele Gewinnpunkte eine Offerte für den Adressaten bedeutete).

11 Die Bewertung der Kontrolle mit Gleichgewichtspreisen ist in dyadischen Beziehungen nicht selbstverständlich und auch theoretisch problematisch, da ein Tauschgleichgewicht unterstellt wird. Meiner Meinung nach kann diese Vorgehensweise aber zumindest in erster Näherung akzeptiert werden, wenn man annimmt, daß sich die Akteure bei der Bewertung von Kontrollanteilen an allgemeine Standards anlehnen, die langfristig um die Gleichgewichtspreise schwanken dürften. Als theoretisch weitaus fragwürdigere Alternative bleibt sonst nur der Rekurs auf sogenannte "Normen fairen Tausches", die aber im Rahmen des formalen Modells nur als willkürliche Zusatzbedingungen erscheinen würden.

12 Die Zuordnung von $C_6$ zur Vermittlergruppe beruht auf einer Vielzahl von Kontakten zum Kulturbereich, als deren Vermittler $C_6$ angesehen wird (da die Vertreter des Kulturbereichs nicht zum Machtzentrum gehören, erscheinen diese Kontakte in Abb. 4 nicht).

**Literatur**

Arndt, H., 1973: Markt und Macht. Tübingen: Mohr

Blau, P. M., 1964: Exchange and Power in Social Life. New York: Wiley

Boissevain, J., 1974: Friends of Friends: Networks, Manipulators and Coalitions. Oxford: Blackwell

Bonacich, P., 1987: Power and Centrality: A Family of Measures. American Journal of Sociology 92, S. 1170-1182

Burt, R. S., 1977: Power in a Social Topology. Social Science Research 6, S. 1-83

Burt, R. S., 1980: Models of Network Structure. Annual Review of Sociology 6, S. 79-141

Coleman, J. S., 1966: Foundations for a Theory of Collective Decisions. American Journal of Sociology 71, S. 615-627

Coleman, J. S., 1970: Political Money. American Political Science Review 64, S. 1074-1087

Coleman, J. S., 1972: Systems of Social Exchange. Journal of Mathematical Sociology 2, S. 145-163

Coleman, J. S., 1973: The Mathematics of Collective Action. London: Heinemann

Cook, K. S.; Emerson, R. M., 1978: Power, Equity and Commitment in Exchange Networks. American Sociological Review 43, S. 721-739

Cook, K. S; Emerson, R. M.; Gillmore, M. R.; Yamagishi, T., 1983: The Distribution of Power in Exchange Networks: Theory and Experimental Results. American Journal of Sociology 89, S. 275-305

Cook, K. S.; Gillmore, M. R.; Yamagishi, T., 1986: Point and Line Vulnerability as Bases for Predicting the Distribution of Power in Exchange Networks. Reply to Willer. American Journal of Sociology 92, S. 445-448

Eisenstadt, S. N.; Roniger, L., 1984: Patrons, Clients and Friends: Interpersonal Relations and the Structure of Trust in Society. Cambridge: Cambridge University Press

Ekeh, P., 1974: Social Exchange Theory. The Two Traditions. London: Heinemann.

Emerson, R. M., 1962: Power Dependence Relations. American Sociological Review 27, S. 31-40

Emerson, R. M., 1972: Exchange Theory, Part II: Exchange Relations and Networks. S. 58-87. In: Berger, J.; Zelditch, M.; Anderson, B. (Hrsg.): Sociological Theories in Progress II. Boston: Houghton-Mifflin

Emerson, R. M., 1976: Social Exchange Theory. Annual Review of Sociology 2, S. 335-362

Granovetter, M. S., 1985: Economic Action and Social Structure: The Problem of Embeddedness. American Journal of Sociology 91, S. 481-510.

Homans, G. C., 1974: Social Behavior. Its Elementary Forms. Revised Edition. New York: Harcourt

Hubbell, C. H., 1965: An Input-Output Approach to Clique Identification. Sociometry 28, S. 377-399

Hunter, F., 1953: Community Power Structure. A Study of Decision Makers. Chapel Hill: University of North Carolina Press

Kappelhoff, P., 1987: Blockmodellanalyse: Positionen, Rollen und Rollenstrukturen. S. 101-128. In: Pappi, F. U. (Hrsg.): Methoden der Netzwerkanalyse. München: Oldenbourg

Kappelhoff, P.; Pappi, F. U., 1987: The Political Subsystem of a Community Elite: Blockmodelling the Power Structure. S. 231-264. In: Sociologisk Årbok 1987. Instituttet for sosiologi: Universitetet i Oslo.

Kappelhoff, P., 1988: Soziale Tauschsysteme. Habilitationsschrift: Universität Kiel

Kappelhoff, P., 1990: Power in Exchange Systems: A New Look at the Coleman-model of Collective Action. Manuskript: ASA-Tagung in Washington

Katz, L., 1953: A New Status Index Derived from Sociometric Analysis. Psychometrika 18, S. 39-43

Laumann, E. O.; Pappi, F. U., 1976: Networks of Collective Action: A Perspective on Community Influence Systems. New York: Academic Press

Lévi-Strauss, C., 1984: Die elementaren Strukturen der Verwandtschaft. Frankfurt: Suhrkamp.

Luhmann, N., 1988: Arbeitsteilung und Moral. Durkheims Theorie. S. 19-38. In: Durkheim, E.: Über soziale Arbeitsteilung. Frankfurt: Suhrkamp

Malinowski, B., 1979: Argonauten des westlichen Pazifik. Frankfurt: Syndikat.

Markovsky, B.; Willer, D.; Patton, T., 1988: Power Relations in Exchange Networks. American Sociological Review 53, S. 220-236

Müller, H.-P.; Schmid, M., 1988: Arbeitsteilung, Solidarität und Moral. S. 481-521. In: Durkheim, E.: Über soziale Arbeitsteilung. Frankfurt: Suhrkamp

Pappi, F. U.; Kappelhoff, P., 1984: Abhängigkeit, Tausch und kollektive Entscheidung in einer Gemeindeelite. Zeitschrift für Soziologie 13, S. 87-117

Schmidt, S. W.; Guasti, L.; Landé, C. H.; Scott, J. C., 1977 (Hrsg.): Friends, Followers, and Factions. A Reader in Political Clientelism. Berkley: University of California Press

Thibaut, J. W.; Kelly, H. H., 1959: The Social Psychology of Groups. New York: Wiley

Titmuss, R., 1971: The Gift Relationship: From Human Blood to Social Policy. New York: Pantheon

Tyrell, H., 1985. Emile Durkheim. Das Dilemma der organischen Solidarität. S. 181-250. In: Luhmann, N. (Hrsg.): Soziale Differenzierung. Zur Geschichte einer Idee. Opladen: Westdeutscher Verlag

Vanberg, V., 1975: Die zwei Soziologien. Individualismus und Kollektivismus in der Sozialtheorie. Tübingen: Mohr

Willer, D., 1986: Vulnerability and the Location of Power Positions: Comment on Cook, Emerson, Gillmore and Yamagishi. American Journal of Sociology 92, S. 441-444

Yamagishi, T.; Gillmore, M. R.; Cook, K. S., 1988: Network Connections and the Distribution of Power in Exchange Networks. American Journal of Sociology 93, S. 833-51

Hans J. Hummell
Wolfgang Sodeur

# Modelle des Wandels sozialer Beziehungen in triadischen Umgebungen

Im folgenden berichten wir in gedrängter Form über unsere Versuche, eine angemessene Strategie der Überprüfung von Theorien des (kognitiven) Gleichgewichts bzw. der (kognitiven) Transitivität zu entwickeln und anzuwenden. Im Laufe der verschiedenen Phasen begrifflicher Überlegungen haben wir unsere Vorstellungen auf die Analyse des Wandels von sozialen Beziehungsnetzen, insbesondere von Netzen aus Sympathie- und Präferenzbeziehungen zwischen Individuen als Einheiten angewandt. Zu Beginn analysierten wir Panel-Daten, die zu neun Zeitpunkten erhoben wurden und sich auf ein in der Zeit entwickelndes Beziehungsnetz unter ca. 180 Studienanfängern an einer bundesrepublikanischen Hochschule bezogen (H.J. Hummell/W. Sodeur 1984). Später legten wir unseren Analysen die von Theodore Newcomb erhobenen Daten (Th. Newcomb 1961; P.G. Nordlie 1958) zugrunde, die auch im folgenden verwendet werden (vgl. hierzu Abschnitt 4).

## 1. Die sozial-psychologische Grundhypothese und ihre strukturellen Implikationen

1.1 In ihrer allgemeinsten Form ist die hier zur Diskussion stehende Hypothese sozialpsychologischen Inhalts. In ihr wird behauptet, daß Menschen ihre sozialen Beziehungen, z.B. ihre Sympathie für andere Personen, in ganz bestimmter Weise organisieren: Insbesondere machen sie diese Beziehungen nicht bzw. nicht allein abhängig von Eigenschaften der entsprechenden (Ziel-) Person oder von Bedingungen, die unmittelbar das Verhältnis zwischen ihr selbst und der anderen Person betreffen, sondern berücksichtigen auch die soziale Umgebung, in welche sie selbst, die andere Person und die Beziehung zwischen ihnen eingebettet sind. Zur sozialen Umwelt in diesem Sinne gehören solche Menschen, die von einer Person wahrgenommen werden (können) und mit denen sie interagieren (könnte), weil sie demselben Verkehrskreis angehören (vgl. H.J. Hummell/W. Sodeur 1985).

Die "Beziehungsumwelt" liefert auf eine noch näher zu beschreibende Art Verträglichkeitsbedingungen für die darin eingebetteten sozialen Beziehungen. Insbesondere wird der Hypothese zufolge erwartet, daß Personen solche Verbindungen, die in ihrer Beziehungsumwelt zu intransitiven oder unausgeglichenen ("unbalanced") Konfigurationen von Beziehungen führen, beseitigen oder abbauen werden, wohingegen sie versuchen werden, neue Verbindungen aufzunehmen oder aufzubauen, die das Maß der Transitivität oder Ausgeglichenheit ("balance") ihrer Beziehungsumwelt erhöhen werden.

Vorhandene Verbindungen abbauen oder neue Verbindungen aufbauen kann man einmal dadurch, daß man die Beziehungen verändert, die man selbst unmittelbar kontrolliert. Man kann aber auch versuchen, andere Personen zur Veränderung der von ihnen (unmittelbar) kontrollierten Beziehungen zu veranlassen.

1.2 Theorien diesen Inhalts sind insbesondere von Fritz Heider (1946; 1958) und Theodore Newcomb (z.B. 1953; 1956; 1968) vorgelegt worden. Wichtig war die Formalisierung von Heiders Theorie des strukturellen Gleichgewichts durch Darwin Cartwright und Frank Harary (1956) unter Verwendung der Graphentheorie. Sie konnten nämlich zum ersten Mal zeigen, daß für die Ebene des Gesamtnetzes (d.h. die "Makrostruktur") klar definierte und eindeutige Effekte abgeleitet werden können, falls die Prozesse auf der Ebene der Individuen und ihrer Beziehungen untereinander ("Mikrostruktur") tatsächlich so ablaufen, wie von der sozialpsychologischen Hypothese behauptet wird.

Im Anschluß an Cartwright und Harary wurden eine Vielzahl von Verallgemeinerungen und Abschwächungen der grundlegenden sozialpsychologischen Hypothese vorgeschlagen sowie die daraus folgenden analogen Strukturtheoreme abgeleitet, welche sich weiterhin auf die Makrostruktur beziehen. Von besonderem Interesse war die Verallgemeinerung des Modells des strukturellen Gleichgewichts zur Familie von Transitivitäts-Modellen (P.W. Holland/ S. Leinhardt 1971; eine Übersicht über die verschiedenen Strukturtheoreme findet man in: H.J. Hummell/W. Sodeur 1987).

1.3 Zwischen der Mikro-Ebene individueller Akteure sowie ihrer Beziehungen zu anderen Akteuren in ihrer Umgebung und der Makro-Ebene des gesamten Netzes, das alle seine Mitglieder sowie die Gesamtheit ihrer Beziehungen untereinander umfaßt, können verschiedene Ebenen von Teil-Strukturen variierender Größe unterschieden werden. Von besonderer Bedeutung sind Konfigurationen von Beziehungen zwischen genau drei Personen. Diese sind nämlich die kleinsten strukturellen Einheiten, die in einem nichttrivialen Sinne Gleichgewicht oder Transitivität (oder ihr Nicht-Vorkommen bzw. ihr Gegenteil, also Ungleichgewicht oder Intransitivität) aufweisen können. Aus Gründen, die im folgenden deutlich werden, hat man sich in der Literatur auf Triaden und Tripletts konzentriert.

Unter einer Triade versteht man eine aus drei verschiedenen Personen i, j und k sowie ihren Beziehungen untereinander bestehende Teilstruktur. In einem Netz, das durch eine binäre Beziehung über N Personen definiert ist, gibt es $N \cdot (N-1) \cdot (N-2) / 6$ verschiedene Triaden. In einer gegebenen Triade wiederum gibt es 6 verschiedene geordnete Paare verschiedener Individuen, und für jedes dieser geordneten Paare kann eine gerichtete Verbindung existieren oder nicht. Also befindet sich jede Triade des Netzes in einem von $2^6 = 64$ unterscheidbaren "Zuständen".

Wenn man die Möglichkeit einer namentlichen Identifikation der Individuen nicht in Betracht zieht, sondern nur auf ihre "strukturelle Position" innerhalb der Triaden abhebt, können die 64 Zustände von Triaden zu 16 Klassen zusammengefaßt werden. Hierbei umfaßt dann jede der 16

Klassen alle Triaden, die strukturell, d.h. hinsichtlich der relativen Anordnung der 6 möglichen Verbindungen zueinander, nicht mehr unterschieden werden können. Man sagt von Triaden, die in diesem Sinne nicht unterscheidbar sind, sie seien vom selben (Struktur-) Typ. Eine Häufigkeitsverteilung aller Triaden eines gegebenen Beziehungsnetzes über alle 16 Klassen strukturgleicher Triaden wird auch als Triaden-Zensus dieses Netzes bezeichnet.

Tripletts sind besondere Konfigurationen der gerichteten Beziehungen, die zwischen den drei Personen einer Triade möglich sind, wenn man sie aus der Sicht jeweils eines Mitglieds der Triade betrachtet. Für jedes Triadenmitglied als Bezugspunkt gibt es zwei Tripletts; jede Triade besteht somit aus insgesamt 6 verschiedenen Tripletts. Für eine gegebene Person i in einer aus i, j und k bestehenden Triade drücken ihre beiden Tripletts das Vorkommen bzw. Nicht-Vorkommen direkter und indirekter Verbindungen aus, die von i als dem "Sender" zu k als "Empfänger" direkt und indirekt (über j) bzw. zu j als "Empfänger" direkt und indirekt (über k) verlaufen.

Mit i als Bezugspunkt bezieht sich sein erstes Triplett (im folgenden als (ijk) bezeichnet) auf eine mögliche direkte Verbindung (ik) von i nach k sowie auf eine mögliche "indirekte" ("2-Schritt-") Verbindung von i über j nach k (d.h. von i nach j und von j nach k, kurz: (ij) und (jk)).

Im zweiten Triplett mit i als Bezugspunkt (im folgenden als (ikj) bezeichnet) haben j und k "ihre Plätze getauscht"; dieses Triplett bezieht sich also auf eine mögliche direkte Verbindung (ij) von i nach j sowie auf eine mögliche "indirekte" ("2Schritt-") Verbindung von i über k nach j (d.h. von i nach k und von k nach j, kurz: (ik) und (kj)).

Beide Tripletts mit i als Bezugspunkt unterscheiden sich also in der Richtung der betrachteten Beziehung zwischen den beiden anderen Personen j und k: Zum Triplett (ijk) gehört nur die gerichtete Beziehung (jk) von j nach k, zum Triplett (ikj) nur die entgegengesetzt gerichtete Beziehung (kj) von k nach j. Gleichermaßen dagegen enthalten beide Tripletts die von i ausgehenden Verbindungen (ij) bzw. (ik), allerdings mit unterschiedlicher "Interpretation": Im Triplett (ijk) wird die Beziehung (ik) als direkte Beziehung und die Beziehung (ij) als Teil einer indirekten Beziehung von i über j nach k gedeutet; im Triplett (ikj) gilt umgekehrt (ij) als direkte Beziehung und die Beziehung (ik) als Teil einer indirekten Beziehung von i über k nach j.

Da jedes Triplett dahingehend charakterisiert werden kann, ob seine drei gerichteten Verbindungen vorhanden sind oder nicht, befindet sich jedes Triplett in genau einem von $2^3 = 8$ unterscheidbaren Zuständen bzw. gehört zu einem von 8 unterscheidbaren Triplett-Typen. Insgesamt besteht ein N Personen umfassendes Netz aus $N \cdot (N-1) \cdot (N-2)$ verschiedenen Tripletts. Eine Häufigkeitsverteilung aller Tripletts eines gegebenen Netzes nach den 8 möglichen Zuständen bezeichnet man auch als Triplett-Zensus.

1.4 Zusammenfassend ist festzustellen, daß mindestens vier Ebenen unterschieden werden können, welche für die Gleichgewichts- bzw. Transitivitäts-Theorie von Interesse sind:

a) die Makro-Ebene des Gesamtnetzes, d.h. jener strukturellen Eigenschaften, welche das betrachtete Netz in seiner Gesamtheit betreffen (z.B. Polarisierung in "Cliquen" , Existenz von "Hierarchien" etc.);

b) die Mikro-Ebene der Triaden, d.h. jener Eigenschaften der Anordnung von Beziehungen in Triaden, wie sie z.B. der Definition der Triaden-Typen zugrunde liegen;

c) die Mikro-Ebene der Tripletts bzw. einiger später zu erläuternder Eigenschaften der Anordnung von Beziehungen darin;

d) die Mikro-Ebene der gerichteten Beziehungen zwischen je zwei Personen (Paaren).

In der Literatur wurden die logischen Beziehungen zwischen (a) und (b), zwischen (a) und (c) und zwischen (b) und (c) ausführlich untersucht (Zusammenfassung in: H.J. Hummell/W. Sodeur 1987). Aufgrund dieser logischen Beziehungen scheinen Triaden- und/oder Triplett-Zensus sowie daraus abgeleitete Maßzahlen geeignete Instrumente der Beschreibung von Struktureigenschaften eines Gesamtnetzes zu sein.

## 2. Probleme einer Überprüfung der sozial-psychologischen Hypothese auf der Ebene ihrer strukturellen Implikationen

Der Triaden-Zensus ist jedoch nicht nur zur Beschreibung der strukturellen Eigenschaften eines Gesamtnetzes verwandt worden, sondern auch zur empirischen Prüfung der Theorie über die (mikrostrukturellen) Entstehungsprozesse der Makro-Struktur. Die Argumentation ist im Grunde einfach: (1) Aufgrund der zur Diskussion stehenden Theorie wirken auf der Mikro-Ebene, z.B. innerhalb der einzelnen Tripletts oder Triaden, Tendenzen zur Transitivität bzw. zur Ausgeglichenheit. (2) Als faktisches Ergebnisse solcher Prozesse im Zeitablauf müßte auch im Netz insgesamt eine Tendenz zur Entwicklung von immer mehr transitiven/ausgeglichenen gegenüber intransitiven/unausgeglichenen Tripletts oder Triaden bestehen.

Aus solchen Überlegungen heraus hat man Triaden und Triaden-Typen nach ihrem "Transitivitäts-Status" in transitive, intransitive und "neutrale" ("transitive im leeren Sinne", über deren Entwicklung die Theorie keine Aussagen macht) klassifiziert und die (gegebenenfalls) in der Zeit variierende Zusammensetzung dieser Klassen untersucht. In diesem Zusammenhang ist ein einfacher Transitivitäts-Index vorgeschlagen worden, der die relative Häufigkeit transitiver Triaden unter den transitiven plus intransitiven zählt. Entwicklungen der Transitivität über Zeit werden dann als Veränderungen in den Werten dieses Index abgebildet.

Ein modifizierter Index betrachtet nicht nur die Zahl der nichtneutralen Triaden, sondern die Zahl der transitiven, intransitiven und neutralen Tripletts, die in jeder transitiven und intransitiven Triade enthalten sind, und gewichtet die Triaden entsprechend. Geht man noch einen Schritt weiter, dann bezieht man den Transitivitäts-Index unmittelbar auf die Tripletts anstatt auf die Triaden, indem man den relativen Anteil der transitiven Tripletts an allen transitiven plus intransitiven berechnet. Dieser Transitivitäts-Index hat eine sehr einfache Interpretation: er gibt die relative Häufigkeit aller im transitiven Sinne abgeschlossenen indirekten ("2-Schritt-") Verbindungen unter allen 2-Schritt-Verbindungen an. Transitiv abgeschlossen ist eine 2-Schritt-Verbindung von i über j nach k dann, wenn zusätzlich eine direkte Verbindung von i nach k existiert.

2.2 Verwendet man derartige Indizes in vergleichenden Analysen eines sich in der Zeit verändernden Beziehungsnetzes (z.B. P.W. Holland/S. Leinhardt 1970; H.J. Hummell/W. Sodeur 1984; 1985), treten folgende Probleme auf:

a) Wenn sich der Transitivitäts-Index auf Triaden bzw. Triaden-Typen bezieht, dann ist die Ebene, auf der die Theorie getestet wird, nicht diejenige, auf der die von der Theorie behaupteten Prozesse ablaufen. Dies bedeutet zunächst einmal, daß die Triade als eine aus drei gleichzeitig betrachteten Personen und ihren Beziehungen bestehende Konfiguration nicht der "Ort" ist, wo Entscheidungen über den Aufbau oder den Abbau sozialer Verbindungen getroffen werden; sie ist vielmehr nur das aggregierte Resultat solcher Entscheidungen. Dies impliziert weiterhin, daß Stabilität auf der Aggregat-Ebene Veränderungen auf der Ebene der individuellen Akteure bzw. der Beziehungen zwischen ihnen verdecken kann. Schließlich könnten die auf der Ebene der Triaden oder einer umfassenderen Strukturebene beobachteten Ergebnisse sowohl mit der sozial-psychologischen Hypothese als auch mit alternativen Erklärungshypothesen vereinbar sein, welche ähnliche strukturelle Eigenschaften der Beziehungsnetze prognostizieren.

b) Die letzte Bemerkung führt uns auf ein Problem, das in der Literatur ausführlich diskutiert wurde, nämlich Nullhypothesen-Modelle ("baseline-models") zur zufallskritischen Beurteilung beobachteter Werte von Transitivitäts-Indizes zu entwickeln: Der Grad der Transitivität in einem Netz ist nicht unabhängig von anderen Netzeigenschaften wie z.B. der Binnengrad- und Außengradverteilung, dem Ausmaß an Symmetrie etc.. Ein angemessenes Nullhypothesen-Modell setzt daher die Konstruktion von bedingten Zufallsnetzen voraus, wobei als Bedingungen solche strukturelle Parameter eingeführt werden müssen, deren Effekte auf die Transitivität zu kontrollieren sind. Dies wiederum setzt eine klare Vorstellung über die kausalen Abhängigkeiten zwischen verschiedenen Netzeigenschaften voraus. Im hier diskutierten Fall ist es z.B. wünschenswert, mögliche andere Ursachen für die Transitivität über die Kontrolle entsprechender Parameter auszuschalten, dabei aber nicht etwa auch Eigenschaften zu kontrollieren, die als strukturelle Folgen der Transitivität angesehen werden müssen.

Unsere Simulationsstudien zeigten, daß die unten genannten Netzeigenschaften besonders stark mit dem Ausmaß der Transitivität korrelieren, und zwar selbst in Zufallsnetzen (K. Echterhagen et al. 1981). Die Klärung ihrer kausalen Abhängigkeiten ist deshalb dringend erforderlich:

- Grad der Konnektivität (globale Dichte) der Beziehungen

- Vorhandensein von "cleavages" (mit dem Effekt einer Erhöhung lokaler Dichte)

- Form der Häufigkeitsverteilung der "abgegebenen Wahlen" (ausgehenden Verbindungen)

- Form der Verteilung der "empfangenen Wahlen" (eingehenden Verbindungen).

Bei der Konstruktion adäquater Nullhypothesen-Modelle müssen diese Eigenschaften möglicherweise Berücksichtigung finden, und zwar in Abhängigkeit von begründeten Entscheidungen (Annahmen) über die kausale Rolle, die diese Eigenschaften innerhalb der Kette der Wirkungsfaktoren spielen. Wie bereits oben bemerkt, ist es dabei insbesondere wichtig zu wissen, ob sie Transitivitäts-Effekten vorangehen oder ihnen folgen. Solange wir nicht genügend Einzelheiten über derartige Prozesse kennen, erscheint der Test der sozial-psychologischen Hypothese auf der Ebene ihrer strukturellen Implikationen äußerst problematisch.

2.3 Aus den genannten Gründen müssen wir uns den "Stellen" in der Struktur eines Netzes zuwenden, wo der Theorie nach die Tendenzen zur Transitivität und/oder zur Ausgeglichenheit unmittelbar wirksam sind. Dieses ist einerseits die Ebene des individuellen Akteurs bzw. seiner Beziehungen zu anderen Akteuren, andererseits die soziale Umgebung in Form der Anordnung von Beziehungen im triadischen Umfeld dieser Beziehungen. Im folgenden werden wir jedoch nur versuchen, die von einem Akteur ausgehenden Beziehungen zu erklären und die Möglichkeit unbeachtet lassen, daß ein Akteur auch die von anderen an ihn gerichteten Beziehungen oder die Beziehungen zwischen anderen Personen kontrollieren könnte.

Die kleinste strukturelle Einheit, die wir betrachten, ist damit weiterhin eine aus drei Personen bestehende Konfiguration, so daß das Konzept der Transitivität sinnvoll angewandt werden kann. Die Aussagen der Transitivitäts-Theorie betreffen jedoch nicht eine Triade insgesamt, sondern
(a) als abhängige Größe das Verhalten jeweils einer Person i im Hinblick auf ihre Beziehungen zu zwei anderen Personen j und k (im folgenden als "Entscheidungskanten" bezeichnet) und
(b) als unabhängige Größe die umgebenden Tripletts der Entscheidungskante; letztere stellen der Theorie zufolge die Beziehungsumwelt dar, deren Struktur darauf Einfluß nimmt, welche Entwicklung die Entscheidungskanten im Zeitablauf nehmen.

Wenn man also die Transitivitäts-Theorie auf i's Verhalten anwendet, dann besteht die der Theorie adäquate Untersuchungseinheit aus den beiden Tripletts (ijk) und (ikj), die beide i als Bezugspunkt aufweisen und die sich nur in der strukturellen Lokalisierung von j und k unterscheiden. In der Tat erhält man das zweite Triplett aus dem ersten dadurch, daß man j und k "ihre Plätze tauschen läßt"( vgl. Abbildung 2.1).

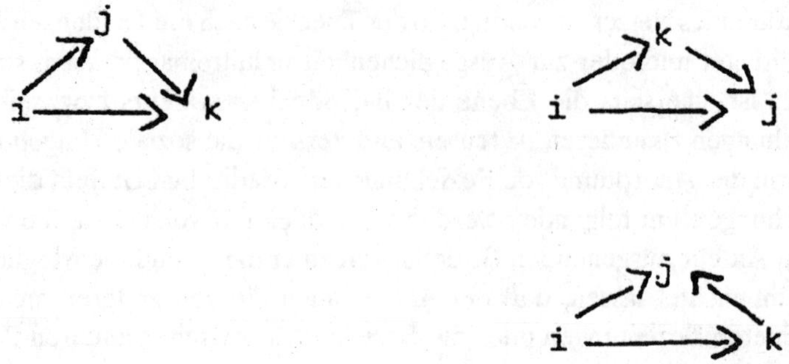


**Abbildung 2.1** Tripletts (ijk) und (ikj) als "Umgebung" der Entscheidungskante (ik)

Strukturell gesehen ist die Stellung der Person j im Triplett (ijk) identisch mit der Stellung von k im Triplett (ikj). Anstatt innerhalb des Tripletts (ijk) (aus der Sicht von i) die beiden Entscheidungskanten "i nach k" und "i nach j" zu betrachten, können wir daher unsere Aufmerksamkeit auf nur eine der beiden Entscheidungskanten von i, sagen wir auf "i nach k" (kurz: (ik)), fixieren, diese jedoch dann in beiden Tripletts (ijk) und (ikj) untersuchen. Da weiterhin in Bezug auf eine Entscheidungskante (ik) N-2 verschiedene andere Personen die Position von j im Triplett einnehmen können, müssen wir eine Entscheidungskante von i nach k unter N-2 verschiedenen Umgebungs-Bedingungen studieren, wobei erstens jede dieser Bedingungen N-2 verschiedene dritte Personen j betrifft und zweitens für jede gegebene dritte Person j die Entscheidungskante i nach k als gleichzeitig zu beiden Tripletts (ijk) und (ikj) gehörend angesehen wird.

Wenn wir uns also auf eine gegebene Entscheidungskante (ik) innerhalb beider Tripletts bei ebenfalls gegebener dritter Person j konzentrieren, können wir die Beziehungen

(a) von i nach j sowie

(b) von j nach k (Triplett (ijk)) und

(c) von k nach j (Triplett (ikj))

gemeinsam als zur (Triplett-) Umgebung der Entscheidungskante (ik) gehörend ansehen. Veränderungen der Entscheidungskante (ik) über Zeit werden nun daraufhin untersucht, inwieweit ihr Aufbau oder ihr Abbau von der Transitivität bzw. Intransitivität des Triplett-Paares (ijk) und (ikj) abhängt, in das sie eingebettet ist.

Ein gegebenes Triplett (ijk) kann danach charakterisiert werden, ob die Verbindungen "i nach j", "j nach k" und "i nach k" existent sind oder nicht. Damit erhalten wir folgende Darstellungen von Triplett-Zuständen, Zustands-Numerierungen und "Transitivitäts-Status":

| Nicht-Vorkommen(−) oder Vorkommen (+) | | | Zustands-Nummer | Transitivitäts-Status von Verbindungen |
|---|---|---|---|---|
| (ij) | (jk) | (ik) | | |
| − | − | − | 1 | N |
| − | − | + | 2 | N |
| − | + | − | 3 | N |
| − | + | + | 4 | N |
| + | − | − | 5 | N |
| + | − | + | 6 | N |
| + | + | − | 7 | I |
| + | + | + | 8 | T |

**Abbildung 2.2a** Mögliche Zustände des Tripletts (ijk)

Ein Triplett im Zustand 7 ist intransitiv, im Zustand 8 transitiv. Auf alle anderen Zustände ist das Transitivitäts-Konzept nur in einem trivialen Sinne anwendbar. Tripletts in einem der Zustände 1 bis 6 werden deshalb als "neutral" (oder transitiv "im leeren Sinne") bezeichnet.

Wenn wir in entsprechender Weise Triplett (ikj) beschreiben, müssen wir auf die Reihenfolge achten, in der die drei geordneten Paare von Personen daraufhin betrachtet werden, ob die betreffenden Verbindungen vorhanden sind oder nicht. Wenn wir folgende Reihenfolge zugrundelegen: zunächst die Beziehung i nach k (ik), dann (kj) und schließlich (ij), dann erhalten wir das gleiche Muster wie im Falle des Tripletts (ijk). Wenn wir jedoch die 8 Triplett-Zustände in der Weise anordnen, daß die gerichtete Beziehung (ij) an erster Stelle genannt wird und die Entscheidungskante (ik) an letzter Stelle, dann ergibt sich folgende Darstellung:

| Nicht-Vorkommen (−) bzw. Vorkommen (+) | | | Zustands-Nummer | Transitivitäts-Status von Verbindungen |
|---|---|---|---|---|
| (ij) | (kj) | (ik) | | |
| − | − | − | 1 | N |
| − | − | + | 5 | N |
| − | + | − | 3 | N |
| − | + | + | 7 | I |
| + | − | − | 2 | N |
| + | − | + | 6 | N |
| + | + | − | 4 | N |
| + | + | + | 8 | T |

**Abbildung 2.2b** Mögliche Zustände des Tripletts (ikj)

Abschließend können wir folgendes festhalten: Mit der Transitivitäts-Hypothese werden Aussagen über die Entwicklung jener gerichteten Beziehungen getroffen, die wir "Entscheidungskante (ik)" (gerichtete Beziehung von i nach k) genannt haben. Veränderungen dieser Entscheidungskante, z.B. zwischen zwei Zeitpunkten (++ oder +− oder −− oder −+), wollen wir als die abhängige Variable ansehen und den Transitivitäts-Status des umgebenden Triplett-Paares (ijk) und (ikj) als unabhängige Variable. Die zu beantwortende Frage lautet, ob Veränderungen in der Entscheidungskante den Eigenschaften ihrer so definierten "Umgebung" bezüglich der beiden Tripletts zugerechnet werden können.

Im nächsten Abschnitt beschreiben wir Konzepte zur empirischen Prüfung dieser Frage. Im ersten Teil skizzieren wir kurz einen Nebenaspekt des Problems, der zwar potentiell bedeutsam ist, im folgenden jedoch nicht ausführlich behandelt werden kann: Er betrifft den Prozeß der Entwicklung der Entscheidungskante in der Zeit und eine Unvollständigkeit der Information über diesen Prozeß, die durch Paneldaten mit möglicherweise zu langem Abstand zwischen den Wellen entsteht: Da sich nämlich im Zeitablauf sowohl die Entscheidungskanten wie auch die als unabhängige Größe betrachteten Zustände der sie umgebenden Tripletts ändern können, ist bei Paneldaten nachträglich oft nicht mehr festzustellen, in welchem Zeitraum bestimmte, als "Ursache" betrachteten Zustände der Umgebung vorlagen, und wann die als "Reaktionen" darauf gewerteten Änderungen der Entscheidungskante erfolgten.

Eine hier (vgl. Abschnitt 3.1) vorgeschlagene, aber aus verschiedenen Gründen später nicht ausgeführte "Lösung" läuft darauf hinaus, nur solche Umgebungen bei der empirischen Überprüfung zu berücksichtigen, die während des betrachteten Zeitintervalls unverändert bleiben. Eine Ungewißheit über die zeitliche Abfolge der als "Ursache" und "Wirkung" betrachteten Größen wird so vermieden, dafür entstehen aber andere Komplikationen (vgl. Abschnitt 3.3).

Im weiteren Verlauf des folgenden Kapitels vernachlässigen wir deshalb das Problem einer unklaren zeitlichen Abfolge von Ursache und Wirkung. Die Umgebung einer Entscheidungskante zum Zeitpunkt t gilt nun als mögliche Ursache für deren Entwicklung bis zum nächsten Untersuchungszeitpunkt t + 1, und zwar unabhängig davon, ob diese Umgebung während des betrachteten Zeitraums stabil bleibt.

# 3. Unterschiedliche Strategien zur Identifizierung von Transitivitäts-Wirkungen

## 3.1 Entwicklung der Entscheidungskante innerhalb stabiler (Triplett-) Umgebungen

Tripletts können in der Zeit verschiedene Zustände einnehmen. Grundsätzlich sind alle Übergänge zwischen den 8 Triplett-Zuständen möglich, so daß man $8 \cdot 8 = 64$ mögliche Triplett-Übergänge erhält. Abbildung 3.1 zeigt für drei Personen i, j und k, wobei i als Bezugspunkt und (ik) als Entscheidungskante betrachtet werden, sämtliche Zustände der beiden Tripletts (ijk) bzw. (ikj). Alle "Ein-Schritt-Übergänge" der Tripletts, d.h. alle Übergänge in den Triplett-Zuständen, die durch die Veränderung genau einer Beziehung zustande kommen, werden durch eine Linie dargestellt. Ein Teil der Ein-Schritt-Übergänge wird insbesondere durch eine horizontale Linie charakterisiert: Dies sind Veränderungen in der Entscheidungskante (ik) bei gleichzeitiger Konstanz aller anderen Beziehungen im Triplett ("Umgebung").

Zum Beispiel kann der Übergang zwischen Zustand 6 und 5 des Tripletts (ijk) als eine Veränderung der Entscheidungskante innerhalb einer (konstanten) Umgebung aufgefaßt werden, für die gilt, daß zu beiden betrachteten Zeitpunkten die Verbindung (ij) vorhanden und die Verbindung (jk) nicht vorhanden ist. Ein weiteres Beispiel: Im Triplett (ikj) bedeutet der Übergang zwischen den Zuständen 6 und 2, daß sich die Entscheidungskante innerhalb einer Umgebung ändert, in der zu beiden Zeitpunkten die Verbindung (ij) vorhanden und die Verbindung (kj) nicht vorhanden ist.

Die Untersuchung der Entwicklung von Entscheidungskanten innerhalb im übrigen unveränderter Tripletts bedeutet also, daß nicht alle tatsächlich beobachtbaren Triplett-Übergänge betrachtet werden. Als Umgebungen der Entscheidungskante im Triplett kommen unter dieser Bedingung nur jeweils 4 unterschiedliche Kontexte in Frage, bei denen die Umgebungen der Entscheidungskante im Triplett (ijk) bzw. (ikj) zu beiden Zeitpunkten gleich sind. Diese insgesamt 8 Kontexte seien von I bis VIII numeriert.

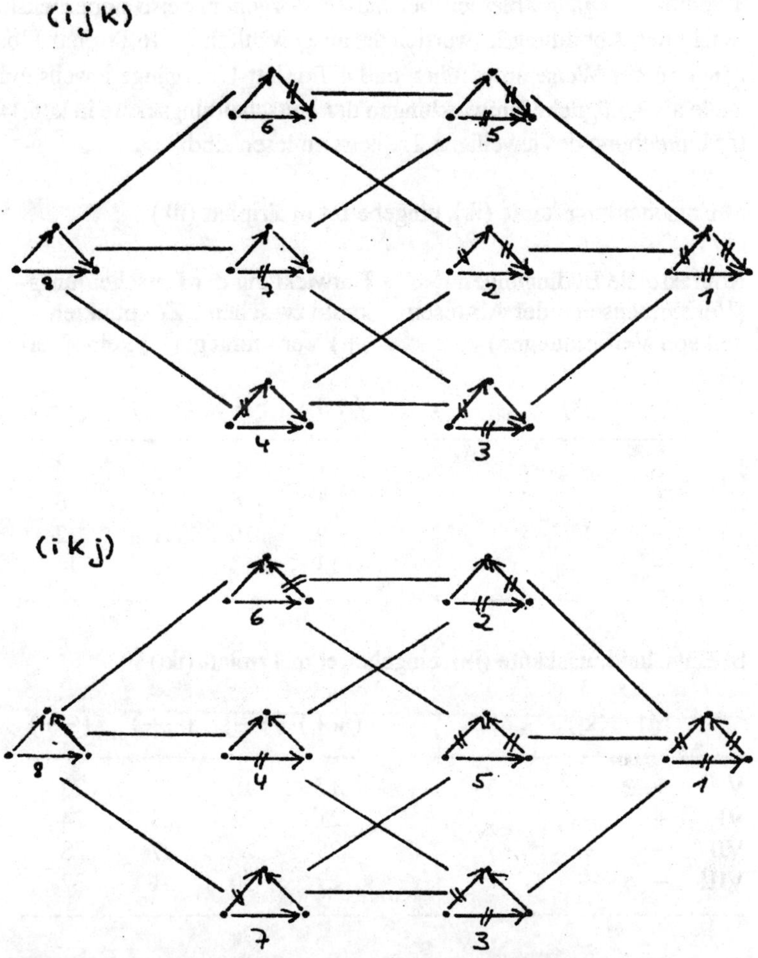


**Abbildung 3.1** Ein-Schritt-Übergänge zwischen Tripletts

Betrachten wir weiterhin zwei Zeitpunkte, so folgt die Entscheidungskante jeweils einem von vier möglichen Übergängen (++ oder +– oder –– oder –+). Kombiniert man diese vier möglichen Übergänge der Entscheidungskante mit den jeweils 4 möglichen (konstanten) Umgebungen in den beiden Tripletts (ijk) und (ikj), so ergeben sich jeweils $4 \cdot 4 = 16$ Übergänge von Triplett-Zuständen, die für die weitere Analyse ausgewählt werden; die übrigen jeweils $8 \cdot 8 - 4 \cdot 4 = 48$ möglichen

Triplett-Übergänge bleiben bei dieser Vorgehensweise unberücksichtigt. In der Abbildung 3.2 werden die ausgewählten 2 · 16 Triplett-Übergänge in der Weise aufgeführt, daß 4 Triplett-Übergänge jeweils einer Zeile als 4 mögliche Entwicklungen der Entscheidungskante in konstanter Umgebung des jeweiligen Tripletts zu lesen sind:

a) Entscheidungskante (ik), eingebettet in Triplett (ijk)

| Kontextuelle Bedingungen (Vorhandensein oder Abwesenheit von Verbindungen) | | | Entwicklung der Entscheidungskante zwischen 2 Zeitpunkten: (+) Verbindung; (–) keine Verb. | | | |
|---|---|---|---|---|---|---|
| | (ij) | (jk) | (++) | (+–) | (––) | (–+) |
| I | + | + | 1 | 2 | 3 | 4 |
| II | + | – | 5 | 6 | 7 | 8 |
| III | – | + | 9 | 10 | 11 | 12 |
| IV | – | – | 13 | 14 | 15 | 16 |

b) Entscheidungskante (ik), eingebettet in Triplett (ikj)

| | (ij) | (kj) | (++) | (+–) | (––) | (–+) |
|---|---|---|---|---|---|---|
| V | + | + | 17 | 18 | 19 | 20 |
| VI | + | – | 21 | 22 | 23 | 24 |
| VII | – | + | 25 | 26 | 27 | 28 |
| VIII | – | – | 29 | 30 | 31 | 32 |

**Abbildung 3.2** Veränderungen der Entscheidungskante (ik) in ausgewählten strukturellen Umgebungen

In der ersten und dritten Spalte der rechten Hälfte dieser Abbildung sehen wir solche Triplett-Übergänge, für welche sich die Entscheidungskante nicht ändert, da die betreffende Verbindung entweder zu beiden Zeitpunkten vorhanden (++) oder zu beiden Zeitpunkten abwesend (––) ist. Die letzte Spalte zeigt solche Triplett-Übergänge, in denen eine

Verbindung (ik) neu aufgebaut wird (−+), die zweite Spalte solche Übergänge, in denen eine vorhandene Verbindung (ik) abgebaut wird (+−).

Um die Transitivitäts-Hypothese zu prüfen, sind jedoch nicht alle $2 \cdot 16 = 32$ Triplett-Übergänge von gleicher Bedeutung. Konkrete Erwartungen über die Entwicklung der Entscheidungskante (ik) bestehen nach dieser Hypothese nur innerhalb der Kontexte

I: eine Verbindung (ik) sollte bestehen bleiben bzw. aufgebaut werden, andernfalls wird bzw. bleibt das umgebende Triplett (ijk) intransitiv statt transitiv;

V: eine Verbindung (ik) sollte bestehen bleiben bzw. aufgebaut werden, andernfalls wird bzw. bleibt das umgebende Triplett (ikj) neutral statt transitiv;

VII: eine Verbindung (ik) sollte abgebaut bzw. (soweit noch nicht vorhanden) keineswegs aufgebaut werden, andernfalls bleibt bzw. wird das umgebende Triplett (ikj) intransitiv statt neutral.

Zusammen mit der Beschränkung der empirischen Prüfung auf stabile Beziehungsumwelten, wie wir sie beim Versuch vorgeschlagen haben, die Unsicherheit über die zeitliche Abfolge von Ursache und Wirkung (hier: Zustand der Umgebung und Entwicklung der Entscheidungskante) zu vermindern, bedeutet dies einen doch erheblichen Informationsverlust. Bei einer früheren Untersuchung in einem Beziehungsnetz von immerhin 180 Studienanfängern mußten wir deshalb feststellen, daß kaum noch Daten in einem zur Prüfung der Transitivitäts-Hypothese hinreichenden Umfang übrig blieben (H.J. Hummell/W. Sodeur 1984).

Im folgenden Abschnitt werden wir deshalb die Beschränkung auf stabile Beziehungsumwelten aufgeben und dafür etwas ausführlicher diskutieren, welche Entwicklungen der Entscheidungskante erwartet werden sollten, wenn beide umgebenden Tripletts (d.h. Kontext I im Falle von (ijk); Kontexte V und VII im Falle von (ikj)) gleichzeitig beachtet werden.

## 3.2 Entwicklung der Entscheidungskante innerhalb konstanter oder sich verändernder (Triplett-) Umgebungen

Die Entwicklung der Entscheidungskante in Abhängigkeit von den sie umgebenden Tripletts wird nun untersucht, ohne deren mögliche Veränderungen über Zeit zu beachten. Wir nehmen also an, daß die Umgebung einer Entscheidungskante zum Zeitpunkt t - unabhängig von möglicherweise später eintretenden Veränderungen - maßgebend ist für die Entwicklung der Entscheidungskante bis zum nächsten Untersuchungszeitpunkt t + 1. Die inhaltliche Deutung dieser Annahme kann u.a. sein, daß eine Person zwischenzeitliche Veränderungen in ihrer Beziehungsumwelt entweder überhaupt nicht oder nur mit einer zeitlichen Verzögerung wahrnimmt oder daß sie selbst dann, wenn sie die Veränderung ohne zeitliche Verzögerung wahrnehmen sollte, darauf nicht unmittelbar reagiert.

Wenn wir uns nur auf die beiden Fälle (1) Aufbau einer neuen Verbindung bzw. (2) Abbau einer vorhandenen Verbindung konzentrieren, dann müssen wir uns damit beschäftigen, ob bzw. wie der Aufbau oder der Abbau den Transitivitäts-Status der umgebenden Tripletts verändert. Innerhalb des Kontextes I bedeutet der Aufbau einer neuen Verbindung von i nach k, daß sich das Triplett (ijk) von einem intransitiven zu einem transitiven verändert. Innerhalb der Kontexte II bis IV bleibt das Triplett neutral. Innerhalb des Kontextes V verändert der Aufbau einer Verbindung i nach k das Triplett (ikj) in der Weise, daß es von einem neutralen zu einem transitiven wird; innerhalb des Kontextes VII wird es von einem neutralen zu einem intransitiven, wohingegen es in den Kontexten VI und VIII neutral bleibt.

Aus diesem Grunde können wir eine neu entstehende Verbindung (ik) durch die Veränderungen charakterisieren, welche sie im Transitivitäts-Status der beiden Tripletts erzeugt, in die sie eingebettet ist, und diese Veränderungen durch die Werte von zwei Variablen TRA und TRB abbilden:

TRA =1 gdw Triplett (ijk) bleibt neutral ("N-- N", Kontexte II, III, IV)

=2 gdw Triplett (ijk) wechselt von intransitiv zu transitiv ("I-- T", Kontext I)

TRB =1 gdw Triplett (ikj) wechselt von neutral zu intransitiv ("N --I", Kontext VII)

=2 gdw Triplett (ikj) bleibt neutral ("N-- N", Kontexte VI, VIII)

=3 gdw Triplett (ikj) wechselt von neutral zu transitiv ("N-- T", Kontext V)

Für den Aufbau einer neuen Verbindung (ik) beschreibt TRA also die Veränderung ihrer Umgebung innerhalb des Tripletts (ijk), TRB entsprechend innerhalb des Tripletts (ikj). Wir können beide Kennzeichnungen kombinieren und eine neue Variable TRAB definieren, welche die Veränderungen des Transitivitäts-Status der Umgebung von (ik) gleichzeitig im Hinblick auf die Tripletts (ijk) und (ikj) beschreibt. Abbildung 3.3a zeigt für eine neu aufgebaute Verbindung (ik) die logisch möglichen Kombinationen der Werte von TRA und TRB, durch die die 5 Werte von TRAB definiert sind. Die Kombination "TRA = 2 und TRB = 1" kann nicht auftreten, da dies einen Widerspruch implizieren würde.

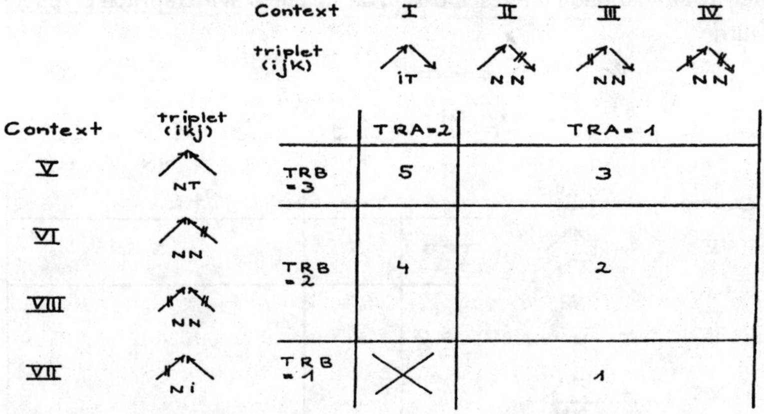

Context
I
II
III
IV
triplet (ijk)
iT
NN
NN
NN
Context
triplet (ikj)
V
NT
VI
NN
VIII
NN
VII
Ni
TRA=2
TRA=1
TRB =3
5
3
TRB =2
4
2
TRB =1
1


**Abbildung 3.3a** Aufbau einer neuen Verbindung (ik) und Folgen für den Transitivitätsstatus der umgebenden Tripletts (ijk) und (ikj)

Die Werte von TRAB wurden so festgelegt, daß sie in einer monotonen Beziehung zu dem Effekt stehen, den die Transitivitäts-Hypothese einer intransitiven (Triplett-) Umgebung zuschreibt, d.h. beim Wert TRAB = 1 besteht der geringste Anreiz und beim Wert TRAB = 5 der größte Anreiz, eine neue Verbindung zum Zweck der Beseitigung von Intransitivität aufzubauen.

In entsprechender Weise können wir auch eine "im Abbau befindliche" Verbindung durch die Veränderungen charakterisieren, welche sie im Transitivitäts-Status der Tripletts erzeugt, in die sie eingebettet ist:

TRA = 1   gdw   N ---> N   (Kontext II, III, IV)
    = 2   gdw   T ---> I   (Kontext I)

TRB = 1   gdw   I ---> N   (Kontext VII)
    = 2   gdw   N ---> N   (Kontext VI, VIII)
    = 3   gdw   T ---> N   (Kontext V)

Für eine Verbindung, die abgebaut wird, zeigt Abbildung 3.3b erneut die möglichen Kombinationen der Werte der beiden Variablen TRA und TRB und die dadurch definierten Werte von TRAB. Auch hier ist eine der Kombinationen ausgeschlossen, da sie einen Widerspruch erzeugen würde.

| Context | triplet (ikj) | Context I, triplet (ijk), Ti | Context II, triplet (ijk), NN | Context III, triplet (ijk), NN | Context IV, triplet (ijk), NN |
|---|---|---|---|---|---|
| | | | TRA=2 | TRA=1 | |
| V | TN | TRB=3 | 5 | 3 | |
| VI | NN | TRB=2 | 4 | 2 | |
| VIII | NN | | | | |
| VII | TN | TRB=1 | ✗ | 1 | |

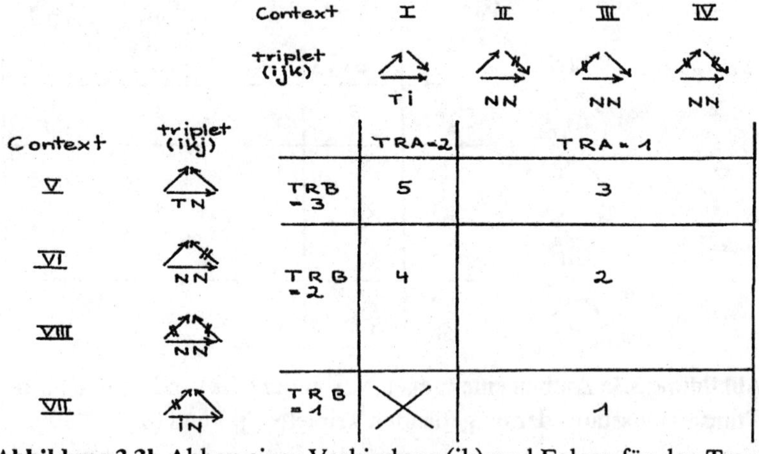

**Abbildung 3.3b** Abbau einer Verbindung (ik) und Folgen für den Transitivitätsstatus der umgebenden Tripletts (ijk) und (ikj)

### 3.3 Offene Probleme

Für beide betrachteten Strategien stellt sich das Problem, daß es für jede Entscheidungskante (ik) $N - 2$ verschiedene Personen gibt, die die Position der dritten Person j einnehmen. Damit gibt es für ein und dieselbe Entscheidungskante auch $N - 2$ Umgebungen von Triplett-Paaren, denen die Transitivitäts-Hypothese zum Teil gleichgerichtete und zum Teil unterschiedliche Wirkungen auf den Aufbau einer neuen bzw. auf den Abbau einer vorhandenen Verbindung (ik) zuschreibt. Soweit wir sehen, kommen folgende "Lösungen" des Problems einer Aggregation der $N - 2$ Teil-Effekte in Betracht.

a) Jede Entscheidungskante (ik) wird betrachtet, als ob eine Person i über den Auf- oder Abbau dieser einen Verbindung innerhalb jeder der von den $N - 2$ Triplett-Paaren gebildeten Umgebungen jeweils unabhängig (also insgesamt $N - 2$mal) entscheiden könnte. Genau genommen wird dann die Hypothese auf der falschen Ebene untersucht, nämlich auf der Ebene der $N \cdot (N - 1) \cdot (N - 2)$ Tripletts anstatt auf der Ebene der $N \cdot (N - 1)$ gerichteten Beziehungen (Entscheidungskanten).

Wenn man zur Prüfung der Transitivitäts-Hypothese die Entwicklungen der Entscheidungskanten unabhängig davon heranzieht, ob sich die sie umgebenden Tripletts ändern oder nicht (vgl. Abschnitt 3.2), dann gilt zumindest, daß jede Entscheidungskante mit der gleichen Häufigkeit (N-2) gezählt wird.

Wählt man jedoch nur stabile Triplett-Umgebungen aus (vgl. Abschnitt 3.1), so kommen den verschiedenen Entscheidungskanten unterschiedliche Gewichte zu, die zwischen 0 (wenn sich die Umgebungen in allen Triplett-Paaren ändern) und $N - 2$ (wenn sich die Umgebungen in keinem der Triplett-Paare ändern) variieren. Neben das Problem, daß Tripletts anstelle von Entscheidungskanten untersucht werden, tritt somit das weitere Problem verzerrender Effekte aufgrund implizit ungleicher Gewichtung der Entscheidungskanten.

b) Jede Entscheidungskante (ik) wird genau einmal gezählt, ihre Entwicklung im Zeitraum zwischen zwei Panelwellen wird bestimmt durch den "Nettoeffekt", der sich aus den Einflüssen ihrer Umgebungen innerhalb sämtlicher $N-2$ Triplett-Paare ergibt.

Die empirische Prüfung der Hypothese erfolgt nun auf der "richtigen" Ebene. Damit sind jedoch nicht alle Probleme gelöst: Die "Umgebung" der Entscheidungskante wird nun statt durch den Zustand eines Triplett-Paares durch die Zustände aller $N-2$ Triplett-Paare beschrieben; entsprechend tritt an die Stelle eines Wertes der (ordinalen) Variablen TRAB nun die Verteilung der $N-2$ Werte der Variablen TRAB. Statistisch besteht das Problem darin, adäquat mit einer multinomial verteilten unabhängigen Variable umzugehen. Inhaltlich besteht (dasselbe) Problem in der Aufgabe, das Zusammenwirken der $N-2$ Umgebungen auf die Entscheidungskante angemessen zu modellieren.

**4. Empirische Beispiele**

Die im vorangehenden Abschnitt vorgeschlagenen Strategien sollen nun anhand empirischer Daten demonstriert werden. Wir beschreiben die jeweils erforderlichen Transformationen der ursprünglichen Daten und zeigen die Konsequenzen der verschiedenen Strategien an wenigen Beispielen.

Die Daten stammen aus einer bekannten Untersuchung von Thoedore M. Newcomb über Studenten in einem Wohnheim (zweite Gruppe, Wintersemester 1955/56) in der Form, wie sie im Rahmen des UCINET-Systems (Version 2) verbreitet wurden (Th. Newcomb 1961; P. Nordlie 1958; L.C. Freeman ohne Jahr): In jeder von 15 Wochen brachten 17 Studenten ihre jeweils übrigen 16 Kommilitonen nach ihren Präferenzen in eine Rangordnung (Wochen Nr. 0-8, 10-15; 9 fehlt). Für 13 der 14 Paare aufeinanderfolgender Wochen fanden die Befragungen im Abstand von einer Woche statt, einmal (Wochen Nr. 8-10) betrug der Abstand zwei Wochen. Wir wollen diese unterschiedlichen Zeitabstände hier nicht beachten, numerieren die Wochen neu von 1 bis 15 ($t=1,2,3 ...15$) und die Paare aufeinanderfolgender Wochen $(t,t+1)$ von 1 (Wochen 1,2) bis 14 (Wochen 14,15).

Um die Analyse zu vereinfachen und auf die hier beabsichtigte Demonstration zu konzentrieren,

- wählen wir aus der Präferenzordnung der Studenten nur die ersten drei Wahlen aus, so daß sich per definitionem für jede Woche und jeden der 17 Studenten ein konstanter Außengrad (Zahl der Verbindungen bzw. Wahlen) von 3 ergibt;

- beachten wir die Entwicklung der gerichteten Beziehungen unter Studenten nur zwischen jeweils zwei aufeinanderfolgenden Wochen ("Wochenpaare");

- fassen wir die Veränderungen der Beziehungen über alle Wochenpaare zusammen und nehmen implizit an, daß sich der Prozeß des Auf- und Abbaus von Verbindungen während der 15 Wochen nicht ändert;

- betrachten wir nur den Prozeß des Entstehens (oder Nicht-Entstehens) von Verbindungen zwischen zwei Zeitpunkten (t,t + 1), womit die Analyse der Entwicklungen auf solche "Entscheidungskanten" (ik) beschränkt wird, in denen zum ersten Zeitpunkt (t) keine Wahl vorliegt und dies im Verlauf der Woche (t,t + 1) entweder so bleibt (− −) oder sich ändert (− +);

- nehmen wir an, daß sich die unter der Transitivitäts-Hypothese für bedeutsam erachteten Aspekte der Umgebungen einer Entscheidungskante (ik) (d.h. die Beziehungen (ij) und (jk) im Triplett (ijk) bzw. die Beziehungen (ij) und (kj) im Triplett (ikj)) zwischen den beiden jeweils betrachteten Wochen entweder nicht ändern oder mögliche Änderungen die Entscheidungen über die Beziehung (ik) nicht berühren: die Umgebung zum Zeitpunkt t bestimmt dieser Annahme zufolge also, wie sich die Beziehung zwischen den Wochen t und t + 1 entwickelt.

Die Zahl der Analyse-Einheiten hängt von der jeweils gewählten Analyse-Ebene ab (s.o. Abschnitt 3.3):

- Zahl gerichteter Beziehungen (ik) zwischen Studenten mit oder ohne Verbindung/Wahl zwischen ihnen (geordnete "Paare"): $N \cdot (N-1) = 17 \cdot 16 = 272$

- Zahl der bestehenden Verbindungen pro Woche: (+.); nur hier ist bis zur Folgewoche der Abbau (+−) einer Verbindung möglich: $17 \cdot 3 = 51$

- Zahl der Paare ohne Verbindung pro Woche: (−.); nur hier ist bis zur Folgewoche der Aufbau (−+) einer Verbindung möglich: $17 \cdot (16-3) = 221$

- Zahl der Tripletts (ijk): $N \cdot (N-1) \cdot (N-2) = 17 \cdot 16 \cdot 15 = 4080$

- Zahl der Tripletts, in denen die Verbindung (ik) besteht (pro Woche bei 3 Präferenzwahlen): $17 \cdot 3 \cdot 15 = 765$

- Zahl der Tripletts, in denen die Verbindung (ik) nicht besteht (pro Woche, 3 Präferenzwahlen): $17 \cdot (16-3) \cdot 15 = 3315$

Aufgrund der definitorischen Festsetzung der Zahl der Verbindungen auf die ersten 3 Präferenzwahlen jedes Studenten bleibt die Gesamtzahl aller bestehenden und damit auch aller nicht bestehenden Verbindungen über alle Wochen konstant. Ein weiteres Artefakt dieser Festsetzung ist, daß jeder im Wochenablauf abgebauten Verbindung (+−) genau eine neu aufgebaute Verbindung (−+) entspricht. Jede Änderung kommt also durch einen Austausch der Zielpersonen von Wahlen zustande: An die Stelle eines Studenten, der in der Vorwoche (t) unter den drei Erstpräferierten genannt wurde und nun (t + 1) nicht mehr genannt wird (+−), tritt ein Student, der in der Vorwoche nicht, wohl aber in der laufenden Woche zu den Erstpräferierten zählt (−+).

Empirischen Schwankungen unterliegen dagegen die Zahlen der sich im Laufe einer Woche ändernden Beziehungen: Theoretisch könnten alle 17 Studenten in zwei aufeinanderfolgenden Wochen dieselben drei Kommilitonen am meisten bevorzugen. Dann blieben alle 51 Wahlen (++)

bzw. alle 221 Nicht-Wahlen (−−) unverändert. Theoretisch könnten auch sämtliche 51 "Erstplazierten" der Vorwoche durch andere Erstplazierte ersetzt werden; dann ergäben sich sowohl 51 Verbindungsabbrüche (+−) als auch 51 neu entstehende Verbindungen (−+). Die tatsächlich zu beobachtende Häufigkeit der Veränderungen liegt zwischen diesen Extremen: Insgesamt wurden in allen 14 Perioden (nur) 180 Wahlen verändert, und dies mit im Zeitablauf tendenziell abnehmender Häufigkeit:

Veränderung der Beziehungen zwischen den Wochen

| 1/2 | 2/3 | 3/4 | 4/5 | 5/6 | 6/7 | 7/8 | 8/9 | 9/10 | 10/11 | 11/12 | 12/13 | 13/14 | 14/15 |
|---|---|---|---|---|---|---|---|---|---|---|---|---|---|
| 21 | 13 | 12 | 15 | 12 | 12 | 9 | 9 | 11 | 14 | 12 | 12 | 16 | 12 |

## 4.1 Triplett-Zensus

Tabelle 4.1 enthält den Triplett-Zensus für die Wochen 1 bis 15. Er beschreibt die Entwicklung auf komparativ-statische Weise. Eine Zunahme der transitiven und Abnahme der intransitiven Tripletts, wie sie die Transitivitäts-Hypothese erwarten läßt, ist nicht festzustellen. Der Transitivitäts-Index für Tripletts (d.h. das Verhältnis zwischen transitiven Tripletts zur Gesamtzahl von transitiven plus intransitiven Tripletts) schwankt zwischen 0.165 (Woche 11) und 0.301 (Woche 6) um einen Mittelwert von 0.2392. Hätten wir übrigens der Analyse die ersten 5 (statt der ersten 3) Präferenzwahlen zugrunde gelegt, so stünden die Ergebnisse in besserem Einklang mit der Hypothese. Wie immer jedoch die Daten die Hypothese oberflächlich stützen mögen oder ihr entgegenstehen: Mit Daten auf dieser Ebene der Aggregation ist es nicht möglich, die von der Transitivitäts-Hypothese behaupteten individuellen Entscheidungs-Prozesse über gerichtete Beziehungen nachzuvollziehen. Es mag sein, daß Tripletts vom Standpunkt einer Person i aus zu einem bestimmten Zeitpunkt transitiv sind, daß sie sich aber auf eine Weise und in einer strukturellen Umwelt dahin entwickelt haben, die in keinem Stadium die Zuschreibung zu Transitivitäts-Effekten erlaubt. Folglich finden wir in der Tabelle nicht viel Information über die untersuchten Prozesse.

| Woche | Triplett-Typen | | | | | | | |
|---|---|---|---|---|---|---|---|---|
| | −−− | −−+ | −+− | −++ | +−− | +−+ | ++− | +++ |
| 1 | 2178 | 501 | 474 | 162 | 572 | 64 | 91 | 38 |
| 2 | 2177 | 502 | 475 | 161 | 569 | 67 | 94 | 35 |
| 3 | 2173 | 508 | 479 | 155 | 561 | 73 | 102 | 29 |
| 4 | 2181 | 498 | 471 | 165 | 563 | 73 | 100 | 29 |
| 5 | 2186 | 495 | 466 | 168 | 566 | 68 | 97 | 34 |
| 6 | 2194 | 489 | 458 | 174 | 570 | 62 | 93 | 40 |
| 7 | 2229 | 452 | 423 | 211 | 555 | 79 | 108 | 23 |
| 8 | 2178 | 505 | 474 | 158 | 560 | 72 | 103 | 30 |
| 9 | 2218 | 463 | 434 | 200 | 570 | 64 | 93 | 38 |
| 10 | 2191 | 488 | 461 | 175 | 565 | 71 | 98 | 31 |
| 11 | 2180 | 503 | 472 | 160 | 552 | 80 | 111 | 22 |
| 12 | 2215 | 468 | 437 | 195 | 563 | 69 | 100 | 33 |
| 13 | 2206 | 477 | 446 | 186 | 562 | 70 | 101 | 32 |
| 14 | 2201 | 478 | 451 | 185 | 561 | 75 | 102 | 27 |
| 15 | 2196 | 489 | 456 | 174 | 558 | 72 | 105 | 30 |

**Tabelle 4.1** Triplett-Zensus als globale Beschreibung der Umgebung von Entscheidungskanten

## 4.2 Änderung von Beziehungen zwischen aufeinanderfolgenden Wochen: I. Tripletts als "isolierbare" Umgebungen

Die Entwicklung einer Beziehung (ik) über Zeit wird im folgenden als abhängige Variable ("Wirkung") und die Zustände (TRAB) der sie umgebenden N-2 Triplett-Paare (ijk) und (ikj) als unabhängige Variable ("Ursache") betrachtet. Wir behandeln die $N-2$ Triplett-Paare also auf eine Art und Weise, als könnten sie die Entwicklung der in sie eingebetteten Entscheidungskante (ik) unabhängig voneinander beeinflussen.

Tabelle 4.2 zeigt für jede der fünf Umgebungs-Typen, die durch die Werte der Variablen TRAB (vgl. Abbildung 3.3a) bestimmt sind:

- die Zahl der Triplett-Paare insgesamt, in denen die Verbindung (ik) in der jeweils ersten von zwei aufeinanderfolgenden Wochen fehlte (Spalte (−.), aggregiert über alle 14 Wochenpaare);
- die Zahl der Triplett-Paare, in denen die Verbindung (ik) zwischen der jeweils ersten und der zweiten von zwei aufeinanderfolgenden Wochen neu entstand (Spalte (−+), aggregiert über alle 14 Wochenpaare).

| TRAB | (−+) | (−.) | REL | Art des Übergangs für die beiden Triplett-Paare |
|---|---|---|---|---|
| 1 | 333 | 6421 | 5.186 | NN/NI |
| 2 | 2148 | 36970 | 5.810 | NN/NN |
| 3 | 77 | 1626 | 4.736 | NN/NT |
| 4 | 49 | 564 | 8.688 | IT/NN |
| 5 | 93 | 829 | 11.22 | IT/NT |
| SUM: | 2700 | 46410 | 5.818 | |

**Tabelle 4.2** Aufbau von Entscheidungskanten in "isolierbaren" Tripletts. Zustand (TRAB) der Triplett-Paare zum Zeitpunkt t; Aufbau neuer Verbindungen zwischen t und t + 1; Aggregation der Häufigkeiten über 14 Wochenpaare

Für jedes Paar aufeinanderfolgender Wochen gibt es 3315 (von insgesamt 4080) Tripletts (ijk) bzw (ikj), in denen zum Zeitpunkt t keine gerichtete Verbindung von Person i nach k besteht. Für alle 14 Wochenpaare zusammen macht dies 14 · 3315 = 46.410 Tripletts (Summe in Spalte (−.)).

In einigen dieser 46410 Tripletts wird in der jeweils folgenden Woche (t + 1) über eine (neu entstandene) Verbindung (ik) berichtet. Da in allen Wochenpaaren zusammen 180 neue Verbindungen entstehen (s.o.), und jede dieser Verbindungen von $N - 2 = 15$ Tripletts umgeben ist, werden also insgesamt in 180 · 15 = 2700 Tripletts neue Verbindungen (ik) erzeugt.

Aufgrund der Transitivitäts-Hypothese wird erwartet, daß solche Änderungen vor allem in jenen Triplett-Paaren stattfinden, in denen durch den Aufbau einer neuen Verbindung Intransitivität beseitigt und/oder Transitivität erzeugt wird. Tabelle 4.2 zeigt tatsächlich eine (schwache) Tendenz in dieser Richtung: Die relative Häufigkeit eines Aufbaus neuer Verbindungen (− +) wächst entsprechend der Transitivitäts-Hypothese (fast) monoton mit den Werten der Variablen TRAB (vgl. Spalte "REL"). Eine Ausnahme bildet nur der Umgebungstyp TRAB = 3.

### 4.3 Änderung von Beziehungen zwischen aufeinanderfolgenden Wochen: II. Triplett-Konfigurationen als "komplexe" Umgebung

Die Umgebung der Entscheidungskante (ik) wird nunmehr als Konfiguration aller N-2 Triplett-Paare ((ijk), (ikj) mit j = 1,2...N, ausgenommen i und k) definiert. Zu beschreiben ist also, inwieweit der Prozeß des Aufbaus neuer Verbindungen (ik) zusammenhängt mit der Konfiguration von Triplett-Paaren, in welche die neu entstehende Verbindung eingebettet ist.

Die unabhängige Größe (Umgebung) wird nun, anders als im Abschnitt 4.2, auf der gleichen Ebene beschrieben wie die abhängige Variable (Entwicklung der Entscheidungskante (ik)). Damit entstehen, wie wir sehen werden, leider neue Probleme; dagegen entfällt der gravierende

Einwand eines möglichen "psychologischen Fehlschlusses", der prinzipiell gegen die Vorgehensweise im vorigen Abschnitt (4.2) und die dort gefundenen Ergebnisse vorgebracht werden kann.

In Tabelle 4.3 sind alle Entscheidungskanten mit jeweils gleicher Merkmalskonstellation zusammengefaßt. Zeile 1 z.B. betrifft (Spalte (−.)) insgesamt 15 gerichtete Beziehungen (ik), bei denen zum Zeitpunkt t keine Verbindung bestand. Diese 15 Beziehungen blieben bis zur Folgewoche (t + 1) unverändert, d.h. es wurde keine Verbindung neu aufgebaut ("0" in Spalte (− +)). Die "Umgebung" dieser 15 Entscheidungskanten bestand aus jeweils 12 Triplett-Paaren des Typs TRAB = 2 und aus 3 Triplett-Paaren des Typs TRAB = 3.

Der nächste Eintrag der Zeile (TRC = 2.398) bezieht sich auf einen Index, der die Verteilung der $N - 2 = 15$ Triplett-Paare auf die 5 Typen möglicher Umgebungen (TRAB) zusammenfaßt, der letzte Eintrag (TRC5 = 1) gibt eine klassierte Form desselben Index wieder. Die Zeilen der Tabelle sind nach den Werten des Index TRC geordnet.

Die Prüfung der Transitivitäts-Hypothese gilt nun der "kombinierten" Wirkung aller $N - 2$ Triplett-Paare, in die eine Entscheidungskante eingebettet ist. Diese (hier 15) Triplett-Paare mögen im Sinne der Hypothese in dieselbe oder in gegenläufige Richtungen wirken. In jedem Fall muß modelliert werden, auf welche Weise sich ihr simultaner Einfluß auf ein und dieselbe Entscheidungskante vollzieht: hier steckt das neue Problem, von dem wir eingangs sprachen.

Würde man, was an sich nahe liegt, die (multinomiale) Verteilung der 15 Triplett-Paare auf die 5 Umgebungs-Typen (TRAB) als unabhängige Variable wählen, so ergäben sich offensichtliche statistische Probleme, die wir nicht lösen können. Der übliche Weg, mit solchen Problemen umzugehen, ist die Bildung eines Index. Dabei wird das Problem jedoch nicht eigentlich gelöst, sondern auf einen anderen Bereich verschoben. Man muß nun auf inhaltlich begründete Weise vorgeben, wie die 5 Häufigkeiten sinnvoll zusammenwirken und entsprechend im Index zusammenzufassen sind.

| (−+) | (−.) | | | TRAB | | | Index | |
|---|---|---|---|---|---|---|---|---|
| | 1 | 2 | 3 | 4 | 5 | TRC | TRC5 | |
| 0 | 15 | 0 | 12 | 3 | 0 | 0 | 2.398 | 1 |
| 9 | 206 | 1 | 12 | 2 | 0 | 0 | 2.411 | 1 |
| 26 | 710 | 2 | 12 | 1 | 0 | 0 | 2.424 | 1 |
| 3 | 16 | 0 | 13 | 2 | 0 | 0 | 2.429 | 1 |
| 25 | 766 | 3 | 12 | 0 | 0 | 0 | 2.437 | 2 |
| 2 | 139 | 1 | 13 | 1 | 0 | 0 | 2.442 | 2 |
| 9 | 141 | 2 | 13 | 0 | 0 | 0 | 2.455 | 2 |
| 0 | 9 | 1 | 11 | 2 | 1 | 0 | 2.493 | 2 |
| 5 | 85 | 2 | 11 | 1 | 1 | 0 | 2.506 | 2 |
| 7 | 179 | 3 | 11 | 0 | 1 | 0 | 2.519 | 2 |
| 0 | 12 | 1 | 12 | 1 | 1 | 0 | 2.524 | 2 |
| 5 | 27 | 2 | 12 | 0 | 1 | 0 | 2.537 | 2 |
| 0 | 3 | 0 | 12 | 2 | 0 | 0 | 2.583 | 2 |
| 0 | 6 | 2 | 10 | 1 | 2 | 0 | 2.589 | 2 |
| 13 | 134 | 1 | 12 | 1 | 0 | 0 | 2.596 | 2 |
| 3 | 27 | 3 | 10 | 0 | 2 | 0 | 2.601 | 2 |
| 33 | 341 | 2 | 12 | 0 | 0 | 1 | 2.609 | 2 |
| 5 | 8 | 0 | 13 | 1 | 0 | 1 | 2.614 | 2 |
| 6 | 48 | 1 | 13 | 0 | 0 | 1 | 2.627 | 2 |
| 2 | 14 | 1 | 11 | 1 | 1 | 1 | 2.679 | 2 |
| 12 | 103 | 2 | 11 | 0 | 1 | 1 | 2.691 | 3 |
| 0 | 1 | 0 | 12 | 1 | 1 | 1 | 2.696 | 4 |
| 6 | 10 | 1 | 12 | 0 | 1 | 1 | 2.709 | 4 |
| 0 | 4 | 0 | 12 | 1 | 0 | 2 | 2.769 | 4 |
| 2 | 21 | 2 | 10 | 0 | 2 | 1 | 2.774 | 4 |
| 4 | 50 | 1 | 12 | 0 | 0 | 2 | 2.781 | 5 |
| 1 | 3 | 0 | 13 | 0 | 0 | 2 | 2.799 | 5 |
| 2 | 15 | 1 | 11 | 0 | 1 | 2 | 2.864 | 5 |
| 0 | 10 | 0 | 12 | 0 | 1 | 2 | 2.881 | 5 |
| 180 | 3094 | (Summe (−+), (−.)) | | | | | | |

**Tabelle 4.3** Aufbau von Entscheidungskanten in "komplexen" Triplett-Konfigurationen (Aufbau neuer Verbindungen zwischen t und t + 1; Aggregation der Häufigkeiten über 14 Wochenpaare)

Für die hier verfolgten Zwecke der Demonstration mag es genügen, den Index als gewichtete Summe der Häufigkeiten zu definieren und die Gewichte dem Ergebnis der Analyse "isolierbarer" Tripletts (s.o. Tabelle 4.2) zu entnehmen; die Häufigkeiten werden dann so gewichtet, wie sie dieser Analyse zufolge "anscheinend" gewirkt haben:

TRC: = 5.19*freq(TRAB = 1) + 5.81*freq(TRAB = 2)
+ 4.74*freq(TRAB = 3) + 8.69*freq(TRAB = 4)
+ 1.22*freq(TRAB = 5)

Anschließend bilden wir für die tabellarische Analyse einen zweiten Index TRC5, indem die Werte von TRC zu Vergleichszwecken zunächst derart klassiert werden, daß sich annähernd dieselbe Häufigkeitsverteilung ergibt wie bei der Beschreibung der einzelnen Triplett-Paare durch die Variable TRAB. Eine weitere Variante des Index mit nur drei Klassen (TRC3) wird im nächsten Abschnitt verwandt.

Tabelle 4.4 enthält die Ergebnisse. Es scheint, als sei der Einfluß der komplexen Triplett-Konfiguration (bei der gegebenen adhoc-Gewichtung) etwas stärker als der Einfluß der einzelnen Tripletts. Allerdings lassen sich die beiden Tabellen 4.2 und 4.4 nicht direkt miteinander vergleichen, da sie sich auf Einheiten unterschiedlicher Analyse-Ebenen (geordnete Paare gegenüber Tripletts) beziehen.

| TRC5 | (−+) | (−.) | REL |
|---|---|---|---|
| 1 | 38 | 947 | 4.01 |
| 2 | 115 | 1939 | 5.93 |
| 3 | 12 | 103 | 11.65 |
| 4 | 8 | 36 | 22.22 |
| 5 | 7 | 69 | 10.14 |
| SUM: | 180 | 3094 | 5.82 |

**Tabelle 4.4** Aufbau von Entscheidungskanten in "komplexen" Triplett-Konfigurationen (Aufbau neuer Verbindungen zwischen t und t + 1; Aggregation der Häufigkeiten über 14 Wochenpaare)

## 4.4 Vergleich der Ergebnisse

Zum Vergleich der Ergebnisse aus den Tabellen 4.2 und 4.4 müssen die Analyse-Einheiten zunächst auf dieselbe Ebene gebracht werden. Wir erreichen dies, indem wir die Eigenschaft einer komplexen Triplett-Konfiguration (TRC) jeweils allen N-2 (hier 15) dazugehörigen Triplett-Paaren zuordnen .

Die Zuordnung wird in Tabelle 4.5 am Beispiel der beiden ersten Zeilen aus Tabelle 4.3 illustriert: Jede der Zeilen aus Tabelle 4.3 betrifft jeweils alle Entscheidungskanten, die aggregiert wurden, weil sie hinsichtlich der sie umgebenden Triplett-Konfigurationen äquivalent sind (hier 15 bzw. 206 Kanten, vgl. Spalte (–.)) .

Jede dieser Zeilen (bzw. der Gruppen äquivalenter Entscheidungskanten) wird nun zu so vielen Zeilen (bzw. Gruppen äquivalenter Triplett-Paare) erweitert, wie in der komplexen Triplett-Konfiguration unterschiedliche Triplett-Typen auftreten:

Die Gruppe der 15 äquivalenten Entscheidungskanten aus Zeile 1 (Tabelle 4.5 A) wird in zwei Gruppen äquivalenter Triplett-Paare (Tabelle 4.5 B) zerlegt. Jede der 15 Entscheidungskanten ist von jeweils

- 12 Triplett-Paaren des Typs TRAB = 2 und von
- 3 Triplett-Paaren des Typs TRAB = 3 umgeben.

Entsprechend werden

- $12 \cdot 15 = 180$ Triplett-Paaren des Types TRAB = 2 und
- $3 \cdot 15 = 45$ Triplett-Paaren des Types TRAB = 3

die Werte zur Beschreibung der entsprechenden Triplett-Konfiguration (d.h. hier: TRC = 2.398 bzw. TRC5 = 1) zugewiesen. Auf gleiche Weise werden die Umgebungswerte der 206 Entscheidungskanten aus Zeile 2 (Tabelle 4.5 A: TRC = 2.411, TRC5 = 1) den

- $1 \cdot 206 = 206$ Triplett-Paaren des Typs TRAB = 1, den
- $12 \cdot 206 = 2472$ Triplett-Paaren des Typs TRAB = 2 und den
- $2 \cdot 206 = 412$ Triplett-Paaren des Typs TRAB = 3 (Tabelle 4.5 B) zugeordnet.

(A)

| **Einheiten: Entscheidungskanten** | | | | | | | | |
|---|---|---|---|---|---|---|---|---|
| (−+) | (−.) | TRAB 1 | 2 | 3 | 4 | 5 | Index TRC | TRC5 |
| 0 | 15 | 0 | 12 | 3 | 0 | 0 | 2.398 | 1 |
| 9 | 206 | 1 | 12 | 2 | 0 | 0 | 2.411 | 1 |
| | | etc. | etc. | | | | | |
| 180 | 3094 | (Summe (−+), (−.)) | | | | | | |

(B)

| **Einheiten: Tripletts** | | | | |
|---|---|---|---|---|
| (−+) | (−.) | TRAB | Index TRC | TRC5 |
| 0 | 180 | 2 | 2.398 | 1 |
| 0 | 45 | 3 | 2.398 | 1 |
| 9 | 206 | 1 | 2.411 | 1 |
| 108 | 2472 | 2 | 2.411 | 1 |
| 18 | 412 | 3 | 2.411 | 1 |
| | | etc. | etc. | |
| 2700 | 46410 | (Summe (−+) (−.)) | | |

**Tabelle 4.5** Zuordnung der Eigenschaften "komplexer" Triplett-Konfigurationen auf die zugehörigen Triplett-Paare (am Beispiel der Zeilen 1 und 2 aus Tabelle 4.3)

Nach dieser Zuordnung sind sowohl die Umgebungs-Eigenschaften der Triplett-Paare (TRAB) wie auch die entsprechenden Eigenschaften der Triplett-Konfigurationen (TRC bzw. Ableitungen davon) gleichermaßen den einzelnen Triplett-Paaren zugeordnet. Ihre Einflüsse auf die Entwicklung der Entscheidungskanten lassen sich nun unmittelbar miteinander vergleichen (1):

Tabelle 4.6 zeigt die Häufigkeiten des Aufbaus einer Entscheidungskante gleichzeitig in Abhängigkeit von beiden Umgebungseigenschaften. Gegenüber der Darstellung in den voranstehenden Tabellen mußte aufgrund der zu geringen Fallzahlen die Klassierung des Merkmals zur Beschreibung der komplexen Triplett-Konfigurationen geändert werden: Sie hat nun nur noch 3 statt wie vorher 5 Klassen (TRC3).

Die relativen Häufigkeiten des Aufbaus neuer Verbindungen (Tabelle 4.6 C) werden vom Merkmal TRC3 (komplexe Umgebung) weit stärker als von einzelnen Triplett-Paaren (TRAB) beeinflußt (2). Eine Ausnahme sollte jedoch erwähnt werden: Wenn die komplexe Umgebung insgesamt wenig Anreiz zum Aufbau neuer Beziehungen bietet, gewinnen einzelne Triplett-Paare mit hohem Anreiz zum Aufbau einer neuen Verbindung eine größere Bedeutung (man vergleiche: TRC3 = 2 und TRAB = 1-4 gegenüber TRC3 = 2 und TRAB = 5). Man kann dies auch als einen Hinweis darauf werten, daß die Berechnung des Indexwertes TRC als lineare Funktion der gewichteten Häufigkeiten keine optimale Lösung darstellt (3).

| | (A) Zahl der Tripletts mit neu entstandener Verbindung (ik) zum Zeitpunkt t + 1 | | | (B) Zahl der Tripletts ohne Verbindung (ik) zum Zeitpunkt t | | | (C) Relative Häufigkeiten (A) · 100 / (B) | | |
|---|---|---|---|---|---|---|---|---|---|
| TRAB | TRC3 1 | TRC3 2 | TRC3 3 | TRC3 1 | TRC3 2 | TRC3 3 | TRC3 1 | TRC3 2 | TRC3 3 |
| 1 | 61 | 232 | 40 | 1626 | 4472 | 323 | 3.752 | 5.188 | 12.384 |
| 2 | 459 | 1382 | 307 | 11380 | 23251 | 2339 | 4.033 | 5.944 | 13.125 |
| 3 | 0 | 27 | 0 | 1199 | 422 | 5 | 4.170 | 6.398 | 0.000 |
| 4 | 0 | 25 | 2 | 0 | 392 | 172 | * | 6.378 | 13.953 |
| 5 | 0 | 59 | 34 | 0 | 548 | 281 | * | 10.766 | 12.100 |

**Tabelle 4.6** Aufbau von Entscheidungskanten in der Umgebung von Tripletts und Triplett-Konfigurationen
Aufbau neuer Verbindungen zwischen t und t + 1;
Aggregation der Häufigkeiten über 14 Wochenpaare

## 4.5 Zusammenfassung

In diesem Kapitel wurden die verschiedenen Analysestrategien an einem Beispiel erläutert. Wir haben dabei gezeigt, (1) auf welche Weise Konzepte der Netzwerkanalyse dazu verwandt werden können, Umgebungseigenschaften mit Bezug zur Transitivitäts-Hypothese und auf unterschiedlichen Analyse-Ebenen zu beschreiben und (2) wie solche Umgebungseigenschaften aus den ursprünglichen Netzdaten abgeleitet werden. Die Netzwerkanalyse hat hierbei die Funktion, die Beobachtungstheorie (oft auch Hilfs- oder Meßtheorie genannt) zu spezifizieren. Ist dies einmal geschehen, ist die weitere Analyse nicht mehr mit Spezialitäten der Netzwerkanalyse belastet, sondern folgt den üblichen Regeln und Verfahren.

Im vorliegenden Fall also sind die in Tabelle 4.3 wiedergegebenen Daten zunächst ein Zwischenergebnis der Analyse von Triplett-Strukturen, zum anderen sind es die Ausgangsdaten für die eigentliche substantielle Analyse der Zusammenhänge zwischen bestimmten strukturellen Eigenschaften sozialer Umgebungen und den Entscheidungen von Individuen über Beibehaltung oder Veränderung ihrer Beziehungen zu anderen Personen.

Unter formalen Gesichtspunkten konnten wir zeigen, daß es zur Prüfung der Transitivitäts-Hypothese angemessen ist, die bedeutsame Umgebung als Triplett-Konfiguration zu beschreiben. Die technische Vorgehensweise bei der Datentransformation wurde in Abschnitt 4.3 dargestellt. Allerdings ergaben sich inhaltliche Probleme bei der Spezifikation der Triplett-Konfiguration: Ohne eine befriedigende inhaltliche Erklärung des Zusammenwirkens der $N - 2$ Triplett-Paare als Teile des komplexen sozialen Umfeldes, innerhalb dessen Entscheidungen über die Entwicklung sozialer Beziehungen getroffen werden, bleibt der Begriff eine leere Hülse, die (nicht ohne Willkür) mit jeweils spezifischem Sinn gefüllt werden muß.

Trotz der formal falschen Analyse-Ebene und der damit verbundenen Gefahr eines "psychologischen Fehlschlusses" sollte deshalb auch die Beschreibung der Umgebung durch einzelne Triplett-Paare nicht vernachlässigt werden, zumal sie ein besonders einfaches Konzept darstellt und leicht sehr unterschiedlichen Erklärungskonzepten angepaßt werden kann:

Wenn man z.B. die Transitivitäts-Hypothese dahingehend spezifiziert, daß Transitivität der Beziehungen in Tripletts nicht allgemein angestrebt bzw. Intransitivität nicht allgemein vermieden wird, sondern daß dies nur dann (oder in besonderem Maße) gilt, wenn "signifikante andere Personen" in diese transitiven/intransitiven Tripletts involviert sind (entweder als Mittelsperson j der indirekten Beziehung von i über j nach k oder als Zielperson k der Entscheidungskante (ik)), dann müssen auf der Ebene von Tripletts nur zusätzliche Merkmale zur Beschreibung der "Signifikanz" der Personen j bzw. k neben die Beschreibung nach dem Triplett-Typ (TRAB) treten. Bildlich gesprochen wird die Tabelle 4.2 (Einheiten:

Tripletts) bei jedem neuen Merkmal um eine Spalte erweitert (wobei allerdings aufgrund der hier aus Platzgründen gewählten Aggregierung der Daten wegen der erhöhten Zahl von Merkmalskombinationen auch mehr als 5 Zeilen entstehen würden!). Auf der Ebene von Triplett-Konfigurationen dagegen (vgl.Tabelle 4.3; Einheiten: gerichtete Paarbeziehungen) würde eine entsprechende Differenzierung der Hypothese es erforderlich machen, die schon jetzt als unabhängige Variable schwer zu handhabende Häufigkeitsverteilung der Triplett-Typen (nach dem Merkmal TRAB) mehrdimensional zu erweitern!

Auch andere Probleme, die zum Teil im theoretischen Teil dieser Arbeit diskutiert, zum Teil auch nur am Anfang dieses Kapitels als Annahmen aufgezählt wurden, lassen sich ohne nennenswerte Erweiterung des hier vorgeschlagenen Instrumentariums untersuchen. Das gilt insbesondere für die im empirischen Beispiel nicht berücksichtigte zeitliche Entwicklung der hier behandelten Prozesse: So läßt sich durch Einführung einer zusätzlichen Variablen zur Beschreibung der Prozeß-Zeit prinzipiell feststellen, ob die von der Transitivitäts-Hypothese behaupteten Zusammenhänge wirklich unabhängig von der Zeitdauer des Zusammenlebens der Akteure sind, wie es hier angenommen wurde, wo die Entwicklungen der Entscheidungskante innerhalb aller Wochenpaare gemeinsam analysiert wurden. Oder es läßt sich ebenfalls durch Einführung einer weiteren Variablen zur Beschreibung möglicher Änderungen in den Beziehungsumwelten der Entscheidungskanten feststellen, ob es gerechtfertigt war, solche Änderungen einfach zu ignorieren (vgl. Abschnitt 3.1 und 3.2).

**Anmerkungen**

(1) Ein offensichtliches Problem bei der Analyse dieser Daten ist, daß beide "Umgebungen" statistisch nicht unabhängig voneinander sind.

(2) Eine Vorauswahl unter alternativen Modellen zur Beschreibung der Zusammenhänge zwischen Übergangshäufigkeiten und verschiedenen Umgebungs-Merkmalen wurde mit Hilfe von GLIM durchgeführt. Aus Gründen der Übersichtlichkeit stellen wir die Ergebnisse hier anders, nämlich durch relative Häufigkeiten dar.

(3) Der Index TRC zur Beschreibung der Umgebung von Entscheidungskanten in komplexen Triplett-Konfigurationen wurde zunächst aufgrund einfacher ad-hoc-Argumente gebildet (vgl. Abschnitt 4.3). Auf dieser Basis suchten wir mit alternativen GLIM-Modellen nach einer angemessenen Beschreibung der Zusammenhänge. Angesichts der unzureichenden theoretischen Begründung für die Index-Bildung wäre es zweifellos eine bessere Strategie gewesen, die Gewichte der Index-Komponenten von TRC gleichzeitig mit den Modellparametern zu schätzen (vgl. dazu G.Arminger und U.Küsters 1988)

**Literatur**

Arminger, G.;Küsters, U. 1988: Latent Trait Models with Indicators of Mixed Measurement Levels. In: Langeheine, Rostef (Hrsg.): Latent Trait and Latent Class Models. New York: Plenum

Cartwright, D.;Harary, F. 1956: Structural Balance: A Generalization of Heider's Theory. In: The Psychological Review 63, S. 277-293

Echterhagen, K.; Hummell, H. J.; Krempel, L.; Sodeur, W. 1981: Baseline Models for Evaluating Interpersonal Tendencies for Balance in Theories of the Davis-Holland-Leinhardt Type, Duisburg/Wuppertal, mimeo

Freeman, L.C.: UCINET. Version 2, School of Social Sciences, University of California, Irvine, CA

Frank, O. 1981: A Survey of Statistical Methods for Graph Analysis. In: Leinhardt, S. (Hrsg.): Sociological Methodology 1981, San Francisco: Jossey Bass

Hallinan, Maureen T. 1974: The Structure of Positive Sentiment, Amsterdam: Elsevier

Heider, F. 1946: Attitudes and Cognitive Organization. In: Journal of Psychology 21, S.107-112

Heider, F. 1958: The Psychology of Interpersonal Relations, New York: Wiley

Holland, P. W.; Leinhardt, S. 1970: A Method of Detecting Structure in Sociometric Data. In: American Journal of Sociology 75, S. 492-513

Holland, P. W.; Leinhardt, S. 1971: Transitivity in Structural Models of Small Groups. In: Comparative Group Studies 2, S .107-124

Holland, P. W.; Leinhardt, S. 1975: Local Structure in Social Networks. In: Heise, D. (Hrsg.) 1975: Sociological Methodology 1976, San Francisco: Jossey Bass

Hummell, H. J.; Sodeur, W., 1984: Interpersonelle Beziehungen und Netzstruktur. Bericht über ein Projekt zur Analyse der Strukturentwicklung unter Studienanfängern. In: Kölner Zeitschrift für Soziologie und Sozialpsychologie, Bd. 36, 3, S. 511-556

Hummell, H. J.; Sodeur, W. 1985: Gelegenheitsstrukturen und individuelle Tendenzen zur Ausgeglichenheit sozialer Beziehungen. Einige empirische Befunde zur Analyse von Strukturentstehung aus der Sicht der D-H-L-Modelle. In: Büschges, G.; Raub, W. (Hrsg.): Soziale Bedingungen - Individuelles Handeln - Soziale Konsequenzen, Frankfurt: Lang

Hummell, H. J.; Sodeur, W. 1987: Triaden- und Triplettzensus als Mittel der Strukturbeschreibung. In: Pappi, F. U. (Hrsg.): Methoden der Netzwerkanalyse, München: Oldenbourg, S. 129-161

Newcomb, Th. 1953: An Approach to the Study of Communicative Acts. In: Psychological Review 60, S. 393-404

Newcomb, Th. 1956: The Prediction of Interpersonal Attraction. In: American Psychologist 11, S. 575-586

Newcomb, Th. 1961: The Acquaintance Process, New York: Holt, Rinehart/Winston

Newcomb, Th. 1968: Interpersonal Balance. In: Abelson, R. P. et al. (Hrsg.): Theories of Cognitive Consistency, Chicago

Nordlie, P.G. 1958: A Longitudinal Study of Interpersonal Attraction in a Natural Group Setting, Dissertation, University of Michigan

Wassermann, St. S. 1977: Random Directed Graph Distributions and the Triad Census in Social Networks. In: Journal of Mathematical Sociology 5, S. 61-88

Werner Raub Jeroen Weesie [1]

# Reputation and Efficiency in Social Interactions: An Example of Network Effects

## 1 Introduction

In this paper we use a theoretical strategy [2] which has been described by James Coleman (1988: 97) as an attempt "to import the economist's principle of rational action for use in the analysis of social systems proper, including but not limited to economic systems, and to do so without discarding social organization in the process." Such an approach is advocated by Mark Granovetter (1985) in his essay on "Economic Action and Social Structure: The Problem of Embeddedness" when he raises "one of the classic questions of social theory": the effects of personal relations and 'structures' or 'networks' of such relations on social behavior and institutions (Granovetter 1985: 481-482, 490).

Granovetter's embeddedness argument states that "the behavior and institutions to be analyzed are so constrained by ongoing social relations- that to construe them as independent is a grievous misunderstanding" (1985: 482). The argument, in itself not so much out of the ordinary in sociology, is then directed against "much of the utilitarian tradition, including classical and neoclassical economics" because of its assumption of "rational, self-interested behavior affected minimally by social relations" (1985: 481). This is again a familiar twist. However, what follows is less conventional.

First of all, Granovetter (1985: 483-487) makes it clear that a convincing alternative to the assumption of undersocialized actors in idealized, perfectly competitive markets cannot proceed from the assumption of 'oversocialized' actors who have internalized social norms. Both of these views fail in doing justice to the embeddedness argument:

> "...despite the apparent contrast beween under- and oversocialized views, we should note an irony of great theoretical importance: both have in common a conception of action and decision carried out by atomized actors. In the undersocialized account, atomization results from narrow pursuit of self-interest; in the oversocialized one, from the fact that behavioral patterns have been internalized and ongoing social relations thus have only peripheral effects on behavior." (Granovetter 1985: 485)

Granovetter's sociological critique of the utilitarian tradition has a second unorthodox feature. He argues not only that the assumption of atomized actors in perfect neoclassical markets should not be replaced by the assumption of perfectly socialized creations. He argues furthermore that not even the rational choice assumption underlying utilitarian analyses should be given up. In particular, he opposes "psychological revisionism - an attempt to reform economic theory by abandoning an absolute assumption of rational decision making" (1985: 505). Granovetter (1985: 506) admits that the descriptive accuracy of the assumption of rational action (in the sense of incentive-guided and goal-directed or instrumental behavior) might always be taken as problematic. However, he gives two good reasons not to abandon the rationality assumption as "a good working hypothesis". One reason is that "what looks to the analyst like nonrational behavior may be quite sensible when situational constraints, especially those of embeddedness, are fully appreciated" (ibid.). The second reason is that in view of scarce resources a trade-off has to be made between investments in the modification of rationality assumptions and investments in tracing the effects of embeddedness. According to Granovetter, returns will likely be greater in the latter case: "My claim here is that however naive that psychology [of rational choice] may be, this is not where the main difficulty lies - it is rather in the neglect of social structure." (ibid.)

Granovetter (1985: 487-504) illustrates his argument with a broad range of examples of economic action. It is a striking feature that they mainly refer to economic transactions in which there are incentives for malfeasance and 'opportunism' (in Williamson's sense). Granovetter accentuates the influence of (networks of) social relations on these transactions, be it transactions in the market place or within firms, as opposed to the effects of either perfect competition or generalized morality or institutional arrangements like contracts and authority relations. There seem to be two strategic reasons for his choice of examples. One is to suggest that transactions analyzed in traditional domains of (neoclassical) economics are sufficiently embedded to be suitable objects of sociological analyses (Granovetter 1985: 504-505). A second reason, to which Granovetter (1985: 483-484, 487ff, 494) frequently alludes, are close parallels between analyses of malfeasance and opportunism and analyses of what according to well-known opinions constitutes *the* core explanandum of sociology, the Hobbesian problem of order. Therefore, a sketch of weaknesses of analyses of malfeasanc and opportunism in economic transactions in terms of perfect competition, generalized morality, or institutional arrangements may shed some light on the prospects of such approaches with respect to the problem of order. Likewise, comparative advantages of an embeddedness approach to malfeasance and opportunism can shape expectations of similar advantages when dealing with Hobbes's problem.

In sketching his approach, Granovetter suggests but does not explicitly model various mechanisms through which networks of social relations affect behavior and institutions, e.g., the avoidance of malfeasance and opportunism in economic transactions. In this paper, we outline a formal framework for one of Granovetter's (1985: 490, 492, 495) favorite examples of network effects on economic and other social interactions: the case of reputation. Reputations can emerge in continuing as opposed to non-recurring relations and especially if information on an actor's behavior in one of his relations spreads to his other partners via an information network. Granovetter stresses that the effects of his actions on an actor's reputation, which arise from the embeddedness of his actions, can be an important factor in inducing the actor to abstain from otherwise individually profitable malfeasance and opportunism.

We present simple theoretical models in which these effects can arise. We assume a setting of strategically interdependent actors, which seems appropriate with respect to the embeddedness argument in general and to the modelling of reputation effects in particular. Thus, to analyze rational behavior in such a setting, we have to use strong game-theoretic rationality assumptions. In a comparative perspective, we contrast a situation in which embeddedness of interactions is lacking with situations characterized by different degrees of embeddedness. These situations differ with respect to the speed of the diffusion of information, and therefore reputation, in the network of social relations.

## 2 A game-theoretic approach to reputation

In a broad sense (cf., e.g., Wilson 1985 for an extensive discussion), the reputation of an actor is a characteristic or an attribute ascribed to him by his partners. The empirical basis of an actor's reputation is his observed past behavior. Information about an actor's behavior with respect to his partner in one interaction can be used in later interactions by this partner or by other partners when contemplating their own behavior vis-a-vis that actor. This happens if the outcome of an interaction depends on the 'identity' of the partners (cf. Ben-Porath 1980). If the actor anticipates that his current behavior will not only affect the immediate consequences he is going to face in the actual situation but also the later behavior of his partner(s) and thus his own future consequences, then an incentive arises for a trade off between the short-run effects of present decisons and their long-run effects on reputation. This trade off can significantly affect the actor's behavior.

*Examples* of reputation effects abound. With respect to Granovetter's sphere of economic action, a problem from the context of industrial organization and imperfect competition has recently become the subject of detailed game-theoretic analyses: the case of predatory pricing (e.g., Selten 1978). This is a situation in which an established firm (the actor) faces several potential entrants in its markets. The firm has to decide whether to fight (early) entrants by price cutting and similar tactics. This aggressive response to entry is costly for the established firm and therefore it may not be rational (in this context: profit-maximizing) in the short run to try to eliminate the actual entrant. However, predation can become a rational strategy in the long run by deterring future potential entrants. The deterrence effect arises if predatory pricing against early entrants induces other competitors to anticipate similar behavior should they themselves enter. The rationality of predatory pricing thus depends on the emergence of a reputation as a predator which makes entry less attractive for rivals.

There are many other instances of reputation effects in economic transactions (see Wilson 1985 for a survey). Consider the case of economic exchanges depending on self-enforcing agreements (Telser 1980) which are not backed by explicit contracts and cannot be enforced by courts or other third parties in the case of conflict. The high frequency of what he calls 'non-contractual' relations in business exchanges has been stressed by Macaulay (1963). One of his foremost tentative explanations for the emergence and persistence of such relations is based on the assumption that

> "not only do the particular business units in a given exchange want to deal with each other again, they also want to deal with **other business units** [our emphasis] in the future. And the way one behaves in a particular transaction, or a series of transactions, will color his general business reputation." (Macaulay 1963: 64)

Impressive examples are stock exchange transactions, which have been introduced in this context by Weber (1921: 192-193), and transactions on diamond markets (Ben-Porath 1980: 6; Axelrod 1984: 177-178; Coleman 1988: 98-99), a case to which also Granovetter (1985: 492) refers. Stock exchange transactions by handsign or similar practices exclude recourse to legal sanctions in the course of conflict and malfeasance. Similarly, a characteristic feature of negotiations between diamond merchants is that valuable stones are handed over for examination without insurance against various forms of theft and fraud. Organizing transactions in such ways is important for an efficient operation of these kinds of markets. On the other hand, considerable incentives for individual opportunism are induced. Reputation effects work against such opportunism. As Coleman puts it with respect to diamond merchants:

> "A given merchant community is ordinarily very close, both in the frequency of interaction and in ethnic and family ties. The wholesale diamond market in New York City, for example, is Jewish, with a high degree of intermarriage, living in the same community in Brooklyn, and going to the same synagogues. It is essentially a closed community.Observation of the wholesale diamond market indicates that these close ties, through family, community, and religious affiliation, provide the insurance that is necessary to facilitate the transactions in the market. If any member of this community defected through substituting other stones or through stealing stones in his temporary possession, he would loose family, religious, and community ties." (Coleman 1988: 99)

Notice that reputation effects are certainly not restricted to economic applications. Another field is, e.g., international politics. For example, Axelrod (1984: 150-154) discusses Britain's engagement in the Falkland Islands conflict and the engagement of the United States in Vietnam from the perspective of establishing a reputation designed to deter other countries.

Game-theoretic models for reputation effects are appropriate because situations in which an actor's reputation may become relevant in the sense of affecting his decisions are such that the outcomes of his decisions depend not only on his own actions but also on those of his partners and vice versa. Reputation effects are thus relevant in contexts of strategically interdependent actors. Furthermore, the situation has to be modelled as a sequence of games in order to capture the central aspect that current behavior yields information on which future decisions depend.

Our examples should have made it clear that situations which can give rise to reputation effects may differ in various dimensions. For a more systematic picture and in order to distinguish our model from related approaches, it is useful to point out three aspects. A *first* dimension for the distinction of different types of (models of) reputation effects refers to the question whether an actor's behavior in a given interaction affects only his reputation vis-a-vis his partners in this situation or likewise his reputation vis-a-vis third parties with whom he interacts in other situations and who happen to acquire information about the actor's behavior in situations in which they are not directly involved themselves. To distinguish these cases, we refer occasionally to the former as *reputation effects in the narrow sense* and use the label *reputation effects in the wide sense* with respect to the latter case. Analyses of repeated games, for example, analyses of the infinitely (e.g., Taylor 1976; Axelrod 1984) or finitely (e.g., Kreps et al. 1982) repeated Prisoner's Dilemma have yielded by now well-known results for reputation effects in the narrow sense. Our analysis uses this case as a kind of baseline-model which can be compared to more complex situations which arise if third parties are informed3. An additional new feature of our analysis is an explicit modelling of the effects of the rate of diffusion of an actor's reputation.

The *second* aspect refers to the beneficiaries of opportunities to establish a reputation. An actor may seek a specific reputation in order to induce an outcome of the situation which is more favorable to him and less favorable to his partners than the outcome which would ensue from a lack of that reputation. The case of predatory pricing is a paradigmatic example. The predator benefits from his reputation at the expense of the potential entrants. Contrast such a constellation with another one in which opportunities to establish a reputation allow for adjustments which are mutually profitable for all partners. Self-enforcing agreements are paradigmatic examples for this type of situation.

In game-theoretic terms (cf. Schelling 1960: 21 for an intuitive sketch and Harsanyi 1977: ch. 7 for an explicit analysis), the distinction can be made precise by comparing the actors' preferences between the outcome given an established reputation (of at least one of the actors) and the outcome if a reputation cannot be established. If the actors' preferences between this pair of outcomes do not coincide, as in the case of predatory pricing, they face a payoff-distribution or bargaining problem. Then, his reputation enables a player to induce a solution which he himself prefers, whereas his partners would prefer the solution which prevails if a reputation cannot be established. If, however, the actors' preferences do coincide, as in the case of self-enforcing agreements, reputations are beneficial for all actors and help to solve what has been called a joint-efficiency problem, that is, they allow for a Pareto-superior outcome. It is our impression that the focus of recent game-theoretic models of reputation is more on the payoff-distribution than on the joint-efficiency problem, at least with respect to reputation effects in the wide sense 4. In contrast, our model explores the efficiency aspect.

A *third* dimension in which models of reputation differ is whether they presuppose inferences of the partners from an actor's observed behavior to his unobservable and unknown characteristics. An example in which such inferences have to be assumed is Axelrod's (1984: 150-154) analysis of reputation in an infinitely iterated Prisoner's Dilemma game. Axelrod assumes that actors are 'somehow' informed about the actual supergame strategy which governs their partner's behavior in the constituent games they are playing. However, what is directly observable to an actor is at best his partner's behavior in the constituent games and perhaps the partner's behavior in his interactions with other actors. The partner's supergame strategy itself cannot be directly observed. Thus, the actor would have to use his information about his partner's observable behavior to form and possibly update beliefs about (properties of) his unknown supergame strategy. Axelrod does not provide an explicit model of how an actor uses his information for inferences about the supergame strategy as the unknown characteristic of the partner. Therefore, his analysis of reputation effects in the Prisoner's Dilemma supergame is unsatisfactory.

A Bayesian model of the use of information about observed behavior for the updating of beliefs about unknown characteristics of the partners is part of analyses of reputation effects in entry deterrence games and in finitely repeated Prisoner's Dilemmas (cf. Kreps/Wilson 1982; Milgrom/Roberts 1982; Kreps et al. 1982). These analyses consider games with incomplete information. Each actor is completely informed about his own strategic options and his own payoff function but some or all actors are uncertain with respect to the strategic options and/or the payoff functions of their partners. An actor's reputation is then embodied in the beliefs of his partners about his unknown strategic parameters. An actor's observed behavior is used by his partner(s) to adapt beliefs and thus affects the actor's reputation. The interesting result is that even a (very) small amount of incomplete information can suffice to generate significant reputation effects.

In contrast to these models, it is not necessary to presuppose inferences from observations to unknown attributes in our analysis. We use 'classical games' (in the sense of Harsanyi 1977) of complete information as our analytical tool. This has the advantage that our analysis becomes much simpler. Moreover, we will be able to show that incomplete information is not necessary for the occurence of reputation effects, contrary to inferences drawn from the above-mentioned analyses (cf. in particular Milgrom/Roberts 1982: 304; Wilson 1985: 29).

## 3 The formal framework [5]

Consider a social system with actors 1,...,*n*. (Notation is summarized in Table 1.) A *discrete* time scale is assumed. Time is denoted by *t*, $t = 1, 2, \ldots$ . At each moment *t* an event occurs. The event is either an interaction of two actors or 'nothing happens'. Thus, at most one interaction occurs at each moment *t*. The event is generated from a fixed probability distribution $\pi$, independent of time elapsed and of the history of the system. An interaction of *i* and *j* occurs with probability $\pi_{ij}$, $(0 \leq \pi_{ij} \leq 1,\ \pi_{ii} = 0)$. If $\pi_{ij} > 0$, *j* is called a *partner* of *i*. Partnership is a symmetric binary relation P. As usual, P can be interpreted as an interaction network. The number of *i*'s partners (the 'degree' of *i* in the network associated with P) is denoted by $m_i > 0$. We introduce a first kind of homogeneity by assuming that there is a constant interaction frequency $\pi > 0$ of partners,

$$\pi_{ij} = \begin{cases} \pi & \text{for } iPj; \\ 0 & \text{otherwise.} \end{cases}$$

Therefore,

$$\pi_{i+} = \sum_{j=1}^{n} \pi_{ij} = m_i \pi$$

is the (constant) probability that *i* is involved in some interaction at moment *t*. Obviously, $\pi \leq 2/m_+$ , where $m_+ = \sum m_i$ . Next, we characterize the *interactions* which occur in the social system. We wish to analyze efficiency gains as a possible result of reputation effects. Therefore, we consider interactions in which individually rational behavior is associated with socially inefficient outcomes, if reputation effects are excluded. A paradigmatic example of such situation is a (symmetric) Prisoner's Dilemma (PD), a noncooperative 2-person game with the payoff matrix displayed in Figure 1 (entries represent cardinal utilities).

For later reference, we define the *temptation* (Taylor 1976: 43),

$$\gamma = \frac{T - R}{T - P}$$

Notice that $0 < \gamma < 1$, and that $\gamma$ is invariant under increasing affine transformations of the payoffs.

**Figure 1:** Prisoner's Dilemma

| | | actor *j* | |
|---|---|---|---|
| | | C | D |
| actor *i* | C | $R, R$ | $S, T$ |
| | D | $T, S$ | $P, P$ |

*condition:* $T > R > P > S$

In a PD, the pure strategy D ('defection') is a strictly dominant strategy. Thus, if two actors play the game once, defection ('malfeasance' or 'opportunism' in Granovetter's terms) is the unique individually rational strategy, although the payoffs associated with mutual defection are lower for both actors than the payoffs associated with a mutual choice of C ('cooperation'). Therefore, individual rationality entails inefficiency in the Pareto sense.

It is well-known that (conditional) cooperation can be an individually rational strategy if actors *i* and *j* are involved in an (infinitely) repeated PD. The reason is, roughly, what Axelrod (1984) has called the *shadow of the future*, which allows for reputation effects in the narrow sense. If *i* meets *j* again, his present behavior may not only affect his present payoff. His present behavior becomes part of *i*'s reputation vis-a-vis *j*, and hence may influence *j*'s future behavior and thus i's future payoffs. Therefore, *i* has to trade off the short-run advantages of defection against long-run consequences.

However, cooperation in a repeated PD is always fragile. It presupposes that the shadow of the future is large enough to compensate for the short-run incentives to defect. Our models explore the ways in which cooperation becomes less fragile if third parties get information on the interaction of *i* and *j*, so that the actors have to take into account additional reputation effects (in the wide sense).

We assume that each interaction of an actor with one of his partners is a PD. A second kind of homogeneity is introduced by assuming that all these PDs have an *identical* and *symmetric* payoff matrix. The PD is played as a game with complete information, that is, each actor is informed on each actor's alternatives and on each actor's payoff function.

By $U_{it}$ we denote the (random) payoff of actor *i* at moment *t*. Define $U_{it} = 0$ if i is not involved in an interaction at *t*. To evaluate the payoff stream $(U_{i1}, U_{i2}, ...)$ it is assumed that actors have additive utility with exponential discounting of future payoffs. Again, homogeneity is assumed. That is, all actors use an identical discount parameter $\beta$, $0 < \beta < 1$, so that $\beta^d u$ is the present value of a payoff *u* which an actor receives with some delay *d*. Thus, the total utility $U_{i+}$ of actor i satisfies

$$U_{i+} = \sum_{t=1}^{\infty} \beta^{t-1} U_{it} .$$

Consider now the weight attached to payoffs from interaction $k+1$ between two partners *i* and *j* relative to payoffs in their *k*-th interaction. In our framework, the time between consecutive interactions of two partners is a random variable. Denote by $T_{ij}^k$ the time at which the *k*-th interaction of *i* and *j* occurs. Define $\Delta_{ij}^k = T_{ij}^k - T_{ij}^{k-1}$ the time between the

($k$-1)-th and the $k$-th interaction of $i$ and $j$, $T_{ij}^0 = 0$. It follows from our assumptions that $\Delta_{ij}^k$ has a geometric distribution,

$$\Pr(\Delta_{ij}^k = l) = (1-\pi)^{l-1}\pi \qquad l = 1,2,...$$

Hence, independently of $k$,

$$(1) \qquad \alpha := E(\beta^{\Delta_{ij}^k}) = \sum_{l=1}^{\infty} \beta^l \Pr(\Delta_{ij}^k = l) = \sum_{l=1}^{\infty} \beta^l (1-\pi)^{l-1}\pi = \frac{\beta\pi}{1-\beta(1-\pi)}$$

As $\Delta_{ij}^k$ and $\Delta_{ij}^l$, $l \neq k$, are in our model stochastically independent, so are $\Delta_{ij}^k$ and $T_{ij}^{k-1}$. Recursively one gets the weight of the $k$-th interaction relative to the first one,

$$E(\beta^{T_{ij}^k}) = E(\beta^{\Delta_{ij}^{k-1}})\, E(\beta^{T_{ij}^{k-1}}) = \alpha^k.$$

The parameter measures the importance of future interactions between $i$ and $j$ and corresponds to Axelrod's shadow of the future. Notice that $\alpha$ increases in $\pi$ and in $\beta$, and that $0 < \alpha < 1$.

Next we consider the interactions of i with all his partners simultaneously. Denote by $T_i^k$ the moment at which $i$'s $k$-th interaction occurs, irrespective of the identity of $i$'s partner, and $\Delta_i^k = T_i^k - T_i^{k-1}$. Again $\Delta_i^k$ is geometrically distributed,

$$\Pr(\Delta_i^k = l) = (1 - m_i\pi)^{l-1} m_i\pi \qquad l = 1, 2, ...$$

Consequently

$$\alpha_i := E(\alpha^{\Delta_i^k}) = \frac{\beta m_i \pi}{1-\beta(1-m_i\pi)}. \qquad (2)$$

Analogous to $\alpha$, $\alpha_i$ is the weight attached to $i$'s payoff from his interaction $k+1$ relative to his $k$-th payoff. It holds that $0 < \alpha_i < 1$; $\alpha_i$ increases with $\pi$, with $\beta$, and with $m_i$. Notice that $\alpha_i \geq \alpha$ with equality if and only if $m_i = 1$.

In our setting, actor $i$ plays a single large game which is composed of $m_i$ iterated PDs (supergames), one against each of his partners. All these games are again assumed to be games of complete information. A strategy of $i$ for the whole game can be characterized as a rule specifying $i$'s behavior for the PD in which he is involved when he has his $k$-th interaction as a function of $i$'s information $I_i$ $(T_i^k)$ at the time $T_i^k$ when this interaction occurs. Likewise, we may speak of $i$'s supergame strategy for his iterated PD with his partner $j$ as a rule specifying $i$'s behavior for his $k$-th interaction with $j$ as a function of $i$'s information $I_i$ $(T_{ij}^k)$ at the time $T_{ij}^k$ when he has his $k$-th interaction with $j$. An actor's strategy for the whole game can be, but is not necessarily, composed of supergame strategies against each of his partners. In the following, we focus mainly on strategies for the whole game which are indeed composed of supergame strategies.

Alternatively one can consider our model as one 'big' $n + 1$-player supergame in which at each stage player 0, 'Nature', randomly selects a pair of actors who play a PD. Hence, standard supergame theory applies to our model.

In our social system outcomes can depend on the actors' reputations if actor i's present behavior becomes part of another actor's information. Therefore, different kinds of opportunities for the emergence of reputation effects can be modelled via different assumptions with respect to an actor's information $I_i(t)$ .

Universal cooperation is established if the strategies of all actors generate the choice of C by all actors in all their interactions, when played against one another. Universal cooperation is more profitable for each actor than universal defection and is thus a Pareto improvement. A situation of universal cooperation is the result of individually rational behavior if the underlying strategies of the actors for the whole game are in (Nash) equilibrium, i.e., no actor can improve his total payoff by changing his strategy for the whole game (e.g., one or more of his supergame strategies) as long as the other actors stick to their respective strategies.

In our system individually rational cooperation cannot result from unconditionally cooperative supergame strategies which prescribe an actor's cooperation against a given partner irrespective of the actor's information. However, conditionally cooperative supergame strategies can give rise to equilibria and can thus be individually rational. Using Axelrod's (1984) labels, we define a conditionally cooperative supergame strategy as being nice and *provocable*. Actor *i*'s supergame strategy against his partner *j* is *nice* if *i* never uses D against *j* as long as it is not part of *i*'s information that *j* has used D himself before (be it in an interaction with *i* or with a third party *h*). Actor *i*'s supergame strategy against *j* is provocable if once *i* is informed on defecting behavior of *j* against *i* or against *h*, there is a positive probability that *i* defects himself against *j* in a later period.

For analytical simplicity we focus on a special kind of conditionally cooperative supergame strategies (cf. Friedman 1977). Following a by now conventional terminology, these are called *trigger strategies*. If actor *i* uses a trigger strategy against *j*, he cooperates against *j* if he has no information that *j* ever defected before, be it against *i* or against some third party *h*. On the other hand, if actor *i* gets information that *j* has defected (against *i* or against some third parties *h*), then *i* chooses D himself against *j* in all interactions with *j* after receiving the information on *j*'s defection[6]. Using a trigger strategy, *i* rewards a partner with a cooperative reputation and punishes a partner with a reputation of being unreliable.

The analytical problem can now be made precise. Consider a situation in which each actor uses a trigger strategy against each of his partners. In such a situation, universal cooperation is established. We wish to derive necessary and sufficient conditions under which the system is in equilibrium. In particular, we have to investigate the effects on the equilibrium conditions which result from different assumptions on the actors' information and thus from different assumptions on opportunities for the diffusion of the actors' reputations. Clearly, one expects that 'better' opportunities for the diffusion of reputations facilitate cooperation in that the equilibrium conditions become less restrictive. Thus, one expects that better opportunities for the diffusion of reputations will facilitate a solution of the joint-efficiency problem to realize the higher payoffs which result from mutual cooperation as compared to mutual defection.

## 4 Atomized interactions

We begin by considering the analogue of the standard model of the infinitely repeated PD (cf., e.g., Taylor 1976; Axelrod 1984) or, more generally, of a stationary supergame without (structural) time dependence (Friedman 1977: ch. 8; 1986: ch. 3.3) as a very simple first case. In this setting, actor *i* is informed on the history of his own past interactions, but he has no information at all on any other interactions. In particular, he has no information on his partners' behavior in their interactions with third parties. Interactions in such a social system are *atomized* in a specific sense. There is no structure which connects *i*'s interaction with *j* and the interactions of other actors *h* and *h'*. Most importantly, there is no structure which connects *i*'s interaction with his partner *j* and *i*'s interaction with a third party *h*. At least, there is no information network which transmits information on *i*'s interaction with *h* to *j*. Therefore, *i*'s reputation vis-a-vis *j* only depends on *i*'s behavior with respect to *j* himself, whereas *i*'s behavior against *h* has no effect at all with respect to his reputation vis-a-vis *j*.

Let $s_{ij}^{k}$ denote the alternative chosen by actor *i* in his *k*-th interaction with *j*, where *i*'s behavior $s_{ij}^{k}$ may be a realisation from a probability distribution over the set of pure strategies $\{C,D\}$. Denote by $H_{ij}(t)$ the history of the interactions of actors *i* and *j* up to time *t*, $H_{ij}(t) = \left((s_{ij}^{1}, s_{ji}^{1}, T_{ij}^{1}), \ldots, (s_{ij}^{k}, s_{ji}^{k}, T_{ij}^{k})\right)$, where *k* is the last interaction of *i* and *j* which occurs before *t*. Of course, $H_{ij}(t) = \emptyset$ if $t \leq 1$ and, more generally, if no interaction of *i* and *j* has occured before *t*. Using this notation, we make the assumption precise that an actor is informed on his own interactions but on nothing else that is going on in the social system.

**Assumption 1**: Each actor has information on the history of his own interactions. That is, for all *i* and *t*,

$$I_i(t) = \bigcup_{j \in P_i} H_{ij}(t).$$

**Figure 2**: Atomized Interactions (information assumption A.1). Points in the 'chessboard' network represent actors. Thin lines indicate the interactions among actors. Thick lines are the interactions of actor X. Actor X has information only on his own interactions. We use this very regular network for illustrative purposes only. Regularity is not assumed in our analyses.

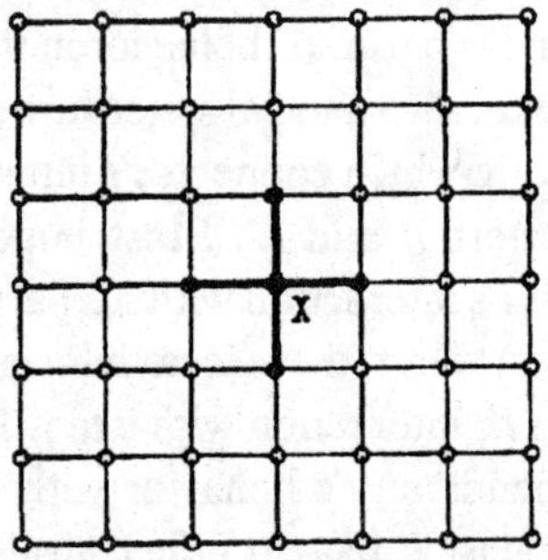


Figure 2 illustrates information assumption A.1. The equilibrium condition for a social system in which the actors' information satisfies A.1 and where each actor uses a trigger strategy against each of his partners is a simple extension of a well-known result from supergame theory (cf. Friedman 1977: theorem 8.2).

**Theorem 1**: If each actor uses a trigger strategy against each of his partners, the social system is in equilibrium under A.1 if and only if

(3) $\gamma \leq a_A := \alpha.$

**Proof**: We refer to the appendix for outlines of the proofs of our theorems. □

It follows that for any combinations of *T*, *R*, *P*, and *S*, the equilibrium condition is fulfilled for $\alpha$ close enough to 1 - and hence also for sufficiently large values of the discount parameter $\beta$ and the interaction probability $\pi$. This establishes the familiar result that given a sufficiently important shadow of the future, it is individually rational for an actor (in the sense of maximizing his total payoff) to cooperate if he expects his partners to cooperate conditionally (in the sense of using trigger strategies). Notice that the payoff difference in the numerator of $\gamma$ is the cost of cooperation. Thus, $\gamma$ measures an actor's short-run incentive to defect (cf., e.g., Taylor 1976: 43). In our system an actor's present defection against a given partner entails future defections of that partner, the costs of which are reflected in the denominator of $\gamma$. The equilibrium condition thus shows that the short-run incentive to defect against a partner must be met by sufficient long-run costs of defection of that partner, weighted with their importance. It is in this sense, that conditional cooperation can be rational but is always fragile (cf. Raub/Voss 1986 for a more detailed outline of the implications of the equilibrium condition in Theorem 1).

Although reputations based on information of third parties are impossible in the system of atomized interactions, there is a specific and rather decisive fragment of structure even in this system. This results from the fact that each actor has ongoing - as opposed to non-recurrent - social relations with a number of partners. In these relations, each actor *i* can make his current decisions dependent on his partner's past behavior and can likewise anticipate a similar dependence of a partner's future decisions on *i*'s behavior. As Granovetter (1985: 490) observes in a similar context, even though third parties are not involved, one salient aspect of embeddedness remains. Actors do get specific information on their partners (on their partners' identity in Ben-Porath's sense) which can influence future behavior. This contrasts decidedly to Granovetter's paradigmatic case of social interactions without any embeddedness, the case of transactions on perfectly competitive markets. Thus, Granovetter (1985: 490-491, 493, 495-497) frequently stresses the importance of recurrent interactions as a means to avoid malfeasance and opportunism even if there are (short-run) incentives for such behavior and even if malfeasance and opportunism are neither excluded by generalized morality nor by institutional arrangements.

Moreover, it should be noted that even in this model with atomized interactions, the interactions are less atomized than in Axelrod's model. In our model actors play their interactions simultaneously, and are in principle able to carry experience obtained in one interaction over to another interaction. In Axelrod's model actors are 'fragmented'; the decisions of an actor in one interaction can not be influenced externally, not even by the history of other interactions of this actor.

Finally, notice that the equilibrium condition for a system with atomized interactions becomes less restrictive if the probabilities $\pi_{i+}$ are held constant and the number of partners is reduced for all actors, so that $\pi$ and, hence $\alpha$ increase. This can be related to a suggestion of Axelrod (1984: 130-131) who argues that cooperation can be promoted by concentrating interactions so that actors have only few partners. Axelrod (e.g., 1984: 11-12) explicitly excludes reputation effects (in the wide sense). Our analysis supports Axelrod's conclusion for such a setting.

**5 Perfectly embedded interactions**

A system with atomized interactions is a polar case in that actors are informed only on the history of their own interactions. What other actors, and their interaction partners, do in other interactions is completely unknown. In a comparative perspective, we now introduce more embeddedness by analyzing the effects of an information network which allows *i* to get not only information on his partners' behavior when they interact with himself.

Properties of information networks are modelled in our framework via different assumptions on an actor's information $I_i(t)$. The most extreme assumption would be that actors are informed immediately on everything that goes on in the social system. However, this assumption of *global* information seems rather unfruitful. It is not very likely in all but the simplest and smallest systems that actors are able to compile that amount of information. Moreover, it seems unlikely that an actor would be interested in all that information. It is hard to imagine that actor *i* makes his behavior in a given interaction with partner *j* dependent on all previous interactions in the whole system, including interactions of actors who are possibly not even indirectly related with *i* or *j*.

To assume that actors have information not only on their own interactions but also (accurate) information on the interactions of their partners with third actors seems to be an appropriate approach to the analysis of systems which yield more information than an atomized one but less than global information. In such systems, actor *i* gets information on the behavior of his partners *j* against a third actor *h*. On the other hand, *i* gets no information on interactions which do not involve any of his partners. Interpreting *i*'s partners as his *neighbors*, we can say that the actors have *local* information. Given local information, *i* has to trade off the short-run effects of his behavior in the interaction with *j* not only against its long-run effects in the interaction with *j* but also against its long-run effects with respect to his reputation vis-a-vis *h*. If *j* and *h* use trigger strategies, it is thus more important for *i* to maintain his reputation as a cooperating partner in his interactions. The reason is that *i*'s defective behavior against *j* will not only trigger future defections of *j* against *i* but also future defections of *h* against *i* as soon as *h* is informed on *i*'s defection.

As an illustration of these kinds of reputation effects consider Granovetter's discussion of diamond exchange by handshake:

> "...this transaction is possible in part because it is not atomized from other transactions but embedded in a close-knit community of diamond merchants who monitor one another's behavior closely. Like other densely knit networks of actors, they generate clearly defined standards of behavior easily policed by the quick spread of information on instances of malfeasance. "(Granovetter 1985: 492)

To get a first impression of reputation effects under local information, consider again a polar case. Assume that interactions in the social system are *perfectly embedded* in the sense that each actor *i* is immediately informed on the outcomes of all interactions of all of his partners *j*. To characterize such a system with immediate local information, we replace the information assumption A.1 by a stronger alternative.

**Assumption 2**: Each actor $i$ has information on the history of his own interactions and is immediately informed on the interactions of all of his partners. That is, for all $i$ and $t$

$$I_i(t) = \bigcup_{jP_i} \left(H_{ij}(t) \cup \bigcup_{hP_j} H_{hj}(t)\right).$$

An illustration of information assumption A.2 is given in Figure 3. This figure shows the same interaction network as Figure 2, but the information network differs. In Figure 2 actor X has information on 4 interactions, all of which he is involved in; in Figure 3 actor X is informed on 16 interactions, only 4 of which he is involved in. The next theorem specifies the equilibrium condition for a social system with immediate local information where each actor uses a trigger strategy against each of his partners.

**Figure 3**: Perfectly Embedded Interactions (information assumption A.2). Thin lines indicate interactions in the population. Thick lines are the interactions that X has information on.

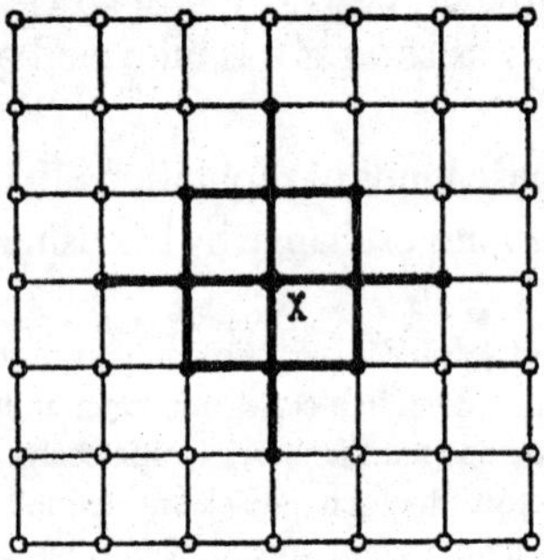


**Theorem 2**: If each actor uses a trigger strategy against each of his partners, the social system is in equilibrium under A.2 if and only if

(4) $\gamma \leq a_P := \min_{1 \leq i \leq n} \alpha_i,$

with $\alpha_i$ as in (2).

In a system with immediate local information, an actor's present defection against a given partner has not only effects for his reputation vis-a-vis that partner but also (immediate) effects for his reputation vis-a-vis all of his other partners. Defection against a given partner entails future defections of all partners. The importance of *i*'s future interactions in general is reflected in $\alpha_i$. Theorem 2 shows that the system is in equilibrium if and only if $\gamma \leq \alpha_i$ for each actor *i*. Thus, short-run incentives to defect against a given partner must be met by sufficient long-run costs of the defection of all partners, weighted with their importance. Notice that $a_P$ increases if the number of partners increases for those actors who have a minimum number of partners. Notice further that the equilibrium condition is least restrictive, given the total expected number of interactions per time point, if all actors have the same number of partners.

Some properties of atomized systems and of systems with immediate local information are summarized in Corollary 1. This corollary gives a formal foundation and qualification of the informal argument that reputations can facilitate cooperation and can promote efficiency in social interactions.

**Corollary 1:**

i) For the critical values $a_A$ and $a_P$ in the equilibrium conditions (3) and (4) it holds that $a_P \geq a_A$, with equality iff $m_i = 1$ for some actor *i*.

ii) For fixed *T, R, P,* and *S* there are values for $\beta$, for $\pi$, and for the numbers of partners $m_i$ such that the equilibrium condition for a system with immediate local information is fulfilled while the equilibrium condition for system with atomized interactions is not fulfilled.

According to assertion i) the equilibrium condition for a system with immediate local information cannot be more restrictive and is usually less restrictive than the equilibrium condition for a system with atomized interactions. Thus, cooperation and efficiency are in general more easily attained if interactions are perfectly embedded and reputation effects in the wide sense emerge than in a situation with atomized interactions. This conclusion depends only on an intuitively plausible condition with respect to the density of the interaction network: each actor must have more than one partner in the interaction network so that reputation effects in the wide sense increase long-run costs of defections for all actors.

Assertion ii) illustrates that reputation effects can compensate for low discount parameters. Conditional cooperation based on trigger strategies may be impossible for two partners in a system with atomized interactions because their shadow of the future is too low. Then, embeddedness and reputation effects in the wide sense may suffice to turn such conditional cooperation into an individually rational strategy even if the shadow of the future remains constant.

## 6 Imperfectly embedded interactions

In a final step we broaden the comparative perspective and replace the extreme assumptions of either an atomized or a perfectly embedded social system. Intermediate and more plausible cases result by considering social interactions which are *imperfectly embedded* in that actor $i$ is not immediately but only after some time lag informed on the behavior of his partner $j$ against a third party $h$. Such a time lag is again modelled via assumptions on an actor's information $I_i$ $(t)$. The assumption that $i$ is immediately informed on the outcomes of his own interactions with $j$ remains unchanged. A simple additional assumption, which will be used here, is that each actor $i$ receives information on the behavior of his partner $j$ against a third party $h$ with a delay $\tau \geq 0$. If $\tau > 0$, there is a time lag in local information and the embeddedness of interactions is imperfect. In this case, $i$ is unable to update his information about $j$ immediately after each of $j$'s interactions. It is thus possible that $i$ interacts with $j$ before $i$ is informed on a previous interaction of $j$ and $h$. Therefore, $j$ may be able to exploit both $h$ and $i$. This may happen even if $i$'s information on $j$'s defection against a third party $h$ would induce $i$ not to cooperate any longer with his unreliable partner $j$. If the information time lag $\tau$ is large and, therefore, the diffusion of an actor's reputation in the social system slow, we would expect the attenuation of reputation effects.

The following information assumption allows for information time lags and can be used to characterize imperfect embeddedness.

**Assumption 3**: Each actor $i$ has information on the history of his own interactions and is informed with a delay $\tau \geq 0$ on the interactions of all of his partners. That is, for all $i$ and $t$

$$I_i(t) = \bigcup_{jP_i} \left( H_{ij}(t) \cup \bigcup_{hP_j} H_{hj}(max(t - \tau, 0)) \right).$$

Notice that A.1 and A.2 are special cases of A.3. For $\tau = 0$, A.3 reduces to A.2. On the other hand, A.3 converges to A.1 if $\tau \rightarrow \infty$.

**Figure 4**: Imperfectly Embedded Interactions (information assumption A.3). Thickest lines correpond to interactions of actor X of which X always has complete and up-to-date information. Interactions on which X gets informed with a time lag $\tau$ are specified by lines of intermediate thickness. All other interactions are described by thin lines.

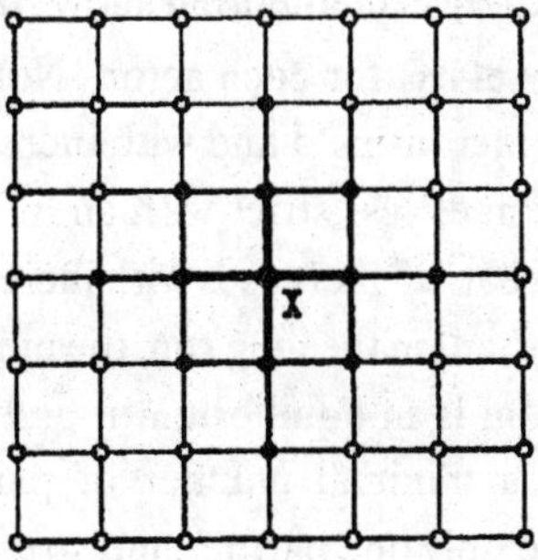


Figure 4 illustrates the information assumption A.3 on the same chess-board networks used before. As in Figure 3, actor X is informed on the history of 16 interactions. X has immediate and accurate information on the histories of the 4 interactions he is involved in. The information of X on what happens in the 12 interactions of his partners with other actors is out-of-date by a time-lag $\tau$.

The next theorem specifies equilibrium conditions for systems with a time lag in local information, where each actor uses a trigger strategy against each of his partners.

**Theorem 3**: If each actor uses a trigger strategy against each of his partners, the social system is in equilibrium under A.3 if and only if

(5) $$\gamma \leq a_I := \min_{1 \leq i \leq n} \alpha_i^*$$

where

$$\alpha_i^* = \alpha + (1-\alpha)\frac{\beta\pi(m_i - 1)}{1-\beta(1-m_i\pi)}(\beta(1-\pi))^{\bar{\tau}-1}$$

and $\bar{\tau}$ is the smallest integer strictly larger than $\tau$.

In a system with a time lag in local information an actor's present defection against a given partner entails future defections of this partner against *i* and future defections of *i*'s other partners after they have received information on *i*'s defection. Therefore, *i* has again to trade-off the short-run advantages of a defection against long-run costs. The weight of these costs is reflected in $\alpha_i^*$. The theorem shows that the system is in equilibrium if and only if $\gamma \leq \alpha_i^*$ for each actor. Notice that all $\alpha_i^*$ and therefore $a_I$ increase with increasing $\beta$ and with increasing $\pi$. Thus, the equilibrium condition becomes less strict with an increasing shadow of the future. Notice further that $\alpha_i^*$ increases with increasing $m_i$. Thus, *i*'s defection is the more important in the long run, the more partners he has. Therefore, the social system is in equilibrium if and only if $\gamma \leq \alpha_i^*$ for those actors *i* who have a minimal number of partners. Of course, $\alpha_i^* = \alpha$ for actors who have only one partner and so $a_P = a_A$ if there is at least one actor in the system who has only one partner.

Consider now an actor *i* who has more than one partner. Actor *i* cannot be sure to be able to exploit all of his partners once by unilateral defection. This distinguishes a system with an information time lag from a system with atomized interactions. On the other hand, with a non-trivial information time lag $\tau \geq 1$, *i* has a chance to exploit more than one of his partners. This contrasts with the case of immediate local information. Furthermore, *i*'s chance to exploit more than one of his partners will increase with an increasing information time lag. These effects of information time lags have consequences for $\alpha_i^*$. Notice that $\alpha_i^*$ decreases with increasing $\tau$ and therefore with an increasing information time lag $\tau$. If

$\tau \to \infty$, actor $i$ is in the same kind of situation as in the case of atomized interactions and we have $\alpha_i^* \to \alpha$. Conversely, if $\tau < 1$, we have $\alpha_i^* = \alpha_i$, and $i$'s situation is equivalent to the case of immediate local information.

In the following corollary, we use these results for a comparison of reputation effects on cooperation and efficiency in social systems with atomized interactions, immediate local information and delayed local information.

**Corollary 2:**

i) The critical values in the equilibrium conditions (3), (4), and (5) are related as follows:
$a_P \geq a_I \geq a_A$ with two equalities iff $m_i = 1$ for some actor $i$.
$a_P = a_I > a_A$ iff $m_i > 1$ for each actor $i$ and $\tau < 1$.
$a_P > a_I \to a_A$ iff $m_i > 1$ for each actor $i$ and $\tau \to \infty$.
$a_P > a_I > a_A$ iff $m_i > 1$ for each actor $i$ and $\tau \geq 1$.

ii) The equilibrium condition (5) in Theorem 3 is independent of the time lag $\tau$ if and only if $m_i = 1$ for some actor $i$. Condition (5) beco mes more strict with increasing time lag $\tau$ if and only if $m_i > 1$ for each actor $i$.

As can be seen from assertion i), the equilibrium condition for a system with a time lag in local information cannot be less restrictive than the equilibrium condition under immediate local information and it cannot be more restrictive than the equilibrium condition for a system with atomized interactions. Usually, however, a stronger result holds and the equilibrium condition under a time lag in local information is more restrictive than under local information without a time lag and less restrictive than under atomized interactions. This result depends on two requirements. The first is well-known from Corollary 1 and refers to the structure of the interaction network. Each actor must have more than one partner so that reputation effects in the wide sense can be effective for all actors. A second requirement refers to properties of the time lag $\tau$. The time lag must be short enough so that actors cannot be sure to be able to exploit all of their partners. On the other hand, the time lag must be long enough so that everyone has a chance to exploit more than one of his partners.

Assertion ii) of Corollary 2 gives a necessary and sufficient condition for the length of the time lag $\tau$ to have an effect on the equilibrium condition. The effects of an actor's reputation (in the wide sense) on cooperation and efficiency depend on the time lag $\tau$ for the diffusion of information if and only if the network of interactions satisfies our standard condition that all actors have more than one partner.

**Table 1:** Notation

| symbol | description |
|---|---|
| $n$ | Number of actors |
| $P$ | Binary partnership relation, also the interaction network |
| $m_i$ | Number of partners of i |
| $\pi$ | Probability of an interaction for partners i and j |
| $t$ | Events occur in (discrete) time, $t = 1, 2, \ldots$ |
| $T_{ij}^k$ | Time at which k-th interaction of i and j occurs ($T_{ij}^0 = 0$) |
| $\Delta_{ij}^k$ | Time between (k−1)-th and k-th interaction of i and j $\left(\Delta_{ij}^k = T_{ij}^k - T_{ij}^{k-1}\right)$. |
| T, R, P, S | Prisoner's Dilemma payoffs |
| $\beta$ | Discount parameter, negative time preference |
| $U_{it}$ | i's payoff obtained at moment t |
| $U_{i+}$ | Total payoff of actor i |
| $H_{ij}(t)$ | History of the interaction of i and j until t |
| $I_i(t)$ | Information of i at time t. Different models make different assumptions A.1 - A.3 on the relation between I and H. |
| $\tau$ | Information time lag (section 6) |
| $\bar{\tau}$ | Smallest integer strictly larger than $\tau$ |
| $\gamma$ | 'Temptation' $\gamma = (T - R) / (T - P)$ |
| $\alpha$ | Weight attached to payoffs from interaction k+1 between partners i and j, relative to payoffs from their k-th interaction. |
| $\alpha_i$ | Weight attached to i's payoffs from his interaction k+1, relative to his payoff from his k-th interaction, considering all of i's partners simultaneously. |
| $a_A$ | Critical level of $\gamma$ for Atomized interactions |
| $a_P$ | Critical level of $\gamma$ for Perfectly embedded interactions |
| $a_I$ | Critical level of $\gamma$ for Imperfectly embedded interactions |

**7 Conclusions**

In this paper we have developed simple rational choice models for an example of the effects of networks of relations on the outcomes of social interactions. Our example has been the reputation which arises from the embeddedness of interactions. Embeddedness reveals information on the identity of an actor. If the behavior of his partners depends on such information, reputation can significantly affect individual behavior as well as collective consequences.

We have focused on efficiency gains due to reputation effects. These efficiency gains occur in a setting in which actors face strong short-run incentives to exploit their partners. If the behavior of all actors follows these incentives, the collective consequence is a suboptimal outcome in the Pareto sense. Embeddedness and reputation effects enlarge the long-run costs of exploitations and the more so, the faster an actor's reputation spreads in his interaction network. In this way, mutual abstention from attempts to exploit partners, based on conditional cooperation, can become individually profitable. Such conditional cooperation entails Pareto improvements with respect to outcomes.

Turning to extensions of the models, notice first that we have assumed that each actor is involved in a 2-person Prisoner's Dilemma game in each of his interactions. However, as will be shown in a future paper, the results do not depend essentially on this specific assumption. It is a rather natural starting point to assume that the interactions occuring in our social system are pairwise as opposed to n-person interactions. To presuppose interactions of the Prisoner's Dilemma type is more restrictive. Many situations of strategic interdependence in which the realization of efficient outcomes is problematic due to incentive problems do not qualify as Prisoner's Dilemmas in the wide sense. Fortunately, our analysis could be easily adapted to a general class of noncooperative games with inefficient solutions when played as one-shot games (cf. the discussion of such games in Raub/Voss 1986).

Information of an actor on the behavior of his partners with respect to third parties is the decisive determinant of reputation effects in our analysis. It seems likely that fruitful extensions of the analysis would result from exploring the consequences of further assumptions on information as well as from exploring properties of information networks which give rise to different patterns of the diffusion of information. We have assumed that actors get information (although possibly with delay) on all interactions of their partners. One might suspect, for example, that the proportion of the behavior of partners vis-a-vis third parties on which actors get informed decreases ceteris paribus if - possibly as a result of increasing group size - the numbers of partners increase for (most of) the actors. In which ways do such processes affect and perhaps attenuate the relevance of an actor's behavior for his reputation? An application in the field of economic transactions could refer to the problem of barriers to entry. Usually, inefficiencies as a result of barriers to entry are stressed (cf. Weizsäcker 1980). However, transactions based on self-enforcing agreements may require reputation effects the emergence of which may depend in turn on the number of market participants.

We have neglected the costs of the flow of information and possible incentive problems associated with the supply of information. An actor will often be unable to get costless and reliable information on his partner's behavior vis-a-vis third parties. It seems plausible that the long-run effects of an actor's present behavior on his reputation vis-a-vis third parties are the more important the cheaper the flow of information among his partners (cf. Ben-Porath 1980: 10-11). Conversely, it will often be costly for an actor to inform third parties on the behavior of a given partner (cf. Williamson 1985: 395-396). Thus, although it is in the common interest of all actors that information is provided, each actor may have individual incentives to avoid the costs of contributing to the effective functioning of the information network. Notice in this context that we have focused on the efficiency aspect associated with the emergence of reputations. It seems likely that costs of accumulating or providing information have different effects if reputations are relevant for the solution of payoff-distribution (bargaining) problems.

Finally, we would like to point out that universal cooperation based on trigger strategies is rather unstable in the case of reputation effects due to local information. Assume that some actor defects once or is misunderstood to have defected. As soon as his partners receive the corresponding information, they will defect against him. This will induce the partners of his partners to defect against his partners. If the interaction network is connected, a spread of defection over the whole population results. One way to avoid this kind of instability is to modify the definition of a trigger strategy by distinguishing between 'provocative' and 'retaliatory' defections (cf. note 6). Such modifications need not affect the equilibrium conditions. However, it can be shown (cf. Weesie 1988: 145-146) that to avoid instability in this way requires that actors are not only informed on the interactions of their partners but at least also on the interactions of the partners of their partners. Alternatively, instability can be avoided if actors are able to terminate the interactions with 'unreliable partners' (cf. Weesie 1988:153-155). Of course, such an approach requires an extension of conventional supergame models which allows for an exit option.

**Appendix**

This appendix outlines the proofs of the three theorems. The theorems state equilibrium conditions for populations of trigger strategies under different information assumptions. A collection of strategies is in equilibrium if each actor uses a strategy which is a *best-response* against the strategies used by the other actors, i.e., if each actor maximizes his expected payoff, given the strategies used by the other actors.

For each of the theorems, the proof involves two steps. In the first step, it is shown that either ALL-C (i.e., play C in all interactions) or ALL-D (i.e., play D in all interactions) is a best response if all other actors use trigger strategies. It should be noted that in general best-response strategies are not unique; for instance, if ALL-C is a best reponse against trigger strategies, so is any other strategy that never initiates defection. However, there cannot be a strategy with a higher expected payoff against trigger strategies than the expected payoffs obtained by ALL-C and ALL-D. It follows that a collection of trigger-strategies is in equilibrium iff for each actor $i$, ALL-C (and hence trigger) is a best-response. Indeed, the tractability of our model can mainly be traced to the simple form of these two 'candidates' for best-responses.

This result is easily seen for A.1 and A.2. In both cases, the reasoning is similar to the dynamic programming arguments used in conventional supergame theory (cf., e.g., Friedman 1977: 178-180, proof of theorem 8.2), supplemented with the observation that there are best-response strategies against partners using trigger strategies which do not depend on the moments at which interactions occur. For A.3, the reasoning is somewhat more complicated.

In the second step, we compute the total expected payoff $E\ (U_{i+}\ |\text{EALL-C})$ of an actor $i$ if he uses ALL-C and, similarly $E\ (U_{i+}\ |ALL-D)$ if he uses ALL-D, both under the assumption that all other actors use trigger strategies. If $i$ uses ALL-C, then for each of the information assumptions, all actors always cooperate, and hence

$$E(U_{it}\ |\ ALL-C) = m_i\, \pi R$$

and so

$$E\ (U_{i+}\ |\ ALL-C) = \sum_{t=1}^{\infty} \beta^{t-1} E\ (U_{it}) = \frac{m_i\, \pi\, R}{1-\beta}$$

The total expected payoffs of $i$ with ALL-D differ for A.1, A.2, and A.3. Intuitively: Under A.1, each of the partners of $i$ becomes his victim. Under A.2, the partner of $i$ who happens to be the first to meet $i$ becomes his victim, while all other partners of $i$ are warned. Finally, under A.3, after the first victim to $i$, some of $i$'s other partners may become victims because the 'warning' about $i$'s defection reaches them too late.

By $E_{ij}$ we denote the event: 'there is an interaction of $i$ and $j$'. Now by homogeneity,

$$E\,(U_{i+} \mid ALL{-}D) = \sum_{t=1}^{\infty} \beta^{t-1} \sum_{lP_i} E\,(U_{it} \mid E_{il})\,\Pr\,(E_{il})$$

$$= m_i\,\pi \sum_{t=1}^{\infty} \beta^{t-1} E\,(U_{it} \mid E_{ij})$$

for some partner $j$ of $i$. To start with A.1, we condition on wether or not there has been an interaction of $i$ and $j$ before $t$,

$$E\,(U_{it} \mid E_{ij}) = (1-(1-\pi)^{t-1})P + (1-\pi)^{t-1}T$$

and so under A.1

$$E(U_{i+} \mid ALL{-}D) = m_i\,\pi\,(\frac{P}{1-\beta} + \frac{T-P}{1-\beta(1-\pi)})$$

Next we consider A.2. Here we condition on the occurence before $t$ of an interaction in which $i$ was involved,

$$E\,(U_{it} \mid E_{ij}) = (1-(1-m_i\,\pi)^{t-1})P + (1-m_i\,\pi)^{t-1}T$$

and so under A.2

$$E\,(U_{i+} \mid ALL{-}D\,) = m_i\,\pi\,(\frac{P}{1-\beta} + \frac{T-P}{1-\beta\,(1-m_i\,\pi)})$$

Consider finally the more complex case A.3. We now have to distinguish moments $t < \overline{\tau}$ and $t \geq \overline{\tau}$. In the first case, it is impossible that $j$ is warned about a defection of i against a partner $l \neq j$. So we condition on the event that there has been an earlier interaction of $i$ and $j$,

$$E\,(U_{it} \mid E_{ij}) = (1-(1-\pi)^{t-1})P + (1-\pi)^{t-1}T \qquad t = 1, 2, ..., \overline{\tau} - 1.$$

For $t \geq \bar{\tau}$, it is convenient to condition on the occurence of the event that (1) there has not been an interaction of $i$ and $j$ before $t$; and (2) there has not been any interaction with $i$ before $t - \bar{\tau}$,

$$E\,(U_{it} \mid E_{ij}) = (1 - (1 - m_i\,\pi)^{t-\bar{\tau}}(1 - \pi)^{\bar{\tau}-1})P$$

$$+ (1 - m_i\,\pi)^{t-\bar{\tau}}\,(1 - \pi)^{\bar{\tau}-1}\,T \quad t = \bar{\tau}\,, \bar{\tau} + 1\,, \ldots$$

With some calculation, it follows that under A.3

$$E\,(U_{i+} \mid ALL{-}D)$$

$$= m_i\,\pi\left(\frac{P}{1-\beta} + \left(\frac{1-(\beta\,(1-\pi))^{\bar{\tau}-1}}{1-\beta\,(1-\pi)} + \frac{(\beta\,(1-\pi))^{\bar{\tau}-1}}{1-\beta\,(1-m_i\,\pi)}\right)(T-P)\right)$$

For each information assumption, the corresponding theorem follows by direct computation from the equilibrium condition

$$E\,(U_{i+} \mid ALL{-}D\,) \leq E\,(U_{i+} \mid ALL{-}C\,) \quad \text{for all i.}$$

**Remark 1.** Our theorems do not presuppose restrictions of the actors' strategy sets for the whole game. A strategy of an actor for the whole game is a function from his information to the set of probability distributions over {C,D }. Each of these strategies may be feasible. E.g., actors need not use the same supergame strategy against each of their partners nor are they restricted to strategies for the whole game which are composed of supergame strategies. Furthermore, in his interactions with one of his partners, an actor can make his behavior dependent on other information than information on previous actions of that particular partner. Finally, an actor may make his behavior in a given interaction dependent on the time at which this interaction occurs. In these respects, the results are more general than those reported in Weesie (1988: ch. 5).

**Remark 2.** The trigger strategies analyzed here "threaten" defectors with extreme sanctions: *permanent* breakdown of cooperation. One might wonder the credibility of such threats since an actor implementing them would incur high costs for himself. Some (though presumably not all) intuitions associated with credible threats are captured in the notion of subgame perfect equilibrium (Selten 1965), an equilibrium concept which is stronger than the standard Nash equilibrium concept applied here. Roughly, strategies are in subgame perfect equilibrium if they are best responses against one another even under conditions which are never encountered when the strategies are actually played. The relevance of this criterion in our context is obvious: If trigger strategies are actually used by all actors, the threats implicit in them have never to be executed. Subgame perfectness requires, however, that an actor would not violate his own interests by actually imposing punishments if a defection occurs nevertheless (e.g., by mistake) and if everybody else uses trigger strategies. It turns out that the equilibria described in Theorems 1 and 2 are indeed subgame perfect with the following simple definition of trigger strategies: An actor $i$ using that strategy defects in his interaction with $j$ iff $i$ has information that $j$ defected before (in one of the interactions with $i$ or with some third party $h$) or if $j$ has information that $i$ defected before (in one of his interactions with $j$ or some third party $h'$).

It is more complicated to define trigger strategies such that the equilibrium described in Theorem 3 is subgame perfect. Of course, player $i$ should cooperate with $j$ if $i$ has not defected before and $i$ has no information on defections by $j$. Also, $i$ should defect if $i$ has information that $j$ defected before. Consider now a third case such that (a) $i$ has no information on defections by $j$, (b) $i$ has defected at time $t$, and (c) $j$ is not yet informed on $i$'s defection, due to the information time lag. In our model, $i$ knows the time $t' = t + \overline{\tau}$ at which $j$ will be informed. Given that $j$ uses a trigger strategy, $j$ will defect permanently against $i$ from $t'$ onward. So from $t'$ onward, $i$ should defect too. Between $t$ and $t'$ (boundaries exclusive), $i$ and $j$ play a finitely repeated PD (FRPD) where the number of repetitions is random but at most $\overline{\tau} - 1$. Note that $j$ will not receive information on $i$'s behavior vis-a-vis third parties during the play of FRPD. Given that $j$ sticks to a trigger strategy as defined up to now, $j$ cooperates against $i$ in FRPD as long as $i$ has not defected in FRPD. It can be shown (cf. Weesie 1990) that a best-response strategy for $i$ against $j$ in FRPD prescribes cooperation in all games played in the period $t + 1, \dots, t' - f - 1$ and defection in the "end-play" period

$t' - f, \dots, t' - 1$. With a non-trivial $\overline{\tau}$, $\overline{\tau} > 1$, the length $f$ of the end-play period is at least 1. This definition of trigger strategies ensures subgame perfectness of the equilibrium in the case of Imperfectly embedded interactions.

**Remark 3.** One might ask if there are generalizations of the three theorems for systems that do not satisfy the three homogeneity assumptions (an identical discount parameter $\beta$ for all actors, identical frequencies of interactions, $\pi_{ij} = \pi$, for all partners *i* and *j*, all interactions are PDs with an identical, symmetric payoff matrix). With heterogeneity of the first kind, generalizations are simple under each of the three information assumptions. Generalizations to heterogeneity of the second and third kind are relatively straightforward with perfectly embedded interactions (A.2). With imperfectly embedded interactions (A.3), however, the generalizations are much more difficult.

## Notes

1 The order of authorship is alphabetical. An early version of this paper was presented at a conference on network analysis of the Dutch-German working group on mathematical sociology (MASO/MSP) in Zeist, The Netherlands, June 1988. Requests for reprints should be sent to Werner Raub, Utrecht University, Department of Sociology, Heidelberglaan 2, 3584 CS Utrecht, The Netherlands.

2 This strategy has a suprisingly close resemblance to what has been called the 'structural-individualistic approach' by some European sociologists (cf., e.g., Lindenberg 1985 as an example and for further references.).

3 A reputation in the general sense of this paper is clearly established if an actor repeatedly interacts with another actor. Thus it is not a necessary condition for the establishment of an actor's reputation that third parties, which are not directly involved in that interaction, are informed. Models of finitely repeated Prisoner's Dilemma games (cf. Kreps et al. 1982) refer explicitly to an actor's reputation which results from his partner's observation of their own past interactions. However, in the literature on infinitely repeated games it is common to use the term 'reputation' only if an actor's behavior is observed by third parties (cf., e.g., Axelrod 1984: 11-12, 146, 150-154).

4 This pertains, e.g., to analyses of the problem of predatory pricing as well as to Axelrod's discussion of reputation and deterrence.

5 The model used in parts 3-6 of this paper is a simple version of a model analyzed in Weesie (1988: ch. 5) which yields results similar to those presented below.

6 One may want to distinguish between defections which are 'provocations' and defections which are reactions to a previous provocation (cf. Weesie, 1988: 138). The latter defections may be called 'retaliations'.

One could then refine the definition of a nice supergame strategy by requiring that such a strategy never provocates. A provocable strategy would then be a strategy which retaliates. Likewise, a trigger strategy could be defined as a strategy which never provocates but retaliates forever against a given partner after an information that the partner has provocated. The following analysis remains valid if these more sophisticated definitions are used. As one of the reviewers suggested, one might also want to consider strategies which use less severe (i.e., less than permanent) punishments against defectors. An example is a strategy which applies a finite, fixed number of consecutive punishments (cf., e.g., Green/Porter, 1984).

**References**

Axelrod, R. 1984: The Evolution of Cooperation. New York: Basic Books

Ben-Porath, Y. 1980: The F-Connection: Families, Friends, and Firms and the Organization of Exchange. Population and Development Review 6: 1-30

Coleman, J. S. 1988: Social Capital in the Creation of Human Capital. American Journal of Sociology 94 supplement Organizations and Institutions: 95-120

Friedman, J. W. 1977: Oligopoly and the Theory of Games. Amsterdam: North-Holland

Friedman, J. W. 1986: Game Theory with Applications to Economics. New York: Oxford University Press

Granovetter, M. 1985: Economic Action and Social Structure: The Problem of Embeddedness. American Journal of Sociology 91: 481-510

Green, E. J.; Porter, R.H. 1984: Noncooperative Collusion under Imperfect Price Information. Econometrica 52: 87-100

Harsanyi, J. C.: Rational Behavior and Bargaining Equilibrium in Games and Social Situations. Cambridge: University Press

Kreps, D. M.; Milgrom, P.; Roberts, J.; Wilson, R. 1982: Rational Cooperation in the Finitely Repeated Prisoners' Dilemma. Journal of Economic Theory 27: 245-252

Kreps, D. M.; Wilson, R. 1982: Reputation and Imperfect Information. Journal of Economic Theory 27: 253-279

Lindenberg, S. 1985: An Assessment of the New Politcial Economy. Sociological Theory 3: 99-114

Macaulay, S. 1963: Non-contractual Relations in Business: A Preliminary Study. American Sociological Review 28: 55-67

Milgrom, P.; Roberts, J. 1982: Predation, Reputation, and Entry Deterrence. Journal of Economic Theory 27: 280-312

Raub, W.; Voss, Th. 186: Conditions for Cooperation in Problematic Social Situations. In: Diekmann, A.; Mitter, P. (eds.): Paradoxical Effects of Social Behavior, Essays in Honor of Anatol Rapoport. Heidelberg: Physica, S. 85-104

Schelling, Th.C. 1960: The Strategy of Conflict. London: Oxford University Press

Selten, R. 1965: Spieltheoretische Behandlung eines Oligopolmodells mit Nachfrageträgheit. Zeitschrift für die gesamte Staatswissenschaft 121: 301-324, 667-689

Selten, R. 1978: The Chain Store Paradox. Theory and Decision 9: 127-159

Shapiro, S. P. 1987: The Social Control of Impersonal Trust. American Journal of Sociology 93, 623-658

Taylor, M. 1976: Anarchy and Cooperation. London: Wiley

Telser, L. G. 1980: A Theory of Self-Enforcing Agreements. Journal of Business 53, 27-44

Weber, M. 1976: Wirtschaft und Gesellschaft, 1921. Fünfte, überarb. Aufl., Tübingen: Mohr 1976.

Weesie, J. 1988: Mathematical Models for Competition, Cooperation, and Social Networks. Dissertation, Department of Sociology, Utrecht

Weesie, J. 1990: A Note on the Finitely Repeated Prisoner's Dilemma. Mimeo, Utrecht

Weizsäcker, C. C. v. 1980: Barriers to Entry. Berlin: Springer

Williamson, O. E. 1985: The Economic Institutions of Capitalism. New York: Free Press

Wilson, R. 1985: Reputations in Games and Markets. In: Roth, A. E. (ed.): Game-Theoretic Models of Bargaining. Cambridge: Cambridge University Press, S. 27-62

**Hartmut Esser**

# Der Austausch kompletter Netzwerke. Freundschaftswahl als "Rational Choice"

Der Ausgangspunkt für die folgende theoretische Analyse der Entstehung und des Wechsels von Freundschafts-Netzwerken war ein etwas unerwartetes Ergebnis aus einer empirischen Untersuchung. Bei einer Auswahl türkischer und jugoslawischer Arbeitsmigranten der ersten und der zweiten Generation war u.a. nach den "drei besten Freunden" und nach einigen ihrer Eigenschaften (gemäß dem Vorschlag von Laumann 1973: S. 7 ff.) gefragt worden. Von den 1843 Befragten hatten 81,6% dabei tatsächlich drei Freunde namentlich genannt (15,4% hatten keinen Freund angegeben, die restlichen 3% jeweils nur einen oder zwei). Für die 1507 Befragten mit einem "kompletten" Netzwerk (von mindestens drei Freunden) ergab sich die folgende Verteilung in der ethnischen Zusammensetzung des Freundschaftsnetzes (aufgegliedert nach Nationalität und Generation; vgl. Tab. 1a):

**Tab. 1a:** Ethnische Zusammensetzung des Freundes-Netzwerkes, nach Generation und Nationalität (Anteile)

| Netzwerk-struktur | Türken 1. Gen. | Türken 2. Gen. | Jugoslawen 1. Gen. | Jugoslawen 2. Gen. | gesamt |
|---|---|---|---|---|---|
| homogen endophil | 78.0 | 64.7 | 62.2 | 25.4 | 57.0 |
| eine exophile Beziehung | 13.9 | 9.8 | 14.8 | 20.1 | 17.3 |
| zwei exophile Beziehungen | 5.8 | 10.9 | 11.1 | 19.0 | 11.9 |
| homogen exophil | 2.3 | 4.6 | 11.9 | 35.5 | 13.5 |
| n | 346 | 394 | 378 | 389 | 1507 |

Auffällig sind drei Einzelheiten. Erstens gibt es eine starke Endophilie des Freundeskreises für die Türken und die jugoslawische Erstgeneration, während die jugoslawische Zweitgeneration nur noch zu einem Viertel ein ausschließlich eigenethnisches Netzwerk aufweist. Dieser offenkundige Interaktionseffekt von Nationalität und Generation läßt sich auch an den Mittelwertdifferenzen (des Index für fremdethnische Freundschaftswahl) und an den sehr unterschiedlichen Gruppendifferenzen zwischen Erster und Zweiter Generation bei Türken und Jugoslawen ablesen (vgl. Tab. 1b).

**Tab. 1b:** Zusammensetzung des Freundes-Netzes, außerethnische Sprachkenntnisse und ethnische Orientierungen nach Generation und Nationalität (Mittelwerte von Indizes und Gruppen-Differenzen)

| | Türken | | | Jugoslawen | | |
|---|---|---|---|---|---|---|
| | 1. Gen. | | 2. Gen. | 1. Gen. | | 2. Gen. |
| **Freundes-Netz** | 3.31 | | 3.54 | 3.72 | | 4.76 |
| eta | | .15 | | | .40 | |
| **Sprache** | 3.01 | | 3.98 | 3.69 | | 4.63 |
| eta | | .48 | | | .50 | |
| ethnische Orientierung | 1.25 | | 1.49 | 1.48 | | 2.33 |
| eta | | .15 | | | .36 | |
| n | 346 | | 394 | 378 | | 389 |

Zweitens fällt auf, daß die Netzwerke in ihrer ethnischen Komposition ganz überwiegend homogen sind. Selbst im Fall der jugoslawischen Zweitgeneration ist der Anteil der homogenen Netzwerke ca. 60%, während er sonst um die 70% und mehr beträgt. Schließlich fällt - mit dem o.a. Resultat zusammenhängend - auf, daß der Anteil der gemischten Netzwerke erst bei der zweiten Generation der Jugoslawen deutlicher zunimmt; also: ebenfalls von der Kombination von Nationalität und Generation abhängig ist (vgl. zu weiteren Ergebnissen der Untersuchung Esser und Friedrichs 1990).

Unerwartet war nun nicht der Sachverhalt der überwiegenden Endophilie der Freundschaftswahlen; dies ist einer der regelmäßigsten Befunde der Sozialforschung überhaupt (vgl. z.B: Laumann 1973: S. 96 ff.; Verbrugge 1977: 577; McPherson/Smith-Lovin 1987). Unerwartet war vielmehr, daß bei der Gruppe, bei der die Endophilie deutlich zurückgeht, zwar auch die gemischten Netzwerke anteilig zunehmen, jedoch gleichzeitig eine ausgeprägte Tendenz zu einem homogenen fremdethnischen Freundesnetz besteht. Offensichtlich werden Freundschaftsnetze vorwiegend als "Ganzheiten" wahrgenommen, für die Mischungen nicht gerne zugelassen werden.

Das geschilderte Resultat paßte nur mühsam zu einigen theoretischen Überlegungen, die ausgehend von soziologischen und sozialpsychologischen Ansätzen zur Erklärung von Freundschaftswahlen (vgl. Abschnitt 1) entwickelt worden waren, allerdings von einer für Soziologen eher befremdlichen Perspektive her: Freundschaftswahlen (und damit die resultierenden Netzwerkstrukturen) seien die Folge von "Entscheidungen", Freundschaften bestimmten Typs in Abhängigkeit von ihrem zu erwartenden "Nutzen" und der mit ihnen jeweils verbundenen "Kosten" "nachzufragen", wobei die wichtigsten Komponenten des "Preises" für eine Freundschaft bestimmten Typs der zu leistende Aufwand ist, um einen po- tentiellen Partner überhaupt zu treffen, mit ihm tatsächlich Kontakt aufzunehmen und bei ihm auch auf Interesse (also: ein "Angebot") zu stoßen. Kurz gesagt, Freundschaften sollten "ökonomisch" bzw. als "rational choice" erklärt werden (vgl. dazu Abschnitt 2).

Die geschilderte Anomalie besteht nun darin, daß auf der Grundlage der üblichen (neoklassischen) Annahmen die Güter in einem "Warenkorb" (hier: Einheiten einzelner Freundschaften) mit variierenden "Preisen" frei substituierbar sein sollten; also: daß gemischte Netze von Freunden eher die Regel als die Ausnahme sein müßten.

Eine Lösung des Problems des kompletten Wechsels von Freundeskreisen wird dann - durchaus über die Stichhaltigkeit und Relevanz des o.a. empirischen Beispiels hinausgreifend - in Abschnitt 3 vorgeschlagen. Hierbei werden zwar einige Änderungen des neoklassischen Modells vorgenommen, jedoch bleibt die Grundüberlegung (zur Erklärung des diskontinuierlichen Wechsels von Freundesnetzen) unberührt: daß es eine an Möglichkeiten, Bedürfnissen und Aufwand orientierte Entscheidung der beteiligten Akteure vor dem Hintergrund knapper Ressourcen ist. Abschnitt 4 verweist schließlich auf mögliche weitere Anwendungen der Überlegungen im Zusammenhang mit anderen Phänomenen diskontinuierlichen und kompletten Wandels.

Der Beitrag reflektiert dabei nicht unbeabsichtigt auch eine allgemeinere Frage; nämlich: inwieweit zur Erklärung von bestimmten, (anscheinend) "irrationalen" Vorgängen - wie abrupten "Konversionen" und "Gestaltwandel" und damit: Ideologien, "belief systems", Wertvorstellungen, Religion - nicht gerade die Theorie des rationalen Handelns besonders anwendbar ist (anders als die herkömmlichen Zuordnungen vermuten lassen).

## 1. Zur soziologischen Erklärung von Freundschaftswahlen

Zur Erklärung von Freundschaftswahlen bzw. der schließlich bestehenden Strukturen von Freundschaftsnetzwerken gibt es in der Soziologie erstaunlich ähnlich lautende Überlegungen. Freundesnetze sind danach das (nicht unbedingt stabile) Resultat eines Prozesses, der mit ersten - wie auch immer zustandegekommenen - Kontakten beginnt und in dessen Verlauf es entweder zu einer Synchronisation der gegenseitigen Attraktionen kommt, oder - eventuell nach einer Phase asymmetrischer Interaktionsversuche - die Beziehung zerfällt bzw. gar nicht erst entsteht.

Für den Beginn des Prozesses werden zwei unterschiedliche Situationen als denkbar angenommen: Personen treffen einander (mehr oder weniger zufällig oder institutionalisiert) und im Verlauf von solchen "meetings" erfolgt dann (gegebenenfalls) ein synchronisierendes "mating" (so z.B. Verbrugge 1977: S. 577 f.; Lazarsfeld/Merton 1954: S. 30). Die Wahrscheinlichkeit für ein Treffen variiert deutlich mit der positionellen Verteilung von Personen in bestimmten Kontexten und daher auch mit strukturierten sozio-demographischen Ähnlichkeiten.

In einem etwas stärker akteursorientierten Ansatz wird davon ausgegangen, daß eine Person auf der Grundlage eines expliziten Interesses eine Initiative an eine (bestimmte) andere Person richtet, die diese andere Person wahrnehmen (und erwidern) muß, soll es zu einer Fortsetzung und Vertiefung der Beziehung kommen (so Hallinan 1978/79: S. 194). Bevor es zu einer solchen Initiative kommt, muß die Person demnach gegebenenfalls erst einmal Opportunitäten für ein "meeting" schaffen (die es ansonsten - kostengünstiger - in den institutionellen Kontexten schon gibt). In beiden Fällen spielen demnach Opportunitäten und Interessen an bestimmten Beziehungen für den Beginn des Prozesses der Freundschaftsformation eine zentrale Rolle.

Nach der - eher zufällig oder aktiv begonnenen - Initiation des Prozesses muß die jeweils andere Person die Interaktion erwidern. Hierfür wird angenommen, daß sie für die Beziehung ihrerseits ein gewisses Interesse aufbringt, das üblicherweise in einer bestimmten Attraktivität der initiierenden Person liegt (wobei die Gründe für die zur Erwiderung motivierende Attraktivität sehr unterschiedlich sein können und auch Ungleichgewichte in bestimmtem Ausmaß möglich sind). Meist wird für den Fortgang des Prozesses das Fehlen einer interaktionshemmenden Besonderheit schon als ausreichend motivierend angenommen: die Abwesenheit von zu starken Unähnlichkeiten in wichtigen Einstellungen (vgl. Tuma/Hallinan 1978; Laumann 1973: S. 73 f.; Verbrugge 1977: S. 578). In diesem Zusammenhang spielen dann vor allem die vielfachen denkbaren sozialen Barrieren zur Aufnahme (bzw. Erwiderung) von Interaktionen bestimmten Typs eine wichtige Rolle: Endogamie-Normen, soziale Distanzen, eventuell im bereits bestehenden Bezugssystem durch die neue Beziehung entstehende Inkonsistenzen (vgl. dazu Ziegler 1985).

Festzuhalten bleibt, daß zu Beginn des Prozesses der Freundschaftsformation eine (auf der Grundlage eines bestimmten Interesses und bei Vorliegen von entsprechenden Opportunitäten begonnene) Initiative einer Person von einer (bestimmten) anderen Person (ebenfalls auf der Grundlage eines bestimmten Interesses und gegebener Opportunitäten) erwidert werden muß. Sowohl die Initiative wie die Erwiderung werden davon abhängig sein, ob - bei allen Interessen und Opportunitäten - dafür die sozialen Barrieren nicht zu hoch sind, als daß Kontaktversuche erst gar nicht aufgenommen oder gegebenenfalls nicht erwidert werden. Auf diese Anfangsbedingungen des Vorgangs wird sich die weitere theoretische Analyse (in den folgenden Abschnitten) vor allem konzentrieren.

Der weitere Verlauf des Prozesses ist in einem - zu unrecht etwas in Vergessenheit geratenen - Artikel von Lazarsfeld und Merton (1954) auf einfache und einleuchtende Weise beschrieben worden. Nach erfolgtem Beginn (unter der beiderseitigen Annahme von Wert-Ähnlichkeiten) setzt sich der - zunächst ja befriedigende - Kontakt ebenso befriedigend fort, wenn sich diese Annahme der Wertähnlichkeit als gültig herausstellt: "For those with similar values, then ... social contact, because it is rewarding, ... will motivate them to seek further contact" (Lazarsfeld und Merton 1954: S. 30). Es ist damit die Grundlage gegeben, daß sich die Freundschaft - in wechselseitiger Verstärkung von Kontakt und Sympathie - von einem bloßen Austausch über ein loses und diffuses Vertrauen zu einer Beziehung starker wechselseitiger Hingabe mit hoher Synchronisation von Freundschaftsstruktur, Handlungen und Orientierungen führt (vgl. das Modell von Leik/Leik 1977).

Freilich kann sich auch im Verlauf der Anfangskontakte herausstellen, daß die Annahme der Wert-Ähnlichkeit nicht richtig war. Dann gibt es eine Vielzahl von Verzweigungsmöglichkeiten. Nicht unwahrscheinlich ist, daß nach Offenkundigwerden der Wert-Antinomien (in einer frühen Phase des Prozesses) die Beziehung nicht fortgesetzt wird (in Abhängigkeit der relativen Bedeutsamkeit dieser Belastungen des Verhältnisses zu den wechselseitigen Attraktivitäten). Eher werden jedoch Personen - bei einmal begonnener und zunächst befriedigender Beziehung - zaghaft ans Tageslicht tretende Meinungsverschiedenheiten (mindestens eine gewisse Zeitlang) unterdrücken und diese erst zu einem späteren Zeitpunkt offenbar werden lassen. Je länger und je befriedigender - für beide - die Beziehung bereits verlaufen ist - umso eher können solche später offenkundigwerdenden Divergenzen ertragen werden: Der erfahrene Nutzen der Beziehung ist dann höher als die mit den Wert-Divergenzen erlebten Inkonsistenzen. Bei starken Inkonsistenzen und/oder relativ geringen Attraktivitäten (bei mindestens einer Seite) wird die Beziehung jedoch wahrscheinlich zerfallen. Sehr starke Wert-Divergenzen in einer ansonsten äußerst ertragreichen bzw. unersetzbaren Beziehung (z.B. bei Fehlen von Alternativen dazu) werden auch als nicht unbeträchtlicher Stress von den Personen erlebt, den man indessen angesichts des immer noch gegebenen "Netto-Nutzens" der Beziehung durchaus erträgt. Aus genau diesem Grund werden ganz allgemein einmal zustandegekommene, aber ansonsten durchaus "lohnende" (wenn nicht: unausweichliche) Statusinkonsistenzen in Beziehungen auch dauerhaft beibehalten (vgl. dazu Esser 1986: S. 112 ff.). Die wechselseitig in der Beziehung erfüllten Interessen sind die Grundlage von jeweils aufeinander ausgeübter Macht und der auch manchen Widerstand ertragenden Bindungen der Personen zueinander (vgl. dazu auch Emerson 1962, sowie Elias 1970: S. 146-159 bzw. Markovsky 1987: S. 102 f.).

Häufiger werden jedoch die Meinungsdivergenzen bei starken Interessenbindungen über Anpassungen verringert. Die erlebte Bedeutsamkeit der Beziehung "gives rise to a motivated tendency toward the formation of common values among fast friends. Not only does intimate social interaction precipitate a deposit of new common values, but it also converts originally disparate values into common values" (Lazarsfeld/Merton 1954: S. 33) - eine Hypothese, die seit Simmel über Parsons, Homans und Blau schon zum Gemeingut der Soziologie gehört (vgl. zur Entstehung einer Kooperations-"Ethik" aus spieltheoretischer Sicht neuerdings auch Axelrod 1987: S. 76 f., S. 122 f.). Probleme scheint es bei solchen Konversionen zugunsten der neuen Beziehung allerdings dann zu geben, wenn sie mit bereits bestehenden anderen Beziehungen inkonsistent ist. Daher ist solchen Anpassungen dort eine Grenze gesetzt, wo sie ihrerseits mit vorher etablierten, ertragreichen Beziehungen im übrigen Freundes- und Bezugsgruppennetz in Konflikt geraten; die Segregation von Verkehrskreisen ist die naheliegendste, aber nicht immer mögliche oder dauerhafte Lösung derartiger Konflikte im Gesamt-Netz des jeweiligen Akteurs.

Die Folge für schließlich stabilisierte Beziehungen ist in jedem Fall: Endophilie. Sie ergibt sich schon aus der strukturellen Verteilung von (kostengünstigen) Opportunitäten des Treffens (wenngleich je nach spezifischer Zwecksetzung der Beziehung in jeweils anderer Hinsicht; vgl. Feld 1984: S. 648). Sie ergibt sich weiter aus der Wahrscheinlichkeit einer

Erwiderung einer Kontaktinitiative bei Fehlen von zu starken sozialen Distanzen bzw. bei Vorliegen von etwaigen Endogamie-Normen. Sie ist zudem aus der Bedingung der Vermeidung von zu starken Wert-Divergenzen erwartbar. Und sie wird schließlich für stabilisierte Netzwerke über die beschriebenen Selektivitäts- und/oder Anpassungsprozesse noch verstärkt. Nicht zu vergessen wäre jedoch auch, daß Interessenkomplementaritäten, die dem gesamten Prozeß erst seine motivationale Dynamik geben, ebenfalls eher unter merkmalsähnlichen Personen (bezogen auf bestimmte Handlungsbereiche) zu finden sein dürften.

Alles andere als eine starke Endophilie des Freundesnetzes ist damit ausgesprochen unwahrscheinlich. Die Frage bleibt indessen: warum gibt es dennoch Personen, die exophile Sozialbeziehungen eingehen und warum bilden sich dann - offenbar - in einem besonderen Maße wieder homogene (nun aber: exophile) Freundschaftsnetze aus?

## 2. Eine "ökonomische" Erklärung der Freundschaftswahl

Die soziologische Deutung der Bildung von Freundschaften erinnert - mindestens auf den ersten Blick - an eine für Soziologen oft befremdliche Erklärungsweise: Freundschaften seien das Resultat von Nutzen-Kosten-Vergleichen (jedenfalls in einem weiten Sinne der Bedeutung von Nutzen und Kosten): Wenn es ein Interesse an bestimmten Aspekten einer denkbaren Beziehung gibt, wenn die Gelegenheiten zum Treffen nicht zu unwahrscheinlich (und damit: relativ kostengünstig) sind und wenn der Aufnahme einer Beziehung keine konkurrierenden Widerstände in Gestalt von sozialen Distanzen oder Wert-Divergenzen entgegenstehen, dann werden Beziehungen bestimmten Typs initiiert bzw. "nachgefragt". Wenn bei potentiellen Adressaten ebenfalls ein Interesse an einer Beziehung bestimmten Typs in der gegebenen Situation besteht (z.B. weil der Initiator bestimmte, vom Adressaten geschätzte Leistungen in der Beziehung zu erbringen verspricht) und wenn für den Adressaten die mit der Erwiderung der Beziehung entstehenden Kosten (an Aufwand, Überwindung sozialer Distanzen oder sonstiger Inkonsistenzen) nicht zu hoch sind, dann wird er der Nachfrage des Initiators ein "Angebot" zu einem bestimmten "Preis" (in Gestalt von meist immateriellen Leistungen des Initiators) entgegenbringen. Nun tritt der Adressat selbst als Nachfrager auf; die Nachfrage des Initiators wäre entsprechend aus der Sicht des Adressaten ein Angebot, auf das er nach seinen Erwägungen eingehen kann (oder nicht).

Eine explizit ökonomische Perspektive zur Erklärung von Freundschaftswahlen soll - so befremdlich sie aus soziologischer Sicht auch sein mag - hier aus zwei Gründen gewählt werden. Einerseits akzentuiert sie (unseres Erachtens) lediglich, was in den soziologischen und sozialpsychologischen Erklärungen ohnehin implizit angesprochen wird: Freundschaftswahlen sind das Resultat von Entscheidungen und werden (formal) genauso getroffen wie andere Entscheidungen auch (vgl. explizit so Hallinan 1978/79: S. 195). Andererseits vernachlässigen die soziologischen (und auch manche rational-theoretischen bzw. "struktur-individualistischen" anderen) Ansätze den Sachverhalt, daß Wahlhandlungen (einschließlich von Freundschaftswahlen) immer vor dem Hintergrund von begrenzten Ressourcen stattfinden und daß jede Entscheidung eine Verteilung knapper Mittel (also: eines "Einkommens") auf Alternativen (z.B. von Typen von Beziehungen) bedeutet. Beide Aspekte legen es nahe, Freundschaftswahlen einmal im Rahmen der mikro-ökonomischen Perspektive, in denen die o.a. Konzepte explizit vorkommen, zu analysieren.

Zur Vereinfachung der Argumentation seien dabei die dem Beginn einer Freundschaft folgenden Prozesse der Formation und Synchronisierung nicht weiter betrachtet. Es wird davon ausgegangen, daß sich nach Maßgabe des folgenden Modells entwickelnde Anfangsbeziehungen (und damit: bestimmte Strukturen von Freundesnetzen), sofern sie auf der Symmetrie der Beziehungen beruhen, mit einer gewissen Wahrscheinlichkeit auch stabilisieren und andere, vor allem inkonsistente und asymmetrische Beziehungen, erst gar nicht zustande kommen oder rasch zerfallen (vgl. Hallinan 1978/79: S. 208). Die schließlich stabilisierten Beziehungen müßten demnach wenigstens in groben Zügen in der Struktur denen gleichen, für die es einen erfolgreichen Beginn gibt.

## 2.1 Die Nachfrage nach Freundschaftsbeziehungen

Ein erster Ansatz zur ökonomischen Erklärung von Freundschaftswahlen orientiert sich an dem bekannten neoklassischen mikro-ökonomischen Modell von Nachfrage und Angebot und den damit zusammenhängenden Theorien des Haushalts und der Produktion. Haushalte fragen auf Gütermärkten zu bestimmten Preisen bestimmte Mengen von Gütern nach, die von Produzenten zu gegebenen Preisen in bestimmter Menge angeboten werden. Gibt es einen Preis, bei dem gerade so viel angeboten wie nachgefragt wird, befindet sich das System im "Gleichgewicht": eine (einstweilen) dauerhafte Beziehung von Anbietern und Nachfragern ist entstanden.

"Güter" sollen in unserem Fall Freundschaften bestimmten Typs sein. Im einfachsten Fall gäbe es davon zwei Arten, zwischen denen ein potentieller Nachfrage zu wählen hätte bzw. für die er sein Angebot geben müßte: endophile und exophile Freundschaften. Die Nachfrage (in unserem Fall: eines Initiators) bestimmt sich gemäß den neoklassischen Annahmen (vgl. dazu z.B. von Böventer 1986: Kap. II; McKenzie/Tullock 1984: S. 39 ff.) aus den Preisrelationen der (beiden) Güterarten, aus dem auf bestimmte Nachfragekombinationen verteilbaren, insgesamt verfügbaren Einkommen sowie aus der Gestalt der Präferenzstrukturen für die Nachfrage nach bestimmten Gütern (wie sie sich in mehr oder weniger asymmetrischen Indifferenzfunktionen von Güterkombinationen gleicher Bedürfnisbefriedigung niederschlagen können). Die für jedes Gut nachgefragte Menge ergibt sich aus dem Tangentialpunkt der Einkommensgerade mit der höchstmöglichen Indifferenzkurve. Bei Änderungen der Preisrelationen bzw. des Einkommens verändert sich entsprechend dieser Tangentialpunkt und damit die jeweils nachgefragte Gütermenge.

Vernachlässigt man (einstweilen) besondere Gestalten der Präferenzfunktionen und geht vom üblichen Fall konvexer und asymptotischer Funktionen aus, dann ergeben sich aus Veränderungen von Preisen bzw. von Einkommen wichtige Konsequenzen. Zunächst ziehen Preissenkungen eines Gutes zwei Effekte nach sich: Sie wirken einerseits als eine Art Einkommenserhöhung und verstärken somit (i.d.R) die Nachfrage nach beiden Gütern (Einkommenseffekt); andererseits verlagert sich die Verteilung der Güterkombination zugunsten des Gutes, das relativ mehr "Nutzen stiftet" (Substitutionseffekt). Beide Effekte bewirken zusammen (i.d.R.), daß bei Preissenkungen eines Gutes sich die Nachfrage nach diesem Gut erhöht (und umgekehrt) und daß somit die Preis-Mengen-Funktion der Nachfrage ihre bekannte negative Steigung erhält.

Diese Gestalt einer negativ geneigten Nachfragefunktion ist im übrigen auch dann zu erwarten, wenn die Nachfrager nicht "rational", also z.B. zufalls- oder traditionsbestimmt reagieren (vgl. die Analyse von Becker 1976), wenn sie also nicht unbedingt in ihrem Verhalten jeweils die Kombination größtmöglicher Bedürfnisbefriedigung anstreben. Der Grund für diesen Sachverhalt liegt darin, daß bei knappen Ressourcen (Einkommen) bei Preisänderungen auch zufalls- oder traditionsbestimmte Akteure (im Aggregat) "gezwungen" werden, weniger nachzufragen, da sie - auf einen einfachen Nenner gebracht - nicht mehr Einkommen verausgaben können, als sie besitzen. "Rationalität" des Handelns der individuellen Akteure muß hier also nicht unbedingt vorausgesetzt werden (vgl. dazu jedoch noch Abschnitt 3 und 4). Für die negative Steigung der Nachfragefunktion sorgt jenseits aller "Nutzenmaximierung" die Begrenztheit der zu verausgabenden Ressourcen und deren Veränderung bei Preis- bzw. Einkommensänderungen.

Die Erhöhung (Senkung) des Einkommens verändert die Preisrelationen nicht, führt aber - bei konstanten Preisen - (i.d.R.) zu einer Erhöhung (Senkung) der Nachfragemengen (nach beiden Gütern; Fälle einer "anomalen" Nachfragereaktion seien hier nicht weiter betrachtet). Die Folge ist, daß sich die Preis-Mengenfunktion der Nachfrage parallel verschiebt: für den gleichen Preis wird nun eine höhere (niedrigere) Menge nachgefragt.

Wie könnte man nun diese Sachverhalte auf die Nachfrage nach Freundschaftswahlen anwenden? Die "Güter" seien endo- bzw. exophile Freundschaften, die angestrebt werden könnten. Der für die Initiierung bzw. den Unterhalt der verschiedenen Freundschaftstypen unterschiedlich erforderliche Aufwand könnte als der jeweilige "Preis" einer gedachten Menge von Beziehungen (etwa in Personen, in Intensitäten, in Zeiteinheiten u.a.) interpretiert werden. Dieser Aufwand bzw. Preis setzt sich aus verschiedenen Elementen zusammen: der Aufwand, allein schon ein Treffen möglich zu machen (Opportunitäten); Transaktionskosten der Beziehung, die z.B. mit Kommunikationsbarrieren und Interaktionsfertigkeiten variieren können; Aufwand zur Überwindung intern bestehender Widerstände (z.B. aus Endogamie-Normen für exogame Beziehungen); und schließlich gewisse "Leistungen", die zu erbringen sind, um einen potentiellen Partner zur Erwiderung zu bewegen. Diese Leistungen dürften vor allem mit zu überwindenden externen Distanzen und den o.a. Wert-Divergenzen (vor allem bei exophilen Beziehungen) variieren.

Als "Einkommen" können alle, einer Person verfügbaren Ressourcen zur Aufnahme einer Interaktion, vor allem in Form von individuell erworbenen oder kollektiv zur Verfügung stehenden bzw. zugestandenen Kompetenzen gezählt werden: Handlungsreichweiten (z.B. in Abhängigkeit rechtlicher oder technischer Begrenzungen), individuelle Fertigkeiten (z.B. Sprachkenntnisse) oder kulturelle Flexibilitäten (wie z.B. flexible Interaktionsnormen für beliebige Beziehungen). Es wird davon ausgegangen, daß Handlungsreichweiten, Fertigkeiten und kulturelle Flexibilitäten (mindestens: kurzfristig) nicht beliebig steigerbar sind und daß sich gewisse "constraints" für die Aufnahme von Interaktionen ergeben, die auch dann wirksam sind, wenn die Akteure nicht unbedingt in voller Rationalität in Freundschaften Nutzen zu maximieren versuchen. Anders gesagt: mit der Einführung von Kompetenz und Handlungsfähigkeit als prinzipiell knapper Ressource kann auch unter sehr liberalisierten Annahmen - gemäß der o.a. Analyse von Becker - von einer negativ geneigten Nachfragefunktion für die Initiierung von Freundschaften bestimmten Typs ausgegangen werden.

Entsprechend lassen sich Veränderungen des Aufwandes für eine Beziehung als Preisänderungen interpretieren mit der Folge analoger Veränderungen der Nachfrage nach Freundschaften bestimmten Typs (als Bewegung auf einer gegebenen Nachfragefunktion); und ähnlich lassen sich Veränderungen der Kompetenz als Einkommenseffekt und damit als Parallelverschiebung der Nachfragefunktion nach Freundschaften eines bestimmten Typs modellieren: Rechtsverschiebung bei generellen Kompetenzerhöhungen, Linksverschiebung bei Kompetenzbegrenzungen.

## 2.2 Das Angebot von Freundschaftsbeziehungen

Die tatsächliche (nicht die gewünschte) Menge von Freundschaftsnachfragen richtet sich - wie auf einem "Markt" - nach dem Preis, d.h. nach dem zu leistenden Aufwand und danach, ob jemand vorhanden ist, der auf die Nachfrage eingeht. Nur ein Teil dieses Aufwandes - und hierin unterscheidet sich das Beispiel schon etwas vom üblichen mikroökonomischen Modell - ist jedoch dem potentiellen Adressaten als "Gegenleistung" zugänglich, die ihn zur Erwiderung der Nachfrage bewegen könnte. Für seine Reaktion (als "Angebot") ist es zunächst unerheblich, wieviel ein Initiator zur Herstellung von Treffgelegenheiten oder zur Überwindung von Interaktionshemmnissen aufwenden mußte. Die Attraktivität hängt zu allererst von den Leistungen des Initiators ab, wobei zu diesen Leistungen durchaus auch personale, ohnehin vorhandene, gewissermaßen "kostenlose" Eigenschaften des Initiators wie tatsächlich erbrachte, kostenträchtige Leistungen gezählt werden können. Damit ein Anbieter auf eine Nachfrage eingeht, muß die Bilanz dieser Leistungen höher sein als das Ausmaß der mit einer Erwiderung einhergehenden Kosten. Diese Kosten für exophile Beziehungen dürften vor allem erneut aus intern bindenden Endophilie-Normen (für exophile Beziehungen) und aus extern trennenden soziale Distanzen bestehen (neben den sonstigen Barrieren wie Wert-Divergenzen und Unverträglichkeiten mit bereits bestehenden Beziehungen oder bestimmten Transaktionskosten). In jedem Fall kann angenommen werden: je höher diese Kosten bezogen auf einen bestimmten Typ von Beziehungen sind, umso höher muß die kompensierende Leistung als Preis für die Erbringung eines Angebotes sein, damit ein Initiator auf einen tatsächlich reagierenden Adressaten stößt.

Damit wird für den geschilderten Zusammenhang eine weitere Modifikation des üblichen mikro-ökonomischen Modells erforderlich. Dort ergaben sich die für eine bestimmte Angebotsmenge nötigen Preise aus den zur Produktion dieser Menge anfallenden (technisch bestimmten) Grenzkosten. Und zusammen mit der Annahme steigender Grenzkosten der Produktion wird dann i.d.R. eine Angebotsfunktion mit positiver Steigung erwartet. In unserem Fall ist aber eher von - über eine Population potentieller Adressaten bestimmten Typs hinweg - konstanten "Kosten" (und damit erforderlichen Leistungen der Initiatoren) für die "Anbieter" auszugehen. Die Angebotsfunktion für Freundschaftswahlen dürfte daher i.d.R. als Parallele zur Mengenachse von Freundschaften anzunehmen sein. Soziale Distanzen würden sich folglich als in unterschiedlicher Höhe verlaufende parallele Angebotsfunktionen modellieren lassen, wobei die unterschiedlichen Preise für die in unterschiedlicher Höhe erforderlichen "Kompensations"-Leistungen zur Überwindung sozialer Distanzen stehen.

Andererseits ist natürlich eine Vielzahl anderer Kompositionen potentieller Adressaten von Freundschaftsnachfragen denkbar. Nicht unplausibel dürfte es z.B. sein, daß innerhalb einer Adressatenpopulation (gegebener Zugänglichkeit und bestimmten Typs) es Unterschiede nach sozialer Distanz gegenüber bestimmten Initiatoren gibt. Im einfachsten Fall würde sich daraus eine positiv ansteigende Angebotsfunktion der sukzessiven Anordnung von Personen mit unterschiedlich hohen sozialen Distanzen und den entsprechend in zunehmendem Maß erforderlichen Leistungskompensationen ergeben. Der Achsenabschnitt der "Angebots"-Funktion würde demnach das Ausmaß der globalen Distanzen, die Steigung bzw. die sonstige Gestalt der Funktion die intern variierende Verteilung der Distanzen abbilden (vgl. zu weiteren, für das Resultat des Prozesses bedeutsamen Varianten der Angebotsfunktion aus der strukturellen Verteilung von Anbietern mit unterschiedlichen sozialen Distanzen noch Abschnitt 3).

### 2.3 Ein erstes Modell

Im neoklassischen Modell ergibt sich die nachgefragte Menge nach einem Gut aus dem Schnittpunkt von Angebots- und Nachfragefunktion. Für den betrachteten Fall der Initiation von Freundschaftsbeziehungen kann dieses einfache Modell nicht vollständig übernommen werden. Die Nachfragefunktion eines Initiators von Freundschaften (hier: des Typs D, vgl. die Funktion N1 in Abbildung 1) läßt sich zwar in plausibler Weise übertragen, nicht aber die "Angebots"-Funktion (selbst in der oben modifizierten Form nicht). Dies liegt vor allem daran, daß der "Preis" (als Aufwand zur Initiation einer Beziehung) nicht alleine durch die Grenzkosten beim Anbieter, sondern auch durch den vom Nachfrager zu leistenden Aufwand, der für den Anbieter eigentlich irrelevant ist, bestimmt ist. Anders gesagt: In den Preis zur "Produktion" von Freundschaften gehen die Aufwendungen beider Partner ein.

Gleichwohl läßt sich diese Besonderheit in relativ unkomplizierter Weise in einem dem Marktmodell durchaus entsprechenden Schema modellieren. Die Nachfragefunktion (nach Beziehungen des Typs D in Abhängigkeit des Aufwandes P (D)) sei in der üblichen Weise gegeben (N1). Das zu erwartende tatsächliche Ausmaß von (zunächst) erfolgreichen (d.h. erwiderten) Freundschaftsangeboten hängt dann von der tatsächlichen Höhe des zu leistenden Aufwandes ab. Dieser Aufwand (P(D)) bestehe den o.a. Überlegungen zufolge im Prinzip aus zwei Bestandteilen: Der zur Erwiderung erforderlichen "Leistung" eines Initiators (A1) und den vom Initiator selbst zu erbringenden Voraussetzungen dafür, daß eine Beziehung überhaupt möglich wird (A2). Dieser Aufwand kann seinerseits - den o.a. Überlegungen zufolge - in mindestens drei verschiedene Komponenten unterteilt werden: der Aufwand zur Herstellung der erforderlichen Opportunitäten (a), die Transaktionskosten der Beziehung (b) und die Überwindung eigener normativer und sozialer Distanzen (c).

Aus diesen Annahmen ergäbe sich ein erstes, einfaches Modell der ökonomischen Erklärung zur Aufnahme von Freundschaftsbeziehungen (bestimmten Typs und unter der Annahme nicht-variierenden Aufwandes über die Population potentieller Adressaten hinweg; vgl. Abbildung 1).

Dem Modell kann leicht entnommen werden, wie sich Variationen in den verschiedenen Bestandteilen auswirken würden: Eine Verbilligung der Gelegenheiten zum Treffen (z.B. in institutionellen Kontexten; a), eine Verbesserung kommunikativer Fertigkeiten (z.B. durch den Erwerb von Sprachkenntnissen für bestimmte Adressaten; b) oder die Verminderung von Endophilie-Normen (c) würden ebenso zu einer Erhöhung exophiler Freundschaftsinitiativen führen, wie eine Verringerung der sozialen Distanzen auf Seiten der Adressaten und des dadurch verringerten Kompensationsaufwandes für einen Initiator. Festzuhalten ist, daß die in Punkt N (D) abgetragene Menge von Beziehungen (als Anzahl

Abbildung 1: Modell der Nachfrage und des Angebots von Freundschaftsbeziehungen

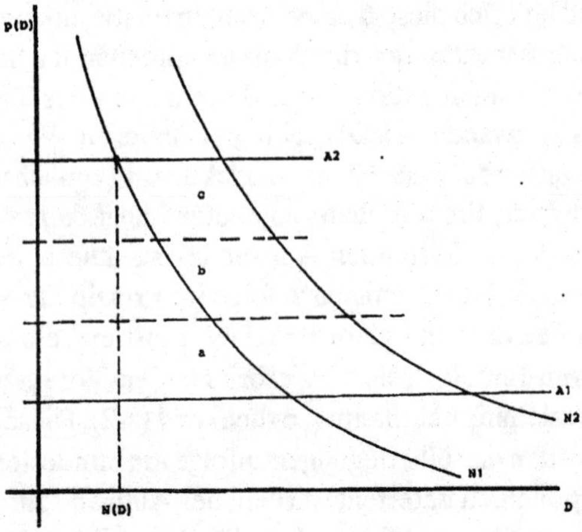


angesprochener Adressaten, Häufigkeit, Vielfalt, Intensität von Interaktionen u.a.) auch tatsächlich erwidert wird, da die für eine Erwiderung erforderliche Leistung auch wirklich erbracht wird. Insofern erklärt das Modell nicht lediglich Versuche, sondern den von Lazarsfeld und Merton beschriebenen erfolgreichen Beginn einer Freundschaftsformation (unabhängig vom weiteren Verlauf).

Hinzugefügt sei auch noch der Effekt einer generellen Kompetenzverbesserung auf Seiten des Initiators, der sich im Sinne eines Einkommenseffektes als Parallelverschiebung der Nachfragefunktion äußert (N2 in Abb. 1). Es läßt sich leicht nachvollziehen, daß eine Erhöhung der Handlungsressourcen über die Verschiebung von N1 auf N2 ebenfalls zu einer Vermehrung von exophilen Kontaktinitiativen führt (aber auch die endophilen Interaktionsaktivitäten erhöht!).

Das eingangs geschilderte empirische Beispiel eines Interaktionseffektes von Nationalität und Generation zur Erklärung der Zusammensetzung des Freundschaftsnetzes läßt sich nun anhand des Modells relativ leicht plausibel machen. Eine der einfachsten (aus der Vielzahl möglicher) Erklärungen bestünde z.B. darin, anzunehmen, daß sich Erste (1) und Zweite (2) Generation vor allem in Bezug auf Gelegenheiten und Transaktionskosten und Türken (T) und Jugoslawen (Y) hinsichtlich externer sozialer Distanzen unterscheiden, wobei bei den Türken von variierenden sozialen Distanzen (steigenden Angebotsfunktionen) ausgegangen werden soll. Bereits aus diesen einfachen Überlegungen ergibt sich das folgende Modell zur Erklärung des in Tab. 1 zu findenden Interaktionseffektes von Generation und Nationalität bei der Zusammensetzung des Freundes-Netzes (vgl. Abb. 2).

Sicherlich könnte man eine Vielzahl alternativer Modelle annehmen, die den in Frage stehenden Interaktionseffekt ähnlich gut erklären würden. So könnte man z.B. als Generationeneffekt eine Verschiebung der Nachfragefunktion als Folge genereller Kompetenzerweiterungen annehmen. Dies dürfte jedoch schwer begründbar sein: Die Zweite Generation verbessert zwar in der Regel die Kompetenzen für exophile Be-

Abbildung 2: Modell zur Erklärung des Interaktionseffektes von Nationalität und Generation bei interethnischen Freundschaftsnetzen

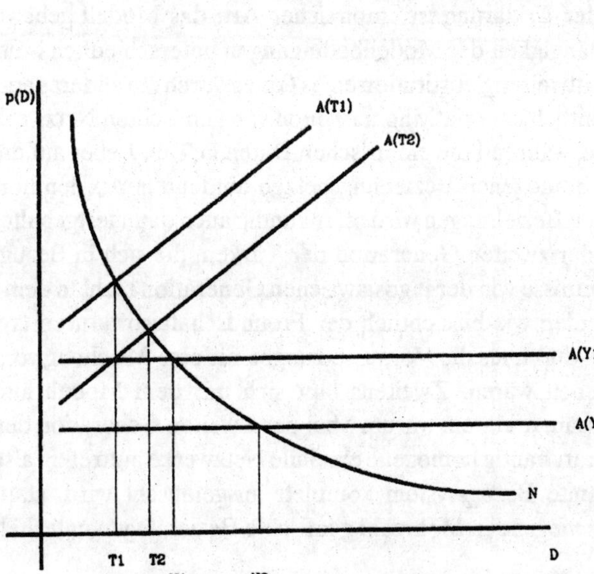

ziehungen, nicht aber die für endophile. Der anzunehmende Einkommenseffekt beruht aber gerade darauf, daß die Preisrelationen konstant bleiben und damit die endophilen Kompetenzen im gleichen Umfang wachsen wie die exophilen. Diese Überlegungen zeigen, daß bestimmte theoretische Varianten des Modells schon aufgrund der Analyse gewisser Modellimplikationen und bekannter empirischer Resultate ausgeschlossen werden können. Üblicherweise werden indessen zusätzliche empirische Informationen benötigt, um zwischen alternativen Erklärungsvarianten entscheiden zu können.

## 3. Freundschaftswahlen als "Konversionen": Die Erklärung des kompletten Wechsels von Bezugssystemen

Bei aller Plausibilität des oben entwickelten ökonomischen Erklärungsmodells sind gewisse Gewaltsamkeiten bei der Übertragung des Modells auf den Fall der Freundschaftswahl nicht zu übersehen. Dies bezieht sich weniger auf die Analogie von Aufwand und Preisen, Kompetenzen und Einkommen, sozialen Distanzen und "Produktions"-Kosten oder auf die erforderlichen Modifikationen in der Interpretation dessen, was bei Freundschaftswahlen Angebot und Nachfrage sein könnte. Die Anomalie der Erklärung ist empirischer Art: das Modell geht von einer - in Abhängigkeit der Modellbedingungen unterschiedlich weitreichenden - schrittweisen Substitution eines Gutes durch ein anderes aus, aus der sich eigentlich ein relativ hoher Anteil von gemischten Netzwerken erwarten ließe, während die empirischen Daten in Tab. 1 eher auf das Vorwiegen von homogenen Beziehungsnetzen hindeuten. An den homogen-endophilen Beziehungen wird offenkundig auch dann festgehalten, wenn - wie bei der zweiten Generation der Türken, die sich in Bezug auf Sprachkenntnisse von der jugoslawischen Generation nicht in dem Maße unterscheiden wie hinsichtlich der Freundschaftsstrukturen (vgl. dazu Tab. 1b) - durchaus die Voraussetzungen für eine Mischung von Netzwerken gegeben wären. Zweitens läßt sich mit dem Modell auch nur recht mühsam erklären, warum - bei der Zweiten Generation der Jugoslawen - derart häufig homogene exophile Netzwerke auftreten; also: warum das gesamte Bezugssystem komplett ausgetauscht wird, statt daß in der überwiegenden Mehrzahl gemischte Beziehungen unterhalten werden.

Es ließen sich nun sicherlich Annahmen formulieren (z.B. die Aufgabe der Annahme der unendlichen Teilbarkeit von "Beziehungseinheiten" zu immer nur schrittweise aufnehmbaren Bündeln von Beziehungen; oder Annahmen über die tatsächliche Lage der Preis-Funktion für die vier Gruppen, so daß das Ergebnis mit den geschilderten Anomalien verträglich wäre), die eine Lösung des Problems auch innerhalb des Standard-Modells möglich werden ließe. Hier soll ein anderer Weg beschritten werden: es soll untersucht werden, ob Phänomene des kompletten Austausches von homogenen "Ganzheiten" bzw. des Ausbleibens von gemischten Güterkombinationen auch ohne derartige Zusatzannahmen durch gewisse Modifikationen im Theoriekern der Erklärung erfaßbar sind. Die folgende theoretische Analyse geht also durchaus über die tatsächliche Stichhaltigkeit des empirischen Beispiels als "Anomalie" des Standard-Modells hinaus.

Die in Tab. 1a erkennbaren Strukturen von Freundschaftswahlen erinnern in gewisser Weise an Konversionen bzw. an das Phänomen des "Gestaltwandels". Eingebettet in ein kohärentes, homogenes System von Beziehungen oder Orientierungen wechselt man Beziehungen oder Orientierungen entweder komplett im Austausch zu einem ähnlich kohärenten System oder gar nicht. Die "Verbilligung" der jeweiligen Alternative (oder analog die Verteuerung der angestammten Beziehung bzw. Orientierung) muß einen gewissen Schwellenwert erreichen bis zu dem (äußerlich) nichts geschieht, bei dessen Überschreitung dann jedoch ein schlagartiger Wechsel erfolgt. Wie könnte man derartige Phänomene (und damit auch den kompletten Wechsel von Freundschaftsnetzen) im Rahmen des mikroökonomischen Modells erklären?

Die folgende Skizze einer solchen Erklärung des Austausches kompletter Netzwerke geht von dem in Abschnitt 2 entwickelten mikroökonomischen Modell aus. Dazu seien Angebots- und Nachfragefunktionen gesondert betrachtet.

## 3.1 Brüche und Prozesse im "Angebot" von Freundschaften

Auf relativ einfache Weise können die geschilderten Diskontinuierlichkeiten schon von Seiten des Angebots potentieller Adressaten von Freundschaftsbeziehungen erklärt werden. Zwei Fälle seien unterschieden (vgl. Abb. 3).

Abbildung 3: Diskontinuierlichkeiten und Prozesse im Angebot von Freundschaften

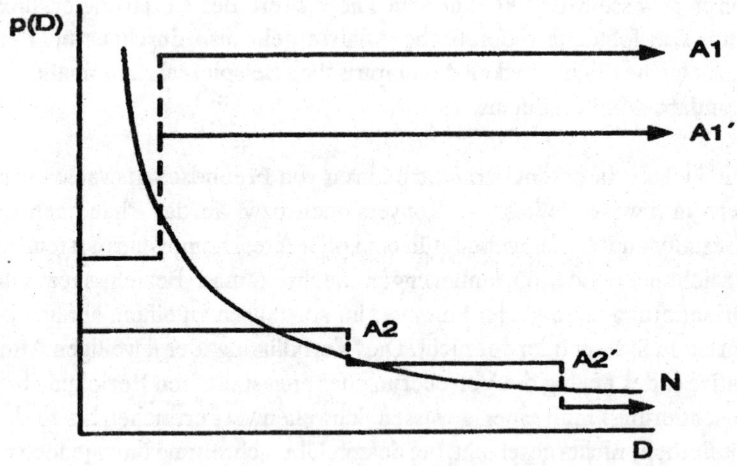


Zunächst sei angenommen, daß variable soziale Distanzen vorliegen. Die Population von Adressaten weise jedoch eine diskontinuierliche Verteilung in den sozialen Distanzen derart auf, daß die Mange an Adressaten, die zu einem gegebenen Preis "nachgefragt" würde, nicht vorhanden ist, um die zu diesem Preis bestehende Nachfrage zu befriedigen (Fall A1). Es entsteht eine "Nachfrage" nach Freundschaften in der Höhe von N(Da1), die auch erwidert wird. Allerdings: zu dem gegebenen "Preis" würde eigentlich eine größere Menge - N(Da1) - nachgefragt, für die es aber kein Angebot gibt. Es gibt also einen Nachfrageüberhang, der aufgrund der Verteilung der Distanzen bei den Adressaten nur zu einem Aufwand realisierbar wäre, den die Initiatoren zu leisten nicht bereit bzw. in der Lage sind. Unmittelbar wird ersichtlich, daß nun Preissenkungen nicht zu einer Erhöhung der effektiven Nachfrage führen, sondern völlig unerheblich sind. Selbstverständlich hängt die (scheinbare) Preisunabhängigkeit der effektiven Nachfrage vom Ausmaß der Bruchstelle ab. Und es wird auch unmittelbar deutlich, daß etwa bei "Einkommenseffekten" (Rechtsverschiebung der Nachfragefunktion) es auch bei starken Brüchen dennoch zu interethnischen Kontakten kommen kann. Die Folge ist aber zunächst: man bleibt in endophilen Netzwerken bei latenter Bereitschaft zu exophilen Freundschaften und nimmt mit den wenigen Partnern vorlieb, die - aus welchen Gründen auch immer - für geringere Leistungen auf Freundschaftsinitiativen eingehen als der Rest der Population. Der hohe Anteil endophil-homogener Netzwerke bei der türkischen Zweitgeneration könnte schon auf diese Weise leicht erklärt werden.

Etwas anders liegt der zweite Fall (A2). Hier wird angenommen, daß es sich um Adressaten handelt, die selbst ein verbundenes Netz bilden. Die Menge an Adressaten, die zu einer bestimmten Leistung bereit sind, auf eine Initiative einzugehen, sei groß genug, um die für diesen Preis bestehende Nachfrage zu befriedigen, so daß es tatsächlich zu (ersten) Kontakten kommt. Diese Kontakte würden nun in dem weiteren Netz der Adressaten wahrgenommen mit der Folge, daß ursprünglich bestehende Reserven gegen Kontakte zu Personen des Typs des Initiators sich verringern (A2) und damit - in einem sukzessiven Prozeß sich verstärkender Nachfrage, weiter sinkender Preise usw. - schließlich die gesamten Ressourcen der Initiatoren in exophilen Kontakten untergebracht werden. Bedenkt man, daß die kostensenkenden Folgen gelungener exophiler Kontakte sich auch auf die anderen Aufwandskomponenten der Nachfrage (etwa als Abbau von Endophilienormen) erstrecken können, wird ein kumulativer Prozeß des Anwachsens exophiler Kontakte denkbar, der z.B. das für die jugoslawische Zweitgeneration beobachtete Resultat verständlich machen könnte.

Leicht kann man sich auch Kombinationen von Fall A1 und Prozeß A2 vorstellen: Wenn die Adressaten im Fall A1 ein verbundenes Netz bilden, könnte durch die (wenigen) Kontakte, die trotz des Distanz-Bruches stattfinden, bei den übrigen potentiellen Adressaten eine Distanz-Verringerung einsetzen, die einen zu A2 ähnlichen Prozeß der Preissenkung für den Rest der Population auslösen könnte. Freilich müßte hierzu diese

Distanzverringerung schon beträchtlich sein (vgl. die noch zu geringe Distanzverringerung auf A1 in Abb. 3). Je nach Zentralität der ersten Adressaten im Netzwerk wäre indessen auch in Fällen starker Distanzbrüche ein kumulativer Prozeß bis hin zum kompletten Austausch der gesamten Bezugsumgebung eines Initiators möglich, dem von jedem einzelnen Akteur "privat" die größten Distanzen entgegengebracht würden.

Wegen des reflexiven Charakters von Freundschaften könnte man die o.a. Überlegungen einer kontinuierlichen Verbilligung des Angebotspreises auch auf die Verringerung des die Nachfrage bestimmenden Aufwandes übertragen und schon daraus - sofern es überhaupt zu einem Beginn kommt und die Preise nicht allzu starr bzw. die Distanzbrüche nicht allzu stark sind - die sich kumulativ verstärkende Aufnahme exophiler Beziehungen erklären - sofern es nur einen erfolgreichen Kontakt dieser Art gibt. Auf diese Weise würde z.B. auch leicht erklärbar, warum die Rekrutierung in Sekten, Kulte und die diversen sozialen Bewegungen vorzugsweise über "Brückenbeziehungen" in informelle Netzwerke über intensive und affektuelle Interaktionen verlaufen (vgl. z.B. Lofland/Stark 1965; Snow, Zurcher/Ekland-Olson 1980): Ein informeller und befriedigender Kontakt senkt die zuvor bestandenen Interaktionsbarrieren bei einem "Nachfrager" kumulativ so weit, daß er rasch bereit ist, sein gesamtes "Einkommen" in Kontakte mit der "Bewegung" einzubringen.

### 3.2 Knicke und Lücken in der "Nachfrage" von Freundschaften

Es war oben bereits angedeutet worden, daß die Verringerung der Endophilie-Normen im Netz des Initiators einen kumulativen Prozeß des Bezugsgruppenwechsels auslösen kann. Dies führt zu Überlegungen, wie man die Beibehaltung homogen endophiler und den abrupten Wechsel zu homogen exophilen Beziehungen über die Nachfrage erklären könnte. Bei der bisherigen Betrachtung hatte das Problem darin bestanden, daß - aufgrund der Annahmen der neoklassischen Mikroökonomie; vgl. von Böventer 1986: S. 88 ff.) - es im Grunde "Nachfragen" nach völlig homogenen Netzwerken überhaupt nicht geben kann: die Nachfragekurve berührt die Achsen nie. Der Grund dafür liegt in zwei wichtigen, jedoch üblicherweise nicht problematisierten Annahmen über die Gestalt der

Präferenzstrukturen bzw. der Indifferenzkurven: es darf keine Randoptima derart geben, daß die Indifferenzkurven die Achsen des Mengendiagramms berühren; und die Indifferenzkurven dürfen nicht konkav sein, sondern müssen konvexe Gestalt haben. Im Standardmodell berühren die Indifferenzkurven die Ränder nicht und sind konvex.

Der Grund für beide Annahmen ist eigentlich nur formaler Art: sie stellen zusammen mit anderen Annahmen die Differenzierbarkeit der Funktionen sicher und ermöglichen damit analytische Untersuchungen von Gleichgewichtsbedingungen in Marktsystemen. Inhaltlich sind sie jedoch alles andere als bedeutungslos. Sie modellieren beide eine Art von Meta-Präferenz über die Bewertung der Struktur von Mengen-Kombinationen (von Gütern bzw. dann auch von Personen): das Fehlen von Randoptima besagt, daß nur heterogene Kombinationen von Gütermengen überhaupt möglich sind (für homogene Gütermengen wäre der Preis jeweils unendlich hoch); die Konvexität der Indifferenzkurven drückt aus, daß bei - beliebigen - Güterkombinationen in jedem Fall die "heterogene" einer homogeneren Variante (bei gleichem Gesamtaufwand) vorgezogen wird (bzw. genauer: daß ein bestimmtes Komplementaritätsverhältnis an Mischung zweier Güter jeder anderen Kombination vorgezogen wird).

Für den Konsum von Waren (oder den Einsatz von Produktionsfaktoren) mögen diese Annahmen plausibel sein, für die Aufnahme von Freundschaftsbeziehungen sind sie es nicht. Der Grund dafür ist sehr einfach: Wenn man von der Existenz von Endophilie-Normen oder der Bedeutung des Fehlens von Wert-Divergenzen in Netzwerken ausgeht (vgl. Abschnitt 2), dann sind Mischungen in Netzwerken kostspieliger als Homogenität. Anders gesagt: homogene Netzwerke werden - unabhängig von ihren sonstigen Merkmalen - heterogenen schon deshalb vorgezogen, weil ihr Nettonutzen höher ist. Die Meta-Präferenz für homogene Freundschaften wäre damit gerade nicht über das Fehlen von Randoptima und über die Konvexität der Indifferenzkurven zu modellieren, sondern über Randoptima und Konkavität.

Zu bemerken wäre in diesem Zusammenhang noch, daß nach den o.a. Überlegungen die Gestalt der Präferenzstrukturen nicht eine exogene, sondern ihrerseits eine endogene Variable bei der Erklärung von Freundschaftswahlen wäre: Technische Besonderheiten (wie z.B. erhöhter Kommunikationsaufwand bei gemischten Netzen), sozialpsychologische Vorgänge (wie kognitive Dissonanzen und Inkonsistenzen heterogener Zusammensetzung) oder normative Vorgaben (wie die erwähnten Endophilie-Normen) gestalten Misch-Netzwerke meist teurer, wodurch sich eine andere Präferenz für Strukturen bestimmter Konfigurationen (unabhängig vom Inhalt) ergibt. Anders gesagt: Abhängig von technischen Besonderheiten, sozialpsychologischen Vorgängen oder normativen Vorgaben sind konvexe Präferenzstrukturen kostenungünstiger als konkave. Daraus ergeben sich dann gewisse Veränderungen der Nachfragefunktion (siehe unten).

Dieser Aspekt, nämlich die Nutzenfunktion ihrerseits als eine Art von "Entscheidung" von rationalen Akteuren zu interpretieren, wird im Standardmodell der Mikro-Ökonomie praktisch nicht beachtet, da bei Warenkörben bzw. Produktionsfunktionen Homogenität tatsächlich meist kostenungünstiger bzw. weniger nutzbringend ist als eine gewisse, auf der Komplementarität der Güter bzw. Faktoren beruhende Heterogenität und man daher die konvexe Struktur der Präferenzordnung als "exogene", gegebene Variable betrachten kann.

Wie verändert sich nun die Nachfragefunktion, wenn man (zunächst) Randoptima der Indifferenzkurven annimmt? Aus Abbildung 4a wird ersichtlich, daß sich bei einem Preis P1 für D (bei konstantem Preis für A) die gesamte Nachfrage auf A konzentriert. Sinkt der Preis, geschieht zunächst nichts, da die Einkommensgerade keine höhergelegene Indifferenzkurve erreicht. Erst ab Preis P3 beginnt auch eine Nachfrage nach Gut D und eine Abnahme der Nachfrage nach A. Die resultierende Nachfragefunktion für D (Nrd; vgl. Abb. 5a) besitzt demnach einen Bereich völlig fehlender Nachfrage, bis - ab der Schwelle des Umschlagspreises P3 - sich eine mit 0 beginnende, negativ geneigte, stetig zunehmende asymptotische Nachfrage nach D einstellt.

**Abbildung 4a:** Nachfrage nach Freundschaften bei Randoptima

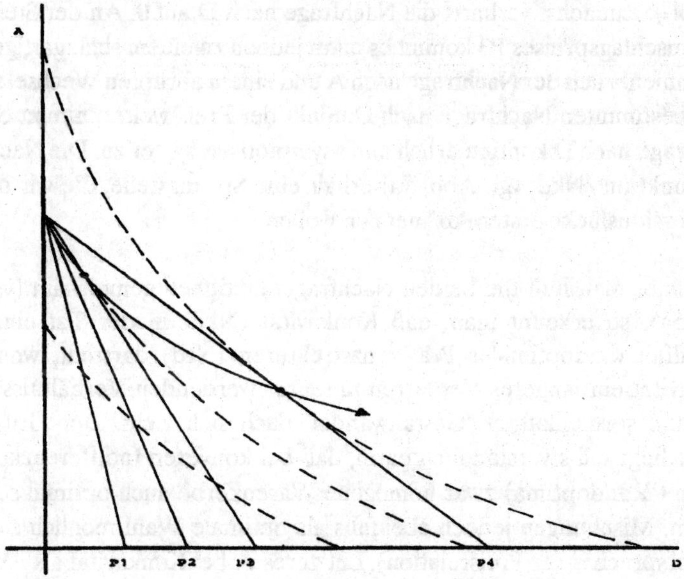


**Abbildung 4b:** Nachfrage nach Freundschaften bei Konkavität

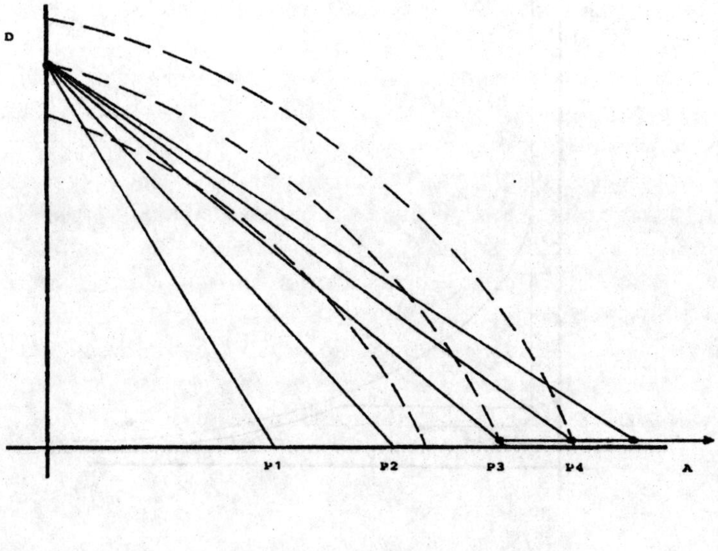

Konkavität ist ein Spezialfall von Indifferenzkurven mit Randoptima (vgl. Abb. 4b). Zunächst verharrt die Nachfrage nach D auf 0. An der Stelle des Umschlagspreises P3 kommt es dann jedoch zu einem schlagartigen Zusammenbruch der Nachfrage nach A und einem abrupten Wechsel zu einer bestimmten Nachfrage nach D. Sinkt der Preis weiter, nimmt die Nachfrage nach D kontinuierlich und asymptotisch weiter zu. Die Nachfragefunktion (Nkd; vgl. Abb. 5a) erhält eine Sprungstelle, die wir die "Konversionslücke erster Art" nennen wollen.

Betrachtet man nun die beiden Nachfragefunktionen gemeinsam (vgl. Abb. 5a), so erkennt man, daß Konkavität (Nkd) in der Tat einen Spezialfall randoptimaler Präferenzstrukturen (Nrd) darstellt, wobei Konkavität ein längeres Verharren in teurer werdenden Verhältnissen mit dann sprunghaftem "Gestaltwandel" nach sich zieht. Der Grund hierfür liegt selbstverständlich darin, daß bei konvexen Indifferenzkurven (mit Randoptima) zwar homogene Warenkörbe auch optimal sein können, Mischungen jedoch ebenfalls als optimale Wahl möglich sind (bei entsprechender Preisrelation). Letzteres ist bei Konkavität als Aus-

<u>Abbildung 5a:</u> Nachfragefunktion für exophile Freundschaften bei Randoptima und Konkavität

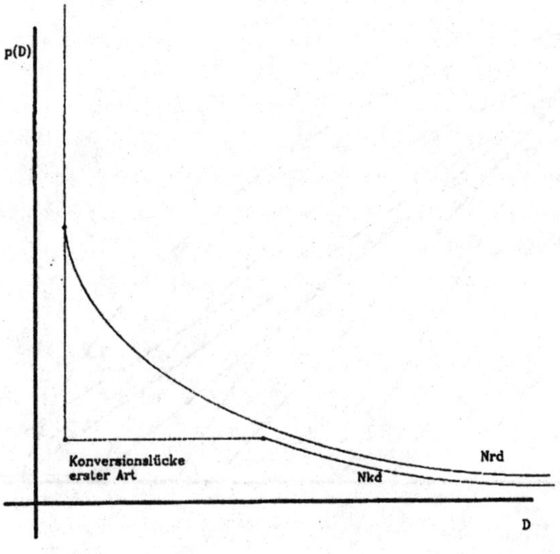

Abbildung 5b: Nachfragefunktion für endophile Freundschaften bei Randoptima und Konkavität

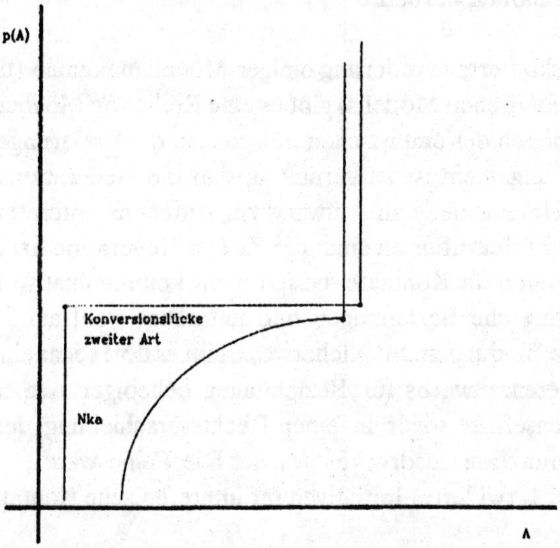


druck für das Vorwalten (technischer, sozialpsychologischer oder normativer) Homogenitätsvorgaben ausgeschlossen. Daher der abrupte Wechsel.

Die Dramatik des Geschehens im Falle von Konkavität wird noch offenkundiger, wenn man die Nachfrage nach endophilen Freundschaften mit dem Sinken des Preises für exophile Beziehungen betrachtet (vgl. Abb. 5b). Im Fall konvexer Indifferenzkurven mit Randoptima bleibt zunächst die Nachfrage nach endophilen Beziehungen (Nra) konstant und geht dann stetig, aber leicht zurück, ohne gänzlich aufzuhören. Anders gesagt: In diesem Fall sind gemischte Freundschaften zu erwarten und es werden nicht "alle Brücken abgebrochen". Dies ist gänzlich anders bei Konkavität (Nka): Wieder ist das Verbleiben im angestammten Netzwerk länger stabil als zuvor, dann aber bricht die Nachfrage völlig zusammen, (um sich völlig auf exophile Freundschaften zu verlagern). Wir wollen diese Sprungstelle die "Konversionslücke zweiter Art" nennen. Dieser Fall - das auch gegen alle "Verteuerung" konstante Verbleiben in einem bestimmten Bezugssystem, und der plötzliche, totale Wechsel in ein homogenes anderes bei Aufgabe aller bisherigen Beziehungen, sobald eine bestimmte Schwelle erreicht ist - könnte als Konversion verstanden werden.[1)] Konkavität der Indifferenzkurven läßt derartige Vorgänge leicht verständlich werden.

Nach der skizzierten Änderung einiger Modellannahmen (im Kern des mikroökonomischen Modells) gibt es eine Reihe von Möglichkeiten, die Besonderheiten des empirischen Beispiels in die Erklärung zu integrieren. Ganz allgemein ist zu vermuten, daß die Generationseffekte vor allem auf Unterschiede im Aufwand zur Aufnahme interethnischer Beziehungen zurückzuführen sind: die Zweite Generation hat i.d.R. mehr Opportunitäten für Kontakte, besitzt mehr kommunikative Kompetenz für interethnische Beziehungen und unterliegt wohl auch geringeren endophilen Bindungen. Möglicherweise gibt es dort sogar einen generellen Kompetenzzuwachs für Beziehungen beliebiger Art, der sich als Einkommenseffekt sogar in einer Rechtsverschiebung der gesamten Nachfragefunktion ausdrücken würde. Die Folge wäre ("ceteris paribus"): mehr (erwiderte) Initiativen für interethnische Kontakte.

Die Variable Nationalität dürfte mit zwei Aspekten des Modells zu verbinden sein. Erstens ist anzunehmen, daß sich Türken einer höheren und gleichzeitig in der Adressatenpopulation variablen sozialen Distanz (womöglich: mit entsprechenden Brüchen) gegenüber stehen. Zweitens legen die Werte zur binnenethnischen Orientierung bei der türkischen Bevölkerung (vgl. Tab. 1b) die Vermutung auf starke Endophilie-Normen und auf eine besondere Homogenitäts-Präferenz für Netzwerke (und damit auch konkave Indifferenzkurven) nahe - mit der Folge, daß es bei Türken eine besonders ausgeprägte Konversionslücke in der Nachfrage nach binnen- bzw. interethnischen Beziehungen gäbe. Zwar ist auch denkbar, daß die erkennbaren ethnischen Orientierungen die Folge der Einbindung in homogene binnenethnische Netzwerke ist, jedoch hätte dies für die Höhe des Aufwandes für exophile Initiativen und für die Gestalt der Indifferenzkurven keine anderen Folgen als die hier vermuteten.

Erklärt werden kann mit diesen Überlegungen, warum Türken und warum die jugoslawische Erstgeneration sich praktisch ausschließlich in eigenethnischen Netzen aufhalten und warum es dort gemischte Netze nur selten gibt: Freundschaften sind kohärente Ganzheiten und werden bei bloßer Vermehrung anderer Möglichkeiten oder bei Verbesserung kommunikativer Fertigkeiten nicht einfach Stück für Stück substituiert oder ergänzt. Offenbar geschieht zunächst nur relativ wenig; erst ab einer gewissen Schwelle der Erreichbarkeit anderer Freundschaften - was gleichzeitig eine (relative) Verteuerung der angestammten Beziehungen bedeutet! - erfolgt dann der Übergang recht abrupt. Wenn Freundschaften - wie wohl bei der jugoslawischen Zweitgeneration - nicht unbedingt in jedem Fall als kohärente Gebilde angesehen werden, dann werden auch gemischte Netze in größerem Umfang denkbar.

### 3.3 Präferenzen oder Technologie?

Das im letzten Kapitel entwickelte Argument zur Erklärung von "Konversionen" und "kompletten" Substitutionen von "Waren" durch die Annahme konkaver Präferenzstrukturen könnte man unter Hinweis auf einen sehr ernst zu nehmenden Sachverhalt kritisieren: man sollte sich nicht auf Präferenzlösungen konzentrieren, sondern vielmehr eine Erklärung anstreben, die (externe) Begrenzungen in Betracht zieht. Und eine solche Sichtweise verdient ja in der Tat nicht nur aus Gründen bloßer "Präferenzen" für die eine oder andere Sichtweise Aufmerksamkeit (vgl. Lindenberg 1984).

Einige Möglichkeiten, Prozesse der Konversion unter Berücksichtigung exogener wie endogener Veränderung von constraints wurden in den vorangehenden Kapiteln schon skizziert (z.B. über Preisveränderungen aufgrund von Assimilationsprozessen oder die kumulative Absenkung der Angebotsfunktionen als Folge von Prozessen der sukzessiven Inklusion in Interaktions-Netzwerke). Alle diese Vorschläge bezogen sich jedoch auf die übliche (monotone) Gestalt von Nachfragefunktionen, während die Besonderheit des Vorschlages aus dem letzten Kapitel eine charakteristische Lücke in der Gestalt der Nachfragefunktion gewesen war.

Neben durchaus möglichen anderen Lösungen des Problems, die sich nicht auf Präferenzen beziehen, könnte eine verhältnismäßig einfache Überlegung bereits zu einer Erklärung von plötzlichem Wandel unter Bezug auf externe Bedingungen führen. Das Argument könnte wie folgt entwickelt werden: wenn man "Freunde" nicht als "Konsum"-Güter, sondern als Produktionsfaktoren (zur Produktion bestimmter benefits wie Selbst-Achtung, Stabilität einer erwünschten Identität, emotionale Unterstützung) betrachtet, dann wird die Struktur der Produktionsfunktionen (mit Freunden als "Faktoren") bedeutsam. Und wenn es zutrifft, daß jede Mischung von Freunden (verschiedenen sozialen Hintergrundes) eine bestimmte Reduktion der Produktion von benefits dadurch bedeutet, daß aus der Heterogenität von Netzwerken Dissonanzen in der oben diskutierten Weise entstehen, dann ergibt sich für die betreffenden Produktionsfaktoren natürlich nun eine konkave Struktur. In anderen Worten: gemischte Netzwerke weisen abnehmende Ertragsraten in der Produktion bestimmter benefits auf, im Unterschied zur üblichen Annahme in der ökonomischen Produktionstheorie. Folgt man nun elementarer Theorie der Nachfrage nach Produktionsfaktoren, dann erweist sich in diesem Fall die resultierende Nachfragefunktion in ihrer Struktur identisch mit der Nachfragefunktion, die im letzten Kapitel entwickelt wurde. Sie zeigt die charakteristische Lücke in der gleichen Weise wie im Fall konkaver Indifferenzfunktionen. Der grundlegende und tatsächlich sehr wichtige Unterschied dieser Konzeptualisierung im Vergleich zur Präferenzenlösung ist jedoch, daß es sich um eine völlig unterschiedliche Interpretation handelt: die Lücke in der Nachfragefunktion für Freunde ist nun die Folge von bestimmten technischen Bedingungen zur Produktion von benefits, d.h.: es ist eine Frage einer bestimmten "Technologie" zur Produktion von benefits über typische Kombinationen von Produktionsfaktoren. Und hierbei ist man ganz offensichtlich nicht gezwungen, irgendeinen exogenen Wandel von Präferenzen oder Vorlieben anzunehmen.

Für das schließliche Ergebnis - die Struktur der Nachfragefunktion nach Freunden - macht dies jedoch keinen Unterschied. Ob die "Technologie" von Freundschaftsnetzwerken tatsächlich als "konkav" anzunehmen ist,

ist natürlich eine empirische Frage. Aber die meisten Ergebnisse der soziologischen und sozialpsychologischen Forschungen zu Freundschaftsstrukturen bestätigen diese Annahme auf das Deutlichste.

## 4. Über die Rationalität von Konversionen

Es soll an dieser Stelle - ohne weitere empirische Daten über die Haltbarkeit der verschiedenen Annahmen - nicht versucht werden, ein bestimmtes Modell zur Erklärung der genannten Effekte aus der Vielzahl möglicher Alternativen herauszugreifen. Ziel der zuletzt angestellten Überlegungen war es eher, zu skizzieren, wie man im Prinzip den abrupten und kompletten Wechsel von Bezugssystemen erklären könnte. Insofern geht die Anwendbarkeit der Überlegungen weit über den Problembereich von Freundschaftswahlen bzw. von interethnischen Beziehungen hinaus: Überall dort, wo homogene "Warenkörbe" ein "Optimum" der Handlungswahl bilden und überall dort, wo Heterogenität (aus technischen, sozialpsychologischen oder normativen Gründen) Nachteile gegenüber Homogenität mit sich bringt, hätte man es mit Knickstellen der Nachfrage bzw. mit Konversionslücken zu tun.

Dies träfe für alle "systemischen" Gebilde zu, in denen eine interne Kohärenz vorliegt und die Voraussetzung für die Vorteile ist, die sie den beteiligten Individuen bringen: Zusammenhängende Überzeugungssysteme wie religiöse Orientierungen und politische Doktrinen - insbesondere dann, wenn die inhaltlichen Kohärenzen kanonisiert, institutionell abgesichert und sozial kontrolliert werden; kollektive Gruppenbindungen subkulturell-exklusiver Art; personale Identitäten von in langer biographischer Erfahrung aufeinander abgestimmten Orientierungen; wissenschaftliche Theorieprogramme und "Paradigmen", die mit anderen Paradigmen "inkommensurabel" sind und deren Wechsel daher nicht in Teilen, sondern nur abrupt und insgesamt erfolgen kann u.a.. Überall dort findet man vergleichbare Phänomene: auch gegen eine zunehmende (relative wie absolute) "Verteuerung" der ursprünglichen Ansicht, Identität oder Zugehörigkeit und bei Vermehrung der "Anomalien" bleibt man auch dann noch dabei, wenn alle "Vernunft" dagegen spräche. Wissenschaftliche Revolutionen (etwa) sind - so entnehmen wir Kuhn (1962) - scheinbar keine Angelegenheiten rationaler Erwägung, ebensowenig wie religiöse Konversionen, Änderungen der personalen Identität oder ein Wechsel der politischen Orientierung.[2)] Wenn man Ansichten, Identitäten oder Zugehörigkeiten aufgibt, dann tut man es ganz und nur dann, wenn es eine ähnlich kohärente Alternative gibt[3)] und - so sei hinzugefügt - wenn es auch für den Wechsel selbst gewisse vorgegebene Pfade, "Rationalisierungen" oder Rituale gibt.[4)]

Die Besonderheit des vorgeschlagenen Modells liegt nun darin, daß die geschilderten, kompliziert scheinenden "Irrationalitäten" leicht mit Hilfe einer (sehr einfachen) Variante der Theorie des rationalen, gar: ökonomischen Handelns erklärt werden können. Dabei können sogar Teile des Theoriekerns der Erklärung - nämlich: die Gestalt der Präferenzstruktur - selbst als Ergebnis rationaler Erwägungen der Akteure (und damit nicht nur: als exogen vorgegeben und nicht weiter ableitbar) aufgefaßt werden

Dieser Gedanke führt zu einer letzten Besonderheit: die "Schärfe" des Modells und die Deutlichkeit des Bruches mit den alten Zugehörigkeiten beruht nicht zuletzt auf der Annahme, daß die Bezugssysteme eine deutliche interne Vernetzung aufweisen und darauf, daß die Akteure ihren Nutzen dadurch tatsächlich maximieren, daß sie ihr "Einkommen" immer in der bestmöglichen Verteilung entlang den Vorgaben und Anforderungen dieser Vernetzung einsetzen. Gerade daraus ergaben sich erst die Konkavität der Indifferenzkurven und die daraus abzuleitenden Konversionslücken in den Nachfragefunktionen mit ihren dramatischen Folgen (vgl. Abschnitt 3). Becker (1976) hatte zwar gezeigt, daß die übliche Mikroökonomie auch dann arbeitet, wenn man die Rationalitätsannahme des Nachfrageverhaltens fallen läßt. Für den Fall der konkaven Indifferenzkurven und für die Existenz von Konversionslücken läßt sich das Beckersche Ergebnis jedoch nicht ohne weiteres übertragen: die Nachfragekurve wird zwar auch in diesem Fall eine negative Steigung haben (auch bei Irrationalität der Akteure in der Verteilung ihres Einkommens), jedoch wird es Knicke und Lücken nur dann in ausgeprägter Weise geben, wenn die Akteure tatsächlich in geringer individueller Variation den Strukturvorgaben des Bezugssystems, die die konkav verlaufenden Präferenzstrukturen erzeugen, strikt folgen. Oder, mindestens, wenn die Homogenitätspräferenzen (und damit die Reichweite der Konkavität) so ausgeprägt sind, daß Zufallsabweichungen sich nahezu ausschließen. Auch muß vorausgesetzt werden, daß für alle Akteure ein ähnliches Präferenzsystem gilt, da ansonsten in der Aggregation einer Vielzahl konkaver Nachfragekurven die Knicke und Lücken zugunsten einer völlig normalen Nachfragefunktion verschwinden können (vgl. auch dazu von Böventer 1986: S. 245).

Dies hat zur Folge, daß gruppenbezogene Konversionen (im Unterschied zu individuellen, sukzessiv-partiellen Änderungen) vor allem dann zu erwarten sind, wenn die Akteure deutlich strukturierte kollektive Ähnlichkeiten in Präferenzen, Wahrnehmungen und Verbundenheiten aufweisen. Dies ist nicht weiter verwunderlich. Interessanter ist das Folgende: Konversionen - als abrupte und totale Wechsel von Ganzheiten im Unterschied zu einer schrittweisen Substitution - setzen die Durchrationalisierung und (sozial verbindliche und kontrollierte) Kanonisierung[5)] der jeweiligen Gebilde (belief systems, religiöse Deutungssysteme, wissenschaftliche Paradigmen, soziale Beziehungen, u.a.) und ein rationales Handeln der beteiligten Akteure in besonderem Maße voraus. Die in ihrer Diskontinuierlichkeit manchmal so scheinende "Irrationalität" von Konversionen wäre damit die Folge einer besonders deutlich akzentuierten Rationalität der Akteure in Kombination mit der Vernetzung und Kanonisierung der sie umschließenden Systeme.

**Anmerkungen**

1) Die Unterscheidung der Konversion als eines kompletten und radikalen Wechsels von Orientierungen und Zugehörigkeiten (im Sinne von metanoia als dramatischem Wandel) von der bloß supplementären, sequentiellen und partiellen "Adhäsion" (Shepherd 1979) oder "Alternation" (Travisano 1970) wird in der Religionssoziologie deutlich hervorgehoben (vgl. z.B. Snow und Michalek 1984: S. 169 f.).

2) Auf die Parallelität von Identitätswechsel und Paradigmenwandel weist z.B. Jones (1978) hin.

3) Für die o.a. prinzipiellen Argumente ist es dann unerheblich, ob sich dieser Austausch auf die Inhalte der Orientierungen (Freundschaften, Überzeugungen, akzeptierten Theorien usw.) oder auf eine komplette Neuordnung ihrer Struktur bezieht (vgl. dazu Sprondel 1984: S. 551). In jedem Fall besteht die Notwendigkeit einer bereits bestehenden kohärenten Alternative, nämlich "daß Konversionen die Existenz einer mehr oder weniger ausgearbeiteten Weltanschauungstheorie voraussetzen, wie auch eine wahrnehmbare Vergemeinschaftung, die Träger dieser Weltsicht ist. Wenn man so will: Religionsstifter sind keine Konvertiten, und zu den ideosynkratischen Ansichten eines einsamen Eremiten konvertiert man nicht" (Sprondel 1984: S. 552).

4) Die Existenz von kollektiv bereits vorgegebenen Pfaden oder Rationalisierungen für Konversionen kann dabei als eine Art der Preissenkung für die Alternative angesehen werden. Das Modell läßt es also zu, den - üblichen - Fall zu erfassen, daß es solche Pfade zwar gibt, dennoch aber - vorläufig - nichts geschieht.

5) Die Kanonisierung der "Weltansicht" als Voraussetzung für Konversionen betont z.B. Luckmann 1978: S. 38 ff..

**Literatur**

Axelrod, Robert: Die Evolution der Kooperation, München 1987

Becker, Gary S.: Irrational Behavior and Economic Theory. In: Becker, Gary S.: The Economic Approach to Human Behavior, Cambridge und London 1976, S. 153-168

Böventer, Edwin v.: Einführung in die Mikroökonomie, 4. Aufl., München und Wien 1986

Elias, Norbert: Was ist Soziologie?, München 1970

Emerson, Richard M.: Power-Dependence Relations. In: ASR, 27, 1962, S. 31-41

Esser, Hartmut: Theoretical and Methodological Problems in Status Inconsistency Research. In: Hodge, Robert W./Strasser, Hermann (Hrsg.): Status Inconsistency in Modern Societies, Duisburg 1986, S. 103-117

Esser, Hartmut/Friedrichs, Jürgen (Hrsg.): Generation und Identität. Theoretische und empirische Analysen zur Wanderungssoziologie, Opladen 1990

Feld, Scott L.: The Structured Use of Personal Associates. In: Social Forces, 62, 1984, S. 640-652

Hallinan, Maureen T.: The Process of Friendship Formation. In: Social Networks, 1, 1978/9, S. 143-210

Jones, R.K.: Paradigm Shifts and Identity Theory: Alternation as a Form of Identity Management. In: Mol, Hans (Hrsg.): Identity and Religion, Beverly Hills, Cal., 1978, S. 59-82

Laumann, Edward O.: Bonds of Pluralism: The Form and Substance of Urban Social Networks, New York-London-Sydney-Toronto 1973

Lazarsfeld, Paul F./Merton, Robert K.: Friendship as Social Process: A Substantive and Methodological Analysis. In: Berger, Morroe/Abel, Theodore/Page, Charles H.: Freedom and Control in Modern Society, Toronto-New York-London 1954, S. 18-66

Leik, R.K./Leik, Sh.: Transition to Interpersonal Commitment. In: Handlin, Robert L./Kunkel, John H. (Hrsg.): Behavioral Theory in Sociology, New Brunswick 1977

Lofland, J./Stark, R.: Becoming a World-Saver: A Theory of Religious Conversion. In: ASR, 30, 1965, S. 862-874

Luckmann, Thomas: Kanon und Konversion. In: Assmann, Aleida/Assmann, Jan (Hrsg.): Kanon und Zensur. Archäologie der literarischen Kommunikation II, München 1987, S. 38-46

Markovsky, Barry: Toward Multi-level Sociological Theories: Simulations of Actor and Network Effects. In: Sociological Theory, 5, 1987, S. 101-117

McKenzie, Richard B./Tullock, Gordon: Homo Oeconomicus. Ökonomische Dimensionen des Alltags, Frankfurt 1984

McPherson; Miller, J./Smith-Lovin, Lynn: Homophily in Voluntary Organizations: Status Distance and the Composition of Face-to-Face Groups. In: ASR, 52, 1987, S. 370-379

Shepherd, W.C.: Conversion and Adhesion. In: Johnson, H.M. (Hrsg.): Religious Change and Continuity: Sociological Perspectives, San Francisco 1979, S. 251-263

Snow, David A./Michalek, Richard: The Sociology of Conversion. In: Annual Review of Sociology, 10, 1984, S. 167-190

Snow, David A./Zurcher, Louis A./Ekland-Olson, Sheldon: Social Networks and Social Movements: A Microstructural Approach to Differential Recruitment. In: ASR, 45, 1980, S. 787-801

Sprondel, Walter M.: Subjektives Erleben und das Institut der Konversion. In: Lutz, Burkart (Hrsg.): Soziologie und gesellschaftliche Entwicklung. Verhandlungen des 22. Deutschen Soziologentages in Dortmund 1984, Frankfurt/M. 1984, S. 549-558

Travisano, R.V.: Alternation and Conversion as Qualitatively Different Transformations. In: Stone, Gregory P./Faberman, H.A. (Hrsg.): Social Psychology Through Symbolic Interaction, Walham, Mass., 1970, S. 594-606

Tuma, Nancy B./Hallinan, Maureen T.: The Effects of Sex, Race and Achievement on School Children's Friendships. In: Social Forces, 57, 1979, S. 1265-1285

Verbrugge, Lois M.: The Structure of Adult Friendship Choices. In: Social Forces, 56, 1977, S. 576-597

Ziegler, Rolf: Bildungsexpansion und Partnerwahl. In: Hradil, Stephan (Hrsg.): Sozialstruktur im Umbruch. Festschrift für Karl Martin Bolte, Opladen 1985

# Informations- und Dienstleistungsangebot des Informationszentrums Sozialwissenschaften

Als Serviceeinrichtung für die Sozialwissenschaften erbringt das Informationszentrum Sozialwissenschaften (IZ) überregional und international grundlegende Dienste für Wissenschaft und Praxis. Seine Datenbanken zu Forschung und Literatur sowie der Online-Zugang zu weiteren nationalen und internationalen Datenbanken sind die Basis eines umfassenden Angebotes an Informationsdiensten für Wissenschaft, Multiplikatoren und professionelle Nutzer von Forschungsergebnissen. Zu seinen zentralen Diensten gehören:

- Veröffentlichungen zu sozialwissenschaftlicher Forschung, Literatur und Skalen

- Aufbau und Online-Angebot der Datenbanken FORIS und SOLIS

- Beratung bei der Konzeption und Nutzung sozialwissenschaftlicher Datenbanken

- Informationsvermittlung / Recherchen

Das Informationszentrum Sozialwissenschaften wurde 1969 von der Arbeitsgemeinschaft Sozialwissenschaftlicher Institute e.V. (ASI) gegründet. Seit Dezember 1986 ist es gemeinsam mit dem Zentralarchiv für empirische Sozialforschung (ZA) an der Universität zu Köln und dem Zentrum für Umfragen, Methoden und Analysen e.V. (ZUMA), Mannheim, korporatives Mitglied der Gesellschaft Sozialwissenschaftlicher Infrastruktureinrichtungen e.V. (GESIS) und wird von Bund und Ländern gemeinsam gefördert.

## Veröffentlichungen zu sozialwissenschaftlicher Forschung, Literatur und Skalen

**soFid** (Sozialwissenschaftlicher Fachinformationsdienst)

Laufende Informationen zu neuer Literatur und aktueller sozialwissenschaftlicher Forschung bietet das IZ mit diesem Abonnementdienst. Er ist vor allem konzipiert für Wissenschaftler, die sich kontinuierlich zu einem Themenbereich informieren wollen.

soFid ist zu folgenden Themenbereichen erhältlich:

**Allgemeine Soziologie**
**Berufssoziologie**
**Bevölkerungsforschung**
**Bildungssoziologie**
**Entwicklungsländerforschung**
**Familienforschung**
**Frauenforschung**
**Freizeit – Sport – Tourismus**
**Friedens- und Konfliktforschung + Militärsoziologie**
**Industrie- und Betriebssoziologie**
**Internationale Beziehungen**
**Jugendsoziologie**
**Kommunikationssoziologie + Soziolinguistik**
**Kriminalsoziologie + Rechtssoziologie**
**Kultursoziologie + Kunstsoziologie**
**Medizinsoziologie + Sozialmedizin**
**Methoden der Sozialforschung**
**Migration und ethnische Minderheiten**
**Organisations- und Verwaltungsforschung**
**Politische Soziologie**
**Religionsforschung**
**Soziale Probleme**
**Sozialgeschichte**
**Sozialisationsforschung**
**Sozialpolitik**
**Sozialpsychologie**
**Sozialwissenschaftliche Instrumente und Indikatoren**
**Stadt- und Regionalforschung**
**Technology Assessment**
**Umweltforschung**
**Wirtschaftssoziologie**
**Wissenschafts- und Technikforschung**

**Dokumentationen**
Aktuelle Themen aus Wissenschaft, Politik und Gesellschaft werden aufgegriffen. Diese Dokumentationen weisen die relevanten Forschungsprojekte und die Literatur der letzten Jahre nach. Sie enthalten eine wissenschaftliche Einleitung, ausführliche Abstracts und detaillierte Register.

**Bibliographien und vergleichbare Veröffentlichungen**
Diese kostengünstigen Nachschlagewerke zur ersten Orientierung sind insbesondere für Bibliotheken konzipiert. Seit 1969 erscheint jährlich die Forschungsdokumentation

**"Forschungsarbeiten in den Sozialwissenschaften"**

Die einzelnen Bände enthalten bis zu 5.000 Kurzhinweise auf geplante, laufende und abgeschlossene Forschungs- und Entwicklungsarbeiten aus allen sozialwissenschaftlichen Bereichen.

**Reihe: Sozialwissenschaftliche Tagungsberichte**
In Zusammenarbeit mit wissenschaftlichen Gesellschaften bzw. deren Untergliederungen publizieren wir Proceedings-Bände.

**Handbücher**
In Kooperation mit ZUMA, Mannheim, erstellen wir das Handbuch sozialwissenschaftlicher Skalen, das detaillierte Beschreibungen von Einstellungsskalen sowie eine Einführung in die Theorie der Skalenbildung enthält.

## Aufbau und Online-Angebot der Datenbanken FORIS und SOLIS

Wir ermöglichen Ihnen den direkten Kontakt zu unseren Datenbanken. Forschergruppen, Hochschul- und Forschungsinstitute, Verbände und Unternehmen haben mit unserem Online-Dienst die optimale Möglichkeit, sich selbständig über das Literaturaufkommen und die Forschungslandschaft zu informieren.

## FORIS (Forschungsinformationssystem Sozialwissenschaften)

preisgekrönt mit dem Datenbankpreis 1991 der Fachzeitschrift für Informationsmanagement **Cogito**

**Inhalt:** FORIS informiert über laufende, geplante und abgeschlossene Forschungsarbeiten der letzten 10 Jahre aus der Bundesrepublik Deutschland, aus Österreich und der Schweiz.
Kurze Angaben zum Inhalt, zum methodischen und Datengewinnungsverfahren sowie zu ersten Berichten und Veröffentlichungen werden gegeben. Die Namen der am Projekt beteiligten Forscher und die Institutsadresse erleichtern die Kontaktaufnahme.
**Fachgebiete:** Soziologie, Politikwissenschaft, Sozialpolitik, Sozialwesen, Sozialgeschichte, Bevölkerungsforschung, Arbeitsmarkt- und Berufsforschung, Erziehungswissenschaften, Bildungsforschung, Kommunikationswissenschaft, Psychologie, Sozialpsychologie, Wirtschaftswissenschaft, Methoden der Sozialforschung.
**Bestand 1991:** ca. 35.000 Forschungsnachweise
**Jährlicher Zuwachs: ca. 5.000**
**Quellen:** Jährliche Erhebung bei etwa 4.700 Forschungseinrichtungen, Auswertung von Forschungsberichten, Kooperation mit Fachinformationseinrichtungen in der Bundesrepublik Deutschland, Österreich und der Schweiz.

## SOLIS (Sozialwissenschaftliches Literaturinformationssystem)

**Inhalt:** SOLIS informiert über die deutschsprachige fachwissenschaftliche Literatur ab 1945, d. h. Aufsätze in Zeitschriften, Beiträge in Sammelwerken, Monographien und Graue Literatur (Forschungsberichte, Kongreßberichte), die in der Bundesrepublik Deutschland, Liechtenstein, Österreich oder der Schweiz erscheinen.
Die Nachweise Grauer Literatur und von Zeitschriftenaufsätzen enthalten einen Standortvermerk (Kürzel, Ort und Sigel der besitzenden Bibliothek sowie Signatur der Arbeit bzw. der Zeitschrift).
**Fachgebiete:** Soziologie, Sozialpolitik, Sozialwesen, Sozialgeschichte, Bevölkerungsforschung, Arbeitsmarkt- und Berufsforschung, Kommunikationswissenschaft, Sozialpsychologie, Methoden der Sozialforschung.
**Bestand 1991:** ca. 125.000 Literaturnachweise
**Jährlicher Zuwachs: ca. 15.000**
**Quellen:** Eigene Auswertung von Zeitschriften, Monographien und Sammelwerken: Erhebung und Beschaffung Grauer Literatur: Kooperation mit Forschungs- und Dokumentationseinrichtungen, die für institutsspezifische Zwecke bereits Literaturdokumentation betreiben.

## Online-Angebot

FORIS und SOLIS sind über drei Hosts (Großrechner) zugänglich:

### STN INTERNATIONAL

The Scientific & Technical
Information Network
Postfach 24 65
D-7500 Karlsruhe 1
Tel. (0 72 47) 8 08 - 5 55

### GBI

Gesellschaft für Betriebswirtschaftliche
Information mbH
Bahnhofstr. 27a
D-8043 München-Unterföhring
Tel. (0 89) 9 50 60 95

### DIMDI

Deutsches Institut für Medizinische
Dokumentation und Information
Postfach 42 05 80
5000 Köln 41
Tel. (02 21) 4 72 41

## Beratung bei der Konzeption und Nutzung sozialwissenschaftlicher Datenbanken

Bei allen Fragen im Zusammenhang mit sozialwissenschaftlichen Datenbanken beraten wir umfassend:

**Online-Nutzung der Datenbanken**

Bei der Einrichtung eines Online-Anschlusses geben wir Hinweise auf die notwendige Hardware- und Softwareausstattung.

Wir führen Schulungen durch, in denen Sie die Abfragesprache und die Struktur unserer Datenbanken intensiv kennenlernen. Während der Schulungen haben Sie ausreichend Zeit für praktische Übungen am Terminal.

Wir stellen ausführliche **Arbeitshilfen** zur Verfügung:

**1.) Manual**
Diese Handbücher sind unentbehrliche Hilfsmittel für Online-Recherchen. Sie enthalten ausführliche Beschreibungen zu Inhalten und Suchmöglichkeiten aller Informationsbestandteile (Felder) der Datenbanken.

**2.) Schlagwortliste für die Sozialwissenschaften**
Dieser Thesaurus enthält ca. 10.000 Begriffe. Er liegt in alphabetischer und systematischer Sortierung sowie als Deutsch-Englische und Englisch-Deutsche Ausgabe vor.

**Informationswissenschaftliche Beratung**

Aufgrund unserer langjährigen Erfahrung im Fachinformationsbereich können wir Ihnen bei der Konzeption von Datenbanken und Informationssystemen wertvolle Hilfe geben. Eines der von uns entwickelten Instrumente für den Aufbau von Datenbanken ist das **"Regelwerk für die Literaturdokumentation im Fachinformationssystem Sozialwissenschaften"**. Es enthält Regeln zur bibliographischen und inhaltlichen Erschließung und zur Erfassung von Literatur sowie Listen zugelassener Deskriptoren.

# Informationsvermittlung – Recherchen

## Individuelle Recherchen

Im Auftrag durchsuchen wir Datenbanken mit der speziellen Fragestellung des Auftraggebers und bereiten die Informationen auf Wunsch weiter auf. Diese Dienstleistung erbringen wir aus unseren eigenen Datenbanken FORIS und SOLIS, darüber hinaus auch aus den wichtigen in- und ausländischen sozialwissenschaftlichen Datenbanken, u. a.

- BIBLIODATA (nationalbibliographische Datenbank, Nachweis aller deutschen Neuerscheinungen)
- BLISS (deutsche und internationale betriebswirtschaftliche Literatur)
- ERIC (internationale erziehungswissenschaftliche Aufsätze und Forschungsprojekte)
- FAMILY RESOURCES (internationale Literatur zur Familienforschung)
- FRANCIS (internationale sozial- und geisteswissenschaftliche Literatur)
- PAIS INTERNATIONAL (internationale politikwissenschaftliche Literatur)
- PSYCINFO (internationale psychologische Literatur)
- PSYNDEX (deutschsprachige psychologische und sozialpsychologische Literatur)
- SOCIAL SCISEARCH (internationale sozialwissenschaftliche Zeitschriftenaufsätze)
- SOCIOLOGICAL ABSTRACTS (internationale soziologische Literatur)

## Individuelle Profile

Dieses "Recherche-Abonnement" ist insbesondere dann zu empfehlen, wenn zu einem speziellen Interessengebiet über einen längeren Zeitraum aktuelle Informationen benötigt werden. In Absprache mit dem Anfragenden werden die geeigneten Datenbanken ausgewählt und in regelmäßigen Zeitabständen durchsucht.

## Referral

Da nicht alle sozialwissenschaftlichen Informationsbestände online verfügbar sind, vermitteln wir auch Kontakte zu solchen Einrichtungen, die – in der Regel zu Spezialgebieten – Informationen sammeln und auf konventionellem Wege dokumentieren.

## Bestellungen

und Nachfragen richten Sie bitte an das Informationszentrum Sozialwissenschaften, Lennéstr. 30, 5300 Bonn 1, Telefon 02 28 / 22 81 - 1 00, Telefax 02 28 / 22 81 - 1 20.